東洋古典譯註叢書 106

譯註 墨子閒詁 5

校注 孫詒讓
책임번역 李相夏
공동번역 邊球鎰

전통문화연구회

東洋古典譯註叢書를 발간하면서

우리의 古典國譯事業은 민족문화 진흥의 기초사업으로 1960년대부터 政府 支援으로 古文獻 現代化 작업을 추진하여 많은 成果를 거두었다. 당시 이 사업 추진의 先行課題로 東洋古典이라 일컬어지는 중국의 基本古典을 먼저 飜譯하여야 한다는 學界의 주장이 있었음에도 불구하고 우리 고전이 아니라는 일부의 偏狹한 視角과 財政 事情 등으로 인하여 배제되어 왔다.

전통적으로 중국의 기본고전은 우리 歷史와 함께 숨쉬며 각종 교육기관의 教科書로 활용됨은 물론이고 지식인들의 必讀書가 되어 왔으며, 우리 文化의 基底에 자리잡고 거의 모든 방면의 體系와 根幹을 형성하여 왔다. 그래서 학문연구의 기본서 역할을 해 왔을 뿐만 아니라 오늘날에도 우리의 國學徒 및 東洋學 研究者들에게 같은 역할을 하고 있음은 주지의 사실이다. 그럼에도 불구하고 中國古典은 우리 것이 아니라 하여 專門機關의 飜譯對象에 포함하지 않음으로써, 대부분 原典에서의 직접 번역이 아닌 重譯이나 拔萃譯의 방식이 주를 이루면서 教養水準으로 出版되어 왔다.

오늘날 東洋 三國 중에서 우리의 東洋學 연구가 가장 부진한 이유는, 東洋基本古典에 대한 폭넓은 이해의 부족과 漢文古典 讀解力의 저하에 기인함을 우리는 솔직히 인정하여야 한다. 따라서 이들 중국고전에 대한 신뢰할 만한 國譯이 이루어지는 것이 한국학 연구를 촉진시키는 시급한 先行課題라 할 수 있다.

이에 韓國學 및 東洋學의 연구와 古典現代化의 基盤構築을 위해서는, 전문기관으로 하여금 동양고전을 단기간에 각 분야의 專門 研究者와 漢學者가 상호 협동하여 연구번역하여 飜譯의 傳統性과 效率性, 研究의 專門性을 높일 수 있도록 政策的 配慮가 있어야 한다.

이에 本會에서는 元老 및 中堅 漢學者와 斯界의 專攻者로 하여금 協同硏究飜譯하여 공부하는 사람들이 믿고 引用하거나 깊이 있는 註釋 등을 활용할 수 있게 하고, 知識人들의 敎養을 증진시켜 줄 수 있는 東洋古典의 國譯書 간행을 지속적으로 추진해 왔다. 근래에 다행히 이 사업에 대하여 각계 지도층의 폭넓은 이해와 지원에 힘입어 2001년도부터 國庫補助를 받아 東洋古典譯註叢書를 간행하게 되었다. 이를 계기로 우리 先學의 註釋과 見解를 반영하는 등 국역사업의 內實을 기하게 되었음을 이 자리를 빌어 衷心으로 감사드리며, 아울러 國譯에 參與하신 관계자 여러분의 勞苦에 깊은 謝意를 표한다.

끝으로 우리의 이러한 작업은 오랜 역사 위에 축적된 先賢들의 業績과 現代學問을 이어주는 튼튼한 架橋와 礎石이 되어 진정한 韓國學과 東洋學 발전에 기여할 것을 굳게 믿으며, 21세기를 우리 文化의 世紀로 열어 가는 밑거름이 되도록 우리의 力量을 本 事業에 경주하고자 한다. 江湖諸賢의 부단한 관심과 지원을 기대해 마지않는다.

社團法人 傳統文化硏究會 理事長 李啓晃

凡 例

1. 본서는 ≪譯註 墨子閒詁≫의 제5책이다.
2. 본서의 底本은 ≪墨子閒詁≫(孫詒讓, 中華書局, 2001)로 하되, ≪墨子閒詁≫(孫詒讓, 掃葉山房, 1907, 고려대학교 도서관 소장본), ≪墨子閒詁≫(孫詒讓, 1910, 續修四庫全書 수록본), ≪墨子閒詁≫(孫詒讓, 漢文大系 卷14, 富山房, 1913), ≪墨子注≫(畢沅, 經訓堂本, 1835), ≪郡經平議·墨子評議≫(兪樾, 世界書局, 1881), ≪墨子經說解≫(張惠言, 國粹學報館, 1909), ≪墨經校釋≫(梁啓超, 中華書局, 1922), ≪墨子集解≫(張純一, 文史哲出版社, 1932), ≪墨子斠證≫(王叔岷, 中央研究員 歷史語言研究所, 1959), ≪墨子 上·下≫ (新釋 漢文大系 卷50·51, 明治書院, 1972), ≪墨子雜志≫(王念孫, 墨子集成 卷9, 成文出版社, 1975), ≪墨子注≫(畢沅, 中華書局, 1985), ≪墨子校注≫(吳毓江, 中華書局, 2006) 등을 참고하였다.
3. 본서는 원전의 傳統性과 번역의 現代性을 구현하기 위해 노력하였다.
4. 原文에는 우리나라 전통방식의 懸吐를 하였다.
5. 原文은 저본의 體制에 따라 단락을 구분하고, 각 단락마다 일련번호를 부여하였다.
6. 飜譯은 原義에 충실하게 하되, 이해가 어려운 부분은 意譯 또는 補充譯을 하였다.
7. 飜譯文은 한글과 漢字를 混用하였으며, 맞춤법과 띄어쓰기는 한글 맞춤법과 표준어 규정을 따르는 것을 원칙으로 하였다.
8. 譯註는 校勘, 異說, 인용문의 出典, 故事, 역사적 사건, 전문용어, 難解語, 人物, 制度, 官職 등에 관한 사항을 밝혔다.
9. 校勘은 원문의 誤字, 脫字, 衍字, 倒文 등을 대상으로 하였다.
10. 각 篇마다 간략한 해설을 달아 독자의 이해를 돕고자 하였다.
11. 본서에 사용된 주요 符號는 다음과 같다.

    “ ”: 對話, 각종 引用

    ‘ ’: “ ” 안에서 再引用, 强調

    「 」: ‘ ’ 안에서 再引用, 强調

( ) : 원문에서는 讀音이 다른 글자나 僻字의 音
번역문에서는 간단한 譯註

〔 〕: 번역문의 이해를 돕기 위한 原文의 漢字나 句節 표기
譯註에서 인용한 原文

≪ ≫ : 書名이나 典據

〈 〉: 篇章名, 作品名, 補充譯

12. 본서의 校勘에 사용된 符號는 다음과 같다.

( )〔 〕: (저본의 誤字)〔교감한 正字〕

〔 〕: 저본의 脫字 補充

( ) : 저본의 衍字

目 次

譯註 墨子閒詁 5

제45편 소취 小取

'小取'는 墨子의 논리 체계를 簡明하게 서술하고 있는 글이다. 이 篇은 앞의 〈大取〉와 함께 묵자의 兼愛說을 보충하고 있는데 도적과 사람에 대한 논변(45-6-1~11)이 대표적인 예이다. 〈대취〉가 앞의 일부를 제외하고 誤脫과 錯簡이 심해 앞뒤가 연결되지 않고 내용을 이해할 수 없는 장들이 대부분인 데 반하여 이 편은 墨家 논리학의 精髓를 구체적이고 정연하게 표현하여 보다 이해하기 수월하다. 구체적인 내용은 첫째로 古代 논리학의 목적을 서술하고, 둘째로 或, 假, 效, 譬, 侔, 援, 推 등의 사실 판단과 추론 형식의 정의와 특징을 논술하고, 셋째로 譬, 侔, 援, 推 등의 추론 형식의 한계와 오류에 대해 논술하고, 넷째로 정확한 추론과 잘못된 추론 5가지를 들어 논증하였다. 이 편은 墨辯(〈經上〉부터 〈小取〉까지 6편)의 논리를 종합하고 그것의 효용, 형식, 방법의 의의를 闡明한 것이다.

45-1-1 夫辯者는 **將以明是非之分**하고 **審治亂之紀**하고 **明同異之處**하고 **察名實之理**하여 **處利害**하고

무릇 辯(논리학)이라는 것은 옳고 그름의 구분을 밝히고 질서와 혼란의 형식을 조사하고 같고 다름의 所在를 밝히고 개념과 실제의 원리를 관찰하여 이익과 손해를 처리하고

國語[1]魯語에 云 智者處物이라한대 韋注云 處는 名也라하다 淮南子[2]說林訓에 云 見之

1) 國語 : ≪春秋外傳≫, 혹은 ≪左氏外傳≫이라고 칭해지기도 하며, 春秋時代 末期 魯나라 左丘明이 지은 것으로 전해지지만 현재는 戰國時代의 학자가 춘추시대 각국의 사료를 토대로 편찬한 것이라 여겨진다. 중국 최초의 나라별 역사서로, 周 王室과 魯, 齊, 晉, 鄭, 楚, 吳, 越 등의 기사를 싣고 있으며, 이는 B.C. 947년에서 B.C. 453년까지 약 500년간의 역사를 포괄하는 것이다. 모두 21권이다.

2) 淮南子 : 前漢의 淮南王 劉安이 賓客과 方士 수천 명을 불러 지었다고 한다. 내편 21권, 외편 33권으로, 현재 內篇만 전해진다. '淮南子'라는 명칭은 梁나라 吳均의 ≪西京雜記≫에 처음 보이며, 그 전에는 ≪鴻烈≫ 또는 ≪淮南鴻烈≫이라 하였다. ≪漢書≫ 〈藝文志 雜家〉

明白이면 處之如玉石이라하다

≪國語≫ 〈魯語〉에 "지혜로운 자는 사물에 이름을 붙여 구별한다.〔智者處物〕"라고 하였는데, 韋昭[3]의 注에 "'處'는 名(이름을 붙이다)이다."라고 하였다. ≪淮南子≫ 〈說林訓〉에 "보는 것이 明白하면 玉石을 구분하듯이 처리한다.〔見之明白 處之如玉石〕"라고 하였다.

45-1-2 決嫌疑라

迷惑과 疑問을 해결하기 위한 것이다.

句라

여기에서 句를 뗀다.

45-1-3 焉摹略萬物之然하고

이를 통해 온갖 사물의 實狀을 헤아리고

說文[4]手部에 云 摹는 規也라하다 淮南子本經訓高[5]注에 云 略은 約要也라하다 兪正燮[6]云 摹略은 即今言之模量이요 古言之無慮라하다 兪云 然字無義하니 疑當作狀이어늘 狀誤爲肰(연)하고 因誤爲然이라하다

≪說文解字≫ 手部에 "'摹'는 헤아림〔規〕이다."라고 하였다. ≪淮南子≫ 〈本經訓〉의 高誘의 注에 "'略'은 約要(요약)이다."라고 하였다. 兪正燮이 "'摹略'은 바로 지금 말로 模量이고 옛날 말로 無慮이다."라고 하였다.

에 수록되어 있다.

3) 韋昭 : 204~273. 三國시대 吳나라의 학자로, 字는 弘嗣이고 吳郡 雲陽(지금의 江蘇省 丹陽) 사람이다. 258년 孫休가 즉위하여 五經博士와 國學을 설립하자 博士祭酒가 되어 서적 편찬 및 侍講을 담당하였다. 저서로 ≪漢書音義≫, ≪國語注≫, ≪官職訓≫, ≪三吳郡國志≫ 등이 있다.

4) 說文 : 後漢의 許愼(58?~148?)이 20여 년에 걸쳐 완성한 ≪說文解字≫로, 漢字의 形·義·音을 체계적이고 종합적으로 설명하였다. 中國 最古의 字書로, 원본은 전하지 않는다. 남아 있는 것은 宋나라 徐鉉이 펴낸 교정본으로 본문 14권과 敍目 1권으로 이루어져 있다. 淸나라 段玉裁의 ≪說文解字注≫가 ≪說文解字≫의 注釋書로 가장 널리 알려져 있다.

5) 高 : 高誘(?~?)를 가리킨다. 涿郡 涿縣 사람이다. 後漢 末年에 활동했고, 馬融의 再傳弟子로 ≪淮南子≫와 ≪呂氏春秋≫, ≪戰國策≫에 대한 주석이 있다.

6) 兪正燮 : 1775~1840. 淸代의 學者로, 자는 理初이고 安徽省 黃山 사람이다. 孫星衍을 스승으로 모셨다. 저서로 ≪癸巳類稿≫, ≪癸巳存稿≫, ≪說文部緯校補≫, ≪海國紀聞≫ 등이 있다.

兪樾 : '然'자는 의미가 없으니 아마도 '狀'이 되어야 하는데 '狀'이 잘못하여 '肰'이 되고 이로 인해 잘못하여 '然'이 된 듯하다.

45-1-4 論求群言之比[7]라 以名擧實하고

수많은 言說의 비교되는 점을 토론한다. 名(개념)으로 實(실제)을 들고

經說上에 云 擧라 告以文名은 擧彼實也[8]라하다

〈經說 上〉에 "擧(列擧)를 설명한다. 이 名(개념)을 고해 주는 것은 저 實(실제)을 들기 위해서이다.〔擧 告以文名 擧彼實也〕"라고 하였다.

45-1-5 以辭抒意하고

辭(言辭)로 意(意思)를 펼쳐놓고

史記[9]平原君傳集解[10]引別錄[11]鄒衍曰辯者抒意通指明其所謂라하다 漢書[12]劉向傳에

7) 焉摹略萬物之然 論求群言之比 : ≪墨子今注今譯≫에서는 '焉'을 앞의 '決嫌疑'에 붙여 句를 떼고, "이에 능히 萬事와 萬物의 面目과 根源을 반영하여 개괄하고 각종 言論의 利弊와 得失을 토론하여 탐구할 수 있다."라고 하였다.

8) 經說上……擧彼實也 : 본서 4책 〈經說 上〉 42-31-2에 보이는데, 孫詒讓은 '文'을 '之'의 誤字로 보았다.

9) 史記 : 前漢의 司馬遷이 편찬한 紀傳體 역사서로, 상고시대 黃帝에서 漢 武帝에 이르는 3000여 년간의 역사를 다루고 있으며, 뒤에 나온 ≪漢書≫, ≪後漢書≫, ≪三國志≫와 함께 "前四史"라 불린다. 本紀 12篇, 世家 30篇, 列傳 70篇, 表 10篇, 書 8篇 등 모두 130篇으로 구성되어 있다.

10) 集解 : ≪史記≫에 대한 주석으로, 南朝 宋 때 裵駰이 지은 것이다. 모두 80권이다. 원래는 단행본이었는데, 北宋 때 司馬貞의 ≪史記索隱≫, 張守節의 ≪史記正義≫와 함께 ≪史記≫ 원문 아래에 주석으로 편입되었다.

11) 別錄 : 前漢 말의 經學者 劉向(B.C. 77~B.C. 6)이 지은 도서 목록이다. 漢 成帝 河平 3년(B.C. 26) 焚書坑儒 이후 흩어진 도서를 수집하고 교정하라는 칙명을 받아 만들기 시작하였는데, 마치지 못하고 죽자 아들 劉歆이 先業을 계승하여 哀帝 때 완성하고 ≪七略≫이라 하였다. ≪七略≫은 도서를 輯略, 六藝略, 諸子略, 詩賦略, 兵書略, 術數略, 方技略 등 7종류로 분류하고 모두 3만 2천 권을 수록한 중국의 가장 오래된 목록서이다.

12) 漢書 : '前漢書'라고도 불린다. 後漢의 班固가 편찬한 紀傳體 역사서로, 漢 高祖 원년(B.C. 206)에서 新나라 王莽 地皇 4년(23)까지 230년의 역사를 다루고 있다. 紀 12篇, 表 8篇, 志 10篇, 傳 70篇 등 모두 100편(후대에 120권으로 나눔)으로 구성되어 있다. '二十四史' 중의 하나이며, ≪史記≫, ≪後漢書≫, ≪三國志≫와 함께 '前四史'라 불린다. 顔師古의 주석이 있다.

一抒愚意라한대 顔[13]注에 云 抒는 謂引而泄之也라하다 畢云 紀理疑比意爲韻이니 古四聲通이라하다

≪史記≫ 〈平原君列傳〉의 集解에 ≪別錄≫에서 "鄒衍이 '辯論하는 자는 意思를 펼쳐놓고 意向을 소통하여 그 말하는 바를 밝힌다.'라고 하였다."라 한 말을 인용하였다. ≪漢書≫ 〈劉向傳〉에 "어리석은 저의 생각을 한 번 펼쳐놓습니다.〔一抒愚意〕"라고 하였는데 顔師古의 注에 "'抒'는 끌어서 쏟아낸다는 말이다."라고 하였다.

畢沅 : '紀', '理', '疑', '比', '意'가 韻을 이루니 옛날에 四聲이 통하였다.

45-1-6 以說出故라 以類取하고 以類予[14]라

說(설명)로 故(이유)를 도출한다. 부류를 통해 선택하고 부류를 통해 판단한다.

畢云 故取予爲韻이라하다

畢沅 : '故', '取', '予'가 韻을 이룬다.

45-1-7 有諸己不非諸人하고 無諸己不求諸人[15]이라

나에게 있더라도 남에게 비난하지 않고 나에게 없더라도 남에게 요구하지 않는다.

45-2-1 或也者는 不盡也라

或(疑惑)은 완전히 그렇지는 않은 것이다.

易乾文言에 云 或之者는 疑之也라하다

≪周易≫ 乾卦 〈文言傳〉에 "或이라 함은 의심함이다.〔或之者 疑之也〕"라고 하였다.

---

13) 顔 : 顔師古(581~645)로, 唐나라 초기 사람이다. 聲韻學 및 文字訓詁, 校勘學에 조예가 깊었다. ≪한서≫에 注를 달았다.

14) 以名擧實……以類予 : ≪墨子今注今譯≫에서는 "概念을 써서 사물의 실질을 헤아리고, 語句를 써서 사상과 생각을 드러내고 推論을 써서 주장의 이유와 근거를 게시한다. 사물의 부류에 근거하여 사례를 가져다 증명하고 사물의 부류에 근거하여 사례를 주어 반박한다."라고 하였다.

15) 有諸己不非諸人 無諸己不求諸人 : ≪墨子今注今譯≫에서는 "자신이 찬성하는 論點이라도 남의 찬성에 대해 반대할 수 없고, 자신이 찬성하지 않는 논점이라도 남의 찬성을 요구할 수 없다."라고 하였다.

45-2-2 假者는 **今不然也**라

假(假定)는 현재는 그렇지 않은 것이다.

畢云 假設은 是尙未行이라하다

畢沅 : 假設은 아직 행하지 않고 있음이다.

45-2-3 效者는 **爲之法也**요 **所效者**는 **所以爲之法也**라 **故中效**면

效(본받음)는 〈어떤 대상을〉 표준으로 삼는 것이고, 效하는 바(본받는 대상)는 표준으로 삼는 수단(대상)이다. 그러므로 效(본받음)가 부합하면

畢云 中은 去聲[16)]이라하다

畢沅 : '中'은 去聲이다.

45-2-4 則是也요 **不中效**면 **則非也**니 **此效也**[17)]라 **辟**(비)**也者**는

옳고 效가 부합하지 않으면 그르니 이것이 效이다. 辟(譬喩)는

畢云 辟同譬라 說文에 云 譬는 諭也라한대 諭는 古文喩字라하다

畢沅 : '辟'는 '譬'와 같다. ≪說文解字≫에 "譬는 비유〔諭〕이다."라고 하였는데 '諭'는 古文의 '喩'자이다.

45-2-5 擧(也)〔**他**〕**物而以明之也**라

다른 사물을 들어 그것을 밝히는 것이다.

畢云 擧也也字疑衍이라하다 王云 也非衍字요 也與他同하니 擧他物以明此物을 謂之譬라 故曰 辟也者는 擧他物而以明之也라하다 墨子書通以也爲他하니 說見備城門篇[18)]이라 案

16) 中 去聲 : 中은 平聲일 때 '안', '속', '중간', '절반' 등의 뜻이고, 去聲일 때 '맞다', '들어맞다', '부합하다' 등의 뜻이다.

17) 效者……此效也 : ≪墨子今注今譯≫에서는 "效는 표준적인 辯論 形式과 法則을 제공하는 것이고, 效하는 바는 제공받는 표준 변론 형식과 법칙이다. 그래서 이러한 표준 변론 형식과 법칙에 부합하는 것은 정확한 것이고 이러한 표준 변론 형식과 법칙에 부합하지 않는 것은 부정확한 것이다."라고 하였다.

18) 墨子書通以也爲他 說見備城門篇 : 〈備城門〉에도 舊本에는 '也'로 되어 있으나, 畢沅은 문맥

王說是也라 **潛夫論釋難篇**에 **云 夫譬喩也者**는 **生於直告之不明**이라 **故假物之然否以彰之**라하다 **荀子**[19]**非相篇**에 **云 談說之術**은 **分別以喩之**하고 **譬稱以明之**라하다

畢沅：'擧也'의 '也'자는 아마도 잘못 들어간 듯하다.

王念孫：'也'는 衍字가 아니고 '也'는 '他'와 같으니 다른 사물을 들어 이 사물을 밝힘을 譬라고 한다. 그래서 "辟(譬喩)라는 것은 사물을 들어 그것을 밝히는 것이다.〔辟也者 擧他物而以明之也〕"라고 한 것이다. ≪墨子≫에서는 통용하여 '也'를 '他'로 간주하였으니 〈備城門〉에 설명이 보인다.

案：王念孫의 說이 맞다. ≪潛夫論≫ 〈釋難〉에 "무릇 譬喩라는 것은 곧장 말해주는 것이 분명하지 않은 데서 생긴다. 그래서 사물의 실제 여부를 가정하여 밝혀주는 것이다.〔夫譬喩也者 生於直告之不明 故假物之然否以彰之〕"라고 하였다. ≪荀子≫ 〈非相〉에 "談說하는 방법은 분별하여 깨우쳐주고 비유하여 밝혀준다.〔談說之術 分別以喩之 譬稱以明之〕"라고 하였다.

45-2-6 **侔也者**는 **比辭而俱行也**라

侔(等値)는 명제들을 견주었을 때 모두 통용되는 것이다.

說文人部에 **云 侔**는 **齊等也**라하니 **謂辭義齊等**하여 **比而同之**라

≪說文解字≫ 人部에 "侔는 같다〔齊等〕는 뜻이다."라고 하니 말뜻이 같아 견주어 동일하게 여긴다는 것이다.

45-2-7 **援也者**는 **曰子然**이면

援(引用)은 "그대가 그렇다 하면

句라

여기에서 句를 뗀다.

에 의거하여 '他'로 고친 반면 王念孫은 옛날에 '他'는 '也'와 통용하였으므로 굳이 고칠 필요가 없다고 보았다. 뒤의 52-21-27에 보인다.

19) 荀子：荀子(B.C. 313～B.C. 238, 이름은 況, 字는 卿)의 저술이다. 〈勸學〉, 〈修身〉, 〈性惡〉 등 총 32편으로 구성되어 있다.

45-2-8 我奚獨不可以然也이리오

내가 어찌 홀로 그렇지 않다고 할 수 있겠는가."라는 것이다.

說文手部에 云 援은 引也라하니 謂引彼以例此라

≪說文解字≫ 手部에 "援은 끌어당긴다〔引〕는 뜻이다."라고 하니 저것을 끌어다 이것의 예시로 삼는다는 것이다.

45-2-9 推也者는 **以其所不取之**로 **同於其所取者**를 **予之也**라

推(推論)는 그 구하지 않은 것을 놓고 그 구한 것에서 같은지를 판단하는 것이다.

淮南子本經訓高注에 云 推는 求也라한대 此云取는 與求義同이라 謂所求者在此하고 所不求者在彼하여 取彼就此하여 以得其同이 所謂予之也라

≪淮南子≫ 〈本經訓〉의 高誘의 注에 "推는 求(구함)이다."라고 하였는데 여기서 '取'라고 한 것은 '求'와 뜻이 같다. 구하는 것이 여기에 있고 구하지 않은 것이 저기에 있어 저것을 구하여 여기에 나아가 그 같음을 얻음이 이른바 '予之也'이다.

45-2-10 是猶謂也者는 **同也**요 **吾豈謂也者**는 **異也**라

'이는 〈……라고〉 말하는 것과 같다〔是猶謂〕'는 것은 〈두 명제가〉 같다는 말이고 '내 어찌 〈……라고〉 말한 것이겠는가〔吾豈謂〕'라는 것은 〈두 명제가〉 다르다는 것이다.

45-3-1 夫物有以同而不(부)한대

무릇 사물은 같으면서도 같지 않음이 있는데

不讀爲否라

'不'는 '否'로 읽는다.

45-3-2 率遂同[20]이라

---

20) 夫物有以同而不(부) 率遂同 : 이 대목은 '辟(譬喩)'를 설명한 것인데, ≪墨子今注今譯≫에서는 '不率遂同'을 한 句로 보고, "사물은 서로 같은 점이 있더라도 모두 이로 인해 완전히 서로 같지는 않다."라고 하였다.

'率'과 '遂'가 같은 것과 같다.

率遂聲近義同이라 **廣雅**[21]**釋詁**에 **云 率**은 **述也**라하니 **率遂述**은 **古竝通用**이라 **耕柱篇**에 **云 古之善者不遂**[22]라한대 **遂卽述也**라 **明鬼下篇**에 **率徑**이라하고 **月令作徑術**한대 **鄭**[23]**注**에 **謂 卽周禮**[24]**匠人之遂徑**이라하니 **竝其證也**라

'率', '遂'는 소리가 비슷하고 뜻이 같다. ≪廣雅≫ 〈釋詁〉에 "率은 述이다."라고 하니, '率', '遂', '述'은 옛날에 모두 通用하였다. 〈耕柱篇〉에 "옛날의 善한 자는 조술하지 않았다.〔古之善者不遂〕"라고 하였는데, 거기의 '遂'가 바로 述이다. 〈明鬼 下〉에 '率徑(車道와 步道)'이라 하고, ≪禮記≫ 〈月令〉에 '徑術(步道와 車道)'로 되어 있는데 鄭玄의 注에서 그것이 바로 ≪周禮≫ 〈匠人〉의 '遂徑'이라 하였으니 모두 그 증거이다.

45-3-3 **辭之侔也**는

명제의 侔(等値)는

畢云 之侔는 **一本作侔之**라하다 **案 顧**[25]**校季本**[26]에 **亦作侔之**라

畢沅 : '之侔'는 어떤 本에는 '侔之'로 되어 있다.

---

21) 廣雅 : ≪博雅≫라고도 한다. 北魏 太和(227~232) 연간에 魏나라 학자 張揖이 ≪三蒼≫과 ≪說文解字≫ 등을 참고하여 ≪爾雅≫를 증보한 것이다. 총 10권이다. 古書의 字句를 해석하였으며 經書를 고증하고 주석을 달았다. 淸나라 王念孫(1744~1832)이 이를 증보하여 ≪廣雅疏證≫과 ≪釋大≫를 지었다.

22) 遂 : 畢本과 底本 〈耕柱篇〉에는 '誅'로 되어 있다. 畢沅은 '述'이 되어야 할 듯하다고 하였고 兪樾은 '訹'의 오자로 '述'의 假借字라고 하였는데, 孫詒讓은 兪樾의 說이 맞다고 하였다.

23) 鄭 : 中國 後漢 때의 儒學者인 鄭玄(127~200)을 가리킨다. 자는 康成이고, 高密 사람이다. 경학의 今文과 古文 외에 天文, 曆數에 정통하였다. ≪周易≫, ≪尙書≫, ≪毛詩≫, ≪周禮≫, ≪儀禮≫, ≪禮記≫, ≪論語≫, ≪孝經≫ 등 경서에 주를 달았다.

24) 周禮 : 儒家의 경전으로 13경 가운데 하나이다. 周公의 저작으로 전해지지만, 실제로는 전국시기에 만들어진 것이라 한다. ≪儀禮≫, ≪禮記≫와 함께 '3禮'라 불리며, 중국 先秦시대 봉건제도에 대한 사료일 뿐 아니라, 이후 동아시아 儒家의 經世論의 근거로 활용되었다고 평가받는다.

25) 顧 : 顧廣圻(1766~1835)이다. 字는 千里이고, 號는 澗薲, 無悶子, 思適居士, 一云散人이며, 元和(지금의 江蘇省 蘇州) 사람이다. 淸나라의 교감학자, 장서가, 목록학자로 저서에 ≪思適齋文集≫18권이 있으며, ≪墨子(道臧本)≫, ≪說文≫, ≪禮記≫, ≪儀禮≫, ≪國語≫, ≪戰國策≫, ≪文選≫등을 교감했다.

26) 季本 : ≪墨子閒詁≫ 孫詒讓의 自序에 "顧廣圻의 교정본에는 또 '季本'이 있는데, 傳하는 기록에 '李本'으로 되어 있기도 하니, 어느 것이 옳은지 모르겠다.〔顧校又有季本 傳錄 或作李本 未知孰是〕"라 하였다.

案 : 顧廣圻가 교감한 季本에도 '侔之'로 되어 있다.

45-3-4 有所至而(正)〔止〕[27]라

진행하다가 그치는 바가 있다.

疑當作止라

〈正은〉 아마도 '止'가 되어야 할 듯하다.

45-3-5 其然也는 有所以然也라 其然也同이라도

그러하게 된 상황은 그러하게 된 까닭이 있다. 그러하게 된 상황이 같더라도

句라

여기에서 句를 뗀다.

45-3-6 其所以然不必同[28]이라

그러하게 된 까닭이 반드시 같지는 않다.

其然也同은 舊本脫上三字라 王引之云 同其所以然不必同은 當作其然也同其所以然不必同이니 承上文其然與所以然言之也라 下文其取之也同其所以取之不必同이 文義正與此合하니 寫者脫去上三字耳라하다

'其然也同'은 舊本에 앞의 세 글자가 빠졌다.

王引之 : '同其所以然不必同'은 '其然也同 其所以然不必同'이 되어야 하니 위 글의 '其然'과 '所以然'을 받아 말한 것이다. 아래 글의 '其取之也 同其所以取之不必同'의 글 뜻이 이 대목과 정확히 부합하니 베낀 이가 앞의 세 글자를 빠뜨려버린 것일 뿐이다.

45-3-7 其取之也는 有所以取之라

---

27) 辭之侔也 有所至而(正)〔止〕 : 이 대목은 '侔(等値)'를 설명한 것인데, ≪墨子今注今譯≫에서는 '正'을 교감하지 않고 "言辭의 같은 부류를 비교하는 것은 일정한 범위 내에서 정확한 것이다."라고 하였다.

28) 其然也……其所以然不必同 : 이 대목은 '援(引用)'을 설명한 것이다.

취하는 주장은 취하는 까닭이 있다.

舊本無所字라 王引之云 以上當有所字라 下文其所以取之不必同은 卽承此言之也라 上文其然也有所以然也가 文義正與此合하니 寫者脫所字라하다 案 王校是也니 今據增이라

舊本에는 '所'자가 없다.

王引之 : '以' 앞에 '所'자가 있어야 한다. 아래 글의 '其所以取之不必同'은 바로 이 대목을 받아 말한 것이다. 위 글의 '其然也有所以然也'의 글 뜻이 이 부분과 정확히 부합하니 베낀 이가 '所'자를 빠뜨린 것이다.

案 : 王引之의 校勘이 맞으니 지금 이에 의거하여 덧붙인다.

45-3-8 其取之也同이라도

취하는 주장이 같더라도

句라

여기에서 句를 뗀다.

45-3-9 其所以取之不必同[29]이라

취하는 까닭이 반드시 같지는 않다.

句라

여기에서 句를 뗀다.

45-3-10 是故로 辟侔援推之辭는

이런 까닭에 辟(譬喩), 侔(等値), 援(引用), 推(推論)의 言辭는

畢云 譬也侔也援也推也는 卽上四者라

畢沅 : 譬, 侔, 援, 推는 바로 앞의 네 가지다.

45-3-11 行而異하고 轉而危하고

29) 其取之也……其所以取之不必同 : 이 대목은 '推(推論)'를 설명한 것이다.

진행하면서 차이가 나고 옮겨가면서 궤변이 되고

兪云 危讀爲詭라 漢書天文志에 司詭星出正西라한대 史記天官書에 詭作危하니 是危詭古字通이라 行而異轉而詭의 詭亦異也라하다

兪樾 : '危'는 '詭'로 읽는다. ≪漢書≫ 〈天文志〉에 '司詭星出正西(司詭星은 正西에서 나온다.)'라고 하였는데, ≪史記≫ 〈天官書〉에는 '詭'가 '危'로 되어 있으니, 이는 '危'와 '詭'가 古字에 통용한 것이다. '行而異轉而詭'의 '詭' 역시 '異(다름)'의 뜻이다.

45-3-12 遠而失이요

멀어지면서 〈본뜻을〉 잃고

句라

여기에서 句를 뗀다.

45-3-13 流而離本[30)]이니

〈다른 데로〉 흘러가면서 근본에서 벗어나니

句라

여기에서 句를 뗀다.

45-3-14 則不可不審也어니와 不可常用也라 故言多方하고

살피지 않아서는 안 되거니와 항상 사용해서는 안 된다. 그러므로 言辭는 방법이 다양하고

莊子天下篇에 惠施多方이라하고 呂氏春秋[31)]必己篇高注에 云 方은 術也라하다

30) 行而異……流而離本 : ≪墨子今注今譯≫에서는 4句를 각각 '辟', '侔', '援', '推'를 잘못 사용하는 폐단으로 보면서 "分類 없이 비유하는 것은 차이를 뒤섞어버릴 수 있고, 이리저리 열거하는 것은 궤변을 낳을 수 있고, 생경하게 인용하는 것은 본뜻을 잃어버릴 수 있고, 억지로 추론하는 것은 근거에서 벗어날 수 있다."라고 하였다.

31) 呂氏春秋 : 秦나라의 呂不韋(?~B.C. 235)가 食客에게 저술을 맡겨 편찬한 것이다. 총 26권이다. 儒家를 중심으로 道家·墨家·法家·農家·陰陽家 등 선진시대의 諸說과 說話를 채택하여 수록하였다. 선진시대 사상사를 연구하는데 주요한 자료로 꼽힌다. 後漢의 高誘가 注

≪莊子≫ 〈天下〉에 "혜시는 方術이 다양하다.〔惠施多方〕"라고 하고, ≪呂氏春秋≫ 〈必己〉의 高誘의 注에 "'方'은 術이다."라고 하였다.

45-3-15 殊類異故니 **則不可(偏)〔遍〕觀也**[32]라

부류를 달리하고 원인을 달리할 수 있으니 두루 살펴볼 수가 없다.

偏與遍通이라 **下同**이라

'偏'은 '遍'과 통용한다. 아래도 같다.

45-4-1 夫物或乃是而然이요 **或是而不然**이요 **或一周而一不周**요

무릇 사물은 혹 바로 〈前提가〉 맞아도 〈結論이〉 그러하기도 하고, 혹 〈前提가〉 맞지만 〈結論이〉 그렇지 않기도 하고, 혹 어떤 경우에는 포괄적이지만 다른 경우에는 비포괄적이기도 하고,

周는 **舊本竝作害**라 **王引之云 兩害字**는 **俱當作周**니 **隷書周字與害相似**라 **故誤爲害**하니 **下文此一周而一不周者也**가 **與此相應**한대 **字正作周**라하다 **案 王說是也**니 **今據正**이라

'周'는 舊本에 모두 '害'로 되어 있다.

王引之 : 두 '害'자는 모두 '周'가 되어야 하니 隷書에 '周'자는 '害'와 서로 비슷하다. 그래서 '害'로 잘못된 것이니 아래 글의 '此一周而一不周者也'가 이 대목과 相應하는데 글자가 정확히 '周'로 되어 있다.

案 : 王引之의 說이 맞으니 지금 이에 의거하여 바로잡았다.

45-4-2 或一是而一(不是也 不可常用也 故言多方 殊類異故 則不可偏觀也) 非也[33]라

를 달았다.

32) 故言多方……則不可(偏)〔遍〕觀也 : ≪墨子今注今譯≫에서는 '偏'을 교감하지 않고, "그래서 言論의 多方面의 道理, 특수한 類別 그리고 다른 緣故에 대하여 치우쳐 관찰해서는 안 된다."라고 하였다.

33) 夫物或乃是而然……或一是而一(不是也 不可常用也 故言多方 殊類異故 則不可偏觀也) 非也 : ≪墨子今注今譯≫에서는 譚戒甫의 校勘에 의거하여 '或是而不然' 뒤에 '或不是而然'을 추가하고, "사물의 推論에는 전제가 긍정이고 결론도 긍정인 경우, 전제가 긍정인데 결론은

혹 어떤 경우에는 맞지만 다른 경우에는 그르기도 하다.

王引之云 此本作或一是而一非也하니 當以非也二字로 接或一是而一下라 其不可常用也以下三句는 則因上文而衍[34)]이라 不是也三字는 又後人所增이라 蓋後人不知不可常用云云이 爲衍文之隔斷正文者하고 又不知非也二字가 本與或一是而一作一句하고 乃足(주)以不是也三字耳라 下文云 此乃一是而一非者也가 與此相應하니 當據以刪正이라하다

王引之 : 이 대목은 본래 '或一是而一非也'로 쓴 것이니 마땅히 '非也' 2자를 '或一是而一'의 뒤에 붙여야 한다. 그 '不可常用也' 이하 세 句는 위 글로 인해 잘못 들어간 것이다. '不是也' 3자는 또 後人이 덧붙인 것이다. 대개 後人이 '不可常用' 운운한 구절들이 正文을 끊어버린 衍文이 되는 줄 모르고 또 '非也' 2자가 본래 '或一是而一'과 함께 한 句가 되는 줄을 모르고서 결국 '不是也' 3자를 덧붙인 것일 뿐이다. 아래 글에 '此乃一是而一非者也'라고 한 것이 이 대목과 상응하니 마땅히 이에 의거하여 刪正해야 한다.

45-5-1 白馬는 馬也니 乘白馬는 乘馬也라

白馬는 말이니 白馬를 타는 것은 말을 타는 것이다.

畢云 張湛[35)]注列子[36)]에 云 白馬論曰 馬者所以命形也요 白者所以命色也니 命色者非命形也라하다 詒讓案 張本公孫龍子[37)]文이라

畢沅 : 張湛이 ≪列子≫에 낸 注에 "≪公孫龍子≫ 〈白馬論〉에 '馬는 형태를 명명하기 위

부정인 경우, 전제가 부정인데 결론이 긍정인 경우가 있고, 한 가지 설명 방식이 두루 미치더라도 한 가지 설명 방식은 두루 미치지 않는 경우가 있고, 한 가지 설명 방식이 성립하더라도 한 가지 설명 방식은 성립하지 않는 경우가 있다."라고 하였다.

34) 其不可常用也以下三句 則因上文而衍 : 본 편 45-3-14~15를 가리켜 말한 것이다.

35) 張湛 : 張湛에 대해서는 ≪晉書≫에 전하는 내용이 없으며, 대략 320년 전후에 출생한 것으로 보인다. ≪世說新語≫ 注에 "字는 處度이다. 高平 사람이다."라고 하였으며, 〈張氏譜〉에 의하면 張湛은 벼슬이 中書郎에 이르렀다고 한다. 列禦寇의 저작이라 알려진 ≪列子≫에 注를 달았다.

36) 列子 : 이름은 禦寇, 전국시대 사람으로 알려져 있으나 확실치 않다. 前漢시대에 편집된 원본 ≪列子≫는 유실되었으며, 晉나라 때 加筆한 本이 현전한다. 後漢부터 晉까지의 도가의 학설이 혼재되어 있다.

37) 公孫龍子 : 전국시대 趙나라의 名家인 公孫龍(字는 子秉)의 저서이다. ≪漢書≫ 〈藝文志〉에 14권으로 기록되어 있다. 지금은 〈跡府篇〉, 〈白馬篇〉, 〈指物論〉, 〈通變論〉, 〈堅白論〉, 〈名實論〉 6편이 전한다.

한 것이고 白은 색깔을 명명하기 위한 것이니 색깔을 명명하는 것은 형태를 명명하는 것이 아니다.'라 하였다."라고 하였다.

詒讓案：張湛은 ≪公孫龍子≫의 글에 근거하였다.

45-5-2 驪馬는 馬也니

驪馬는 말이니

說文馬部에 云 驪는 馬深黑色이라하다

≪說文解字≫ 馬部에 "'驪'는 말이 짙은 검은 색인 것이다.〔馬深黑色〕"라고 하였다.

45-5-3 乘驪馬는 乘馬也라 獲은 人也니 愛獲은 愛人也라 臧은 人也니 愛臧은 愛人也라

驪馬를 타는 것은 말을 타는 것이다. 獲(계집종)은 사람이니 獲을 사랑하는 것은 사람을 사랑하는 것이다. 臧(사내종)은 사람이니 臧을 사랑하는 것은 사람을 사랑하는 것이다.

畢云 方言[38)]에 云 臧獲은 奴婢賤稱也라 荊淮海岱[39)]雜齊之間에 罵奴曰臧이요 罵婢曰獲이라 齊之北鄙와 燕之北郊엔 凡民男而婿婢를 謂之臧이요 女而婦奴를 謂之獲이요 亡奴謂之臧이요 亡婢謂之獲이라하다 王逸[40)]注楚辭[41)]에 云 臧은 爲人所賤繫也요 獲은 爲人所係得也[42)]라하다 或曰 臧은 守藏者也요 獲은 主禽者也라하다

38) 方言：각 지방의 言語, 物名의 同異를 수록한 책으로 모두 13권이다. 漢나라 揚雄의 저술이라 한다. 그러나 ≪漢書≫ 〈揚雄傳〉에 양웅의 저술을 언급한 부분에 ≪방언≫이 보이지 않고, 許愼의 ≪說文解字≫에 양웅의 말을 인용한 것이 ≪방언≫에 보이지 않는다는 사실로 보아 양웅의 저술이라 할 근거가 희박하다.

39) 荊淮海岱：'荊'은 荊山이 있는 長江 북쪽의 荊州 지방을 가리키고, '淮'는 河南省 桐柏山에서 발원하는 淮水가 흐르는 지역을 가리킨다. '海'는 渤海, '岱'는 泰山을 가리키는데 지금의 山東省의 渤海에서 泰山 사이의 땅을 '海岱'로 부르기도 한다.

40) 王逸：後漢 때 사람으로 字는 叔師이다. 현존하는 가장 오래된 ≪楚辭≫ 주석본을 썼다.

41) 楚辭：楚나라 때의 屈原과 그의 後人의 글을 모은 책이다. 북방 문학인 ≪詩經≫의 뒤를 이어 나온 대표적인 남방 문학이며 신화나 전설 등의 비장한 내용을 담고 있다. 왕일이 지은 ≪楚辭章句≫는 劉向이 편한 16편에, 왕일이 직접 지은 〈九思〉와 班固의 두 편의 서를 더한 후 각각 주석을 가한 것으로, 모두 17권이다

42) 臧……爲人所係得也：≪楚辭章句≫ 권14 〈哀時命〉에 "管仲과 晏嬰을 내버리고 노비를 임용하니 어떻게 저울질이 제대로 될 수 있겠는가.〔釋管晏而任臧獲兮 何權衡之能稱〕"라고 한 데 대한 주석이다.

畢沅 : ≪方言≫에 "臧獲은 奴婢의 賤稱이다. 荊, 淮, 海, 岱 등 齊 주변의 여러 지방에서는 奴(사내종)를 욕하여 臧이라고 하고 婢(계집종)를 욕하여 獲이라고 한다. 齊의 북쪽 교외, 燕의 북쪽 교외에서는 일반 백성 중에 사내이면서 계집종의 남편을 臧이라 하고 계집이면서 사내종의 부인을 獲이라 하며 도망간 奴를 臧이라 하고 도망간 婢를 獲이라 한다."라고 하였다. 王逸이 ≪楚辭≫에 낸 注에 "臧은 남에게 천하게 팔려 매인 것이고, 獲은 남에게 묶여 소유가 된 것이다."라고 하였다. 어떤 이는 "臧은 창고를 지키는 자이고 獲은 짐승을 주관하는 자이다."라고 하였다.

45-5-4 此乃是而然者也라

이것이 바로 〈前提가〉 맞을 경우에 〈結論이〉 그러한 것이다.

45-6-1 獲之親은

獲(계집종)의 어버이는

舊本作視라 畢云 當爲事라하다 王引之云 畢說非也니 視乃親字之訛라 獲之親은 人也로되 獲事其親은 非事人也에 兩親字上下相應하니 猶下文云 其弟美人也로되 愛弟는 非愛美人也에 兩弟字亦上下相應이라하다 案 王說是也니 今據正이라

〈'親'〉은 舊本에 '視'로 되어 있다.

畢沅 : 마땅히 '事'가 되어야 한다.

王引之 : 畢沅의 說은 잘못이니 '視'는 바로 '親'자의 誤字이다. '獲之親 人也 獲事其親 非事人也'에서 두 '親'자가 앞뒤로 상응하니 아래 글에서 '其弟 美人也 愛弟 非愛美人也'라고 한 데서 두 '弟'자 역시 앞뒤로 상응하는 것과 같다.

案 : 王引之의 說이 맞으니 지금 이에 의거하여 바로잡았다.

45-6-2 人也로되 獲事其親은 非事人也라 其弟美人也로되 愛弟는 非愛美人也라

사람이기는 하지만 獲이 자기 어버이를 섬기는 것이 사람을 섬기는 것은 아니다. 자기 아우가 美人이더라도 아우를 사랑하는 것이 美人을 사랑하는 것은 아니다.

畢云 言使其弟有美容이라도 而愛弟者는 非以容也라하다

畢沅 : 설사 그 아우가 아름다운 용모가 있더라도 아우를 사랑하는 것은 용모 때문이 아니라는 말이다.

45-6-3 車는 **木也**로되 **乘車**는 **非乘木也**라 **船**은 **木也**로되 (人)〔入〕**船**은

수레는 나무이지만 수레를 타는 것이 나무를 타는 것은 아니다. 배는 나무이지만 배에 들어가는 것이

畢云 當爲乘船이라하다 蘇云 人當爲入之誤라하다

畢沅 : 〈'人船'은〉 '乘船'이 되어야 한다.

蘇時學 : '人'은 '入'의 誤字가 되어야 한다.

45-6-4 非(人)〔入〕**木也**라 **盜人**은 **人也**로되 **多盜**는 **非多人也**요 **無盜**는 **非無人也**라 **奚以明之**오 **惡**(오)(我)〔多〕[43]**盜**는 **非惡多人也**요 **欲無盜**는 **非欲無人也**니

나무에 들어가는 것은 아니다. 盜人(도적)은 사람이지만 도적이 많은 것이 사람이 많은 것은 아니고 도적이 없는 것이 사람이 없는 것은 아니다. 어떻게 이를 알 수 있는가. 도적이 많음을 미워하는 것이 사람이 많음을 미워하는 것은 아니고 도적이 없음을 바라는 것이 사람이 없음을 바라는 것은 아니니

畢云 此所謂辯名實之理[44]라하다

畢沅 : 이것이 이른바 '개념과 실제의 원리를 변증한다.'는 것이다.

45-6-5 世相與共是之라 **若若是**면 **則雖盜人**(人)**也**라도

세상 사람들이 더불어 모두 이를 옳게 여긴다. 만약 이와 같다면 비록 도적이 사람이라 하더라도

衍一人字라

'人' 한 자는 잘못 들어간 것이다.

---

43) (我)〔多〕 : 저본에는 '我'로 되어 있으나, 畢沅本, 續修四庫全書本 및 漢文大系本에 의거하여 '多'로 바로잡았다.

44) 辯名實之理 : 본 편 45-1-1의 '夫辯者……察名實之理'를 가리킨다.

45-6-6 愛盜非愛人也요 不愛盜非不愛人也요 殺盜(人)非殺人也니

도적을 사랑하는 것이 사람을 사랑하는 것은 아니고 도적을 사랑하지 않는 것이 사람을 사랑하지 않는 것은 아니고 도적을 죽이는 것이 사람을 죽이는 것은 아니니

盜下人字衍이라 荀子正名篇에 云 殺盜非殺人也는 此惑於用名以亂名者也라하다

'盜' 뒤의 '人'자는 잘못 들어간 것이다. ≪荀子≫ 〈正名〉에 "'도적을 죽이는 것은 사람을 죽이는 것이 아니다'라는 주장은 명칭을 사용하는 데 미혹되어 바른 명칭을 어지럽히는 것이다."라고 하였다.

45-6-7 無難(盜無難)矣라

〈이해하는 데〉 어려울 것이 없다.

據下文컨대 疑衍盜無難三字라

아래 글에 의거하면 아마도 '盜無難' 3자는 잘못 들어간 듯하다.

45-6-8 此與彼同類로되 世有彼而不自非也하고 墨者有此而非之는 無(也)〔他〕故焉이라

이것과 저것은 같은 부류인데도 세상 사람들이 저것을 주장하면서 자신을 비판하지 않고 墨家가 이것을 주장하면서 그들을 비판하는 것은 다른 이유가 없다.

舊本故在也上이라 王引之云 無故也焉은 當作無也故焉이니 也故는 卽他故라 下文云 此與彼同類世有彼而不自非也墨者有此而非之無也故焉은 文正與此同이어늘 今本也故二字倒轉하니 則義不可通이라하다 案 王校是也니 今據乙이라

舊本에는 '故'가 '也' 앞에 있다.

王引之 : '無故也焉'은 '無也故焉'이 되어야 하니 '也故'는 바로 '他故'이다. 아래 글에 '此與彼同類 世有彼而不自非也 墨者有此而非之 無也故焉'이라 한 것은 문장이 정확히 이 대목과 같은데 今本에는 이 대목에 '也故' 2자가 순서가 뒤바뀌어 있으니 뜻이 통하지 않는다.

案 : 王引之의 校勘이 맞으니 지금 이에 의거하여 〈글자의 순서를〉 바로잡는다.

45-6-9 所謂內膠(교)外閉하고

이른바 내면이 굳어 있고 외면이 닫혀 있고

爾雅[45)]釋詁에 云 膠는 固也라하니 謂內膠固而外閉塞이라

≪爾雅≫ 〈釋詁〉에 "膠는 固(굳음)이다."라고 하였으니, 내면이 굳어 있으면서 외면이 닫혀 있다는 말이다.

45-6-10 與心毋空乎하여

마음에 구멍이 없어

空讀爲孔이라 列子仲尼篇에 文摯(지)謂龍叔曰 子心六孔流通이요 一孔不達이라한대 張注云 舊說聖人心有七孔也라하다

'空'은 '孔'으로 읽는다. ≪列子≫ 〈仲尼〉에 "文摯가 龍叔에게 이르기를, '그대의 심장은 여섯 구멍이 유통하고 한 구멍은 뚫려 있지 않다.'라 하였다."라고 하였는데, 張湛의 注에 "舊說에 聖人은 심장에 일곱 구멍이 있다고 하였다."라고 하였다.

45-6-11 內膠而不解也라 此乃是而不然者也라

내면이 굳어 풀리지 않아서이다. 이것이 바로 〈전제가〉 맞지만 〈결론이〉 그렇지 않은 것이다.

舊本然作殺이라 畢云 據上當爲然이니 一本作然이라 蘇云 然與煞字로 形相近이라 遂展轉致訛라하다 案 畢蘇校是也라 顧校季本亦作然하니 今據正이라

舊本에는 '然'이 '殺'로 되어 있다.

畢沅 : 앞 부분에 의거하면 '然'이 되어야 하니 어떤 本에는 '然'으로 되어 있다.

蘇時學 : '然'은 '煞'자와 字形이 서로 비슷한지라 마침내 계속 옮기면서 잘못이 생기게

---

45) 爾雅 : 중국 最古의 訓詁書이다. ≪釋名≫ 또는 ≪釋言≫이라고도 한다. 저자와 편찬 시기는 분명치 않으며, 戰國時代(B.C. 403~B.C. 221) 말에서 前漢時代 武帝(B.C. 141~B.C. 87 재위) 사이일 것으로 추정할 뿐이다. ≪이아≫의 經文을 풀이하여 注를 낸 郭璞(276~324)의 ≪爾雅注≫와 ≪이아≫의 경문과 ≪이아주≫를 풀이한 邢昺(932~1010)의 ≪爾雅疏≫가 ≪이아≫의 주석서로 가장 널리 알려져 있다. 唐 高祖 때의 國學博士인 陸德明(550~630)이 ≪爾雅音義≫를 짓고 자신의 저서인 ≪經典釋文≫에 수록하였다.

된 것이다.

案 : 畢沅과 蘇時學의 校勘이 맞다. 顧廣圻가 교감한 李本에도 '然'으로 되어 있으니 지금 이에 의거하여 바로잡았다.

45-7-1 (且夫)〔夫且〕讀書는 非〔讀書也요 好讀書는〕 好書也라

장차 책을 읽으려는 것은 책을 읽는 것이 아니고 책을 읽는 것을 좋아함은 책을 좋아하는 것이다.

疑當作夫且讀書 非讀書也 好讀書 好書也라

아마도 '夫且讀書 非讀書也 好讀書 好書也'가 되어야 할 듯하다.

45-7-2 且鬪雞는 非雞也요

장차 닭을 싸우게 하려는 것은 닭이 아니고

畢云 言人使之鬪라

畢沅 : 사람이 닭을 싸우게 한다는 말이다.

45-7-3 好鬪雞는 好雞也라 且入井은 非入井也요 止且入井은 止入井也라 且出門은 非出門也요 止且出門은 止出門也니 〔世相與共是之라〕

닭을 싸우게 하는 것을 좋아함은 닭을 좋아함이다. 장차 우물에 들어가려는 것은 우물에 들어가는 것이 아니고 장차 우물에 들어가려는 것을 제지한 것은 우물에 들어가는 것을 제지한 것이다. 장차 문을 나서려는 것은 문을 나서는 것이 아니고 장차 문을 나서려는 것을 제지한 것은 문을 나서는 것을 제지한 것이니 〈세상 사람들이 더불어 모두 이를 옳게 여긴다.〉

據上文[46]컨대 當亦有世相與共是之(五)〔六〕[47]字라

위 글에 의거하면 역시 '世相與共是之' 6자가 있어야 한다.

46) 上文 : 본 편 45-6-5를 가리킨다.
47) (五)〔六〕 : 저본에는 '五'로 되어 있으나, 문맥에 의거하여 '六'으로 바로잡았다.

45-7-4 若若是면 **且夭**는 **非夭也**요 **壽夭〔夭〕也**[48)]라

만약 이와 같다면 장차 夭折하려는 것은 요절하는 것이 아니고 수명이 깎이는 것이 〈요절이다.〉

疑當重夭字라

아마도 '夭'자를 중첩해야 할 듯하다.

45-7-5 有命은 **非命也**요 **非執有命**은 **非命也**[49)]니 **無難矣**라 **此與彼同類**로되

命이 있다는 것은 命이 아니고 命이 있다는 주장을 비판하는 것은 命을 비판하는 것이니 〈이해하는 데〉 어려울 것이 없다. 이것과 저것은 같은 부류인데도

舊本脫類字라 **畢云 據上當有類字**라하고 **王說同**하니 **今據補**라

舊本에는 '類'자가 빠져 있다. 畢沅은 "앞 부분에 의거하면 '類'자가 있어야 한다."라고 하고 王引之의 說이 같으니 지금 이에 의거하여 보충한다.

45-7-6 世有彼而不自非也하고 **墨者有此而(罪)〔衆〕非之**[50)]는

세상 사람들이 저것을 주장하면서 자신을 비판하지 않고 墨家가 이것을 주장하는데 뭇사람들이 비판하는 것은

畢云 據上[51)]**無罪字**라하다 **蘇云 罪字衍**이니 **卽而非兩字之訛**라한대 **王說同**이라 **案 罪疑當作衆**이니 **形近而訛**라 **言墨者有此論**이어늘 **而衆共非之**니 **似非衍文**이라 **上文無此字**한대 **或轉是誤脫耳**라

畢沅은 "위 글에 의거하면 '罪'자가 없다."라고 하고 蘇時學은 "'罪'자는 잘못 들어갔으

48) 壽夭〔夭〕也 : ≪墨子今注今譯≫에서는 沈有鼎의 校勘에 의거하여 '壽夭' 앞에 '壽且夭' 3자를 보충하고 "장차 요절하려는 이를 장수하게 하는 것은 요절하는 이를 장수하게 하는 것이다."라고 하였다.

49) 有命……非命也 : ≪墨子今注今譯≫에서는 "儒家에서 주장하는 有命論은 참으로 命의 존재가 있다는 것이 아니고 墨家에서 儒家가 堅持하는 有命의 논점을 반대하는 것은 확실하게 命의 존재를 부정하는 것이다."라고 하였다.

50) 墨者有此而(罪)〔衆〕非之 : ≪墨子今注今譯≫에서는 畢沅의 校勘을 따라 '罪'자를 衍文으로 보았다.

51) 上 : 본 편 45-6-8을 가리킨다.

니 바로 '而非' 2자의 오류이다."라고 하였는데 王引之의 說이 같다.

案 : '罪'는 아마도 '衆'이 되어야 할 듯하니 字形이 비슷하여 잘못된 것이다. 墨家가 이러한 논의를 주장하는데 뭇사람들이 함께 비판한다는 말이니 衍文이 아닌 듯하다. 위 글에는 이 글자가 없는데 어쩌면 이를 옮기는 과정에서 잘못 빠진 것일 수 있다.

45-7-7 無(也)〔他〕故焉이라

다른 이유가 없다.

舊本誤作無故焉也러니 王顧竝據道藏本正이요 吳鈔本同이라 畢本亦誤하니 云 據上文焉也當倒라하니 尤非라

舊本에는 '無故焉也'로 잘못되어 있는데 王引之와 顧廣圻 모두 道藏本에 의거하여 바로잡았고 吳鈔本은 같다. 畢沅本도 잘못되어 있는데 "위 글에 의거하면 '焉'과 '也'는 순서가 바뀌어야 한다."라고 하였으니 더욱 잘못이다.

45-7-8 所謂內膠外閉하고 與心毋空乎하여 內膠而不解也라 此乃是而不然[52]者也라

이른바 내면이 굳어 있고 외면이 닫혀 있고 마음에 구멍이 없어 내면이 굳어 풀리지 않아서이다. 이것이 바로 〈전제가〉 맞아도 〈결론이〉 그렇지 않은 것이다.

舊本脫不字라 王云 上文白馬馬也以下엔 但言是요 不言非라 故曰 此乃是而然者也라하고 獲之親人也以下엔 言是又言非라 故曰 此乃是而不然者也라하고 且夫讀書非好書也以下엔 亦是非竝言호되 而以此三句承之하면 則亦當云 此乃是而不然者也니 寫者脫去不字耳라하다 案 王校是也니 今據補라

舊本에는 '不'자가 빠져 있다.

王念孫 : 위 글의 '白馬馬也' 이하에서는 是(옳음)만 말하고 非(그름)을 말하지 않았으므로 "이것이 바로 〈前提가〉 맞을 경우에 〈結論이〉 그러한 것이다.〔此乃是而然者也〕"라고 하였고, '獲之親人也' 이하에서는 是를 말하고 다시 非를 말하였으므로 "이것이 바로 〈前提가〉 맞아도 〈結論이〉 그렇지 않은 것이다.〔此乃是而不然者也〕"라고 하였고 '且夫讀書非好書也' 이하에서는 또한 是非를 함께 말하면서 이 3句로 받았다. 그렇다면 또한 "이것은

52) 是而不然 : ≪墨子今注今譯≫에서는 譚戒甫의 校勘에 의거하여 '不是而然'으로 보았다. 본편 45-4-1 참조.

바로 〈前提가〉 맞아도 〈結論이〉 그렇지 않은 것이다.〔此乃是而不然者也〕"라고 해야 하니, 적는 이가 '不'자를 빠뜨린 것일 뿐이다.

案 : 王念孫의 校勘이 맞으니 지금 이에 의거하여 보충한다.

45-8-1 愛人은 待周愛人而後爲愛人이어니와 不愛人은 不待周不愛人이니 不周愛면 因爲不愛人矣라

사람을 사랑하는 것은 〈모든〉 사람을 두루 사랑한다는 조건을 충족한 뒤에야 사람을 사랑함이 되지만 사람을 사랑하지 않는 것은 〈모든〉 사람을 두루 사랑하지 않는다는 조건을 충족하지 않아도 되니 〈어떤 사람이건〉 두루 사랑하지 않기만 하면 그대로 사람을 사랑하지 않는 것이 된다.

舊本에 不周愛作不失周愛라 兪云 周는 猶遍也요 失字衍文이라 此言不愛人者는 不待遍不愛人而後謂之不愛人也요 有不遍愛면 因爲不愛人矣라 今衍失字면 義不可通하니 乃淺人不達文義而加之라하다 案 兪說是也니 今據删이라

舊本에는 '不周愛'가 '不失周愛'로 되어 있다.

兪樾 : '周'는 遍(두루)과 같고 '失'자는 衍文이다. 이 대목은 사람을 사랑하지 않는 것은 〈모든〉 사람을 두루 사랑하지 않는다는 조건을 충족한 뒤에야 사람을 사랑하지 않는다고 말하지 않고, 〈어떤 사람이건〉 두루 사랑하지 않음이 있기만 하면 그대로 사람을 사랑하지 않는 것이 된다고 말한 것이다. 지금 '失'자를 더 넣으면 뜻이 통하지 않으니 바로 천박한 이가 글 뜻을 알지 못하고 덧붙인 것이다.

案 : 兪樾의 說이 맞으니 지금 이에 의거하여 删削한다.

45-8-2 乘馬는 不待周乘馬然後爲乘馬也요 有乘於馬면 因爲乘馬矣라 逮至不乘馬하야는 待周不乘馬而後爲不乘馬라 此一周而一不周者也라

말을 타는 것은 〈모든〉 말을 두루 탄다는 조건을 충족한 뒤에야 말을 타는 것이 되는 것이 아니요 〈어떤 말이건〉 말에 타기만 하면 그대로 말을 타는 것이 된다. 말을 타지 않는 것에 이르러서는 〈모든〉 말을 두루 타지 않는다는 조건을 충족한 뒤에야 말을 타지 않는 것이 된다. 이것이 어떤 경우에는 포괄적이지만 다른 경우에는 비포괄적인 것이다.

舊本不待周乘馬句에 脫不字요 而後爲不乘馬句에 脫爲字요 下又衍而後不乘馬五字라 王引之云 待周乘馬然後爲乘馬也에 待上當有不字라 不待周乘馬는 所謂不周也요 下文待周不乘馬는 所謂周也니 以相反爲義라 而後不乘馬에 不上當有爲字니 猶上文云 然後爲乘馬也어늘 寫者脫去耳라 其重出之而後不乘馬五字는 則衍文也라하다 案 王說是也니 今據增刪이라

舊本에는 '不待周乘馬' 句에서 '不'자가 빠져 있고, '而後爲不乘馬' 句에서 '爲'자가 빠져 있고, 아래에 또 '而後不乘馬' 5자가 잘못 들어갔다.

王引之 : '待周乘馬 然後爲乘馬也'에서 '待' 앞에 '不'자가 있어야 한다. '不待周乘馬'는 이른바 '不周(비포괄적)'이고 아래 글의 '待周不乘馬'는 이른바 '周(포괄적)'이니 相反되는 것으로 뜻을 삼은 것이다. '而後不乘馬'에서 '不' 앞에 '爲'자가 있어야 하니 위 글에 '然後爲乘馬也'라고 한 것과 같은데 글을 옮겨 적는 이가 빠뜨린 것일 뿐이다. 중복하여 나오는 '而後不乘馬' 5자는 衍文이다.

案 : 王引之의 說이 맞으니 지금 이에 의거하여 增補하고 刪削한다.

45-9-1 居於國이면 則爲居國이어니와 有一宅於國이라도 而不爲有國이라 桃之實은 桃也로되 棘之實은 非棘也라

나라에 살면 나라에 사는 것이 되지만 나라에 집을 한 채 소유하더라도 나라를 소유한 것이 되지는 않는다. 桃(복숭아나무)의 열매는 桃이지만 棘(멧대추나무)의 열매는 棘이 아니다.

棘之實은 棗也라 故云非棘이라 詩魏風園有棘에 其實之食이라한대 毛傳[53]云 棘은 棗也라하다 說文朿部에 云 棘은 小棗叢生者라하다

멧대추나무〔棘〕의 열매는 대추〔棗〕이므로 '非棘'이라고 한 것이다. ≪詩經≫ 〈魏風 園有棘〉에 "그 열매를 먹는다.〔其實之食〕"라고 하였는데 毛傳에 "멧대추나무는 대추이다.〔棘棗也〕"라고 하였다. ≪說文解字≫ 朿部에 "棘은 小棗가 떨기로 난 것이다."라고 하였다.

---

53) 毛傳 : ≪毛詩詁訓傳≫의 약칭이다. 前漢 때 魯땅에 살던 毛亨(大毛公을 말함)이 ≪詩詁訓傳≫을 지어 趙나라의 毛萇(小毛公을 말함)에게 전수한 것이라고 하는데, 그는 다시 貫長卿에게 전수하였다. 毛亨은 經學에 정통하여 漢代 경학을 집대성하였다고 평가된다. 저서로 ≪毛詩傳≫, ≪周禮注≫ 등이 있다.

45-9-2 問人之病은 **問人也**요 **惡**(오)**人之病**은 **非惡人也**라 **人之鬼**는 **非人也**요 **兄之鬼**는 **兄也**라 **祭人之鬼**는 **非祭人也**요

어떤 사람의 병을 묻는 것은 어떤 사람에게 묻는 것이고 어떤 사람의 병을 미워하는 것은 어떤 사람을 미워하는 것이 아니다. 사람의 귀신은 사람이 아니고 형의 귀신은 형이다. 어떤 사람의 귀신을 제사지내는 것은 어떤 사람을 제사지내는 것이 아니고

祭人之鬼는 舊本脫人字라 王引之云 祭之鬼는 當作祭人之鬼니 承上文人之鬼而言也어늘 寫者脫人字라하다 案 王說是也니 今據補라

'祭人之鬼'는 舊本에 '人'자가 빠졌다.

王引之 : '祭之鬼'는 '祭人之鬼'가 되어야 하니 위 글의 '人之鬼'를 받아 말한 것인데 옮겨 적는 이가 '人'자를 빠뜨렸다.

案 : 王引之의 說이 맞으니 지금 이에 의거하여 보충한다.

45-9-3 祭兄之鬼는 **乃祭兄也**라 (**之**)〔**是**〕**馬之目**(**盼**(반))〔**眇**(묘)〕면

형의 귀신을 제사지내는 것은 바로 형을 제사지내는 것이다. 이 말의 눈이 애꾸눈이라면

顧云 淮南說山訓作眇하니 此作盼은 誤也라하다 畢云 上之疑當爲大라하다 王引之云 上之非大字之譌라 之는 猶於也라 言於馬之目盼엔 則謂之馬盼이나 於馬之目大엔 而不謂之馬大요 於牛之毛黃엔 則謂之牛黃이나 於牛之毛衆엔 而不謂之牛衆也라하다 蘇云 之馬는 猶言是馬라 盼은 視也라하다 案 說文目部에 云 盼은 白黑分也라하고 眇는 一目小也라하다 馬目不可以言盼이니 顧校近是라 之는 當從蘇訓爲是니 前經說諸篇에 義多如此라

顧廣圻 : 〈'盼'은〉 ≪淮南子≫ 〈說山訓〉에 '眇'로 되어 있으니 여기서 '盼'으로 되어 있는 것은 잘못이다.

畢沅 : 앞의 '之'는 아마도 '大'가 되어야 할 듯하다.

王引之 : 앞의 '之'는 '大'자의 오류가 아니다. '之'는 '於'와 같다. 말의 눈이 선명한 것을 두고는 말이 선명하다〔馬盼〕고 하지만 말의 눈이 큰 것을 두고는 말이 크다〔馬大〕고 하지

않으며 소의 털이 노란 것을 두고는 소가 노랗다〔牛黃〕고 하지만 소의 털이 많은 것을 두고는 소가 많다〔牛衆〕고 하지 않는다는 말이다.

蘇時學 : '之馬'는 '是馬'라고 말하는 것과 같다. '盼'은 봄〔視〕이다.

案 : ≪說文解字≫ 目部에 "'盼'은 黑白이 구분되는 것이다."라고 하고 "'眇'는 눈 하나가 작은 것이다."라고 하였다. 말의 눈은 '盼'이라고 말할 수 없으니 顧廣圻의 校勘이 옳을 듯하다. '之'는 蘇時學의 訓詁를 따라 '是'가 되어야 하니 앞의 〈經說 上〉, 〈經說 下〉에서 이러한 의미로 많이 쓰였다.

45-9-4 則(爲)〔謂〕之馬(盼)〔眇〕나

이 말이 애꾸눈이라고 말하지만

畢云 爲는 當作謂라하다

畢沅 : '爲'는 '謂'가 되어야 한다.

45-9-5 (之)〔是〕馬之目大면 而不謂之馬大라

이 말의 눈이 크다면 이 말이 크다고 말하지 않는다.

莊子天下篇釋文[54)]에 引司馬彪[55)]云 狗之目眇이면 謂之眇狗나 狗之目大면 不曰大狗니 此乃一是一非라하니 卽襲此文하여 而易馬爲狗라

≪莊子≫ 〈天下〉의 釋文에 司馬彪의 설을 인용하여 "개의 눈이 애꾸라면 애꾸눈 개라고 하지만 개의 눈이 크다면 큰 개라고 하지 않으니 이것이 바로 어떤 경우에는 맞지만 다른 경우에는 그른 것이다."라고 하였으니, 바로 이 글을 蹈襲하면서 '馬'를 '狗'로 바꾸었다.

54) 釋文 : ≪經典釋文≫을 가리키는 것으로, 이는 唐代 經學家인 陸德明의 저작이다. ≪周易≫, ≪古文尙書≫, ≪毛詩≫, ≪周禮≫, ≪儀禮≫, ≪禮記≫, ≪春秋左氏傳≫, ≪春秋公羊傳≫, ≪春秋穀梁傳≫, ≪孝經≫, ≪論語≫, ≪爾雅≫, ≪老子≫, ≪莊子≫ 등의 古音과 訓義에 대하여 고증한 것으로, 魏晉 이래 혼란해진 注音을 통일하기 위해 經文과 注文에 모두 反切이나 直音을 달았을 뿐 아니라 漢魏六朝의 經學家들의 音切과 訓詁를 망라하여 수록함으로써 이후 經學의 기본서가 되었다.

55) 司馬彪 : 240?~306. 西晉의 史學家이자 文學家로, 字는 紹統이고 河內 溫땅(지금의 河南省 溫縣) 사람이다. 晉 武帝 때 秘書郞·秘書丞·散騎侍郞 등의 벼슬을 했고, ≪續漢書≫ 80권, ≪莊子注≫ 21권, ≪兵記≫ 20권, 文集 4권을 지었으나 모두 없어졌고, 지금은 ≪文選≫ 중에 贈山濤, 雜詩 등만 수록되어 전한다. ≪속한서≫의 八志는 뒤에 范曄의 ≪後漢書≫ 안에 산입되었다.

45-9-6 (之)〔是〕牛之毛黃이면 則謂之牛黃이나 (之)〔是〕牛之毛衆이면 而不謂之牛衆이라 一馬는 馬也요 二馬는 馬也라 馬四足者는 一馬而四足也요 非兩馬而四足也라 (一馬는 馬也라)

이 소의 털이 노랗다면 소가 노랗다고 말하지만 이 소의 털이 많으면 소가 많다고 말하지 않는다. 말 한 마리는 말이고 말 두 마리는 말이다. 말이 네 다리가 있는 것은 말 한 마리가 네 다리인 것이지 말 두 마리가 네 다리인 것이 아니다.

王引之云 一馬馬也二馬馬也가 已見上文하니 此一馬馬也四字는 蓋衍이라하다

王引之 : '一馬 馬也 二馬 馬也'가 이미 위 글에 보이니 이 대목의 '一馬 馬也' 4자는 대개 잘못 들어간 것이다.

45-9-7 馬或白者는

말 가운데 어떤 것이 흰색인 것은

畢云 白은 舊作自러니 以意改라하다 案 顧校季本에 正作白이라

畢沅 : '白'은 舊本에 '自'로 되어 있는데, 글 뜻으로 판단하여 고쳤다.

案 : 顧廣圻가 校勘한 季本에는 바로 '白'으로 되어 있다.

45-9-8 二馬而或白也요 非一馬而或白이라 此乃一是而一非者也라

말 두 마리에서 어떤 것이 흰색인 것이지 말 한 마리에서 어떤 것이 흰색인 것이 아니다. 이것이 바로 어떤 경우에는 맞지만 다른 경우에는 그른 것이다.

제46편 경주 耕柱

'耕柱'는 墨子의 제자로, 이 篇과 뒤에 이어지는 〈貴義〉, 〈公孟〉, 〈魯問〉의 4편은 모두 묵자와 그의 제자 혹은 爲政者나 다른 사람들과의 대화를 기록한 묵자의 어록이다. 학계에서는 대체로 묵자의 제자 및 再傳 제자의 손을 거쳐 이루어진 것으로 간주하고 있다. 각 편 모두 첫 章의 앞 句에 나오는 2자 혹은 그 의미를 뽑아 篇題로 삼았고, 장과 장 사이에는 관련이 없어 全篇을 관통하는 중심 사상은 없으나 대체로 義를 주제로 한 내용이 많다. ≪論語≫, ≪孟子≫의 體裁와 비슷한데, 대화 내용이 이해하기 쉽고 문체가 質朴하여 口語에 가깝다. 이 편은 모두 21장으로, 耕柱子, 治徒娛, 縣子碩, 高石子, 禽滑釐 등 제자와의 대화가 대부분이고, 公孟子를 비롯한 儒家와의 論辯이 일부 있고, 葉公 子高, 魯陽 文君 등 爲政者와의 문답도 있다.

46-1-1 子墨子怒耕柱子하니

子墨子께서 耕柱子에게 노하니

墨子弟子라

〈耕柱子는〉 墨子의 弟子이다.

46-1-2 耕柱子曰 我毋俞於人乎잇가한대

경주자가 말하기를, "제가 남보다 낫지 않습니까?"라고 하자,

荀子榮辱篇楊[1)]注에 **云 俞**는 **讀爲愈**라하다 **淮南子說山訓高注**에 **云 愈**는 **勝也**라하다 **畢云 古愈字只作俞**한대 **太平御覽[2)]引作愈**라하다

1) 楊 : 楊倞을 가리킨다. 弘農(지금의 河南省 靈寶縣) 사람으로, 唐나라 憲宗 연간(805~820)에 주로 활동하였다. 저서로 ≪荀子注≫가 있다.
2) 覽 : 저본의 傍注에 "'覽'은 원래 '覺'으로 잘못되어 있으나, 바로 고친다.〔覽 原誤覺 徑改〕"라고 하였다.

≪荀子≫ 〈榮辱〉의 楊倞의 注에 "'兪'는 '愈'로 읽는다."라고 하였다. ≪淮南子≫ 〈說山訓〉의 高誘의 注에 "'愈'는 勝(나음)이다."라고 하였다.

畢沅 : 옛날에 '愈'자는 '兪'라고 되어 있는데, ≪太平御覽≫[3]에서 이 대목을 인용한 곳에는 '愈'로 되어 있다.

46-1-3 子墨子曰 我將上大行(태항)에

자묵자께서 말씀하셨다. "내가 장차 大行山을 올라가려 할 때

大는 吳鈔本作太라 蘇云 大讀爲太라하다 畢云 高誘注呂氏春秋에 云 大行在河內野王縣北이라한대 山在今河南懷慶府城北이요 亦名羊腸阪이라하다

'大'는 吳鈔本에 '太'로 되어 있다.

蘇時學 : '大'는 '太'로 읽는다.

畢沅 : 高誘가 ≪呂氏春秋≫에 낸 注에 "大行山은 河內 野王縣의 북쪽에 있다."라고 하였는데, 태항산은 지금 河南 懷慶府城의 북쪽에 있고 羊腸阪이라고도 부른다.

太行山

46-1-4 駕驥與(羊)〔牛〕인댄

준마와 소에게 멍에를 멘다면

王云 羊不可與馬竝駕니 羊當爲牛라 太平御覽[4]地部五引此已誤作羊이라 藝文類聚[5]

3) 太平御覽 : 宋代의 유명한 類書로, 北宋의 李昉, 李穆, 徐鉉 등이 왕명으로 편찬한 책이다. 天, 地, 人, 事, 物의 순으로 55부로 구성되었으며, 1000여종의 古書가 인용되어 宋代 이전의 문헌자료를 대량으로 보존하고 있다.

4) 覽 : 저본의 傍注에 "'覽'은 원래 '覺'으로 잘못되어 있으나, 바로 고친다.〔覽 原誤覺 徑改〕"라고 하였다.

5) 藝文類聚 : 唐代 歐陽詢 등이 勅命을 받들어 편찬한 類書이다. 天・歲時・地・州・郡・山・水・符命・帝王 등 48部로 분류하여, 사실을 기록한 후에 그에 대한 詩文을 수록한 것이다. 100권이다.

(地部)〔山部上〕[6]及白帖[7]五竝引作牛라

王念孫 : 양은 말과 함께 멍에를 멜 수 없으니 '羊'은 '牛'가 되어야 한다. ≪太平御覽≫ 〈地部 五〉에서 이 대목을 인용한 곳에는 이미 '羊'으로 잘못되어 있다. ≪藝文類聚≫ 〈山部 上〉 및 ≪白孔六帖≫ 권5 모두 이 대목을 인용한 곳에는 '牛'로 되어 있다.

46-1-5 子將誰敺(구)오하다

그대는 장차 무엇을 채찍질하겠는가?"

畢云 子는 舊作我러니 據蓺文類聚太平御覽改라 說文에 云 敺는 古文驅니 從攴(복)이라하다 蓺文類聚引作驅라하다

畢沅 : '子'는 舊本에 '我'로 되어 있는데 ≪藝文類聚≫, ≪太平御覽≫에 의거하여 고쳤다. ≪說文解字≫에 "'敺'는 古文의 '驅'니 '攴'이 부수이다."라고 하였다. ≪예문유취≫에서 이 대목을 인용한 곳에는 '驅'로 되어 있다.

46-1-6 耕柱子曰 將敺驥也라한대 子墨子曰 何故敺驥也오하니 耕柱子曰 〔以〕驥足(以)責일새라하다

경주자가 말하기를, "준마를 채찍질하겠습니다."라고 하자, 자묵자께서 말씀하셨다. "무슨 까닭으로 준마를 채찍질하는가?" 경주자가 말하기를, "준마가 責勵할 만하기 때문입니다."라고 하였다.

畢云 蓺文類聚引作以驥足責이라하다 王云 驥足以責本作以驥足責하니 言所以敺驥者는 以驥之足責故也라 此正答墨子何故敺驥之問이라 今本倒以字於足字之下는 則非其旨矣라 類聚白帖御覽竝作以驥足責이라하다 蘇云 言任敺策也라하다

畢沅 : ≪藝文類聚≫에서 이 대목을 인용한 곳에는 '以驥足責'으로 되어 있다.

王念孫 : '驥足以責'은 본래 '以驥足責'으로 되어 있으니 준마를 채찍질하는 까닭은 준마

6) (地部)〔山部上〕: 저본에는 '地部'로 되어 있으나, ≪藝文類聚≫ 권7에 의거하여 '山部上'으로 바로잡았다.

7) 白帖 : ≪白孔六帖≫의 준말로, 唐代 白居易의 ≪六帖≫ 30권과 北宋 때 孔傳이 이를 모방하여 만든 ≪續六帖≫ 30권을 합하여 1백 권으로 나누어 놓은 것인데 두 책을 합한 사람과 1백 권으로 나눈 사람은 알 수 없다.

가 독책할 만하기 때문이라는 말이다. 이는 바로 墨子가 무슨 까닭으로 준마를 채찍질하느냐고 한 질문에 답한 말이다. 今本에 '以'자를 '足'자 뒤로 순서를 바꾸어 놓은 것은 그 본뜻이 아니다. ≪藝文類聚≫, ≪白孔六帖≫, ≪太平御覽≫에는 모두 '以驥足責'으로 되어 있다.

蘇時學 : 채찍질을 감당한다는 말이다.

46-1-7 子墨子曰

자묵자께서 말씀하셨다.

畢云 子墨二字舊脫이러니 **據太平御覽增**이라하다

畢沅 : '子墨' 2자는 舊本에 빠져 있는데, ≪太平御覽≫에 의거하여 보충하였다.

46-1-8 我亦以子爲足(以)責이라하노라

"나 역시 그대가 책려할 만하다고 생각한다."

王云 本作我亦以子爲足責하니 **此正答耕柱子以驥足責之語**라 **今本足責作足以責**하니 **亦誤**라 **類聚御覽無以字**라하다 **蘇云 亦責備賢者之意**[8]라하다

王念孫 : 〈이 대목은〉 본래 '我亦以子爲足責'으로 되어 있었으니 이는 바로 耕柱子가 준마가 責勵할 만하기 때문이라고 한 데 답한 말이다. 今本에 '足責'이 '足以責'으로 되어 있는데 역시 잘못이다. ≪藝文類聚≫, ≪太平御覽≫에는 '以'자가 없다.

蘇時學 : 〈이 대목〉 또한 賢者에게 완벽하게 갖출 것을 요구하는 뜻이다.

46-2-1 巫馬子謂子墨子曰

巫馬子가 자묵자께 이르기를,

畢云 藝文類聚引謂作問이라하다 **蘇云 巫馬子爲儒者也**니 **疑卽孔子弟子巫馬期**어나 **否則其後**라하다 **詒讓案 史記孔子弟子傳**에 **云 巫馬施少孔子三十餘歲**[9]라하니 **計其年**

8) 責備賢者之意 : 훌륭한 사람에게 조그마한 잘못도 지적하여 완전무결을 요구하는 것이다. ≪淮南子≫ 〈氾論訓〉에 "군자는 한 사람에게 완벽하게 갖출 것을 요구하지 않는다.〔君子不責備於一人〕"라고 하고, ≪新唐書≫ 〈本紀2 太宗〉의 贊에 "≪춘추≫의 법은 늘 현자에게 완벽하게 갖출 것을 요구한다.〔春秋之法 常責備於賢者〕"라고 한 데서 온 말이다.

齒하면 當長墨子五六十歲일새 未必得相問答이라 此或其子姓耳라

畢沅 : ≪藝文類聚≫에서 이 대목을 인용한 곳에는 '謂'가 '問'으로 되어 있다.

蘇時學 : 巫馬子는 儒者니 아마도 바로 孔子의 弟子 巫馬期이거나 아니면 그 후손인 듯하다.

詒讓案 : ≪史記≫ 〈孔子弟子傳〉에 "巫馬施는 孔子보다 30여 세 적다."라고 하였으니, 그 나이를 헤아려 보면 묵자보다 5, 60세 연장일 것이기에 꼭 함께 問答을 할 수 있지는 못하였을 것이다. 이 〈대목의 무마자는〉 혹 그 후손일 수 있다.

巫馬施

46-2-2 鬼神孰與聖人明智오한대 子墨子曰 鬼神之明智於聖人은 猶聰耳明目

"鬼神과 聖人 가운데 누가 더 신명하고 지혜롭습니까?"라고 하자, 자묵자께서 말씀하셨다. "鬼神이 聖人보다 신명하고 지혜로움은 귀 밝고 눈 밝은 이가

畢云 埶文類聚雜器物部引作聽明耳目이라하다

畢沅 : ≪藝文類聚≫ 〈雜器 物部〉에서 이 대목을 인용한 곳에는 〈'聰耳明目'이〉 '聽明耳目'으로 되어 있다.

46-2-3 之與聾瞽(농고)也라

귀머거리나 장님보다 나은 것과 같습니다.

畢云 埶文類聚引瞽作盲이라하다

畢沅 : ≪藝文類聚≫에서 이 대목을 인용한 곳에는 '瞽'가 '盲'으로 되어 있다.

46-2-4 昔者夏后(開)〔啓〕는

9) 史記孔子弟子傳……巫馬施少孔子三十餘歲 : ≪史記≫ 〈仲尼弟子列傳〉에는 "무마시는 자가 자기이니 공자보다 30세 적다.〔巫馬施字子旗 少孔子三十歲〕"라고 하였다.

옛날 夏나라 왕 啓는

畢云 昔者는 **蓺文類聚引作若**이라 **後漢書**[10]**注引云開治**라하다 **詒讓案 治字不當有**니 **崔駰傳注蓋誤衍**이라 **蘇云 開卽啓也**니 **漢人避諱而改之**[11]라하다

畢沅 : '昔者'는 ≪藝文類聚≫에서 이 대목을 인용한 곳에는 '若'으로 되어 있다. ≪後漢書≫의 注에서 이 대목을 인용한 곳에는 '開治'라고 하였다.

詒讓案 : '治'자는 있어서는 안 되니 ≪後漢書≫ 〈崔駰傳〉의 注에 잘못 들어간 듯하다.

蘇時學 : '開'는 바로 '啓'이니 漢代 사람이 皇帝의 諱를 避하여 고친 것이다.

46-2-5 使蜚廉折金於山(川)하여

蜚廉으로 하여금 山에서 金을 캐고서

畢云 蓺文類聚後漢書注太平御覽玉海[12]**俱引蜚作飛**라하다 **蘇云 此爲夏之蜚廉**이라하다 **詒讓案 初學記**[13]**鱗介部文選七命注竝作飛**라 **又畢本**에 **折改採**하고 **云 舊作折**이러니 **據文選注**[14]**改**라 **山海經**[15]**云 其中多金**이라하여 **或在山**이어나 **或在水**어늘 **諸書引多無川字**하니 **非**라하다

---

10) 後漢書 : 南朝 宋代의 范曄이 편찬한 紀傳體 역사서이다. ≪史記≫, ≪漢書≫, ≪三國志≫와 함께 '前四史'라 불린다. 紀 10篇, 列傳 80篇, 志 8篇으로 구성되어 있으며, 後漢 光武帝 建武 원년(25)에서 後漢 獻帝 建安 25년(220)까지 195년의 역사를 다루고 있는데, 범엽이 宣城太守로 좌천되어 뜻을 얻지 못하자 이 책의 저술에 몰두하여 완성하였다. 唐代 章懷太子 李賢이 注를 달았다.

11) 開卽啓也 漢人避諱而改之 : 漢 景帝의 諱가 啓이므로 '啓'를 피휘하여 '開'로 고친 것을 말한다. ≪史記≫ 〈宋世家〉에 '微子啓'를 '微子開'라고 한 것과 같다.

12) 玉海 : 南宋 때 王應麟이 지은 類書로 모두 204권이다. 天文, 地理, 官制, 食貨 등 21門으로 구성되어 있다.

13) 初學記 : 唐代 徐堅 등이 古今의 詩文을 典據로 하여 편찬한 類書이다. 총 30권으로 23부 313項目으로 분류하였다.

14) 文選注 : ≪文選≫은 梁나라 昭明太子 蕭統이 秦·漢 이래 齊·梁代의 대표적인 詩文을 모아 엮은 책이다. 총 30권으로 ≪昭明文選≫이라고도 한다. ≪文選注≫는 李善이 唐 高宗 顯慶 연간에 지어 조정에 바친 책이다. 총 60권이다. 唐나라 이전 최고 수준의 古書 注釋으로 일컬어진다.

15) 山海經 : 대체적으로 戰國時代 中後期에서 漢代 初中期 사이에 楚나라, 혹은 巴蜀 지역 사람이 지은 것으로 여겨지는 책으로, 민간 설화에 나오는 妖怪와 怪獸에 대한 설명과 신화를 수록하고 있다. 이 책을 통해 고대의 신화, 지리, 동식물, 광물, 종교, 역사, 의약, 민속 등 여러 방면의 정보를 얻을 수 있다고 평가받는다. 현존하는 것은 18篇이다.

畢沅 : ≪藝文類聚≫, ≪後漢書≫의 注, ≪太平御覽≫, ≪玉海≫ 모두 이 대목을 인용한 곳에 '蜚'가 '飛'로 되어 있다.

蘇時學 : 이는 夏나라의 蜚廉이다.

詒讓案 : ≪初學記≫ 〈鱗介部〉, ≪文選≫ 〈七命〉의 注에 모두 '飛'로 되어 있다. 또 畢沅本에는 '折'을 '採'로 고치고서 "舊本에는 '折'로 되어 있는데 ≪文選注≫에 의거하여 고쳤다. ≪山海經≫에 '그중에 金이 많다.〔其中多金〕'라고 하여 산에 있기도 하고 물에 있기도 한데, 여러 책들에서 이 대목을 인용한 곳에는 대부분 '川'자가 없으니, 잘못이다."라고 하였다.

王云 畢改非也라 折金者는 擿金也라 漢書趙廣漢傳에 其發姦擿伏如神이라한대 師古曰 擿은 謂動發之也라하다 管子[16]地數篇에 曰 上有丹沙者는 下有黃金하고 上有慈石者는 下有銅金하고 上有陵石者는 下有鉛錫(有)〔赤〕[17]銅하고 上有赭者는 下有鐵이라 君謹封而祭之하니 然則與折取之遠矣라하다 彼言折取之하고 此言折金하니 其義一也라 說文曰 硩(척)은 上擿巖空青珊瑚墮之니 從石折聲이라하니 硩與折은 亦聲近而義同이라 後漢書崔駰傳注蓺文類聚雜器物部初學記鱗介部太平御覽珍寶部九路史[18]疏仡紀廣川書跋[19]玉海器用部引此竝作折金이라 文選注作採金者는 後人不曉折字之義而妄改之요 非李善[20]原文也라하다

王念孫 : 畢沅이 고친 것은 잘못이다. '折金'이라는 것은 擿金이다. ≪漢書≫ 〈趙廣漢傳〉

16) 管子 : 春秋時代 齊나라의 유명한 정치가였던 管仲(B.C. 723~B.C. 645)의 이름을 딴 저작으로, 관중의 영향을 받은 후대 稷下學派에 의해 작성된 것으로 알려져 있다. 四庫全書의 子部 法家類에 속해 있으며, 당대 법가사상을 대표하는 저작으로 평가받는다.

17) (有)〔赤〕 : 底本에는 '有'로 되어 있으나, ≪管子≫ 권23 〈地數〉에 의거하여 '赤'으로 바로잡았다.

18) 路史 : 南宋의 羅泌이 편찬한 史書로, 前記 9권, 後記 13권, 余論 10권, 發揮 6권, 國姓衍慶紀原 1권, 大衍說 1권, 國名記 7권으로 구성되어 모두 47권이다. '路史'는 '大史'라는 뜻으로, 上古 이래 역사, 지리, 풍속, 씨족 등과 관련 있는 전설과 史事를 모아놓은 책이다.

19) 廣川書跋 : 南宋의 董逌(유)가 편찬한 책으로 모두 10권이다. 앞의 4권은 周와 秦의 鍾鼎器와 權量에 새겨진 銘文과 〈嶧山銘〉 등의 石刻을 수록하고 고증을 가하였다. 5권은 漢代의 金石 銘文과 石刻을, 6권은 魏·晉·南北朝에서 隋代까지의 碑帖을 수록하였다. 7~9권은 唐 代書法家의 碑帖을 수록하였고 10권은 五代에서 北宋까지 書法家의 作品을 수록하였다.

20) 李善 : 630?~690. 唐나라 揚州 江都 사람으로 호는 書麓이다. ≪文選≫에 정통하여 文選學이라 불리었으며, 顯慶 3년(658)에 ≪文選注≫ 60권을 지어 조정에 바쳤다. 저서로 ≪漢書辨惑≫ 등이 있다.

에 "감추어진 간사한 일을 적발하는 것이 귀신같다.〔其發姦擿伏如神〕"라고 하였는데, 顔師古가 "'擿'은 흔들어 일어나게 한다는 말이다."라고 하였다. ≪管子≫〈地數〉에 "위에 丹沙가 있는 山地에는 아래에 黃金이 있고, 위에 慈石이 있는 산지에는 아래에 銅, 金이 있고, 위에 陵石이 있는 산지에는 아래에 鉛, 錫, 赤銅이 있고, 위에 赭(붉은 흙)가 있는 산지에는 아래에 鐵이 있다. 임금이 엄격히 封禁하여 제사를 드리니 그렇다면 마음대로 채취하는 것과는 전혀 다르다.〔然則與折取之遠矣〕"라고 하였다. 〈地數〉에서는 '折取之'라고 하고 이 대목에서는 '折金'이라고 했는데 그 뜻은 같다.

≪說文解字≫에 "'硩'은 위로 바위틈의 靑珊瑚를 따서 떨어뜨리는 것이니 '石'이 부수이고 聲音은 '折'이다."라고 하였으니 '硩'과 '折' 또한 성음이 비슷하면서 뜻이 같다. ≪후한서≫〈崔駰傳〉의 注, ≪예문유취≫〈雜器 物部〉, ≪초학기≫〈鱗介部〉, ≪태평어람≫〈珍寶部9〉, ≪路史≫〈疏仡紀〉, ≪廣川書跋≫, ≪옥해≫〈器用部〉에서 이 대목을 인용한 곳에는 모두 '折金'으로 되어 있다. ≪문선주≫에 '採金'으로 되어 있는 것은 後人이 '折'자의 뜻을 알지 못하고서 함부로 고친 것이지 李善의 原文이 아니다.

又云 山水中雖皆有金이나 然此自言使蜚廉折金於山이요 不兼川言之라 後漢書注文選注蓺文類聚初學記太平御覽引此皆無川字하니 則川字乃後人以意加之也라하다 案 王說是也라

王念孫 : 산과 물에 비록 모두 金이 있지만 여기서는 蜚廉으로 하여금 山에서 折金하게 하였다고 스스로 말하고 '川'을 아울러 말하지 않았다. ≪후한서≫의 注, ≪문선주≫, ≪예문유취≫, ≪초학기≫, ≪태평어람≫에서 이 대목을 인용한 곳에는 모두 '川'자가 없으니, '川'자는 바로 後人이 자기 뜻으로 덧붙인 것이다.

案 : 王念孫의 說이 맞다.

46-2-6 而陶鑄之於昆吾하고

昆吾에서 〈鼎을〉 鑄造하게 하고는

吳鈔本無之字라 畢云 蓺文類聚後漢書注文選注에 俱引作以鑄鼎於昆吾라 吾는 文選注作吳라 括地志[21]에 云 濮陽縣[22]은 古昆吾國이니 故城縣西三十里라 昆吾臺在縣

21) 括地志 : 唐나라 초기 魏王 李泰主가 편집한 地理書이다. 본문 550권, 序略 5권으로 구성되어 있다. ≪漢書≫〈地理志〉와 顧野王의 ≪輿地志≫ 두 책을 기반으로 새로운 地理書 체

西百步하니 在顓(전)帝[23]城內라 周回五十步요 高二十丈이니 卽昆吾虛也라하다

吳鈔本에는 '之'자가 없다.

畢沅 : ≪藝文類聚≫, ≪後漢書≫의 注, ≪文選注≫에는 모두 이 대목을 인용한 곳에 '以鑄鼎於昆吾'로 되어 있다. '吾'는 ≪문선주≫에 '吳'로 되어 있다. ≪括地志≫에 "濮陽縣은 옛 昆吾國이니 故城은 縣의 서쪽 30리이다. 昆吾臺는 縣의 서쪽 100步에 있으니 顓帝城의 안에 있다. 둘레가 50步, 높이가 20丈이니 바로 昆吾虛이다."라고 하였다.

王云 陶鑄之於昆吾는 本作鑄鼎於昆吾하니 此淺人不曉文義而改之也라 金可言鑄요 不可言陶라 上言折金이라 故此言鑄鼎이요 此言鑄鼎이라 故下言鼎成이라 若以陶鑄竝言하면 則與上下文皆不合矣라 後漢書注文選注藝文類聚初學記에 竝作鑄鼎하고 太平御覽作鑄之하고 路史作鑄陶하고 玉海作陶鑄之하니 則羅長源[24]所見本에 已有陶字라 蓋唐宋間人改之也라하다

王念孫 : '陶鑄之於昆吾'는 본래 '鑄鼎於昆吾'로 되어 있었으니 이는 천박한 이가 글 뜻을 알지 못하고 고친 것이다. 金은 鑄라고 말할 수 있지 陶라고 말할 수 없다. 위에서 '折金'을 말하였으므로 여기서 '鑄鼎'을 말하였고 여기서 '鑄鼎'을 말하였으므로 아래에서 '鼎成'을 말한 것이다. 만약 '陶', '鑄'라는 글자를 함께 말한다면 위아래 글과 모두 부합하지 않는다. ≪후한서≫의 注, ≪문선주≫, ≪예문유취≫, ≪初學記≫에 모두 '鑄鼎'으로 되어 있고 ≪太平御覽≫에는 '鑄之'로 되어 있고 ≪路史≫에는 '鑄陶'로 되어 있고 ≪玉海≫에는 '陶鑄之'로 되어 있다. 羅長源이 본 판본에 벌써 '陶'자가 있던 것이니 아마도 唐代나 宋代 사람이 고친 듯하다.

詒讓案 呂氏春秋君守篇에 云 昆吾作陶라한대 高注云 昆吾는 顓頊之後吳回之孫陸終之子[25]로 已姓也니 爲夏伯制作陶冶라하다 通典[26]州郡篇에 云 濮州濮陽縣卽昆吾之

제를 만들어 ≪元和郡縣志≫, ≪太平寰宇記≫의 先河가 되었다고 평가받는다.

22) 濮陽縣 : 지금의 河南省에 속하는데 濮水가 남쪽으로 흘러 濮陽이라고 하였다. 北魏 때에는 濮陽郡, 隋代에는 東郡, 唐代에는 濮州, 五代시대에는 澶州에 속했다.

23) 顓(전)帝 : 上古시대 五帝의 하나인 顓頊이다. 高陽氏라고도 하는데, 黃帝의 손자라고 전해진다. 若水에서 태어나고, 帝丘에서 살았으며, 20세에 帝位에 올랐다고 한다.

24) 羅長源 : 南宋의 羅泌(1131~1189)로, 長源은 그의 字이다. 호는 歸愚이고, 吉州 廬陵 사람이다. 저서로 ≪路史≫ 47권, ≪古史攷≫가 있다.

25) 吳回之孫陸終之子 : 吳回와 陸終은 전설상의 불의 신으로, 吳回는 顓頊의 손자이고 陸終은

虛니 亦名帝丘라하다 案濮陽故城在今直隸大名府開州西南하니 卽古昆吾國也라 夏啓使蜚廉就其地而鑄鼎이라 故文選張協七命에 云 銘德於昆吳之鼎이라하니 吾吳字通이라 濮陽古亦名帝丘라 呂氏春秋應言篇에 云 市丘之鼎이라하고 宋本蔡邕集薦邊文禮書作帝丘之鼎하니 亦卽指夏鼎言之라

詒讓案 : ≪呂氏春秋≫ 〈君守〉에 "곤오가 질그릇을 만들었다.〔昆吾作陶〕"라고 하였는데 高誘의 注에 "昆吾는 顓頊의 후예이며 吳回의 손자이자 陸終의 아들로, 姓이 己이니 夏伯을 위해 도자기를 制作하였다."라고 하였다. ≪通典≫ 〈州郡〉에 "濮州 濮陽縣은 바로 昆吾의 옛터이니 帝丘라고도 부른다."라고 하였다. 살펴보건대, 濮陽의 故城은 지금 直隸 大名府 開州의 서남쪽에 있으니 바로 옛 昆吾國이다. 夏나라 왕 啓가 蜚廉으로 하여금 그곳으로 가서 鼎을 鑄造하게 하였다. 그래서 ≪文選≫의 張協의 〈七命〉에 "昆吳의 鼎에 德을 새겼다.〔銘德於昆吳之鼎〕"라고 하였으니 '吾', '吳'자는 통용한다. 濮陽은 옛날에 帝丘라고도 명명하였다. ≪呂氏春秋≫ 〈應言〉에 '市丘之鼎'이라 하고, 宋本 ≪蔡邕集≫ 〈薦邊文禮書〉에 '帝丘之鼎'으로 되어 있으니 또한 바로 夏鼎을 가리켜 말한 것이다.

46-2-7 是使(翁)〔菾(익)〕(難)〔靳(작)〕雉하고 (乙)〔已〕卜於白若之龜하여

이때 伯益으로 하여금 꿩을 죽이고 白若의 神龜에 〈그 피를 칠하고〉 거북점을 치게 하면서

舊本無雉字러니 今據玉海增이라 白畢校改爲目하고 云 舊脫乙字하고 又作白苦之龜(참)하니 誤라 藝文類聚引作使翁難乙灼目若之龜하고 玉海引作使翁難雉乙卜於白若之龜한대 當從目若者는 周禮云 北龜者曰若[27]이라하고 爾雅釋魚에 云 龜左睨(예)不類요 右睨不若이라한대 賈公彦疏禮하여 以爲睥睨하니 是目若之說也라 若은 順也라하다

舊本에는 '雉'자가 없는데 지금 ≪玉海≫에 의거하여 덧붙인다. '白'은 畢沅의 校勘에 '目'으로 고치고 말하기를, "舊本에는 '乙'자가 빠져 있고 또 '白苦之龜'으로 되어 있으니 잘못이다. ≪藝文類聚≫에서 이 대목을 인용한 곳에는 '使翁難乙灼目若之龜'로 되어 있고

吳回의 아들이다.

26) 通典 : 唐代의 政治家이자 史學者였던 杜佑가 편찬한 책. 총 200권이다. '十通'의 하나로, 唐의 天寶 이전의 역대 경제, 정치, 예법, 군제, 형법 등의 전장제도에 대해 정리한 것이다.

27) 周禮云 北龜者曰若 : ≪周禮≫ 〈春官 龜人〉에 六龜를 열거하면서 天龜는 靈屬, 地龜는 繹屬, 東龜는 果屬, 西龜는 雷屬, 南龜는 獵屬, 北龜는 若屬이라 하였다.

≪옥해≫에서 이 대목을 인용한 곳에는 '使翁難雉乙卜於白若之龜'로 되어 있다. '目若'으로 되어 있는 것을 따라야 하는 것은, ≪周禮≫에 '北龜는 若이라 한다.〔北龜者曰若〕'라고 하고 ≪爾雅≫ 〈釋魚〉에 '龜는 왼쪽으로 돌아보는 것은 不類이고, 오른쪽으로 돌아보는 것은 不若이다.〔龜左睨不類 右睨不若〕'라고 하였는데 賈公彦이 ≪周禮≫에 낸 疏에 그것을 睥睨라고 하였으니, 이것이 目若의 說이다. '若'은 順(따름)이다."라고 하였다.

王云 舊本訛作白苦之𪚦이러니 畢據藝文類聚改爲目若之龜하고 引爾雅以爲目若之證하니 殊屬附會라 今考初學記路史廣川書跋玉海에 竝引作白若之龜하니 白字正與今本同일새 未敢輒改라하다

王念孫：舊本에는 '白苦之𪚦'으로 잘못되어 있었다. 畢沅은 ≪예문유취≫에 의거하여 '目若之龜'로 고치고 ≪이아≫를 인용하여 '目若'의 증거로 삼았는데 너무도 牽强附會한 것이다. 지금 ≪初學記≫, ≪路史≫, ≪廣川書跋≫, ≪옥해≫에 모두 이 대목을 인용한 곳에 '白若之龜'로 되어 있으니 '白'자는 바로 지금 本과 같기에 감히 멋대로 고치지 않는다.

詒讓案 白若은 道藏本作目苦하고 吳鈔本季本作白苦하고 初學記引亦作使翁難乙灼白若之龜하고 江淹集銅劍讚敘[28]에 云 昔夏后氏使九牧貢金하여 鑄九鼎於荊山之下하니 於昆吾氏之墟요 白若甘𢮦之地라하고 虞荔(여)[29]鼎錄文略同하니 似皆本此라 書亦作白若호되 而以爲地名하니 疑誤라 但此文舊本訛脫難通하니 審校文義하면 當以玉海所引校長이라

詒讓案：'白若'은 道藏本에 '目苦'로 되어 있고 吳鈔本, 季本에 '白苦'로 되어 있고 ≪초학기≫에서 이 대목을 인용한 곳에도 '使翁難乙灼白若之龜'로 되어 있고, ≪江淹集≫ 〈銅劍讚〉의 서문에 "옛날 夏后氏가 九牧으로 하여금 金을 바치게 하고서 荊山 기슭에서 九鼎을 鑄造하니 昆吾氏의 옛터이고 白若이 기꺼이 찔린 곳이다.〔昔夏后氏使九牧貢金 鑄九鼎於荊山之下 於昆吾氏之墟 白若甘𢮦之地〕"라고 하였고, 虞荔의 ≪鼎錄≫의 글이 대략 같으니 모두 이 대목에 근본하고 있는 듯하다.

---

28) 江淹集銅劍讚敘：≪江淹集≫은 南朝 梁나라의 문장가 江淹(444~505)의 문집이다. 강엄은 자가 文通으로, 대표작에 〈恨賦〉, 〈別賦〉등이 있으며 동시대의 鮑照(?~466)와 병칭된다. 〈銅劍讚〉은 ≪江淹集≫ 권3에 수록되어 있다.

29) 虞荔(여)：502~561. 南朝 梁과 陳나라 때 사람으로, 字는 山披이고 會稽 餘姚 사람이다. 唐代 虞世南의 부친이다. 저서로 ≪鼎錄≫이 있는데 四庫全書에 수록되어 있다.

≪尙書≫에도 '白若'으로 되어 있는데 地名으로 여겼으니 잘못인 듯하다. 다만 이 대목의 글은 舊本이 잘못되거나 빠져 있어 뜻이 통하지 않으니 글 뜻을 헤아려 校正한다면 ≪옥해≫에서 인용한 것이 비교적 나을 것이다.

翁當作𦴶이니 **說文口部嗌籒(주)文**[30]**作𦴶**이라 **經典或假爲益字**하니 **漢書百官公卿表𦴶作朕虞**가 **是也**라 **𦴶與翁形近**하니 **節葬下篇哭泣不秩聲嗌**[31]에 **嗌亦誤作翁**하니 **是其證**이라

'翁'은 '𦴶'이 되어야 하니 ≪說文解字≫ 口部에 '嗌'의 籒文이 '𦴶'으로 되어 있다. 經典에 더러 '益'자로 假借하기도 하니 ≪漢書≫ 〈百官公卿表〉에 "𦴶이 나의 虞人이 되었다.〔𦴶作朕虞〕"라고 한 것이 이것이다. '𦴶'은 '翁'과 字形이 비슷하니 〈節葬 下〉에 "哭을 하며 울 때에는 목이 쉬도록 밤낮으로 정해진 때가 없이 운다.〔哭泣不秩聲嗌〕"라고 한 곳의 '嗌' 역시 '翁'으로 잘못되어 있으니 그 증거이다.

難當爲𣂪이니 **備穴篇斲(착)以金爲𣂪**에 **𣂪今本亦訛難**이라 **又經說上篇𣂪指𣂪脯**에 **𣂪竝作𩁶**하니 **皆形近訛易**이라 **𣂪與斮音義同**하니 **詳經下篇**[32]이라 **𣂪雉猶言斮雉**니 **卽謂殺雉也**라

'難'은 '𣂪'이 되어야 하니 〈備穴〉에 "칼은 청동으로 날을 만든다.〔斲以金爲𣂪〕"라고 한 곳의 '𣂪'이 今本에 역시 '難'으로 잘못되어 있다. 또 〈經說 上〉에 '𣂪指(손가락을 자른다)', '𣂪脯(마른 포를 자른다)'라고 한 곳의 '𣂪'이 모두 '𩁶'으로 되어 있으니 모두 字形이 비슷하여 잘못 바뀐 것이다. '𣂪'은 '斮'과 음과 뜻이 같으니 〈經 下〉에 자세히 설명하였다. '𣂪雉'는 '斮雉'라 하는 것과 같으니 바로 꿩을 죽인다는 말이다.

史記龜筴(책)傳說宋元王得神龜云 乃刑白雉及與驪羊하고 **以血灌龜於壇中央**이라하니 **蓋以雉羊之血釁龜也**라 **乙當作已**니 **已與以同**이라 **言啓使伯益殺雉以釁龜而卜也**라 **玉海所引雉字尙未訛**러니 **今本又脫雉字**하고 **遂以翁難乙爲人姓名**하니 **眞郢書燕說**[33]이라

30) 籒(주)文 : 鐘鼎 문자로서 大篆이라고도 한다. 글자의 획이 복잡하고 수식을 주로 한 글씨체이다. 周 宣王 때 太史 籒가 만들었다고 전한다. 小篆에 대하여 大篆이라고 하지만, 古文大篆과는 차이가 있으므로, 따로 籒文이라고 부른다.
31) 節葬下篇哭泣不秩聲嗌 : 본서 2책 25-3-22에 보인다.
32) 詳經下篇 : 본서 4책 41-42-1에 보인다.

不可究詰矣라 又博物志에 云 昔夏啓筮徙九鼎하고 啓果徙之라하니 似卽此事어늘 而傳聞小異라

《史記》〈龜策傳〉에서 宋 元王이 神龜를 얻은 일을 설명하여 "이에 흰 꿩과 검은 양을 죽이고서 그 피를 壇의 중앙에서 神龜에 뿌렸다.〔乃刑白雉及與驪羊 以血灌龜於壇中央〕"라고 하였으니 대체로 꿩과 양의 피로 神龜를 칠한 일인 듯하다. '乙'은 '已'가 되어야 하니 '已'는 '以'와 같다. 啓가 伯益으로 하여금 꿩을 죽이고서 〈그 피로〉 神龜를 칠하고 거북점을 치게 하였다는 말이다. 《옥해》에 인용한 글에서 '雉'자는 아직 잘못되지 않았는데 今本에 다시 '雉'자를 빼고는 결국 '翁難乙'을 사람의 姓名으로 여겼으니 참으로 郢書燕說이 되어버린지라 의미를 알아낼 수 없다. 또 《博物志》에 "옛날 夏나라 啓가 九鼎을 옮기는 일을 蓍草로 점치고 啓가 과연 옮겼다.〔昔夏啓筮徙九鼎 啓果徙之〕"라고 하였으니 바로 이 일인 듯한데 전해온 내용이 조금 다르다.

46-2-8 曰

아뢰었습니다.

畢本曰上增龜字하고 云 舊脫龜字러니 據玉海增이라하다 王云 曰者는 翁難乙旣卜하고 而言其占也라 下文乙又言兆之由曰이 卽其證이라 自鼎成四足而方以下六句[34]는 皆是占詞라 畢依玉海於曰上加龜字는 非也라 龜曰二字는 義不可通이라 藝文類聚作使翁難乙灼目若之龜成曰하니 則曰上本無龜字가 明矣라 案 王校是也라 但此下文六句는 似是啓使益命龜之辭라 故辭終曰上饗이라하니 明將鑄鼎以共祭享也라 下又言兆之繇가 乃是占詞라 王以下六句로 竝爲占詞는 恐非라

畢沅本에는 '曰' 위에 '龜'자를 덧붙이고, "舊本에는 '龜'자가 빠져 있는데 《玉海》에 의거하여 덧붙였다."라고 하였다.

王念孫 : '曰'이라는 것은 翁難乙이 거북점을 치고 나서 그 占의 내용을 말한 것이다.

33) 郢書燕說 : 원래의 뜻을 曲解하여 잘못 전하는 것을 말한다. 楚나라 郢에 사는 사람이 燕나라 정승에게 외교문서를 보내려고 하였다. 밤에 외교문서를 쓰는데 불이 어둡기에 촛불을 들고 있는 자에게 "촛불을 들라."라고 말하면서 자신도 모르게 외교문서 안에 '擧燭'이란 두 글자를 써넣고 말았다. 그런데 국서를 받은 연나라 정승은 이 외교문서를 읽으며 설명하기를 "거촉은 밝음을 숭상한 것이니, 밝음을 숭상하는 자는 어진 이를 천거하여 맡길 것입니다."라고 왕에게 아뢰었다고 한다.(《韓非子》〈外儲說〉)

34) 自鼎成四足而方以下六句 : 본 편 46-2-14까지 6句를 가리킨다.

아래 글에서 '乙又言兆之由曰'이 바로 그 증거이다. '鼎成四足而方'부터 이하 6句는 모두 占詞이다. 畢沅이 ≪옥해≫에 의거하여 '曰' 위에 '龜'자를 덧붙인 것은 잘못이다. '龜曰' 2자는 뜻이 통하지 않는다. ≪藝文類聚≫에 '使翁難乙灼目若之龜成曰'로 되어 있으니 '曰' 위에 본래 '龜'자가 없었던 것이 분명하다.

案 : 王念孫의 校勘이 맞다. 다만 이 아래 글의 6句는 啓가 益으로 하여금 神龜에 명하게 하는 말인 듯하다. 그래서 占辭의 끝에 '上饗'이라 하였으니 鑄鼎을 가지고 祭享에 바쳤음을 밝힌 것이다. 아래 '又言兆之繇'가 바로 占詞이다. 王念孫이 이하 6句를 모두 占詞라고 여긴 것은 잘못인 듯하다.

46-2-9 鼎成(三)〔三(사)〕足而方하고

'鼎이 이루어질 때 네 발을 이루면서 〈모양이〉 네모지게 하시고,

王云 三足本作四足이러니 此後人習聞鼎三足之說하고 而不知古鼎有四足者하고 遂以意改之也라 蓺文類聚廣川書跋玉海引此皆作四足이라 博古圖所載商周鼎四足者甚多[35)]하니 未必皆屬無稽라 廣川書跋에 曰 祕閣二方鼎에 其一受太府[36)]之量하니 一柘(석)七斗이요 又一受量損二斗三升하니 四足承其下하고 形方如矩라하다 漢人謂鼎三足以象三德하고 又謂禹之鼎三足以有承也라 韋昭以左氏說莒之二方鼎으로 乃謂其上則方이요 其下則圓이라 方其時하여 古鼎存者盡廢요 其在山澤邱隴者未出이라 故不得其形制일새 引墨子鼎成四足而方하여 以爲古鼎四足之證이라 王引之云 左傳莒之二方鼎에 服虔[37)]曰 鼎三足者圓이요 四足者方이라하니 則漢人說方鼎에 固有知其形制者라하다 案 二王說是也라 此書多古字하니 舊本蓋作三足이라 故訛爲三이라 後文楚四竟之田에 四今本亦訛三하니 可證이라 銅劍讚亦訛作三足이라

王念孫 : '三足'은 본래 '四足'으로 되어 있었는데 여기서는 後人이 鼎이 세 발이라는 說을 익히 듣고 古鼎 중에 네 발인 경우가 있음을 모르고서 결국 자기 뜻으로 고친 것이다. ≪藝文類聚≫, ≪廣川書跋≫, ≪玉海≫에서 이 대목을 인용한 곳에는 모두 '四足'으로

35) 博古圖所載商周鼎四足者甚多 : ≪博古圖≫는 北宋의 王黼(1079~1126)가 편찬한 古器圖錄으로, 宣和殿의 이름을 붙여서 ≪宣和博古圖錄≫이라고도 한다. 四庫全書 수록본에는 권1에 商代의 鼎, 권2~권5에 周代의 鼎이 그림과 함께 설명되어 있다.

36) 太府 : ≪周禮≫ 〈天官〉에 나오는 관명으로, 황제의 창고의 出納을 관장한다.

37) 服虔 : ?~?. 後漢 河南 滎陽 사람으로, 字는 子愼이다. 九江太守를 역임하였다. ≪漢書≫ 등을 주석하고, ≪春秋左氏傳解≫를 찬술하였으며, 古文의 經學에 밝았다.

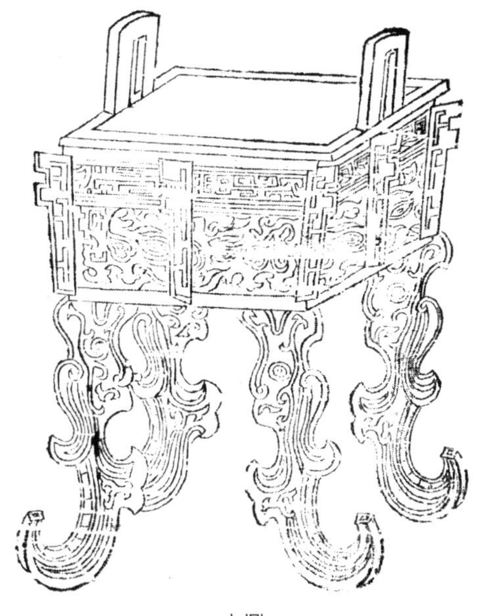

方鼎

되어 있다. ≪博古圖≫에 수록된 商代와 周代의 鼎 중에 네 발인 경우가 매우 많으니 꼭 상고할 근거가 전혀 없다고는 못한다. ≪광천서발≫에 "祕閣의 두 개의 네모진 鼎 중에 하나는 太府의 量(도량)을 담으니 1섬 7말이고 다른 하나는 2말 3되를 뺀 量을 담는데 네 발이 그 鼎의 밑을 받치고 모양은 곱자처럼 네모지다."라고 하였다. 漢나라 사람은 鼎의 세 발로 三德을 상징한다고 하고 또 禹임금의 鼎이 세 발로 받친다고 하였다. 韋昭는 左丘明이 莒나라의 두 개의 네모진 鼎을 설명한 것을 가지고 그 鼎의 윗부분은 네모지고 그 아래는 둥글다고 하였다. 그 당시에 古鼎 중에 남아 있는 것이 거의 없어졌고 山澤과 邱隴(무덤)에 묻혀 있는 것들은 아직 나오지 않았다. 그래서 그 형상과 제도를 알 수 없었기에 ≪墨子≫의 '鼎成四足而方'을 인용하여 古鼎이 발이 네 개라는 증거로 삼았다.

王引之 : ≪春秋左氏傳≫의 '莒나라의 두 개의 네모진 鼎〔莒之二方鼎〕'에 대해 服虔이 말하기를 "鼎이 세 발인 것은 둥글고 네 발인 것은 네모지다."라고 하였으니, 漢나라 사람이 네모진 鼎을 설명할 때 그 형상과 제도를 알고 있던 자가 본래 있었다.

案 : 두 王氏의 說이 맞다. 이 책에는 古字가 많으니 舊本에 대체로 '三足'으로 되어 있었으므로 '三'으로 잘못되어버린 듯하다. 뒤 글의 '楚四竟之田'에서 '四'가 今本에 역시 '三'으로 잘못되어 있으니 증거로 삼을 만하다. ≪江淹集≫ 〈銅劍讚〉에도 '三足'으로 잘못되어 있다.

46-2-10 不炊而自烹하고

불을 때지 않아도 저절로 삶아지고

畢云 此亯(팽)字俗寫니 玉海引作亨하고 藝文類聚引作不灼自成이라하다 詒讓案 說文火部에 云 炊는 爨(찬)也라하다 銅劍讚及鼎錄에 竝云 不炊而自沸라하다 論衡儒增篇에 云 世俗傳周鼎不爨自沸요 不投物物自出이라하니 漢時俗語蓋出於此라

畢沅 : 이것(烹)은 '亯'자의 俗字니 ≪玉海≫에서 이 대목을 인용한 곳에는 '亨'으로 되

어 있고 ≪藝文類聚≫에서 이 대목을 인용한 곳에는 '不灼自成(불을 때지 않아도 저절로 이루어진다)'으로 되어 있다.

詒讓案：≪說文解字≫ 火部에 "'炊'는 불을 땐다〔爨〕는 뜻이다."라고 하였다. ≪江淹集≫ 〈銅劍讚〉 및 ≪鼎錄≫에 모두 "불을 때지 않아도 저절로 끓는다.〔不炊而自沸〕"라고 하였다. ≪論衡≫ 〈儒增〉에 "세속에서 周나라 鼎은 불을 때지 않아도 저절로 끓고 물건을 넣지 않아도 물건이 저절로 나온다고들 한다.〔不爨自沸 世俗傳周鼎不爨自沸 不投物物自出〕"라고 하였는데 漢나라 때 俗語는 아마 여기서 나온 듯하다.

46-2-11 不擧而自臧하고

들지 않아도 저절로 저장되며

畢云 玉海引作藏이라하다 詒讓案 銅劍讚作不舁(여)而自藏하고 鼎錄亦作藏이라 稽瑞[38]引墨子曰 神鼎不灼自熟하고 不爨自沸하고 不汲自滿하여 五味生焉이라하니 疑卽此異文이라 炊灼熟烹擧爨은 字形竝相近이라

畢沅：〈'臧'은〉 ≪玉海≫에서 이 대목을 인용한 곳에는 '藏'으로 되어 있다.

詒讓案：≪江淹集≫ 〈銅劍讚〉에 '不舁而自藏(들지 않아도 저절로 저장된다)'으로 되어 있고 ≪鼎錄≫에도 '藏'으로 되어 있다. 〈劉賡의〉 ≪稽瑞≫에는 ≪墨子≫를 인용하면서 "神鼎은 불 사르지 않아도 저절로 익고 불 때지 않아도 저절로 끓고 물 긷지 않아도 저절로 가득 차서 五味가 생겨난다.〔神鼎不灼自熟 不爨自沸 不汲自滿 五味生焉〕"라고 하였으니 아마도 바로 이 대목의 異文인 듯하다. '炊'와 '灼', '熟'과 '烹', '擧'와 '爨'은 字形이 모두 서로 비슷하다.

46-2-12 不遷而自行하소서

옮기지 않아도 저절로 움직이도록 하소서.

畢云 太平御覽引作遷하고 說文에 云 拪(천)은 古文䙴(천)이니 從手㽞(서)라하니 則遷實古拪字어늘 後加爲遷耳라 今書又作遷하니 皆傳寫者以少見改之라 又蓺文類聚引俱無而字라하다

畢沅：≪太平御覽≫에서 이 대목을 인용한 곳에는 〈'遷'이〉 '遷'으로 되어 있고, ≪說文

38) 稽瑞：唐나라 때 劉賡이 前代 각 왕조의 유명한 祥瑞에 관한 기록들을 모은 책이다. ≪史記≫, ≪山海經≫, ≪漢書≫, ≪瑞應圖≫ 등의 책들에 수록된 祥瑞들을 모았는데 모두 1권이다.

解字≫에 "'㨨'은 古文의 '䙴'이니 '手'와 '卤'로 구성되어 있다."라고 하였으니 '㩻'은 실제로 옛 '㨨'자인데 뒤에 덧붙여 '㩻'이 된 것일 뿐이다. 지금 책에는 또 '遷'으로 되어 있으니 모두 옮겨 적는 이가 얕은 견식으로 고친 것이다. 또 ≪藝文類聚≫에서 이 대목을 인용한 곳에는 모두 '而'자가 없다.

46-2-13 以祭於昆吾之虛하오니

이로써 昆吾의 옛터에서 제사를 드리오니

舊本作墟러니 今據吳鈔本正이라 畢云 此虛字俗寫라 括地志에 云 昆吾故城在濮陽縣西三十里라하다 詒讓案 此卽漢書郊祀志說九鼎에 嘗鬺(상)亨上帝鬼神也라하다

〈'虛'는〉 舊本에 '墟'로 되어 있는데 지금 吳鈔本에 의거하여 바로잡았다.

畢沅 : 이 〈'墟'는〉 '虛'자의 俗字이다. ≪括地志≫에 "昆吾의 故城은 濮陽縣 서쪽 30리에 있다."라고 하였다.

詒讓案 : 이 대목은 바로 ≪漢書≫ 〈郊祀志〉에서 九鼎을 설명하면서 일찍이 上帝의 鬼神에게 삶아 제사지냈다고 한 것이다.

46-2-14 上鄕하소서하고

흠향하소서.'

畢云 : 疑同尙饗이라하다

畢沅 : 아마도 '尙饗'과 같은 뜻인 듯하다.

46-2-15 (乙)〔已〕又言兆之由

〈거북점을〉 치고 나서 다시 점괘의 占辭를 말하기를,

畢云 舊脫乙字요 又字作人이러니 據藝文類聚玉海改라 藝文類聚由作繇(주)하고 無兆之二字요 玉海亦作繇라하다 詒讓案 乙當作已라 由繇通이라 言已卜又言其兆占也라 左傳閔二年杜注에 云 繇는 卦兆之占辭라하다

畢沅 : 舊本에는 '乙'자가 빠져 있고 '又'자가 '人'으로 되어 있는데 ≪藝文類聚≫, ≪玉海≫에 의거하여 고친다. ≪예문유취≫에는 '由'가 '繇'로 되어 있고 '兆之' 2자가 없으며

≪옥해≫에도 '繇'로 되어 있다.

詒讓案 : '乙'은 '㔾'가 되어야 한다. '由'와 '繇'는 통용한다. 이미 거북점을 치고 다시 그 兆占을 말한다는 말이다. ≪春秋左氏傳≫ 閔公 2년의 杜預의 注에 "繇는 卦兆의 占辭이다."라고 하였다.

46-2-16 曰 饗矣라

'흠향하셨다.

上文命龜云上饗이라한대 此兆從之라 故云饗矣라하다

위 글에 거북에게 명하여 '上饗'이라 하였는데 이 대목의 占辭가 順吉하므로 '흠향하셨다〔饗矣〕'라고 한 것이다.

46-2-17 逢逢白雲이

뭉게뭉게 피어난 흰 구름이

逢蓬通하니 毛詩小雅采菽傳에 云 蓬蓬은 盛貌라하다 莊子秋水篇에 云 蓬蓬然起於北海라하다

'逢'과 '蓬'은 통용하니 ≪毛詩≫ 〈小雅 采菽〉의 傳에 "'蓬蓬'은 무성한 모양이다."라고 하였다. ≪莊子≫ 〈秋水〉에 "〈바람이〉 무성하게〔蓬蓬然〕 北海에서 일어난다."라고 하였다.

46-2-18 一南一北하고 **一西一東**이어늘

한 번은 남쪽, 한 번은 북쪽, 한 번은 서쪽, 한 번은 동쪽에 있을 것인데

王云 藝文類聚同이요 太平御覽路史玉海에 竝作一東一西라하다 王引之云 作一東一西者是니 一東一西는 當在一南一北之上이라 雲與西爲韻이니 西는 古讀若駪(선)駪征夫[39]之駪이라 說見六書音均表[40]라 北與國爲韻이니 大雅文王有聲篇에 鎬京辟廱(벽옹)에 自

39) 駪(선)駪征夫 : ≪詩經≫ 〈小雅 皇皇者華〉에 나오는 구절인데, 朱熹의 ≪詩經集傳≫에서는 '駪'의 聲音이 '莘'이라고 하였다.

40) 六書音均表 : 淸나라 段玉裁가 지은 것으로, 漢語의 上古音을 연구한 저작이다. 今韻古分十七部表, 古十七部諧聲表, 古十七部合用分類表, 詩經韻分十七部表, 群經韻分十七部表 등 모두 5개의 表로 구성되어 있는데, 表와 함께 논술과 해설을 포함하고 있다.

西自東하고 自南自北하여 無思不服이라하여 廱與東爲韻이요 北與服爲韻이 是其例也어늘 而諸書所引은 一南一北句가 皆在上하니 則其誤久矣라하다

王念孫 : ≪藝文類聚≫에는 〈원문이〉 같고, ≪太平御覽≫, ≪路史≫, ≪玉海≫에는 모두 '一東一西'로 되어 있다.

王引之 : '一東一西'로 되어 있는 것이 맞으니, '一東一西'는 '一南一北' 앞에 있어야 한다. '雲'과 '西'가 韻을 이루니 '西'는 옛날에 '駪駪征夫(무리지어 질주하는 사신들은)'의 '駪'처럼 읽었다. ≪六書音均表≫에 설명이 보인다. '北'과 '國'이 韻을 이루니 ≪詩經≫ 〈大雅 文王有聲〉에 "鎬京의 太學에, 서쪽에서도 동쪽에서도, 남쪽에서도 북쪽에서도, 생각하여 복종하지 않는 이가 없다."라고 하여 '廱'과 '東'이 韻을 이루고 '北'과 '服'이 韻을 이룬 것이 그 사례이다. 그런데 여러 책에 인용한 것은 '一南一北' 句가 모두 앞에 있으니 그 오류가 오래되었다.

46-2-19 九鼎旣成에 遷於三國하리라하다

九鼎이 만들어진 뒤 세 나라에 옮겨가리라.'라고 하였습니다.

銅劍讚作定之國都하니 疑誤라 畢云 北國爲韻이라 蓺文類聚引作而遷三國이라

≪江淹集≫ 〈銅劍讚〉에는 '定之國都'로 되어 있는데 아마도 잘못인 듯하다.

畢沅 : '北'과 '國'이 韻을 이룬다. ≪藝文類聚≫에서 이 대목을 인용한 곳에는 '而遷三國'으로 되어 있다.

46-2-20 夏后氏失之에 殷人受之하고 殷人失之에 周人受之라

夏后氏가 九鼎을 잃어버리자 殷나라 임금이 그것을 받았고 殷나라 임금이 그것을 잃어버리자 周나라 임금이 받았습니다.

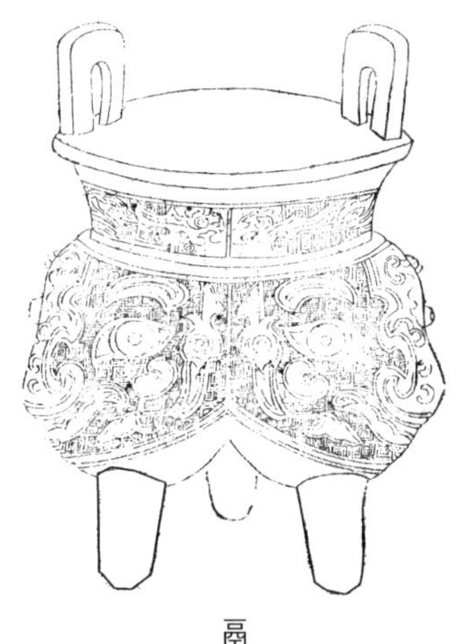
鬲

此卽夏鼎也니 漢書郊祀志에 云 禹收九牧之金하여 鑄九鼎하여 象九洲하니 皆嘗鬺亨(상팽)上帝鬼神이라 其空足曰鬲(역)이니 以象三德하여 饗承天祜(호)라 夏德衰에

鼎遷于殷이요 殷德衰에 鼎遷于周라하니 此以禹爲啓는 蓋傳聞之異라

이는 바로 夏鼎이니 ≪漢書≫ 〈郊祀志〉에 "禹가 九牧의 쇠를 거두어 九鼎을 鑄造하여 九洲를 형상하니 모두 일찍이 上帝의 鬼神에게 삶아 제사지냈다. 다리가 비어 있는 것을 '鬲'이라고 하니 이로써 三德을 형상하여 하늘의 복을 받들었다. 夏나라의 德이 쇠하자 鼎이 殷나라로 옮겨갔고 殷나라의 德이 쇠하자 鼎이 周나라로 옮겨갔다."라고 하였으니 여기서 禹를 啓로 간주한 것은 아마도 전해 들은 내용이 달라서인 듯하다.

46-2-21 夏后殷周之相受也가 數百歲矣라 使聖人聚其良臣與其桀相而謀라도

夏后氏, 殷나라, 周나라가 이어받은 것이 수백 년이 걸렸습니다. 聖人이 훌륭한 신하와 뛰어난 보필을 모아 놓고 도모하더라도

桀傑通하니 詳非命中篇이라 謀는 舊本誤諫이라 王引之云 諫字與上下文義不合이라 諫當爲謀니 字之誤也라 管子立政九敗解에 諫臣死而諂臣尊이라한대 今本諫作謀하니 與此文互誤라 淮南主術篇에 耳能聽而執正進諫이라한대 高注에 諫或爲謀라하다 言雖聖人與良臣桀相共謀라도 必不能知數百歲之後也라하다 案 王校是也라 蘇說同하니 今據正이라

'桀'과 '傑'은 통용하니 〈非命 中〉에 자세히 설명하였다. '謀'는 舊本에 '諫'으로 잘못되어 있다.

王引之 : '諫'자는 위아래 글 뜻과 부합하지 않는다. '諫'은 '謀'가 되어야 하니 글자의 誤記이다. ≪管子≫ 〈立政九敗解〉에 "간언하는 신하가 죽으면 아첨하는 신하가 높아진다.〔諫臣死而諂臣尊〕"라고 하였는데 今本에는 '諫'이 '謀'로 되어 있으니 이 대목의 글과 반대로 잘못되었다. ≪淮南子≫ 〈主術〉에 "〈人主가〉 귀로 잘 들을 수 있어도 執政이 간언을 올린다.〔耳能聽而執正進諫〕"라고 하였는데 高誘의 注에 "'諫'은 어떤 本에는 '謀'로 되어 있기도 하다."라고 하였다. 비록 聖人이 훌륭한 신하, 뛰어난 보필과 함께 도모하더라도 반드시 수백 년 뒤의 일을 알 수는 없다는 말이다.

案 : 王引之의 校勘이 맞다. 蘇時學의 說도 같으니 지금 이에 의거하여 바로잡았다.

46-2-22 豈能智數百歲之後哉리오마는

어떻게 수백 년 뒤의 일을 알 수 있겠습니까.

畢云 智는 一本作知하니 下同이라 藝文類聚引云 此知必千年이나 無聖之智면 豈能知

哉리오하다

畢沅 : '智'는 어떤 본에는 '知'로 되어 있는데 아래도 같다. ≪藝文類聚≫에서 이 대목을 인용한 곳에는 "여기서 천 년을 期必하리라는 것을 알았으나 聖人의 지혜가 없으면 어찌 능히 알 수 있겠습니까."라고 하였다.

46-2-23 而鬼神智之라 是故로 曰鬼神之明智於聖人也는 猶聰耳明目之與聾瞽(농고)也라하노라

그러나 귀신은 이미 알았습니다. 그러므로 '귀신이 성인보다 명철하고 지혜로움은 귀 밝고 눈 밝은 이가 귀머거리나 장님보다 나은 것과 같다'고 하는 것입니다."

與는 吳鈔本作於라

'與'는 吳鈔本에 '於'로 되어 있다.

46-3-1 治徒娛縣子碩이 問於子墨子曰

治徒娛와 縣子碩이 子墨子께 여쭙기를,

二人蓋竝墨子弟子라 呂氏春秋尊師篇에 云 高何縣子石은 齊國之暴者也니 指於鄉曲이어늘 學於子墨子라하니 卽此縣子碩也라 蘇疑卽檀弓縣子瑣(쇄)라한대 未塙(확)이라

두 사람은 대개 모두 墨子의 弟子인 듯하다. ≪呂氏春秋≫ 〈尊師〉에 "高何, 縣子石은 齊나라의 暴虐한 자들로 마을에서 손가락질 받았는데, 子墨子에게 배웠다."라고 하였으니 바로 이 대목의 縣子碩이다. 蘇時學은 바로 ≪禮記≫ 〈檀弓〉에 나오는 縣子瑣라고 추측하였는데 확실하지 않다.

46-3-2 爲義孰爲大務잇고하니 子墨子曰 譬若築牆然하니

"義를 행하는 데 무엇이 제일 큰 일입니까?"라고 하자, 자묵자께서 말씀하셨다. "비유하자면 담장을 쌓는 것과 같다.

譬는 吳鈔本作辟(비)라

'譬'는 吳鈔本에 '辟'로 되어 있다.

46-3-3 能築者築하고 能實壤者實壤하고 能欣者欣하나니

다지는 일을 잘하는 사람은 다지고, 흙을 채워 옮기기를 잘하는 사람은 흙을 채워 옮기고, 측량을 잘하는 사람은 측량하나니

畢云 說文에 云 掀은 擧出也라하니 與欣同이라하다 王引之云 擧出之事與築牆無涉이라 欣當讀爲睎라 說文曰 睎는 望也라하다 呂氏春秋不屈篇에 曰 今之城者는 或〔者〕[41]操大築乎城上하고 或負畚(분)而赴乎城下하고 或操表掇以善睎望이라하니 此云能築者築은 卽彼所云操大築乎城上也요 能實壤者實壤은 卽彼所云負畚而赴城下也요 能欣者欣의 欣與睎同하니 卽彼所云操表掇以善睎望也라 睎字從希得聲하니 古音在脂部라 欣字從斤得聲하니 古音在諄部라 諄部之音多與脂部相通이라 故從斤之字亦與從希之字相通이라 說文曰 昕從日斤聲이니 讀若希라하다 左傳曹公子欣時가 漢書古今人表[42]作郗時하니 是其證也라하다

畢沅 : ≪說文解字≫에 "'掀'은 들어올린다〔擧出〕는 뜻이다."라고 하였는데 '欣'과 같다.

王引之 : 들어올리는〔擧出〕 일은 담장을 쌓는 것과 관계가 없다. '欣'은 '睎'로 읽어야 한다. ≪說文解字≫에 "'睎'는 바라본다〔望〕는 뜻이다."라고 하였다. ≪呂氏春秋≫ 〈不屈〉에 "지금 城을 쌓는 일은 어떤 이는 성 위에서 큰 공이를 잡고 다지기도 하고 어떤 이는 성 아래에서 흙삼태기를 짊어지고 오가기도 하고 어떤 이는 측량기를 잡고서 공사를 잘 살펴보기도 한다.〔今之城者 或操大築乎城上 或負畚而赴乎城下 或操表掇以善睎望〕"라고 하였는데, 이 대목에서 '다지는 일을 잘하는 사람은 다진다〔能築者築〕'고 한 것은 바로 ≪呂氏春秋≫에서 말한 '성 위에서 큰 공이를 잡고 다진다'는 것이고 '흙을 채워 옮기기를 잘하는 사람은 흙을 채워 옮긴다〔能實壤者實壤〕'고 한 것은 바로 ≪呂氏春秋≫에서 말한 '성 아래에서 흙삼태기를 짊어지고 오간다'는 것이고 '측량을 잘하는 사람은 측량한다〔能欣者欣〕'고 한 것에서 '欣'은 '睎'와 같으니 바로 ≪呂氏春秋≫에서 말한 '측량기를 잡고서 공사를 잘 살펴보기도 한다'는 것이다. '睎'자는 '希(희)'를 따라 발음하니 古音은 脂部에 속한다. '欣'자는 '斤(근)'을 따라 발음하니 古音은 諄部에 속한다. 諄部의 발음은 脂部와 서로 통하는 경우가 많으므로 '斤'을 따르는 글자는 또한 '希'를 따르는 글자와 서로 통한다. ≪설문해자≫에 "'昕'은

41) 〔者〕 : 저본에는 '者'가 없으나, ≪呂氏春秋≫ 〈不屈〉에 의거하여 보충하였다.

42) 漢書古今人表 : 漢나라의 班固가 옛 유명인사 1,931명의 인품을 上上부터 시작해서 下下까지 九格, 즉 9등급으로 나누어 배열한 表로, 儒家의 勸善懲惡적 관점에서 과거 인물들을 평가한 것이다.

'日'이 부수이고 '斤'이 聲部이니 '希'로 읽는다."라고 하였다. ≪春秋左氏傳≫에 나오는 曹公子 欣時가 ≪漢書≫ 〈古今人表〉에는 郗時로 되어 있으니 바로 그 증거이다.

46-3-4 然後牆成也라 **爲義猶是也**니 **能談辯者談辯**하고 **能說書者說書**하고 **能從事者從事**하나니 **然後義事成也**라하노라

그런 뒤에야 담장이 이루어진다. 의를 행하는 것도 이와 같다. 변론을 잘하는 사람은 변론하고, 책 해설을 잘하는 사람은 책을 해설하고, 일을 잘하는 사람은 일을 하나니 그런 뒤에야 의로운 일이 이루어진다."

46-4-1 巫馬子謂子墨子曰 子兼愛天下나 **未云利也**요 **我不愛天下**나 **未云賊也**라

무마자가 자묵자께 이르기를, "그대는 천하를 아울러 사랑하지만 아직 이익이 있지 않고 저는 천하를 사랑하지 않지만 아직 해침이 있지 않습니다.

兪云 廣雅釋詁에 云은 有也라하니 此兩云字는 均當訓有라

兪樾 : ≪廣雅≫ 〈釋詁〉에 "'云'은 있음〔有〕이다."라고 하였으니 이 대목의 두 '云'자는 모두 '有'의 뜻으로 풀어야 한다.

46-4-2 功皆未至어늘 **子何獨自是而非我哉**아한대 **子墨子曰 今有燎者於此**하니

결과가 둘 다 아직 이르지 않았는데 그대는 어찌하여 유독 자신을 옳다 여기고 저를 그르다고 여깁니까?"라고 하자, 자묵자께서 말씀하셨다. "지금 여기에 放火를 한 자가 있는데

畢云 說文에 云 燎는 放火也라하다 舊於此二字倒러니 一本如此라하다 案 顧校季本亦作於此라

畢沅 : ≪說文解字≫에 "'燎'는 放火의 뜻이다."라고 하였다. 舊本에는 '於此' 2자가 순서가 바뀌었는데 어떤 本에는 지금과 같이 되어 있다.

案 : 顧廣圻가 교감한 季本에도 '於此'로 되어 있다.

46-4-3 一人奉水將灌之하고 **一人摻**(삼)**火將益之**라

한 사람은 물을 들고 부으려고 하고 한 사람은 불을 잡고 키우려고 합니다.

畢云 摻은 卽操字異文이니 唐人別有音은 非也라하다

畢沅 : '摻'은 바로 '操'자의 異體字이니 唐나라 사람이 다른 音을 둔 것은 잘못이다.

46-4-4 功皆未至어늘 子何貴於二人고하다 巫馬子曰 我是彼奉水者之意요

결과가 둘 다 아직 이르지 않았는데 그대는 두 사람 중에 누구를 귀하게 여기겠습니까?" 무마자가 말하기를, "저는 저 물을 든 자의 뜻을 옳게 여기고

意는 舊本作義러니 今據道藏本吳鈔本正이라

'意'는 舊本에 '義'로 되어 있는데 지금 道藏本, 吳鈔本에 의거하여 바로잡았다.

46-4-5 而非夫摻火者之意라한대 子墨子曰

불을 잡은 자의 뜻을 그르게 여깁니다."라고 하자, 자묵자께서 말씀하셨다.

畢云 舊脫墨子二字러니 以意增이라하다

畢沅 : 舊本에는 '墨子' 2자가 빠져 있는데, 글 뜻으로 판단하여 덧붙인다.

46-4-6 吾亦是吾意요 而非子之意也라하노라

"저 역시 저의 뜻을 옳게 여기고 그대의 뜻을 그르게 여깁니다."

46-5-1 子墨子游(荊)耕柱子於楚러니

子墨子가 耕柱子를 楚나라에 추천해 벼슬하게 하였는데

畢云 游는 謂游揚其名而使之仕라하다 王云 耕柱子上不當有荊字라 耕荊聲相近하니 則荊蓋耕字之誤而衍者라 魯問篇曰 子墨子游公尙過於越이라하다 蘇云 篇首但言耕柱子하니 此多一荊字는 疑衍文이라하다

畢沅 : '游'는 그 이름을 널리 알려서 벼슬하게 한다는 말이다.

王念孫 : '耕柱子' 앞에 '荊'자가 있어서는 안 된다. '耕'과 '荊'은 聲音이 서로 비슷하니 '荊'은 대개 '耕'자가 잘못되어 쓸데없이 붙은 것인 듯하다. 〈魯問〉에 "子墨子가 越나라에

서 公尙過의 이름을 널리 알려서 벼슬하게 하였다."라고 하였다.

蘇時學 : 이 篇 첫머리에 '耕柱子'라고만 하였으니 이 대목에 '荊' 1자가 많은 것은 아마도 衍文인 듯하다.

46-5-2 二三子過之에 食之三升하고

제자 몇 명이 방문했을 때 그들에게 3升의 밥을 먹이고

三升은 蓋謂每食之數라 雜守篇云 參(삼)食은 食參升小半[43])이니 日再食이라하다 說苑[44]) 尊賢篇에 田(需)〔饒〕[45])謂宗衛曰 三升之稷이 不足於士라하다 閻若璩[46])謂古量五當今一하니 則止今之大半升耳라 莊子天下篇說宋鈃尹文曰 請欲固置어든 五升之飯이 足矣라하여늘 先生恐不得飽언마는 弟子雖飢라도 不忘天下라한대 此復少於彼하니 明其更不飽矣라

3升은 대개 매 끼니의 수량을 이르는 듯하다. 〈雜守〉에 "參食(하루 식사량 2/3斗)은 끼니당 3升 1/3이니, 하루 두 번 식사할 경우이다."라고 하였다. ≪說苑≫ 〈尊賢〉에 "田饒가 宗衛에게 이르기를, '3升의 기장은 선비에게 부족하다.'라고 하였다."라 하였다. 閻若璩는 옛 용량은 다섯이 지금의 하나에 해당하니, 지금의 2/3升에 그칠 뿐이라고 하였다. ≪莊子≫ 〈天下〉에 宋鈃, 尹文에 대해 말하면서 "〈그들이 말하기를〉 '청컨대 욕심을 일단 논외로 한다면 〈하루에〉 5升의 밥이 충분하다.'고 하였는데, 〈이렇게 하면〉 선생도 배부르지 않을 듯하건만 제자들은 비록 굶주리더라도 천하를 잊지 않을 것이다."라고 하였는데 이 대목은 ≪莊子≫ 〈天下〉의 경우보다 더 적으니 더욱 배부르지 못함이 분명하다.

---

43) 參(삼)食 食參升小半 : ≪墨子≫ 〈雜守〉를 보면, 하루 두 끼를 먹는다고 가정할 때, 斗食(하루 식사량 1斗)은 끼니당 5升이고, 四食(하루 식사량 2/4斗)은 끼니당 2升 1/2이고, 五食(하루 식사량 2/5斗)은 끼니당 2升이고, 六食(하루 식사량 2/6斗)은 끼니당 1升 2/3이다. 여기서 小半은 절반 못 미치는 1/3, 大半은 절반을 넘는 2/3를 가리킨다.

44) 說苑 : 前漢의 劉向(B.C. 77?~B.C. 6?)의 저술로, 모두 20권이다. 춘추시대로부터 漢나라 초에 이르는 여러 학자의 전기와 일화를 모은 책이다. 宋나라의 曾鞏이 散佚된 것을 보충하였다.

45) (需)〔饒〕 : 저본에는 '需'로 되어 있으나, ≪說苑≫ 〈尊賢〉에 의거하여 '饒'로 바로잡았다.

46) 閻若璩 : 1636~1704. 淸初의 經學家로, 字는 百詩이고 號는 潛丘이다. 저서로 ≪尙書古文疏證≫, ≪四書釋地≫, ≪潛邱札記≫, ≪困學記聞注≫, ≪孟子生逐年月考≫, ≪眷西堂集≫등이 있다. 특히 ≪尙書古文疏證≫ 8권은 ≪古文尙書≫가 東晉 梅賾(색)의 위작임을 밝힌 책으로, 후대 학자들의 높은 평가를 받았다.

46-5-3 客之不厚라 **二三子復(복)於子墨子曰 耕柱子處楚無益矣**라 **二三子過之**에 **食之三升**하고 **客之不厚**라한대 **子墨子曰 未可(智)〔知〕也**라하다

손님 대접이 후하지 않았다. 제자 몇 명이 자묵자께 아뢰기를, "耕柱子가 楚에 있는 것이 무익합니다. 저희들이 방문했을 때 3升의 밥을 먹이고 손님 대접이 후하지 않았습니다."라고 하자, 자묵자께서 말씀하셨다. "아직 알 수 없다."

畢云 智는 一本作知하니 下同이라하다

畢沅 : '智'는 어떤 本에는 '知'로 되어 있는데 아래도 같다.

46-5-4 毋幾何오 **而遺十金於子墨子**하고 **曰**

얼마 지나지 않아 〈경주자가〉 자묵자께 十金을 보내면서 말하기를,

吳鈔本無於字라 孟子公孫丑篇趙[47]注에 云 古者以一鎰(일)爲一金하니 鎰은 二十兩也라하고 史記燕世家正義引臣瓚云 秦以一鎰爲一金이라하다 公羊隱五年何[48]注에 云 古者以金重一斤이라하고 文選王命論李注引韋昭云 一斤爲一金이라하다 二說[49]不同하니 未知孰是라 畢云 十金當爲千金之誤라하다 兪云 戰國[50]齊策에 乃使〔人〕[51]操十金이라한대 注二十兩爲一金이라하니 然則十金爲二百兩矣라 墨氏崇儉하니 其徒以十金餽遺가 不爲不豐이어늘 畢率意增益하여 厚誣古人하니 殊爲無謂라하다

吳鈔本에는 '於'자가 없다. ≪孟子≫ 〈公孫丑〉 趙岐의 注에 "옛날에 1鎰을 1金으로 여겼으니 鎰은 20兩이다."라고 하고, ≪史記正義≫ 〈燕世家〉 에서 臣瓚을 인용하여 "秦나라는 1鎰을 1金으로 여겼다."라고 하였다. ≪春秋公羊傳≫ 隱公 5년 何休의 注에 "옛날에 金은

---

47) 趙 : 後漢 말기의 文臣이자 學者인 趙岐(108?~201)로, 자는 邠卿이며 獻帝 때 벼슬이 太常에 이르렀다. 당대의 학풍과 달리 ≪論語≫와 ≪孟子≫를 높이 평가하여 ≪孟子章句≫를 지었고, 다른 저서로는 ≪三輔決錄≫이 있다.

48) 何 : 何休(129~182)로, 자는 邵公, 任城樊(지금의 山東省 曲阜) 사람이다. 後漢 때의 今文經學家로, 議郞, 諫議大夫 등을 지냈다. 羊弼에게 ≪春秋公羊傳≫을 배워 董仲舒의 四傳弟子가 되었다. 五經과 天文, 曆算 등에 뛰어났으며, 동중서의 뒤를 이어 금문경학을 집대성하였다.

49) 二說 : 1金이 1鎰이라는 설과 1斤이라는 설을 가리킨다.

50) 戰國 : 戰國策으로, 前漢 때 劉向이 편찬한 책이다. 전국시대에 활약한 謀士들의 말과 문장을 모은 것으로 秦, 齊, 楚 등 12개국으로 나누어져 있다. 총 33권이다.

51) 〔人〕 : 저본에는 '人'이 없으나, ≪戰國策≫ 〈齊策〉에 의거하여 보충하였다.

무게 1근으로 하였다."라고 하고, ≪文選≫ 〈王命論〉 李善의 注에 韋昭를 인용하여 "1斤이 1金이다."라고 하였다. 두 說이 같지 않으니 무엇이 맞는지 모르겠다.

畢沅 : '十金'은 의당 '千金'의 誤記일 것이다.

兪樾 : ≪戰國策≫ 〈齊策〉에 "이에 사람을 시켜 10金을 가지고 가게 하였다."라고 하였는데, 그 注에 "20兩이 1金이다."라고 하였으니, 그렇다면 10金은 200兩이다. 墨氏는 儉約을 숭상하니 그 門徒들이 10金을 보내는 것이 넉넉하지 않은 것이 아닌데 畢沅이 경솔하게 부풀려서 古人을 심하게 무고하였으니 전혀 意義가 없다.

46-5-5 後生不敢死라

"後生은 감히 죽지 못하고 있습니다.

後生은 卽弟子之稱이라 非儒下篇에 云 弟子後生이라하다 畢云 稱不敢死者는 猶古人書疏稱死罪常文이라하다

後生은 바로 弟子의 칭호이다. 〈非儒 下〉에 '弟子 後生'이라고 하였다.

畢沅 : '不敢死'라고 말하는 것은 古人이 書翰에서 '死罪'라고 말하는 套式과 같다.

46-5-6 有十金於此하니 願夫子之用也라한대 子墨子曰 果未可智也라하노라

10金이 여기 있으니 선생께서 쓰시기를 원합니다."라고 하자, 자묵자께서 말씀하셨다. "과연 아직 알 수 없는 일이었다."

46-6-1 巫馬子謂子墨子曰 子之爲義也에

무마자가 자묵자께 이르기를, "그대가 義를 행할 때에

王云 舊本脫曰子二字러니 今以意補라하다

王念孫 : 舊本에는 '曰子' 2자가 빠져 있는데 지금 글 뜻으로 판단하여 보충한다.

46-6-2 人不見而(耶)〔助〕요 鬼而不見而(富)〔福〕이로되

남이 그대를 도와주는 것을 보지 못하였고 귀신이 그대를 축복하는 것을 보지 못하였는데도

王引之云 耶字는 義不可通하니 蓋服之壞字也라 富讀爲福이니 福富古字通이요 而는 汝也라 人不見而服者는 未見人之服汝也요 鬼不見而富者는 未見鬼之福汝也라 故下文曰 而子爲之하니 有狂疾也라하다 服與福爲韻이라하다 蘇云 耶當作取라하다 案 王讀富爲福하니 是也라 耶는 疑助之訛라 王蘇校竝未塙(확)이라

王引之 : '耶'자는 뜻이 통하지 않으니 아마 이지러진 '服'자인 듯하다. '富'는 '福'으로 읽으니 '福'과 '富'는 古字에 통용하였고 '而'는 '汝(그대)'의 뜻이다. '人不見而服'이라는 것은 남이 그대에게 복종함을 보지 못했다는 것이고 '鬼不見而富'라는 것은 귀신이 그대에게 복을 내림을 보지 못했다는 것이다. 그래서 아래 글에 '而子爲之 有狂疾也'라고 한 것이다. '服'과 '福'은 韻을 이룬다.

蘇時學 : '耶'는 '取'가 되어야 한다.

案 : 王引之가 '富'를 '福'으로 읽었는데 맞다. '耶'는 아마도 '助'의 誤字인 듯하다. 王引之와 蘇時學의 校勘은 모두 확실하지 않다.

46-6-3 而子爲之하니 有狂疾이라한대 子墨子曰 今使子有二臣於此호되

그대가 행하니 狂疾이 있는 것입니다."라고 하자, 자묵자께서 말씀하셨다. "지금 만일 그대가 여기에 두 家臣을 두었는데

畢云 謂家臣이라하다

畢沅 : 〈'臣'은〉 家臣을 이른다.

46-6-4 其一人者見子從事나 不見子則不從事하고 其一人者見子亦從事하고 不見子亦從事어든 子誰貴於此二人고 巫馬子曰 我貴其見我亦從事하고 不見我亦從事者라하니 子墨子曰 然則是子亦貴有狂疾也라하노라

그중 한 사람은 그대를 보면 할 일을 하지만 그대를 보지 않으면 할 일을 하지 않고, 다른 한 사람은 그대를 보아도 할 일을 하고 그대를 보지 않아도 할 일을 한다면 그대는 이 두 사람 중에서 누구를 귀하게 여기겠습니까?" 무마자가 말하기를, "저는 저를 보아도 할 일을 하고 저를 보지 않아도 할 일을 하는 자를 귀하게 여깁니다."라고 하니, 자묵자께서 말씀하셨다. "그렇다면 이는 그대 역시 狂疾이

있는 것을 귀하게 여기는 것입니다."

46-7-1 子夏之徒問於子墨子曰

子夏의 門徒가 자묵자께 여쭙기를,

史記索隱[52]引別錄云 今按墨子書有文子[53]한대 文子卽子夏之弟子니 問於墨子라 如此則墨子在七十子[54]之後也라하다 案 今本無文子하니 或在佚篇中이라

≪史記索隱≫에 ≪別錄≫을 인용하여 "지금 살펴보면, ≪墨子≫에 '文子'가 나오는데 文子는 바로 子夏의 弟子로 墨子에게 물은 것이다. 이와 같다면 묵자는 〈시기적으로〉 公子의 七十弟子보다 後代 사람이다."라고 하였다.

案 : 今本 ≪墨子≫에는 '文子'가 나오지 않으니 어쩌면 逸失된 篇 중에 있을 수 있다.

46-7-2 君子有鬪乎아한대 子墨子曰 君子無鬪라하다 子夏之徒曰 狗豨(희)猶有鬪어늘

"君子에게도 싸움이 있습니까?"라고 하자, 자묵자께서 말씀하셨다. "군자에게는 싸움이 없습니다." 子夏의 門徒가 말하기를, "개나 돼지조차도 싸움이 있는데

豨는 道藏本吳鈔本作狶하니 下同이라 說文豕(시)部에 云 豨는 豕走豨豨也라하다 方言云 豬는 南楚[55]謂之豨라

'豨'는 道藏本, 吳鈔本에 '狶'로 되어 있는데 아래도 같다. ≪說文解字≫ 豕部에 "'豨'는 돼지가 달리며 헉헉대는 것이다.〔豕走豨豨〕"라고 하였다. ≪方言≫에 "'豬'는 南楚에서는 '豨'라고 한다."라고 하였다.

---

52) 索隱 : ≪史記≫의 주석서이다. 南朝 宋나라 裴駰의 ≪史記集解≫, 唐나라 張守節의 ≪史記正義≫, 司馬貞의 ≪史記索隱≫이 ≪史記≫의 대표적인 주석서로 꼽힌다. 司馬貞은 唐나라 사람으로 字는 子正이다. 玄宗(712~756 재위) 때 朝散大夫, 國子博士, 弘文館學士 등을 지냈으며, ≪史記索隱≫ 30권을 편찬하였다.

53) 文子 : ?~?. 姓은 辛氏이고 호는 計然이다. 道家의 祖師로 孔子와 같은 시기의 인물이다. 저서로 ≪文子≫가 있다.

54) 七十子 : 孔子의 제자 3천 명 가운데 특히 뛰어난 제자로 칭해지는 70여 명의 제자를 말한다. ≪孟子≫ 〈公孫丑 上〉에 "70명의 제자가 공자에게 悅服하였다.〔七十子之服孔子也〕"라는 말이 나온다.

55) 楚 : 底本의 傍注에 "원래 '處'로 잘못되어 있으나, ≪方言≫에 의거하여 고친다.〔楚 原誤處 據方言改〕"라고 하였다.

46-7-3 惡(오)有士而無鬪矣아한대 **子墨子曰 傷矣哉**라 **言則稱於湯文**호되 **行則譬於狗豨**하니 **傷矣哉**라하노라

어찌 선비라고 싸움이 없겠습니까?" 라고 하자, 子墨子께서 말씀하셨다. "아, 마음 아프도다. 말로는 탕왕이나 문왕을 칭송하면서 행동은 개나 돼지에게 비기다니. 마음 아프도다."

46-8-1 巫馬子謂子墨子曰 舍今之人而譽先王은

무마자가 자묵자께 이르기를, "오늘날의 인물을 버리고 先王을 기리는 것은

畢云 先은 舊作大러니 一本如此라 下同이라하다

畢沅 : '先'은 舊本에 '大'로 되어 있는데 어떤 本에는 지금과 같이 되어 있다. 아래도 같다.

成湯圖

46-8-2 是譽槁骨也라 **譬若匠人然**하니 **智槁木也**하고

말라 비틀어진 뼈를 기리는 것입니다. 비유하자면 匠人과 같으니 말라 비틀어진 나무를 알면서

畢云 智同知라하다

畢沅 : '智'는 '知'와 같다.

46-8-3 而不智生木이라한대 **子墨子曰 天下之所以生者**는 **以先王之道教也**라 **今譽先王**은 **是譽天下之所以生也**라 **可譽而不譽**는 **非仁也**라하노라

살아 있는 나무를 모르는 것입니다."라고 하자, 자묵자께서 말씀하셨다. "天下 만물이 살아가는 까닭은 先王의 道와 가르침 덕분입니다. 지금 先王을 기리는 것은 天下 만물이 살아가는 까닭을 기리는 것입니다. 기릴 만한데 기리지 않는 것은 仁이 아닙니다."

畢云 : 舊脫非字러니 一本有라하다

畢沅 : 舊本에는 〈'非仁也'의〉 '非'자가 빠져 있는데 어떤 本에는 있다.

46-9-1 子墨子曰 和氏之璧과

자묵자께서 말씀하셨다. "和氏의 璧과

韓非子[56)]和氏篇云 楚人和氏得玉璞楚山中하여 奉而獻之厲王이어늘 使玉人相之하니 曰 石也라하다 王以和爲誑하고 而刖(월)其左足이라 及厲王薨하고 武王卽位에 和又奉其璞而獻之武王이어늘 使玉人相之하니 又曰 石也라하다 王又以和爲誑하고 而刖其右足이라 武王薨하고 文王卽位에 和乃抱其璞而哭於楚山之下라 王乃使玉人理其璞而寶焉하고 遂命曰 和氏之璧이라하다 案 淮南子覽冥訓高注에 以和氏所獻者爲楚武王文王成王이라하여 與韓子不同하니 未知孰是라

≪韓非子≫ 〈和氏〉에 "楚人 和氏가 璞玉(돌 속에 들어있는 가공되지 않은 옥)을 楚山에서 발견하고서 받들어 厲王에게 바치자, 玉人에게 살펴보게 하니 그가 '돌입니다.'라고 하였다. 여왕이 和氏가 사기를 쳤다고 여기고 그의 왼쪽 발꿈치를 자르는 형벌을 내렸다. 여왕이 薨逝하고 武王이 즉위했을 때 和氏가 다시 그 璞玉을 받들어 무왕에게 바치자, 玉人에게 살펴보게 하니 그가 또 '돌입니다.'라고 하였다. 무왕이 다시 和氏가 사기를 쳤다고 여기고 그의 오른쪽 발꿈치를 자르는 형벌을 내렸다. 무왕이 薨逝하고 文王이 즉위했을 때 和氏가 비로소 그 璞玉을 품고서 楚山 기슭에서 哭을 하였다. 문왕이 이에 玉人에게 그 璞玉을 다듬어 보배로 삼고 마침내 '和氏의 璧〔和氏之璧〕'이라고 명명하였다.

案 : ≪淮南子≫ 〈覽冥訓〉의 高誘의 注에는 和氏가 바친 대상을 楚 武王, 文王, 成王이라고 하여 ≪한비자≫와 같지 않으니 누가 맞는지는 모르겠다.

---

56) 韓非子 : 戰國시대 말기 韓나라 法家의 집대성자였던 韓非(B.C. 280~B.C. 233)의 저작이다. 현존하는 것은 55편으로 대부분 韓非 자신의 저술이며, 이 책에 담긴 法家사상은 이후 秦나라의 통일에 큰 영향을 주었다고 평가받는다.

46-9-2 隋侯之珠와

隋侯의 珠와

淮南子覽冥訓高注에 云 隋侯는 漢東之國의 姬姓諸侯[57]也라 隋侯見大蛇傷斷하고 以藥傅之러니 後蛇於江中銜大珠以報之라 因曰隋侯之珠라 蓋明月珠也라하다 畢云 文選李斯上秦始皇書의 注引隋作隨라하다

≪淮南子≫ 〈覽冥訓〉의 高誘의 注에 "隋侯는 漢水 동쪽의 나라의 姬姓 諸侯이다. 隋侯가 큰 뱀이 다쳐서 잘린 것을 보고 약으로 붙여 주었는데 뒤에 그 뱀이 강 속에서 大珠를 물고 와 보답한지라 인하여 隋侯의 珠라고 하였다. 아마 明月珠인 듯하다."라고 하였다.

畢沅 : ≪文選≫의 李斯가 지은 〈上秦始皇書〉의 注에서 이 대목을 인용한 곳에는 '隋'가 '隨'로 되어 있다.

46-9-3 三棘六異는

三棘과 六異는

史記楚世家에 云 居三代之傳器하고 吞三翮(력)六翼하여 以高世主라한대 索隱云 翮은 亦作鬲(력)이라 三翮六翼은 亦謂九鼎이라 空足曰翮이요 六翼卽六耳니 翼近耳旁이라하다 宋翔鳳[58]云 棘同翮하고 異同翼하니 亦謂九鼎也라 爾雅釋器에 附耳外謂之釴(익)이라하니 翼釴字通이라 釋器에 又云 款足[59]者謂之鬲(력)이라하니 卽翮也라 漢書郊祀志에 鑄九鼎에 其空足曰鬲하여 以象三德[60]이라하다 蘇林[61]曰 足中空不實者를 名曰鬲也라하다

---

57) 姬姓諸侯 : 周나라 王室이 姬姓이므로 姬姓 諸侯란 주 왕실의 同姓 친족을 分封한 諸侯를 말한다.

58) 宋翔鳳 : 1779~1860. 淸나라 江蘇 長洲(지금의 蘇州市) 사람으로, 字는 於庭이다. 前漢의 今文經學을 전공하였다. 常州學派의 대표 인물로, 公羊高의 義理로 群經을 설명하였다. 附會하기를 좋아해서 讖緯와 神秘한 말들을 잡다하게 채용하였는데 만년에는 程朱를 추존하였다. 詩詞에도 뛰어났고, 저서로 ≪大學古義說≫, ≪尙書略說≫, ≪周易考異≫, ≪說文聲類≫, ≪樸學齋文錄≫ 등이 있다.

59) 款足 : 속이 비어 있는 솥 다리를 가리킨다.

60) 其空足曰鬲 以象三德 : 鬲은 발이 속이 비어 있으면서 구부러져 있는 鼎인데 발이 3개여서 三德을 상징한다고 한 것이다.

61) 蘇林 : ?~?. 漢末魏初에 살았던 학자로 字는 孝友, 陳留郡 外黃縣(지금의 河南省 民權縣 西北) 사람이다. 古今文字에 달통해서 여러 서적을 訓釋하였다고 알려져 있다. 唐나라 顔師古가 ≪漢書≫에 주를 달면서 字音에 대해서 蘇林의 학설을 다수 인용하였다.

≪史記≫ 〈楚世家〉에 "三代에서 전해온 寶器를 차지하고 三翮, 六翼을 삼켜 世主를 높인다."라고 하였는데 索隱에 "'翮'은 '甌'으로도 쓴다. 三翮, 六翼은 또한 九鼎을 이른다. 발 속이 비어 있는 것을 '翮'이라 하고 六翼은 바로 六耳이니 翼(날개)은 耳旁(귓가)에 가깝다."라고 하였다. 宋翔鳳이 말하기를, "'棘'은 '翮'과 같고 '異'는 '翼'과 같으니 또한 九鼎을 이른다. ≪爾雅≫ 〈釋器〉에 '솥 테두리 밖에 귀를 붙인 것을 釴이라고 한다.〔附耳外謂之釴〕'라고 하였으니 '翼'과 '釴'자는 통용한다. 〈釋器〉에 또 '款足인 鼎을 鬲이라고 한다.'라고 하였으니 바로 '翮'이다. ≪漢書≫ 〈郊祀志〉에 '九鼎을 주조할 때 발 속이 비어 있는 것을 鬲이라 하여 三德을 상징하였다.〔鑄九鼎 其空足曰鬲 以象三德〕'라고 하였다."라고 하였다. 蘇林이 말하기를, "발 속이 비어 채워져 있지 않은 것을 '鬲'이라 명명한다."라고 하였다.

46-9-4 此諸侯之所謂良寶也라

이것이 諸侯들이 이른바 良寶라고 하는 것입니다.

畢云 藝文類聚引云 申徒狄[62]曰 周之靈珪出於土石하고 楚之明月出於蚌蜃(방신)이라하다 太平御覽引云 周公見申徒狄曰 賤人强氣則罰至라하니 申徒狄曰 周之靈珪出於土石[63]하고 楚之明月出於[64]蚌蜃하고 五象出於漢澤이라 和氏之璧과 夜光之珠와 三棘六異는 此諸侯之良寶也라하다 又一引云 申徒狄謂周公曰 賤人何可薄邪(야)리오 周之靈珪出於土石하고 隋之明月出於蚌蜃하고 少豪大豪出於汚澤이어늘 天下諸侯皆以爲寶라 狄今請退也라하다 文各不同하니 當是此和氏之璧上脫文이라하다 案 周公申徒狄語當在佚篇이니 與此文不相(冡)〔冢〕[65]也라 詳佚文이라

畢沅 : ≪藝文類聚≫에서 이 대목을 인용한 곳에 "申徒狄이 아뢰기를, '周나라의 靈珪는 土石에서 나왔고, 楚나라의 明月珠는 蚌蜃에서 나왔습니다.'라고 하였다." 하였다. ≪太平

62) 申徒狄 : 殷나라의 賢人으로 紂임금에게 忠諫하였으나 받아들여지지 않자 돌을 안고 黃河에 몸을 던져 자결하였다 한다. 申屠狄이라고도 한다.(≪莊子≫ 〈盜跖〉)

63) 石 : 저본의 傍注에 "'石'은 원래 '□'로 되어 있으나, ≪太平御覽≫에 의거하여 보충하였다. 살펴보건대, 인용문은 ≪太平御覽≫ 권802에 보인다.〔石 原作□ 據太平御覽補 按引見御覽八百二〕"라고 하였다.

64) 於 : 저본의 傍注에 "'於'는 원래 '□'로 되어 있으나, ≪太平御覽≫에 의거하여 보충하였다. 살펴보건대, 인용문은 ≪太平御覽≫ 권802에 보인다.〔於 原作□ 據太平御覽補 按引見御覽八百二〕"라고 하였다.

65) (冡)〔冢〕 : 저본에는 '冡'으로 되어 있으나, 문맥에 의거하여 '冢'으로 바로잡았다.

御覽≫에서 이 대목을 인용한 곳에 "周公이 신도적을 보고 말하기를, '賤人이 강짜를 부리면 형벌을 받을 것이다.'라고 하자, 신도적이 아뢰기를, '周나라의 靈珪는 土石에서 나왔고, 楚나라의 明月珠는 蚌蜃에서 나왔고, 五象은 漢澤에서 나왔습니다. 和氏璧, 夜光珠, 三棘과 六異는 諸侯들의 良寶입니다.'라고 하였다." 하였다. 또 ≪太平御覽≫의 다른 인용문에는 "신도적이 주공에게 아뢰기를, '賤人이 어찌 박하게 할 수 있겠습니까? 周나라의 靈珪는 土石에서 나왔고, 隋의 明月珠는 蚌蜃에서 나왔고, 少豪와 大豪는 汚澤에서 나왔는데 天下의 제후들 모두 보배로 여깁니다. 저는 지금 물러나기를 청합니다.'라고 하였다." 하였다. 〈이상의〉 글들이 각각 같지 않으니 이 대목의 '和氏之璧'의 앞에 글이 빠졌을 것이다.

案 : 주공과 신도적의 말은 逸失된 篇에 있었을 것이니 이 대목의 글과 서로 이어지지 않는다. 〈墨子佚文〉에 자세하다.

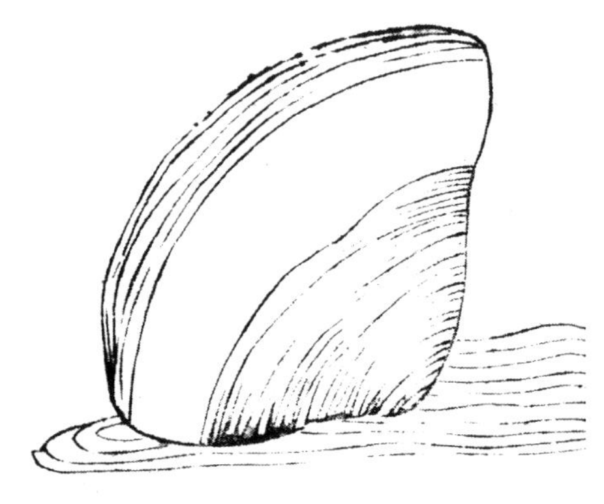

蚌

46-9-5 可以富國家하고 **衆人民**하고 **治刑政**하고 **安社稷乎**아 **曰不可**라 **所謂貴良寶者**는 **爲其可以利也**라 **而和氏之璧**과 **隋侯之珠**와 **三棘六異**는 **不可以利人**하니 **是非天下之良寶也**라 **今用義爲政於國家**하면 **人民必衆**하고 **刑政必治**하고 **社稷必安**이라 **所爲貴良寶者**는 **可以利民也**니 **而義可以利人**이라 **故曰 義天下之良寶也**라하노라

〈그런데 이것들이〉 國家를 부유하게 하고 人民을 번성하게 하고 刑政을 다스리게 하고 社稷을 편안하게 할 수 있습니까? 저는 그렇게 할 수 없다고 말합니다. 이른바 良寶를 귀하게 여긴다는 것은 그것이 이로움을 줄 수 있기 때문입니다. 그런데 和氏의 璧, 隋侯의 珠, 三棘과 六異는 사람에게 이로움을 줄 수 없으니 이는 天下의 良寶가 아닙니다. 지금 義를 써서 국가에 정사를 행하면 인민은 반드시 번성하고 형정은 반드시 다스려지고 사직은 반드시 편안해질 것입니다. 良寶를 귀하게 여기는 것은 백성에게 이로움을 줄 수 있기 때문인데 義는 사람에게 이로움을 줄 수 있습니다. 그러므로 義가 천하의 良寶라고 말하는 것입니다."

46-10-1 葉(섭)公子高問政於仲尼하여

葉公 子高가 仲尼(孔子)에게 政事를 묻기를,

論語述而集解[66]에 **孔安國**[67]**云 葉公名諸梁**이니 **楚大夫**이어늘 **食采於葉**하고 **僭稱公**이라하다 **左定五年傳葉公諸梁杜**[68]**注**에 **云 司馬沈尹戌之子**니 **葉公子高也**라하다 **莊子人間世釋文**에 **云 字子高**라하다

≪論語≫〈述而〉의 集解에 "孔安國이 이르기를, '葉公은 이름이 諸梁으로 楚나라 大夫인데, 葉縣을 采邑으로 받고 公이라고 僭稱하였다.'라고 하였다." 하였다. ≪春秋左氏傳≫ 定公 5년의 '葉公諸梁'에 대한 杜預의 注에 "司馬 沈尹戌의 아들로, 葉公 子高이다."라고 하였다. ≪莊子≫〈人間世〉의 釋文에 "字는 子高이다."라고 하였다.

46-10-2 曰 善爲政者若之何오한대 **仲尼對曰 善爲政者**는 **遠者近之**하고 **而舊者新之**라하다

"정사를 잘 행하는 자는 어떠합니까?"라고 하자, 仲尼가 대답하기를, "정사를 잘 행하는 자는 멀리 있는 자를 가까이 오게 하고 오래된 자를 새로 사귄 듯이 대합니다."라고 하였다.

言待故舊如新하여 **無厭怠也**라 **畢云 論語作近者說遠者來**라하다 **詒讓案 韓非子難三篇**에 **亦云 葉公子高問政於仲尼**하니 **仲尼曰 政在悅近而來遠**이라하여늘 **子貢問曰 何也**잇고한대 **仲尼曰 葉都大而國小**하여 **民有背心**이라 **故曰政在悅近而來遠**이라하다

故舊(벗)를 새로 사귄 듯이 대하여 싫증 내거나 소홀히 함이 없다는 말이다.

畢沅 : ≪論語≫에는 '近者說遠者來(가까이 있는 자는 기뻐하고 멀리 있는 자는 찾아온다.)'로 되어 있다.

---

66) 集解 : 三國시대 何晏(?~249)이 지은 ≪論語≫ 주석서이다. 何晏은 字는 平叔이고 南陽 宛(지금의 河南省 南陽) 사람이다. 삼국시대 魏의 大臣이자 玄學者로, 저서로 문집 11권이 있고, 鄭冲 등과 함께 ≪論語集解≫를 지었다.

67) 孔安國 : B.C. 156~B.C. 74. 字는 子國으로 孔子의 10世孫이다. 申公에게 ≪詩經≫을, 伏生에게 ≪尙書≫를 배웠다. 武帝 때 孔府 舊宅의 벽에서 나온 古文 경전들에 대해 傳을 지었다. 저서로 ≪古文尙書≫, ≪古文孝經傳≫, ≪論語訓解≫가 있다.

68) 杜 : 杜預(222~284)로, 字는 元凱이고 西晉의 京兆 杜陵 사람이다. 저서로 ≪春秋左氏傳集解≫와 ≪春秋釋例≫ 등이 있다.

詒讓案 : ≪韓非子≫ 〈難三〉에도 "葉公子高가 仲尼에게 정사를 묻자, 仲尼가 말하기를 '정사는 가까이 있는 이를 기쁘게 하고 멀리 있는 이를 찾아오게 하는 데 있습니다.'라고 하였다. 子貢이 무슨 말씀이냐고 묻자, 仲尼가 말하기를 '葉縣은 도읍은 큰데 나라는 작아 백성들이 배반하려는 마음이 있으므로, 정사는 가까이 있는 이를 기쁘게 하고 멀리 있는 이를 찾아오게 하는 데 있다고 말한 것이다.'라고 하였다." 하였다.

46-10-3 子墨子聞之曰 葉公子高未得其問也일새 **仲尼亦未得其所以對也**라 **葉公子高豈不知善爲政者之遠者近(也)〔之〕**요

자묵자가 이를 듣고 말씀하셨다. "葉公 子高는 질문을 제대로 하지 못했기에 仲尼도 대답하는 방식이 제대로 되지 못했다. 葉公 子高가 어찌 정사를 잘 행하는 자가 멀리 있는 자를 가까이 오게 하고

畢云 也는 當爲之라하다

畢沅 : '也'는 '之'가 되어야 한다.

46-10-4 而舊者新(是)〔之〕哉리오

오래된 자를 새로 사귄 듯이 대해야 함을 몰랐겠는가.

畢云 一本無是字라하다 蘇云 是는 當作之라하다

畢沅 : 어떤 本에는 '是'자가 없다.

蘇時學 : '是'는 '之'가 되어야 한다.

46-10-5 問所以爲之若之何也라 **不以人之所不智告人**하고

그것을 행하는 방법이 어떠해야 하는지 물었어야 했다. 〈그렇지 않았기에 공자가〉 남이 모르는 것으로 고해주지 않고

畢云 智는 一本作知라하다

畢沅 : '智'는 어떤 本에는 '知'로 되어 있다.

46-10-6 以所智告之라

아는 것으로 고해준 것이다.

畢云 舊以所二字倒러니 一本如此라하다

畢沅 : 舊本에는 '以所' 2자가 순서가 바뀌어 있는데 어떤 本에는 지금과 같이 되어 있다.

46-10-7 故葉公子高未得其問也일새 仲尼亦未得其所以對也라하노라

그러므로 葉公 子高가 질문을 제대로 하지 못했기에 仲尼도 대답하는 방식이 제대로 되지 못한 것이다."

46-11-1 子墨子謂魯陽[69]文君

자묵자께서 魯陽 文君에게

畢云 文選注에 云 賈逵[70]國語注에 曰 魯陽文子는 楚平王之孫이요 司馬子期之子니 魯陽公이라하니 卽此人이라 其地在魯山之陽이라 地理志에 云 南陽魯陽有魯山이라한대 師古曰 卽淮南所云魯陽公與韓戰에 日反三舍者也[71]라하다 蘇云 魯陽文君卽魯陽文子也라 國語楚語에 曰 惠王以梁與魯陽文子어늘 文子辭하니 與之魯陽이라하니 是文子當楚惠王時라 與墨子時世相値라하다 詒讓案 楚語韋注說與賈同이라 文君卽左哀十九年傳之公孫寬이라 又十六年傳에 云 使寬爲司馬라하다 淮南子覽冥訓高注에 云 魯陽은 楚之縣公[72]이니 楚平王之孫이요 司馬子期之子니 今南陽魯陽是也라하다

畢沅 : ≪文選注≫에 "賈逵의 ≪國語≫ 注에 '魯陽 文子는 楚 平王(B.C. 528~ B.C. 516 재위)의 손자이고, 司馬子期의 아들이니 魯陽公이다.'라고 하였다." 하였으니, 바로 이 사

69) 魯陽 : 魯山의 남쪽〔陽〕으로 지금의 河南省 南陽 부근이다.

70) 賈逵 : 30~101. 後漢의 經學者로 자는 景伯이고 陝西省 平陵 사람이다. 歐陽生, 大小夏侯의 ≪古文尙書≫의 異同과 齊·魯·韓 三詩와 ≪毛詩≫의 이동을 밝혔다. 許愼, 崔瑗 등 여러 제자를 배출하고, 훗날 馬融, 鄭玄 등이 古文經書의 학문을 대성할 수 있는 길을 닦아 놓았다. 저서로 ≪左氏傳解詁≫, ≪國語解詁≫, ≪經傳義詁≫, ≪論難≫ 등이 있다.

71) 淮南所云魯陽公與韓戰 日反三舍者也 : ≪淮南子≫ 〈覽冥訓〉에 "魯陽公이 韓나라와 원한이 있어 한창 전쟁을 하는데, 해가 저물려 하자 창을 잡고 해를 향해 휘두르니 해가 3사를 되돌아왔다.〔魯陽公與韓構難 戰酣日暮 援戈而撝之 日爲之反三舍〕"라고 하였다. 1舍는 30리이다.

72) 縣公 : 春秋시대에 楚나라 임금이 王을 僭稱하자 초나라 縣의 大夫들도 公을 참칭한 데서 온 말이다.

람이다. 그 땅은 魯山의 남쪽〔陽〕에 있다. ≪漢書≫ 〈地理志〉에 "南陽의 魯陽縣에 魯山이 있다."라고 하였는데 顔師古가 말하기를, "바로 ≪淮南子≫에서 말한 바 魯陽公이 韓나라와 전투할 때 해가 90리를 되돌아왔다고 한 곳이다."라고 하였다.

蘇時學：魯陽 文君은 바로 魯陽 文子이다. ≪국어≫ 〈楚語〉에 "惠王(B.C. 488~B.C. 432 재위)이 梁땅을 魯陽 文子에게 주었는데 文子가 사양하니 그에게 魯陽을 주었다."라고 하였으니, 이는 文子가 楚 惠王 때에 살고 있던 것이라 墨子의 시대와 서로 겹친다.

詒讓案：〈초어〉의 韋昭의 注의 說은 賈逵와 같다. 文君은 바로 ≪春秋左氏傳≫ 哀公 19년에 나오는 公孫寬이다. 또 ≪춘추좌씨전≫ 애공 16년에 "공손관으로 하여금 司馬가 되게 하였다."라고 하였다. ≪회남자≫ 〈覽冥訓〉의 高誘의 注에 "魯陽은 楚의 縣公으로, 楚 平王의 손자이고 사마자기의 아들이니 지금 南陽의 魯陽縣이 이곳이다."라고 하였다.

46-11-2 曰 大國之攻小國은 **譬猶童子之爲馬也**라

말씀하셨다. "大國이 小國을 공격하는 것은 비유하자면 아이들이 말 타는 놀이를 하는 것과 같습니다.

畢本無也하고 **云 一本有也字**라 **文選注**에 **云 幽求子曰 年五歲閒有鳩車之樂**하고 **七歲有竹馬之歡**[73]이라하다 **案 道藏本季本吳鈔本**엔 **竝有也字**하니 **今據補**라

畢沅本에는 '也'가 없고, "어떤 本에는 '也'자가 있다. ≪文選注≫에 '幽求子가 말하기를, 「다섯 살에는 간간이 鳩車 타는 즐거움이 있고 일곱 살에는 竹馬 타는 기쁨이 있다.」라 하였다.' 하였다."라고 하였다.

案：道藏本, 季本, 吳鈔本에는 모두 '也'자가 있으니, 지금 이에 의거하여 보충한다.

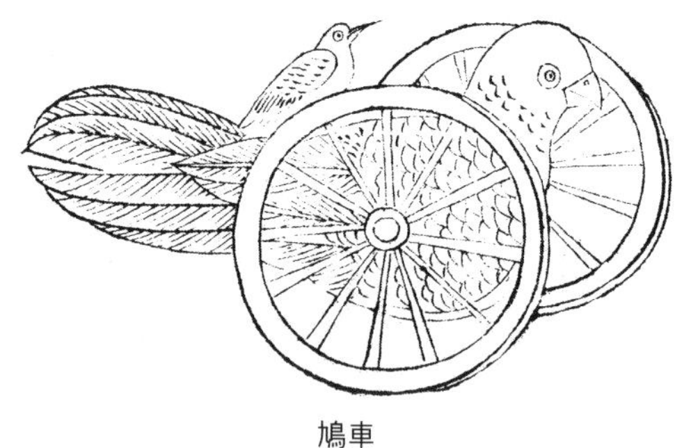

鳩車

46-11-3 童子之爲馬는 **足用而勞**라

아이들이 말 타는 놀이를 하는 것은 발을 써서 수고롭습니다.

---

73) 年五歲閒有鳩車之樂 七歲有竹馬之歡：鳩車와 竹馬는 각각 아이들이 타고 노는 장난감 수레와 대나무 작대기를 말한다.

畢云 言自勞其足이니 謂竹馬也라하다 案 此直言童子戲效爲馬耳요 不必竹馬니 畢說 竝非라

畢沅 : 자기 발을 스스로 수고롭게 한다는 말이니 竹馬를 이른다.

案 : 이 대목은 단지 童子가 장난 삼아 말이 되는 것을 흉내낸 것일 뿐이지 꼭 竹馬 놀이를 하는 것은 아니니 畢沅의 說은 모두 잘못이다.

46-11-4 今大國之攻小國也에 攻者農夫不得耕하고 婦人不得織하여 以守爲事어니와 攻人者도 亦農夫不得耕하고 婦人不得織하여 以攻爲事라 故大國之攻小國也는 譬猶童子之爲馬也라하노라

지금 大國이 小國을 공격할 때 공격받은 측은 農夫가 농사짓지 못하고 婦人이 길쌈하지 못한 채 수비에 매진하게 되거니와 공격하는 측 역시 農夫가 농사짓지 못하고 婦人이 길쌈하지 못한 채 공격에 매진하게 됩니다. 그러므로 大國이 小國을 공격하는 것은 비유하자면 아이들이 말 타는 놀이를 하는 것과 같습니다."

46-12-1 子墨子曰 言足以復(복)行者는 常之요 不足以擧行者는 勿常이라

자묵자께서 말씀하셨다. "족히 실행할 만한 말은 늘 말하고, 족히 거행할 만하지 못한 말은 늘 말하지 말라.

畢云 舊脫不字러니 一本有라

畢沅 : 舊本에는 '不'자가 빠져 있는데 어떤 本에는 있다.

46-12-2 不足以擧行而常之는 是蕩口也라하노라

족히 거행할 만하지 못한데도 늘 말하는 것은 입만 소진하는 것이다."

貴義篇亦有此章[74]호되 而文小異라 蕩口는 此篇亦兩見[75]하니 蓋謂不可行而空言은 是徒敝其口也라 經下篇에 云 霄盡은 蕩也[76]라하니 卽消磨敝盡之義라

74) 貴義篇亦有此章 : 〈貴義〉 47-5-1~2에는 '言足以遷行者 常之 不足以遷行者 勿常 不足以遷行而常之 是蕩口也'로 되어 있다.

75) 蕩口 此篇亦兩見 : 본 편 46-18-10에도 보인다.

〈貴義〉에도 이 章이 있는데 글이 조금 다르다. '蕩口'는 이 편에도 두 번 보이는데 대체로 행하지 못하면서 빈말을 하는 것은 한갓 그 입만 소진한다는 말이다. 〈經 下〉에 "소진함은 탕진하는 것이다.〔霄盡 蕩也〕"라고 하였으니 바로 소진하고 닳아 없앤다는 뜻이다.

46-13-1 子墨子使管黔(滶(오))〔敖〕로

자묵자가 管黔敖로 하여금

畢云 疑敖字라하다 蘇云 滶與游字形相近하니 當誤衍이라하다 案 畢說是也라 說文水部有澂字한대 從水敖聲이니 此借爲敖라 檀弓有齊人黔敖한대 此墨子弟子니 與彼名同이라

畢沅 : 〈'滶'는〉 아마도 '敖'자인 듯하다.

蘇時學 : '滶'은 '游'자와 字形이 서로 비슷하니 잘못 들어간 것이다.

案 : 畢沅의 說이 맞다. ≪說文解字≫ 水部에 '澂'자가 있는데 '水'가 부수이고 聲音은 '敖'이니 여기서 假借하여 '敖'로 삼은 것이다. ≪禮記≫ 〈檀弓〉에는 齊나라 사람 黔敖가 나오는데 여기서의 黔敖는 墨子의 弟子로, 저 〈단궁〉의 黔敖와 이름이 같다.

46-13-2 游高石子於衛하니

高石子를 衛나라에 추천해 벼슬하게 하니,

魯問篇有高孫子하고 呂氏春秋尊師篇有墨子弟子高何한대 未知卽高石子否라

〈魯問〉에 高孫子가 나오고, ≪呂氏春秋≫ 〈尊師〉에 墨子의 弟子 高何가 나오는데, 〈이들이〉 바로 高石子인지는 모르겠다.

46-13-3 衛君致祿甚厚하고 設之於卿이라

衛나라 군주가 아주 후한 녹봉을 주고 그에게 卿 벼슬을 내렸다.

畢云 舊作鄉러니 一本如此하니 下同이라하다 案 顧校季本作卿이라 荀子臣道篇楊注에云 設은 謂置於列位라하다

畢沅 : 〈'卿'은〉 舊本에 '鄉'으로 되어 있는데, 어떤 本에는 이와 같이 되어 있으니 아래

76) 經下篇……蕩也 : 〈經 下〉가 아니라 〈經說 上〉에 나오는 말로, 본서 4책 42-82-7~8에 보인다.

도 같다.

案 : 顧廣圻가 교감한 季本에는 '鄉'으로 되어 있다. ≪荀子≫ 〈臣道〉의 楊倞의 注에 "'設'은 列位(爵位)에 둔다는 말이다."라고 하였다.

46-13-4 高石子三朝必盡言호되 **而言無行者**어늘 **去而之齊**하여 **見子墨子曰 衛君以夫子之故**로

高石子가 세 차례 조회에 나가 그때마다 성심으로 의견을 올렸으나 그의 의견이 전부 실행되지 않자 衛나라를 떠나 齊나라로 가서 자묵자를 뵙고 말하기를, "衛나라 군주가 선생님 덕분으로

舊本脫衛字러니 **今據道藏本季本吳鈔本補**라

舊本에 '衛'자가 빠져 있는데 지금 道藏本, 季本, 吳鈔本에 의거하여 보충한다.

46-13-5 致祿甚厚하여 **設我於卿**이라 **石三朝必盡言**호되 **而言無行**이라 **是以去之也**니이다 **衛君無乃以石爲狂乎**잇가한대

아주 후한 녹봉을 주고 저에게 경 벼슬을 내렸습니다. 제가 세 차례 조회에 나가 그때마다 성심으로 의견을 올렸으나 저의 의견이 전부 실행되지 않았습니다. 이 때문에 위나라를 떠났습니다. 위나라 군주가 저를 미쳤다고 생각하지 않겠습니까?"라고 하자,

無는 **吳鈔本作毋**라

'無'는 吳鈔本에 '毋'로 되어 있다.

46-13-6 子墨子曰 去之苟道인댄 **受狂何傷**이리오 **古者周公旦非關叔**[77]하고

자묵자께서 말씀하셨다. "떠난 것이 진실로 도리에 맞는다면 미치광이 소리를

77) 古者周公旦非關叔 : 周 武王이 殷을 정벌한 다음 세 아우인 管叔, 蔡叔, 霍叔에게 감독하게 하였으므로 이들을 三監이라 하였다. 成王이 나이가 어려 주공이 攝政할 때 이들은 주공이 성왕에게 이롭지 못할 것이라는 流言蜚語를 퍼뜨리고 반역을 일으켰다. 이에 주공은 동쪽으로 피하였는데, 성왕이 주공을 다시 맞아들인 다음 이들을 잡아 죽였다.(≪書經≫ 〈大誥〉, ≪史記≫ 〈周本紀〉)

듣는다 한들 무슨 문제가 되겠는가. 옛날 周公 旦은 關叔을 비판하고 나서

畢云 關은 卽管字假音이니 一本改作管은 非是라 左傳云 掌其北門之管이라하니 卽關也라하다

畢沅 : '關'은 바로 '管'자의 音을 假借한 것이니 어떤 本에는 고쳐서 '管'으로 되어 있는 것은 맞지 않다. ≪春秋左氏傳≫에 "그 북문의 관을 관장한다.〔掌其北門之管〕"라고 하였으니 바로 關(빗장)이다.

46-13-7 辭三公하고 東處於商(蓋)〔奄〕하니

三公의 직위를 사양하고 동쪽 商奄에서 지내니

畢云 商蓋는 卽商奄이라 尙書金縢에 云 周公居東二年이라하다 王云 商蓋當爲商奄이라 蓋字古與盍(합)通하고 盍奄草書相似라 故奄訛作盍하고 又訛作蓋라 韓子說林篇에 周公旦已勝殷하고 將攻商奄이라한대 今本奄作蓋하여 誤與此同이라 昭二十七年左傳에 吳公子掩餘라한대 史記吳世家刺客傳에 竝作蓋餘라하니 亦其類也라하다 顧蘇說同이라

畢沅 : 商蓋는 바로 商奄이다. ≪尙書≫ 〈金縢〉에 "周公이 동쪽에서 2년을 지냈다.〔周公居東二年〕"라고 하였다.

王念孫 : 商蓋는 商奄이 되어야 한다. '蓋'자는 옛날에 '盍'과 통용되고 '盍'과 '奄'은 草書가 서로 비슷하다. 그래서 '奄'이 '盍'으로 잘못되고 다시 '蓋'로 잘못된 것이다. ≪韓非子≫ 〈說林〉에 "周公 旦이 殷나라를 이기고 나서 장차 商奄을 공격하려 하였다.〔周公旦已勝殷 將攻商奄〕"라고 하였는데 今本에는 '奄'이 '蓋'로 되어 있어 오류가 이 대목과 같다. ≪春秋左氏傳≫ 昭公 27년에 '吳公子 掩餘'라고 하였는데, ≪史記≫ 〈吳世家〉와 〈刺客列傳〉에는 모두 '蓋餘'라고 한 것 역시 그 부류이다.

顧廣圻, 蘇時學의 說은 같다.

案 王說是也라 左昭九年傳에 云 蒲姑商奄은 吾東上也라한대 孔[78]疏引服虔云 商奄은 魯也라하고 又定四年傳에 云 因商奄之民하여 命以伯禽하고 而封於少皞之墟라하다 說文

78) 孔 : 孔穎達(574~648)로, 唐나라 초기의 학자이다. 자는 仲達이고, 冀州 衡水(지금의 河北省 衡水市) 사람이다. 孔子의 32代孫으로 당나라 太宗에게 중용되어 신임을 받고, 國子博士를 거쳐 국자감의 祭酒·東宮侍講 등을 지냈다. 문장·천문·수학에 능통하였고, 五經 해석의 통일을 시도하여 ≪五經正義≫ 170권을 편찬하였다.

邑部에 奄作郁하고 云周公所誅郁國은 在魯라하다 史記周本紀索隱引括地志하여 云 兗州曲阜縣奄里가 卽奄國之地라하고 又引鄭康成하여 云 奄國在淮夷之北이라하다 是商奄卽奄이니 單言之曰奄이요 絫(루)言之則曰商奄이라

案 : 王念孫의 說이 맞다. ≪春秋左氏傳≫ 昭公 9년에 "蒲姑와 商奄이 우리 동쪽 영토이다.〔蒲姑商奄 吾東土也〕"라고 하였는데, 孔穎達의 疏에 服虔을 인용하여 "商奄은 魯 지역이다."라고 하였고, 또 ≪춘추좌씨전≫ 定公 4년에 "商奄의 백성을 그대로 소유하게 하고서 伯禽으로 命名하고 少皞의 옛터에 봉하였다.〔因商奄之民 命以伯禽 而封於少皞之墟〕"라고 하였다. ≪說文解字≫ 邑部에 '奄'이 '郁'으로 되어 있고 "주공이 誅滅한 郁國은 魯 지역에 있었다."라고 하였다. ≪사기≫ 〈周本紀〉의 索隱에 ≪括地志≫를 인용하여 "兗州 曲阜縣 奄里가 바로 奄國의 땅이다."라고 하고, 또 鄭康成(鄭玄)을 인용하여 "奄國은 淮夷의 북쪽에 있다."라고 하였다. 이는 商奄이 바로 奄이니 단독으로 말하면 '奄'이라 하고 함께 말하면 '商奄'이라 하는 것이다.

此謂周公居東은 蓋東征滅奄하고 卽居其地니 亦卽魯也라 蔡邕琴操[79]에 云 有譖公於王者어늘 周公奔魯而死라하다 案蔡說奔魯가 與此書合이로되 但謂公死於魯는 則妄耳라 詩豳風破斧에 云 周公東征하니 四國是皇이라한대 毛傳云 四國은 管蔡商奄也라하다 彼商謂殷이니 與奄爲二國이니 非左傳墨子之商奄也라

이 대목에서 周公이 동쪽에서 지냈다고 한 것은 대체로 동쪽으로 정벌하여 奄을 멸망시키고 바로 그 땅을 차지해 산 것이니 또한 바로 魯 지역이다. 蔡邕의 ≪琴操≫에 "成王에게 주公을 참소한 이가 있자, 주공이 魯로 달아나 죽었다."라고 하였다. 살펴보건대, 魯로 달아났다는 채옹의 說이 이 책과 부합하지만 주공이 魯에서 죽었다고 말한 것은 황당하다. ≪詩經≫ 〈豳風 破斧〉에 "주공이 동쪽으로 정벌한 것은 四國을 바로잡으려 한 것이네.〔周公東征 四國是皇〕"라고 하였는데, 毛傳에 "四國은 管, 蔡, 商, 奄이다."라고 하였다. 거기서 말한 商은 殷나라를 이르는 것으로 奄과 함께 별도의 두 나라가 되기에 ≪춘추좌씨전≫과 ≪墨子≫에서 말한 商奄이 아니다.

---

79) 蔡邕琴操 : 蔡邕(132~192)은 後漢 사람으로, 字는 伯喈이다. 篆書와 隷書에 뛰어났다. 靈帝 때 郎中에 제수되어 楊賜 등과 六經의 문자를 奏定하여 碑를 太學門 밖에 세웠다. 董卓이 불러 祭酒를 삼았고, 이후 中郎將에 이르렀으나, 훗날 동탁의 黨으로 연루되어 옥중에서 죽었다. ≪琴操≫는 그가 지은 琴曲 작품집으로 모두 2권이다. 詩歌 5장, 曲 12장, 操 9장, 雜歌 21장이 수록되어 있다.

46-13-8 人皆謂之狂이로되 後世稱其德하고 揚其名하여 至今不息이라 且翟聞之컨대 爲義非避毁就譽라하니

사람들이 모두 그를 미쳤다고 말했지만 후세에는 그의 덕을 칭송하고 그의 이름을 선양하여 지금까지도 그치지 않는다. 또 내가 듣건대, 의를 행하는 것은 비난을 피하고 명예를 추구하는 것이 아니라고 하였으니,

畢云 舊二字倒러니 一本如此라하다 案 顧校季本不倒라

畢沅 : 舊本에는 '就譽' 2자가 순서가 뒤바뀌어 있는데 어떤 本에는 이 대목처럼 되어 있다.

案 : 顧廣圻가 교감한 季本에는 순서가 뒤바뀌어 있지 않다.

46-13-9 去之苟道인댄

떠나는 것이 진실로 도리에 맞는다면

畢云 舊二字倒러니 一本如此라하다 案 季本亦不倒라

畢沅 : 舊本에는 '苟道' 2자가 순서가 뒤바뀌어 있는데 어떤 本에는 이 대목처럼 되어 있다.

案 : 季本에는 역시 순서가 뒤바뀌어 있지 않다.

46-13-10 受狂何傷이리오하다 高石子曰 石去之라도 焉敢不道也리잇고 昔者夫子有言曰 天下無道에 仁士不處厚焉이라하시니 今衛君無道어늘 而貪其祿爵(작)이면 則是我爲苟(陷)〔啗(담)〕人(長)〔食〕也라한대

미치광이 소리를 듣는다 한들 무슨 문제가 되겠는가." 高石子가 말하기를, "제가 衛나라를 떠났더라도 어찌 감히 도리를 따르지 않을 수 있겠습니까. 예전에 선생님은 '천하에 도가 없을 때 어진 선비는 후한 녹봉을 받는 자리에 나아가지 않는다.'라고 말씀하셨으니, 지금 위나라 군주가 무도한데도 그의 爵祿을 탐낸다면 저는 구차하게 남의 음식을 먹는 격이 됩니다."라고 하자,

畢云 陷은 一本作處라하다 詒讓案 苟陷人長은 疑當作苟啗[80]人食이라 啗陷聲同하고 食

長形近이라 故訛라 說文口部에 云 啗은 食也라하다 依或本則當爲苟處人厚니 與上文相應이나 然義較短이라

畢沅 : '陷'은 어떤 本에는 '處'로 되어 있다.

詒讓案 : '苟陷人長'은 아마도 '苟啗人食'이 되어야 할 듯하다. '啗'과 '陷'은 聲音이 같고 '食'과 '長'은 字形이 비슷하므로 잘못된 것이다. ≪說文解字≫ 口部에 "'啗'은 먹는다〔食〕는 뜻이다."라고 하였다. 어떤 本에 의하면 '苟處人厚'가 되어야 하는데, 위 글과 서로 호응하지만 글 뜻은 조금 부족하다.

46-13-11 子墨子說(열)하여 而召子禽子曰

자묵자가 기뻐하며 子禽子를 불러 말씀하셨다.

卽禽滑釐(리)[81]니 見公輸篇이라

바로 禽滑釐이니 〈公輸〉에 보인다.

46-13-12 姑聽此乎인저 夫倍義而鄕祿者는

"잠시 고석자의 말을 들어보라. 義를 배반하고 祿을 좇는 사람에 대해서는

說文人部에 云 倍는 反也라하다 蘇云 倍背同이요 鄕向同이라하다

≪說文解字≫ 人部에 "'倍'는 배반한다〔反〕는 뜻이다."라고 하였다.

蘇時學 : '倍'와 '背'는 같고 '鄕'과 '向'은 같다.

46-13-13 我常聞之矣러니 倍祿而鄕義者는 於高石子焉見之也라하노라

내가 늘상 들었는데 祿을 거절하고 義를 좇는 사람은 고석자를 통해 보게 되었다."

46-14-1 子墨子曰 世俗之君子는 貧而謂之富則怒하고 無義而謂之有義則喜하니

---

80) 啗 : 저본의 傍注에 "'啗'은 원래 '陷'으로 잘못되어 있으나, 위아래 글 뜻에 의거하여 고친다.〔啗 原誤陷 據上下文義改〕"라고 하였다.

81) 禽滑釐(리) : 戰國시대 초기 사람이다. 滑黎, 骨釐, 屈釐라고도 한다. 공자의 제자인 子夏에게 수학하였다가 이후에 墨子의 제자가 되어 墨家의 鉅子가 되었다. 자세한 내용이 ≪墨子≫ 〈備梯〉에 보인다.

豈不悖哉아하노라

자묵자께서 말씀하셨다. "世俗의 君子는 가난한데 그를 일러 부유하다고 말하면 성내고, 義가 없는데 그들을 일러 義가 있다고 말하면 기뻐하니 어찌 〈이치에〉 어긋난 일이 아니겠는가."

46-15-1 公孟子曰 先人有則(칙)三而已矣라하니 子墨子曰 孰先人而曰有則三而已矣오 子未智人之先有[82]라하노라

公孟子가 말하기를, "先人은 세 가지 법칙(天·地·人)을 두었을 뿐입니다."라고 하자, 자묵자께서 말씀하셨다. "세 가지 법칙을 두었을 뿐이라고 말하는 先人은 누구입니까? 그대는 先人이 둔 것을 알 수 없습니다."

蘇云 此節文有錯誤라하다

蘇時學 : 이 節은 글에 錯誤가 있다.

46-16-1 後生有反子墨子而反者〔曰〕

제자 가운데 자묵자를 배반했다가 돌아온 자가 있었는데 말하기를,

荀子解蔽篇楊注에 云 反은 倍也라하다 下反은 當爲返之假字라 廣雅釋詁에 云 反은 歸也라하다 者下當有曰字라 蓋門人有倍墨子而歸者어늘 其言如是라

≪荀子≫ 〈解蔽〉의 楊倞의 注에 "'反'은 倍(배반함)이다."라고 하였다. 아래의 '反'은 '返'의 假借字가 되어야 한다. ≪廣雅≫ 〈釋詁〉에 "'反'은 歸(돌아옴)이다."라고 하였다. '者' 아래에는 '曰'자가 있어야 한다. 아마 門人 가운데 墨子를 배반했다가 돌아온 자가 있는데 그 말이 이와 같았던 듯하다.

---

82) 公孟子曰……子未智人之先有 : 이 장의 번역은 Ian Johnston, *The Mozi*(2010)의 說을 따랐다. ≪墨子今注今譯≫에서는 吳毓江의 說에 의거하여 '三'을 '參'으로, '孰先人而'의 '而'는 衍文으로 보고, 뒤의 '後生'을 이 장에 붙이면서 '生'을 '三(參)'으로 보아 "公孟子가 말하기를, '先人이 이미 법칙을 두었으니 그저 참조하여 본받을 뿐입니다.'라고 하자, 자묵자께서 말씀하셨다. '先人이 법칙을 두었으니 그저 참조하여 본받을 뿐이라고 누가 그럽니까. 먼저 법을 창조해야 뒤에 참조할 바가 있음을 그대는 모릅니다.'"라고 풀이하였다.

46-16-2 我豈有罪哉리오 **吾反後**[83)]라한대

“제가 어찌 죄가 있겠습니까. 저는 뒤에 배반하였습니다.”라고 하자,

言彼有先反者하니 **吾雖反尙在其後**라

그들 가운데 먼저 배반한 자가 있으니 내가 비록 배반하였으나 그래도 그의 뒤에 하였다는 말이다.

46-16-3 子墨子曰 是猶三軍北(배)어늘

자묵자께서 말씀하셨다. “이는 三軍이 패배하였는데

句라

여기에서 句를 뗀다.

46-16-4 失後之人求賞也라하노라

낙오된 사람들이 상을 요구하는 것과 같다.”

謂戰敗失道而後歸어든 **不得與殿者同賞**이라

전투에서 져서 길을 잃었다가 나중에 돌아오면 후미를 지킨 자와 함께 상을 받지 못한다는 말이다.

46-17-1 公孟子曰 君子不作이요 **術而已**라한대

공맹자가 말하기를, “君子는 創作하지 않고 祖述할 뿐입니다.”라고 하자,

畢云 術은 **同述**이라하다 **詒讓案 此卽非儒篇所云 君子循而不作也**라

畢沅 : ‘術’은 ‘述’과 같다.

詒讓案 : 이 대목은 바로 〈非儒〉에서 이른바 “君子는 〈옛 법도를〉 따르기만 할 뿐 창작하지 않는다.”라고 한 것이다.

---

83) 吾反後 : Ian Johnston, *The Mozi*(2010)에서는 ‘저는 늦게 돌아왔습니다.’라고 풀이하였다.

46-17-2 子墨子曰 不然하니 人之(其)〔甚〕不君子者는

자묵자께서 말씀하셨다. "그렇지 않으니 사람 가운데 가장 君子답지 않은 자는

蘇云 其當爲甚이니 字之誤라 下言次不君子하니 可證이라하다

蘇時學 : '其'는 '甚'이 되어야 하니 글자의 誤記이다. 아래에 '次不君子'라고 말하였으니 증거로 삼을 만하다.

46-17-3 古之善者不(誅)〔訹(술)〕하고

옛날의 좋은 것을 조술하지 않고

畢云 誅는 疑當爲述이라 術誅遂疑皆聲誤라 下同이라하다 兪云 誅當爲訹이니 字之誤也라 上文君子不作術而已이요 此云古之善者不訹이라하니 術與訹은 竝述之假字요 其字竝從朮聲이라 故得相假借也라 若作誅면 則與述聲絶遠矣라하다 案 兪說是也라

畢沅 : '誅'는 아마도 '述'이 되어야 할 듯하다. '術', '誅', '遂'는 아마 모두 聲音으로 인해 잘못된 듯하다. 아래도 같다.

兪樾 : '誅'는 '訹'이 되어야 하니 글자의 誤記이다. 위 글에 '君子不作 術而已'라 하였고 이 대목에 '古之善者不訹'이라 하였으니, '術'과 '訹'은 모두 '述'의 假借字이고 그 글자가 모두 聲音이 '朮'이므로 상호 假借할 수 있다. 만약 '誅'로 쓴다면 '述'의 聲音과 너무 멀어지게 된다.

案 : 兪樾의 說이 맞다.

46-17-4 今(也)〔之〕善者不作이라

지금의 좋은 것을 창작하지 않습니다.

蘇云 今也는 當爲今世라하다 案 也卽之之訛니 蘇校未塙이라

蘇時學 : '今也'는 '今世'가 되어야 한다.

案 : '也'는 바로 '之'의 오류이니 蘇時學의 校勘은 확실하지 않다.

46-17-5 其次不君子者는 古之善者不(遂)〔述〕하고

그다음 君子답지 않은 자는 옛날의 좋은 것을 조술하지 않고

畢云 疑當爲述이니 月令以遂爲術이라하다

畢沅 : 〈'遂'는〉 아마도 '述'이 되어야 할 듯하니, ≪禮記≫ 〈月令〉에 '遂'를 '術'로 간주하였다.

46-17-6 己有善則作之니 欲善之自己出也라 今(誅)〔述〕而不作은 是無所異於不好(遂)〔述〕而作者矣라 吾以爲古之善者則(誅)〔述〕之하고 今之善者則作之하니 欲善之益多也일새니라

자신에게 좋은 것이 있으면 창작하니 좋은 것이 자신에게서 나오기를 바라는 것입니다. 지금 조술하기만 하고 창작하지 않는 것은 〈옛날의 좋은 것을〉 조술하기를 좋아하지 않으면서 〈자신에게 좋은 것을〉 창작하는 자와 다른 점이 없습니다. 나는 옛날의 좋은 것은 조술하고 지금의 좋은 것은 창작해야 한다고 생각하니 좋은 것이 더욱 많아지기를 바라서입니다."

畢云 意言古之善者多라 故但述而行之하고 今之善者少라 故須作이라 作者欲善之多는 無異於述也라하다 蘇云 此言述作不可偏廢하니 皆務爲其善而已라 述主乎因이라 故以古言하고 作主乎剏(창)이라 故以今言이라 述而又作하면 則善益多矣라 畢注似未得本意라하다 案 蘇說是也라

畢沅 : 내가 생각하기에 옛날의 좋은 것은 많으므로 그저 조술하고 실천하기만 하고 지금의 좋은 것은 적으므로 반드시 창작해야 한다는 말이다. 창작하는 자가 좋은 것이 많아지기를 바라는 것은 조술과 다름이 없다.

蘇時學 : 이 대목은 조술과 창작 가운데 한쪽을 없애버려서는 안 되니 모두 그 좋은 것을 하는 데 힘쓸 뿐이라는 말이다. 조술은 因襲을 위주로 하므로 옛날을 가지고 말하였고, 창작은 開創을 위주로 하므로 지금을 가지고 말하였다. 조술하고 다시 창작하면 좋은 것이 더욱 많아질 것이다. 畢沅의 注는 본뜻을 파악하지 못한 듯하다.

案 : 蘇時學의 說이 맞다.

46-18-1 巫馬子謂子墨子曰

무마자가 자묵자께 이르기를,

巫馬子는 見前[84]이라 蓋巫馬期之子姓이라 史記孔子弟子傳에 巫馬施는 字子旗라한대 集解引鄭康成孔子弟子目錄[85]云 魯人이라하다 故下云 愛魯人於鄒人이라하다 家語弟子解作陳人하니 非也라

巫馬子는 앞에 보인다. 아마 巫馬期의 자손인 듯하다. ≪史記≫ 〈仲尼弟子列傳〉에 "巫馬施는 字가 子旗다."라고 하였는데, ≪史記集解≫에서 鄭康成(鄭玄)의 ≪孔子弟子目錄≫을 인용하여 "魯나라 사람이다."라고 하였다. 그래서 아래에 "魯나라 사람을 鄒나라 사람보다 사랑한다.〔愛魯人於鄒人〕"라고 한 것이다. ≪孔子家語≫ 〈弟子解〉에는 '陳나라 사람'으로 되어 있는데 잘못이다.

46-18-2 我與子異하니

"저는 그대와 다르니

畢云 子는 舊作之러니 一本如此라하다

畢沅 : '子'는 舊本에 '之'로 되어 있는데, 어떤 本에는 여기와 같이 되어 있다.

46-18-3 我不能兼愛라 **我愛鄒人於越人**하고 **愛魯人於鄒人**하고 **愛我鄉人於魯人**하고 **愛我家人於鄉人**하고 **愛我親於我家人**하고 **愛我身於吾親**은 **以爲近我也**일새라 **擊我則疾**이나 **擊彼則不疾於我**니

저는 아울러 사랑하지 못합니다. 제가 鄒나라 사람을 越나라 사람보다 사랑하고 魯나라 사람을 鄒나라 사람보다 사랑하고 제 고향 사람을 魯나라 사람보다 사랑하고 제 식솔을 고향 사람보다 사랑하고 제 어버이를 제 식솔보다 사랑하고 제 몸을 제 어버이보다 사랑함은 저에게 가깝다고 생각해서입니다. 저를 때리면 아프지만 상대를 때리면 저에게 아프지 않으니

疾은 猶痛也라 說文手部에 云 擊은 攴(복)也라하다 疒部疾痛竝訓病也라

84) 巫馬子 見前 : 본 편 46-18-10에 보인다.
85) 鄭康成孔子弟子目錄 : 鄭玄이 편찬한 ≪論語孔子弟子目錄≫으로, ≪經義考≫ 권221 〈論語〉에는 ≪隋書≫ 〈經籍志〉에 1권으로 되어 있고 일실되었다고 하였다. 淸나라 袁鈞이 집일한 ≪鄭氏佚書二十三種≫에 수록되어 있다.

疾은 痛과 같다. ≪說文解字≫ 手部에 "'擊'은 '친다〔攴〕'는 뜻이다."라고 하였다. 疒部에 '疾'과 '痛'을 모두 病으로 풀이하였다.

46-18-4 我何故疾者之不拂하고 **而不疾者之拂**이리오

제가 무슨 까닭으로 아픈 저를 방어하지 않고 저에게 아프지 않은 상대를 방어하겠습니까?

說文手部에 **云 拂**은 **過擊也**라하다 **畢云 舊不疾二字倒**러니 **一本如此**라하다

≪說文解字≫ 手部에 "'拂'은 스친다〔過擊〕는 뜻이다."라고 하였다.

畢沅 : 舊本에는 '不疾' 2자가 순서가 뒤바뀌어 있는데, 어떤 本에는 여기와 같이 되어 있다.

46-18-5 故(有)我有殺彼以〔利〕我언정 **無殺我以利〔彼〕**라한대

그러므로 저는 상대를 죽여 저를 이롭게 하는 일은 있을지언정 나를 죽여 상대를 이롭게 하는 일은 없습니다."라고 하자,

蘇云 二句當有脫訛니 **以下文語意攷之**하면 **當言有殺彼以利我**하고 **無殺我以利彼也**라 **有我二字疑衍**이라하다 **兪云 此當作故我有殺彼以利我**하고 **無殺我以利彼**라하다

蘇時學 : 이 2구는 빠지고 잘못된 부분이 있으니 아래 글의 말뜻으로 詳攷하면 '有殺彼以利我 無殺我以利彼也'라고 말해야 한다. '有我' 2자는 아마도 잘못 들어간 듯하다.

兪樾 : 이 대목은 '故我有殺彼以利我 無殺我以利彼'로 써야 한다.

46-18-6 子墨子曰 子之義將匿邪(야)아 **意將以告人乎**아한대 **巫馬子曰 我何故匿我義**리오

자묵자께서 말씀하셨다. "그대의 이러한 義理를 숨길 것입니까, 남에게 알려주려고 생각합니까?" 무마자가 말하기를, "제가 무슨 까닭으로 제가 생각하는 義理를 숨기겠습니까.

畢云 一本作意하니 **非**라하다

畢沅 : 〈'義'가〉 어떤 本에는 '意'로 되어 있는데 잘못이다.

46-18-7 吾將以告人이라한대 **子墨子曰 然則一人說**(열)**子**어든

저는 남에게 알려줄 것입니다."라고 하자, 자묵자께서 말씀하셨다. "그렇다면 한 사람이 그대의 〈의리를〉 기뻐한다면

謂說其義而從之라

그의 의리를 기뻐하여 추종한다는 말이다.

46-18-8 一人欲殺子以利己요 **十人說子**어든 **十人欲殺子以利己**요 **天下說子**어든 **天下欲殺子以利己**라 **一人不說子**어든 **一人欲殺子**니 **以子爲施不祥言者也**일새요 **十人不說子**어든 **十人欲殺子**니 **以子爲施不祥言者也**일새요 **天下不說子**어든 **天下欲殺子**니 **以子爲施不祥言者也**일새라 **說子亦欲殺子**요 **不說子亦欲殺子**니 **是所謂經者口也**에 **殺(常)〔子〕之身者也**[86]라하다

한 사람이 그대를 죽여 자신을 이롭게 하려 할 것이고, 열 사람이 그대의 의리를 기뻐한다면 열 사람이 그대를 죽여 자신을 이롭게 하려 할 것이고, 천하 사람이 그대의 의리를 기뻐한다면 천하 사람이 그대를 죽여 자신을 이롭게 하려 할 것입니다.

한 사람이 그대의 의리를 기뻐하지 않으면 한 사람이 그대를 죽이려고 할 것이니, 그대가 상서롭지 않은 말을 하는 자라고 여기기 때문이고, 열 사람이 그대의 의리를 기뻐하지 않으면 열 사람이 그대를 죽이려고 할 것이니, 그대가 상서롭지 않은 말을 하는 자라고 여기기 때문이고, 천하 사람이 그대의 의리를 기뻐하지 않으면 천하 사람이 그대를 죽이려고 할 것이니, 그대가 상서롭지 않은 말을 하는 자라고 여기기 때문입니다.

그대의 의리를 기뻐하더라도 그대를 죽이려고 하고 그대의 의리를 기뻐하지 않더라도 그대를 죽이려고 할 것이니, 이는 이른바 〈말이〉 입을 거쳐가서 그대의 몸을 죽인다는 것입니다."

---

86) 是所謂經者口也 殺(常)〔子〕之身者也 : ≪墨子今注今譯≫에서는 吳毓江의 說에 의거하여 '經'을 '輕'으로 보고, "이는 이른바 경솔한 말은 장차 재앙이 그대의 몸에 미친다는 것이다."라고 하였다.

常은 疑當作子라 此下亦有脫誤라

'常'은 아마도 '子'가 되어야 할 듯하다. 이 대목 아래에도 빠지고 잘못된 부분이 있다.

46-18-9 子墨子曰 子之言惡(오)利也니

자묵자께서 말씀하셨다. "그대의 말은 이로움을 싫어하는 것이니,

言惡所利라

이로운 것을 싫어한다는 말이다.

46-18-10 若無所利而(不)〔必〕言은 是蕩口也라하노라

만약 이로운 것이 없는데도 굳이 말하는 것은 입만 소진하는 하는 것입니다."

不言은 疑當作必言이라 蕩口는 義見前[87]이라

'不言'은 아마도 '必言'이 되어야 할 듯하다. '蕩口'는 뜻이 앞에 보인다.

46-19-1 子墨子謂魯陽文君曰 今有一人於此하니 羊牛犓犧(추환)을

자묵자께서 魯陽 文君에게 말씀하셨다. "지금 여기에 어떤 사람이 있는데, 양과 소 같은 가축을

犓는 吳鈔本作犓한대 道藏本同이라 畢云 此豢字俗寫니 太平御覽引作芻豢이라하다

'犓'는 吳鈔本에 犓로 되어 있는데 道藏本도 같다.

畢沅 : 犧은 '豢'자의 俗字이니 ≪太平御覽≫에서 이 대목을 인용한 곳에는 '芻豢'으로 되어 있다.

46-19-2 (維)〔饔(옹)〕人但割而和之어늘

주방장이 웃통을 벗고 도살하여 조리해 주었는데

畢云 維人當爲饔人之誤라 但割卽袒割[88]이라 說文에 云 但은 裼(석)也라 從人旦聲이라하다

87) 蕩口 義見前 : 본 편 46-12-2에 보인다.

經典用但爲第字之義하고 而忘其本이라하다 詒讓案 雍維形近而誤라 儀禮[89]公食大夫禮와 少牢饋食禮에 竝有雍人이라 雍은 雝之隸變이니 即饔之省이라

畢沅 : '維人'은 '饔人'의 誤字이다. '但割'은 바로 '袒割'이다. ≪說文解字≫에 "'但'은 웃통을 벗는다〔裼〕는 뜻이다. '人'이 부수이고 聲音은 '旦'이다."라고 하였다. 經典에서 '但'을 '第(다만)'자의 뜻으로 사용하면서 그 本義를 잊어버린 것이다.

詒讓案 : '雍'과 '維'는 字形이 비슷하여 잘못된 것이다. ≪儀禮≫ 〈公食大夫禮〉와 〈少牢饋食禮〉에 모두 '雍人'이 나온다. '雍'은 '雝'의 隸書가 변한 것이니 바로 '饔'의 생략형이다.

46-19-3 食之不可勝食也라

아무리 먹어도 이루 다 못 먹을 정도입니다.

道藏本無不可二字하고 有食之二字한대 吳鈔本同이라 畢本增不可二字하고 無食之二字하고 云 舊脫不可二字러니 據太平御覽增이라하다 案 以文義校之컨대 食之不可四字當竝有니 今據增이라

道藏本에는 '不可' 2자가 없고 '食之' 2자는 있는데 吳鈔本도 같다. 畢沅本에는 '不可' 2자를 덧붙이고 '食之' 2자는 없고, "舊本에는 '不可' 2자가 빠져 있는데, ≪太平御覽≫에 의거하여 보충한다."라고 하였다.

案 : 글 뜻으로 校勘하면 '食之不可' 4자는 모두 있어야 하니 지금 이에 의거하여 덧붙인다.

46-19-4 見人之作餠하면

〈그런데도〉 남이 떡 만드는 것을 보면

88) 袒割 : 왕이 노인을 존경하여 거행하는 예이다. ≪禮記≫ 〈樂記〉에 "三老와 五更을 太學에서 먹일 때에는 천자가 직접 웃옷을 벗고〔袒〕 희생을 칼질〔割〕한다."라고 하였다.

89) 儀禮 : 儒家 十三經의 하나로, ≪周禮≫, ≪禮記≫와 함께 '三禮'라 일컬어진다. 삼례 중에서도 ≪의례≫는 禮의 근본이고 ≪주례≫는 주나라의 관직제도로 禮의 말단이며, ≪예기≫는 의례의 記文이다. 陸德明, 孔穎達, 賈公彦 등은 周公을 저자로 보았다. 秦나라의 焚書 이후 漢初에는 17편이 잔존하다가 일실되었는데 당시에는 ≪의례≫라는 명칭이 없었다. 문헌으로 볼 때 ≪의례≫를 최초로 전수한 자는 前漢의 高堂生이다. 漢代에는 今文 ≪儀禮≫와 古文 ≪儀禮≫가 있었다.

畢云 作은 舊作生이러니 皆據改라하다 案 生字似不誤라 說文食部에 云 餠은 麪餈(면자)也라하다

畢沅 : '作'은 舊本에 '生'으로 되어 있는데 모두 〈뜻에〉 의거하여 고쳤다.

案 : '生'자는 잘못되지 않은 듯하다. ≪說文解字≫ 食部에 "'餠'은 밀떡〔麪餈〕이다."라고 하였다.

46-19-5 則還然竊之하여

눈이 휘둥그레져 그것을 빼앗으면서

還은 疑瞏(경)之借字라 說文目部에 云 瞏은 驚視也라하다

'還'은 아마도 '瞏'의 假借字인 듯하다. ≪說文解字≫ 目部에 "'瞏'은 놀라서 본다〔驚視〕는 뜻이다."라고 하였다.

46-19-6 曰 舍余食이라하면

'내게 음식을 주시오.'라고 말한다면,

畢云 言捨以爲余食이라하다 蘇云 舍余食者는 言舍其芻豢羊牛之食하여 而從事於竊也라하다 案 二說竝非라 舍는 予之叚字니 古賜予字或作舍하니 詳非攻中篇[90]이라 舍余食은 猶言與我食也라

畢沅 : 빼돌려서 나의 음식으로 삼게 해 달라는 말이다.

蘇時學 : '舍余食'은 그 양과 소 같은 가축 고기 음식을 빼돌려서 절도에 종사하라는 말이다.

案 : 두 說 모두 잘못이다. '舍'는 '予'의 假借字이니 옛날에 '賜予'자는 '舍'로 쓰기도 했으니 〈非攻 中〉에 자세히 설명하였다. '舍余食'은 나에게 음식을 주라는 말과 같다.

46-19-7 不知(日月)〔耳目〕安不足乎아

모르겠습니다만, 듣고 보아 탐을 내어 〈자신의〉 요리가 부족하다 여겨서입니까,

---

90) 古賜予字或作舍 詳非攻中篇 : ≪墨子≫ 〈非攻 中〉에는 "舍와 予는 소리가 비슷하여 글자가 통용되니, '施舍'는 '賜予'와 같다.〔舍予 聲近字通 施舍 猶賜予也〕"라고 하였다.

畢云 或當云明不足乎아라하다 戴[91]云 安字語詞니 無實義라하다 詒讓案日月은 疑耳目之誤니 言其見物而貪也라

畢沅 : 혹은 '明不足乎'라고 해야 할 수도 있다.

戴望 : '安'자는 語助辭이니 실제 뜻은 없다.

詒讓案 : '日月'은 아마도 '耳目'의 誤字인 듯하니 그 물건을 보고 탐낸다는 말이다.

46-19-8 其有竊疾乎아한대 魯陽文君曰 有竊疾也라하다 子墨子曰 楚四竟之田은

아니면 도벽이 있어서입니까?" 노양 문군이 말하기를, "도벽이 있는 것이겠지요."라고 하였다. 자묵자께서 말씀하셨다. "초나라 사방의 田地는

畢云 四竟二字는 舊作三意러니 據太平御覽改라하다

畢沅 : '四竟' 2자는 舊本에 '三意'로 되어 있는데, ≪太平御覽≫에 의거하여 고친다.

46-19-9 曠蕪而不可勝辟이니

비어 있고 황폐하여 이루 다 개척할 수 없을 정도이니,

畢云 太平御覽引云 楚四境之田은 蕪曠不可勝闢이라하다 魯陽은 楚縣이라 故云然也라하다

畢沅 : ≪太平御覽≫에서 이 대목을 인용한 곳에는 "초나라 사방의 들판은 황폐하고 비어 있어 이루 다 개척할 수 없을 정도이다."라고 하였다. 魯陽은 楚나라의 縣이므로 그렇게 말한 것이다.

46-19-10 (謼靈)〔呼虛〕數千은

비어 있는 땅 수천 畝는

畢云 說文에 云 謼는 召也라하다 顧云 靈은 令也라하다 戴云 靈은 令之叚字라하다 案 依

91) 戴 : 戴望(1837~1873)이다. 淸나라 浙江 德淸 사람으로, 字는 子高이다. 陳奐(1785~1863, 字 倬雲, 號 碩甫)에게 聲音과 訓詁를 배웠으며, 常州學派 宋翔風에게 ≪春秋公羊傳≫을 배웠다. 姚宗諶, 施補華, 兪剛, 黃宗羲, 凌霞, 陸心源과 함께 七子로 일컬어졌다. 저서로 ≪論語注≫, ≪管子校正≫, ≪謫麐堂遺集≫, ≪顔氏學記≫가 있다. ≪墨子閒詁≫의 교정을 보았다는 내용이 손이양의 序文에 보인다.

畢顧戴說하면 則數千爲評令之人數라 與上下文義竝不貫하니 殆非也라 此評靈은 當爲呼虛라 凡經典評召字多叚呼爲之하니 二字互通이라 周禮大小鄭[92]注와 漢書高帝紀應劭注에 竝云謈(혼)呼라하고 文選蜀都賦李注에 引鄭康成易注하여 云坼(탁)呼라하다 說文土部에 云 㙤(하)는 㙍(탁)也라하다 呼卽㙤之叚字라 㙤本訓㙍이니 引申爲㙤隙이라 呼虛는 謂閒隙虛曠之地라 此與上文은 竝卽公輸篇荊國有餘於地而不足於民之意라 非攻中篇에 云 今萬乘之國에 虛〔城〕[93]數於千하니 不勝而入이요 廣衍數於萬하니 不勝而辟이라하니 與此文義正同이라 虛靈은 俗書形近而誤하니 詳天志下篇[94]이라

畢沅 : ≪說文解字≫에 "'評'는 부른다〔召〕는 뜻이다."라고 하였다.

顧廣圻 : '靈'은 令(명령)이다.

戴望 : '靈'은 '令'의 假借字이다.

案 : 畢沅, 顧廣圻, 戴望의 說에 의거하면, 數千은 評令하는 사람의 수가 되는지라 위아래 글 뜻과 모두 일관되지 않으니 잘못인 듯하다. 이 대목의 '評靈'은 '呼虛'가 되어야 한다. 무릇 經典에서 '評', '召'자는 '呼'를 假借하여 쓰는 경우가 많으니 두 글자는 상호 통용한다. ≪周禮≫ 大鄭(鄭衆)과 小鄭(鄭玄)의 注, ≪漢書≫ 〈高帝紀〉 應劭의 注에 모두 '謈呼'라고 하고 ≪文選≫ 〈蜀都賦〉 李善의 注에 鄭康成(鄭玄)의 ≪周易≫ 注를 인용하면서 '坼呼'라고 하였다.

≪설문해자≫ 土部에 "'㙤'는 터진다〔㙍〕는 뜻이다."라고 하였다. '呼'는 바로 '㙤'의 假借字이다. '㙤'는 본래 '㙍'으로 풀이하니 引申하여 㙤隙(틈)이 된다. '呼虛'는 트이고 비어 있는 땅을 말한다. 이 대목과 위 글은 모두 바로 〈公輸〉의 "荊나라는 땅은 여유가 있지만 백성은 부족하다〔荊國有餘於地而不足於民〕"라는 뜻이다. 〈非攻 中〉에 "지금 萬乘의 나라에 빈 城이 천을 헤아리니 이루 다 들어갈 수 없고, 드넓은 땅이 만 리를 헤아리니 이루 다 개간할 수 없다.〔今萬乘之國 虛城數於千 不勝而入 廣衍數於萬 不勝而辟〕"라고 하였으니 이 대목의 글 뜻과 정확히 똑같다. '虛', '靈'은 俗字의 字形이 비슷하여 잘못된 것이니 〈天志下〉에 자세히 설명하였다.

92) 大小鄭 : 大鄭은 鄭衆(?~83)으로, 字는 仲師이고 後漢의 경학자이다. 후대에는 鄭玄과 구별하기 위해 '先鄭'이라 불렀고, 또한 환관이었던 鄭衆과 구별하기 위하여 鄭司農이라 불렀다. 저서로 ≪春秋難記條例≫가 있다. 여기서는 先鄭의 뜻으로 大鄭이라 한 것인바, 小鄭은 鄭玄을 가리킨다.

93) 〔城〕 : 저본에는 '城'이 없으나, 본서 〈非攻 中〉에 의거하여 보충하였다.

94) 詳天志下篇 : 본서 3책 28-3-4에 보인다.

46-19-11 不可勝〔入〕이라

이루 다 들어갈 수 없을 정도입니다.

畢云 下當脫用字라하다 詒讓案 據非攻篇하면 當脫入字라

畢沅 : 〈'勝'자〉 뒤에 '用'자가 빠졌을 것이다.

詒讓案 : 〈非攻 中〉에 의거하면 '入'자가 빠졌을 것이다.

46-19-12 見宋鄭之閒(한)邑하면

그런데 宋나라나 鄭나라의 빈 고을을 보면

閒邑은 言空邑이니 與王制閒田[95)]義同이라

'閒邑'은 空邑(빈 고을)이라는 말이니, ≪禮記≫ 〈王制〉의 '閒田'과 뜻이 같다.

46-19-13 則還然竊之하면 此與彼異乎아한대 魯陽文君曰 是猶彼也니 實有竊疾也라하다

눈이 휘둥그레져 그것을 빼앗으려 한다면, 이는 앞의 경우와 뭐가 다르겠습니까?" 노양 문군이 말하기를, "이것과 앞의 경우가 같으니 틀림없이 도벽이 있는 것이겠군요."라고 하였다.

46-20-1 子墨子曰 季孫紹與孟伯常治魯國之政이러니

자묵자께서 말씀하셨다. "季孫紹와 孟伯常이 魯나라의 정사를 다스렸는데

蘇云 季孫紹與孟伯常不見於春秋하니 當爲季康子孟武伯之後요 與墨子同時者也라하다 詒讓案 禮記[96)]檀弓에 悼公之喪에 季昭子問於孟敬子라한대 鄭注에 云 昭子는 康子之曾孫이니 名强이라 敬子[97)]武伯之子니 名捷이라 此季孫紹孟伯常은 當卽昭子敬子

---

95) 閒田 : ≪禮記注疏≫ 〈王制〉의 疏에서 孔穎達은 "만약 사람을 封하여 大國에 붙였으면 이를 附庸이라 하고, 아직 사람을 봉하지 않았으면 閒田이라 한다."라고 하였다.

96) 禮記 : 5經과 13經에 속하는 유가의 경전으로 중국 고대의 典章制度를 담고 있으며 모두 24권 29편이다. ≪小戴禮記≫ 혹은 ≪小戴記≫라고도 하며 前漢의 戴聖이 편찬했다고 전해진다. ≪儀禮≫, ≪周禮≫와 함께 '3禮'에 속한다.

之子若孫也라

蘇時學 : 季孫紹와 孟伯常은 ≪春秋≫에 보이지 않으니, 季康子・孟武伯의 후손이면서 墨子와 같은 시대 사람일 것이다.

詒讓案 : ≪禮記≫ 〈檀弓〉에 "悼公의 초상에 季昭子가 孟敬子에게 問喪하였다."라고 하였는데, 鄭玄의 注에 "季昭子는 季康子의 曾孫이니 이름은 强이다. 孟敬子는 孟武伯의 아들이니 이름은 捷이다."라고 하였다. 이 대목의 季孫紹・孟伯常은 바로 季昭子와 孟敬子의 아들과 손자일 것이다.

46-20-2 不能相信하고 而祝於藂(총)社하여

서로 믿지 못하고 叢社에 祝願하여

藂은 舊本訛禁이라 下同이라 王云 禁社乃藂社之誤니 藂與叢同이라 爾雅에 灌木은 叢木이라한대 釋文曰 叢은 本或作藂이라하다 漢書東方朔傳에 藂珍怪라한대 師古曰 藂은 古叢字라하다 案 王校是也요 洪說同하니 今據正이라 叢社는 詳明鬼下篇[98]이라

'藂'은 舊本에 '禁'으로 잘못되어 있다. 아래도 같다.

王念孫 : '禁社'는 바로 '藂社'의 잘못이니 '藂'은 '叢'과 같다. ≪爾雅≫에 "灌木은 叢木이다."라고 하였는데, ≪經典釋文≫에 "'叢'은 어떤 본에는 '藂'으로 되어 있기도 하다."라고 하였다. ≪漢書≫ 〈東方朔傳〉에 "珍怪가 모여 있다."라고 하였는데, 顔師古가 "'藂'은 옛날의 '叢'자이다."라고 하였다.

案 : 王念孫의 校勘이 맞고, 洪頤烜의 說이 같으니 지금 이에 의거하여 바로잡았다. 叢社는 〈明鬼 下〉에 자세히 설명하였다.

46-20-3 曰 苟使我和라하다

'부디 우리들을 화해하게 하소서.'라고 하였다.

王引之云 苟는 猶尚也라하다

王引之 : '苟'는 尙(부디)과 같다.

---

97) 敬子 : 저본의 傍注에 "'子'는 원래 '之'로 잘못되어 있으나, ≪禮記≫ 〈檀弓〉 鄭玄의 注에 의거하여 고친다.[子 原誤之 據禮記檀弓鄭注改]"라고 하였다.

98) 詳明鬼下篇 : 본서 3책 31-10-6에 보인다.

46-20-4 是猶弇(엄)其目하고

이는 그 눈을 가리고 있으면서

畢云 說文에 云 弇은 蓋也라하다

畢沅 : ≪說文解字≫에 "'弇'은 덮는다〔蓋〕는 뜻이다."라고 하였다.

46-20-5 而祝於藂社(也)〔曰〕

叢社에 축원하여

兪云 也는 當作曰이니 其下句卽祝詞也라 上文而祝於藂社曰苟使我和가 是其證이라하다

兪樾 : '也'는 '曰'이 되어야 하니, 이 아래 句가 바로 祝詞이다. 위 글의 '而祝於藂社曰苟使我和'가 바로 그 증거이다.

46-20-6 苟使我皆視니 **豈不繆(류)哉**아하노라

'부디 우리들 모두 볼 수 있게 하소서.'라고 하는 것과 같으니 어찌 잘못되지 않았겠는가."

46-21-1 子墨子謂駱滑氂(리)

자묵자께서 駱滑氂에게 말씀하셨다.

吳鈔本作釐하고 下仍作氂라 案此與禽子同名이라

〈'氂'는〉 吳鈔本에는 '釐'로 되어 있고 아래는 그대로 '氂'로 되어 있다.
案 : 이 사람은 禽子(禽滑釐)와 이름이 같다.

46-21-2 曰 吾聞子好勇이라하다 **駱滑氂曰 然**하이다 **我聞其鄕有勇士焉**이어든 **吾必從而殺之**라한대 **子墨子曰 天下莫不欲(與)〔興〕其所好**하고 **(度)〔廢〕其所惡(오)**어늘

"내 들으니 그대가 勇猛을 좋아한다고 한다." 駱滑氂가 말하기를, "그렇습니다. 저는 어떤 고을에 勇士가 있다는 말을 들으면 반드시 쫓아가서 그를 죽입니다."라고 하자, 자묵자께서 말씀하셨다. "天下 사람은 모두 자기가 좋아하는 것을 가꾸

고 자기가 싫어하는 것을 내치는 법인데

畢云 度는 謂渡去也라하다 王引之云 畢說非也라 與當爲興이요 度當爲廢니 皆字之誤也라 廢度草書相似라 故廢訛作度라 史記歷書에 名察廢驗[99]이라한대 今本廢字亦訛作度라 興與廢와 好與惡는 皆對文이라

畢沅 : '度'는 건너가다[渡去]라는 말이다.

王引之 : 畢沅의 說은 잘못이다. '與'는 '興'이 되어야 하고 '度'는 '廢'가 되어야 하니, 모두 글자의 誤記이다. '廢', '度'는 草書가 서로 비슷하므로 '廢'가 '度'로 잘못된 것이다. ≪史記≫ 〈歷書〉에 '名察廢驗'이라 하였는데, 今本에 '廢'자가 역시 '度'로 잘못되어 있다. '興'과 '廢', '好'와 '惡'는 모두 對를 이루는 글이다.

46-21-3 今子聞其鄉有勇士焉이어든 必從而殺之하니 是非好勇也라 是惡勇也라하노라

지금 그대는 어떤 고을에 勇士가 있다는 말을 들으면 반드시 쫓아가서 그를 죽이니 이는 勇猛을 좋아하는 것이 아니라 勇猛을 미워하는 것이다."

99) 史記歷書 名察廢驗 : ≪史記≫ 諸本에는 '名察度驗(星曆의 명칭을 분명히 考察하고 日月星辰의 運行度數를 정확히 證驗하다)'으로 되어 있고, ≪漢書≫ 〈律歷志〉에는 '名察發斂(봄 여름을 명명한 發을 살피고 가을 겨울을 명명한 斂을 살핀다)'으로 되어 있다.

제47편 귀의 貴義

'貴義'라는 제목은 첫 章의 '萬事莫貴於義'에서 따온 것으로, 앞의 〈耕柱〉와 함께 義를 주제로 한 내용이 많다. 모두 19장으로, '子墨子曰'의 형식으로 된 獨白이 대부분이지만, 이름을 알 수 없는 벗 혹은 제자들과의 대화나 楚의 穆賀, 衛의 公良桓子 등 爲政者와의 대화도 일부 있다. 그리고 뒷부분에서 日者(점쟁이)의 迷信을 論斥하는 장을 통해 墨家의 合理主義를 엿볼 수 있다.

47-1-1 子墨子曰 萬事莫貴於義라 今謂人曰 予子冠履하고 而斷子之手足하면 子爲之乎아하면 必不爲리니 何故오 則冠履不若手足之貴也니라 又曰 予子天下而殺子之身하면 子爲之乎아하면 必不爲리니 何故오 則天下不若身之貴也니라

子墨子께서 말씀하셨다. "萬事 가운데 義보다 귀중한 것이 없다. 지금 어떤 이에게 이르기를, '그대에게 갓과 신발을 주는 대신 그대의 손과 발을 자르겠다면 그대는 하겠는가?'라고 하면 그는 반드시 하지 않을 것이니 무슨 까닭이겠는가. 갓과 신발이 손과 발만큼 귀하지 않기 때문이다. 또 이르기를, '그대에게 天下를 주는 대신 그대의 몸을 죽이겠다면 그대는 하겠는가?'라고 하면 그는 반드시 하지 않을 것이니 무슨 까닭이겠는가. 천하가 몸만큼 귀하지 않기 때문이다.

王云 何故則은 本作何則이러니 後人誤以則字下屬爲句라 故於何下加故字耳라 何則은 與何也同義라 辭過篇에 曰 何則고 其所道之然也[1]라하고 尙賢篇에 曰 何則고 皆以明小物而不明大物也[2]라하고 荀子宥坐篇에 曰 何則고 陵遲故也라하고 秦策에 曰 臣恐韓魏之卑辭慮患하고 而實欺大國也하노니 此何也오한대 史記春申君傳作何則하니 是其證이라 太平御覽人事部十一六十二資産部二引此竝作何則하고 無故字라하다 案 故字似非衍文이라 御覽所引或有刪節하니 王校未塙(확)이라

1) 辭過篇……其所道之然也 : 본서 1책 6-2-15에 보이는데, 거기에는 '也'자가 없다.
2) 尙賢篇……皆以明小物而不明大物也 : 본서 1책 9-4-9에 보인다.

王念孫 : '何故則'은 본래 '何則'으로 되어 있었는데, 後人이 잘못하여 '則'자를 아래로 붙여 句를 만들었다. 그래서 '何' 뒤에 '故'자를 덧붙인 것일 뿐이다. '何則'은 '何也'와 같은 뜻이다. 〈辭過〉에 "어째서인가? 그 〈백성을〉 인도한 것이 그러했기 때문이다.〔何則 其所道之然也〕"라고 하고, 〈尙賢 中〉에 "어째서인가? 모두가 작은 일에는 밝고 큰 일에는 밝지 못하였기 때문이다.〔何則 皆以明小物而不明大物也〕"라고 하고, ≪荀子≫ 〈宥坐〉에 "어째서인가? 경사가 완만하기 때문이다.〔何則 陵遲故也〕"라고 하고, ≪戰國策≫ 〈秦策〉에 "臣은 韓나라와 魏나라가 말을 겸손히 하고 환난을 염려하는 척하면서 실제로는 大國을 속일까 두려우니 이는 어째서이겠습니까?〔臣恐韓魏之卑辭慮患 而實欺大國也 此何也〕"라고 하였는데, 이 대목이 ≪史記≫ 〈春申君列傳〉에 '何則'으로 되어 있으니 이것이 그 증거이다. ≪太平御覽≫ 〈人事部11〉, 〈人事部62〉, 〈資産部2〉에서 이 대목을 인용한 곳에는 모두 '何則'으로 되어 있고 '故'자가 없다.

案 : '故'자는 衍文이 아닌 듯하다. ≪太平御覽≫에 인용한 것은 더러 刪節한 부분이 있으니 王念孫의 校勘은 확실하지 않다.

47-1-2 爭一言以相殺하면 **是貴義於其身也**라

한 마디 말을 다투다가 서로 죽인다면 이는 義를 자기 몸보다 귀중하게 여기기 때문이다.

貴義는 **疑當作義貴**라 **畢云 太平御覽引作義貴於身**이라하다

'貴義'는 아마도 '義貴'가 되어야 할 듯하다.

畢沅 : ≪太平御覽≫에서 이 대목을 인용한 곳에는 '義貴於身'으로 되어 있다.

47-1-3 故曰 萬事莫貴於義也라하노라

그러므로 '萬事 가운데 義보다 귀중한 것이 없다.'고 말한다."

淮南子泰族訓에 **云 天下大利也**로되 **比之身則小**는 **身之重也**어니와 **比之義則輕**이라하니 **義本此**라

≪淮南子≫ 〈泰族訓〉에 "天下는 큰 이로움이지만 자기 몸에 비교하면 작은 것은 자기 몸이 중해서이지만, 義에 비교하면 가볍다."라고 하였으니, 〈이 대목의〉 의리는 여기에 근본한다.

47-2-1 子墨子自魯卽齊라가

자묵자가 魯나라에서 齊나라로 가다가

毛詩鄭風東門之墠傳云 卽은 就也라하다 言由魯至齊라 畢云 二字舊倒러니 以意改라하다

≪毛詩≫ 〈鄭風 東門之墠〉의 傳에 "'卽'은 就(나아감)이다."라고 하였다. 魯나라로부터 齊나라로 간다는 말이다.

畢沅 : 〈'卽齊'〉 2자는 舊本에 순서가 뒤바뀌어 있는데, 글 뜻으로 판단하여 고쳤다.

47-2-2 過故人하니

벗을 방문하니

畢云 太平御覽引作之齊遇故人이라하다

畢沅 : ≪太平御覽≫에서 이 대목을 인용한 곳에는 '之齊遇故人(제나라로 가다가 벗을 만났다)'으로 되어 있다.

47-2-3 謂子墨子曰

〈벗이〉 자묵자께 이르기를,

畢云 四字는 太平御覽引作故人이라하다

畢沅 : 〈'謂子墨子'〉 4자는 ≪太平御覽≫에서 이 대목을 인용한 곳에는 '故人'으로 되어 있다.

47-2-4 今天下莫爲義어늘 **子獨自苦而爲義**하니 **子不若已**라한대 **子墨子曰 今有人於此**호니 **有子十人**호되 **一人耕而九人處**면 **則耕者不可以不益急矣**라 **何故**오 **則食者衆**하고 **而耕者寡也**일새라

"지금 天下에 義를 행하는 이가 없는데 그대 홀로 스스로 고생하면서 義를 행하니 그대는 그만두느니만 못하다."라고 하자, 자묵자께서 말씀하셨다. "지금 여기 어떤 사람이 있는데 아들이 열 명이 있되 한 사람만 농사짓고 아홉 사람은 한가로이 있다면 농사짓는 자는 더욱 다급하게 일하지 않으면 안 된다. 무슨 까닭이겠는

가. 먹는 사람은 많고 농사짓는 사람은 적기 때문이다.

王校亦刪故字라

王念孫의 校勘은 역시 〈'何故'의〉 '故'자를 삭제하였다.

47-2-5 今天下莫爲義어든 則子如勸我者也어늘

지금 天下에 義를 행하는 이가 없다면 그대는 나를 권면해야 할 것인데

畢云 太平御覽人事部六十二資産部二引作子宜勸하고 又作子宜勸我[3)]라하다 王云 此不解如字之義하고 而以意改之也라 如는 猶宜也니 言子宜勸我爲義也라 如字는 古或訓爲宜라하다

畢沅 : ≪太平御覽≫ 〈人事部 62〉, 〈資産部 2〉에서 이 대목을 인용한 곳에는 '子宜勸'으로 되어 있고 또 '子宜勸我'로 되어 있다.

王念孫 : ≪태평어람≫은 '如'자의 뜻을 이해하지 못하고 자기 뜻으로 고친 것이다. '如'는 '宜'와 같으니 '그대는 의당 나에게 의를 행하도록 권면해야 한다'는 말이다. '如'자는 옛날에 더러 '宜'의 뜻으로 풀이하기도 하였다.

47-2-6 何故止我오하노라

무슨 까닭으로 나를 만류하는 것인가?"

畢云 太平御覽에 故作以라하다

畢沅 : ≪太平御覽≫에는 '故'가 '以'로 되어 있다.

47-3-1 子墨子南游於楚하여 (見楚)獻〔書〕惠王한대

자묵자가 남쪽으로 楚나라에 유세하러 가서 惠王에게 책을 올리고자 하였는데

畢云 檢史記하면 楚無獻惠王也하니 藝文類聚引作惠王이 是라 又案文選注引本書云 墨子獻書惠王하니 王受而讀之하고 曰良書也라하니 恐是此間脫文이라하다 蘇云 獻惠王卽楚

3) 太平御覽人事部六十二資産部二引作子宜勸 又作子宜勸我 : ≪太平御覽≫에는 두 곳 모두 '子宜勸我'로 되어 있다.

惠王也라 蓋當時已有兩字之謚라하다

畢沅：≪史記≫를 檢查해 보면, 楚나라에는 獻惠王이 없으니 ≪藝文類聚≫에서 이 대목을 인용한 곳에 '惠王'으로 되어 있는 것이 맞다. 또 살펴보건대, ≪文選注≫에서 本書를 인용하여 "墨子가 혜왕에게 책을 바치니 혜왕이 받아 읽고 훌륭한 책이라고 하였다." 라고 하였으니, 아마도 이 사이의 빠진 글인 듯하다.

蘇時學：獻惠王은 바로 楚 惠王이다. 대개 당시에 이미 두 글자 謚號가 있었던 듯하다.

詒讓案 此文脫佚甚多라 余知古[4]渚宮舊事二云 墨子至郢(영)하여 獻書惠王하니 王受而讀之하고 曰良書也라 (是)[5]寡人雖不得天下나 而樂養賢人이라 請過[6]進(日)〔粟〕百種[7]以待어니와 官舍人不足須天下之賢君이라한대 墨子辭曰 翟聞賢人進하여 道不行이어든 不受其賞이요 義不聽이어든 不處其朝라호라 今書未用하니 請遂行矣라하다 將辭王而歸할새 王使穆賀以老辭[8]라 魯陽文君言於王曰 墨子는 北方賢聖人이어늘 君王不見하고 又不爲禮하니 毋乃失士잇가하니 乃使文君追墨子하여 以書社[9]五〔百〕里[10]封之한대 不受而去라하다

詒讓案：이 글은 빠진 부분이 매우 많다. 余知古의 ≪渚宮舊事≫ 권2에 "묵자가 郢(楚나라 都邑)에 이르러 혜왕에게 책을 바치니 혜왕이 받아 읽고 '훌륭한 책입니다. 寡人이 비록 天下를 얻지는 못했으나 賢人을 歡待합니다. 청컨대 방문하면 粟 100鍾을 주어 대우할 것이거니와 賓館의 사람은 天下의 賢君이 족히 필요하지 않습니다.'라고 하자, 묵자가 사양하면서 '제가 들으니 賢人이 조정에 나아가 자신의 道가 행해지지 않으면 그 賞

4) 余知古：唐나라 文宗(826~840 재위) 때 사람으로, 벼슬은 守太子校書에 이르렀다. 段成式, 溫庭筠 등과 함께 倡和한 詩를 모아 만든 ≪漢上題襟集≫과 ≪渚宮舊事≫가 있다.

5) (是)：저본에는 '是'가 있으나, ≪渚宮舊事≫에 의거하여 衍文으로 처리하였다.

6) 請過：≪墨子閒詁≫ 〈墨子後語 下 墨子緒聞 第4〉 注에 "이 대목은 위아래에 빠진 글이 있다.〔此上下有脫文〕"라고 하였다.

7) 進(日)〔粟〕百種：≪墨子閒詁≫ 〈墨子後語 下 墨子緒聞 第4〉 注에 "아마도 '進粟百鍾'이 되어야 할 듯하다.〔疑當作進粟百鍾〕"라고 하였다.

8) 王使穆賀以老辭：≪墨子閒詁≫ 〈墨子後語 下 墨子緒聞 第4〉 注에 "余知古의 ≪渚宮舊事≫ 注에 '이때 惠王은 재위한 지 이미 50년이었다.' 하였다.〔余注云時惠王在位已五十年矣〕"라고 하였다.

9) 書社：古代에 백성을 편제하는 단위이다. 25家를 1社로 편제하고, 1사마다 人名을 등록하는 帳簿, 즉 書를 작성하였으므로 書社라고 하였다. 여기에서 비롯하여 장부에 등록된 人口와 해당 土地를 가리킨다.

10) 五〔百〕里：≪墨子閒詁≫ 〈墨子後語 下 墨子緒聞 第4〉 注에 "아마도 '五百里'가 되어야 할 듯하다.〔疑當作五百里〕"라고 하였다.

을 받지 않고 자신의 義가 받아들여지지 않으면 그 조정에 있지 않는다고 합니다. 지금 제 책이 쓰이지 않으니 청컨대 마침내 떠나고자 합니다.'라고 하였다. 혜왕에게 인사를 올리고 돌아가려 할 때 혜왕이 穆賀를 보내 늙었다는 이유로 사양하였다. 魯陽 文君이 혜왕에게 아뢰기를, '묵자는 北方의 어진 聖人인데 君王께서 보지 않고 또 예를 갖추지 않으시니 선비를 잃지 않겠습니까?'라고 하니, 비로소 노양 문군을 보내 묵자를 뒤좇아 가서 書社 5백 里로 봉하였으나 받지 않고 떠났다."라고 하였다.

此與文選注所引合하니 必是此篇佚文이로되 但余氏不明著出墨子하고 文亦多刪節訛舛일새 今未敢據增이라 余書獻惠王亦止作惠王하니 疑故書本作獻書惠王이어늘 傳寫脫書存獻이요 校者又更易上下文以就之耳라

이는 ≪문선주≫에서 인용한 것과 부합하니 반드시 이 篇의 逸失된 글일 것이지만, 여지고가 ≪묵자≫라고 출전을 밝히지 않았고 글 역시 刪節하고 잘못된 부분이 많기에 지금 감히 이에 의거하여 덧붙이지 않는다. 여지고의 ≪저궁구사≫에 '獻惠王'이 역시 '혜왕'이라고만 되어 있으니 아마도 옛책에 본래 '獻書惠王'으로 되어 있었는데 옮겨 베끼면서 '書'를 빠뜨리고 '獻'자만 남겼고 校勘하는 자가 다시 위아래 글을 바꾸어 만든 것일 뿐인 듯하다.

47-3-2 (獻)惠王以老辭하고

惠王이 늙었다는 이유로 사양하고

蘇云 楚惠王以周敬王三十二年立하고 卒於考王九年하니 始癸丑하여 終庚寅히 凡五十七年이라 墨子之游는 蓋當其暮年이라 故以老辭라하다 詒讓案 渚宮舊事注에 云 時惠王在位已五十年矣라하다 余說疑本墨子舊注라 然則此事在周考王二年이니 魯悼公之二十九年也라

蘇時學 : 楚 惠王은 周 敬王 32년(B.C. 488)에 즉위하여 考王 9년(B.C. 432)에 卒하였으니 계축년에 시작하여 경인년에 마칠 때까지 모두 57년이다. 墨子가 유세한 일은 아마 혜왕의 만년에 해당하므로 늙었다는 이유로 사양한 것일 것이다.

詒讓案 : ≪渚宮舊事≫의 注에 "이때 혜왕은 재위한 지 이미 50년이었다."라고 하였다. 余知古의 說은 아마도 ≪묵자≫의 舊注에 근본한 듯하다. 그렇다면 이 일은 周 考王 2년(B.C. 439)에 있었으니, 魯 悼公 29년이다.

47-3-3 使穆賀見子墨子라 **子墨子說穆賀**한대 **穆賀大說**(열)하여 **謂子墨子曰 子之言則成善矣**로되

穆賀에게 자묵자를 만나게 하였다. 자묵자가 목하에게 유세하자, 목하가 크게 기뻐하면서 자묵자께 이르기를, "그대의 말씀은 참으로 좋습니다만,

畢本成改誠하고 云 舊作成이러니 據藝文類聚改라 一本同이라하다 案 顧校季本亦作誠이라 王云 古或以成爲誠하니 不煩改字라하다

畢沅本에는 '成'을 '誠'으로 고치고, "舊本에는 '成'으로 되어 있는데 ≪藝文類聚≫에 의거하여 고친다. 어떤 本은 같다."라고 하였다.

案 : 顧廣圻가 교감한 季本에도 '誠'으로 되어 있다.

王念孫 : 옛날에 더러 '成'을 '誠'의 뜻으로 쓰기도 하였으니 굳이 글자를 고치지 않는다.

47-3-4 而君王은 **天下之大王也**니 **毋乃曰 賤人之所爲**라 **而不用乎**아한대

우리 君王은 天下의 大王이시니, 천한 사람이 한 일이라 쓰지 않겠다 말하지 않겠습니까?"라고 하자,

畢云 藝文類聚引作用子요 又節[11]이라하다

畢沅 : ≪藝文類聚≫에서 이 대목을 인용한 곳에는 〈'用乎'가〉 '用子'로 되어 있고 또 刪節하였다.

47-3-5 子墨子曰 唯其可行이라 **譬若藥然**하니

자묵자께서 말씀하셨다. "오직 효과를 볼 수 있는지가 문제일 뿐입니다. 비유하자면 藥과 같으니

畢云 藝文類聚引作焉이라

---

11) 藝文類聚引作用子 又節 : ≪藝文類聚≫ 권81 〈草部上 藥〉에 보이는데 이 대목의 전체 원문은 다음과 같다. "墨子南遊 見楚惠王 穆賀謂墨子曰言誠善矣 王無乃曰賤人所爲 不用子 墨子曰譬若藥焉 夫子服之以療其疾 豈曰一草之本而不食哉(묵자가 남쪽으로 유세하러 가서 초 혜왕을 보았다. 목하가 묵자에게 이르기를, '말씀이 참으로 좋습니다만 왕께서 천한 사람이 한 것이라 선생을 쓰지 않겠다고 하시지 않겠습니까?'라고 하자 묵자가 말씀하셨다. '비유하자면 약과 같으니 당신께서 복용하여 그 질병을 치료할 수 있다면 어찌 일개 풀뿌리라고 하면서 안 먹겠습니까?')"

畢沅 : 〈'然'은〉 ≪藝文類聚≫에서 이 대목을 인용한 곳에는 '焉'으로 되어 있다.

47-3-6 〔一〕草之本이라도

일개 풀뿌리라도

吳鈔本本作木하니 **下同**이라 **蘇云 草之本上**에 **當脫一字**라하다

吳鈔本에는 '本'이 '木'으로 되어 있는데, 아래도 같다.

蘇時學 : '草之本' 앞에 '一'자가 빠졌을 것이다.

47-3-7 天子食之以順其疾이면

天子가 먹고 그 질병을 치료할 수 있다면

畢云 蓺文類聚引順作療라하다

畢沅 : ≪藝文類聚≫에서 이 대목을 인용한 곳에는 '順'이 '療'로 되어 있다.

47-3-8 豈曰一草之本而不食哉리오

어찌 일개 풀뿌리라고 하면서 안 먹겠습니까?

畢云 蓺文類聚引食作用이라하다

畢沅 : ≪藝文類聚≫에서 이 대목을 인용한 곳에는 '食'이 '用'으로 되어 있다.

47-3-9 今農夫入其稅於大人하고 **大人爲酒醴粢盛**하여

지금 農夫가 大人에게 세금을 내고 大人이 〈그것으로〉 醴酒와 祭需를 마련하여

畢云 粢는 **當爲齍**(자)라 **說文**에 **云 黍稷在器以祀者**라한대 **盛**이 **解同**[12]하고 **俱從皿**하니 **亦見周禮也**라 **前文皆同此義**라하다

畢沅 : '粢'는 '齍'가 되어야 한다. ≪說文解字≫에 "黍稷을 그릇에 담아 제사를 지내는 것이다."라고 하였는데, '盛'이 풀이가 같고 두 글자 모두 '皿'이 부수이니 또한 ≪周禮≫에 보인다. 앞 글 모두 이 뜻과 같다.

---

12) 畢云……解同 : ≪說文解字≫에 '盛'에 대해 '黍稷在器中以祀者也'라고 풀이하였다.

47-3-10 以祭上帝鬼神하면 **豈曰賤人之所爲而不享哉**리오 **故雖賤人也**나 **上比之農**하고 **下比之藥**인댄 **曾不若一草之本乎**아 **且主君亦嘗聞湯之說乎**인저

上帝와 鬼神에게 제사를 드린다면, 어찌 천한 사람이 한 것이라 흠향하지 않겠다고 하겠습니까. 그러므로 비록 천한 사람이지만 위로 농부에 비교하고 아래로 약에 비교해 본다면 일개 풀뿌리만도 못하겠습니까. 그리고 主君께서도 湯 임금의 이야기를 들어보셨을 것입니다.

主君은 謂穆賀也라 戰國策史記에 載蘇秦說(세)六國君할새 齊楚魏韓燕諸王皆稱秦爲主君한대 索隱云 禮에 卿大夫稱主하니 今嘉蘇子合從諸侯하여 褒而美之라 故稱曰主君이라 案 左傳昭二十九年에 齊高張唁魯昭公할새 稱主君한대 杜注에 云 比公於大夫然이라하니 此小司馬[13]所本이라 後魯問篇에 墨子稱魯君에 亦曰主君이라 戰國策秦策樂羊對魏文侯와 魏策魯君對梁惠王에 亦竝稱主君하니 則戰國時主君之稱은 蓋通於上下어늘 小司馬據春秋時制하여 謂唯大夫稱主하니 非也라

主君은 穆賀를 말한다. ≪戰國策≫과 ≪史記≫에 蘇秦이 六國의 임금들에게 유세할 때 齊, 楚, 魏, 韓, 燕의 왕들이 모두 蘇秦을 主君이라 일컬은 것을 수록하였는데, ≪史記索隱≫에 "禮에 卿大夫는 主라 일컬으니, 지금 蘇子가 諸侯를 合從한 것을 가상하게 여겨 기리고 찬미하였으므로 '主君'이라 일컬은 것이다."라고 하였다.

案 : ≪春秋左氏傳≫ 昭公 29년에 齊나라 高張이 魯 昭公을 위문할 때 主君이라 일컬었는데, 杜預의 注에 "公을 大夫인 듯이 비긴 것이다."라고 하였으니, 이것이 小司馬가 근거한 것이다. 뒤의 〈魯問〉에 墨子가 魯君을 일컬을 때도 '主君'이라 하였다. ≪戰國策≫ 〈秦策〉에서 樂羊이 魏 文侯에게 대답할 때와 〈魏策〉에서 魯君이 梁 惠王에게 대답할 때도 모두 主君이라 일컬었으니, 戰國時代에 '主君'의 칭호는 대체로 위아래 君臣에게 통용한 듯하다. 그런데 小司馬가 春秋時代 制度에 의거하여 오직 大夫에게만 主라 일컬었다고 하였으니 잘못이다.

47-3-11 昔者에 **湯將往見伊尹**할새 **令彭氏之子御**라 **彭氏之子半道而問曰 君將何之**오한대 **湯曰 將往見伊尹**이라하다 **彭氏之子曰 伊尹**은 **天下之賤人也**라

13) 小司馬 : 司馬遷과 구별하여 ≪史記索隱≫의 저자인 唐代의 司馬貞(679~732)을 일컫는 말이다. 사마정의 字는 子正이고, 玄宗(재위기간 712~756) 때 朝散大夫, 國子博士, 弘文館學士 등을 지냈다.

옛날 湯 임금이 伊尹을 보러 갈 적에 彭氏의 아들에게 수레를 몰게 하였습니다. 彭氏의 아들이 가는 도중에 묻기를, '임금께서는 어디로 가시려고 하십니까?'라고 하자, 湯 임금이 '伊尹을 보러 가려고 한다.'라고 하였습니다. 彭氏의 아들이 '伊尹은 天下의 천한 사람입니다.

伊尹

尙賢中篇云 伊摯는 有莘氏[14]女之私臣으로 親爲庖人이라 故曰天下之賤人이라

〈尙賢 中〉에 "伊摯(伊尹)는 有莘氏 딸의 私臣으로 몸소 요리사가 되었다."라고 하였으므로 '天下之賤人'이라 한 것이다.

47-3-12 若君欲見之인댄

만약 임금께서 그를 보고자 하신다면

吳鈔本에 若君作君若이라

吳鈔本에는 '若君'이 '君若'으로 되어 있다.

47-3-13 亦令召問焉이라도 **彼受賜矣**라하니 **湯曰 非女所知也**니라

또한 명을 내려 그를 불러 물으시더라도 그가 恩命을 받들 것입니다.'라고 하니 湯 임금이 '네가 알 수 있는 일이 아니다.

吳鈔本女作汝라

吳鈔本에는 '女'가 '汝'로 되어 있다.

47-3-14 今有藥〔於〕此하여

지금 여기에 藥이 있어

---

14) 有莘氏 : 夏나라의 方國名으로 有辛, 有莘, 有辛 등으로 불리기도 하였다. 지금의 山東省 菏澤市 曹縣 서북쪽에 있었다.

蘇云 藥下當脫於字라하다

蘇時學 : '藥' 뒤에 '於'자가 빠졌을 것이다.

47-3-15 食之則耳加聰하고 **目加明**이면 **則吾必說**(열)**而强食之**라 **今夫伊尹之於我國也**에 **譬之良醫善藥也**로되 **而子不欲我見伊尹**하니 **是子不欲吾善也**라하고 **因下彭氏之子**하여 **不使御**라 **彼苟然**하여 **然後可也**[15]라하노라

먹으면 귀가 더 밝아지고 눈이 더 밝아진다면 나는 반드시 기뻐하면서 힘써 먹을 것이다. 지금 우리나라에서 볼 때 伊尹은 비유하자면 훌륭한 의사나 좋은 약과 같은데도 그대는 내가 이윤을 만나보기를 바라지 않고 있으니 이는 그대가 내가 좋아지기를 바라지 않는 것이다.'라고 하고, 이어 彭氏의 아들을 내리게 하고서 수레를 몰지 않게 하였습니다. 저 탕 임금은 참으로 그렇게 한 뒤에야 이윤을 얻을 수 있었습니다."

盧[16]云 此下疑有脫文이라하다 詒讓案 此七字與上文亦不相應하니 上下似竝有脫佚이라

盧文弨 : 이 아래에 아마도 빠진 글이 있는 듯하다.

詒讓案 : 이 7字〔彼苟然然後可也〕는 위 글과 또한 상응하지 않으니 위아래에 모두 빠진 부분이 있는 듯하다.

47-4-1 子墨子曰 凡言凡動이 **利於天鬼百姓者爲之**요 **凡言凡動**이 **害於天鬼百姓者舍之**라 **凡言凡動**이 **合於三代聖王堯舜禹湯文武者爲之**요 **凡言凡動**이 **合於三代暴王桀紂幽厲者舍之**라하노라

15) 彼苟然 然後可也 : 이 대목의 번역은 ≪墨子今注今譯≫의 說을 따랐다. Ian Johnston은 *The Mozi*(2010)에서 "그대의 군왕이 탕 임금처럼 한다면, 천한 사람의 의견을 받아들일 수 있을 것입니다."라고 하였다.

16) 盧 : 盧文弨(1717~1795)이다. 字는 召弓, 혹은 紹弓이고, 號는 磯漁, 檠齋, 抱經, 弓父 등이다. 淸나라 仁和(지금의 浙江省 杭州) 사람으로, 교감학자이다. 그는 평생 戴震, 段玉裁 등과 교유하며 한자학과 교감학 연구에 몰두하여 ≪逸周書≫, ≪孟子音義≫, ≪荀子≫, ≪呂氏春秋≫, ≪賈誼新書≫, ≪韓詩外傳≫, ≪春秋繁露≫, ≪方言≫, ≪白虎通≫ 등을 교감했다. 저서로 ≪抱經堂集≫ 34권, ≪禮儀注疏詳校≫ 17권, ≪鐘山禮記≫ 4권, ≪龍城禮記≫ 3권, ≪廣雅釋天以下注≫2권 등이 있다.

자묵자께서 말씀하셨다. "모든 말과 행동이 上帝와 鬼神, 百姓에게 이로운 것이라면 행하고 모든 말과 행동이 상제와 귀신, 백성에게 해로운 것이라면 그만둔다. 모든 말과 행동이 三代의 聖王인 堯, 舜, 禹, 湯, 文, 武에 부합하는 것이라면 행하고 모든 말과 행동이 삼대의 暴君인 桀, 紂, 幽, 厲에 부합하는 것이라면 그만둔다."

47-5-1 子墨子曰 言足以遷行者는 常之요 不足以遷行者는 勿常이라 不足以遷行而常之는

자묵자께서 말씀하셨다. "족히 실행할 만한 말은 늘 말하고, 족히 실행할 만하지 못한 말은 늘 말하지 말라. 족히 실행할 만하지 못한데도 늘 말하는 것은

舊本脫下不足二字러니 王據上句補하고 與耕柱篇合하니 今從之라

舊本에는 뒤의 '不足' 2자가 빠져 있는데, 王念孫이 앞 句에 의거하여 보충하였고 〈耕柱〉와 부합하니 지금 이를 따른다.

47-5-2 是蕩口也라하노라

입만 소진하는 것이다."

蘇云 耕柱篇亦有此文호되 上遷字作復하고 下二遷字作擧[17]라하다

蘇時學 : 〈耕柱〉에도 이 글이 있는데, 앞의 '遷'자는 '復'으로 되어 있고 뒤의 두 '遷'자는 '擧'로 되어 있다.

47-6-1 子墨子曰 必去六辟(벽)이라

자묵자께서 말씀하셨다. "반드시 여섯 가지 치우친 감정을 없애야 한다.

辟은 僻之借字라

'辟'은 '僻'의 假借字이다.

---

17) 耕柱篇亦有此文……下二遷字作擧 : 앞의 46-12-1~2에는 '言足以復行者 常之 不足以擧行者 勿常 不足以擧行而常之 是蕩口也'로 되어 있다.

47-6-2 嘿則思요

침묵할 때는 생각하고,

畢云 默字俗寫이니 從口라하다

畢沅 : 〈'嘿'은〉 '默'자의 俗字이니, 부수가 '口'이다.

47-6-3 言則誨요 動則事니 使三者代御하면

말할 때는 가르치고, 행동할 때는 일해야 하니, 세 원칙을 번갈아 사용하면

舊本作使者三代御라 畢云 此言三世爲人御하면 必能抑然自下하여 若去其喜怒樂悲愛하고 而有聖人之用心也라하다 兪云 使者三代御當作使三者代御라 三者는 卽嘿言動三事也라 御는 用也라 荀子禮論篇에 時擧而代御라한대 楊注에 日 御는 進用也라하다 此云代御는 義與彼同하니 言更迭用此三者하면 則必爲聖人也라 因三者二字가 傳寫誤倒하여 畢遂曲爲之說하니 謬(류)矣라하다 案 兪說是也니 今據正이라

舊本에는 '使者三代御'로 되어 있다.

畢沅 : 이 대목은 三世에 걸쳐 남의 마부가 되면 반드시 마음을 눌러 스스로 낮추어 마치 기쁨, 분노, 즐거움, 슬픔, 사랑의 감정을 없애고 聖人의 마음 씀씀이가 있는 듯이 한다는 말이다.

兪樾 : '使者三代御'는 '使三者代御'가 되어야 한다. '三者'는 바로 침묵〔嘿〕, 말〔言〕, 행동〔動〕 세 가지 일이다. '御'는 사용〔用〕이다. ≪荀子≫ 〈禮論〉에 "時宜에 맞게 사용하거나 번갈아 사용한다.〔時擧而代御〕"라고 하였는데, 楊倞의 注에 "'御'는 進用(가져다 사용함)이다."라고 하였다. 이 대목에서 '代御'라고 한 것은 뜻이 저 ≪순자≫와 같으니 이 세 가지를 번갈아 쓰면 반드시 聖人이 될 것이라는 말이다. '三者' 2자가 傳寫하다가 잘못 순서가 바뀌었는데 이로 인하여 畢沅이 마침내 억지로 說을 만들었으니 잘못이다.

案 : 兪樾의 說이 맞으니 지금 이에 의거하여 바로잡았다.

47-6-4 必爲聖人이라 必去喜하고 去怒하고 去樂하고 去悲하고 去愛하고 〔去惡(오)하여〕 而用仁義라

반드시 聖人이 될 것이다. 반드시 기쁨을 없애고 분노를 없애고 즐거움을 없애

고 슬픔을 없애고 사랑을 없애고 미움을 없애고 仁義를 써야 한다.

兪云 去愛下當有去惡二字니 傳寫脫之라 喜怒樂悲愛惡는 其六者皆宜去之라 卽上文所謂去六辟也라하다

兪樾 : '去愛' 뒤에 '去惡' 2자가 있어야 하니 傳寫하다가 빠졌다. '喜怒樂悲愛惡(기쁨, 분노, 즐거움, 슬픔, 사랑, 미움)' 이 여섯 가지 감정은 모두 의당 없애야 한다. 바로 위 글에 이른바 '去六辟'이다.

47-6-5 手足口鼻耳〔目〕이

손과 발, 입과 코, 귀와 눈이

疑脫一目字라

아마도 '目' 1자가 빠진 듯하다.

47-6-7 從事於義하면 必爲聖人이라하노라

義에 종사한다면 반드시 聖人이 될 것이다."

47-7-1 子墨子謂二三子曰 爲義而不能이라도 必無排其道라

자묵자께서 제자 몇 명에게 말씀하셨다. "義를 행하다가 실현하지 못하더라도 절대 그 道(원칙)를 물리쳐서는 안 된다.

言於道不能無出入이라 莊子大宗師篇郭注에 云 排者는 推移之謂也라하다

道에 있어 出入이 없을 수 없다는 말이다. ≪莊子≫ 〈大宗師〉의 郭璞의 注에 "'排'라는 것은 推移(변통)라는 말이다."라고 하였다.

47-7-2 譬若匠人之斲(착)而不能이라도 無排其繩이라하노라

비유하자면 匠人이 〈나무를〉 깎다가 제대로 못하더라도 그 먹줄을 물리쳐서는 안 되는 것과 같다."

畢云 排猶背라하다

畢沅 : '排'는 背(등지다)와 같다.

47-8-1 子墨子曰世之君子는 使之爲一犬一彘(체)之宰엔

자묵자께서 말씀하셨다. "세상의 君子들은 그들로 하여금 개나 돼지를 잡는 백정노릇을 하게 하였을 때에는

宰卽膳宰也니 見儀禮燕禮禮記文王世子玉藻라 舊本脫一犬二字러니 王據群書治要[18]補하여 云 魯問篇亦云竊一犬一彘[19]라하다

'宰'는 바로 膳宰이니 ≪儀禮≫〈燕禮〉, ≪禮記≫〈文王世子〉·〈玉藻〉에 보인다. 舊本에 '一犬' 2자가 빠져 있는데, 王念孫이 ≪群書治要≫에 의거하여 보충하면서 "〈魯問〉에도 '竊一犬一彘'라고 하였다."라고 하였다.

47-8-2 不能則辭之어니와 使爲一國之相엔 不能而爲之하니 豈不悖哉아하노라

능력이 되지 못하면 사양하지만 한 나라의 재상이 되게 하였을 때에는 능력이 되지 못하더라도 하려 하니 어찌 〈이치에〉 어긋난 일이 아니겠는가."

47-9-1 子墨子曰 今瞽(고)曰 (鉅)〔皚(애)〕者白也요

자묵자께서 말씀하셨다. "지금 소경이 '흰 것은 빛이고

兪云 鉅無白義하니 字當作豈라 豈者는 皚之假字라 廣雅釋器에 皚는 白也라하다 皚省作豈하고 又誤作巨하여 因爲鉅矣라 呂氏春秋有始覽에 南方曰巨風이라한대 李善注文選引作凱風이라 蓋亦省凱爲豈요 而誤爲巨也니 可以爲證이라하다

兪樾 : '鉅'에는 하얗다〔白〕는 뜻이 없으니 '豈'자가 되어야 한다. '豈'라는 것은 '皚'의 假借字이다. ≪廣雅≫〈釋器〉에 "'皚'는 하얗다〔白〕는 뜻이다."라고 하였다. '皚'를 생략해 '豈'로 쓰고 다시 '巨'로 잘못 쓰고는 그로 인해 '鉅'가 된 것이다. ≪呂氏春秋≫〈有始覽〉에 "남방에서 불어오는 바람을 巨風이라 한다."라고 하였는데, 李善이 ≪文選注≫에서 이

18) 群書治要 : 唐 太宗의 勅命으로 魏徵 等이 편찬한 책이다. 經書 및 正史, 諸子書에서 政治와 관련된 대목을 발췌하여 모은 것으로, 631년에 완성되었다. 총 50권이다.
19) 魯問篇亦云竊一犬一彘 : 뒤의 49-6-2에 보인다.

대목을 인용한 곳에는 '凱風'으로 되어 있다. 대체로 역시 '凱'를 생략해 '豈'가 되고 잘못 하여 '巨'가 된 것이니 이를 증거로 삼을 수 있다.

47-9-2 黔(검)者黑也라하면

검은 것은 어둠이라고 하면

吳鈔本에 黑作墨하니 非라 畢云 說文에 云 黔은 黎也라 秦謂民爲黔首하니 謂黑色也라하다

吳鈔本에는 '黑'이 '墨'으로 되어 있으니 잘못이다.

畢沅 : ≪說文解字≫에 "'黔'은 黎이다. 秦나라에서는 백성을 黔首라고 하였으니 黑色을 이른다."라고 하였다.

47-9-3 雖明目者라도 無以易之어니와 兼白黑하여 使瞽取焉하면 不能知也라

비록 눈이 밝은 사람이라도 〈이 판단을〉 바꿀 수 없을 것이지만 흑백을 함께 놓고 소경으로 하여금 고르게 하면 알 수 없을 것이다.

淮南子主術訓에 云 問瞽師曰 白素何如오하면 曰縞然이라하고 曰黑何若고하면 曰黮然이라하리라 援白黑而示之하면 則不處焉이라하니 與此語意同이라

≪淮南子≫ 〈主術訓〉에 "소경 樂師에게 '흰 색은 어떠한가?'라고 물으면 소경 악사가 '하얀 명주 색깔과 같다.'라고 하고, '검은 색은 어떠한가?'라고 물으면 '새까만 오디 색깔과 같다.'라고 할 것이다. 그런데 흑백 두 색깔의 물건을 가져다 보여주면 판단하지 못한다."라고 하였으니, 이 대목과 말뜻이 같다.

47-9-4 故我曰瞽不〔能〕知白黑者는

그러므로 내가 소경은 흑백을 알지 못한다고 하는 것은

知는 吳鈔本作能한대 以上文校之하면 疑當作不能知하니 今本及吳本에 竝脫一字耳라

'知'는 吳鈔本에는 '能'으로 되어 있는데 위 글을 가지고 校勘하면 아마도 '不能知'가 되어야 할 듯하니 今本 및 吳本에 모두 한 글자가 빠졌을 뿐이다.

47-9-5 非以其名也요 以其取也라 今天下之君子之名仁也는 雖禹湯이라도 無以易

之라 兼仁與不仁하여 而使天下之君子取焉하면 不能知也라 故我曰 天下之君子不知仁者는 非以其名也요 亦以其取也라하노라

그가 개념을 규정하는 능력을 가지고 말하는 것이 아니라 그가 〈흑백을〉 고르는 능력을 가지고 말하는 것이다. 지금 天下의 君子들이 仁의 개념을 규정하는 것은 비록 禹 임금이나 湯 임금이라 하더라도 바꿀 수 없을 것이다. 그런데 仁과 不仁을 함께 놓고 천하의 군자들로 하여금 고르게 하면 알지 못할 것이다. 그러므로 내가 천하의 군자들이 仁을 알지 못한다고 하는 것은 그들이 개념을 규정하는 능력을 가지고 말하는 것이 아니라 또한 그들이 고르는 능력을 가지고 말하는 것이다."

47-10-1 子墨子曰 今士之用身은 不若商人之用一布之愼也라

자묵자께서 말씀하셨다. "지금 선비들이 자기 자신을 쓰는 것은 商人들이 돈 한 푼을 신중하게 쓰는 것만 못하다.

周禮泉府鄭注에 云 布는 泉也라 其藏曰泉이요 其行曰布라하다

≪周禮≫ 〈泉府〉의 鄭玄의 注에 "'布'는 泉이다. 보관하고 있는 것은 '泉'이라 하고 유통하고 있는 것은 '布'라고 한다.

47-10-2 商人用一布(布)〔市〕는

商人이 돈 한 푼을 써 〈물건을〉 살 때는

下布字當作市니 言用一布市物也라

뒤의 '布'자는 '市'가 되어야 하니, 돈 한 푼을 써서 물건을 산다는 말이다.

47-10-3 不敢(繼苟)〔謑訽(혜후)〕而讎焉하고

결단 없이 그것을 사는 경솔한 짓은 하지 않고

繼苟는 義不可通이라 疑當作謑訽니 卽謑詬之或體也라 說文言部에 云 詬는 謑詬니 恥也라 或作訽하니 從句라하고 謑는 或從奊하여 作謨라하다 楚辭九思에 云 違群小兮謑訽라한대 王注云 謑訽는 恥辱垢(구)陋之言也라하다 荀子非十二子篇에 云 無廉恥而忍

誒詬라한대 楊注에 云 謑詬는 詈辱也라 字本作謑訽라하다

'繼苟'는 뜻이 통하지 않는다. 아마도 '謑訽'가 되어야 할 듯하니 바로 '謑詬'의 異體字이다. ≪說文解字≫ 言部에 "'詬'는 謑詬니 부끄러움〔恥〕이다. '訽'로 쓰기도 하니 '句'가 붙는다."라고 하고, "'謑'는 '奊'가 붙어 '謑'로 쓰기도 한다."라고 하였다. ≪楚辭≫ 〈九思〉에 "소인배들과 어긋나니 모욕을 하네.〔違群小兮謑訽〕"라고 하였는데, 王逸의 注에 "'謑訽'는 치욕스럽고 더러운 말이다."라고 하였다. ≪荀子≫ 〈非十二子〉에 "염치가 없어 모욕을 감내한다.〔無廉恥而忍謑訽〕"라고 하였는데, 楊倞의 注에 "'謑詬'는 욕하는 것이니 글자는 본래 '謑訽'로 쓴다."라고 하였다.

漢書賈誼傳에 云 頑鈍亡恥요 奊詬亡節이라한대 顔注에 云 奊詬는 謂無志分也라하다 呂氏春秋誣徒篇에 云 草木雞狗鳥獸는 不可譙詬遇之라 譙詬遇之하면 則亦譙詬報人이라하니 譙詬亦謑詬之訛라

≪漢書≫ 〈賈誼傳〉에 "완고하고 어리석어 수치를 잊고 욕을 보며 절개를 잊는다.〔頑鈍亡恥 奊詬亡節〕"라고 하였는데, 顔師古의 注에 "'奊詬'는 志操와 分數가 없음을 이른다."라고 하였다. ≪呂氏春秋≫ 〈誣徒〉에 "풀과 나무, 닭과 개, 날짐승과 길짐승은 모욕한다고 만날 수 없으니 모욕하여 만나면 또한 모욕으로 사람에게 답한다.〔草木雞狗鳥獸 不可譙詬遇之 譙詬遇之 則亦譙詬報人〕"라고 하였으니, '譙詬' 역시 '謑詬'의 잘못이다.

蓋謑詬本訓恥어늘 因以爲恥詈(리)人之語요 又引申之하여 人之蒙恥辱하고 無決擇을 亦謂之謑詬라 此以市布爲喩하니 亦言不敢輕易無決擇而讎物也라 畢云 讎卽售(수)字正文이라

대체로 '謑詬'는 본래 恥로 풀이하는데 인하여 사람에게 수치스럽게 욕하는 말이 되고, 다시 引申하여 사람이 恥辱을 뒤집어쓰면서도 결단함이 없는 것을 또한 '謑詬'라고 하였다. 이 대목은 물건을 사는 돈으로 비유하였으니 또한 결단함도 없이 물건을 사는 경솔한 짓은 하지 않는다는 말이다.

畢沅 : '讎'는 바로 '售'자의 正字이다.

47-10-4 必擇良者라 今士之用身則不然하여 意之所欲則爲之하여 厚者入刑罰하고 薄者被毁醜하니 則士之用身은 不若商人之用一布之愼也라하노라

반드시 좋은 것을 선택한다. 지금 선비들이 자기 자신을 쓰는 것은 그렇지 않아 마음이 하고 싶으면 행하여 심한 경우에는 형벌을 받고 가벼운 경우에는 비방과 모욕을 당하니, 선비들이 자기 신체를 쓰는 것은 商人들이 돈 한 푼을 신중하게 쓰는 것만 못하다."

47-11-1 子墨子曰 世之君子는 **欲其義之成**호되

자묵자께서 말씀하셨다. "세상의 君子들은 자신의 義를 완성하고자 하면서도

吳鈔本에 **義作治**라

吳鈔本에는 '義'가 '治'로 되어 있다.

47-11-2 而助之修其身則慍하니 **是猶欲其牆之成**호되 **而人助之築則**慍**也**라 **豈不悖哉**아하노라

자신의 몸을 수양하는 것을 도와주면 화를 내니, 이는 마치 자신의 담장이 완성되기를 바라면서도 남들이 쌓는 것을 도와주면 화를 내는 것과 같다. 어찌 〈이치에〉 어긋난 일이 아니겠는가."

47-12-1 子墨子曰 古之聖王은 **欲傳其道於後世**라 **是故書之竹帛**하고 **鏤之金石**하여 **傳遺後世子孫**하니 **欲後世子孫法之也**라

자묵자께서 말씀하셨다. "옛날의 聖王은 자신의 道를 후세에 전하고자 하였다. 이 때문에 竹帛에 쓰고 金石에 새겨서 후세의 자손에게 전하여 남겼으니 후세의 자손들이 본받기를 바란 것이다.

47-12-2 今聞先王之(遺)〔道〕而不爲하면 **是廢先王之傳也**라하노라

지금 先王의 道를 듣고서도 행하지 않는다면 이는 선왕이 전한 것을 없애는 것이다."

王云 **遺字義不可通**이라 **遺當爲道**니 **此涉上文傳遺而誤也**라 **上文曰古之聖王欲傳其**

道於後世라 故此文曰 今聞先王之道而不爲하니 是廢先王之傳也라하다

王念孫 : '遺'자는 뜻이 통하지 않는다. '遺'는 '道'가 되어야 하니 이 대목은 위 글의 '傳遺'와 관련하여 잘못된 것이다. 위 글에서 '古之聖王 欲傳其道於後世'라고 하였으므로 이 글에서 '今聞先王之道而不爲 是廢先王之傳也'라고 하였다.

47-13-1 子墨子南遊使衛에

자묵자께서 衛나라에서 벼슬하려고 남쪽으로 여행할 때

遊는 吳鈔本作游라 畢云 北堂書抄[20]에 作使於衛라하다

'遊'는 吳鈔本에는 '游'로 되어 있다.

畢沅 : 〈'使衛'는〉 ≪北堂書抄≫에 '使於衛'로 되어 있다.

47-13-2 關中載書甚多러니

수레에 아주 많은 책을 실었는데

畢云 關中은 猶云扃(경)中이니 關扃音相近이라하다 案 畢說是也라 文選張衡西京賦에 旗不脫扃이라한대 薛綜[21]注에 云 扃은 關也라하다 左傳宣十二年孔疏引服虔하여 云 扃은 橫木校輪間이라하다 蓋古乘車는 箱崎間以木爲闌하여 中可庋(기)物하니 謂之扃이요 亦謂之關이라 故墨子於關中載書矣라

畢沅 : '關中'은 '扃中'이라 하는 것과 같으니 '關'과 '扃'은 聲音이 서로 비슷하다.

案 : 畢沅의 說이 맞다. ≪文選≫ 張衡의 〈西京賦〉에 "깃발은 가로 난간에서 풀지 않는다.〔旗不脫扃〕"라고 하였는데, 薛綜의 注에 "'扃'은 수레 몸체의 가로 난간〔關〕이다."라고 하였다. ≪春秋左氏傳≫ 宣公 12년 孔穎達의 疏에 服虔을 인용하여 "'扃'은 橫木을 바퀴

---

20) 北堂書鈔 : 虞世南(558~638)이 隋나라 秘書郎으로 있을 때 편찬한 것으로, 北堂은 隋나라 秘書省의 後堂이다. 現存하는 가장 이른 시기의 類書이다. 類書는 三國시대 魏 文帝가 劉劭, 王象 등에게 명하여 ≪皇覽≫을 만든 것에서 시작되는데 현재 전하지는 않는다. 歐陽詢 등이 편찬한 ≪藝文類聚≫, 白居易가 편집하고 宋代 孔傳이 續輯한 ≪白氏六帖≫, 徐堅 등이 편집한 ≪初學記≫와 합쳐 唐代 四大類書로 일컬어진다.

21) 薛綜 : 176~243. 字는 敬文이고, 沛郡 竹邑縣(지금의 安徽省 濉溪縣) 사람이다. 三國시대 吳나라의 신하이다. 젊은 시절 交州로 避亂 갔는데 뒤에 孫權에게 歸附하여 五官中郎將이 되었다. 詩賦에 대한 평론을 많이 남겼는데 ≪私載≫에 수록되었다. ≪五宗圖述≫, ≪二京解≫ 등을 저술하였다.

사이에 걸친 것이다.〔橫木校輪間〕"라고 하였다. 대체로 옛날 乘車(安車)는 수레 몸체의 한 쪽 공간에 나무로 난간을 만들어 가운데 물건을 얹어 둘 수 있게 하니 이를 일러 '扃'이라 하고 '關'이라고도 한다. 그래서 墨子가 수레에 책을 실은 것이다.

47-13-3 弦唐子見而怪之하여

弦唐子가 이를 보고 이상하게 여겨

廣韻[22)]一先에 云 弦은 又姓이라하다 風俗通[23)]에 云 弦子後라하다 左傳에 鄭有商人弦高라하다

≪廣韻≫ 〈一先〉에 "'弦'은 또 姓이다."라고 하였다. ≪風俗通≫에 "弦子의 후손이다."라고 하였다. ≪春秋左氏傳≫에 "鄭나라에 상인 弦高가 있다."라고 하였다.

47-13-4 曰 吾夫子教公尙過曰

말하기를, "선생님은 公尙過를 가르치면서

公尙過는 呂氏春秋高義篇作公上過하고 高注에 云 公上過는 子墨子弟子也라하다 案 王符[24)]潛夫論志氏姓篇에 衛公族有公上氏라하다 廣韻一東에 云 衛大夫有公上玉이라하다 尙上字通이라 過는 疑亦衛人이라

公尙過는 ≪呂氏春秋≫ 〈高義〉에 '公上過'로 되어 있고 高誘의 注에 "公上過는 子墨子의 弟子이다."라고 하였다.

案 : 王符의 ≪潛夫論≫ 〈志氏姓〉에 "衛나라 公族에 公上氏가 있다."라고 하였다. ≪廣韻≫ 〈一東〉에 "衛나라 大夫에 公上玉이 있다."라고 하였다. '尙'과 '上'자는 통용한다. 公

---

22) 廣韻 : 北宋時代의 韻書로 원래 이름은 ≪大宋重修廣韻≫이다. 1008년 陳彭年, 丘雍이 前代의 ≪切韻≫, ≪唐韻≫등의 韻書를 수정 보완하여 編修한 것이다.

23) 風俗通 : 後漢 때 학자 應劭(153~196)의 저술로, ≪風俗通義≫라고도 한다. 皇覇, 正失, 愆禮, 過譽, 十反, 聲音, 窮通, 祀典, 怪神, 山澤으로 조목을 나누어 기술하였다. 내용은 대개 세상 사람들이 잘못 알고 전하는 사실을 고증하여 바로잡은 것이다. 모두 본문 10권, 부록 1권으로 구성되어 있다.

24) 王符 : 85~163. 後漢 때 사람으로 당시의 정치, 사회를 비판하면서 治國安民의 방법을 다룬 ≪潛夫論≫을 지었는데, 모두 10권 36편이다. ≪後漢書≫ 〈王符傳〉에 "安定 臨涇 사람으로 어릴 때부터 학문을 좋아하고 志操가 있었다. 馬融, 竇章, 張衡, 崔瑗 등과 친하게 지냈다."라 하였다

尙過는 아마도 역시 衛나라 사람인 듯하다.

47-13-5 揣(췌)曲直而已라하더시니

'〈책은〉 是非曲直을 헤아리는 데 쓸 뿐이다.'라고 하시더니

說文手部에 云 揣는 量也라하다

≪說文解字≫ 手部에 "'揣'는 헤아린다〔量〕는 뜻이다."라고 하였다.

47-13-6 今夫子載書甚多하니 何有也오한대 子墨子曰 昔者周公旦朝讀書百篇하고

지금 선생님이 실은 책이 아주 많은데 무슨 쓰임이 있는 것입니까?"라고 하자, 자묵자께서 말씀하셨다. "옛날 周公 旦은 매일 아침 백 편의 책을 읽고

畢本無書字하고 云 本多作讀書百篇하고 繹史[25]同이라 蓺文類聚引無書字하고 北堂書抄凡三引호되 兩引無요 一引有하니 無者是也라하다 案 道藏本吳鈔本竝有書字하니 今不據删이라

畢沅本에는 '書'자가 없고, "본래 '讀書百篇'이라 되어 있는 곳이 많고, ≪繹史≫는 같다. ≪藝文類聚≫에서 이 대목을 인용한 곳에는 '書'자가 없고, ≪北堂書抄≫에 모두 세 번 인용했는데 두 인용문에는 〈'書'자가〉 없고 한 인용문에는 〈'書'자가〉 있으니, 없는 것이 맞다."라고 하였다.

案 : 道藏本, 吳鈔本에 모두 '書'자가 있으니 지금 필원에 의거하여 삭제하지는 않는다.

47-13-7 夕見漆十士라

저녁에는 칠십 명의 선비들을 만났다.

畢云 漆은 七字假音이니 今俗作柒이라 蓺文類聚引作七이라하다 詒讓案 唐岱嶽觀碑五經文字石本에 七字竝作漆이라

25) 繹史 : 淸代 馬驌(1621~1673)이 袁樞의 紀事本末體를 따라 편찬한 史書로, 모두 160권이다. 맨 앞에 世系圖年表가 있고, 太古(10권), 三代(20권), 春秋(70권), 戰國(50권), 別錄(10권)으로 되어 있고 別錄은 天官, 律呂通攷, 月令, 洪範五行傳, 地理志, 詩譜, 食貨志, 攷工記, 名物訓詁, 古今人表로 되어 있다. 史體가 독창적이고 다루는 범위가 넓으면서 고증이 철저해 羅泌의 ≪路史≫나 胡宏의 ≪皇王大紀≫를 뛰어넘는 저작으로 평가받는다.

畢沅 : '漆'은 '七'자의 音을 假借한 것이니 지금 俗字로는 '柒'로 쓴다. ≪藝文類聚≫에서 이 대목을 인용한 곳에는 '七'로 되어 있다.

詒讓案 : 唐나라 〈岱嶽觀碑〉, 〈五經文字〉의 石本에는 '七'자가 모두 '漆'로 되어 있다.

47-13-8 故周公旦佐相天子하여 其脩至於今이라

그래서 周公 旦은 재상으로 天子를 보좌하여 그의 治積이 오늘날까지 전해지고 있다.

吳鈔本에 脩作修라

吳鈔本에는 '脩'가 '修'로 되어 있다.

47-13-9 翟上無君上之事하고 下無耕農之難하니 吾安敢廢此리오

나는 위로 임금이 맡긴 일도 없고 아래로 농사짓는 어려움도 없으니 내 어찌 감히 이를 그만두겠는가.

畢云 北堂書鈔引에 云 相天下猶如此어든 況吾無事에 何敢廢乎리오하다

畢沅 : ≪北堂書鈔≫에서 이 대목을 인용한 곳에는 "천하를 다스리는 재상이 되더라도 오히려 이와 같거든 하물며 아무 일도 없는 내가 어찌 감히 그만두겠는가."라고 하였다.

47-13-10 翟聞之호니 同歸之物이라도 信有誤者라호라

내가 들으니, 같은 데로 귀결되는 사물들이라도 〈전해지는 과정에서〉 진실로 착오가 생긴다고 하였다.

易繫辭에 云 天下同歸而殊塗라한대 孔疏에 云 言天下萬事는 終則同歸於一이라하다 蓋謂理雖同歸나 而言不能無誤라

≪周易≫ 〈繫辭傳〉에 "天下가 같은 데로 귀결되더라도 가는 길은 다르다."라고 하였는데, 孔穎達의 疏에 "천하의 모든 일은 끝내는 하나의 이치로 같이 귀결한다."라고 하였다. 대개 이치는 비록 같은 데로 귀결되지만 말은 착오가 없을 수 없다는 말이다.

47-13-11 然而民聽不鈞이라

그리하여 백성이 전해들은 내용이 일치하지 않는지라

吳鈔本作均이라하다 畢云 均字假音이라하다

吳鈔本에는 '均'으로 되어 있다.

畢沅 : '均'자의 音을 假借한 것이다.

47-13-12 是以書多也라 **今若過之心者**는 **數逆於精微**하여

이 때문에 책이 많아진 것이다. 지금 公尙過의 마음 같은 경우는 이치를 정미한 데까지 탐구하여

周禮鄕師鄭注에 云 逆은 猶鉤考也라하다

≪周禮≫ 〈鄕師〉의 鄭玄의 注에 "'逆'은 鉤考(탐구)와 같다."라고 하였다.

47-13-13 同歸之物을 **旣已知其要矣**라 **是以不教以書也**어늘 **而子何怪焉**고하노라

같은 데로 귀결되는 사물에 대해 그 요체를 이미 알고 있기 때문에 책으로 가르치지 않은 것인데 그대는 어찌하여 이상하게 여기는 것인가."

畢云 言苟得其精微하면 則無用以書爲教라하다

畢沅 : 만일 그 精微한 이치를 터득했다면 책으로 가르칠 필요가 없다는 말이다.

47-14-1 子墨子謂公良桓子曰

자묵자께서 公良桓子에게 말씀하셨다.

蘇云 公良桓子는 蓋衛大夫라하다 詒讓案 史記孔子弟子列傳에 有公良儒하니 陳人이니 則陳亦有此姓이라

蘇時學 : 公良桓子는 아마 衛나라 大夫일 것이다.

詒讓案 : ≪史記≫ 〈仲尼弟子列傳〉에 公良儒가 나오는데 陳나라 사람이니 陳나라에도 이 姓이 있다.

47-14-2 衛는 **小國也**라 **處於齊晉之閒**하니 **猶貧家之處於富家之閒也**라 **貧家而學富家之衣食多用**하면 **則速亡必矣**라 **今簡子之家**컨대

"衛나라는 작은 나라로, 齊나라와 晉나라 사이에 있으니 가난한 집이 부유한 집 사이에 있는 것과 같습니다. 가난한 집인데도 衣食을 많이 쓰는 부유한 집처럼 한다면 반드시 일찍 망할 것입니다. 지금 그대의 가문을 보건대,

廣雅釋言에 云 簡은 閱也라하다

≪廣雅≫ 〈釋言〉에 "'簡'은 閱(봄)이다."라고 하였다.

47-14-3 飾車數百乘이요 **馬食菽粟者數百匹**이요 **婦人衣文繡者數百人**이라 (吾)〔若〕**取飾車食馬之費與繡衣之財以畜**(휵)**士**어든

장식한 수레가 수백 대이고 콩과 조를 먹는 말이 수백 필이고 화려한 무늬를 수놓은 옷을 입은 부인들이 수백 명입니다. 만약 수레를 장식하고 말을 먹이는 비용과 화려한 무늬를 수놓은 비단옷을 마련할 재물을 가져다 병사를 양성한다면

兪云 吾當爲若이니 字之誤也라하다

兪樾 : '吾'는 '若'자가 되어야 하니 글자의 誤記이다.

47-14-4 必千人有餘라 **若有患難**하면 **則使〔數〕百人處於前**하고 **數百〔人處〕於後**와

반드시 천여 명이 될 것입니다. 만약 환난이 발생한다면 〈병사〉 수백 명을 앞에 두고 수백 명을 뒤에 두도록 하는 것과

畢云 數百下當脫人處二字라하다 王云 百人亦當爲數百人이라 上文曰千人有餘라 故此分言之하여 曰 數百人處於前하고 數百人處於後라하니 今作百人하면 則與上下文不合이라하다

畢沅 : '數百' 뒤에 '人處' 2자가 빠졌을 것이다.

王念孫 : '百人'은 역시 '數百人'이 되어야 한다. 위 글에 '千人有餘'라 하였으므로 여기서 나누어 말하여 "수백 명을 앞에 두고 수백 명을 뒤에 둔다.〔數百人處於前 數百人處於後〕"라고 한 것이니, 지금 '百人'으로 쓴다면 위아래 글과 부합하지 않는다.

47-14-5 與婦人數百人處前後에 孰安고 吾以爲不若畜士之安也라하노라

婦人 수백 명을 앞뒤에 두도록 하는 것 가운데 어느 쪽이 안전하겠습니까. 저는 병사를 양성하는 안전함만한 것이 없다고 생각합니다."

47-15-1 子墨子仕人於衛러니

자묵자께서 제자를 衛나라에 벼슬하게 하였는데

畢云 舊脫人字러니 一本有라하다 詒讓案 荀子富國篇楊注引作子墨子弟子仕於衛하니 則疑仕於衛上脫弟子二字라

畢沅 : 舊本에는 '人'자가 빠져 있는데 어떤 本에는 있다.

詒讓案 : ≪荀子≫ 〈富國〉의 楊倞의 注에서 이 대목을 인용한 곳에는 '子墨子弟子仕於衛(자묵자의 제자가 위나라에 벼슬하다)'로 되어 있으니, 아마도 '仕於衛' 앞에 '弟子' 2자가 빠진 듯하다.

47-15-2 所仕者至而反이라 子墨子曰 何故反고하니 對曰

벼슬하러 간 자가 갔다가 되돌아왔다. 자묵자께서 말씀하셨다. "무슨 이유로 돌아왔는가?" 대답하기를,

47-15-3 與我言而不(當)〔審〕[26)]이라

"저와 말을 나누었지만 제대로 살펴주지 않았습니다.

畢云 後作審이라하다 詒讓案 荀子注引亦作當이어늘 疑審字近是라

畢沅 : 〈'當'자는〉 뒤에 '審'으로 되어 있다.

詒讓案 : ≪荀子≫의 注에서 이 대목을 인용한 곳에도 '當'으로 되어 있는데 아마도 '審'자가 거의 맞는 듯하다.

47-15-4 曰 待女以千盆이라하고

26) (當)〔審〕 : ≪墨子今注今譯≫에서는 '當'이 맞는 것으로 보고, 47-15-6의 '然則非爲其不審也'의 '審'을 오히려 '當'으로 보았다.

'그대를 천 盆으로 대우하겠다'고 말하고는

女는 吳鈔本作汝라 盆은 畢本改益하고 云 舊作盆이러니 誤라 古無鎰(일)字하고 只作益이어나 或作溢이라 漢書食貨志에 云 黃金以溢爲名이라한대 注에 孟康曰 二十兩爲溢也라하다 賈逵國語注에 云 二十四兩이라하다 王云 古鎰字皆作溢하고 無作益者라 此言千盆五百盆은 皆謂粟이요 非謂金也라 荀子富國篇에 今是土之生五穀也에 人善治之하면 則畝數盆이라한대 楊倞曰 蓋當時以盆爲量이라하고 引考工記曰 盆實二鬴(부)[27]라하고 又引墨子曰 待女以千盆하고 授我五百盆이라하니 則盆非益之訛也라 富國篇又云 瓜桃棗李는 一本數以盆鼓라하니 鼓亦量名이라하다

'女'는 吳鈔本에는 '汝'로 되어 있다. '盆'은 畢沅本에 '益'으로 고치고, "舊本에 '盆'으로 되어 있는데 잘못이다. 옛날에는 '鎰'자가 없고 단지 '益'으로 쓰거나 '溢'로 썼다. ≪漢書≫ 〈食貨志〉에 '黃金은 溢로 명명한다.'라고 하였는데, 注에 '孟康이 20냥이 溢이라 하였다.' 라고 하였다. 賈逵의 ≪國語≫ 注에는 '〈溢은〉 24냥이다.'라고 하였다"라고 하였다.

王念孫 : 옛날 '鎰'자는 모두 '溢'로 되어 있고 '益'로 되어 있는 것은 없다. 이 대목에서 '千盆', '五百盆'이라고 말한 것은 모두 粟(곡식)을 말한 것이지 金을 말한 것이 아니다. ≪荀子≫ 〈富國〉에 "지금 이 땅에서 오곡을 생산할 때 사람이 잘 가꾸면 1묘에 數盆을 수확한다."라고 하였는데 楊倞이 말하기를, "대체로 당시에 盆으로 度量을 삼았다."라고 하고, ≪周禮≫ 〈考工記〉를 인용하여 "盆은 2鬴를 채운다.〔盆實二鬴〕" 라고 하고, 다시 ≪墨子≫를 인용하여 '待女以千盆 授我五百盆'이라 하였으니, '盆'은 '益'의 誤字가 아니다. 〈富國〉에 다시 "오이, 복숭아, 대추, 오얏 등 과일은 한 그루마다 〈수확물을〉 盆과 鼓로 헤아린다."라고 하였으니, '鼓' 역시 도량의 명칭이다.

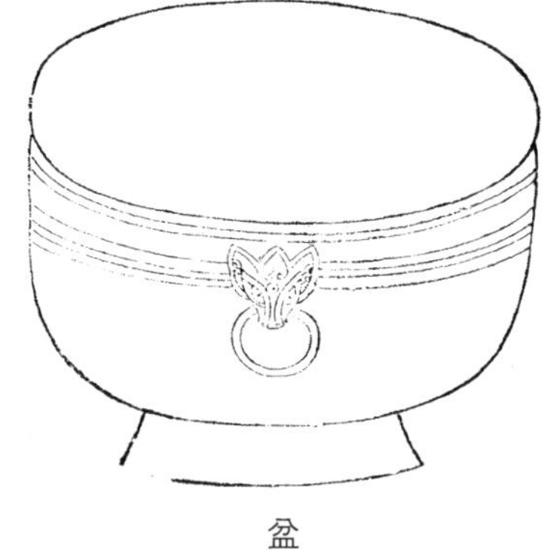

盆

27) 鬴(부) : 周나라 때 부피를 재는 도량형이다. 1부는 6말 4되인데, 4부인 25말 6되가 한 사람의 한 달치 양식이다. ≪周禮≫ 〈地官司徒下 廩人〉에 "백성들의 한 달 식량이 한 사람당 4부씩이면 풍년이고, 3부씩이면 평년이고, 2부씩이면 흉년이다. 만일 한 사람이 매월 먹는 식량이 2부가 되지 못하면 나라에서 백성을 곡식이 있는 곳으로 옮겨 가게 한다." 라고 하고, 〈考工記〉에 "量을 재기 위해 鬴를 만드는데 깊이는 한 자이고 안은 네모지게 하여 사방 각각 한 자이며, 밖은 둥글게 하는데 가득 채운 것이 1鬴이다."라고 하고, 그 註에 "들어가는 양을 가지고 이름한 것이다. 4升을 1豆라 하고 4두를 1區라 하고 4구를 1鬴라 한다."라고 하였다.

47-15-5 授我五百盆이라

저에게 오백 盆을 주었습니다.

盆은 畢本亦改益하니 非라 下同이라

'盆'은 畢沅本에 역시 '益'으로 고쳤는데 잘못이다. 아래도 같다.

47-15-6 故去之也라한대 **子墨子曰 授子過千盆**하면 **則子去之乎**아하니 **對曰 不去**라한대 **子墨子曰 然則非爲其不審也**요 **爲其寡也**라하다

그래서 떠났습니다."라고 하자, 자묵자께서 말씀하셨다. "그대에게 천 분 넘게 주었다면 그대는 떠났겠는가?" 대답하기를, "떠나지 않았을 것입니다."라고 하자, 자묵자께서 말씀하셨다. "그렇다면 제대로 살펴주지 않았기 때문이 아니라 〈봉록이〉 적었기 때문이다."

47-16-1 子墨子曰 世俗之君子는 **視義士不若負粟者**라 **今有人於此**호니 **負粟息於路側**이라가 **欲起而不能**에 **君子見之**면 **無長少貴賤**하고 **必起之**라 **何故也**오

자묵자께서 말씀하셨다. "세속의 君子는 의로운 선비를 곡식을 지고 가는 사람만도 못하게 본다. 지금 여기에 어떤 사람이 곡식을 지고 길가에서 쉬고 있다가 일어나려 하는데 일어나지 못할 때 군자가 그를 본다면 나이나 귀천에 관계 없이 반드시 일으킬 것이다. 무슨 까닭이겠는가.

王云 故字亦後人所加라 御覽人事部六十二引無故字라하다

王念孫 : '故'자는 역시 後人이 덧붙인 것이다. ≪太平御覽≫ 〈人事部62〉에서 이 대목을 인용한 곳에는 '故'자가 없다.

47-16-2 曰義也라 **今爲義之君子**가

나는 이를 義 때문이라 하겠다. 지금 義를 행하는 君子가

畢云 之는 舊作也러니 據太平御覽改라하다

畢沅 : '之'는 舊本에 '也'로 되어 있는데, ≪太平御覽≫에 의거하여 고친다.

47-16-3 奉承先王之道以語之어든 縱不說(열)而行이라도

先王의 道를 받들어 그들에게 말해주면, 설령 기뻐하며 실행하지는 않더라도 〈그들을 북돋아야 할 것인데〉

說은 吳鈔本作悅이라

'說'은 吳鈔本에는 '悅'로 되어 있다.

47-16-4 又從而非毁之하니 則是世俗之君子之視義士也가 不若視負粟者也라하노라

오히려 따라다니며 비방하고 헐뜯으니 이는 세속의 군자들이 의로운 선비를 곡식을 지고 가는 사람만도 못하게 보는 것이다."

道藏本也作之라 畢云 一本脫此字라하다

道藏本에는 '也'가 '之'로 되어 있다.

畢沅 : 어떤 本에는 이 글자〔也〕가 빠져 있다.

47-17-1 子墨子曰 商人之四方하여 市賈(고)(信)〔倍〕徙면

자묵자께서 말씀하셨다. "商人은 四方으로 가서 장사로 몇 배의 이익을 본다면

畢云 當爲倍徙니 下同이라하다 案 畢校是也라 徙蓰(사)字通이라

畢沅 : '倍徙'가 되어야 하니, 아래도 같다.

案 : 畢沅의 校勘이 맞으니 '徙'와 '蓰'자는 통용한다.

47-17-2 雖有關梁之難과 盜賊之危라도 必爲之라 今士坐而言義는 無關梁之難과 盜賊之危하니 此爲(信)〔倍〕가 不可勝計라 然而不爲하니 則士之計利가

비록 관문과 교량을 통과하는 어려움과 도적을 만날 위험이 있더라도 반드시 갈 것이다. 지금 선비들이 앉아서 義를 말하는 것은 관문과 교량을 통과하는 어려움과 도적을 만날 위험이 없으니 이는 몇 배의 이익을 보는 것인지 이루 다 헤아릴 수 없다. 그런데도 하지 않으니 선비의 이해타산이

畢云 則은 舊作財러니 一本如此라하다

畢沅 : '則'은 舊本에 '財'로 되어 있었는데, 어떤 本에는 이와 같이 되어 있다.

47-17-3 不若商人之察也라하노라

상인의 계산보다 못한 것이다."

47-18-1 子墨子北之齊라가 遇日者라

자묵자께서 북쪽으로 齊나라에 가다가 日者(점쟁이)를 만났다.

史記日者傳集解에 云 古人占候卜筮[28]를 通謂之日者라하고 索隱云 名卜筮曰日者는 以墨所以卜筮占候時日을 通名日者故也라하다 畢云 文選劉孝標[29]辯命論注引遇作過라하다 詒讓案 高承事物紀原[30]引亦作過라하다

≪史記≫ 〈日者列傳〉의 集解에 "옛사람 가운데 占候와 卜筮를 하는 이를 통틀어 日者라고 하였다."라고 하고, 索隱에 "卜筮를 명명하여 日者라고 한 것은 卜筮를 행하고 時日을 占候하는 이를 墨子가 통틀어 日者라고 명명하였기 때문이다."라고 하였다.

畢沅 : ≪文選≫ 劉孝標의 〈辯命論〉의 注에서 이 대목을 인용한 곳에는 '遇'가 '過'로 되어 있다.

詒讓案 : 高承의 ≪事物紀原≫에서 이 대목을 인용한 곳에도 '過'로 되어 있다.

47-18-2 日者曰 帝以今日殺黑龍於北方이어늘

日者가 말하기를, "上帝께서 오늘 黑龍을 北方에서 죽이는데

畢云 事類賦[31]引殺作屠라하다

---

28) 占候卜筮 : 占候는 天象의 변화를 보고 人事에 附會하여 吉凶을 예언하는 것이고, 卜筮 역시 길흉을 예측하는 것인데, 卜은 龜甲을 사용하고, 筮는 蓍草를 사용한 데서 비롯한 말이다.

29) 劉孝標 : 孝標는 劉峻(462~521)의 字이다. 南朝 梁나라 사람이다. 亂世에 태어나 어려서 가족을 잃어버리고 부자였던 劉寔의 집에 팔렸다. 학문을 좋아하여 늘 밤낮으로 독서에 열중하므로 清河 崔慰祖가 그를 書淫이라 하였다. 北魏가 青州를 점령하자 出家하였다가 다시 還俗하였다. 佛經을 번역하기도 하고 ≪世說新語≫에 注를 내기도 하였다.

30) 高承事物紀原 : 高承은 宋代 元豐 연간에 주로 활약했던 사람이다. ≪事物紀原≫은 古書를 고증하여 각종 事物의 始原과 由來에 대해서 설명한 類書로, 모두 10권이다.

31) 事類賦 : 宋나라 吳淑(947~1002)이 찬술한 책으로 모두 30권이다. 吳淑은 字가 正儀로

畢沅 : ≪事類賦≫에서 이 대목을 인용한 곳에는 '殺'이 '屠'로 되어 있다.

47-18-3 而先生之色黑이라

先生은 피부색이 검은지라

舊本生誤王이러니 今據吳鈔本顧校季本正이라

舊本에는 '生'이 '王'으로 잘못되어 있는데, 지금 吳鈔本, 顧廣圻가 교감한 季本에 의거하여 바로잡았다.

47-18-4 不可以北이라하여늘

북쪽으로 가시면 안 됩니다."라고 하였는데도

淮南子要略에 云 操舍開塞에 各有龍忌라한대 許注에 云 中國[32]以鬼神之事曰忌요 北胡南越皆謂之請龍이라하다 案 此日者以五色之龍定吉凶하니 疑即所謂龍忌라 許君請龍之說은 未詳所出하니 恐非古術也라 畢云 北은 事類賦作往이라하다

≪淮南子≫ 〈要略〉에 "잡고 놓고 열고 닫는 행위에 저마다 龍忌가 있다."라고 하였는데, 許愼의 注에 "中國에서는 鬼神의 일을 '忌'라 하고 北胡와 南越에서는 모두 請龍이라 한다."라고 하였다.

案 : 이 日者는 五色의 龍으로 吉凶을 단정하니 아마도 바로 이른바 龍忌인 듯하다. 許愼의 請龍의 說은 출처를 알 수 없으니 아마도 古術은 아닌 듯하다.

畢沅 : '北'은 ≪事類賦≫에 '往'으로 되어 있다.

47-18-5 子墨子不聽하고 遂北하여 至淄(치)水라가 不遂而反焉이라

자묵자가 그 말을 듣지 않고 계속 북쪽으로 가서 淄水에 이르렀다가 뜻을 이루지 못하고 돌아왔다.

畢云 舊脫至淄水不遂五字러니 據史記日者傳集解及事類賦增이라 史記集解에 云 墨

丹陽人이다. 송나라 때 起居舍人과 職方員外郞을 지냈다. 한 글자의 제목으로 賦를 지어 百首에 이르는 巨篇을 만들고 주석을 더하였다.

32) 中國 : 華夏 민족이 黃河 유역에 나라를 세우고 자신들이 천하의 중앙에 있다고 여기면서 일컬은 말로, 中原 지역 혹은 그곳에 근거하여 문명을 이어 온 각 국을 말한다.

子不遂而反焉이라하여 又多二字라 淄水出今山東益都縣西南顏神鎭東南三十五里原山하여 經臨淄縣東北하고 流至壽光縣北하여 入海라하다

畢沅 : 舊本에는 '至淄水不遂' 5자가 빠져 있는데, ≪史記集解≫〈日者列傳〉및 ≪事類賦≫에 의거하여 덧붙인다. ≪사기집해≫에는 '墨子不遂而反焉'이라 하여 〈'墨子'〉 2자가 더 많다. 淄水는 지금 山東 益都縣 서남쪽, 顏神鎭 동남쪽 35리의 原山에서 發源하여 臨淄縣 동북을 거쳐 흘러가 壽光縣 북쪽에 이르러 바다에 들어간다.

47-18-6 日者曰 我謂先生不可以北이라한대 子墨子曰 南之人不得北하고 北之人不得南이어늘 其色有黑者有白者하니 何故皆不遂也오 且帝以甲乙殺青龍於東方하고 以丙丁殺赤龍於南方하고 以庚辛殺白龍於西方하고 以壬癸殺黑龍於北方[33]이라

日者가 말하기를, "제가 선생은 북쪽으로 가시면 안 된다고 하였습니다."라고 하자, 자묵자께서 말씀하셨다. "남쪽 사람은 북쪽으로 가지 못하고, 북쪽 사람은 남쪽으로 오지 못하는데 그들의 피부색은 검은 사람도 있고 흰 사람도 있으니, 무슨 까닭에 그들 모두 뜻을 이루지 못하는 것입니까? 더욱이 상제는 甲乙일에는 青龍을 東方에서 죽이고 丙丁일에는 赤龍을 南方에서 죽이고 庚辛일에는 白龍을 西方에서 죽이고 壬癸일에는 黑龍을 北方에서 죽입니다.

畢本此下增以戊己殺黃龍於中方하고 云 此句舊脫이러니 據太平御覽增이라하다 王云 畢增非也라 原文本無此句하니 今刻本御覽鱗介部一有之者는 後人不知古義하고 而妄加之也라 古人謂東西南北爲四方者는 以其在四旁也일새라 若中央爲四方之中이라 則不得言中方이니 一謬也요 行者之所向은 有東有西하고 有南有北하고 而中不與焉이니 二謬也라 鈔本御覽及容齋續筆[34]所引皆無此句라하다

畢沅本에는 이 아래에 '以戊己殺黃龍於中方(戊己일에는 黃龍을 中方에서 죽인다.)'을 덧붙

33) 帝以甲乙殺青龍於東方……以壬癸殺黑龍於北方 : 上帝가 五行을 배분하는 方位, 天干, 五色에 따라 용을 죽인다는 말이다. 五行을 배분하면 火는 南方, 丙丁, 赤色이고, 木은 東方, 甲乙, 青色이고, 金은 西方, 庚辛, 白色이고, 水는 北方, 壬癸, 黑色이고 土는 中央, 戊己, 黃色이다.

34) 容齋續筆 : ≪容齋隨筆≫의 속편으로, 容齋는 南宋 洪邁(1123~1202)의 호이다. 洪邁는 이후 ≪容齋三筆≫, ≪容齋四筆≫, ≪容齋五筆≫까지 짓다가 세상을 떠났다. 모두 74권인데, 經史·諸子百家를 비롯하여 醫·卜·星·算에 이르기까지 다양한 분야에 대해 견문을 기록하였다.

이고, "이 句는 舊本에 빠졌는데 ≪太平御覽≫에 의거하여 덧붙인다."라고 하였다.

王念孫 : 畢沅이 덧붙인 것은 잘못이다. 原文에는 본래 이 句가 없으니 지금 刻本 ≪태평어람≫ 〈鱗介部1〉에 있는 것은 後人이 古義를 모르고 함부로 덧붙인 것이다. 옛사람이 東西南北을 일러 四方이라 한 것은 그것이 사방 가〔四旁〕에 있기 때문이다. 中央의 경우 四方의 가운데가 되는지라 中方이라 말할 수 없으니 첫째 오류이고, 가는 자가 향하는 바는 동쪽과 서쪽이 있고 남쪽과 북쪽이 있을 뿐이지 중앙은 거기에 끼지 않으니 둘째 오류이다. 鈔本 ≪태평어람≫ 및 ≪容齋續筆≫에서 이 대목을 인용한 곳에는 모두 이 句가 없다.

案 王說是也라 **此即古五龍之說**이니 **鬼谷子**[35]에 **盛神法五龍**[36]이라한대 **陶弘景**[37]**注**에 **云 五龍**은 **五行之龍也**라하다 **水經注**[38]**引遁甲開山圖**[39]하여 **云 五龍見**(현)**教**하고 **天皇被跡**이라한대 **榮氏注**에 **云 五龍治在五方**하여 **爲五行神**이라하다 **說文戊部**에 **云 戊**는 **中宮也**니 **象六甲**[40]**五龍相拘絞也**라하다 **義竝同**이라 **然則五龍自有中宮**이로되 **但日者之言**은 **不妨約擧四方耳**라

案 : 王念孫의 說이 맞다. 이는 바로 옛 五龍의 說이니, ≪鬼谷子≫에 '盛神法五龍(盛神은 五龍을 본받는다)'이라 하였는데, 陶弘景의 注에 "五龍은 五行의 龍이다."라고 하였다.

35) 鬼谷子 : 戰國시대 蘇秦, 張儀의 스승으로, 縱橫家의 창시자이다. 扶風 池陽과 潁川 陽城에 鬼谷이라는 곳이 있는데, 그가 사는 곳의 지명에 따라 鬼谷子, 혹은 鬼谷先生이라 불렀다고 한다. ≪鬼谷子≫는 梁나라 陶弘景이 注를 낸 3권본과 樂壹이 注를 단 3권본이 있는데, ≪隋書≫ 〈經籍志〉에는 皇甫謐이 주를 단 3권본이 있다고 하였다.

36) 盛神法五龍 : ≪鬼谷子≫ 뒷부분의 〈本經陰符〉 七篇의 글 가운데 하나로, 七篇은 '盛神法五龍', '養志法靈龜', '實意法騰蛇', '分威法伏熊', '散勢法鷙鳥', '轉圓法猛獸', '損兌法靈蓍'이다.

37) 陶弘景 : 456~536. 南朝 梁나라 때 道士로, 자는 通明, 호는 隱居이다. 젊었을 때 葛洪의 ≪神仙傳≫을 읽고 養生의 뜻을 품었다. 齊 高帝 때 左衛殿中將軍에 제수되었으나 句曲山에 은거하였다. 천성이 저술을 좋아하고 기이한 것을 숭상하였으며, 陰陽·五行·地理·醫術·本草에 정통하였다.

38) 水經注 : 北魏 말기에 酈道元이 지은 地理書이다. 총 40권이다. ≪水經注≫는 이름을 보면 마치 ≪水經≫에 대한 注인 것 같지만, 사실은 ≪水經≫의 내용을 바탕으로 해서 1,000여 조목의 크고 작은 河川과 유관한 역사 유적, 인물, 신화 등에 대해 수록한 종합적인 人文地理書이다.

39) 遁甲開山圖 : 逸失된 책으로, ≪水經注≫, ≪后漢書≫, ≪文選≫, ≪藝文類聚≫, ≪初學記≫, ≪太平御覽≫, ≪太平寰宇記≫, ≪路史≫ 등의 책에 인용되어 전한다. 天下의 名山, 先祖, 神聖, 帝皇 등의 자취가 비롯된 곳들을 언급하였다. 榮氏가 注를 달아 함께 전하는데 榮氏는 누구인지 알 수 없다.

40) 六甲 : 道敎의 神 이름으로, 天帝가 驅使하는 陽神을 육갑이라 하고 陰神을 六丁이라 하는데, 道士가 符籙으로 불러와서 부린다고 한다.

≪水經注≫에 〈遁甲開山圖〉를 인용하여 "五龍이 가르침을 나타내고 天皇이 자취를 받는다.〔五龍見教 天皇被跡〕"라고 하였는데, 榮氏의 注에 "五龍은 治所가 五方에 있어 五行神이 된다."라고 하였다. ≪說文解字≫ 戊部에 "'戊'는 中宮이니 六甲과 五龍이 서로 얽혀 있는 모습을 상징한다."라고 하였다. 뜻이 모두 같다. 그렇다면 五龍에는 본래 中宮이 있는 것인데 다만 日者의 말은 四方만 대략 거론해도 무방하다.

47-18-7 若用子之言하면 **則是禁天下之行者也**라

만약 그대의 말을 따른다면 이는 天下의 여행을 금지하는 것입니다.

畢云 舊脫天字之字러니 據太平御覽增이라하다

畢沅 : 舊本에는 '天'자, '之'자가 빠져 있는데, ≪太平御覽≫에 의거하여 덧붙인다.

47-18-8 是圍心而虛天下也니

이는 사람들의 마음을 옭아매어 천하를 비게 하는 것이니

蘇云 圍心未詳하니 圍는 或當作違라하다 吳玉搢云 圍心卽違心이니 古圍違字通이라하다

蘇時學 : '圍心'은 의미를 알 수 없으니 '圍'는 어쩌면 '違'가 되어야 할 수도 있다.

吳玉搢 : '圍心'은 바로 違心이니 옛날에 '圍', '違'자는 통용하였다.

47-18-9 子之言不可用也라하노라

그대의 말은 쓸 수 없습니다."

47-19-1 子墨子曰

자묵자께서 말씀하셨다.

此上疑有脫文이라

이 앞에 아마도 빠진 글이 있는 듯하다.

47-19-2 吾言足用矣라 **舍〔吾〕言革思者**는

"내 말은 쓰기에 충분하다. 나의 말을 버리고 생각을 바꾸는 것은

舍下亦當有吾字라 蘇云 革은 更(경)也라하다

'舍' 아래에도 '吾'자가 있어야 한다.

蘇時學 : '革'은 更(고침)이다.

47-19-3 是猶舍穫而攈(군)粟也라

수확물을 버리고 이삭을 줍는 것과 같다.

國語魯語에 收攟(군)而烝이라한대 韋注에 云 攟은 拾也라하다 一切經音義[41]引賈逵[42]云 攈은 拾穗也라하다 攈攟字同이라 畢云 攟은 拾也라하다 一本作攈(미)는 非라하다

≪國語≫ 〈魯語〉에 "거두어 주워서 찐다."라고 하였는데, 韋昭의 注에 "'攟'은 拾(주움)이다."라고 하였다. ≪一切經音義≫에 賈逵를 인용하여 "'攈'은 이삭을 주움[拾穗]이다."라고 하였다. '攈', '攟'자는 같다.

畢沅 : '攟'은 拾(주움)이다. 어떤 本에 '攈'로 되어 있는 것은 잘못이다.

47-19-4 以其言非吾言者는

그들의 말로써 내 말을 비판하는 것은

畢云 太平御覽引에 其作他라하다

畢沅 : ≪太平御覽≫에서 이 대목을 인용한 곳에는 '其'가 '他'로 되어 있다.

---

41) 一切經音義 : 일종의 佛經 사전으로, 동일한 이름의 책이 3종 있다. 첫째, 649년 玄應이 449부의 불교 전적에서 뽑은 字句에 주석한 것으로 ≪玄應音義≫라고도 한다. 인용된 자료가 매우 풍부하여 훈고학자들에게 매우 중시되는 자료이며, 反切 注音法을 이용하여 중국어의 中古音을 연구하는 자료가 되기도 한다. 둘째, 807년 慧琳이 三藏 즉, 經·律·論 1300부에서 가려 뽑은 자구에 주석한 것으로, 이를 ≪慧琳音義≫라고도 한다. 玄應의 ≪一切經音義≫와 慧苑의 ≪華嚴音義≫를 함께 수록하였기 때문에 玄應이 지은 것에 비하면 더욱 상세하다. 佛經音義의 집대성으로 일컬어진다. 셋째, 希麟이 지은 ≪續一切經音義≫이다. 대개 ≪衆經音義≫ 혹은 ≪一切經音義≫라 하면 希麟의 것을 지칭한다.

42) 賈逵 : 30~101. 字는 景伯으로, 後漢 平陵 사람이다. 어려서 부친에게 배워 ≪春秋左氏傳≫에 통달하고 大夏侯의 ≪尙書≫를 배우고 穀梁說까지 겸하였다. ≪춘추좌씨전≫이 당시의 讖緯書와 내용이 부합하는 것이 많다 하여 古文經의 학술적 지위를 높이고 박사관에 세울 것을 청하였다. 저서로 ≪春秋左氏傳解詁≫, ≪國語解詁≫가 있다.

47-19-5 是猶以卵投石也니 **盡天下之卵**이라도 **其石猶是也**요 **不可毁也**라하노라

계란으로 돌을 치는 것과 같으니 天下의 계란을 소진하더라도 그 돌은 여전히 그대로이고 깰 수 없을 것이다."

畢云 太平御覽作石猶不毁也라하다

畢沅 : ≪太平御覽≫에는 '石猶不毁也'로 되어 있다.

제48편 공맹 公孟

'公孟'은 公孟子로, 孔子學派의 사람이다. 이 篇은 모두 23章으로 이루어져 있는데 그중 12장은 墨子와 공맹자의 論辯을 기록한 것으로, 대체로 儒家의 鬼神, 喪禮, 音樂, 義理와 禍福에 대한 주장 등을 반박하는 내용이다. 앞의 〈耕柱〉에서도 공맹자와의 논변을 일부 수록하고 있는데, 孔子의 '述而不作'에 대해 논변한 글이 대표적이다. 이러한 논변을 통해 묵자는 말단으로 치닫는 儒家의 僞善과 虛禮를 폭로하고 있다. 일례로 옛날의 언어와 복장을 중시하는 儒家의 맹목적인 尙古主義를 비판하고 있는데 이를 통해 묵자가 형식보다 실질을 중요시한 것을 알 수 있다. 이외에는 묵자와 견해가 같지 않은 제자들과 주고받은 대화를 기록하고 있다.

48-1-1 公孟子謂子墨子曰

公孟子가 子墨子께 이르기를,

惠棟[1]云 公孟子卽公明子니 孔子之徒라하다 宋翔鳳云 孟子公明儀公明高[2]는 曾子弟子라 公孟子與墨子問難은 皆儒家之言이라 孟與明通하니 公孟子卽公明子어늘 其人非儀卽高니 正與墨翟同時라하다 詒讓案 潛夫論志氏姓篇에 衛公族有公孟氏라하다 左傳定十二年孔疏謂公孟縶(칩)之後니 以字爲氏라 說苑脩文篇에 有公孟子高見顓孫子莫及曾子한대 此公孟子疑卽子高니 蓋七十子之弟子也라

惠棟 : 公孟子는 바로 公明子니 孔子의 門徒이다.

宋翔鳳 : ≪孟子≫에 나오는 公明儀, 公明高는 曾子의 弟子이다. 公孟子가 墨子와 問難

1) 惠棟 : 1697~1758. 淸代의 漢學家로 漢學中吳派(蘇州學派)의 대표인물이다. 字는 定宇이고 號는 松崖이며 小紅豆先生이라 불리기도 하며, 江蘇 元和(지금의 江蘇省 吳縣) 사람이다. 저서로 ≪古文尙書考≫, ≪後漢書補註≫, ≪九經古義≫, ≪明堂大道錄≫, ≪松文鈔≫ 등이 있다.

2) 孟子公明儀公明高 : 公明儀는 〈滕文公 上〉, 〈滕文公 下〉, 〈離婁 下〉에 보이고, 公明高는 〈萬章 上〉에 보인다.

하는 내용은 모두 儒家의 주장이다. '孟'은 '明'과 통하니 公孟子는 바로 公明子인데, 그 사람은 公明儀가 아니라 바로 公明高로, 墨翟과 정확히 같은 시대이다.

詒讓案 : ≪潛夫論≫ 〈志氏姓〉에 "衛나라 公族에 公孟氏가 있다."라고 하였다. ≪春秋左氏傳≫ 定公 12년 孔穎達의 疏에, "公孟縶의 후손으로, 字를 氏로 삼았다."고 하였다. ≪說苑≫ 〈脩文〉에 公孟子高가 顓孫子莫 및 曾子를 만났다는 말이 있는데 이 대목의 公孟子는 아마도 바로 公孟子高인 듯하니 七十子(孔子의 首弟子들)의 제자인 듯하다.

48-1-2 君子(共)〔拱〕己以待라가

"君子는 팔짱을 끼고 서서 기다리다가

垂拱仰成圖

蘇云 共은 讀如恭이라하다 詒讓案 荀子王霸篇에 云 則天子共己而已라한대 楊注에 云 共 讀爲恭이어나 或讀爲拱하니 垂拱而已也라하다 案此共己는 當讀爲拱己니 非儒篇에 云 高拱下視[3]是也라

蘇時學 : '共'은 '恭'과 같이 읽는다.

詒讓案 : ≪荀子≫ 〈王霸〉에 "天子는 팔짱을 끼고 있기만 해도 된다.〔則天子共己而已〕"라고 하였는데, 楊倞의 注에 "'共'은 '恭'으로 읽거나 혹은 '拱'으로 읽기도 하니 소매를 늘어뜨리며 팔짱을 끼고 있을 뿐이라는 뜻이다."라고 하였다. 살펴보건대, 이 대목의 '共己'는 '拱己'로 읽어야 하니 〈非儒 下〉에 "거만하게 팔짱을 끼고 내려다본다.〔高拱下視〕"라고 한 것이 그것이다.

48-1-3 問焉則言하고 **不問焉則止**라 **譬若鍾然**하여 **扣(구)則鳴**하고 **不扣則不鳴**이라한대

물으면 말을 하고 묻지 않으면 그만둡니다. 비유하자면 마치 종과 같아서 치면

3) 非儒篇云 高拱下視 : 본서 3책 39-7-10에 보인다.

울리고 치지 않으면 울리지 않습니다."라고 하자,

非儒下篇述儒者之言曰 君子若鍾하여 擊之則鳴하고 弗擊不鳴[4]이라하니 即此라 畢云 說文에 云 扣는 牽馬也라하고 㧉(구)는 擊也니 讀若扣라하니 此假音耳라하다

〈非儒 下〉에 儒者의 말을 서술하여 "君子는 마치 鍾과 같아 치면 울리고 치지 않으면 울리지 않는다."라고 하였으니, 바로 이 대목이다.

畢沅 : ≪說文解字≫에 "'扣'는 말을 끈다〔牽馬〕는 뜻이다."라고 하고, "'㧉'는 擊(침)이니 扣와 같이 읽는다."라고 하였으니, 이 대목의 〈'扣'는 '㧉'의〉 音을 假借한 것일 뿐이다.

48-1-4 子墨子曰 是言有三物焉이어늘 子乃今知其一(身)〔耳〕(也)하고

자묵자께서 말씀하셨다. "이 말에는 세 가지 경우가 있는데, 그대는 바로 지금 그 하나만 알고 있을 뿐이고

吳鈔本其下有有字라 王引之云 身字義不可通하니 身當爲耳라 隸書身字或作耳하니 見漢荊州從事苑鎭碑[5]하면 與耳相似라 故耳誤爲身이라 管子兵法篇에 敎其耳以號令之數라한대 今本耳誤爲身이라 所謂是言有三物者는 不扣則不鳴者一이요 雖不扣必鳴者二어늘 而公孟子但云不扣則不鳴하니 是知其一而不知其二也라 故曰子乃今知其一耳라하다 今本耳誤爲身하고 身下又衍也字라하다

吳鈔本에는 '其' 아래 '有'자가 있다.

王引之 : '身'자는 뜻이 통하지 않으니 '身'은 '耳'가 되어야 한다. 隸書에 '身'자는 더러 '耳'로 되어 있기도 하니 〈漢荊州從事苑鎭碑〉를 보면 '耳'와 서로 비슷하다. 그래서 '耳'가 '身'으로 잘못된 것이다. ≪管子≫ 〈兵法〉에 "號令의 소리들로 그 귀를 가르친다.〔敎其耳以號令之數〕"라고 하였는데, 今本에 '耳'가 '身'으로 잘못되어 있다. 이른바 '是言有三物'이라는 것은 치지 않으면 울리지 않는 것이 하나이고, 비록 치지 않더라도 반드시 울리는 것이 둘인데 公孟子는 단지 치지 않으면 울리지 않는다고만 하였으니 이는 그 하나만 알고 그 둘은 모르는 것이다. 그러므로 "그대는 바로 지금 하나만 알고 있을 뿐이다.〔子乃今知其一耳〕"라고 한 것이다. 今本에 '耳'가 '身'으로 잘못되어 있고 '身' 아래 또 '也'자가 잘못 들어가 있다.

---

4) 非儒下篇述儒者之言曰……弗擊不鳴 : 본서 3책 39-7-1~2에 보인다.

5) 漢荊州從事苑鎭碑 : 苑鎭의 墓碑로, 篆文으로 되어 있는데 宋나라 洪适의 ≪隸釋≫에 보인다. 苑鎭은 字가 仲弓으로, 南陽 築陽 사람이다.

48-1-5 又未知其所謂也라 **若大人行淫暴於國家**에 **進而諫**하면 **則謂之不遜**하고 **因左右而獻諫**하면 **則謂之言議**라 **此君子之所疑惑也**라

또 그 말의 의의를 모르고 있습니다. 만약 大人(國君)이 국가에서 포악한 일을 행할 때 나아가 諫言하면 불손하다 할 것이고, 近臣을 통해 간언을 올리면 사적으로 비방한다 할 것입니다. 이것이 군자들이 의혹하는 바입니다.

吳鈔本所下有以字라 疑惑은 謂言之無益而有害하면 則君子遲疑不敢發이니 此明不扣而不鳴之一物이라

吳鈔本에는 〈'君子之所疑惑也'〉의 '所' 아래에 '以'자가 있다. '疑惑'은 말이 이로움이 없고 해로움이 있다면 君子는 머뭇거리며 감히 발설하지 않는다는 말이니 이 대목은 '치지 않으면 울리지 않는〔不扣而不鳴〕' 한 가지 경우를 밝힌 것이다.

48-1-6 若大人爲政에 **將因於國家之難**이 **譬若機之將發也然**하면

만약 大人이 政事를 행할 때 장차 국가의 환란에 맞닥뜨리려 함이 비유컨대 쇠뇌에서 화살이 장차 발사되려는 것과 같다면

非儒篇에 云 若將有大寇亂하고 盜賊將作하여 若機辟將發也[6]라하다

〈非儒 下〉에 "장차 큰 外侵과 반란이 일어나고 도둑이 막 일어나려 하여 마치 활에 화살이 일촉즉발인 듯한 상황이다."라고 하였다.

48-1-7 君子之必以諫이니

君子는 반드시 간언을 해야 하니

子下疑脫一字라

'子' 아래 아마도 한 글자가 빠진 듯하다.

48-1-8 然而大人之利라

그렇게 하고서 大人이 이롭게 됩니다.

---

6) 非儒篇……若機辟將發也 : 본서 3책 39-7-6에 보인다.

蘇云 此下有脫簡하니 下文有之也君得之則必用之矣十一字當在此라하다 案 蘇校未塙이라

蘇時學 : 이 대목 뒤에 빠진 글이 있으니 아래 글의 '有之也君得之則必用之矣' 11자가 여기에 있어야 한다.

案 : 蘇時學의 校勘은 확실하지 않다.

48-1-9 若此者가 雖不扣必鳴者也라 若大人擧不義之異行하여 雖得大巧之經이라도 可行於軍旅之事하면 欲攻伐無罪之國하여 有之也니 君得之면 則必用之矣라 以廣辟土地하고 (著)〔籍(적)〕稅(僞)〔貹(귀)〕材로되

이러한 경우가 비록 치지 않더라도 반드시 울리는 것입니다. 만약 대인이 不義한 奇行을 하여 비록 가장 巧妙한 방법을 얻어서라도 軍事에 적용할 수 있다면 죄 없는 나라를 침략하여 소유하려고 할 것이니, 임금이 그것을 얻으면 반드시 쓸 것인지라 이로써 영토를 널리 확충하고 재물을 세금으로 거둘 것입니다.

畢云 僞疑當爲貹니 說文에 云 此古貨字니 讀若貴라하다 蘇云 有之以下十一字는 當在上文然而大人之利句下어늘 誤錯於此라 此文當云 欲攻伐無罪之國하여 以廣辟土地하고 著稅僞材라하다 案畢校近是로되 但著稅義難通하니 疑著當作籍이라 毛詩大雅韓奕箋에 云 籍은 稅也라하다 節用上篇에 云 其籍斂厚[7]라하다 材財字通이라 籍稅貹材는 猶云籍斂貨財矣라

畢沅 : '僞'는 아마도 '貹'가 되어야 할 듯하니 ≪說文解字≫에 "이는 옛 '貨'자이니, '貴'와 같이 읽는다."라고 하였다.

蘇時學 : '有之' 이하 11자는 위 글 '然而大人之利' 句의 아래 있어야 하는데 이곳에 잘못 들어간 것이다. 이 글은 "죄 없는 나라를 침략하여 영토를 널리 확충하고 세금을 통하여 재화를 축적하려 하다.〔欲攻伐無罪之國 以廣辟土地 著稅僞材〕"라고 해야 한다.

案 : 畢沅의 校勘이 거의 맞다. 다만 '著稅'는 뜻이 통하지 않으니, 아마도 '著'가 '籍'이 되어야 할 듯하다. ≪毛詩≫ 〈大雅 韓奕〉의 箋에 "'籍'은 세금〔稅〕이다."라고 하였다. 〈節用 上〉에 "세금을 거두는 것이 많다.〔其籍斂厚〕"라고 하였다. '材', '財'자는 통용한다. '籍稅貹材'는 재물을 세금으로 거둔다〔籍斂貨財〕고 말하는 것과 같다.

7) 節用上篇云 其籍斂厚 : 본서 2책 20-4-1에 보인다.

48-1-10 出必見辱하고 **所攻者不利**요 **而攻者亦不利**니 **是兩不利也**라 **若此者**가 **雖不扣必鳴者也**라

하지만 출병하면 반드시 모욕을 당하고 공격받는 쪽은 이롭지 않고 공격하는 쪽도 이롭지 않으니, 이는 양쪽 모두 이롭지 않은 것입니다. 이러한 경우가 비록 치지 않더라도 반드시 울리는 것입니다.

以上明不扣必鳴之二物이니 畢云 已上申明知其一身은 失之라

이상은 치지 않더라도 반드시 울리는 두 가지 경우를 밝힌 것이니 畢沅이 "이상은 '그 한 몸을 안다〔知其一身〕'고 한 말을 거듭 밝힌 것이다."라고 한 것은 잘못 본 것이다.

48-1-11 且子曰 君子共己待라가 **問焉則言**하고 **不問焉則止**라 **譬若鍾然**하여 **扣則鳴**하고 **不扣則不鳴**이라하여늘 **今未有扣**어늘 **子而言**하니 **是子之〔所〕謂不扣而鳴邪**(야)아

게다가 그대는 '군자는 팔짱을 끼고 서서 기다리다가 물으면 말을 하고 묻지 않으면 그만둡니다. 비유하자면 마치 종과 같아서 치면 울리고 치지 않으면 울리지 않습니다.'라고 하였습니다만, 지금 치지 않았는데도 그대는 말을 하였으니 이것이 그대가 이른바 '치지 않더라도 울리는 것'이겠지요?

謂上當有所字라

'謂' 앞에 '所'자가 있어야 한다.

48-1-12 是子之所謂非君子邪(야)아하노라

이것이 그대가 이른바 '군자가 아닌 것'이겠지요?"

畢云 已上申明又未知其所謂리하다

畢沅 : 이상은 '또 그 말의 의의를 모르고 있다〔又未知其所謂〕'고 한 말을 거듭 밝힌 것이다.

48-2-1 公孟子謂子墨子曰 實爲善人인댄 **孰不知**리오

공맹자가 자묵자께 이르기를, "진실로 善人이라면 누가 알아주지 않겠습니까.

句라

여기에서 句를 뗀다.

48-2-2 譬若良(玉)〔巫〕가 **處而不出**이라도 **有餘糈**(서)라

비유하자면 용한 무당이 들어앉아 나가지 않더라도 넉넉한 양식을 〈대가로〉 받는 것과 같습니다.

玉은 疑當爲巫라 糈는 舊誤精이라 王校下文諸精字皆爲糈어늘 惟此未正이라 今審校當與彼同이라 淮南子說山訓에 云 巫之用糈藉(자)라한대 高注에 云 糈는 祀神之米라하다

'玉'은 아마도 '巫'가 되어야 할 듯하다. '糈'는 舊本에 '精'으로 잘못되어 있다. 王念孫의 校勘에서는 아래 글에 나오는 '精'자들이 모두 '糈'로 되어 있는데 이 대목만 바로잡지 않았다. 지금 校勘을 살펴보면 의당 아래와 같은 글자여야 한다. ≪淮南子≫ 〈說山訓〉에 "무당이 쌀과 자리를 쓴다."라고 하였는데, 高誘의 注에 "糈는 神에게 제사 지내는 쌀이다."라고 하였다.

48-2-3 譬若美女가 **處而不出**이라도 **人爭求之**로되 **行而自衒**(현)하면

비유하자면 아름다운 여자가 들어앉아 나가지 않더라도 사람들이 다투어 求婚하지만 나다니면서 스스로 뽐내면

內則奔則爲妾이라한대 鄭注에 云 奔或爲衒이라하다 列女傳辯通篇에 齊鍾離春[8]衒嫁不售라하다 畢云 說文에 云 衙(현)은 行且賣也라 衒은 或字라하다

≪禮記≫ 〈內則〉에 "禮를 갖추지 않고 남자를 따라가면 첩이 된다."라고 하였는데, 鄭玄의 注에 "'奔'은 혹 '衒'으로 되어 있기도 한다."라고 하였다. ≪列女傳≫ 〈辯通〉에 "齊나라 鍾離春이 중매를 거치지 않고 스스로 시집가려고 꾀했으나 이루지 못하였다."라고 하였다.

畢沅 : ≪說文解字≫에 "'衙'은 돌아다니며 파는 것이다. 衒은 異形字이다."라고 하였다.

---

8) 鍾離春 : 戰國시대 齊나라 無鹽 땅에 살았던 醜女로, 얼굴이 몹시 못생겨서 40세가 되도록 시집을 가지 못하였다고 한다.(≪列女傳≫)

48-2-4 人莫之取也라

아무도 아내로 맞지 않는 것과 같습니다.

之는 舊本作知라 畢云 知는 一本作之라하다 詒讓案 作之是也니 意林[9]作人莫之娶라 今據正이라

'之'는 舊本에 '知'로 되어 있다.

畢沅 : '知'는 어떤 本에는 '之'로 되어 있다.

詒讓案 : '之'로 되어 있는 것이 맞으니 ≪意林≫에 '人莫之娶'로 되어 있다. 지금 이에 의거하여 바로잡았다.

48-2-5 今子遍從人而說(세)之하니

지금 그대는 두루 사람들을 따라서 유세하니

遍은 舊本作偏이러니 畢以意改遍이라 道藏本季本吳鈔本正作遍이라 王以偏爲古遍字하니 詳非攻下篇[10]이라

'遍'은 舊本에 '偏'으로 되어 있는데 畢沅이 자기 뜻으로 판단하여 '遍'으로 고쳤다. 道藏本, 季本, 吳鈔本에는 정확히 '遍'으로 되어 있다. 王念孫은 '偏'을 옛 '遍'자로 여겼으니 〈非攻 下〉에 자세히 설명하였다.

48-2-6 何其勞也오한대 **子墨子曰 今夫世亂**이나 **求美女者衆**일새 **美女雖不出**이라도 **人多求之**어니와 **今求善者寡**하여

어찌 그리 수고하는 것입니까?"라고 하자, 자묵자께서 말씀하셨다. "지금 세상이 혼란하지만 아름다운 여자를 구하는 사람들은 많기에 아름다운 여자가 비록 나가지 않더라도 사람들이 많이들 구혼하겠지만, 지금 善을 추구하는 사람은 적어

畢云 言好德不如好色이라하다

畢沅 : 德을 좋아함이 女色을 좋아함만 못하다는 말이다.

---

9) 意林 : 唐나라 穆宗 때 馬總(?~823)의 저작으로, 諸子百家의 精華를 모은 것이라는 평가를 받고 있다. 본래 모두 6권이었는데, 지금은 5권만 전하고 있다.

10) 王以偏爲古遍字 詳非攻下篇 : 본서 2책 19-3-5에 보인다.

48-2-7 不强說(세)人하면 **人莫之知也**라 **且有二生於此**하니 **善筮**(서)어늘

힘써 사람들에게 유세하지 않으면 사람들은 이를 알지 못합니다. 그리고 여기 점을 잘 치는 두 사람이 있는데

舊本에 筮訛星이러니 王據下文改라

舊本에는 '筮'가 '星'으로 잘못되어 있는데, 王念孫이 아래 글에 의거하여 고쳤다.

48-2-8 一行爲人筮者요 **一處而不出者**어든 **行爲人筮者**와

한 사람은 돌아다니면서 사람들을 위해 점을 치고 다른 한 사람은 들어앉아 나가지 않는다면, 돌아다니면서 사람들을 위해 점을 치는 사람과

此十一字舊脫이러니 王據上下文義補라

이 11자(一處而不出者 行爲人筮者)는 舊本에 빠졌는데 王念孫이 위아래 글 뜻에 의거하여 보충하였다.

48-2-9 與處而不出者가 **其精孰多**오

들어앉아 나가지 않는 사람 가운데 누가 더 〈대가로 받는〉 양식이 많겠습니까?"

糈는 舊本誤精이라 王云 精當爲糈니 字之誤也라 莊子人閒世篇에 鼓筴播精이라한대 釋文에 精如字[11)]요 一音所字니 則當作糈라하다 是糈與精字形相似而易訛也라 郭璞注南山經에 曰 糈는 先呂反이니 今江東音所라하다 說文에 糈는 糧也라하다 言兩人皆善筮로되 而一行一處하면 其得米孰多也리오 史記貨殖傳에 云 醫方諸食技術之人이 焦神極能은 爲重糈也라하니 是其證라하다 案 王校是也니 今據正이라 下同이라

'糈'는 舊本에 '精'으로 잘못되어 있다.

王念孫 : '精'은 '糈'가 되어야 하니, 글자의 誤記이다. ≪莊子≫ 〈人閒世〉에 "키질을 하여 곡식을 고르다.〔鼓筴播精〕"라고 하였는데, 釋文에 "'精'은 본음대로 읽고 한 音은 '所'자이니 '糈'가 되어야 한다."라고 하였다. 이는 '糈'와 '精'이 字形이 서로 비슷하여 잘못되기

11) 如字 : 한 글자에 두 가지 이상의 뜻이나 음이 있을 경우 기본 뜻이나 음대로 읽는 것을 말한다. 如字는 통상 제시하는 것이 아니고 같은 문장에 두 자 이상 음이 다르게 쓰일 경우나 또는 뜻이 특이한 경우에 제시한다.

쉬운 것이다. 郭璞이 ≪山海經≫ 〈南山經〉에 낸 注에 "'糈'은 '先'과 '呂'의 反切이니, 지금 江東의 音은 '所'이다."라고 하였다. ≪說文解字≫에 "'糈'는 양식〔糧〕이다."라고 하였다. 두 사람 모두 점을 잘 치지만 한 사람은 돌아다니고 한 사람은 들어앉아 있다면 누가 쌀을 더 많이 얻겠느냐는 말이다. ≪史記≫ 〈貨殖列傳〉에 "의술과 여러 기술로 먹고사는 사람이 정신을 기울이고 능력을 지극히 하는 것은 양식을 중시해서이다.〔醫方諸食技術之人 焦神極能 爲重糈也〕"라고 하였으니, 이것이 그 증거이다.

案 : 王念孫의 校勘이 맞으니 지금 이에 의거하여 바로잡았다. 아래도 같다.

48-2-10 公孟子曰 行爲人筮者其糈多라한대 **子墨子曰 仁義鈞**하니

공맹자가 말하기를, "돌아다니면서 사람들을 위해 점을 치는 사람이 〈대가로 받는〉 양식이 많을 것입니다."라고 하자, 자묵자께서 말씀하셨다. "仁義도 마찬가지니

吳鈔本作均이라

〈'鈞'은〉 吳鈔本에는 '均'으로 되어 있다.

48-2-11 行說人者가 **其功善亦多**니 **何故不行說人也**리오하노라

돌아다니면서 사람들에게 유세하는 사람이 그 功과 善이 또한 많을 것이니, 무슨 까닭으로 돌아다니면서 사람들에게 유세하지 않겠습니까."

48-3-1 公孟子戴章甫하고

공맹자가 章甫冠을 쓰고

畢云 戴는 本多作義한대 以意改라하다 案 顧校季本正作戴라 士冠禮記에 云 章甫는 殷道也라한대 鄭注에 云 章은 明也니 殷質言以表明丈夫也라하다 論語先進篇에 端章甫라한대 集解에 鄭玄云 衣玄端하고 冠章甫는 諸侯日視朝之服이라하다 禮記儒行에 魯哀公問孔子儒服한대 對曰 某長居宋에 冠章甫之冠이라하다 此公孟子儒者라 故亦儒服與인저

畢沅 : '戴'는 '義'로 되어 있는 本이 많은데 글 뜻으로 판단하여 고쳤다.

案 : 顧廣圻가 교감한 季本에는 바로 '戴'로 되어 있다. ≪儀禮≫ 〈士冠禮〉에 "章甫는 殷나라의 道이다."라고 하였는데, 鄭玄의 注에 "'章'은 밝힌다〔明〕는 뜻이니 殷나라 사람들

은 사실대로 말하여 丈夫임을 표명하였다."라고 하였다. ≪論語≫ 〈先進〉에 "玄端服을 입고 章甫冠을 쓴다."라고 하였는데, 集解에 "鄭玄이 이르기를, '玄端服을 입고 章甫冠을 쓰는 것은 제후가 날마다 조정에서 정사를 보는 복장이다.'라고 하였다."라고 하였다. ≪禮記≫ 〈儒行〉에 "魯 哀公이 孔子에게 儒服에 대해 묻자 〈공자가〉 대답하기를, '제가 장성하여 宋나라에 살 때 章甫冠을 썼습니다.'라고 하였다."라고 하였다. 이는 공맹자가 儒者이므로 또한 儒服 차림을 한 것일 것이다.

48-3-2 搢忽하고

홀을 꽂고

畢云 搢은 即晉字俗寫라 忽은 即笏字라 古文尚書在治忽에 亦用此字라 舊作惚하니 誤라하다 詒讓案 儀禮旣夕木笏鄭注에 云 今文笏作忽이라하다 史記夏本紀集解引鄭康成注尙書作在治曶하고 云 曶者는 笏也라하다 忽曶笏字竝通이라 釋名釋書契에 云 笏은 忽也니 君有教命及所啓白하면 則書其上하여 備忽忘也라하다 荀子哀公篇[12]에 夫[13]章甫絇屨하고 紳而搢笏이라하다

畢沅 : '搢'은 바로 '晉'자의 俗字이다. '忽'은 바로 '笏'자이다. ≪古文尙書≫에 '在治忽(治亂을 살핀다)'이라 한 곳에도 이 글자를 썼다. 舊本에 '惚'로 되어 있는데 잘못이다.

詒讓案 : ≪儀禮≫ 〈旣夕禮〉의 '木笏'에 대한 鄭玄의 注에 "今文에 '笏'은 '忽'로 되어 있다."라고 하였다. ≪史記≫ 〈夏本紀〉의 集解에 鄭康成(鄭玄)이 注를 낸 ≪尙書≫를 인용하면서 '在治曶'로 쓰고 "'曶'은 笏이다."라고 하였다. '忽', '曶', '笏'자는 모두 통용한다. ≪釋名≫ 〈釋書契〉에 "'笏'은 忽이니 임금이 내리는 教命 및 임금께 아뢸 말이 있으면 그 위에 써서 잊어버리는 것을 대비한다.〔笏 忽也 君有教命及所啓白 則書其上 備忽忘也〕"라고 하였다. ≪荀子≫ 〈哀公〉에 "무릇 章甫를 쓰고 絇屨(코를 장식한 신발)를 신고 紳을 허리에 두르고 笏을 꽂는다."라고 하였다.

笏

12) 哀公篇 : 저본의 傍注에 "'哀公篇'은 원래 '法行篇'으로 되어 있으나, ≪荀子≫에 의거하여 고친다.〔哀公篇 原作法行篇 據荀子改〕"라고 하였다.

13) 夫 : 저본의 傍注에 "'夫'는 원래 '六'으로 되어 있으나, ≪荀子≫에 의거하여 고친다.〔夫 原誤作六 據荀子改〕"라고 하였다.

48-3-3 儒服하고 **而以見子墨子曰 君子服然後行乎**아 **其行然後服乎**아한대 **子墨子曰 行不在服**이라하다 **公孟子曰 何以知其然也**오한대 **子墨子曰 昔者**에 **齊桓公**[14]**高冠博帶**와 **金劍木盾**으로

儒服 차림을 하고 자묵자를 보고 말하기를, "君子는 복장을 갖춘 뒤에 행동을 합니까? 행동을 한 뒤에 복장을 갖춥니까?"라고 하자, 자묵자께서 말씀하셨다. "행동은 복장에 달려 있지 않습니다." 공맹자가 말하기를, "어떻게 그렇다는 것을 아십니까?"라고 하자, 자묵자께서 말씀하셨다. "옛날에 齊 桓公은 높은 관과 넓은 띠를 하고 금으로 만든 칼과 나무 방패로

畢云 說文에 **云 盾**은 **瞂**(벌)**也**니 **所以扞**(한)**身蔽目**이라 **象形**이라하다 **陸德明**[15]**周禮音義**에 **云 食允反**이요 **又音允**이라하다 **詒讓案 此所言皆朝服**이니 **朝服未有用盾者**라 **盾**은 **疑亦㫚之誤**로되 **但木㫚非貴服**이니 **所未詳也**라

畢沅 : ≪說文解字≫에 "'盾'은 방패니 몸을 막아 지키고 눈을 가리는 수단이다. 象形字이다."라고 하였다. 陸德明의 ≪周禮音義≫에 "〈'盾'은〉 '食'과 '允'의 反切이고 또다른 音은 '允'이다."라고 하였다.

詒讓案 : 이 대목에서 말한 것은 모두 朝服이니 朝服에 방패를 쓰는 경우는 없는지라 '盾'은 아마 또한 '㫚'의 誤字인 듯하다. 다만 '木㫚'은 貴族의 복식이 아니니 알 수 없는 일이다.

48-3-4 以治其國한대 **其國治**라 **昔者**에 **晉文公**[16]**大布之衣**와 **牂**(장)**羊之裘**요

그 나라를 다스렸는데 그 나라가 잘 다스려졌습니다. 옛날에 晉 文公은 거친 베옷을 입고 암컷 양의 갖옷을 걸치고

---

14) 齊桓公 : ?~B.C. 643. 姓은 姜, 氏는 呂, 이름은 小白이다. 齊나라의 16대 임금이며 '春秋5霸'의 으뜸이다. 姜太公의 12대손이고 僖公의 셋째 아들이다. 管仲을 정승으로 삼아 제후들을 규합하여 천하를 바로잡았다.

15) 陸德明 : 550?~630. 唐나라 蘇州 吳縣 사람으로, 본명은 元朗이다. 高祖 때 國子博士를 지냈으며, 모든 經書에 주석을 내고 ≪經典釋文≫ 30권을 지었다. 저서로 ≪老子疏≫, ≪易疏≫ 등이 있다.

16) 晉文公 : B.C. 671, 혹은 B.C. 697~B.C. 628. 姓은 姬이고 이름은 重耳로, 春秋時代 晉나라의 22대 임금이며 '春秋5霸' 중 한 명이다.

牂은 道藏本吳鈔本에 竝從牛하니 誤라

'牂'은 道藏本, 吳鈔本에 모두 '牛'가 부수로 되어 있으니 잘못이다.

48-3-5 韋以帶劍하여

가죽끈으로 칼을 차고서

竝詳兼愛中下篇[17]이라

모두 〈兼愛 中〉·〈兼愛 下〉에 자세히 설명하였다.

48-3-6 以治其國한대 其國治라 昔者에 楚莊王[18]鮮冠(組)〔䌸(초)〕纓과

그 나라를 다스렸는데 그 나라가 잘 다스려졌습니다. 옛날에 楚 莊王은 화려한 冠에 오색실의 끈을 매달고

說文糸部에 云 組는 綬屬也니 其小者可以爲冠纓[19]이라 玉藻에 云 玄冠朱組纓은 天子之冠也라 玄冠丹組纓은 諸侯之齊冠也라하다 此朝服當爲冠弁服[20]이로되 但組纓爲常制라 不足爲華侈니 與鮮冠絳衣博袍로 文例不相應이라 疑此組當爲䌸之叚字라 荀子樂論篇에 云 亂世之徵은 其服組(鮮)[21]이라하다 䌸는 義詳節用篇[22]이라

冠弁服

17) 竝詳兼愛中下篇 : 본서 2책 15-4-3~4, 16-10-27~28에 보인다.

18) 楚莊王 : ?~B.C. 591. 姓은 芈(미), 氏는 熊, 이름은 旅이다. 楚 穆王의 아들로 '春秋5霸' 중 한 명이다.

19) 說文糸部……其小者可以爲冠纓 : 저본의 傍注에 "살펴보건대, 여기서 인용한 ≪說文解字≫는 ≪文選≫ 〈七啓〉 李善의 注에 의거한 것으로, 通行하는 大徐本 ≪說文解字≫와는 조금 다르다.〔按 此引說文據文選七啓李善注 與通行大徐本說文略異〕"라고 하였다.

20) 冠弁服 : 弁服의 한 종류로 儀式에 따라 구분하는데, ≪周禮≫ 〈春官 司服〉에 "무릇 兵事에는 韋弁服을 입고 조회를 볼 때에는 皮弁服을 입고, 각종 사냥에는 冠弁服을 입고 각종 凶事에는 服弁服을 입는다."라고 하였다.

21) (鮮) : 저본에는 '鮮'이 있으나, ≪荀子≫ 〈樂論〉에 의거하여 衍文으로 처리하였다.

22) 䌸 義詳節用篇 : 본서 2책 20-2-2에 보인다.

≪說文解字≫ 糸部에 "'組'는 끈의 등속이니 작은 것은 冠纓(갓끈)으로 삼을 수 있다."라고 하였다. ≪禮記≫ 〈玉藻〉에 "玄冠에 자주색 끈으로 매단 것은 천자의 冠이다. 玄冠에 붉은 색 끈으로 매단 것은 제후의 齊冠이다."라고 하였다. 이 대목의 朝服은 冠弁服이 되어야 하지만 組纓은 平常의 服制라서 족히 화려하고 사치스럽지 못하니 鮮冠, 絳衣, 博袍와 글투가 서로 호응하지 않는다. 아마도 이 대목의 '組'는 '䵻'의 假借字가 되어야 할 듯하다. ≪荀子≫ 〈樂論〉에 "혼란한 세상의 상징을 말하자면, 그 복장은 화려하다.〔亂世之徵 其服組〕"라고 하였다. '䵻'는 〈節用 上〉에 뜻을 자세히 설명하였다.

48-3-7 絳**衣博袍**로

큰 옷에 넓은 앞자락을 하고

畢云 太平御覽引作褒(포)衣博裒(포)라하다 王云 哀十四年公羊傳에 反袂(메)拭面하니 涕沾袍라한대 何注曰 袍는 衣前襟也라하다 絳은 舊本作絳이라하다 王引之云 絳當爲縫이니 字之誤也라 絳與縫同이라 集韻[23]에 縫或省作絳이라하고 漢丹陽太守郭旻碑에 彌絳袞冂[24]라하니 絳即縫字라 字從夆이요 不從夅이라 縫衣는 大衣也라 字或作逢하고 又作摓이라 洪範에 子孫其逢[25]이라한대 馬[26]注에 曰 逢은 大也라하다 儒行에 衣逢掖之衣라한대 鄭注에 曰 逢猶大也라 大掖之衣는 大袂禪衣[27]也라하다 莊子盜跖篇에 摓衣淺帶라한대 釋文에 曰 摓은 本又作縫이라하다

23) 集韻 : 중국의 韻書로, 모두 10권이다. 1039년(北宋 寶元2)에 丁度 등이 왕명을 받들어 撰하였다. 수록된 글자는 5만 여 자로, ≪廣韻≫의 약 2배이다. 異體字와 異讀을 광범위하게 수록하였다.

24) 漢丹陽太守郭旻碑 彌絳袞冂 : 저본의 傍注에 "'旻'자는 원래 避諱하여 마지막 필획을 빠뜨렸다. 또 '袞' 뒤는 원래 빠진 글자이니 응당 네모인 '冂'가 되어야 하는데 원래 잘못 새겨 'ㅁ'로 되어 있기에 모두 ≪隸續≫ 권3에 의거하여 고친다.〔旻字原避諱缺末筆 又袞下原是缺文 應作方框冂 原誤刻作口 竝據隸續卷三改〕"라고 하였다.

25) 洪範 子孫其逢 : ≪尙書≫ 〈洪範〉에는 "네 의견을 卿士가 따르고 서민이 따르면 이를 大同이라 하니, 자신은 편안해지고 자손들은 크게 길하리라.〔卿士從 庶民從 是之謂大同 身其康彊 子孫其逢吉〕"라고 하였다.

26) 馬 : 馬融(79~166)으로, 자는 季長이며 後漢의 經學家이다. 110년에 校書郎이 되어 南郡太守를 지냈다. 그는 古文 經學의 설을 위주로 하면서 今文 經學의 설을 아울러 취하였다. 鄭玄·盧植 등이 그의 학설을 이었다. 三禮·≪孝經≫·≪論語≫·≪詩經≫·≪周易≫·≪尙書≫·≪老子≫·≪淮南子≫·≪離騷≫·≪烈女傳≫ 등에 주를 달았는데 지금은 전하지 않고, 일부가 馬國翰의 ≪玉函山房輯佚書≫ 등에 수록되어 있다.

27) 禪衣 : 大裘, 袞衣, 鷩衣, 絺衣, 玄衣와 함께 천자의 여섯 가지 冕服인 六服의 하나이다.

畢沅：≪太平御覽≫에서 이 대목을 인용한 곳에는 〈'絳衣博袍'가〉 '裦衣博褒'로 되어 있다.

王念孫：≪春秋公羊傳≫ 哀公 14년에 "옷소매를 돌려 얼굴의 눈물을 닦았는데 눈물이 옷자락에 가득하였다.〔反袂拭面 涕沾袍〕"라고 하였는데 何休의 注에 "'袍'는 옷 앞자락이다."라고 하였다. '絳'은 舊本에 '絳'으로 되어 있다.

王引之：'絳'은 '絳'이 되어야 하니, 글자의 誤記이다. '絳'과 '縫'은 같다. ≪集韻≫에 "'縫'은 더러 '絳'으로 생략해 쓰기도 한다.〔縫或省作絳〕"라고 하고, 〈漢丹陽太守郭旻碑〉에 "袞□을 미봉하다.〔彌絳袞□〕"라고 하니 '絳'은 바로 '縫'자이다. 이 글자는 '夆'으로 구성되어 있지 '夅'으로 구성되어 있지 않다. 縫衣는 大衣이다. 더러 '逢'자로도 쓰고 '摓'으로도 쓴다. ≪尙書≫ 〈洪範〉에 "자손은 창대하리라.〔子孫其逢〕"라고 하였는데, 馬融의 注에 "'逢'은 크다는 뜻이다."라고 하였다. ≪禮記≫ 〈儒行〉에 "품이 큰 옷을 입다.〔衣逢掖之衣〕"라고 하였는데, 鄭玄의 注에 "'逢'은 大와 같다. 겨드랑이가 큰 옷은 큰 소매의 禪衣이다."라고 하였다. ≪莊子≫ 〈盜跖〉에 "큰 옷과 느슨한 띠〔摓衣淺帶〕"라고 하였는데, 釋文에 "'摓'은 본래 '縫'으로도 쓴다."라고 하였다.

列子黃帝篇釋文에 **向秀**[28]**注曰 儒服寬而長大**라하다 **荀子非十二子篇**에 **其冠進**이요 **其衣逢**이라하고 **儒效篇**에 **逢衣淺帶**요 **解果其冠**이라한대 **楊倞注竝曰 逢**은 **大也**라하다 **列子黃帝篇**에 **曰 女逢衣徒也**라하다 **縫絳逢摓**은 **字異而義同**이라 **絳衣與博袍連文**이니 **絳博皆大也**라 **淮南齊俗篇作裾衣博袍**라한대 **高注**에 **曰 裾**는 **裦也**라하니 **裦亦大也**라 **氾論篇**에 **又云 裦衣博帶**라하다

≪列子≫ 〈黃帝〉의 釋文에 "向秀의 注에 '儒服은 넉넉하면서 길고 크다.〔儒服寬而長大〕'라고 하였다."라고 하였다. ≪荀子≫ 〈非十二子〉에 "그 관은 높고 그 옷은 크다.〔其冠進 其衣逢〕"라고 하고, ≪禮記≫ 〈儒效〉에 "큰 옷에 느슨한 띠에 그 관은 높다랗게 쓰다.〔逢衣淺帶 解果其冠〕"라고 하였는데, 楊倞의 注에 모두 "'逢'은 크다는 뜻이다."라고 하였다. ≪열자≫ 〈황제〉에 "너는 큰 옷을 입은 무리이다.〔女逢衣徒也〕"라고 하였다. '縫', '絳', '逢', '摓'은 글자는 다르지만 뜻은 같다. '絳衣'는 '博袍'와 이어지는 글이니 '絳'과 '博' 모두 크다는 뜻이다. ≪淮南子≫ 〈齊俗訓〉에 "큰 옷과 넓은 앞자락〔裾衣博袍〕"이라고 하였는데,

28) 向秀：227?～272. 자는 子期, 河內 懷縣(지금의 河南 武陟) 사람이다. 魏晉시대 文學家로, 竹林七賢 가운데 한 명이다. 평소 讀書를 좋아하고 嵇康, 呂安 등과 교유하며 은거하였는데 뒤에 司馬昭에게 出仕하여 黃門侍郎 등을 지냈다. 老莊을 좋아하여 ≪莊子≫에 주를 달기도 하였다.

高誘의 注에 "'裾'는 褎의 뜻이다."라고 하였으니 褎 또한 크다는 뜻이다. 〈氾論訓〉에도 "큰 옷과 넓은 띠〔褎衣博帶〕"라고 하였다.

案 王說是也니 今據正이라 絳衣는 卽禮經侈袂之衣니 周禮司服鄭注에 云 士之衣는 袂皆二尺二寸而屬幅이요 其袪尺二寸이라 大夫以上侈之니 侈之者蓋半而益一焉이라 半而益一이면 則其袂三尺三寸이요 袪尺八寸이라하다 博袍는 卽謂絳衣之前襟이니 廣雅釋器에 云 袍는 長襦也라하여늘 彼燕居之服이요 非聽治所用일새 與此袍異也라 任大椿[29]謂絳衣博袍는 卽漢晉以後之朝服絳紗袍라하니 大誤라

案：王引之의 說이 맞으니 지금 이에 의거하여 바로잡았다. '絳衣'는 바로 禮經에 나오는 넓은 소매 옷〔侈袂之衣〕이니, ≪周禮≫ 〈司服〉의 鄭玄의 注에 "士의 옷은 소매가 모두 2자 2치인데 두 폭의 베를 이어붙이고 그 자락은 1자 2치이다. 大夫 이상은 더 크게 하니 더 크게 하는 정도는 대체로 반으로 나누어 그 하나를 더한다. 반으로 나누어 그 하나를 더하면 그 소매가 3자 3치이고 자락은 1자 8치이다.〔士之衣 袂皆二尺二寸而屬幅 其袪尺二寸 大夫以上侈之 侈之者蓋半而益一焉 半而益一 則其袂三尺三寸 袪尺八寸〕"라고 하였다. '博袍'는 바로 絳衣의 앞자락을 말하니, ≪廣雅≫ 〈釋器〉에 "'袍'는 긴 저고리〔長襦〕이다."라고 하였지만 그것은 평소 거처할 때 입는 옷이지 정사를 펼 때 입는 옷이 아니기에 이 대목의 袍와는 다르다. 任大椿이 絳衣, 博袍는 바로 漢나라, 晉나라 이후의 朝服인 絳紗袍라고 하였는데 완전히 잘못 본 것이다.

48-3-8 以治其國한대 **其國治**라 **昔者**에 **越王句踐**[30]**剪髮文身**하고

그 나라를 다스렸는데 그 나라가 잘 다스려졌습니다. 옛날에 越王 句踐은 머리를 깎고 文身하고서

淮南子齊俗訓에 云 越王句踐劗(찬)髮文身하고 南面而霸天下라하고 又云 越人劗

---

29) 任大椿：1738~1789. 淸代 官吏이자 學者로, 자는 幼植, 江蘇 興化 사람이다. 禮部 主事를 지내고 ≪四庫全書≫ 纂修官을 맡기도 하였다. 揚州學派의 대표적인 학자로, 일생 동안 名物制度를 考證하고 小學과 史書를 輯錄하는 연구에 매진하였다. 저서로 ≪弁服釋例≫, ≪深衣釋例≫, ≪小學鉤沈≫, ≪子田詩集≫ 등이 있다.

30) 越王句踐：?~B.C. 464. 姓은 姒, 本名은 鳩淺이다. 吳王 夫差에게 패하여 會稽山에서 굴욕적인 和議를 체결한 뒤 복수를 위한 일념으로 20년 동안 臥薪嘗膽한 끝에 부차를 죽이고 오나라를 멸망시키고 '春秋五霸' 중 한 명이 되었다.

鬋(전)이라한대 許注에 云 鬋은 斷也라하다 剪卽鬋之俗이라 說苑奉使篇에 越諸發曰越翦髮文身하여 爛然成章하여 以像龍子者는 將避水神也라하다

≪淮南子≫ 〈齊俗訓〉에 "越王 句踐이 머리를 깎고 文身하고서 南面하여 天下의 覇者가 되었다."라고 하고, 또 "越나라 사람은 머리를 깎는다."라고 하였는데, 許愼의 注에 "'鬋'은 자른다〔斷〕는 뜻이다."라고 하였다. '剪'은 바로 '鬋'의 俗字이다. ≪說苑≫ 〈奉使〉에 "越나라 〈使臣〉 諸發이 '越나라에서 머리를 깎고 文身하여 화려하게 문채를 이루어 龍子(용왕의 아들)를 본뜬 것은 장차 水神을 피하기 위해서이다."라고 하였다.

48-3-9 以治其國한대 其國治라 此四君者는 其服不同이로되 其行猶一也라 翟以是知行之不在服也라하다 公孟子曰 善타 吾聞之호니 曰宿善者不祥이라호라

그 나라를 다스렸는데 그 나라가 잘 다스려졌습니다. 이 네 임금은 그 복장은 달랐지만 그 행동은 오히려 같았습니다. 저는 이것으로 행동은 복장에 달려 있지 않다는 것을 알았습니다." 공맹자가 말하기를, "좋습니다. 제가 들으니 '善을 〈알고 나서〉 묵혀두는 것은 祥瑞롭지 않다.'라고 하였습니다.

畢云 讀如無宿諾[31)]이라하다

畢沅 : 〈'宿善者不祥'은〉 '無宿諾'처럼 읽는다.

48-3-10 請舍忽하고

청컨대 홀을 버리고

畢云 舊作惣이라하다

畢沅 : 〈'忽'은〉 舊本에 '惣'로 되어 있다.

48-3-11 易章甫하고 復見夫子可乎아한대 子墨子曰 請因以相見也라 若必將舍忽易章甫하고

章甫冠을 바꾸고 다시 선생을 보고자 하는데 괜찮겠습니까?"라고 하자, 자묵자

31) 無宿諾 : ≪論語≫ 〈顔淵〉에 "子路는 승낙한 일을 묵혀두지 않았다.〔子路無宿諾〕"라고 하였다.

께서 말씀하셨다. "청컨대 그 복장 그대로 만나기를 바랍니다. 만약 반드시 홀을 버리고 장보관을 바꾸고

必은 舊本作不이라 畢云 不은 一本作必하니 亦是라하다 蘇云 不字誤니 一本作必이 是也라 畢注以不爲句하니 非라하다 案 蘇說是也니 今據正이라

'必'은 舊本에 '不'로 되어 있다.

畢沅 : '不'은 어떤 本에는 '必'로 되어 있는데 역시 맞다.

蘇時學 : '不'자는 잘못이니 어떤 本에 '必'로 되어 있는 것이 맞다. 畢沅의 注에 '不'로 句를 떼었는데 잘못이다.

案 : 蘇時學의 說이 맞으니, 지금 이에 의거하여 바로잡았다.

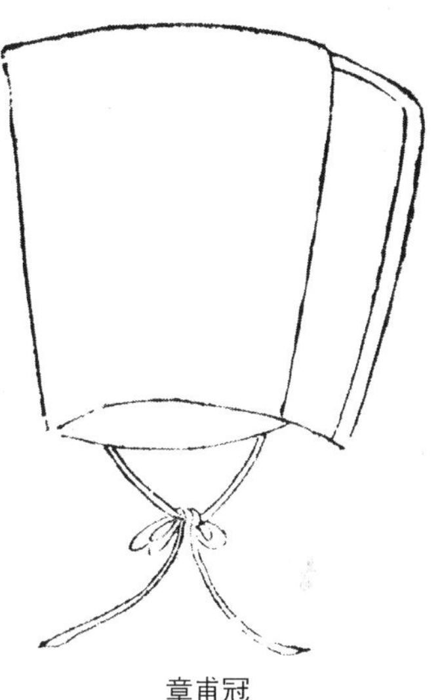

章甫冠

48-3-12 而後相見이면 **然則行果在服也**라하노라

그 뒤에 만난다면, 행동은 과연 복장에 달려 있는 것이 될 것입니다."

畢云 言其意在服也라

畢沅 : 그 뜻이 복장에 있다는 말이다.

48-4-1 公孟子曰 君子必古言服이니

공맹자가 말하기를, "君子는 반드시 옛날의 말과 복장을 해야 하니

句라

여기에서 句를 뗀다.

48-4-2 然後仁이라한대

그런 뒤에야 仁하다고 할 수 있습니다."라고 하자,

孟子告子篇에 **答曹交曰 子服堯之服**하며 **誦堯之言**하며 **行堯之行**이면 **是堯而已矣**라하니 **公孟子之言同於彼**라 **但孟子兼重行**하고 **而公孟子唯擧言服**이라 **故爲墨子所折**이라

≪孟子≫ 〈告子〉에 曹交에게 답하기를, "그대가 堯임금이 입던 옷을 입으며 堯임금의 말씀을 외우며 堯임금의 행실을 행한다면 堯임금일 뿐이다."라고 하였으니, 公孟子의 말이 그것과 같다. 다만 맹자는 행실까지 아울러 중요하게 여겼고, 공맹자는 말과 복장만 거론하였으므로 墨子에게 배척되었다.

48-4-3 子墨子曰 昔者에 **商王紂**와 **卿士費仲**은 **爲天下之暴人**이요

자묵자께서 말씀하셨다. "옛날 商나라 임금 紂와 卿士 費仲은 天下의 暴人이었고

明鬼下篇作費中하니 **中仲古今字**라

〈明鬼 下〉에는 '費中'으로 되어 있으니 '中'과 '仲'은 古字와 今字이다.

48-4-4 箕子微子爲天下之聖人이어늘 **此同言而或仁不仁也**라

箕子와 微子는 天下의 聖人이었는데, 이들은 같은 말을 하였지만 한쪽은 仁하고 〈다른 한쪽은〉 不仁하였습니다.

畢云 言同時之言호되 **而仁不仁異**라하다

畢沅 : 같은 때의 말을 하면서도 仁과 不仁은 달랐다는 말이다.

48-4-5 周公旦爲天下之聖人이요 **關叔爲天下之暴人**이어늘

周公 旦은 天下의 聖人이었고 關叔은 天下의 暴人이었는데

關叔卽管叔이니 **詳耕柱篇**[32]이라

關叔은 管叔이니 〈耕柱〉에 자세히 설명하였다.

48-4-6 此同服或仁或不仁이라 **然則不在古服與古言矣**라 **且子法周而未法夏也**하니

32) 關叔卽管叔 詳耕柱篇 : 앞의 46-13-6에 보인다.

이들은 같은 복장을 하였지만 한쪽은 仁하고 다른 한쪽은 不仁하였습니다. 그렇다면 옛날의 복장과 옛날의 말에 달려 있는 것이 아닙니다. 게다가 그대는 周나라를 본받고 夏나라를 본받지 않으니

畢云 謂節葬節用之屬이니 墨氏之學出于夏라하다

畢沅 : 節葬과 節用의 等屬을 말하니 墨氏의 學問은 夏나라에서 비롯되었다.

48-4-7 子之古非古也라하노라

그대가 말하는 옛날은 옛날이 아닙니다."

48-5-1 公孟子謂子墨子曰 昔者에 聖王之列也는 上聖立爲天子하고 其次立爲卿大夫라 今孔子博於詩書하고 察於禮樂하고 詳於萬物하니 若使孔子當聖王[33]인댄 則豈不以孔子爲天子哉리오한대 子墨子曰 夫知者는 必尊天事鬼하고 愛人節用하리니 合焉爲知矣어늘 今子曰 孔子博於詩書하고 察於禮樂하고 詳於萬物이라하고 而曰可以爲天子라하니 是數人之齒하고 而以爲富라하노라

공맹자가 자묵자께 이르기를, "옛날 聖王들의 序列은 최고의 聖人이 天子가 되고 그 다음은 卿, 大夫가 되었습니다. 지금 孔子는 詩書에 該博하고 禮樂 제도를 明察하고 萬物을 자세히 아니, 만약 공자가 성왕의 시대를 만났다면 어찌 공자를 천자로 삼지 않겠습니까?"라고 하자, 자묵자께서 말씀하셨다. "무릇 知者는 반드시 上帝를 높이고 鬼神을 섬기며 사람들을 사랑하고 財用을 절약할 것이니, 여기에 부합해야만 知者가 됩니다. 그런데 지금 그대는 '공자는 시서에 해박하고 예악 제도를 명찰하고 만물을 자세히 안다'고 하고는 '그를 천자로 삼을 수 있다'고 하니, 이것은 남의 장부의 숫자를 계산하고는 자신이 부자가 되었다고 생각하는 것입니다."

畢云 齒는 年也라하다 兪云 數人之年하면 安得以爲富리오 畢說非也라 齒者는 契之齒也라 古者刻竹木以記數한대 其刻處如齒라 故謂之齒라 易林[34]所謂符左契右가 相與合齒是

33) 若使孔子當聖王 : ≪墨子今注今譯≫에서는 '聖王'을 '聖世'의 잘못으로 보고, "만일 공자가 聖明한 시대를 만났다면"이라 하였다.

也라 列子說符篇에 宋人有遊於道라가 得人遺契者하여 歸而藏之하고 密數其齒하여 曰吾富可待矣라하니 此正數人之齒以爲富者라 蓋古有此喩라 案 兪說是也라 蘇說同이라

畢沅 : '齒'는 나이〔年〕이다.

兪樾 : 남의 나이를 헤아린다고 어떻게 부자가 될 수 있겠는가. 畢沅의 說은 잘못이다. '齒'라는 것은 契(장부)의 齒이다. 옛날에 대나무를 새겨 숫자를 기록하였는데 그 새긴 부분이 이빨〔齒〕 같았으므로 齒라고 한 것이다. ≪易林≫에 이른바 "符의 왼쪽과 契의 오른쪽이 서로 合齒하였다.〔符左契右 相與合齒〕"라고 한 것이 이것이다. ≪列子≫ 〈說符〉에 "宋나라 사람 가운데 길에 다니다가 남이 떨어뜨린 契를 얻은 자가 있어 돌아와 간직하고서 몰래 그 齒를 헤아리고는 '나는 이제 부자가 될 것이다.'라고 하였다.〔宋人有遊於道 得人遺契者 歸而藏之 密數其齒 曰吾富可待矣〕"라고 하였으니 이것이 바로 남의 齒를 헤아려 부자가 되었다고 생각한 것이다. 대체로 옛날에 이러한 비유가 있었던 듯하다.

案 : 兪樾의 說이 맞다. 蘇時學의 說도 같다.

48-6-1 公孟子曰 貧富壽夭는 齰(착)然在天하여

공맹자가 말하기를, "貧困과 富裕, 長壽와 夭折은 참으로 하늘에 달려 있는 것이어서

說文齒部에 云 齰은 齧(설)也라하니 非此義라 畢云 齰同錯이라하다

≪說文解字≫ 齒部에 "'齰'은 깨물다〔齧〕는 뜻이다."라고 하였는데 이 대목의 뜻이 아니다.

畢沅 : '齰'은 '錯'과 같다.

48-6-2 不可損益이라하고 又曰 君子必學이라한대 子墨子曰 敎人學而執有命은 是猶命人葆하고

덜거나 보탤 수 없습니다."라고 하고, 다시 말하기를, "군자는 반드시 배워야 합니다."라고 하자, 子墨子께서 말씀하셨다. "사람들에게 배우라고 말하면서 天命이 있다고 주장하는 것은 마치 사람들에게 머리를 싸매게 하고

畢云 葆는 言包裹(과)其髮이라하다

34) 易林 : 前漢 昭帝 때의 학자 焦延壽의 저술로 ≪周易≫ 64卦로 점을 치는 방법을 서술한 일종의 占書이다. 모두 16권이다.

畢沅 : '葆'는 그 머리털을 싸맨다는 말이다.

48-6-3 而去亓(기)冠也라하노라

그 모자를 버리라고 하는 것과 같습니다."

亓는 畢本作丌(기)하고 云 舊作亦이어늘 知是此字之訛라 丌卽其字니 以意改라 王引之云 古其字亦有作亓者하니 玉篇[35]에 亓는 古文其라하니 是其證이라 今本墨子其作亦하니 則是亓之訛요 非丌之訛也라 後凡亓訛作亦者는 放此라 案 王說是也니 今竝據正이라

'亓'는 畢沅本에 '丌'로 되어 있고, "舊本에 '亦'으로 되어 있는데 이 글자〔丌〕의 誤字임을 알 수 있다. '丌'는 바로 '其'자이니, 글 뜻으로 판단하여 고쳤다."라고 하였다.

王引之 : 옛날의 '其'자는 '亓'로 되어 있는 경우도 있으니 ≪玉篇≫에 "'亓'는 古文의 '其'이다."라고 한 것이 그 증거이다. 今本 ≪墨子≫에 '其'가 '亦'으로 되어 있으니 이는 '亓'의 誤字이지 '丌'의 誤字가 아니다. 뒤에 나오는 모든 '亓'가 '亦'으로 잘못되어 있는 것은 이와 같다.

案 : 王引之의 說이 맞으니 지금 모두 이에 의거하여 바로잡았다.

48-7-1 公孟子謂子墨子曰 有義不義요 無祥不祥이라한대

공맹자가 자묵자께 이르기를, "〈세상에는〉 義와 不義가 있지 祥瑞(福)와 不祥(禍)은 없습니다."라고 하자,

無는 畢本改有하고 云 舊作無러니 據下文改라하다 王云 畢改非也라 公孟子之意는 以爲壽夭貧富皆有命하여 而鬼神不能爲禍福이라 故曰有義不義요 無祥不祥이라하니라 墨子執非命之說하여 以爲鬼神實司禍福하여 義則降之祥하고 不義則降之不祥이라 故曰有祥不祥이라하니라 有祥不祥은 乃墨子之說이요 非公孟子之說이니 不得據彼以改此也라 顧蘇說同이라

'無'는 畢沅本에 '有'로 고치고, "〈'有'는〉 舊本에 '無'로 되어 있는데, 아래 글에 의거하여 고친다."라고 하였다.

35) 玉篇 : 六朝時代 梁나라 顧野王(519~581)의 저술이다. ≪說文解字≫ 계통의 字書이다. 총 30권이며, 문자마다 反切音을 달았다. 經傳史子의 訓注와 音義를 취하여 類書 형식의 상세한 解說을 한 것이 특징이다.

王念孫 : 畢沅이 고친 것은 잘못이다. 公孟子는 長壽와 夭折, 貧困과 富裕 모두 天命이 있어서 鬼神이 禍福을 행할 수 없다고 생각한 것이므로 義와 不義가 있고 祥瑞와 不祥은 없다고 한 것이다. 墨子는 천명이 잘못이라는 說을 주장하여, 귀신이 참으로 화복을 주관하여 의로우면 상서를 내리고 불의하면 불상을 내린다고 여겼으므로 상서와 불상이 있다고 한 것이다. 상서와 불상이 있다는 것은 바로 묵자의 說이지 공맹자의 說이 아니니 그것에 근거하여 이것을 고칠 수 없다. 顧廣圻와 蘇時學의 說은 같다.

48-7-2 子墨子曰 古聖王은

자묵자께서 말씀하셨다. "옛 聖王들은

古下에 吳鈔本有者字라

'古' 뒤에 吳鈔本에는 '者'자가 있다.

48-7-3 皆以鬼神爲神明하여 **而爲禍福**하고

모두 鬼神이 神明스러워 禍福을 행하는 것으로 여기고

畢云 而同能이라하다

畢沅 : '而'는 '能'과 같다.

48-7-4 執有祥不祥이라 **是以政治而國安也**러니 **自桀紂以下**로 **皆以鬼神爲不神明**하여 **不能爲禍福**하여 **執無祥不祥**이라 **是以政亂而國危也**라 **故先王之書** (子亦)〔亓子〕**有之曰**

祥瑞와 不祥이 있다는 관점을 주장하였습니다. 이 때문에 政事가 다스려지고 나라는 편안해졌습니다. 桀과 紂 이하로는 모두 鬼神이 神明스럽지 않아 禍福을 행할 수 없다고 여기며 祥瑞와 不祥이 없다는 관점을 주장하였습니다. 이 때문에 정사가 혼란해지고 나라는 위태로워졌습니다. 그러므로 先王의 책 〈箕子〉에 이런 말이 있습니다.

戴云 子亦疑當作亓子라 亓는 古其字라 其子卽箕子니 周書[36]有箕子篇이러니 今亡이라

孔晁[37]作注時에 當尙在也라

戴望 : '子亦'은 아마도 '亓子'가 되어야 할 듯하다. '亓'는 옛 '其'자이다 '其子'는 바로 '箕子'이니 ≪周書≫에 〈箕子〉편이 있었는데 지금은 없어졌다. 孔晁가 注를 달 때에는 아직 있었을 것이다.

48-7-5 亓傲也가

'그 〈言行의〉 傲慢함이

畢云 以下亓字는 舊皆作亦이라하다

畢沅 : 이하의 '亓'자는 舊本에 모두 '亦'으로 되어 있다.

48-7-6 出於子하면 不祥이라하니 此言爲不善之有罰하고 爲善之有賞이라하노라

그대에게서 나오면 不祥하다'고 하였으니, 이는 不善을 행하면 罰을 받고 善을 행하면 賞을 받는다는 것입니다."

48-8-1 子墨子謂公孟子曰 喪禮에 君與父母妻後子死어든

자묵자께서 공맹자에게 말씀하셨다. "喪禮에 따르면 君主・父母・妻・嫡長子가 죽으면

畢云 後子는 嗣子也

畢沅 : '後子'는 대를 잇는 아들이다.

48-8-2 三年喪服이요

3년을 服喪하고

---

36) 周書 : ≪周志≫, ≪汲塚周書≫라고도 한다. '汲冢周書'라고 하는 것은 汲冢이란 곳에서 竹簡 형태로 발굴되었기 때문이다. 급총에서 발굴된 일체의 문건을 汲冢書라 하는데, 현전하는 ≪逸周書≫는 발굴하고 유전하는 과정에서 많은 부분 유실되어 총 10권이 남았다. 正文 70편으로 구성되어 있는데, 周 文王・武王・周公・成王・康王・穆王・厲王・景王의 사적이 실려 있다.

37) 孔晁 : 西晉 때 五經博士로, 王肅學派의 대표적인 학자이다. ≪尙書義問≫을 편찬하고 ≪春秋外傳國語≫에 주를 달았는데 모두 逸失되고, ≪逸周書≫의 주만 남아 전한다.

義詳節葬下非儒下二篇[38]이라

〈節葬 下〉, 〈非儒 下〉 두 편에 뜻을 자세히 설명하였다.

48-8-3 伯父叔父兄弟期요 族人五月이요

伯父·叔父·兄弟는 1년을, 親族은 5개월을 服喪하고

族人上에 王校增戚字하니 說詳節葬下篇[39]이라

'族人' 앞에 王念孫의 校勘에는 '戚'자를 덧붙였는데 〈節葬 下〉에 자세히 설명하였다.

48-8-4 姑姊舅甥皆有數月之喪이라 或以不喪之閒으로 誦詩三百하고

고모·누이·외삼촌·생질은 모두 몇 개월의 복상이 있습니다. 혹은 상례 기간이 아닌 틈을 이용하여 ≪詩經≫ 三百篇을 외우고

周禮大司樂鄭注에 云 以聲節之曰誦이라

≪周禮≫ 〈大司樂〉의 鄭玄의 注에 "音聲으로 조절하는 것을 誦이라 한다."라고 하였다.

48-8-5 弦詩三百하고

≪詩經≫ 三百篇을 현악기로 연주하고

禮記樂記注에 云 弦謂鼓琴瑟也라하다

≪禮記≫ 〈樂記〉의 注에 "'弦'은 琴瑟을 뜯는 것을 말한다."라고 하였다.

48-8-6 歌詩三百하고

≪詩經≫ 三百篇을 노래하고

周禮小師注에 云 歌는 依詠詩也라하다

≪周禮≫ 〈小師〉의 注에 "'歌'는 〈琴瑟 연주를〉 따라 詩를 읊는 것이다."라고 하였다.

38) 義詳節葬下非儒下二篇 : 본서 2책 25-4-2~4와 본서 3책 39-1-3~5에 보인다.
39) 說詳節葬下篇 : 본서 2책 25-4-6에 보인다.

48-8-7 舞詩三百이라

≪詩經≫ 三百篇에 따라 춤을 춥니다.

謂舞人歌詩以節舞라 左襄十六年傳에 云 晉侯與諸侯宴于溫할새 使諸大夫舞하고 曰歌詩必類라하니 是舞有歌詩也라 墨子意謂不喪則又習樂이니 明其曠日廢業也라 毛詩鄭風子衿傳에 云 古者教以詩樂하여 誦之歌之하고 弦之舞之라하니 與此書義同이라

춤추는 이〔舞人〕가 詩를 노래하면서 춤의 절도를 맞춘다는 말이다. ≪春秋左氏傳≫ 襄公 16년에 "晉侯가 諸侯들과 溫에서 宴會할 때 여러 大夫로 하여금 춤을 추게 하며 말하기를, '詩를 노래할 때 반드시 〈춤과〉 어울리게 하라.'라고 하였다.〔晉侯與諸侯宴于溫 使諸大夫舞 曰歌詩必類〕"라고 하였으니 이는 춤을 출 때 詩를 노래하는 경우가 있는 것이다. 墨子는 喪을 치르지 않으면 또 음악을 익힌다고 생각한 것이니 그들이 세월을 허비하며 본업을 폐함을 밝힌 것이다. ≪毛詩≫ 〈鄭風 子衿〉의 傳에 "옛날에 詩와 樂을 가르쳐 읊조리고 노래하고 연주하고 춤추게 하였다.〔古者教以詩樂 誦之歌之 弦之舞之〕"라고 하였으니 이 글과 뜻이 같다.

48-8-8 若用子之言하면 **則君子何日以聽治**며 **庶人何日以從事**리오한대 **公孟子曰 國亂則治之**요 **國治則爲禮樂**이라

만약 그대의 말을 따른다면 君子는 어느 날에 정치를 하겠으며, 庶人(서민)은 어느 날에 일을 할 수 있겠습니까?" 공맹자가 말하기를, "나라가 혼란하면 다스리고 나라가 안정되면 禮樂을 행합니다.

舊本脫國字러니 王據下文補라

舊本에 '國'자가 빠져 있는데 王念孫이 아래 글에 의거하여 보충하였다.

48-8-9 國(治)〔**貧**〕**則從事**요 **國富則爲禮樂**이라한대

나라가 가난하면 일을 하고 나라가 부유하면 禮樂을 행합니다."라고 하자,

王云 下國治는 當爲國貧이라 治與亂對요 富與貧對라 國亂則治之는 卽上文所謂君子聽治也요 國貧則從事는 卽上文所謂庶人從事也라 非儒篇曰 庶人怠於從事則貧[40)]이라하니 故曰國貧則從事라 今本貧作治者는 涉上文國治而誤라하다

王念孫 : 뒤의 '國治'는 '國貧'이 되어야 한다. '治'와 '亂'이 對가 되고, '富'와 '貧'이 對가 된다. '國亂則治之'는 바로 위 글에 이른바 '君子가 정치를 한다〔君子聽治〕'는 것이고 '國貧則從事'는 바로 위 글에 이른바 '庶人이 일을 한다〔庶人從事〕'는 것이다. 〈非儒 下〉에 "庶人이 일을 하기를 게을리하면 〈나라가〉 가난해진다.〔庶人怠於從事則貧〕"라고 하였으니, 그러므로 '國貧則從事'라고 한 것이다. 今本에 '貧'이 '治'로 되어 있는 것은 위 글의 '國治'와 관련하여 잘못된 것이다.

48-8-10 子墨子曰 國之治는 〔**治之故治也**〕어늘

자묵자께서 말씀하셨다. "나라의 안정은 잘 다스렸기 때문에 안정된 것인데

盧云 此下脫治之故治也五字

盧文弨 : 이 뒤에 '治之故治也' 5자가 빠져 있다.

48-8-11 治之廢면 **則國之治亦廢**라 **國之富也**는 **從事故富也**어늘 **從事廢**면 **則國之富亦廢**라

다스림을 그만둔다면 나라의 안정 역시 없어질 것입니다. 나라의 부유함은 일을 하였기 때문에 부유해진 것인데 일을 하기를 그만둔다면 나라의 부유함 역시 없어질 것입니다.

下事字는 舊本訛作是러니 今據道藏本吳鈔本正이라

뒤의 '事'자는 舊本에 '是'로 잘못되어 있는데, 지금 道藏本, 吳鈔本에 의거하여 바로잡았다.

48-8-12 故雖治國이라도 **勸之無饜**(염)이니

그러므로 비록 안정된 국가라도 끊임없이 권면해야 하니

40) 非儒篇曰 庶人怠於從事則貧 : 〈非儒 下〉에는 "뭇 관리들이 이런 주장을 믿으면 職分을 게을리하고 일반 서민이 이런 주장을 믿으면 일을 하기를 게을리한다. 관리가 다스리지 않으면 사회가 어지러워지고 농사일이 지체되면 국가가 가난해진다.〔羣吏信之 則怠於分職 庶人信之 則怠於從事 吏不治則亂 農事緩則貧〕"라고 하였다.

畢云 猶云勉之無已라하다

畢沅 :〈'勸之無饜'은〉 勸勉하기를 그침이 없다고 하는 것과 같다.

48-8-13 然後可也라 今子曰 國治則爲禮樂이요 亂則治之라하니 是譬猶噎(열)而穿井也하고

그런 뒤에야 좋습니다. 그런데 지금 그대는 '나라가 안정되면 禮樂을 행하고 나라가 혼란하면 다스린다'고 하니 이는 목이 메고서 우물을 파고

畢云 說文에 云 噎은 飯窒也라하니 飯窒則思飮이라하다 兪云 晏子春秋[41]雜上篇에 噎而遽掘井이라하고 說苑雜言篇作譬之猶渴而穿井이라한대 渴字較噎爲勝하니 疑此文亦當作渴이라 因噎字古作飴(열)하여 漢書賈山傳에 祝飴在前이라한대 師古曰 飴은 古噎字가 是也라 形與渴微似라 故渴誤爲噎이라하다 案 畢說是也라

畢沅 : ≪說文解字≫에 "'噎'은 〈목에〉 밥이 막히는 것〔飯窒〕이다."라고 하니 밥이 막히면 마실 것이 생각난다.

兪樾 : ≪晏子春秋≫ 〈雜上〉에 "목이 메면 급히 우물을 판다.〔噎而遽掘井〕"라고 하고, ≪說苑≫ 〈雜言〉에 '譬之猶渴而穿井(비유하자면 목이 말라 우물을 파는 것과 같다)'으로 되어 있는데, '渴'자가 '噎'보다 뜻이 나으니 아마도 이 글 역시 '渴'이 되어야 할 듯하다. '噎'자가 옛날에 '飴'로 되어 있기 때문에 ≪漢書≫ 〈賈山傳〉에 "음식 먹기 전에 목이 메지 말라 축원하다.〔祝飴在前〕"라고 하였는데, 이에 대해 顔師古가 "'飴'은 옛날 '噎'자이다."라고 한 것이 이것이다. 字形이 '渴'과 살짝 비슷하므로 '渴'이 '噎'로 잘못된 것이다.

案 : 畢沅의 說이 맞다.

48-8-14 死而求醫也라 古者三代暴王桀紂幽厲는 薾(이)爲聲樂하고

죽은 다음에 의원을 찾는 것과 같습니다. 옛날 三代의 暴君이었던 桀, 紂, 幽, 厲는 음악을 성대히 하면서

畢云 說文에 云 薾는 華盛이라하니 言盛也라 或侈假音字라하다

41) 晏子春秋 : 춘추시대 齊나라 晏嬰의 言行을 문답식으로 기록한 책이다. 內篇인 〈諫上〉, 〈諫下〉, 〈問上〉, 〈問下〉, 〈雜上〉, 〈雜下〉와 外篇으로 구성되어 있다.

畢沅 : ≪說文解字≫에 "'薾'는 화려하고 번성함〔華盛〕이다."라고 하였으니, 성대하다는 말이다. 혹은 '侈'의 音을 假借한 글자이다.

48-8-15 不顧其民이라 是以身爲刑僇하고 國爲戾虛者는

자기 백성은 돌아보지 않았습니다. 이 때문에 자신은 죽임을 당하고 나라는 텅 비게 된 것은

吳鈔本無者字라 王云 戾虛當爲虛戾라 魯問篇曰 是以國爲虛戾하고 身爲刑戮也라하다 趙策에 曰 齊爲虛戾라하고 又曰 社稷爲虛戾하고 先王不血食이라하다 戾猶厲也니 非命篇에 曰 國爲虛厲하고 身在刑僇之中[42]이라하니 是虛戾卽虛厲也라 小雅節南山篇에 降此大戾라한대 大雅瞻卬篇에 戾作厲라 小宛篇에 翰飛戾天이라한대 文選西都賦注引韓詩[43]戾作厲라 孟子滕文公篇에 樂歲엔 粒米狼戾라한대 鹽鐵論[44]未通篇에 狼戾作梁厲라 莊子人間世篇에 國爲虛厲요 身爲刑僇이라한대 釋文에 李云居宅無人曰虛요 死而無後爲厲라하다

吳鈔本에는 '者'자가 없다.

王念孫 : '戾虛'는 '虛戾'가 되어야 한다. 〈魯問〉에 "이 때문에 나라는 텅 비게 되고 자신은 죽임을 당한다.〔是以國爲虛戾 身爲刑戮也〕"라고 하였다. ≪戰國策≫ 〈趙策〉에 "齊나라가 텅 비게 되었다.〔齊爲虛戾〕"라고 하고, 또 "社稷이 텅 비게 되고 先王이 歆享하지 못한다.〔社稷爲虛戾 先王不血食〕"라고 하였다. '戾'는 '厲'와 같으니 〈非命 中〉에 "나라는 텅 비게 되고 자신은 죽임을 당하는 가운데 있다.〔國爲虛厲 身在刑僇之中〕"라고 하였으니, 이 대목의 '虛戾'가 바로 '虛厲'이다.

≪詩經≫ 〈小雅 節南山〉에 "이 큰 변괴를 내렸다.〔降此大戾〕"라고 하였는데, 〈大雅 瞻卬〉에는 '戾'가 '厲'로 되어 있다. 〈小雅 小宛〉에 "날개로 날아 하늘에 이르다.〔翰飛戾天〕"

42) 非命篇……身在刑僇之中 : 본서 3책 36-4-5~6에 보인다.

43) 韓詩 : 漢나라 때 燕땅 사람 韓嬰이 傳한 ≪詩經≫으로, 轅固生이 해설한 ≪齊詩≫, 申培가 해설한 ≪魯詩≫와 함께 三家詩라 일컬어지는데 이들은 모두 전하지 않고 戰國시대 毛亨이 전한 ≪毛詩≫만 오늘날까지 전해 온다.

44) 鹽鐵論 : 前漢 때 桓寬이 찬술한 經濟에 관한 저술로 모두 10권 60편으로 되어 있다. 昭帝 때 소금과 鐵을 국가가 專賣하는 제도를 存續할지 여부를 당시의 丞相 車千秋, 御史大夫 桑弘羊 등과 전국에서 소집된 賢良 60여 명이 조정에서 토론한 것을 편집한 것이다. 桓寬은 자가 次公이다.

라고 하였는데, ≪文選≫ 〈西都賦〉의 注에 인용된 ≪韓詩≫에는 '戾'가 '厲'로 되어 있다. ≪孟子≫ 〈滕文公 上〉에 "풍년에는 곡식이 狼藉하다.〔樂歲 粒米狼戾〕"라고 하였는데, ≪鹽鐵論≫ 〈未通〉에는 '狼戾'가 '梁厲'로 되어 있다. ≪莊子≫ 〈人間世〉에 "나라는 텅 비게 되고 자신은 죽임을 당한다.〔國爲虛厲 身爲刑僇〕"라고 하였는데, 釋文에 "李頤가 말하기를, '집에 사람이 없는 것을 '虛'라 하고, 죽었는데 후손이 없는 것을 '厲'라 한다.'고 하였다." 라고 하였다.

48-8-16 皆從此道也라하노라

모두 이러한 길을 따랐기 때문입니다."

48-9-1 公孟子曰 無鬼神이라하고 **又曰 君子必學祭(祀)〔禮〕**라한대

공맹자가 말하기를, "鬼神은 없습니다."라고 하고 또 말하기를, "君子는 반드시 祭祀를 배워야 합니다."라고 하자,

畢云 當爲禮라 詒讓案 卽五禮[45)]之吉禮라

畢沅 : 〈'祀'는〉 '禮'가 되어야 한다.

詒讓案 : 바로 五禮 가운데 吉禮이다

48-9-2 子墨子曰 執無鬼而學祭禮는 **是猶無客而學客禮也**요

자묵자께서 말씀하셨다. "귀신은 없다고 주장하면서도 祭禮를 배우는 것은 손님이 없는데도 손님 대접하는 禮를 배우는 것과 같고

客禮는 卽五禮之賓禮라

客禮는 바로 五禮 가운데 賓禮이다.

48-9-3 是猶無魚而爲魚罟(고)也라하노라

45) 五禮 : 나라에서 지내는 다섯 가지 의례로, 大祀・中祀・小祀 등의 祭祀에 관한 吉禮, 本國 및 鄰國의 國喪이나 國葬에 관한 凶禮, 出征 및 班師에 관한 軍禮, 國賓의 迎送에 관한 賓禮, 冊封・國婚・賜宴・鹵簿 등에 관한 嘉禮를 말한다.

물고기가 없는데도 물고기 잡는 그물을 만드는 것과 같습니다."

說文网(망)部에 云 罟는 网也라하다 爾雅釋器에 云 魚罟謂之罛(고)라하다 詩碩人孔疏引李巡하여 云 魚罟는 捕魚具也라하다

≪說文解字≫ 网部에 "'罟'는 그물〔网〕이다."라고 하였다. ≪爾雅≫ 〈釋器〉에 "물고기 그물〔魚罟〕을 '罛(그물)'라고 한다."라고 하였다. ≪詩經≫ 〈衛風 碩人〉의 孔穎達의 疏에 李巡을 인용하여 "'魚罟'는 물고기 잡는 도구이다."라고 하였다.

48-10-1 公孟子謂子墨子曰 子以三年之喪爲非하니 子之三(日)〔月〕之喪亦非也라한대

공맹자가 자묵자께 이르기를, "그대는 三年喪을 잘못으로 여기는데, 그대의 삼개월 상도 잘못입니다."라고 하자,

畢云 三日은 當爲三月이라 韓非子顯學에 云 墨者之葬也에 冬日冬服하고 夏日夏服하며 桐棺三寸이요 服喪三月이라하고 高誘注淮南子齊俗에 云 三月之服은 是夏后氏之禮라하여늘 而後漢書王符傳注引尸子[46]하여 云 禹制喪三日이라하니 亦當爲月이라하다

畢沅 : '三日'은 '三月'이 되어야 한다. ≪韓非子≫ 〈顯學〉에 "墨者의 장례에는 겨울에는 겨울옷으로, 여름에는 여름옷으로 〈斂을 하였고,〉 세 치짜리 오동나무 棺을 쓰며 服喪은 3개월로 하였다.〔墨者之葬也 冬日冬服 夏日夏服 桐棺三寸 服喪三月〕"라고 하고, 高誘가 ≪淮南子≫ 〈齊俗訓〉에 注를 달기를, "삼개월의 服喪은 夏나라의 禮이다.〔三月之服 是夏后氏之禮〕"라고 하였는데 ≪後漢書≫ 〈王符傳〉의 注에 ≪尸子≫를 인용하여 "禹임금은 三日喪을 제정하였다.〔禹制喪三日〕"라고 하였으니, 〈≪後漢書≫의 '日'〉 역시 '月'이 되어야 한다.

48-10-2 子墨子曰 子以三年之喪非三(日)〔月〕之喪하니 是猶倮(라)謂撅(궤)者不恭也라하다

자묵자께서 말씀하셨다. "그대가 삼년상을 가지고 삼개월 상을 비판하는데 이는 벌거벗은 사람이 옷자락을 걷은 사람을 공손하지 않다고 말하는 것과 같습니다."

---

46) 尸子 : 戰國시대 楚나라의 尸佼가 지었다는 책이다. 宋나라 때까지도 책이 전하였는데 그 뒤에 없어졌고, 다른 문헌에 인용된 것이 남아서 전한다.

舊本倮作果러니 **今從道藏本改**라 **吳鈔本又作裸**라 **畢云 果當爲裸**니 **說文**에 **云 袒也**라하다 **玉篇**에 **云 倮**는 **赤體也**라하다 **撅當爲蹶**이니 **說文**에 **云 僵也**요 **一曰跳也**라하다 **洪云 禮記內則**에 **不涉不撅**라한대 **鄭注**에 **撅**는 **揭衣也**라하다 **謂袒衣與揭衣**가 **其露體不恭一也**라 **晏子春秋外篇上**에 **吾譏晏子**는 **猶訾(자)倮而高撅者也**[47]라하니 **其義與此同**이라 **兪云 畢謂撅當爲蹶**하니 **失之**라 **蹶與裸兩意不倫**하니 **不當取以爲喩**라 **內則不涉不撅**는 **撅衣雖不恭**이나 **然裸則更甚**이라 **故曰是猶果謂撅者不恭也**라하니라

舊本에는 '倮'가 '果'로 되어 있는데 지금 道藏本을 따라 고친다. 吳鈔本에는 또 '裸'로 되어 있다.

畢沅 : '果'는 '裸'가 되어야 하니, ≪說文解字≫에 "〈'裸'는〉 웃통을 벗는다〔袒〕는 뜻이다."라고 하였다. ≪玉篇≫에 "'倮'는 벌거벗은 몸〔赤體〕이다."라고 하였다. '撅'는 '蹶'이 되어야 하니 ≪설문해자≫에 "쓰러지다〔僵〕는 뜻이다. 달아나다〔跳〕는 뜻이라고도 한다."라고 하였다.

洪頤煊 : ≪禮記≫ 〈內則〉에 "물을 건너지 않으면 옷을 걷어 올리지 않는다.〔不涉不撅〕"라고 하였는데, 鄭玄의 注에 "'撅'는 옷을 걷는다〔揭衣〕는 뜻이다."라고 하였다. 웃통을 벗는 것과 옷자락을 걷는 것이 그 몸을 드러내 공손하지 않음은 똑같다는 말이다. ≪晏子春秋≫ 〈外篇 上〉에 "내가 晏子를 비난하는 일은 마치 옷을 완전히 벗은 사람이 옷을 높이 걷어 올린 사람을 꾸짖는 것과 같다.〔吾譏晏子 猶訾倮而高撅者也〕"라고 하였으니 그 뜻이 이 대목과 같다.

兪樾 : 畢沅이 '撅'는 '蹶'이 되어야 한다고 말한 것은 잘못 본 것이다. '蹶'과 '裸' 두 단어의 뜻은 어울리지 않으니 이를 가져다 비유로 삼아서는 안 된다. 〈내칙〉의 '不涉不撅'는 옷자락을 걷는 것〔撅衣〕이 비록 공손하지는 않지만 웃통을 벗는 것〔裸〕은 더욱 심하기 때문에 '是猶果謂撅者不恭也'라고 말한 것이다.

48-11-1 公孟子謂子墨子曰 知有賢於人이면

공맹자가 자묵자께 이르기를, "〈한 가지 일을〉 아는 것이 남보다 나은 점이 있다면

---

47) 猶訾(자)倮而高撅者也 : ≪晏子春秋≫ 권8 〈外篇 上〉에는 '訾猶倮而高橛者也'로 되어 있고, ≪說苑≫ 권12 〈奉使〉에는 '猶倮而訾高橛者'로 되어 있다.

謂偶有一事賢於他人이라

우연히 한 가지 일에 다른 사람보다 나은 점이 있다는 말이다.

48-11-2 則可謂知乎아한대 **子墨子曰 愚之知有以賢於人**이나

지혜롭다고 할 수 있습니까?"라고 하자, 자묵자께서 말씀하셨다. "어리석은 사람의 아는 것이 남보다 나은 점이 있을 수 있지만

有以吳鈔本作亦有라

'有以'는 吳鈔本에 '亦有'로 되어 있다.

48-11-3 而愚豈可謂知矣哉아하노라

어리석은 사람을 어찌 지혜롭다고 할 수 있겠습니까?"

48-12-1 公孟子曰 三年之喪은 **學吾〔子〕之慕父母**라한대

공맹자가 말하기를, "三年喪은 우리 아이들이 父母 사랑하는 것을 배우는 것입니다."라고 하자,

兪云 吾下脫子字라 管子海王篇에 吾子食鹽二升少半이라한대 尹知章注에 曰 吾子는 謂小男小女也라하다 此文公孟子曰 三年之喪은 學吾子之慕父母라 故下子墨子曰 夫嬰兒子之知는 獨慕父母而已라하니 嬰兒子卽吾子也라하다

兪樾 : '吾' 뒤에 '子'자가 빠져 있다. ≪管子≫ 〈海王〉에 "우리 아이가 소금 2되 1/3을 먹었다.〔吾子食鹽二升少半〕"라고 하였는데, 尹知章의 注에 "'吾子'는 작은 사내아이나 계집아이를 말한다."라고 하였다. 이 글에서 '公孟子曰 三年之喪 學吾子之慕父母'라고 하였으므로 아래에서 '子墨子曰 夫嬰兒子之知 獨慕父母而已'라고 한 것이니, 嬰兒子는 바로 우리 아이〔吾子〕이다.

48-12-2 子墨子曰 夫嬰兒子之知는

자묵자께서 말씀하셨다. "어린아이의 지력은

畢云 衆經音義[48]에 云 倉頡篇[49]云 男曰兒요 女曰嬰이라하다

畢沅 : ≪衆經音義≫에 "李斯의 ≪倉頡篇≫에 '사내아이를 兒라 하고 계집아이를 嬰이라 한다.'라고 하였다."라고 하였다.

48-12-3 獨慕父母而已라 父母不可得也어든 然號而不止하니 此亓(기)故何也오

단지 부모를 사랑할 뿐입니다. 부모를 찾을 수 없으면 쉬지 않고 울 것이니 이는 그 이유가 무엇이겠습니까?

亓는 顧校季本作其라

'亓'는 顧廣圻가 교감한 季本에 '其'로 되어 있다.

48-12-4 即愚之至也라 然則儒者之知가 豈有以賢於嬰兒子哉리오하다

바로 아주 어리석기 때문입니다. 그렇다면 儒者의 지력이 어찌 어린아이보다 나은 점이 있겠습니까?"

48-13-1 子墨子(曰)問於儒者〔曰〕

자묵자께서 儒者에게 물었다.

蘇云 曰字誤倒니 當作問於儒者曰이라하다

蘇時學 : '曰'자는 순서가 잘못 뒤바뀐 것이니 '問於儒者曰'이 되어야 한다.

48-13-2 何故爲樂(악)고한대 曰 樂(락)以爲樂(악)也[50]라하다

"무슨 까닭으로 음악을 합니까?" 〈儒者가〉 말하기를, "즐거워서 음악을 합니다." 라고 하였다.

---

48) 衆經音義 : ≪一切經音義≫를 가리킨다. 47-19-3의 一切經音義 주석 참조.

49) 蒼頡篇 : 漢나라 초기의 字書를 가리킨다. ≪蒼詰篇≫ · ≪爰歷篇≫ · ≪博學篇≫으로 구성되어 있으며, 이 3편을 총칭하여 ≪蒼頡篇≫이라고도 하고 ≪三蒼≫ 또는 ≪三倉≫이라고도 한다. ≪說文解字≫ · ≪爾雅≫ 등과 함께 주요 字書로 꼽힌다.

50) 樂(락)以爲樂(악)也 : 儒者는 이 句의 '樂' 2자를 각각 즐거움과 음악으로 본 데 반해, 墨子는 2자를 모두 音樂으로 간주하고 논술한 것이다.

說文木部에 云 樂(악)은 五聲八音[51]總名이라한대 引申爲哀樂(락)之樂하니 此第二樂字用引申之義라 古讀二義同音이라 故墨子以室以爲室難之하니라 樂記에 云 故曰樂者樂也니 君子樂得其道하고 小人樂得其欲이라하고 又禮器에 云 樂者는 樂其所自成이라하고 仲尼燕居에 云 行而樂之가 樂也라하고 荀子樂論篇에 亦云 樂者는 樂也라하니 此卽墨子所㡼(척)儒者之說이라

≪說文解字≫ 木部에 "'樂'은 五聲과 八音의 總名이다."라고 하였는데, 〈이 뜻에서〉 引申하여 哀樂의 '樂'이 되었으니 이 대목의 두 번째 '樂'자는 引申한 뜻을 쓴 것이다. 옛날에는 두 가지 뜻이 같은 音이었으므로 墨子가 '室以爲室(집을 짓는 것은 집이기 때문이다)'이라는 말로 반박한 것이다. ≪禮記≫ 〈樂記〉에 "그러므로 음악은 즐거워하는 것이니 군자는 그 道를 얻음을 즐거워하고 소인은 그 바라는 것을 얻음을 즐거워하는 것이다.〔故曰樂者樂也 君子樂得其道 小人樂得其欲〕"라고 하고, 또 ≪예기≫ 〈禮器〉에 "음악이라는 것은 그 스스로 이룬 것을 즐거워하는 것이다.〔樂者 樂其所自成〕"라고 하고, ≪예기≫ 〈仲尼燕居〉에 "행하여 즐거워함이 음악이다.〔行而樂之 樂也〕"라고 하고, ≪荀子≫ 〈樂論〉에도 "음악이라는 것은 즐거워하는 것이다.〔樂者 樂也〕"라고 하였으니 이것이 바로 墨子가 배척한 儒者의 說이다.

48-13-3 子墨子曰 子未我應也라 今我問曰何故爲室고한대 曰冬避寒焉하고 夏避暑焉하며 (室)〔宮〕以爲男女之別也라하면

자묵자께서 말씀하셨다. "그대는 아직 나에게 답하지 못했습니다. 지금 내가 묻기를, '무슨 까닭으로 집을 짓습니까?'라고 물었는데, '겨울엔 추위를 피하고 여름엔 더위를 피하며 宮墻(담장)으로 남녀를 구별하기 위해서이다.'라고 한다면

兪云 避寒避暑爲男女之別은 三句皆以室言일새 不當於男女之別句獨著(착)室字니 室乃且字之誤라 古書且字或誤爲宜니 詩假樂篇釋文에 曰 且君且王은 一本且竝作宜가 是也라 且誤爲宜요 因誤爲室矣라하다 案 室當作宮이니 辭過篇에 云 宮牆之高는 足以別男女之禮[52]라하고 節用(上)〔中〕[53]篇에 云 宮牆足以爲男女之別[54]이라하니 皆於避寒暑

51) 五聲八音 : 오성은 宮·商·角·徵(치)·羽의 다섯 가지 소리이고, 팔음은 金·石·絲·竹·匏·土·革·木의 재료로 만든 여덟 종의 악기에서 나는 소리이다.(≪書經≫ 〈舜典〉)
52) 辭過篇……足以別男女之禮 : 본서 1책 6-1-9에 보인다.

外에 **分別言之**라 **此亦當同**이니 **兪說未允**이라

兪樾 : '避寒', '避暑', '爲男女之別'은 3句가 모두 집〔室〕을 가지고 말한 것이기에 '男女之別' 句에만 '室'자를 붙여서는 안 되니, '室'은 바로 '且'자의 誤字이다. 古書에서 '且'자가 더러 '宜'로 잘못되기도 하니 ≪詩經≫ 〈大雅 假樂〉의 釋文에 "'且君且王'은 어떤 本에는 '且'가 모두 '宜'로 되어 있다."라고 한 것이 이것이다. '且'가 '宜'로 잘못되고 인하여 '室'로 잘못된 것이다.

案 : '室'은 '宮'이 되어야 하니 〈辭過〉에 "담장의 높이는 남녀의 禮를 구별할 정도면 된다.〔宮牆之高 足以別男女之禮〕"라고 하고, 〈節用 中〉에 "담장은 족히 男女를 구별할 정도면 된다.〔宮牆足以爲男女之別〕"라고 하였으니 모두 추위와 더위를 피하는 외에 〈남녀의〉 分別을 말하였다. 이 대목에서도 같은 의미여야 하니 兪樾의 說은 온당하지 못하다.

48-13-4 則子告我爲室之故矣라 **今我問曰 何故爲樂**고한대 **曰樂以爲樂也**라하니

그대는 나에게 집을 짓는 까닭을 말해 준 것입니다. 그런데 지금 내가 묻기를 '무슨 까닭으로 음악을 합니까?'라고 물었는데, '음악이어서 음악을 한다.'라고 하니

畢云 舊脫爲字러니 **據上文增**이라하다

畢沅 : 舊本에는 '爲'자가 빠져 있었는데, 위 글에 의거하여 덧붙인다.

48-13-5 是猶曰何故爲室고한대 **曰室以爲室也**라

이는 '무슨 까닭으로 집을 짓습니까?'라고 하였는데, '집이어서 집을 짓는다.'라고 하는 것과 같습니다.

48-14-1 子墨子謂程子曰

자묵자께서 程子에게 이르기를,

蘇云 程子는 **卽程繁也**라 **見三辨篇**[55]이라하다

---

53) (上)〔中〕 : 저본에는 '上'으로 되어 있으나, 본서 2책 〈節用 中〉에 의거하여 '中'으로 바로잡았다.

54) 節用(上)〔中〕篇云 宮牆足以爲男女之別 : 본서 2책 21-7-6에 보이는데, '宮牆足以爲男女之別則止'로 되어 있다.

蘇時學 : 程子는 바로 程繁이다. 〈三辨〉에 보인다.

48-14-2 儒之道足以喪天下者가 **四政焉**이라 **儒以天爲不明**하고

儒家의 道에 족히 天下를 잃어버릴 수 있는 것이 네 가지 사항이 있다. 유가는 하늘이 명철하지 않고

畢云 舊脫天字러니 **據下文增**이라하다

畢沅 : 舊本에는 '天'자가 빠져 있는데, 위 글에 의거하여 덧붙인다.

48-14-3 以鬼爲不神일새 **天鬼不說**(열)하니 **此足以喪天下**라 **又厚葬久喪**하여 **重爲棺槨**하고 **多爲衣衾**하여 **送死若徙**하고 **三年哭泣**하여 **扶後起**하고 **杖後行**하고

귀신이 신령하지 않다고 여기기에 하늘과 귀신이 기뻐하지 않으니, 이것이 족히 천하를 잃어버릴 수 있는 것이다. 또 厚葬久喪(성대히 장사지내고 오랫동안 거상하는 것)을 주장하여 棺槨을 겹겹이 만들고 衣衾을 많이 갖추어 마치 이사하는 것처럼 亡者를 보내고 3년 동안 곡하여 부축을 받고서야 일어나고 지팡이를 짚고서야 걸으며

竝詳節葬下篇[56]이라

모두 〈節葬 下〉에 자세히 설명하였다.

杖

48-14-4 耳無聞하고 **目無見**하니 **此足以喪天下**라 **又弦歌鼓舞**하여

귀에 들리는 게 없고 눈에 보이는 게 없으니 이것이 족히 천하를 잃어버릴 수 있는 것이다. 또 거문고를 타며 노래하고 북을 치며 춤추면서

畢本鼓作鼔하고 **云 此鼔字從攴**(복)이요 **與鐘鼓**(고)**字異**하니 **彼從攴**(도)라하다 **案 畢校非也**니 **詳兼愛中篇**[57]이라

55) 程子……見三辨篇 : 본서 1책 7-1-1에 보인다. 孫詒讓은 程繁이 儒家와 墨家의 학문을 아울러 한 자인 듯하다고 하였다. 〈三辨〉은 전체가 墨子와 程子의 대화로 이루어져 있다.
56) 竝詳節葬下篇 : 본서 2책 25-3-5~6에 보인다.

畢沅本에는 '鼓'가 '皷'로 되어 있고, "이 '鼓'자는 '支'이 부수이고 '鐘皷'자와는 다르니 그것〔鼓〕은 '攴'가 부수이다."라고 하였다.

案 : 畢沅의 校勘은 잘못이니 〈兼愛 中〉에 자세히 설명하였다.

48-14-5 習爲聲樂하니 **此足以喪天下**라 **又以命爲有**하고 **貧富壽夭治亂安危有極矣**라

습관처럼 음악을 하니 이것이 족히 천하를 잃어버릴 수 있는 것이다. 또 運命이 있다고 여기고 貧富, 壽命과 治亂, 安危가 정해져 있는 것이라

有極猶言有常이니 詳非儒下篇[58]이라

'有極'은 '有常(일정함이 있다)'이라는 말과 같으니 〈非儒 下〉에 자세히 설명하였다.

48-14-6 不可損益也라 **爲上者行之**면 **必不聽治矣**요

덜 수도 더할 수도 없다 여긴다. 위에 있는 사람이 이대로 행한다면 반드시 정사를 돌보지 않을 것이고

必不二字舊倒러니 今據吳鈔本乙하니 與下文合이라

'必不' 2자는 舊本에 순서가 바뀌어 있는데 지금 吳鈔本에 의거하여 바로잡으니 아래 글과 부합한다.

48-14-7 爲下者行之면 **必不從事矣**니 **此足以喪天下**라하다 **程子曰 甚矣**라 **先生之毁儒也**여한대 **子墨子曰 儒固無此若四政者**로되 **而我言之**면

아래에 있는 사람이 이대로 행한다면 반드시 일을 하지 않을 것이니 이것이 족히 천하를 잃어버릴 수 있는 것이다." 정자가 말하기를, "선생께서 유가를 貶毁하는 것은 너무 심합니다."라고 하자, 자묵자께서 말씀하셨다. "유가에 진실로 이 네 가지 사항이 없는데도 내가 이렇게 말한다면

若舊本作各이라 王云 此各當爲此若이니 若亦此也라 言儒無此四政也라 下文曰 今儒固有此四政者가 是其證이라 今本此若作此各하니 則文義不順이라 墨子書多謂此爲此

57) 詳兼愛中篇 : 본서 2책 15-4-19에 보인다.
58) 詳非儒下篇 : 본서 3책 39-2-4에 보인다.

若하니 說見魯問篇[59)]이라하다 案 王說是也니 今據正이라

'若'은 舊本에 '各'으로 되어 있다.

王念孫 : '此各'은 '此若'이 되어야 하니, '若' 또한 '此'의 뜻이다. 儒家에 이 네 가지 사항이 없다는 말이다. 아래 글에 '今儒固有此四政者'라 한 것이 그 증거이다. 今本에 '此若'이 '此各'으로 되어 있는데, 글 뜻이 순조롭지 않다. ≪墨子≫에서 '此'를 '此若'이라고 한 경우가 많으니 〈魯問〉에 설명이 보인다.

案 : 王念孫의 說이 맞으니 지금 이에 의거하여 바로잡았다.

48-14-8 則是毁也어니와 **今儒固有此四政者**하여 **而我言之**하면 **則非毁也**요 **告聞也**라하다

폄훼가 되겠지만 지금 유가에 이 네 가지 사항이 있어서 내가 이렇게 말한다면 이는 폄훼가 아니라 들은 것을 알려 주는 것이다."

畢云 言告所聞이라하다

畢沅 : 들은 바를 고해 준다는 말이다.

48-14-9 程子無辭而出하니 **子墨子曰(迷)〔還〕之**하라한대

정자가 인사도 없이 나가니 자묵자께서 "돌아오시오."라고 하자,

迷之는 義不可通이라 疑迷當爲還之誤니 謂墨子評程子令還也라

'迷之'는 뜻이 통하지 않는지라 아마도 '迷'는 '還'의 誤字가 되어야 할 듯하니, 墨子가 程子를 불러 돌아오게 한다는 말이다.

48-14-10 反하여 **(後)〔復〕坐**하고

〈정자가〉 돌아와 다시 앉고

畢讀反爲句하고 後又爲句하고 云 言惑於此說者는 請反而後後留之라하다 王云 畢說非也라 後當爲復이니 復後字相似라 故書傳中復字多訛作後라 反爲一句요 復坐爲一句니

59) 墨子書多謂此爲此若 說見魯問篇 : 뒤의 49-6-3, 49-21-4에 보인다.

謂程子反而復坐也라 今本復作後하니 則義不可通이라하다

畢沅은 '反'에서 句를 떼어 읽고 '後'에서 다시 句를 떼고서 "이 說에 미혹된 자는 청컨대 돌이켜보고 그 뒤에 남으라는 말이다.

王念孫 : 畢沅의 說은 잘못이다. '後'는 '復'가 되어야 하니 '復'와 '後'자는 서로 비슷하므로 書傳 가운데 '復'자가 '後'로 잘못되어 있는 경우가 많다. '反'이 한 句가 되고 '復坐'가 한 句가 되니, 程子가 돌아와 다시 앉았다는 말이다. 今本에 '復'가 '後'로 되어 있는데 뜻이 통하지 않는다.

48-14-11 進復(복)曰

나아가 대답하기를,

王云 復은 如孟子有復於王者曰之復이니 謂程子進而復於墨子也라하다

王念孫 : '復'은 ≪孟子≫의 '有復於王者曰(王에게 아뢰는 자가 말하였다)'의 '復'이니 程子가 나아가 墨子에게 아뢰었다는 말이다.

48-14-12 鄕者先生之言有可(聞)〔閒〕者焉하니

"방금 先生의 말에는 비판할 만한 점이 있으니

生舊本訛王이러니 今據吳鈔本正이라 下同이라 畢云 聞當爲閒이라하다 案 畢校是也라 孟子云 政不足與閒也[60)]라한대 趙注에 云 閒은 非也라하다

'生'은 舊本에 '王'으로 잘못되어 있는데, 지금 吳鈔本에 의거하여 바로잡았다. 아래도 같다.

畢沅 : '聞'은 '閒'이 되어야 한다.

案 : 畢沅의 校勘이 맞다. ≪孟子≫에 "〈잘못된〉 정사를 일일이 다 비판할 수 없다.〔政不足與閒也〕"라고 하였는데, 趙岐의 注에 "'閒'은 비판함〔非〕이다."라고 하였다.

48-14-13 若先生之言인댄 則是不譽禹하고 不毁桀紂也라한대

만약 선생의 말대로라면 이는 禹임금을 칭찬하지도 않고 桀, 紂를 폄훼하지도

---

60) 孟子云 政不足與閒也 : ≪孟子≫ 〈離婁 上〉에 보인다.

않는 것입니다."라고 하자,

此因墨子言不毁儒하여 而遂難之하니 言人不能無毁譽也라

이 대목은 墨子가 儒家를 폄훼하지 않았다는 말로 인하여 마침내 그를 비판한 것이니 사람은 폄훼나 칭찬이 없을 수 없음을 말하였다.

大禹圖

48-14-14 子墨子曰 不然이라 夫應孰辭에 〔不〕稱議而爲之가

자묵자께서 말씀하셨다. "그렇지 않다. 무릇 익히 아는 명제에 대답할 때 논의를 〈자세히〉 헤아려 보지 않고 하는 것이

孰辭는 習孰之辭니 猶云常語라 議는 吳鈔本作義라 案 稱議上當有不字라 應孰辭不稱議而爲之는 謂應習孰之辭엔 則信口酬答이요 不待稱議而後對라 故下云敏也라 此明前云不毁儒는 非不毁桀紂之謂니 不可以習孰應對之語로 執以相難이라 畢云 孰當爲執이라한대 亦通이라

'孰辭'는 익히 아는〔習孰〕 명제니 常語라고 말하는 것과 같다. '議'는 吳鈔本에 '義'로 되어 있다.

案 : '稱議' 앞에 '不'자가 있어야 한다. '應孰辭不稱議而爲之'는 익히 아는 명제에 대답할 때는 입에서 나오는 대로 대답하지 논의를 헤아려 본 뒤에 대답하지 않는다는 말이다. 그러므로 아래에서 '민첩하다〔敏〕'고 말한 것이다. 이 대목은 앞에서 儒家를 폄훼하지 않는다고 말한 것은 桀紂를 폄훼하지 않는다는 말이 아니니 익히 아는 명제에 대답하는 말을 가지고 트집을 잡아 비판해서는 안 됨을 밝힌 것이다. 畢沅은 "'孰'은 '執'이 되어야 한다."라고 하였는데 또한 뜻이 통한다.

48-14-15 敏也라 厚攻則厚吾요 薄攻則薄吾라

민첩한 것이다. 무겁게 攻駁해 오면 무겁게 反論하고, 가볍게 공박해 오면 가볍

게 반론한다.

王引之云 吾는 讀爲列禦寇之禦라 禦古通作吾하니 趙策에 曰 王非戰國守吾[61)]之具면 其將何以當之乎아하니 是其證이라하다 案 王校是也라 吾當爲圄之省이니 說文口部에 云 圄는 守也라하다

王引之 : '吾'는 列禦寇의 '禦'로 읽는다. '禦'는 옛날에 '吾'로 통용해 썼다. ≪戰國策≫ 〈趙策〉에 "왕께서는 싸우는 나라들 사이에서 〈조나라를〉 지켜 낼 무기가 아니면 장차 이를 무엇으로 대적하시겠습니까?〔王非戰國守吾之具 其將何以當之乎〕"라고 하였으니, 이것이 그 증거이다.

案 : 王引之의 校勘이 맞다. '吾'는 '圄'의 略字이니 ≪說文解字≫ 口部에 "'圄'는 지킨다〔守〕는 뜻이다."라고 하였다.

48-14-16 應孰辭而稱議는 是猶荷轅而擊蛾(의)也라하다

익히 아는 명제에 대답할 때 논의를 헤아려 보는 것은 수레 끌채를 들어서 개미를 치는 것과 같다.

此卽申應孰辭不必稱議之恉라 畢云 蛾는 同螘라하다

이 대목은 바로 익히 아는 명제에 대답할 때 굳이 논의를 헤아려 볼 필요가 없다는 뜻을 거듭 밝힌 것이다.

畢沅 : '蛾'는 螘(개미)와 같다.

48-15-1 子墨子與程子辯하여 稱於孔子라

자묵자가 정자와 변론하면서 孔子의 말을 稱述하였다.

畢云 稱述孔子라하다

畢沅 : 孔子를 稱述한 것이다.

48-15-2 程子曰 非儒어늘

정자가 말하기를, "儒者를 비판하시는데

61) 吾 : ≪戰國策≫ 〈趙策〉에는 '圉'로 되어 있고, 더러 '圄'로 되어 있는 本도 있다.

句라

여기에서 句를 뗀다.

48-15-3 何故稱於孔子也오한대 子墨子曰 是(亦)〔亓(기)〕當而不可易者也라

무슨 까닭에 孔子의 말을 稱述하십니까?"라고 하자, 자묵자께서 말씀하셨다. "이는 그의 말이 합당하여 바꿀 수 없기 때문이다.

兪云 亦當爲亓니 古文其字也라 言我所稱於孔子者는 是其當而不可易者也라 其字卽以孔子言이라 本篇其字多誤爲亦한대 畢氏已訂正호되 而未及此라하다

兪樾 : '亦'은 '亓'가 되어야 하니 古文의 '其'자이다. 내가 孔子를 칭술하는 것은 그가 합당하여 바꿀 수 없기 때문이라는 말이다. '其'자는 바로 孔子를 두고 말한 것이다. 本篇의 '其'자는 '亦'으로 잘못된 경우가 많은데 畢沅은 이미 訂正하였으면서도 여기서는 언급하지 않았다.

48-15-4 今鳥聞熱旱之憂則高요 魚聞熱旱之憂則下하나니 當此雖禹湯爲之謀라도 必不能易矣라 鳥魚可謂愚矣로되 禹湯猶云因焉이라

지금 새는 날씨가 덥고 메마를 것이라는 우려가 들면 높이 날아오르고, 물고기는 날씨가 덥고 메마를 것이라는 우려가 들면 물 아래로 잠기나니, 이러한 상황에는 비록 禹 임금이나 湯 임금이 그것들을 위해 꾀를 내더라도 절대 상황을 바꿀 수 없습니다. 새와 물고기는 어리석다고 할 수 있는데도 우 임금과 탕 임금이 오히려 더러 그것들을 따르기도 한다.

王云 云猶或也라 言鳥魚雖愚나 禹湯猶或因之也라 古者云與或同義라하다

王念孫 : '云'은 '或'과 같다. 새와 물고기가 비록 어리석지만 우 임금과 탕 임금이 오히려 더러 그것들을 따르기도 한다는 말이다. 옛날에 '云'과 '或'은 같은 뜻이었다.

48-15-5 今翟曾無稱於孔子乎아하노라

지금 내가 어찌 공자의 말을 稱述하지 않을 수 있겠는가."

畢云 言孔子之言은 有必不能易者라 此下舊有有游於子墨子之門者謂子墨子曰先王以鬼爲神明知能爲禍人哉二十七字러니 今據一本移後[62)]라하다

畢沅 : 孔子의 말씀은 절대 바꿀 수 없는 점이 있다는 말이다. 이 아래에 舊本에 '有游於子墨子之門者 謂子墨子曰 先王以鬼爲神明知能爲禍人哉' 27자가 있는데, 지금 한 本에 의거하여 뒤로 옮긴다.

48-16-1 有游於子墨子之門者어늘 身體强良하고

자묵자의 문하에 배우러 온 사람이 있었는데, 身體가 강건하고

良은 吳鈔本作梁이라 後魯問篇亦云强梁[63)]이나 然義似不同이라

'良'은 吳鈔本에 '梁'으로 되어 있다. 뒤의 〈魯問〉에도 '强梁'이라 하였지만 뜻은 같지 않은 듯하다.

48-16-2 思慮(徇)〔侚〕通일새

思慮가 민첩하고 통달하기에

史記黃帝本紀에 黃帝幼而徇齊라한대 集解에 徐廣曰 墨子曰 年踰十五[64)]면 則聰明心慮無[65)]不徇通矣라하다 裴駰案 徇은 疾也라하다 索隱云 徇齊는 家語及大戴禮竝作叡(예)齊하고 一本作慧齊라 叡慧皆智也라 史記舊本亦有作濬齊하니 蓋古字假借徇爲濬(준)이라 濬은 深也니 義亦竝通이라하다 案 徐引墨子는 今無此文하니 蓋在佚篇中이라 說文人部에 云 侚은 疾也라하니 徇卽侚之訛라 莊子知北游篇에 云 思慮恂達이라하여 又借恂爲之라

≪史記≫ 〈黃帝本紀〉에 "黃帝는 어려서 민첩하고 슬기로웠다.〔黃帝幼而徇齊〕"라고 하였는데, 集解에 "徐廣이 말하기를, '墨子가 「나이 열다섯이 넘으면 聰明한 心慮가 민첩하고 통

62) 今據一本移後 : 뒤의 48-18-1~2에 보인다.
63) 後魯問篇亦云强梁 : 뒤의 49-4-6에 보인다.
64) 十五 : 저본의 傍注에 "원래 '五十'으로 되어 있으나, ≪史記≫ 〈五帝本紀〉의 集解에 의거하여 바로잡았다.〔原作五十 據史記五帝本紀集解乙正〕"라고 하였다.
65) 無 : 저본의 傍注에 "'無'자는 원래 빠져 있으나, 역시 ≪史記≫ 〈五帝本紀〉의 集解에 의거하여 고친다.〔無字原脫 亦據史記五帝本紀集解改〕"라고 하였다.

달하지 않음이 없다.〔年踰十五 則聰明心慮無不徇通矣〕」라고 하였다.'라고 하였다. 내〔裴駰〕가 살펴보건대, '徇'은 빠르다〔疾〕는 뜻이다."라고 하였다. 索隱에 "'徇齊'는 ≪孔子家語≫ 및 ≪大戴禮記≫에 모두 '叡齊'로 되어 있고, 어떤 本에는 '慧齊'로 되어 있다. '叡'와 '慧'는 모두 지혜〔智〕이다. ≪사기≫의 舊本에는 또한 '濬齊'로 되어 있는 것이 있으니 대체로 古字에 '徇'을 假借하여 '濬'의 뜻으로 삼은 듯하다. '濬'은 깊음〔深〕이니 뜻이 또한 모두 통한다.

案 : 서광이 인용한 ≪墨子≫는 지금 이 글이 없으니 대체로 佚失된 篇 가운데 있었던 듯하다. ≪說文解字≫ 人部에 "'侚'은 빠르다〔疾〕는 뜻이다."라고 하였으니 '徇'은 바로 '侚'의 誤字이다. ≪莊子≫ 〈知北游〉에 "사려가 민첩하고 통달하다.〔思慮恂達〕"라고 하여 또 '恂'을 假借하여 썼다.

48-16-3 欲使隨而學이라 **子墨子曰 姑學乎**인저 **吾將仕子**호리라하다 **勸於善言而學**하더니 (其)〔**期**〕**年**에

〈묵자가〉 자신을 따라 배우게 하려 하였다. 자묵자께서 말씀하셨다. "일단 배워 보게. 내가 그대에게 벼슬을 시켜 주겠다." 좋은 말에 고무되어 배우더니 일 년이 되자

意林引作期年이라 **畢云 同期年**이라하다 **詒讓案 此書期年字多作其**하니 **詳節葬下篇**[66]이라

〈'其年'은〉 ≪意林≫에서 이 대목을 인용한 곳에 '期年'으로 되어 있다.

畢沅 : 〈'其年'은〉 '期年'과 같다.

詒讓案 : 이 책에서 '期年'자는 '其'로 되어 있는 경우가 많으니, 〈節葬 下〉에 자세히 설명하였다.

48-16-4 而責仕於子墨子라 **子墨子**

자묵자에게 벼슬을 시켜 달라 하였다. 자묵자께서

畢云 舊脫二字러니 **以意增**이라하다

畢沅 : 舊本에 〈'墨子'〉 2자가 빠져 있는데, 글 뜻으로 판단하여 덧붙인다.

---

66) 詳節葬下篇 : 본서 2책 25-4-5에 보인다.

48-16-5 曰 不仕子라 子亦聞夫魯語乎아

"그대에게 벼슬을 시킬 수 없네. 그대도 魯나라의 이야기를 들은 적이 있는가?

吳鈔本無夫字라 語는 意林引作人이라

吳鈔本에는 '夫'자가 없다. '語'는 ≪意林≫에서 이 대목을 인용한 곳에 '人'으로 되어 있다.

48-16-6 魯有昆弟五人者한대 亓父死로되

魯나라에 다섯 형제가 있었는데 그들의 부친이 죽었는데도

畢云 亓는 舊作亦이러니 下同이라 一本俱作其라하다 詒讓案 意林正作其요 下竝同이라

畢沅 : '亓'는 舊本에 '亦'으로 되어 있는데, 아래도 같다. 어떤 本에는 모두 '其'로 되어 있다.

詒讓案 : ≪意林≫에는 바로 '其'로 되어 있고, 아래도 모두 같다.

48-16-7 亓長子嗜酒而不葬한대 亓四弟曰 子與我葬하면

그 맏아들이 술을 좋아하여 장례를 지내지 않자, 그 네 아우가 말하기를, '형님이 우리와 함께 장례를 지내면

畢云 與는 舊作無요 一本如此라하다

畢沅 : '與'는 舊本에 '無'로 되어 있고, 어떤 本에는 여기와 같이 되어 있다.

48-16-8 當爲子沽酒호리라하다 勸於善言而葬하더니 已葬에 而責酒於其四弟한대

형님을 위해 술을 사겠습니다.'라고 하였다. 좋은 말에 고무되어 장례를 지내더니 장례가 끝나고 네 아우에게 술을 달라 하자,

吳鈔本無其字라

吳鈔本에는 '其'자가 없다.

48-16-9 四弟曰 吾未予子酒矣라

네 아우가 말하기를, '우리는 형님에게 술을 줄 수 없습니다.

末은 道藏本吳鈔本竝作未라

'末'은 道藏本, 吳鈔本에 모두 '未'로 되어 있다.

48-16-10 子葬子父하고 我葬吾父하니 豈獨吾父哉리오 子不葬이면 則人將笑子라 故勸子葬也라하다 今子爲義요 我亦爲義니 豈獨我義也哉리오 子不學이면 則人將笑子라 故勸子於學이라하노라

형님은 형님 부친의 장례를 지냈고 우리는 우리 부친의 장례를 지낸 것이니 어찌 다만 우리 부친일 뿐이겠습니까. 형님이 장례를 지내지 않으면 남들이 장차 형님을 비웃을 것이기 때문에 형님에게 장례를 지내도록 권한 것입니다.'라고 하였네. 지금 그대는 義를 행하고 나 또한 義를 행한 것이니, 어찌 그저 나의 義일 뿐이겠는가. 그대가 배우지 않으면 남들이 장차 그대를 비웃을 것이기 때문에 그대에게 배우도록 권한 것이다."

48-17-1 有游於子墨子之門者어늘 子墨子曰 盍(합)學乎아한대 對曰 吾族人無學者라하야늘 子墨子曰 不然하니 夫好美者가 豈曰吾族人莫之好라 故不好哉리오 夫欲富貴者가 豈曰我族人莫之欲이라

자묵자의 문하에 배우러 온 사람이 있었는데, 자묵자께서 말씀하셨다. "어찌하여 배우지 않았는가?" 대답하기를, "제 가족 중에는 배우는 사람이 없습니다."라고 하였는데, 자묵자께서 말씀하셨다. "그렇지 않으니, 무릇 아름다움을 좋아하는 자라면 어찌 우리 가족 중에 〈아름다움을〉 좋아하는 사람이 없기 때문에 〈아름다움을〉 좋아하지 않는다고 할 수 있겠는가. 무릇 富貴를 바라는 자라면 어찌 우리 가족 중에 〈부귀를〉 바라는 사람이 없기

畢云 已上八字舊脫이러니 據一本增이라하다

畢沅 : 이상 8자〔豈曰我族人莫之欲〕는 舊本에 빠져 있는데, 어떤 本에 의거하여 덧붙인다.

48-17-2 故不欲哉리오

때문에 〈부귀를〉 바라지 않는다고 할 수 있겠는가.

畢云 太平御覽引云 墨子謂門人曰 汝何不學고하니 對曰 吾族無學者라한대 墨子曰 不然하니 豈有好美者어늘 而曰吾族無此라하고 不欲邪(야)아 富貴者어늘 而曰吾族無此라하고 不用也아하여 與此微異라하다

畢沅 : ≪太平御覽≫에서 이 대목을 인용한 곳에는 "墨子가 門人에게 이르기를, '그대는 어찌하여 배우지 않는가?'라고 하니, 대답하기를, '저의 가족 중에는 배우는 사람이 없습니다.'라고 하자, 墨子가 이르기를, '그렇지 않으니, 어찌 아름다움을 좋아하는 자인데 우리 가족 중에 이러한 사람이 없다고 하면서 바라지 않겠으며, 부귀한 자인데 우리 가족 중에 이러한 사람이 없다고 하면서 〈부귀를〉 쓰지 않겠는가?'라고 하였다."라고 하여 이 대목과 조금 다르다.

48-17-3 好美欲富貴者는 不視人猶强爲之라

아름다움을 좋아하고 부귀를 바라는 자는 남과 비교하지 않고도 애써 행한다.

畢云 此下舊接爲善者富之云云二百六十四字[67]러니 今據文義移後라 一本此下亦接夫義天下之大器也라하다

畢沅 : 이 아래에 舊本에는 '爲善者富之' 운운한 264자가 이어져 있는데, 지금 글 뜻에 의거하여 뒤로 옮긴다. 어떤 本에는 이 아래에 역시 '夫義 天下之大器也'가 이어져 있다.

48-17-4 夫義는 天下之大器也니 何以〔必〕視人(必)强爲之리오하노라

무릇 義는 天下의 큰 그릇이니, 무엇 때문에 반드시 남과 비교하고서야 애써 행한단 말인가?"

畢云 必當爲不이라 已上十六字는 舊脫在則盜何遽無從[68]下러니 今據一本移正이라 蘇云 此勉之之詞니 必字不誤라하다 案 依蘇說하면 則當讀何以視人句斷이요 下云必强爲之는 乃勉其爲義요 非責其不爲也라 考意林約引此文하여 作强自力矣[69]하면 則馬總所

67) 爲善者富之云云二百六十四字 : 본 편의 48-18-3에서 48-19-4까지를 가리킨다.

68) 則盜何遽無從 : 본 편 48-19-4에 보인다.

69) 考意林約引此文 作强自力矣 : ≪意林≫ 권1에는 '墨子曰不然 豈謂欲好美(미) 而曰吾族無此 辭不欲邪 欲富貴 而曰吾族無此 辭不用邪 强自力矣(墨子가 말하기를, "그렇지 않으니, 어찌 아름

讀이 似已如是라 然今以語氣校之하면 竊疑必字當在視人上하여 仍爲詰責之辭라야 與上文不視人云云으로 文例正相對也라

畢沅 : '必'은 '不'이 되어야 한다. 이상 16자는 舊本에 여기에서 빠져서 '則盜何遽無從' 뒤에 있는데, 지금 한 本에 의거하여 옮겨 바로잡았다.

蘇時學 : 이 대목은 勸勉하는 말이니 '必'자는 잘못되지 않았다.

案 : 蘇時學의 說에 의거하면 '何以視人(어찌하여 남과 비교하는가)'으로 句讀를 끊어야 하고, 뒤에 '必强爲之(반드시 애써 해야 한다)'라고 한 말은 바로 義를 행하기를 勸勉하는 것이지 義를 행하지 않는 것을 책망한 것이 아니다. ≪意林≫에서 이 대목의 글을 대략 인용하면서 '强自力矣(애써 스스로 힘쓰다)'로 쓴 것을 상고하면 馬總이 읽은 방식이 이미 이러하였던 듯하다. 그렇지만 지금 語氣로 校勘해 보면 내 생각에 아마도 '必'자는 '視人' 앞에 있어서 그대로 詰責하는 말이 되어야 위 글의 '不視人' 운운한 말과 글투가 정확히 서로 對가 되는 듯하다.

48-18-1 有游於子墨子之門者어늘 謂子墨子曰 先生以鬼神爲明知하여

자묵자의 문하에 배우러 온 사람이 있었는데, 자묵자께 이르기를, "선생님은 鬼神이 신명하고 지혜로워

先生은 舊本訛先王이러니 今據道藏本吳鈔本正이라 又舊本神爲二字到轉이러니 王校乙正하고 吳鈔本不到라

'先生'은 舊本에 '先王'으로 잘못되어 있는데, 지금 道藏本, 吳鈔本에 의거하여 바로잡았다. 또 舊本에는 '神爲' 2자가 순서가 뒤바뀌어 있는데, 王念孫의 校勘에서 바로잡았고 吳鈔本에는 순서가 바뀌어 있지 않다.

48-18-2 能(爲禍人哉福)〔爲人禍福哉〕하여

사람에게 禍福을 내릴 수 있어서

畢云 人哉已上二十七字는 舊在今翟曾無稱於孔子乎[70]下러니 今據一本在此라 一本

다움을 좋아하기를 바라면서 우리 가족 중에 이러한 사람이 없다고 하면서 사양하고 바라지 않는다고 말하겠으며, 부귀를 바라면서 우리 가족 중에 이러한 사람이 없다고 하면서 〈부귀를〉 사양하고 쓰지 않겠다고 말하겠는가. 애써 스스로 힘쓰는 것이네."라고 하였다.)로 되어 있다.

又無知能爲禍人哉六字라하다 案 吳鈔本亦無知能以下六字라 又畢本脫福字어늘 各本並有하니 今增이라 王云 此當以能爲禍福連讀이요 不當有人哉二字라 下文曰 先生以鬼神爲明하고 能爲禍福하여 爲善者賞之요 爲不善者罰之[71]라하니 是其證이라 今本禍福二字之間衍人哉二字하니 則義不可通이라 案 王說固是로되 但疑當作能爲人禍福哉요 人哉二字恐非衍文이나 未敢肊定하고 姑仍舊本이라

畢沅 : '人哉' 이상 27자〔有游於子墨子之門者 謂子墨子曰 先生以鬼神爲明知 能爲禍人哉〕는 舊本에 '今翟曾無稱於孔子乎' 뒤에 있는데, 지금 한 本에 의거하여 여기에 둔다. 어떤 本에는 또 '知能爲禍人哉' 6자가 없다.

案 : 吳鈔本에도 '知能' 이하 6자가 없다. 또 畢沅本에는 '福'자가 빠져 있는데 각 本에는 모두 있으니 지금 덧붙인다.

王念孫 : 이 대목은 '能爲禍福'으로 이어 읽어야 하고, '人哉' 2자가 있어서는 안 된다. 아래 글에 '先生以鬼神爲明 能爲禍福 爲善者賞之 爲不善者罰之'라고 한 것이 그 증거이다. 今本에 '禍福' 2자의 사이에 '人哉' 2자가 잘못 붙어 있는데 뜻이 통하지 않는다.

案 : 王念孫의 說이 참으로 맞다. 다만 아마도 '能爲人禍福哉'가 되어야 할 듯하고 '人哉' 2자는 衍文이 아닌 듯하나, 감히 억측하여 정하지 않고 일단 舊本을 그대로 둔다.

48-18-3 爲善者富之요

善을 행한 이에게는 복을 내리고

王云 富與福同이라하다

王念孫 : '富'는 '福'과 같다.

48-18-4 爲暴者禍之라

惡을 행한 이에게는 화를 내린다고 하셨습니다.

舊本脫爲字러니 王補라

舊本에는 '爲'자가 빠져 있는데, 王念孫이 보충하였다.

70) 今翟曾無稱於孔子乎 : 본 편 48-15-5에 보인다.
71) 先生以鬼神爲明……爲不善者罰之 : 본 편 19-2-3에 보인다.

48-18-5 今吾事先生久矣로되 **而福不至**하니 **意者先生之言有不善乎**아

지금 제가 선생님을 섬긴 지 오래되었는데도 복이 내리지 않으니 생각건대 어쩌면 선생님의 말씀이 맞지 않는 것입니까?

王引之云 意者는 疑詞라 廣雅에 曰 意는 疑也라하다

王引之 : '意者'는 의심하는 말이다. ≪廣雅≫에 "'意'는 의심함〔疑〕이다."라고 하였다.

48-18-6 鬼神不明乎아 **我何故不得福也**오한대 **子墨子曰 雖子不得福**이라도 **吾言何遽不善**이며 **而鬼神何遽不明**이리오

鬼神이 신명하지 않은 것입니까? 제가 무슨 까닭에 복을 받지 못하는 것입니까?"라고 하자, 자묵자께서 말씀하셨다. "비록 그대가 복을 받지 못하더라도 나의 말이 어찌 맞지 않겠으며, 귀신이 어찌 신명하지 않겠는가?

王云 遽亦何也라 連言何遽者는 古人自有複語耳라 漢書陸賈傳에 使我居中國하면 何遽不若漢이리오하다

王念孫 : '遽' 역시 '何(어찌)'이다. '何遽'라고 이어 말한 것은 옛사람들에게 본래 합성어가 있는 것일 뿐이다. ≪漢書≫ 〈陸賈傳〉에 "나로 하여금 中國에 살게 한다면 어찌 한나라만 못하겠는가."라고 하였다.

48-18-7 子亦聞乎匿〔刑〕徒(之刑)之有刑乎아하니

그대도 犯人을 숨기면 형벌을 받는다는 말을 들어 보았는가?"

兪云 之刑二字衍文이라 子亦聞乎匿徒之有刑乎의 徒謂胥徒니 給傜役者요 匿徒謂避役이라 蘇說同이라 案 此疑當作匿刑徒之有刑乎니 衍一之字요 刑徒又誤到耳라 蓋卽左傳昭七年所謂僕區[72]之法에 孔疏引服虔하여 云 爲隱匿亡人之法이 是也라

兪樾 : '之刑' 2자는 衍文이다. '子亦聞乎匿徒之有刑乎'에서 '徒'는 胥徒를 말하니 傜役을 제공하는 자이고 '匿徒'는 요역을 피하는 것을 말한다.

蘇時學의 說은 같다.

72) 僕區 : ≪春秋左氏傳≫의 註에서 刑書의 명칭이라 하고서 '僕'은 隱의 뜻이고, '區'는 匿의 뜻이라고 하였다.

案 : 이 대목은 아마도 '匿刑徒之有刑乎'가 되어야 할 듯하니, '之' 1자가 잘못 들어갔고 '刑徒'가 또 순서가 잘못 바뀐 것일 뿐이다. 대체로 바로 ≪春秋左氏傳≫ 昭公 7년에 이른바 '僕區之法'에 대한 孔穎達의 疏에서 服虔을 인용하여 "逃亡者를 隱匿한 자에 대해 〈處罰하는〉 法을 만든 것이다.〔爲隱匿亡人之法〕"이라고 한 것이 이것이다.

48-18-8 對曰 未之得聞也[73)]라하다

대답하기를, "아직 들어보지 못했습니다."라고 하였다.

畢云 之得二字舊倒러니 以意移라

畢沅 : '之得' 2자는 舊本에 순서가 바뀌어 있는데, 글 뜻으로 판단하여 옮겼다.

48-18-9 子墨子曰 今有人於此하니 什子어든

자묵자께서 말씀하셨다. "지금 여기에 어떤 사람이 있는데 그대보다 열 배 낫다면

言其賢過子十倍니 下云百子同이라

그 현명함이 그대보다 열 배나 낫다는 말이니 아래에 '百子'라고 한 말도 같다.

48-18-10 子能什譽之하고 而一自譽乎아하니 對曰 不能이라하다 有人於此하니 百子어든 子能終身譽亓善하고 而子無一乎아하니 對曰 不能이라하다 子墨子曰 匿一人者猶有罪어늘 今子所匿者若此亓多하니 將有厚罪者也라 何福之求리오하노라

그대는 그를 열 번 칭찬하고 자신은 한 번 칭찬할 수 있겠는가?" 대답하기를, "그럴 수 없습니다."라고 하였다. "여기에 어떤 사람이 있는데 그대보다 백 배 낫다면 그대는 종신토록 그의 장점을 칭찬하고 자신은 한 번도 칭찬하지 않을 수 있겠는가?" 대답하기를, "그럴 수 없습니다."라고 하였다. 자묵자께서 말씀하셨다. "한 사람을 숨긴 자조차 죄가 있는데, 지금 그대가 숨긴 자가 이처럼 많으니 장차 중한 죄가 있을 것이다. 무슨 복을 구한단 말인가."

---

73) 對曰 未之得聞也 : Ian Johnston은 *The Mozi*에서 여기까지를 한 章으로 보고 뒤의 '子墨子曰' 이후는 장을 구분하였다.

48-19-1 子墨子有疾이어늘 **跌鼻**(질비)**進而問曰**

자묵자께서 병이 나자, 跌鼻가 나아와 여쭙기를,

問下에 **吳鈔本有焉字**라

'問' 뒤에 吳鈔本에는 '焉'자가 있다.

48-19-2 先生以鬼神爲明하여 **能爲禍福**하여 **爲善者賞之**요

"선생님은 귀신이 신명하여 禍福을 내릴 수 있어서 善을 행한 이에게는 상을 주고

舊本脫爲字러니 **王校補**라

舊本에 '爲'자가 빠져 있는데, 王念孫의 校勘에서 보충하였다.

48-19-3 爲不善者罰之라 **今先生聖人也**이언만 **何故有疾**고 **意者先生之言有不善乎**아 **鬼神不明知乎**아한대 **子墨子曰 雖使我有病**이라도 **何遽不明**이리오

不善을 행한 이에게는 벌을 준다고 하셨습니다. 지금 선생님은 聖人이건마는 무슨 까닭에 병이 난 것입니까? 생각건대 어쩌면 선생님의 말씀이 맞지 않는 것입니까, 鬼神이 신명하고 지혜롭지 않은 것입니까?"라고 하자, 자묵자께서 말씀하셨다. "비록 나를 병들게 했다 하더라도 〈귀신이〉 어찌 신명하지 않겠는가?

何上에 **疑脫鬼神二字**라

'何' 앞에 아마도 '鬼神' 2자가 빠진 듯하다.

48-19-4 人之所得於病者多方하니 **有得之寒暑**하고 **有得之勞苦**라 **百門而閉一門焉**하면 **則盜何遽無從入**이리오하노라

사람이 병을 앓는 것은 여러 원인이 있으니, 추위나 더위 때문일 수도 있고, 지나친 勞苦 때문일 수도 있다. 백 개의 문이 있는데 그중 하나만 닫는다면 도둑이 어찌 들어올 문이 없겠는가?"

王云 舊本脫閉字入字러니 **今據魯問篇及太平御覽疾病部一引補**라하다 **案 王校是也**라

淮南子人閒訓에 云 室有百戶閉其一하면 盜何遽無從入이리오하니 卽本此文이라 畢云 舊有夫義天下之大器也云云十六字[74]러니 據一本移前이라하다

王念孫 : 舊本에는 '閉'자, '入'자가 빠져 있는데, 지금 〈魯問〉 및 ≪太平御覽≫ 〈疾病部 1〉 인용문에 의거하여 보충한다.

案 : 王念孫의 校勘이 맞다. ≪淮南子≫ 〈人閒訓〉에 "방에 백 개의 문이 있는데 그중 하나만 닫는다면 도적이 어찌 들어올 문이 없겠는가."라고 하였는데 바로 이 글에 근본한 것이다.

畢沅 : 舊本에는 '夫義天下之大器也' 운운한 16자가 있는데, 한 本에 의거하여 앞으로 옮겼다.

48-20-1 二三子有復(복)於子墨子學射者한대 子墨子曰 不可하다 夫知者必量亓力所能至하여

제자 몇 명이 자묵자에게 활쏘기를 배우겠다고 아뢰자, 자묵자께서 말씀하셨다. "안 된다. 무릇 知者는 반드시 자신의 역량이 미칠 수 있는 바를 헤아려

吳鈔本作夫智者亦必量力所能至라

吳鈔本에는 '夫智者亦必量力所能至'로 되어 있다.

48-20-2 而從事焉이라 國士[75]戰且扶人은 猶不可及也라

종사하는 것이다. 國士라도 한편으로 싸우면서 또 다른 한편으로 남을 돕는 일은 오히려 겸하여 해낼 수 없다.

畢云 及猶兼이라하다

畢沅 : '及'은 '兼'과 같다.

48-20-3 今子非國士也어늘 豈能成學又成射哉리오하노라

지금 그대들은 國士가 아닌데 어찌 학문을 이루면서 또 활쏘기도 이룰 수 있겠는가."

74) 夫義天下之大器也云云十六字 : 본 편의 48-17-4을 가리킨다.
75) 國士 : 一國에서 제일 용감하고 역량이 있는 사람을 가리킨다.

48-21-1 二三子復於子墨子曰 告子曰〔墨子〕言義而行甚惡[76)]이라하니

제자 몇 명이 자묵자께 아뢰기를, "告子가 '묵자는 義를 말하지만 행동은 아주 악하다.'라고 하니,

顧云 曰當爲日이라하다 蘇云 告子曰之曰當作日이어나 或爲口字之訛라 下墨子言告子口言而身不行하니 是其證也라 然此告子自與墨子同時니 後與孟子問荅者는 當另(령)爲一人이라하다 案 曰字不誤니 此文當作告子曰墨子言義而行甚惡이라 蓋告子嘗以此言毁墨子한대 而二三子爲墨子述之라 故下文墨子云 稱我言以毁我行이라하고 又云 告子毁猶愈亡也라하다 今本告子曰下脫墨子二字라 遂若二三子㡿告子行惡하여 與下云毁로 皆不相應矣라 顧蘇說竝未憭라 又案 孟子告子篇趙注에 云 告는 姓也요 子는 男子之通稱也라 名不害니 兼治儒墨之道者이니 嘗學於孟子라하다 趙氏疑亦隱據此書하여 以此告子與彼爲一人이라 王應麟洪頤烜說竝同이라 然以年代校之하면 當以蘇說爲是라

顧廣圻 : 〈'告子曰'의〉 '曰'은 '日'이 되어야 한다.

蘇時學 : '告子曰'의 '曰'은 '日'이 되어야 하거나 혹은 '口'자의 誤字이다. 아래에 墨子가 告子가 입으로는 말하면서 몸으로는 행하지 않는다고 말하였으니 이것이 그 증거이다. 그렇지만 이 대목의 告子는 본래 묵자와 같은 시대에 살았으니 후대에 孟子와 문답한 告子는 별도의 한 사람이 되어야 한다.

案 : '曰'자는 잘못되지 않았으니 이 글은 '告子曰 墨子言義而行甚惡'이 되어야 한다. 대체로 告子가 일찍이 이 말로 묵자를 폄훼하였는데 제자 몇 명이 묵자에게 이를 말해주었으므로 아래 글에 묵자가 '稱我言以毁我行'이라 하고 또 '告子毁猶愈亡也'라고 한 것이다. 今本에 '告子曰' 뒤에 '墨子' 2자가 빠진지라 마침내 마치 제자 몇 명이 告子가 행동이 나쁜 것을 비판한 것처럼 되어 아래에서 '헐뜯다'라고 한 말과 모두 서로 호응하지 않게 되었다. 顧廣圻와 蘇時學의 說은 모두 명료하지 않다.

又案 : ≪孟子≫ 〈告子〉의 趙岐의 注에 "'告'는 姓이고 子는 男子의 通稱이다. 이름은 不害니 儒家와 墨家의 道를 아울러 공부한 자인데 일찍이 孟子에게 배웠다."라고 하였다. 조기는 아마도 역시 은근히 이 책(≪墨子≫)에 의거하여 이 대목의 告子와 저 ≪맹자≫에

76) 行甚惡 : ≪墨子今注今譯≫에서는 묵자의 주장들이 실천하기 어렵고 묵자가 言行一致를 강조하면서 告子가 입으로만 주장하고 몸소 실천하지 못하는 것을 비판하였다는 사실을 들어 '惡'을 邪惡으로 보지 않고, '羞惡(오)'로 보아 '감당하기 어려워 부끄럽다'는 뜻으로 풀었다.

나오는 告子를 같은 사람으로 여긴 듯하다. 王應麟, 洪頤烜의 說은 모두 같다. 그렇지만 年代를 가지고 校勘해 보면 蘇時學의 說이 맞다고 보아야 한다.

48-21-2 請棄之라한대 **子墨子曰 不可**하니 **稱我言以毁我行**은 **愈於亡**(무)라

청컨대 그를 내치십시오."라고 하자, 자묵자께서 말씀하셨다. "안 된다. 나의 말을 칭찬하면서 나의 행동을 헐뜯는 것은 〈아무런 말이〉 없는 것보다 낫네.

亡無字同이라

'亡'와 '無'자는 같다.

48-21-3 有人於此하니 **翟甚不仁**이로되

여기에 어떤 사람이 있는데, 나를 심히 사랑하지 않지만

經說下에 云 仁은 愛也라하니 言與翟甚不相愛也라 仲尼燕居에 云 食(사)饗之禮[77]는 所以仁賓客也라하다

〈經說 下〉에 "仁은 愛이다."라고 하였으니, 墨翟과 심히 서로 사랑하지 않는다는 말이다. ≪禮記≫ 〈仲尼燕居〉에 "食饗하는 禮는 賓客을 사랑하는 것이다."〔食饗之禮 所以仁賓客也〕"라고 하였다.

48-21-4 尊天事鬼愛人이라하면 **甚不仁**이라도 **猶愈於亡也**라 **今告子言談甚辯**이어늘 **言仁義而(不)吾毁[78]**하니

'〈묵자가〉 上帝를 높이고 鬼神을 섬기며 사람을 사랑한다.'라고 한다면 〈나를〉 심히 사랑하지 않더라도 없는 것보다 낫다. 지금 告子는 담론이 아주 뛰어난데 仁

---

77) 食(사)饗之禮 : 술과 음식으로 賓客을 대접하거나 어버이를 받들거나 宗廟에서 祭祀 지내는 등의 예를 말한다.

78) 有人於此……言仁義而(不)吾毁 : ≪墨子今注今譯≫에서는 '甚不仁'을 水渭松의 ≪墨子直解≫를 따라 '行甚惡'를 가리킨다고 보고, '不吾毁'의 '不'은 그대로 보고, "여기에 어떤 사람이 있는데 '墨翟의 말은 매우 감당하기 어려우니 上帝를 높이고 鬼神을 섬기며 사람을 사랑한다는 그의 주장은 매우 감당하기 어렵다.'라고 한다면 그래도 〈비판이〉 없는 것보다 낫다. 지금 告子는 담론이 아주 뛰어난데 내가 仁義를 말하는 데 대해서는 나를 비판하지 않는다."라고 하였다.

義를 주장하면서 나를 헐뜯으니

上下文兩言毁일새 則此不當云 不吾毁이니 不字當是衍文이라

위아래 글에 두 번 '毁'를 말하였기에 이 대목에서 '不吾毁'라고 말해서는 안 되니 '不'자는 衍文일 것이다.

48-21-5 告子毁라도

고자가 헐뜯더라도

畢云 二字倒러니 今移라

畢沅 : 2자가 순서가 뒤바뀌어 있는데 지금 옮긴다.

48-21-6 猶愈亡也라하다

〈아무런 말이〉 없는 것보다 낫다."

48-22-1 二三子復於子墨子曰 告子勝爲仁이라한대

제자 몇 명이 자묵자께 아뢰기를, "告子는 仁을 행할 만합니다."라고 하자,

畢云 文選注引無爲字라하다 蘇云 勝爲仁者는 言仁能勝其任也라 或以勝爲告子名하니 未知然否라하다 案 文選陳孔璋爲曹洪與魏文帝書[79)]에 云 有子勝斐然之志라한대 李注引此文釋之하니 則崇賢[80)]似以勝爲告子之名이라 蘇引或說은 本於彼라 閻若璩[81)]四書釋地又續引或說하여 謂告子名不害요 字子勝이라한대 竝無塙證이니 疑不足據라

畢沅 : ≪文選注≫에서 이 대목을 인용한 곳에는 '爲'자가 없다.

蘇時學 : '勝爲仁'이라는 것은 仁이 그 책임을 감당할 수 있다는 말이다. 어떤 이는 '勝'

79) 文選陳孔璋爲曹洪與魏文帝書 : 陳孔璋은 陳琳으로, 孔璋은 그의 字이다. 曹洪은 字가 子廉으로, 魏 太祖 曹操의 從弟이다. 魏 文帝는 曹丕로, 曹操의 아들이다.(≪文選≫ 권41)

80) 崇賢 : 崇賢館直學士를 지낸 李善을 가리킨다.

81) 閻若璩 : 1636~1704. 淸初의 經學家로 字는 百詩이고, 號는 潛丘이다. 저서로 ≪尙書古文疏證≫, ≪四書釋地≫, ≪潛邱札記≫, ≪困學紀聞注≫, ≪孟子生逐年月考≫, ≪春西堂集≫ 등이 있다. 특히 ≪尙書古文疏證≫ 8권은 ≪古文尙書≫가 東晉 梅賾의 위작임을 밝힌 책으로, 후대 학자들의 높은 평가를 받았다.

을 告子의 이름으로 여겼는데 맞는지는 알 수 없다.

案 : ≪文選≫의 陳孔璋의 〈爲曹洪與魏文帝書〉에 "子勝이 文彩를 이루려는 뜻이 있다.〔有子勝斐然之志〕"라고 하였는데, 李善의 注에 ≪墨子≫의 이 글을 인용하면서 풀이하였으니 崇賢은 '勝'을 告子의 이름으로 여긴 듯하다. 소시학이 인용한 어떤 이의 說은 그것(≪文選注≫)에 근본하였다. 閻若璩의 ≪四書釋地又續≫에 다시 어떤 이의 說을 인용하여 告子의 이름은 不害이고 字는 子勝이라 하였는데, 모두 확실한 증거는 없으니 족히 의거할 만하지 않은 듯하다.

48-22-2 子墨子曰 未必然也라 告子爲仁은 譬猶跂(기)以爲長하고

자묵자께서 말씀하셨다. "반드시 그렇지는 않다. 고자가 仁을 행하는 것은 비유하자면 발꿈치를 들어 키를 높이고

畢云 跂는 舊作跛러니 據文選注改라 此企字假音이니 爾雅에 云 其踵企라한대 陸德明音義에 云 去豉(시)反이요 本或作跂라하다 說文에 云 企는 擧踵也라하고 跂는 足多指라하여 二字異라하다

畢沅 : '跂'는 舊本에 '跛'로 되어 있는데, ≪文選注≫에 의거하여 고친다. 이는 '企'자의 音을 假借한 것이니 ≪爾雅≫에 "그 발꿈치를 든다.〔其踵企〕"라고 하였는데, 陸德明의 ≪音義≫에 "'去'와 '豉'의 反切이고, 어떤 본에는 '跂'로 되어 있기도 하다."라고 하였다. ≪說文解字≫에는 "'企'는 발꿈치를 든다〔擧踵〕는 뜻이다."라고 하고, "'跂'는 발에 발가락이 많다〔足多指〕는 뜻이다."라고 하여 두 글자가 다르다.

48-22-3 隱以爲廣하여

올려다보아 몸을 넓히는 것과 같아

畢云 隱은 文選注引作偃이라 隱偃音相近하니 亦通이라 言企足以爲長이요 仰身以爲廣이라 偃猶仰이라하다

畢沅 : '隱'은 ≪文選注≫에서 이 대목을 인용한 곳에 '偃'으로 되어 있다. '隱'과 '偃'은 音이 서로 가까우니 또한 통한다. 발꿈치를 들어 키를 높이고 드러누워 올려다보아 몸을 넓힌다는 말이다. '偃'은 '仰'과 같다.

48-22-4 不可久也라하노라

오래갈 수는 없을 것이다."

48-23-1 告子謂子墨子曰 我〔能〕治國爲政이라한대

고자가 자묵자께 이르기를, "저는 국정을 다스릴 수 있습니다."라고 하자,

我下疑當有能字라 故下墨子難之曰 惡(오)能治國政이라하다

'我' 뒤에 아마도 '能'자가 있어야 할 듯하다. 그러므로 아래에 墨子가 반박하여 '惡能治國政'이라고 한 것이다.

48-23-2 子墨子曰 政者는 **口言之**하면 **身必行之**라 **今子口言之**하고 **而身不行**하니 **是子之身亂也**라 **子不能治子之身**이어늘 **惡**(오)**能治國政**이리오 **子姑亡**(무)하라

자묵자께서 말씀하셨다. "정치는 입으로 말하였다면 몸으로 반드시 행해야 하는 것이다. 지금 그대는 입으로는 말하면서 몸으로는 행하지 않으니 이것은 그대의 몸이 혼란한 것이다. 그대가 그대의 몸을 다스리지 못하는데 어찌 국정을 다스릴 수 있겠는가. 그대는 일단 이처럼 하지 말라.

畢云 言子姑無若此라하다 詒讓案 姑亡는 亦見備梯篇이라

畢沅 : 그대는 일단 이처럼 하지 말라는 말이다.

詒讓案 : '姑亡'는 또한 〈備梯〉에 보인다.

48-23-3 子之身亂之矣라하노라

그대의 몸이 혼란스럽다."

吳鈔本無身字라 畢云 一本作子姑防子之身亂之矣하니 是라하다

吳鈔本에는 '身'자가 없다.

畢沅 : 어떤 本에 '子姑防 子之身亂之矣(그대는 일단 막으라. 그대의 몸이 혼란스럽다.)'로 되어 있는데, 맞다.

제49편 노문 魯問

'魯問'이라는 편명은 첫 장에서 魯나라 君主가 墨子에게 묻는 설정에서 따온 것이다. 이 篇은 모두 23장으로, 그중 10장은 齊, 魯, 楚, 越 등의 爲政者에게 올리는 비판이나 건의를 담고 있고 나머지는 모두 벗이나 제자와의 문답이다. 다양한 주제를 다루고 있는데, 仁과 義를 내세워 전쟁을 일으키는 일의 잘못을 비판하는 '非攻'의 주장이 여러 곳에서 논의되고 있고 이는 뒤의 〈公輸〉의 주제와도 맥락이 닿는다. 이밖에 曹公子나 魯나라 祝官과의 대화를 통해 鬼神에게 복을 비는 일의 문제를 논변하기도 하고, '尙賢'과 '尙同' 등 墨家의 열 가지 핵심 명제를 제자 魏越과 담론하는 등 비교적 중요한 견해들을 서술하고 있다. 참고로 이 편에 나오는 '魯君'은 魯나라 君主와 魯陽의 文君 두 사람으로 구별되므로 주의가 필요하다.

49-1-1 魯君이

魯나라 君主가

畢云 當是魯陽文君이니 **楚縣之君**이라하다 **蘇云 此魯君自是魯國君**이라 **故以齊攻爲患**하니 **畢注非也**라하다 **兪云 魯陽文君**은 **耕柱篇再見**(현)[1]이요 **此篇亦屢見**이어늘 **子墨子之意**는 **皆勸以無攻小國**하니 **與此不同**이라 **且此篇有魯君**하고 **又有魯陽文君**하여 **別而書之**하니 **其非一人明甚**이라하다 **詒讓案 蘇兪說是也**라 **以時代攷之**하면 **此魯君疑卽穆公**이라

畢沅 : 의당 魯陽 文君일 것이니 楚나라 縣의 君主이다.

蘇時學 : 이 대목의 魯君은 본래 魯나라의 國君이다. 그러므로 齊나라의 침략을 憂患으로 여겼으니 畢沅의 注는 잘못이다.

兪樾 : 魯陽 文君은 〈耕柱〉에 거듭 나오고 이 篇에도 누차 나오는데 墨子의 뜻은 모두 小國을 공격하지 말라고 권면하고 있으니 이 대목과는 같지 않다. 게다가 이 편에는 魯君이 있고 또 魯陽 文君이 있어 구별하여 쓰고 있으니 동일인이 아님이 매우 분명하다.

1) 魯陽文君 耕柱篇再見(현) : 앞의 46-11-1, 46-19-1에 보인다.

詒讓案：蘇時學, 兪樾의 說이 맞다. 時代로 고찰해 보면 이 대목의 魯君은 아마도 바로 穆公(재위 B.C. 410~B.C. 377)인 듯하다.

49-1-2 謂子墨子曰 吾恐齊之攻我也하니 **可救乎**아한대 **子墨子曰 可**라 **昔者**에 **三代之聖王禹湯文武**는 **百里之諸侯也**로되 **說**(열)**忠行義**하여 **取天下**라 **三代之暴王桀紂幽厲**는 **讎**(怨)〔忠〕**行暴**하여 **失天下**라

子墨子께 이르기를, "나는 齊나라가 우리나라를 칠까 두려워하고 있는데 해결할 수 있겠습니까?"라고 하자, 자묵자께서 말씀하셨다. "해결할 수 있습니다. 옛날 三代의 聖王인 禹 임금, 湯 임금, 文王, 武王은 백 리 땅의 諸侯였으나 忠臣을 좋아하고 의로운 일을 행하여 天下를 얻었습니다. 三代의 暴君인 桀, 紂, 幽, 厲는 忠臣을 원수로 삼고 포악한 짓을 행하여 천하를 잃었습니다.

周 文王

兪云 怨字乃忠字之誤니 言與忠臣爲讎也라 上文說禹湯文武曰 說忠行義하여 取天下라하여 與此相對하니 可證이라하다

兪樾：'怨'자는 바로 '忠'자의 잘못이니 忠臣과 원수가 된다는 말이다. 앞 글에서 禹 임금, 湯 임금, 文王, 武王을 설명하면서 '說忠行義 取天下'라고 하여 이 부분('讎怨行暴 失天下')과 서로 對가 되니 증거로 삼을 만하다.

49-1-4 吾願主君之上者尊天事鬼하고 **下者愛利百姓**하여 **厚爲皮幣**하고 **卑辭令**하여 **亟**(극)**徧禮四鄰諸侯**하고

저는 바라건대 主君께서 위로 上帝를 높이고 鬼神을 섬기며 아래로 백성을 사랑하고 이롭게 하는 한편, 禮物을 넉넉하게 하고 言辭를 겸손하게 하여 사방의 제후들과 속히 두루 교유하고

亟은 舊本誤作函이러니 今以意校正이라 爾雅釋詁에 云 亟은 疾也요 速也라하다 本篇亟字多誤爲函하니 詳後[2]라

'亟'은 舊本에 '函'으로 잘못되어 있는데 지금 글 뜻으로 판단하여 校正하였다. ≪爾雅≫ 〈釋詁〉에 "'亟'은 급하다〔疾〕는 뜻이고 빠르다〔速〕는 뜻이다."라고 하였다. 本篇에 '亟'자가 '函'으로 잘못되어 있는 경우가 많은데, 뒤에 자세히 설명하였다.

49-1-5 毆國而以事齊하면 **患可救也**니 **非此**면 **顧無可爲者**라하노라

나라 백성들을 고취하여 齊나라에 맞선다면 우환을 해결할 수 있습니다. 이것이 아니면 참으로 할 수 있는 일이 없습니다."

非此顧는 **舊本作非願二字**라 **畢云 言非此之爲願**이라하다 **王云 畢說非也**라 **願當爲顧**니 **字之誤也**라 **顧願草書相似**라 **顧與固通**이요 **顧上當有此字**니 **言非此固無可爲者也**요 **此字卽指上數事而言**이라 **今本顧訛作願**하고 **又脫此字**하니 **則義不可通**이라하다 **案 王說是也**니 **今據補正**이라

'非此顧'는 舊本에 '非願' 2자로 되어 있다.

畢沅 : 이를 바라는 것이 아니라는 말이다.

王念孫 : 畢沅의 說은 잘못이다. '願'은 '顧'가 되어야 하니 글자의 誤記이다. '顧', '願'은 草書가 서로 비슷하다. '顧'는 '固'와 뜻이 통하고 '顧' 앞에 '此'자가 있어야 하니, 이것이 아니면 참으로 할 수 있는 일이 없다는 말이고, '此'자는 바로 앞의 몇 가지 일을 가리켜 말한 것이다. 今本에 '顧'가 '願'으로 잘못되어 있고 또 '此'자가 빠져 있는데 뜻이 통하지 않는다.

案 : 王念孫의 說이 맞으니, 지금 이에 의거하여 보충하고 바로잡았다.

49-2-1 齊將伐魯어늘 **子墨子謂項子牛曰**

齊나라가 魯나라를 치려 하자, 자묵자께서 項子牛에게 말씀하셨다.

項子牛는 **蓋田和[3]將**이라 **伐魯事詳後[4]**라

項子牛는 아마도 田和의 장수인 듯하다. 魯나라를 친 일은 뒤에 자세히 설명하였다.

---

2) 本篇亟字多誤爲函 詳後 : 본 편 49-21-4, 49-21-10에 보인다.

3) 田和 : ?~B.C. 385. 姜太公을 시조로 하는 齊나라의 정권을 장악한 田常의 曾孫으로, 천자의 승인을 받아 정식으로 제나라 임금이 되어 이후 田齊의 太公으로 불린다. 姓은 嬀, 氏는 田, 名은 和이다. 田齊는 齊 桓公 때 陳 厲公의 아들 田完이 제나라로 망명하여 환대를 받았는데 그의 후손 田常이 齊 簡公을 시해하고 정권을 장악한 데서 비롯하였다.

4) 伐魯事詳後 : 본 편 49-20-2에 보인다.

49-2-2 伐魯는 **齊之大過也**라 **昔者**에 **吳王東伐越**하여 **棲諸會稽**하고

"노나라를 치려는 것은 제나라의 큰 잘못입니다. 옛날 吳王은 동쪽으로 越나라를 쳐서 〈월왕 구천을〉 會稽山에 숨어 지내게 하고,

吳伐越事는 詳非攻中篇[5]이라 國語越語에 云 越王句踐棲於會稽之上이라한대 韋注에 云 山處曰棲라하다

吳나라가 越나라를 친 일은 〈非攻 中〉에 자세히 설명하였다. ≪國語≫ 〈越語〉에 "越王句踐이 會稽山에 숨어 지냈다."라고 하였는데, 韋昭의 注에 "山에서 지내는 것을 '棲'라 한다."라고 하였다.

49-2-3 西伐楚하여 **葆昭王於隨**하고

서쪽으로 楚나라를 쳐서 〈鬪辛이〉 昭王을 모시고 隨나라로 달아나게 하였고

葆保通이라 左傳定四年에 吳入郢한대 楚鬪辛與其弟巢以王奔隨라하다

'葆'와 '保'는 통용한다. ≪春秋左氏傳≫ 定公 4년 〈經文에〉 "吳나라가 郢에 쳐들어갔다."라고 한 데 대해, "楚나라 鬪辛이 그 아우 鬪巢와 함께 楚王을 모시고 隨나라로 달아났다."라고 하였다.

49-2-4 北伐齊하여 **取國子以歸於吳**라

북쪽으로 齊나라를 쳐서 〈제나라 장수〉 國書를 사로잡아 오나라로 돌아왔습니다.

舊本國下衍太字라 王云 國太子는 本作國子하니 謂齊將國書也라 吳敗齊於艾陵하여 獲國子하니 事見春秋哀十一年이라 淺人誤以國爲國家之國하고 因加太字耳라하다 案王說是也니 今據刪이라

舊本에는 '國' 아래 '太'자가 잘못 들어가 있다.

王念孫 : '國太子'는 본래 '國子'로 되어 있으니 齊나라 장수 國書를 말한다. 吳나라가 艾陵에서 齊나라를 패배시키고 國子를 사로잡으니, ≪春秋≫ 哀公 11년에 그 일이 보인다. 그런데 식견이 얕은 이가 '國'을 '國家'의 '國'으로 잘못 생각하고서 인하여 '太'자를 붙인 것일 뿐이다.

---

5) 吳伐越事 詳非攻中篇 : 본서 2책 18-5-9~10에 보인다.

案 : 王念孫의 說이 맞으니 지금 이에 의거하여 刪削한다.

49-2-5 諸侯報其讎어늘 **百姓苦其勞**하여 **而弗爲用**이라 **是以國爲虛戾**하고

〈그런데〉 제후들이 그 원수를 갚자 〈오나라〉 백성들이 그 노역을 괴로워하여 쓰이려 하지 않았습니다. 이 때문에 나라는 텅 비게 되고

虛戾는 義詳公孟篇[6]이라

'虛戾'는 〈公孟〉에 뜻을 자세히 설명하였다.

49-2-6 身爲刑戮也라 **昔者**에 **智伯伐范氏與中行**(항)**氏**하여 **兼三晉之地**[7]한대

자신은 죽임을 당하였습니다. 옛날 智伯은 范氏와 中行氏를 쳐서 三晉의 땅을 兼倂하였는데,

詳非攻中篇[8]이라 此三晉謂晉卿三家니 卽智氏范氏中行氏也라 故非攻篇에 云 并三家以爲一家라하니 與韓趙魏不同이라

〈非攻 中〉에 자세히 설명하였다. 이 대목의 '三晉'은 晉나라의 卿 三家를 말하니 바로 智氏, 范氏, 中行氏이다. 그래서 〈非攻 中〉에 "三家를 兼倂하여 一家를 만들었다.〔并三家以爲一家〕"라고 하였으니, 韓, 趙, 魏 〈三晉〉과는 같지 않다.

49-2-7 諸侯報其讎어늘 **百姓苦其勞**하여 **而弗爲用**이라 **是以國爲虛戾**하고 **身爲刑戮(用是)也**라

제후들이 그 원수를 갚자 백성들이 그 노역을 괴로워하여 쓰이려 하지 않았습니다. 이 때문에 나라는 텅 비게 되고 자신은 죽임을 당하였습니다.

王云 用是二字涉上文而衍이라 上文是以國爲虛戾하고 身爲刑戮也에 無用是二字하니 是其證이라하다

王念孫 : '用是' 2자는 위 글에 관련되어 잘못 들어갔다. 위 글의 '是以國爲虛戾 身爲刑

---

6) 虛戾 義詳公孟篇 : 앞의 48-8-15에 보인다.
7) 昔者……兼三晉之地 : B.C. 497년에 일어난 일이다.
8) 詳非攻中篇 : 본서 2책 18-5-18~28에 보인다.

戮也'에는 '用是' 2자가 없으니 이것이 그 증거이다.

49-2-8 故大國之攻小國也는 是交相賊也니 過(화)必反於國이라하노라

그러므로 大國이 小國을 공격하는 것은 서로 해치는 일이니 재앙이 반드시 자신의 나라에 되돌아옵니다."

49-3-1 子墨子見齊大(태)王曰

자묵자께서 齊나라 大王을 보고 말씀하셨다.

畢云 太平御覽無大字하니 下同이라하다 蘇云 大當讀泰니 卽太公田和也라 蓋齊僭王號之後에 亦尊其祖爲太王하니 如周之古公云이라하다 兪云 大公者는 始有國之尊稱이라 故周追王自亶父(보)始하여 而稱大王하고 齊有國自尙父始하여 而稱大公이라 以及吳之大伯과 晉之大叔히 皆是也라 田齊始有國者는 和也라 故稱大公하니 猶尙父稱大公也라 至其後子孫稱王하여는 則亦應稱大王矣니 猶亶父稱大王也라 因齊大王之稱이 它書罕見이라 故學者不得其說일새 太平御覽引此文에 遂刪大字矣라하다 案 蘇兪說是也라 據史記田敬仲世家及六國年表컨대 田莊子[9]卒於周威烈王十五年한대 子大公和立이요 安王十六年에 田和始立爲諸侯라 墨子見大王은 疑當在田和爲諸侯之後라

畢沅 : ≪太平御覽≫에는 '大'자가 없는데 아래도 같다.

蘇時學 : '大'는 '泰'로 읽어야 하니 바로 太公 田和이다. 대개 齊나라가 王號를 僭用한 뒤에 또한 그 先祖를 높여 太王으로 삼으니 마치 周나라의 〈太王〉 古公(亶父)을 말하듯이 한 것이다.

兪樾 : '大公'이라는 것은 처음 나라를 세운 이에 대한 尊稱이다. 그래서 周나라가 王을 追尊한 것은 亶父에서 시작되어 大王이라 일컬었고, 齊나라가 나라를 세운 것은 尙父(呂尙)에서 시작되어 大公이라 일컬었다. 吳나라의 大伯과 晉나라의 大叔에 이르기까지 모두 그렇다. 田氏의 齊나라를 처음 세운 자는 田和이므로 大公이라 일컬었으니 尙父를 大公이라 일컬은 것과 같다. 그 후대에 子孫들이 王을 참칭한 데 이르러서는 또한 大王이라 일컬어야 하는 것이니 亶父를 大王이라 일컬은 것과 같다. 齊나라 大王의 칭호가 다른 책에는 드물게 보이기 때문에 學者들이 그 사정을 알 수 없었기에 ≪太平御覽≫에서

9) 田莊子 : ?~B.C. 411. 본명은 白으로, 田常의 손자이고, 田盤(田襄子)의 아들이다.

이 대목을 인용한 곳에는 마침내 '大'자를 삭제하였다.

案 : 蘇時學, 兪樾의 說이 맞다. ≪史記≫ 〈田敬仲世家〉 및 〈六國年表〉에 의거하면, 田莊子가 周나라 威烈王 15년에 졸하자 아들 大公 田和가 즉위하였고, 周 安王 16년(B.C. 386)에야 전화가 비로소 諸侯가 되었다. 墨子가 大王을 알현한 것은 아마도 田和가 諸侯가 된 뒤일 것이다.

49-3-2 今有刀於此하니 **試之人頭**하여 **倅**(졸)**然斷之**면

"지금 여기에 칼이 있는데 사람의 머리에 시험하여 순식간에 잘라내었다면

畢云 卒字異文作倅이니 讀如倉猝이라하다

畢沅 : '卒'자의 이체자는 '倅'로 쓰는데, '倉猝'〈의 '猝'〉과 같이 읽는다.

49-3-3 可謂利乎아한대 **大王曰 利**라하다 **子墨子曰 多試之人頭**하여 **倅然斷之**면 **可謂利乎**아한대 **大王曰 利**라하다 **子墨子曰 刀則利矣**나 **孰將受其不祥**고한대 **大王曰 刀受其利**요 **試者受其不祥**이라하다

예리하다 할 수 있겠습니까?" 태왕이 말하기를, "예리합니다."라고 하였다. 자묵자께서 말씀하셨다. "사람의 머리에 많이 시험하여 순식간에 잘라내었다면 예리하다 할 수 있겠습니까?" 태왕이 말하기를, "예리합니다."라고 하였다. 자묵자께서 말씀하셨다. "칼은 예리합니다만 누가 장차 그 재앙을 받겠습니까?" 태왕이 말하기를, "칼은 예리하다고 인정받을 것이고 시험한 자가 그 재앙을 받을 것입니다."라고 하였다.

畢云 言持刀之人이라하다

畢沅 : 칼을 잡은 사람을 말한다.

49-3-4 子墨子曰 幷國覆軍하고 **賊敹**(살)**百姓**하면

자묵자께서 말씀하셨다. "나라를 겸병하고 군대를 전복하고 백성을 죽인다면

畢云 舊作敹러니 非요 太平御覽引作殺이라 案說文에 云 敹은 古文殺이라하니 出此라 今依改正이라하다 案 畢校是也니 說詳尙賢中篇이라

畢沅 : 〈'散'은〉 舊本에는 '㪊'로 되어 있는데 잘못이고, ≪太平御覽≫에서 이 대목을 인용한 곳에는 '殺'로 되어 있다. 살펴보건대, ≪說文解字≫에 "'散'은 古文의 殺이다."라고 하였으니, 여기서 나온 것인지라 지금 이에 의거하여 바로잡았다.

案 : 畢沅의 校勘이 맞으니, 〈尙賢 中〉에 자세히 설명하였다.

49-3-5 孰將受其不祥고한대 **大王俯仰而思之曰 我受其不祥**이라하다

누가 장차 그 재앙을 받겠습니까?" 태왕이 고개를 위아래로 움직이며 생각하다가 말하기를, "내가 그 재앙을 받을 것입니다."라고 하였다.

49-4-1 魯陽文君將攻鄭이어늘 **子墨子聞而止之**하여 **謂〔魯〕陽文君曰**

魯陽 文君이 鄭나라를 공격하려 하였는데, 자묵자께서 이를 듣고 제지하고자 노양 문군에게 말씀하셨다.

畢云 謂下當脫魯字라하다

畢沅 : '謂' 뒤에 '魯'자가 빠졌을 것이다.

49-4-2 今使魯四境之內에

"지금 만일 노양의 사방 경계 안에서

畢云 謂魯陽이라하다

畢沅 : 魯陽을 말한다.

49-4-3 大都[10]**攻其小都**하고 **大家伐其小家**하여 **殺其人民**하고 **取其牛馬狗豕布帛米粟貨財**어든 **則何若**고한대 **魯陽文君曰 魯四境之內**는 **皆寡人之臣也**라 **今大都攻其小都**하고 **大家伐其小家**하여 **奪之貨財**어든 **則寡人必將厚罰之**라하다 **子墨子曰 夫天之兼有天下也**는 **亦猶君之有四境之內也**라 **今擧兵將以攻鄭**하면 **天誅亓不至乎**아하다

10) 大都 : 大城을 뜻하는데 여기서 나아가 大城을 다스리는 귀족 세력을 말한다.

大都가 小都를 공격하고 大家가 小家를 공격하여, 그 백성을 죽이고 그 소, 말, 개, 돼지와 베, 비단, 쌀, 조, 재화를 빼앗는다면 어찌 되겠습니까?" 노양 문군이 말하기를, "노양의 사방 경계 안의 사람들은 모두 寡人의 臣民입니다. 지금 大都가 小都를 공격하고 大家가 小家를 공격하여 재화를 빼앗는다면, 과인은 반드시 重罰을 내릴 것입니다."라고 하였다. 자묵자께서 말씀하셨다. "무릇 上帝가 천하를 두루 소유한 것은 또한 主君께서 사방 경계 안을 소유한 것과 같습니다. 〈그런데〉 지금 군대를 일으켜 장차 정나라를 공격한다면 상제의 벌이 이르지 않겠습니까?"

道藏本吳鈔本에 亓는 竝誤亦이라

道藏本, 吳鈔本에 '亓'는 모두 '亦'으로 잘못되어 있다.

49-4-4 魯陽文君曰 先生何止我攻鄭也오 我攻鄭은 順於天之志라 鄭人三世殺其(父)〔君〕이라

노양 문군이 말하기를, "先生은 어찌하여 내가 정나라를 공격하는 것을 제지하는 것입니까? 내가 정나라를 공격하는 것은 상제의 뜻을 따르는 것입니다. 정나라 사람이 三代에 걸쳐 그들의 임금을 시해한지라

蘇云 父는 當作君이라 據史記鄭世家컨대 云 哀公八年에 鄭人弑哀公而立聲公弟丑하니 是爲共公이라 三十〔一〕[11]年共公卒한대 子幽公(巳)〔已〕[12]立이라 幽公元年에 韓武子伐鄭하여 殺幽公이어늘 鄭人立幽公弟駘하니 是爲繻公이라 二十七年에 子陽之黨共弑繻公이라하니 是三世弑君之事也라하다

蘇時學 : '父'는 '君'이 되어야 한다. ≪史記≫ 〈鄭世家〉에 의거하면 "〈鄭나라〉 哀公 8년(B.C. 455)에 鄭나라 사람이 애공을 弑害하고 聲公(B.C. 500~B.C. 463 재위)의 아우 丑을 세우니, 이 사람이 共公(재위 B.C. 454~B.C. 424)이다. 〈공공〉 31년(B.C. 424)에 공공이 卒하자 아들 幽公 已가 즉위하였다. 유공 원년(B.C. 423)에 韓武子가 鄭나라를 쳐서 유공을 살해하자 鄭나라 사람이 유공의 아우 駘를 세우니, 이 사람이 繻公(재위 B.C. 422~B.C. 396)이다. 〈수공〉 27년(B.C. 396)에 子陽의 黨與가 함께 수공을 시해하였다."

11) 〔一〕 : 저본에는 '一'이 없으나, ≪史記≫ 권42 〈鄭世家〉에 의거하여 보충하였다.
12) (巳)〔已〕 : 저본에는 '巳'로 되어 있으나, ≪史記≫ 권42 〈鄭世家〉에 의거하여 '已'로 바로잡았다.

라고 하였으니, 이것이 삼대에 걸쳐 임금을 시해한 일이다.

案 黃式三[13]周季編略[14]亦同蘇說한대 黃氏又據此云 三年不全은 以魯陽文君攻鄭在安王八年일새니 卽鄭繻公被弒後三年也라하다 然二說竝可疑라 攷文君卽公孫寬이니 爲楚司馬子期子라 據左傳컨대 子期死白公之難은 在魯哀公十六年이요 次年寬卽嗣父爲司馬하니 則白公作亂時에 寬至少亦必已弱冠이라 鄭繻公之弒는 在魯穆公十四年하니 上距哀公十六年에 已八十四年이라 文子若在면 約計殆逾百歲어늘 豈尙能謀攻鄭乎리오 竊疑此三世는 竝當作二世니 蓋卽在韓殺幽公之後라 幽公之死當魯元公八年하니 時文子約計當七十餘歲니 於情事儻有合耳라

案 : 黃式三의 ≪周季編略≫ 역시 소시학의 說과 같은데, 黃氏는 또 이 대목에 의거하여 "〈아래에〉 '三年不全'이라 한 것은 魯陽 文君이 鄭나라를 공격한 일이 安王 8년(B.C. 394)에 있어서이니 바로 鄭 繻公이 시해 당하고 난 뒤 3년째 되는 해이다."라고 하였다. 그렇지만 〈소시학과 황식삼의〉 두 설 모두 의심스럽다.

상고해 보면, 魯陽 文君은 바로 公孫寬이니, 楚나라 司馬子期의 아들이다. ≪春秋左氏傳≫에 의거하건대, 子期가 白公의 난리에 죽은 일은 魯 哀公 16년(B.C. 479)에 있었고 이듬해에 공손관이 바로 부친을 이어 司馬가 되었으니 백공이 난리를 일으켰을 때에 공손관은 적어도 역시 반드시 이미 弱冠을 지났을 것이다. 鄭 繻公의 시해 사건은 魯 穆公 14년(B.C. 396)에 있었으니, 위로 哀公 16년에서 이미 84년이 지난지라 文子가 만약 살아 있었다면 대략 계산해도 거의 100세를 넘는데 어찌 여전히 鄭나라를 공격할 계모를 꾸밀 수 있겠는가.

내 생각에는 아마도 이 대목의 '三世'는 모두 '二世'가 되어야 하니 대체로 바로 韓나라가 幽公을 시해한 뒤에 있었던 듯하다. 유공의 죽음은 魯 元公 8년(B.C. 423)인데, 이때 文子는 대략 계산하여 70여 세에 해당하니 情況으로 볼 때 혹 부합할 수도 있겠다.

---

13) 黃式三 : 1789~1862. 字는 薇香, 號는 儆居이고 浙江 定海 사람이다. 淸代의 저명한 學者로 黃以周의 부친이다. 30세 이후에 ≪論語≫를 정밀하게 연구하였고, 40세 이후에는 曆代의 典章制度를 考究하였고, 50세 이후에는 ≪尙書≫와 ≪春秋≫를 전공하였다. 60세 이후에는 ≪易經≫을 즐겨 읽었는데 梁啓超는 그를 淸代의 經學의 거장으로 평가하였다. 저서로 ≪論語後案≫, ≪周季編略≫등이 있다.

14) 周季編略 : 黃式三이 편찬한 戰國時代를 다룬 編年體 史書로, 모두 9권이다. 周 定王 원년(B.C. 606)부터 秦 始皇 26년(B.C. 221)까지를 다루었다.

49-4-5 天加誅焉하여 **使三年不全**이라

상제가 그들에게 벌을 내려 삼년 동안 농사가 순조롭지 않게 하였습니다.

呂氏春秋本生篇高注에 云 全은 猶順也라하다 三年不全은 猶玉藻에 云 年不順成이라하다

≪呂氏春秋≫ 〈本生〉의 高誘의 注에 "'全'은 순조롭다〔順〕는 뜻이다."라고 하였다. '三年不全'은 ≪禮記≫ 〈玉藻〉에서 "농사가 순조롭게 이루어지지 않다.〔年不順成〕"라고 한 것과 같다.

49-4-6 我將助天誅也라한대 **子墨子曰 鄭人三世殺其(父)〔君〕而天加誅焉**하여 **使三年不全**이면 **天誅足矣**로되 **今又擧兵將以攻鄭**하여 **曰 吾攻鄭也**는 **順於天之志**라하니 **譬有人於此**하니 **其子强粱不材**라

나는 하늘의 벌을 도우려는 것입니다."라고 하자, 자묵자께서 말씀하셨다. "정나라 사람들이 삼대에 걸쳐 그들의 임금을 시해한지라 상제가 그들에게 벌을 내려 삼년 동안 농사가 순조롭지 않게 하였다면 하늘의 벌이 충분한 것입니다. 그런데도 지금 또 군대를 일으켜 정나라를 공격하려 하면서 '내가 정나라를 공격하는 것은 상제의 뜻을 따르는 것이다'라고 말씀합니다. 이는 비유하자면 여기에 어떤 사람이 자신의 아들이 억세고 재주를 못 이루기 때문에

老子에 云 强粱者不得其死라하고 莊子山木釋文에 云 彊粱은 多力也라 詩大雅蕩毛傳에 云 彊粱禦善也[15]라한대 孔疏云 彊粱은 任威使氣之貌라

≪老子≫에 "剛勁한 자는 제명에 죽지 못한다.〔强粱者不得其死〕"라고 하고, ≪莊子≫ 〈山木〉의 釋文에 "'彊粱'은 힘이 세다〔多力〕는 뜻이다."라고 하였다. ≪詩經≫ 〈大雅 蕩〉의 毛傳에 "〈'彊禦'는〉 彊粱하여 善을 거부한다는 뜻이다."라고 하였는데, 孔穎達의 疏에 "'彊粱'은 위협하고 기세를 부리는 모양〔任威使氣之貌〕이다."라고 하였다.

49-4-7 故其父笞之어늘 **其鄰家之父擧木而擊之**하여 **曰 吾擊之也**는 **順於其父之志**라하니 **則豈不悖哉**아하노라

15) 詩大雅蕩毛傳……彊粱禦善也 : ≪詩經≫ 〈大雅 蕩〉에서 "문왕이 말씀하셨다. '아 슬프다, 너희 殷商아. 억세어 선을 거부하는구나.〔文王曰咨 咨女殷商 曾是彊禦〕'"라고 한 것에 대해, 毛傳에서 '彊禦'를 '彊粱禦善也'로 풀이하였다.

그 아버지가 매질을 하였는데 그 이웃집의 어른이 몽둥이를 들고 와 치면서 '내가 치는 것은 그 부모의 뜻을 따르는 것이다'라고 말하는 것과 같으니, 어찌 〈이치에〉 어긋난 일이 아니겠습니까?"

49-5-1 子墨子謂魯陽文君曰 攻其鄰國하여 **殺其民人**하고 **取其牛馬粟米貨財**어든 **則書之於竹帛**하고 **鏤之於金石**하여 **以爲銘於鍾鼎**하여 **傳遺後世子孫**하여 **曰 莫若我多**라하고

자묵자께서 노양 문군에게 말씀하셨다. "이웃 나라를 공격하여 그 백성을 죽이고 소와 말, 조와 쌀, 재화를 빼앗고는 죽간과 비단에 쓰고 金石에 새겨 鍾鼎에 銘文을 짓고서 후세의 자손에게 전하면서 말하기를, '나보다 戰功이 큰 사람이 없다.'고 하고,

周禮司勛에 云 戰功曰多[16]라하다 畢云 我多舊作多吾러니 一本如此라하다 案 顧校季本에 亦作我多라하다

≪周禮≫ 〈夏官 司勛〉에 " 전쟁에서 이룬 공로는 多라고 한다.〔戰功曰多〕"라고 하였다.
畢沅 : '我多'는 舊本에 '多吾'로 되어 있는데, 어떤 本에는 여기와 같이 되어 있다.
案 : 顧廣圻가 교감한 季本에도 '我多'로 되어 있다.

49-5-2 今賤人也가 **亦攻其鄰家**하여 **殺其人民**하고 **取其狗豕食糧衣裘**어든

지금 어떤 賤人이 역시 그 이웃집을 공격하여 그 사람들을 죽이고 개와 돼지, 식량과 의복을 약탈하고는

畢云 粮은 糧字俗寫라하다

畢沅 : '粮'은 '糧'자의 俗字이다.

16) 周禮司勛……戰功曰多 : ≪周禮≫ 〈夏官 司勛〉에 "司勳은 六鄕에 땅을 상으로 주는 법을 관장하여 그 공로에 등급을 매긴다. 왕에게 끼친 공로는 勳이라 하고, 국가에 끼친 공로는 功이라 하고, 백성에게 끼친 공로는 庸이라 하고, 사업에 끼친 공로는 勞라 하고, 다스림에 끼친 공로는 力이라 하고, 전쟁에서 이룬 공로는 多라고 한다.〔司勳掌六鄕賞地之灋 以等其功 王功曰勳 國功曰功 民功曰庸 事功曰勞 治功曰力 戰功曰多〕"라고 하였다.

49-5-3 亦書之竹帛하여 以爲銘於席豆하여 以遺後世子孫하여 曰 莫若我多라하면 亓(기)可乎아한대

또한 죽간과 비단에 쓰고 祭器에 명문을 짓고서 후세 자손에게 전하면서 말하기를, '나보다 전공이 큰 사람이 없다'고 한다면, 옳겠습니까?"

亓는 道藏本吳鈔本에 竝誤亦이라

'亓'는 道藏本, 吳鈔本에 모두 '亦'으로 잘못되어 있다.

豆

49-5-4 魯陽文君曰 然이라 吾以子之言觀之하면 則天下之所謂可者는 未必然也라하다

노양 문군이 말하기를, "그렇습니다. 내가 선생의 말로 살펴보면, 천하 사람이 이른바 옳다고 하는 것이 반드시 그렇지는 않습니다."라고 하였다.

49-6-1 子墨子(爲)〔謂〕魯陽文君曰

자묵자께서 노양 문군에게 말씀하셨다.

畢云 爲는 謂字라하다 案 吳鈔本作謂라하다

畢沅 : '爲'는 '謂'자이다.

案 : 吳鈔本에는 '謂'로 되어 있다.

49-6-2 世俗之君子는 皆知小物而不知大物이라 今有人於此하니 竊一犬一彘(체)則謂之不仁이어니와 竊一國一都則以爲義라 譬猶小視白謂之白호되 大視白則謂之黑이라

世俗의 君子들은 모두 작은 일은 알지만 큰 일은 알지 못합니다. 지금 여기 어떤 사람이 있는데 개 한 마리와 돼지 한 마리를 훔치면 그를 不仁하다고 하는 반면, 한 나라와 한 도시를 훔치면 그를 의롭다고 합니다. 비유하자면 마치 조그만 흰 것을 보고는 희다고 하면서도 커다란 흰 것을 보고는 검다고 하는 것과 같습니다.

吳鈔本無則字라

吳鈔本에는 '則'자가 없다.

49-6-3 是故世俗之君子는 知小物而不知大物者는 此若言之謂也라하노라

이 때문에 '세속의 군자들은 모두 작은 일은 알지만 큰 일은 알지 못한다'고 한 것은 이러한 말을 이르는 것입니다.

此若은 畢改爲若此하고 云 舊二字倒러니 一本如此라하다 案 顧校季本同이라하다 王云 畢改非也라 古者謂此爲若하니 連言之하면 則曰此若이라 此若言之謂也는 已見尙賢篇[17]하고 又節葬篇에 曰 以此若三聖王者觀之라하고 又曰 以此若三國者觀之[18]라하여 墨子書言此若者多矣요 它書亦多有之라하다 案 王說是也라하다

此若은 畢沅이 '若此'로 고치고 "舊本에는 2字가 순서가 바뀌어 있는데, 어떤 本에는 여기와 같이 되어 있다."라고 하였다.

案 : 顧廣圻가 교감한 季本은 같다.

王念孫 : 畢沅이 고친 것은 잘못이다. 옛날에 '此'를 일러 '若'이라 하였으니 이어서 쓰면 '此若'이라고 한다. '此若言之謂也'는 이미 〈尙賢 上〉에 보이고 또 〈節葬 下〉에 '以此若三聖王者觀之(이 세 聖王의 관점에서 보자면)'라고 하고 또 '以此若三國者觀之(이 세 나라의 관점에서 보자면)'라고 하여, ≪墨子≫에 '此若'이라고 말한 것이 많고 다른 책에도 많이 있다.

案 : 王念孫의 說이 맞다.

49-7-1 魯陽文君語子墨子曰

노양 문군이 자묵자께 이르기를,

吳鈔本語作謂라

吳鈔本에는 '語'가 '謂'로 되어 있다.

49-7-2 楚之南有啖人之國者橋하니

楚나라 남쪽에 食人하는 나라 橋가 있는데,

節葬下篇作炎人하고 而以食子爲輆沐國俗[19]하니 與此不同이라 竊疑啖人之名卽起於

17) 此若言之謂也 已見尙賢篇 : 본서 1책 8-6-10에 보인다.
18) 又節葬篇……以此若三國者觀之 : 본서 2책 25-9-24, 25-11-14에 보인다.
19) 節葬下篇作炎人 而以食子爲輆沐國俗 : 본서 2책 25-11-4~10에 보인다.

食子하니 此篇是也라 橋未詳이라

〈節葬 下〉에는 '炎人'으로 되어 있고 아들을 먹는 것은 輆沐國의 풍속으로 여겼으니 이 대목과 같지 않다. 내 생각에 아마도 '啖人'이라는 명칭은 바로 아들을 먹는 데서 기원한 듯하니 이 편이 그것이다. '橋'는 알 수 없다.

49-7-3 其國之長子生하면 則(鮮)〔解〕而食之하고

그 나라에 長子가 태어나면 〈그 살을〉 발라내어 먹고서

畢云 鮮은 一本作解라하다 詒讓案 節葬下篇亦作解라하다 顧云 作鮮者誤라 古鮮解字或相亂이라 殷敬順釋列子에 用鮮字訓[20]하니 非也라하다

畢沅 : '鮮'은 어떤 本에는 '解'로 되어 있다.

詒讓案 : 〈節葬 下〉에도 '解'로 되어 있다.

顧廣圻 : '鮮'으로 되어 있는 것은 잘못이다. 옛날에 '鮮', '解'자는 더러 서로 혼동하였다. 殷敬順의 ≪列子釋文≫에서 '鮮'자를 써서 해설하였으니 잘못이다.

49-7-4 謂之宜弟라 美어든 則以遺其君하고 君喜則賞其父라

'아우를 위하여 마땅한 일이다'라고 합니다. 맛이 좋으면 이를 임금에게 바치고 임금이 흡족해 하면 그 아비에게 상을 내립니다.

後漢書南蠻傳에 云 交阯其西有噉(담)人國한대 生首子하면 輒解而食之하니 謂之宜弟라 味旨則以遺其君이어늘 君喜而賞其父라 今烏滸人是也라한대 李注引萬震南州異物志[21] 云 烏滸는 地名也니 在廣州之南交州之北이라하니 則漢時尙相傳有是國也라

≪後漢書≫ 〈南蠻傳〉에 "交阯의 서쪽에 食人하는 나라가 있는데 첫 아들을 낳기만 하면 바로 살을 발라 먹으니 이를 일러 '아우를 위하여 마땅한 일이다.〔宜弟〕'라고 하였다. 맛이 좋으면 그 임금에게 바치는데 임금이 흡족해 하면 그 아비에게 상을 내렸다. 지금

---

20) 殷敬順釋列子 用鮮字訓 : 唐나라 殷敬順이 ≪列子釋文≫에서 '鮮'을 풀이하여 "두예가 ≪春秋左氏傳≫에 낸 注에 '사람이 장수하지 못한 것을 鮮이다.'라고 하였으니 어리다는 말이다.〔杜預注左傳云 人不以壽死曰鮮 謂少也〕"라고 하였다.

21) 萬震南州異物志 : 萬震은 三國시대 吳나라 사람으로, 丹陽太守를 지낸 적이 있다. 그가 지은 ≪南州異物志≫는 中國의 嶺南 지방을 다룬 제일 오래된 史料이다.

의 烏滸 사람이 이들이다."라고 하였는데 李賢의 注에 萬震의 ≪南州異物志≫를 인용하면서 "烏滸는 地名이니 廣州의 남쪽, 交州의 북쪽에 있다."라고 하였으니 漢나라 때 여전히 이 나라가 있다고 전해온 것이다.

49-7-5 豈不惡俗哉리오한대 **子墨子曰 雖中國之俗**이라도 **亦猶是也**라 **殺其父而賞其子**가 **何以異食其子而賞其父者哉**리오 **苟不用仁義**면 **何以非夷人食其子也**리오하노라

어찌 사악한 습속이 아니겠습니까?"라고 하자, 자묵자께서 말씀하셨다. "비록 우리 中國의 풍속이라 해도 역시 이와 같습니다. 〈자식이〉 아비를 죽였는데 그 자식에게 상을 주는 것이 〈아비가〉 자식을 잡아먹었는데 그 아비에게 상을 주는 것과 무엇이 다르겠습니까? 진실로 仁義를 행하지 않는다면 무엇을 가지고 오랑캐가 자기 자식을 잡아먹는 것을 비판할 수 있겠습니까?"

49-8-1 魯君之嬖人死커늘 **魯(君)〔人〕爲之誄**(뇌)하니 **魯(人)〔君〕因說**(열)**而用之**라

魯나라 임금의 愛妾이 죽자 노나라 사람이 그녀를 위해 誄文을 지으니, 노나라 임금이 이로 인해 기뻐하며 그를 등용하였다.

蘇云 第二句君字는 當作人이요 第三句人字는 當作君이니 傳寫誤也라하다

蘇時學 : 둘째 句의 '君'자는 '人'이 되어야 하고, 셋째 句의 '人'자는 '君'이 되어야 하니 옮겨 베끼는 과정에서 잘못된 것이다.

49-8-2 子墨子聞之曰 誄者는 **道死人之志也**라

자묵자께서 이를 듣고 말씀하셨다. "誄文이라는 것은 죽은 사람의 뜻을 稱頌하는 것입니다.

釋名釋典藝에 云 誄는 累也니 累列其事而稱之也라하다

≪釋名≫ 〈釋典藝〉에 "'誄'는 累이니 그 일을 겹쳐 나열하여 일컫는 것이다."라고 하였다.

49-8-3 今因說而用之는 **是猶以來首從服**[22]**也**라하노라

지금 이로 인해 기뻐하며 그를 등용하는 것은 마치 貍首(삵)로 수레의 服馬의 역할을 맡게 하는 것과 같습니다."

貍

來首는 疑卽貍首[23)]니 史記封禪書에 云 萇弘設射貍首라 貍首者는 諸侯之不來者라하고 大射儀鄭注說貍首云 貍之言不來也라하고 廣雅釋獸에 云 狉(비)는 貍也라하니 不來는 卽狉貍라 方言에 云 貔(비)는 陳楚江淮之閒謂之貅(래)하고 關西謂之貍라하니 來貅字亦同이라 蓋貍與來古音相近이라 故貍首亦謂之來首라 服은 謂服馬라 以來首從服은 言以貍駕車니 明其不勝任也라

'來首'는 아마도 바로 貍首인 듯하니, ≪史記≫ 〈封禪書〉에 "萇弘이 삵의 머리로 과녁을 세웠는데, 삵의 머리는 諸侯 가운데 朝會 오지 않는 자를 의미한다."라고 하고, ≪儀禮≫ 〈大射儀〉의 鄭玄의 注에 貍首를 설명하면서 "'貍'라는 말은 오지 않는다〔不來〕는 뜻이다." 라고 하고, ≪廣雅≫ 〈釋獸〉에 "'狉'는 貍이다."라고 하였으니, 不來는 狉貍이다. ≪方言≫에 "貔는 陳, 楚, 江, 淮 지방에서는 貅라고 하고 關西 지방에서는 貍라고 한다."라고 하였으니, 來와 貅 자는 역시 같다. 대체로 '貍'와 '來'는 古音이 서로 비슷하므로 貍首 역시 '來首'라고 한 듯하다. 服은 服馬를 이른다. '以來首從服'은 貍로 수레의 멍에를 멘다는 말이니 그것이 역할을 감당하지 못함을 밝힌 것이다.

49-9-1 魯陽文君謂子墨子曰 有語我以忠臣者하니 令之俯則俯요

노양 문군이 자묵자께 이르기를, "나에게 忠臣에 대해 말해준 이가 있으니, 고

22) 服 : 服馬의 뜻으로, 古代에 수레 1대를 네 마리의 말이 끄는데 중앙의 수레 끌채 양쪽에 멍에를 매는 두 마리 말을 말한다. 복마의 양 옆에 더 멍에를 매는 한 마리씩의 말은 驂馬라 한다.

23) 貍首 : 본래 逸詩의 편명이다. ≪儀禮≫ 〈大射儀〉에 "上射가 읍을 하면 司射는 물러나 본래 자리로 돌아간다. 樂正이 太師에게 '〈貍首〉를 연주하되 그 소리의 疏數(삭)을 고르게 하라.'라고 명한다.〔上射揖 司射退反位 樂正命太師曰 奏貍首 間若一〕"라고 하였는데, 정현의 주에 "〈이수〉는 일시인 〈曾孫〉이다. '貍'라는 말은 오지 않는다는 뜻이다. 이 시에 '조회 오지 않는 제후의 머리를 쏜다.'라는 말이 있으므로 인하여 편의 이름을 지은 것인데〔貍之言不來也 其詩有射諸侯首不朝者之言 因以名篇〕, 후세에 그 제목을 잃어버리고 〈증손〉이라고 하니, 증손은 그 장의 첫머리이다."라고 하였다.

개를 숙이라면 숙이고

畢云 頫(부)字俗寫라하다

畢沅 : 〈'俯'는〉 '頫'자의 俗字이다.

49-9-2 令之仰則仰이요 處則靜이라가 呼則應이라 可謂忠臣乎아한대 子墨子曰 令之俯則俯요 令之仰則仰은 是似景(영)也라

고개를 들라면 들며, 앉아 있을 때는 조용히 있다가 부르면 바로 응답합니다. 이를 일러 忠臣이라 할 수 있겠습니까?"라고 하자, 자묵자께서 말씀하셨다. "고개를 숙이라면 숙이고 고개를 들라면 드는 것은 그림자와 비슷하고,

畢云 古影字只作景이어늘 葛洪[24]加彡(삼)하고 而明刻淮南子有注에 云 古影字라하고 道藏本無하니 蓋明人妄增耳라 今尙書亦有影響字한대 寫者亂之라하다

畢沅 : 옛날에 '影'자는 그냥 '景'으로만 썼는데 葛洪이 '彡'을 더하였고, 明刻本 ≪淮南子≫에 달린 注에는 "옛 '影'자이다."라고 하고, 道藏本에는 〈'彡'이〉 없으니 대체로 明代 사람이 함부로 덧붙인 것일 뿐인 듯하다. 지금 ≪尙書≫에도 '影響'자가 있는데 베끼는 자가 혼란하게 만든 것이다.

49-9-3 處則靜이라가 呼則應은 是似響也라

앉아 있을 때는 조용히 있다가 부르면 바로 응답하는 것은 메아리와 비슷합니다.

管子心術篇에 云 若影之象形과 響之應聲也라하다 漢書天文志에 亦云 如景之象形과 響之應聲이라하다

≪管子≫ 〈心術〉에 "그림자가 형태를 본뜨는 것[影之象形]과 메아리가 소리에 응하는 것과 같다."라고 하였다. ≪漢書≫ 〈天文志〉에도 "그림자가 형태를 본뜨는 것[景之象形]과 메아리가 소리에 응하는 것과 같다."라고 하였다.

49-9-4 君將何得於景與響哉리오 若以翟之所謂忠臣者는 上有過則微之以諫하고

24) 葛洪 : 283~363. 字는 稚川이고 스스로 抱朴子라 불렀다. 西晉과 東晉이 교체되는 시대에 살았으며 저명한 도교 사상가로서 풍부한 저작을 남겼다.

임금께서는 장차 그림자와 메아리에서 무엇을 얻겠습니까? 제가 이른바 忠臣이라 하는 자로 말하자면, 윗사람에게 잘못이 있으면 틈을 엿보아 諫言하고

微者는 䰎(미)之借字라 說文見部에 云 䰎는 司也라하다 漢書游俠傳에 使人微知賊處라한대 顔注에 云 微는 伺間之也라하니 此微之以諫도 亦言伺君之閒而諫之也라

'微'라는 것은 '䰎'의 假借字이다. ≪說文解字≫ 見部에 "'䰎'는 엿본다〔司〕는 뜻이다."라고 하였다. ≪漢書≫ 〈游俠傳〉에 "사람을 시켜 賊이 있는 곳을 엿보아 알아보게 하였다.〔使人微知賊處〕"라고 하였는데, 顔師古의 注에 "'微'는 틈을 엿본다〔伺間之〕는 뜻이다."라고 하였으니 이 대목의 '微之以諫' 역시 임금의 틈을 엿보아 간언한다는 말이다.

49-9-5 已有善이며 則訪之上하고 而無敢以告라

자신에게 좋은 計謀가 있으면 윗사람에게 이를 올리고 감히 다른 곳에 얘기하지 않습니다.

爾雅釋詁에 云 訪은 謀也라하니 謂進其謀於上하고 而不敢以告人也라하다

≪爾雅≫ 〈釋詁〉에 "'訪'은 謀(計謀)이다."라고 하였으니 임금에게 그 計謀를 올리고 감히 다른 사람에게 알리지 않는다는 말이다.

49-9-6 外匡其邪하여 而入其善하고

밖으로 그 사악함을 바로잡아 善道로 들어가게 하고,

而는 吳鈔本作以라 入其善은 謂納之於善也라 畢云 匡字舊闕하고 注云 太祖廟諱上字라하니 蓋宋本如此[25]니 今增이라하다

'而'는 吳鈔本에 '以'로 되어 있다. '入其善'은 善道로 들어가게 한다는 말이다.

畢沅 : '匡'자는 舊本에 빠져 있고, 注에 "太祖의 廟諱의 글자이다."라고 하였으니 대체로 宋本이 이러한지라 지금 덧붙인다.

---

25) 太祖廟諱上字 蓋宋本如此 : 廟諱는 돌아간 君主의 이름으로, 높이는 뜻에서 그 이름을 입으로 말하거나 글씨로 쓰지 않는 것을 避諱라고 한다. 宋 太祖의 諱가 匡胤이므로, 宋代 板本들이 太祖의 諱를 쓰지 않은 것이다.

49-9-7 尙同而無下比라

윗사람과 뜻을 함께 하면서 아랫사람과 結黨하지 않습니다.

尙與上通이라 舊本無同字라 王云 此文具見尙同三篇호되 舊本脫同字러니 今補라하다

'尙'은 '上'과 통용한다. 舊本에는 '同'자가 없다.

王念孫 : 이 글은 〈尙同〉 上·中·下 3편에 모두 보이는데, 舊本에는 '同'자가 빠져 있으니, 지금 보충한다.

49-9-8 是以美善在上하고 而怨讎在下하며

이 때문에 아름답고 선한 일은 윗사람에게 돌아가고 원망과 미움 받는 일은 아랫사람이 담당하며,

舊本脫是字러니 王據尙賢篇補라

舊本에 '是'자가 빠져 있는데 王念孫이 〈尙賢〉에 의거하여 보충하였다.

49-9-9 安樂在上하고 而憂慼在臣이라 此翟之所謂忠臣者也라하노라

편안함과 즐거움은 윗사람에게 돌아가고 근심과 걱정은 신하가 담당합니다. 이것이 제가 이른바 충신이라 하는 자입니다."

舊本脫所字러니 今據吳鈔本補라

舊本에 '所'자가 빠져 있는데 지금 吳鈔本에 의거하여 보충한다.

49-10-1 魯君謂子墨子曰 我有二子하니 一人者好學하고 一人者好分人財라 孰以爲太子而可오한대 子墨子曰 未可知也니 或所爲賞與爲是也라

魯君이 자묵자께 이르기를, "나에게 두 아들이 있는데, 한 놈은 학문을 좋아하고 다른 한 놈은 남에게 재물을 나누어 주기 좋아합니다. 누구를 太子로 삼는 것이 좋겠습니까?"라고 하자, 자묵자께서 말씀하셨다. "아직 잘 모르겠습니다. 어쩌면 포상과 명예를 위해 그럴 수 있습니다.

畢云 與는 舊作興이러니 以意改라하다 案 畢校是也나 而讀爲賞與句는 則非라 此當讀或

所爲賞與爲是也八字句요 與卽譽之假字라 言好學與分財는 或因求賞賜名譽하여 而僞爲是요 不必眞好也라 前大取篇에 云 爲賞譽利一人은 非爲賞譽利人也[26]라하니 是其證이라 賞譽는 亦見尙同下篇이라

畢沅 : '與'는 舊本에 '興'으로 되어 있는데, 글 뜻으로 판단하여 고쳤다.

案 : 畢沅의 校勘은 맞지만 '爲賞與'로 句를 떼어 읽은 것은 잘못이다. 이 대목은 '或所爲賞與爲是也' 8자로 句를 떼어 읽어야 하고, '與'는 바로 '譽'의 假借字이다. 학문을 좋아하고 재물을 나누어 주는 것은 어쩌면 賞賜와 名譽를 구하는 마음으로 인하여 거짓으로 이를 할 수도 있으니 반드시 참으로 좋아하는 것은 아니라는 말이다. 앞의 〈大取〉에서 "한 사람에게 상을 주고 칭찬하여 이롭게 하는 것은 사람들에게 상을 주고 칭찬하여 이롭게 하는 것은 아니다.〔爲賞譽利一人 非爲賞譽利人也〕"라고 하였으니, 이것이 그 증거이다. '賞譽'는 〈尙同 下〉에도 보인다.

49-10-2 釣(조)者之恭은

낚시꾼이 공손한 것은

畢云 釣字俗寫니 從魚요 蓺文類聚引作釣라 案玉篇有䱇字하니 云丁叫切이요 亦作釣하니 餌取魚라하니 出此라 墨書如此類字는 由後人抄寫하여 以意改爲하니 大都出自六朝라 凡秦以前書傳은 皆篆簡耳라 不應有此요 以相傳旣久에 亦不改也라하다 詒讓案 集韻三十四嘯에 云 釣或作䱇라하다 吳鈔本作䱇魚之巷하니 疑誤라 顧校季本䱇作釣라 莊子刻意篇에 釣魚閒處라한대 釋文作䱇하고 云本亦作釣라하다 淮南子說山訓에 云 釣者使人恭[27]이라하다

畢沅 : 〈'䱇'는〉 '釣'자의 俗字로 부수가 '魚'이다. ≪藝文類聚≫에서 이 대목을 인용한 곳에는 '釣'로 되어 있다. 살펴보건대 ≪玉篇≫에 '䱇'자가 있는데, "'丁'과 '叫'의 反切이고 '釣'로도 쓰니, 미끼로 물고기를 잡는 것이다."라고 하였으니, 여기서 나온 것이다. ≪墨子≫에 이 부류와 같은 글자들은 後人이 베끼면서 자기 뜻으로 판단하여 고친 데서 연유하는데, 대개 六朝時代부터 나온다. 무릇 秦代 이전부터 전해온 글은 모두 篆文의 竹簡

26) 前大取篇……非爲賞譽利人也 : 본서 4책 44-12-7에 보인다.

27) 淮南子說山訓……釣者使人恭 : ≪淮南子≫ 〈說山訓〉에 "활쏘기는 사람의 자세를 단정하게 하고 낚시는 사람의 태도를 공손하게 하는데, 이는 事情이 그렇게 만드는 것이다.〔射者使人端 釣者使人恭 事使然也〕"라고 하였다.

일 뿐인지라 이러한 사례가 있을 수 없고 오래도록 전해오면서도 고치지 않았다.

詒讓案 : ≪集韻≫ 34 嘯韻에 "'釣'는 더러 '魡'로 쓰기도 한다."라고 하였다. 吳鈔本에는 '魡魚之巷'으로 되어 있는데 아마도 잘못인 듯하다. 顧廣圻가 교감한 季本에는 '魡'가 '釣'로 되어 있다. ≪莊子≫ 〈刻意〉에 "조용한 곳에서 물고기나 낚는다〔釣魚閒處〕"라고 하였는데, 釋文에는 '魡'로 되어 있고, "본래 '釣'로도 되어 있다."라고 하였다. ≪淮南子≫ 〈說山訓〉에 "낚시는 사람의 태도를 공손하게 한다.〔釣者使人恭〕"라고 하였다.

49-10-3 非爲魚賜也요

물고기에게 먹이를 주기 위해서가 아니고

畢本無魚字하고 云 賜字一本作魚賜하고 蓺文類聚作魚라하다 案 當作魚賜니 今本脫一字耳라 道藏本吳鈔本竝有魚字하니 今據增이라

畢沅本에는 '魚'자가 없고, "'賜'자는 어떤 本에는 '魚賜'로 되어 있고, ≪藝文類聚≫에는 '魚'로 되어 있다."라고 하였다.

案 : '魚賜'가 되어야 하니, 今本에 한 글자〔魚〕가 빠진 것일 뿐이다. 道藏本, 吳鈔本에는 모두 '魚'자가 있으니, 지금 이에 의거하여 덧붙인다.

49-10-4 餌鼠以(蟲)〔蠱(고)〕는

독이 든 미끼로 쥐를 꾀는 것은

畢云 餌舊作蛕러니 非니 據蓺文類聚改라하다 詒讓案 蛕蓋餌之俗體니 集韻七志에 云 蛕는 釣魚食也라하다 蟲非所以餌鼠니 疑當爲蠱字之誤라 山海經南山經郭注에 云 蠱는 蠱毒이라하니 是蠱有毒義라 餌鼠以蠱는 即謂毒鼠라 故云非愛之也라하다 春秋成五年經蟲牢가 春秋繁露[28]竹林篇作蠱牢라

畢沅 : '餌'는 舊本에 '蛕'로 되어 있는데 잘못이니, ≪藝文類聚≫에 의거하여 고친다.

詒讓案 : '蛕'는 대체로 '餌'의 俗字인 듯하니 ≪集韻≫ 7 志韻에 "'蛕'는 물고기를 낚는 미끼이다."라고 하였다. '蟲'은 쥐를 꾀는 미끼가 아니니 아마도 '蠱'자의 誤字가 되어야

---

28) 春秋繁露 : ≪春秋≫의 주석서로, 公羊學의 대가로 알려진 前漢 董仲舒의 저술이다. 南宋代에 4종의 ≪춘추번로≫ 底本이 있었고, 淸나라 乾隆 50년에 盧文弨 등 13인의 학자들이 이 저본들을 모두 모아 교정하여 총 17권 82편을 완성하였다.

할 듯하다. ≪山海經≫ 〈南山經〉의 郭璞의 注에 "'蠱'는 蠱毒이다."라고 하였으니, 이는 '蠱'에 毒의 뜻이 있는 것이다. '餌鼠以蠱'는 바로 쥐를 中毒시킨다는 말이다. 그래서 '非愛之也'라고 한 것이다. ≪春秋≫ 成公 5년의 經에 나오는 '蟲牢'가 ≪春秋繁露≫ 〈竹林〉에는 '蠱牢'로 되어 있다.

49-10-5 非愛之也라 **吾願主君之合其志功而觀焉**이라하노라

그것을 사랑해서가 아닙니다. 제가 바라건대 임금께서는 그들의 뜻과 공로를 아울러서 살펴보소서."

49-11-1 魯人有因子墨子而學其子者러니 **其子戰而死**어늘 **其父讓子墨子**라

魯나라 사람 가운데 자묵자에게서 자기 아들을 배우게 한 자가 있었는데, 그 아들이 전쟁에 나가 죽자 그 아비가 자묵자를 책망하였다.

說文言部에 云 讓은 相責讓이라하다

≪說文解字≫ 言部에 "'讓'은 서로 꾸짖는다〔相責讓〕는 뜻이다."라고 하였다.

49-11-2 子墨子曰 子欲學子之子러니 **今學成矣**라 **戰而死**언마는 **而子慍**인댄 **是**[29]**猶欲糶**(조)로되 (**糴**(적))〔**糶**〕**讎**어든 **則慍也**라

자묵자께서 말씀하셨다. "그대는 〈나에게〉 그대의 아들을 배우게 하려고 하였는데, 이제 학문이 이루어진지라 전쟁에 나가 죽었건만 그대가 화를 낸다면 이는 마치 양식을 팔려고 하면서도 양식이 팔리면 화를 내는 것과 같습니다.

吳鈔本糶糴二字互易이라 畢云 售字正作讎라하다 王云 糴當爲糶니 廣雅에 糴은 買也요 糶는 賣也라하다 故云是猶欲糶로되 糶讎어든 則慍也라하다 今本糶作糴하니 則義不可通이라

吳鈔本에는 '糶糴' 2자가 서로 순서가 뒤바뀌었다.

畢沅 : '售'자는 '讎'로 바로잡아 쓴다.

王念孫 : '糴'은 '糶'가 되어야 하니, ≪廣雅≫에 "'糴'은 사는 것이고 '糶'는 파는 것이다."

---

29) 是 : 저본의 傍注에 "'是'는 원래 '而'로 잘못되어 있으나, 畢沅의 刻本에 의거하여 고친다. 〔是 原誤而 據畢沅刻本改〕"라고 하였다.

라고 하였다. 그래서 이는 '猶欲糶 糴讎 則慍也'라고 한 것이다. 今本에 '糴'가 '糴'으로 되어 있는데 뜻이 통하지 않는다.

49-11-3 豈不費哉아하노라

어찌 〈이치에〉 어긋난 일이 아니겠습니까."

顧云 費與拂同이라하다 王云 費讀爲悖하니 卽上文之豈不悖哉也라 緇衣에 口費而煩이라한대 鄭注曰 費或爲悖라하니 作悖者正字요 作費者借字也라하다 案 王說是也라

顧廣圻 : '費'는 '拂'과 같다.

王念孫 : '費'는 '悖'로 읽으니 바로 위 글의 '豈不悖哉'이다. ≪禮記≫ 〈緇衣〉에 "말이 쓸데없이 많으면 번거로워진다.〔口費而煩〕"라고 하였는데, 鄭玄의 注에 "'費'는 더러 '悖'로 되어 있기도 하다."라고 하였으니, '悖'로 되어 있는 것이 正字이고 '費'로 되어 있는 것은 假借字이다.

案 : 王念孫의 說이 맞다.

49-12-1 魯之南鄙人에 有吳慮者한대

魯나라의 남쪽 시골에 吳慮라는 사람이 있었는데

畢云 太平御覽引作吳憲이라하다

畢沅 : ≪太平御覽≫에서 이 대목을 인용한 곳에는 '吳憲'으로 되어 있다.

歷山往田圖

49-12-2 冬陶夏耕하여 自比於舜[30]이라 子墨子聞而見之라 吳慮謂子墨子〔曰〕

겨울에는 질그릇을 굽고 여름에는 농사를

30) 冬陶夏耕 自比於舜 : ≪孟子≫ 〈公孫丑 上〉에 舜 임금은 "밭 갈고 질그릇 굽고 물고기 잡을 때부터 황제가 되어서까지 남에게서 취하지 않는 것이 없었다.〔自耕稼陶漁 以至爲帝 無非取於人者〕"라고 하였는데, 그 주석에 "舜 임금은 미천할 때 歷山에서 밭 갈고, 河濱에서 질그릇 굽고, 雷澤에서 물고기 잡았다.〔舜之側微 耕于歷山 陶于河濱 漁于雷澤〕"라고 하였다.

지으며 자신을 舜 임금에게 견주었다. 자묵자가 이를 듣고 그를 만나러 갔다. 오려가 자묵자께 이르기를,

下當有曰字라

아래에 '曰'자가 있어야 한다.

49-12-3 義耳義耳여 焉用言之哉리오한대 子墨子曰 子之所謂義者는

"義여, 義여! 그것을 말로 한들 어디에 쓰겠습니까?"라고 하자, 자묵자께서 말씀하셨다. "그대가 이른바 義라 하는 것은

畢云 所謂二字舊倒러니 以意改라하다 案 吳鈔本顧校季本正作所謂라

畢沅 : '所謂' 2자는 舊本에 순서가 뒤바뀌어 있는데 글 뜻으로 판단하여 고쳤다.

案 : 吳鈔本, 顧廣圻가 교감한 季本에는 '所謂'로 바로잡아 썼다.

49-12-4 亦有力以勞人하고 有財以分人乎아하니

또한 힘으로 남을 도와주고 재물로 남에게 나누어 주는 일이 있습니까?"

勞는 謂爲人任其勞也라 群書治要引尸子貴言篇하여 云 益天下以財爲仁이요 勞天下以力爲義라하다

'勞'는 남을 위해 그 노고를 맡는다는 말이다. ≪群書治要≫에 ≪尸子≫ 〈貴言〉을 인용하여 "재물로 천하를 이롭게 하는 것이 仁이고, 힘으로 천하를 돕는 것이 義이다."라고 하였다.

49-12-5 吳慮曰 有라하다 子墨子曰 翟嘗計之矣라 翟慮耕而食天下之人矣러니

오려가 말하기를, "있습니다."라고 하였다. 자묵자께서 말씀하셨다. "저도 일찍이 생각해본 적이 있습니다. 저는 농사를 지어 천하 사람들을 먹이려고 생각했는데

舊本而食二字在天下之下러니 王據下文乙正이라

舊本에는 '而食' 2자가 '天下'의 뒤에 있는데, 王念孫이 아래 글에 의거하여 바로잡았다.

49-12-6 盛이라야

기껏해야

句라

여기에서 句를 뗀다.

49-12-7 然後當一農之耕하여

한 농부의 농사에 불과하여

王云 盛與成同이요 下兩盛字放此하니 謂耕事已成也라 古字或以盛爲成이라하다 案 此云極盛不過當一農之耕也이요 下竝同이니 王說未塙이라

王念孫 : '盛'은 '成'과 같고 아래 두 '盛'자가 이와 같으니 농사가 이미 이루어졌다는 말이다. 古字는 더러 '盛'으로 '成'의 뜻을 나타내기도 하였다.

案 : 이 대목은 "極盛하더라도 한 농부의 농사에 불과하다."라고 한 것이고 아래도 모두 같으니 王念孫의 說은 확실하지 않다.

49-12-8 分諸天下하면 不能人得一升粟이라 籍(자)而以爲得一升粟이라도

천하 사람들에게 나누어 주면 사람마다 한 되의 곡식조차 얻지 못할 것이었습니다. 가령 〈사람마다〉 한 되의 곡식을 얻도록 하더라도

籍는 吳鈔本作藉라 畢云 籍는 藉字假音이라하다

'籍'는 吳鈔本에 '藉'로 되어 있다.

畢沅 : '籍'는 '藉'자의 音을 假借한 것이다.

49-12-9 其不能飽天下之飢者는 旣可睹矣라 翟慮織而衣天下之人矣러니 盛이라야 然後當一婦人之織하여 分諸天下하면 不能人得尺布라 籍而以爲得尺布라도

그것이 천하의 굶주린 자들을 배부르게 할 수 없다는 것은 明若觀火하였습니다. 저는 길쌈을 해서 천하 사람들을 입히려고 생각했는데 기껏해야 한 부인의 길쌈에 불과하여 천하 사람들에게 나누어 주면 사람마다 한 자의 베조차 얻지 못할 것

이었습니다. 가령 〈사람마다〉 한 자의 베를 얻도록 하더라도

舊本脫以字러니 今依上文增이라

舊本에 '以'자가 빠져 있는데, 지금 위 글에 의거하여 덧붙인다.

49-12-10 其不能煖天下之寒者는 旣可睹矣라 翟慮被堅執銳救諸侯之患〔矣〕러니

그것이 천하의 헐벗은 자들을 따뜻하게 할 수 없다는 것은 명약관화하였습니다. 저는 견고한 갑옷을 입고 예리한 무기를 쥐고서 諸侯의 患難을 구하려고 생각했는데

患下에 當依上文增矣字라

'患' 뒤에 위 글에 의거하여 '矣'자를 덧붙여야 한다.

49-12-11 盛이라야 然後當一夫之戰하여 一夫之戰其不御三軍은 旣可睹矣라

기껏해야 한 사람의 전투에 불과하여 한 사람의 전투로 〈적의〉 大軍을 막을 수 없는 것은 명약관화하였습니다.

睹는 吳鈔本作覩하니 說文目部에 云 睹는 見也니 古文作覩라하다

'睹'는 吳鈔本에 '覩'로 되어 있으니, ≪說文解字≫ 目部에 "'睹'는 본다〔見〕는 뜻이니 古文에 '覩'로 되어 있다."라고 하였다.

49-12-13 翟以爲不若誦先王之道하여 而求其說하고 通聖人之言하여 而察其辭하여 上說(세)王公大人하고 次〔說(세)〕匹夫徒步之士라

〈그래서〉 저는 '先王의 道를 암송하여 그 學說을 탐구하고 聖人의 말에 통달하여 그 言辭를 고찰하여 위로 王公 大人에게 유세하고 다음으로 일반 백성에게 유세하는 것만 못하다.

畢云 次下에 當脫說(세)字라하다

畢沅 : '次' 뒤에 '說'자가 빠졌을 것이다.

49-12-14 王公大人用吾言하면 國必治요 匹夫徒步之士用吾言하면 行必脩라

王公 大人이 제 말을 쓴다면 나라는 반드시 다스려질 것이고, 일반 백성이 제 말을 쓴다면 행실이 반드시 훌륭해질 것이다.'라고 생각하였습니다.

吳鈔本作修라

〈'脩'는〉 吳鈔本에 '修'로 되어 있다.

49-12-15 故翟以爲雖不耕而食飢하고

그래서 저는 비록 농사를 지어 굶주린 자를 먹이거나

句라

여기에서 句를 뗀다.

49-12-16 不織而衣寒이나

길쌈을 해서 헐벗은 자를 입히지는 않지만

句라

여기에서 句를 뗀다.

49-12-17 功賢於耕而食之織而衣之者也라 故翟以爲雖不耕織乎이나 而功賢於耕織也라하노라

그 성취는 농사를 지어 먹이고 길쌈을 해서 입히는 것보다 낫다고 생각합니다. 따라서 저는 비록 농사를 짓거나 길쌈을 하지 않지만 그 성취는 농사를 짓거나 길쌈을 하는 것보다 낫다고 생각합니다."

49-13-1 吳慮謂子墨子曰 義耳義耳여 焉用言之哉리오한대 子墨子曰 籍設而天下不知耕인댄 教人耕與不教人耕而獨耕者가

吳慮가 자묵자께 이르기를, "義여, 義여! 그것을 말로 한들 어디에 쓰겠습니까?" 라고 하자, 자묵자께서 말씀하셨다. "가령 천하의 사람들 모두 농사지을 줄 모른다고 한다면, 사람들에게 농사를 가르치는 자와 사람들에게 농사를 가르치지 않

고 혼자 농사짓는 자 가운데

畢云 舊脫不字러니 一本有라하다

畢沅 : 舊本에는 '不'자가 빠져 있는데, 어떤 本에는 있다.

49-13-2 其功孰多오하니 吳慮曰 教人耕者其功多라하다 子墨子曰 籍設而攻不義之國인댄 鼓而使衆進戰과 與不鼓而使衆進戰하고 而獨進戰者가 其功孰多오한대 吳慮曰 鼓而進衆者其功多라하다 子墨子曰 天下匹夫徒步之士少知義라 而教天下以義者功亦多어늘 何故弗言也리오 若得鼓而進於義면 則吾義豈不益進哉리오하노라

그 성취는 어느 쪽이 크겠습니까?" 오려가 말하기를, "사람들에게 농사를 가르치는 쪽의 성취가 클 것입니다."라고 하였다. 자묵자께서 말씀하셨다. "가령 의롭지 못한 나라를 공격한다고 한다면, 북을 치면서 군사들로 하여금 나아가 싸우게 하는 자와 북을 치면서 군사들로 하여금 나아가 싸우게 하지 않고 혼자 나아가 싸우는 자 가운데 그 성취는 어느 쪽이 크겠습니까?"

오려가 말하기를, "북을 치면서 군사들로 하여금 나아가 싸우게 하는 쪽의 성취가 클 것입니다."라고 하였다. 자묵자께서 말씀하셨다. "천하의 일반 백성들은 義를 아는 이가 적은지라 천하 사람들을 義로 가르치는 것이 성취가 또한 클 것인데 무슨 까닭에 말하지 않는단 말입니까. 만약 북을 쳐서 의에 나아가게 할 수 있다면 나의 의가 어찌 더욱 진전되지 않겠습니까."

49-14-1 子墨子游公尚過於越이라 公尚過說(세)越王하니 越王大說(열)하여

자묵자께서 公尙過를 越나라에 추천해 벼슬하게 하였다. 공상과가 越나라 王에게 유세하니 월나라 왕은 크게 기뻐하면서

畢云 舊作悅이러니 下同이라 此俗寫字니 今改正이라하다 蘇云 越王은 當爲句踐之後라하다

畢沅 : 舊本에는 〈뒤의 '說'이〉 '悅'로 되어 있는데, 아래도 같다. 이는 俗字로 쓴 것이니 지금 바로잡았다.

蘇時學 : 越王은 句踐의 후손일 것이다.

49-14-2 謂公尙過曰 先生苟能使子墨子〔至〕於越하여 而教寡人인댄

공상과에게 이르기를, "선생께서 만일 자묵자를 월나라로 오게 해서 과인을 가르치게 한다면

於上依下文當有至字라

'於' 앞에 위 글에 의거하여 '至'자가 있어야 한다.

49-14-3 請裂故吳之地하여 方五百里로

청컨대 옛 吳나라의 땅 오백 里를 떼어

吳鈔本無方字라 畢云 時吳已亡入越이라 故曰故吳라하다

吳鈔本에는 '方'자가 없다.

畢沅 : 이때 吳나라는 이미 멸망하여 越나라에 편입되었으므로 '故吳'라 한 것이다.

49-14-4 以封子墨子라한대 公尙過許諾이라 遂爲公尙過束車五十乘하여

자묵자를 봉하겠습니다."라고 하자, 공상과가 수락하였다. 〈월나라 왕은〉 마침내 공상과를 위해 수레 오십 대를 준비해 주어

說文束部에 云 束은 縛也라하다

≪說文解字≫ 束部에 "'束'은 묶는다〔縛〕는 뜻이다."라고 하였다.

49-14-5 以迎子墨子於魯하니 曰 吾以夫子之道說(세)越王하니 越王大說(열)하여 謂過曰 苟能使子墨子至於越하여 而教寡人인댄

魯나라에서 자묵자를 맞이하도록 하니, 〈공상과가 묵자에게 가서〉 말하기를, "제가 선생님의 道로 월나라 왕에게 유세하니 월나라 왕은 크게 기뻐하면서 저에게 이르기를, '만일 자묵자를 월나라로 오게 해서 과인을 가르치게 한다면

吳鈔本無於字라

吳鈔本에는 '於'자가 없다.

49-14-6 請裂故吳之地하여 **方五百里**로 **以封子**라한대 **子墨子謂公尙過曰 子觀越王之志何若**고하다

청컨대 옛 吳나라의 땅 오백 里를 떼어 선생을 봉하겠습니다.'라고 하였습니다." 라고 하자, 자묵자가 공상과에게 말씀하셨다. "그대가 볼 때 월나라 왕의 뜻은 어떠한가?

志는 吳鈔本作意라

'志'는 吳鈔本에 '意'로 되어 있다.

49-14-7 意越王將聽吾言하고 **用我道**하면 **則翟將往**이라 **量腹而食**하고 **度身而衣**하여 **自比於群臣**하리니 **奚能以封爲哉**리오

생각건대, 월나라 왕이 나의 말을 들어 주고 나의 도를 써 준다면 나는 갈 것이다. 〈그렇게 한다면 나는〉 배를 채울 정도로만 헤아려 먹고 몸을 두를 정도로만 재어 입으면서 스스로 다른 신하들과 같은 자리에 끼어 있을 것이니 어찌 땅을 봉해 줄 것이 있겠는가.

奚는 舊本作不이라 畢云 一本作奚하니 是라 今據正이라하다

'奚'는 舊本에 '不'로 되어 있다.

畢沅 : 어떤 本에는 '奚'로 되어 있는데 맞다. 지금 이에 의거하여 바로잡았다.

49-14-8 抑越〔王〕不聽吾言하고

만일 월나라 왕이 내 말을 들어 주지 않고

越下에 當有王字라

'越' 뒤에 '王'자가 있어야 한다.

49-14-9 不用吾道로되 **而吾往焉**하면 **則是我以義糶(조)也**라

나의 도를 써 주지 않을 것인데도 내가 간다면 이는 내가 義를 파는 것이다.

爾雅釋詁에 云 糶는 賣也라하다 畢云 糶는 舊作糴하고 下同한대 以意改라 呂氏春秋作

翟이라하다

≪爾雅≫ 〈釋詁〉에 "'糶'는 판다〔賣〕는 뜻이다."

畢沅 : '糶'는 舊本에 '糴'로 되어 있고 아래도 같은데 글 뜻으로 판단하여 고쳤다. ≪呂氏春秋≫에는 '翟'으로 되어 있다.

49-14-10 鈞之糶인댄

똑같이 파는 것이라면

句라

여기에서 句를 뗀다.

49-14-11 亦於中國耳니 何必於越哉리오하노라

中國에서 하면 될 뿐이지 어찌 굳이 월나라에서 할 것이 있겠는가?"

畢云 呂氏春秋高義에 云 子墨子游公上過於越이라 公上過語墨子之義하니 越王說(열)之하여 謂公上過曰 子之師苟肯至越인댄 請以故吳之地와 陰江之浦와 書社三百으로 以封夫子라한대 公上過往復於子墨子라 子墨子曰 子之觀越王也에 能聽吾言用吾道乎아하니 公上過曰 殆未能也라하다 子墨子曰 不唯越王不知翟之意라 雖子亦不知翟之意로다 若越王聽吾言하고 用吾道하면 翟度身而衣하고 量腹而食하여 比於賓萌하고 未敢求仕라 越王不聽吾言하고 不用吾道하면 雖全越以與我라도 吾無所用之라 越王不聽吾言하고 不用吾道로되 而受其國하면 是以義翟也라 義翟何必越이리오 雖於中國亦可라하니 卽用此文이라 義翟은 亦當爲義糶라하다

畢沅 : ≪呂氏春秋≫ 〈高義〉에 "子墨子가 公上過를 越나라에 추천해 벼슬하게 하였다. 공상과가 墨子의 義를 말하니 越나라 왕이 기뻐하면서 공상과에게 이르기를, '그대의 선생이 만일 월나라에 기꺼이 오려 한다면 청컨대 옛 吳나라의 땅과 陰江의 포구와 書社 삼 백으로 선생을 봉하겠다.'라고 하자, 공상과가 자묵자에게 가서 말씀을 올렸다. 자묵자가 말하기를, '그대가 월나라 왕을 보기에 나의 말을 들어 주고 나의 道를 써 줄 수 있겠던가?'라고 하니, 공상과가 말하기를, '그럴 수 없을 듯합니다.'라고 하였다.

자묵자가 말하기를, '월나라 왕이 나의 뜻을 모를 뿐만 아니라 그대조차도 나의 뜻을

모르고 있다. 만약 월나라 왕이 나의 말을 들어 주고 나의 도를 써 준다면 나는 몸을 두를 정도로만 재어 입고 배를 채울 정도로만 헤아려 먹으면서 빈객의 자리에 끼어 있고 감히 벼슬을 구하지 않을 것이다. 월나라 왕이 나의 말을 들어 주지 않고 나의 도를 써 주지 않는다면 비록 월나라 전체를 나에게 준다 하더라도 나는 그것을 쓸 데가 없다. 월나라 왕이 나의 말을 들어 주지 않고 나의 도를 써 주지 않는데도 그 나라를 받는다면 이는 義를 파는 것이니 의를 판다면 어찌 굳이 월나라에서 하겠는가. 비록 中國에서라도 괜찮을 것이다.'라고 하였다."라고 하였으니 바로 이 대목의 글을 쓴 것이다. '義翟'은 역시 '義糶'가 되어야 한다.

49-15-1 子墨子游러니 **魏越**이

자묵자께서 游說하러 다니는데, 魏越이

墨子弟子라

〈魏越은〉 墨子의 弟子이다.

49-15-2 曰 旣得見四方之君인댄 **子則將先語**잇가한대

말하기를, "四方의 군주를 만난다면 선생님은 무엇을 먼저 말씀하시겠습니까?" 라고 하자,

蘇云 卽子將奚先之意[31)]라하다

蘇時學 : 바로 '子將奚先(선생께서는 무엇을 먼저 하시겠습니까)'의 뜻이다.

49-15-3 子墨子曰 凡入國하얀 **必擇務而從事焉**이라 **國家昏亂**인댄 **則語之尙賢尙同**하고 **國家貧**인댄 **則語之節用節葬**하고 **國家憙音湛湎**(심면)인댄

31) 子將奚先之意 : ≪論語≫ 〈子路〉에서 "子路가 말하였다. '위나라 임금이 선생님을 기다려 정사를 하려고 합니다. 선생님께서는 장차 무슨 일을 먼저 하시겠습니까?' 공자가 말씀하셨다. '반드시 명분을 바로잡을 것이다.'자로가 말하였다. '이러하시군요, 선생님의 우활하심이여. 어떻게 바로잡을 수 있겠습니까.' 공자가 말씀하셨다. '비속하구나, 유야. 군자는 자기가 모르는 것에 대해서는 말하지 않는 것이다.'〔衛君待子而爲政 子將奚先 必也正名乎 有是哉 子之迂也 奚其正 鄙哉由也 君子於其所不知 蓋闕如也〕"라고 한 것을 말한다.

자묵자께서 말씀하셨다. "무릇 한 나라에 들어가서는 반드시 緊要한 일을 택하여 해 나가야 한다. 나라가 혼란스러우면 尙賢과 尙同의 道理를 말하고, 나라가 가난하면 節用과 節葬의 도리를 말하고, 나라가 음악과 술에 빠져 있으면

吳鈔本湛作沈하니 湛沈字通이라 說文水部에 云 湎은 沈於酒也라하다 史記宋世家에 云 紂沈湎于酒라하고 初學記二十六引韓詩하여 云 齊顔色하고 均衆寡를 謂之沈이요 閉門不出者를 謂之湎이라하다 畢云 說文에 云 憙는 說也라하다

吳鈔本에는 '湛'이 '沈'으로 되어 있으니, '湛'과 '沈'자는 통용한다. ≪說文解字≫ 水部에 "'湎'은 술에 빠져 있는 것이다."라고 하였다. ≪史記≫ 〈宋世家〉에 "紂 임금이 술에 沈湎하였다."라고 하고, ≪初學記≫ 권26에 韓詩를 인용하면서 "顔色을 정제하고 衆寡를 고르게 함을 일러 '沈'이라 하고, 문을 닫고 나가지 않음을 일러 '湎'이라 한다."라고 하였다.

畢沅 : ≪說文解字≫에 "'憙'는 기쁘다〔說〕는 뜻이다."라고 하였다.

49-15-4 則語之非樂(악)非命하고 國家淫僻無禮인댄

非樂과 非命의 도리를 말하고, 나라가 음란하고 무례하면

僻은 吳鈔本作辟이라

'僻'은 吳鈔本에 '辟'으로 되어 있다.

49-15-5 則語之尊天事鬼하고 國家務奪侵凌인댄 卽語之兼愛非攻이라

尊天과 事鬼의 도리를 말하고, 나라가 약탈과 침략에 힘을 쓰면 兼愛와 非攻의 도리를 말한다.

卽은 吳鈔本作則하여 與上文同이라

'卽'은 吳鈔本에 '則'으로 되어 있어 위 글과 같다.

49-15-6 故曰擇務而從事焉이라하노라

그러므로 긴요한 일을 택하여 해 나가야 한다고 말한 것이다.

舊本脫攻故二字러니 王據上文及非攻篇補라 蘇謂曰當作日이라하니 非라

舊本에는 '攻', '故' 2자가 빠져 있는데, 王念孫이 위 글 및 〈非攻〉에 의거하여 보충하였다. 蘇時學은 '曰'은 '日'이 되어야 한다고 하였는데, 잘못이다.

49-16-1 子墨子(出)〔士〕曹公子(而)於宋러니

자묵자께서 曹公子를 宋나라에서 벼슬하게 하였는데,

舊本出上有曰字라 王云 此本作子墨子出曹公子於宋하니 猶上文言子墨子游公尙過於越也라 今本衍曰字而字하니 則義不可通이라 兪云 王說是也라 然出字義不可通이라 出當爲士니 字之誤라 史記夏本紀에 稱以出이라한대 徐廣曰一作士라하니 是其例也라 士與仕通하니 子墨子士曹公子於宋은 卽仕曹公子於宋也라 貴義篇에 曰 子墨子仕人於衛[32]라하다 案 王校是也라 蘇說同하니 今據删이라 曹公子亦墨子弟子라

舊本에는 '出' 앞에 '曰'자가 있다.

王念孫 : 이 대목은 본래 '子墨子出曹公子於宋'으로 쓴 것이니 위 글에서 '子墨子游公尙過於越'이라 한 것과 같다. 今本에 '曰'자, '而'자를 덧붙였는데 뜻이 통하지 않는다.

兪樾 : 王念孫의 說이 맞다. 그러나 '出'자는 뜻이 통하지 않는지라 '出'은 '士'가 되어야 하니 글자의 誤記이다. ≪史記≫ 〈夏本紀〉에 '저울질하고 나서 일을 처리하다〔稱以出〕'라고 하였는데, 徐廣은 "〈'出'은〉 어떤 本에 '士'로 되어 있다."라고 하였으니 이것이 그 사례이다. '士'는 '仕'와 통용하니, '子墨子士曹公子於宋'은 바로 '仕曹公子於宋(조공자를 송나라에 벼슬하게 하다)'이다. 〈貴義〉에 "자묵자께서 제자를 衛나라에 벼슬하게 하였다.〔子墨子仕人於衛〕"라고 하였다.

案 : 王念孫의 校勘이 맞다. 蘇時學의 說도 같으니 지금 이에 의거하여 删削한다. 曹公子 또한 墨子의 弟子이다.

49-16-2 三年而反하여 睹子墨子曰

3년 만에 돌아와 자묵자를 뵙고 말하기를,

吳鈔本睹作覩라

吳鈔本에는 '睹'가 '覩'로 되어 있다.

---

32) 貴義篇 曰子墨子仕人於衛 : 앞의 47-15-1에 보인다.

49-16-3 始吾游於子之門에 **短褐之衣**와

"당초 제가 선생님 문하에서 배울 때에는 짧은 베옷을 입고

畢云 短從豆聲하고 讀如裋(수)라하다 案 詳非樂上篇[33]이라

畢沅 : '短'은 聲音이 '豆'를 따르고 '裋'처럼 읽는다.

案 : 〈非樂 上〉에 자세히 설명하였다.

49-16-4 藜藿(여곽)**之羹**을

명아주나 콩잎 국을 먹는 것도

舊本脫藜字之字러니 王以意補라

舊本에는 '藜'자, '之'자가 빠져 있는데, 王念孫이 글 뜻으로 판단하여 보충하였다.

49-16-5 朝得之면 **則夕弗得**하여 〔**弗得**〕**祭祀鬼神**이라

아침에 얻으면 저녁에는 얻지 못할 정도여서 귀신에게 제사 지낼 수도 없었습니다.

祭祀不以藜藿이요 又不當在夕이니 此疑當重弗得二字라 言雖藜藿之羹이라도 尙不能朝夕常給이라 故不得祭祀鬼神也라

祭祀는 명아주나 콩잎으로 지내지 않고 또 저녁에 지내면 안 되니 이 대목은 아마도 '弗得' 2자를 중복해 써야 할 듯하다. 비록 명아주나 콩잎 국조차도 아침저녁으로 항상 대지 못하므로 귀신에게 제사 지낼 수 없다는 말이다.

49-16-6 今而以夫子之敎로

〈그런데〉 지금 선생님의 가르침 덕분에

句라

여기에서 句를 뗀다.

---

33) 詳非樂上篇 : 본서 3책 32-6-3에 보인다.

49-16-7 家厚於始也라

집안이 처음보다 넉넉해졌습니다.

舊本無今字하고 又教作政이라 王云 此言吾始而家貧이러니 今而以夫子之教로 家厚於始也라 今本脫今字하고 教字又誤作政하니 則義不可通이라 案 王校是也니 今據補正이라 俞云 政乃故字之誤니 蓋子墨子仕曹公子於宋하면 則宋必致祿이라 故曰 以夫子之故로 家厚於始也라하다 耕柱篇에 曰 君以夫子之故로 致祿甚厚라하다 案 俞說亦通이라

舊本에는 '今'자가 없고 또 '教'는 '政'으로 되어 있다.

王念孫 : 이 대목은 자신이 처음에 집안이 가난했는데 지금 선생님의 가르침 덕분에 집안이 처음보다 부유해졌다는 말이다. 今本에는 '今'자가 빠져 있고 '教'자도 '政'으로 잘못되어 있는데 뜻이 통하지 않는다.

案 : 王念孫의 校勘이 맞으니 지금 이에 의거하여 보충하여 바로잡았다.

俞樾 : '政'은 바로 '故'자의 誤記이니 대체로 子墨子가 曹公子를 宋나라에서 벼슬하게 하였다면, 宋나라에서 반드시 녹봉을 주었을 것이므로 '以夫子之故 家厚於始也(선생님 덕분으로 집안이 처음보다 넉넉해졌습니다)'라고 한 것이다. 〈耕柱〉에 "〈衛나라〉 군주가 선생님 덕분으로 아주 후한 녹봉을 주었습니다.〔君以夫子之故 致祿甚厚〕"라고 하였다.

案 : 俞樾의 說도 뜻이 통한다.

49-16-8 有家(厚)〔享〕하여

또 집에서 享祀를 올려

此與上文複하니 疑厚當爲享이요 有讀爲又라 言又於家爲享祀라 周禮謂人鬼爲享하고 周書嘗麥篇에 云 邑乃命百姓遂享于家[34]라하다

이 대목은 위 글과 중복되니 아마도 '厚'는 '享'이 되어야 할 듯하고 '有'는 '又'로 읽는다. 또 집에서 享祀를 올린다는 말이다. ≪周禮≫에서 人鬼(죽은 사람의 영혼)에게 올리는 제사를 '享'이라 한다고 하였다. ≪逸周書≫ 〈嘗麥〉에 "城邑들은 이에 百官에게 명하여 富家에서 제향하게 하다.〔邑乃命百姓遂享于家〕"라고 하였다.

34) 家 : ≪逸周書≫의 어떤 板本에는 '富'로 되어 있다.

49-16-9 謹祭祀鬼神이라 **然而人徒多死**하고 **六畜不蕃**하고 **身湛於病**하여

귀신에게 공손히 제사 지내게 되었습니다. 그렇지만 가족들이 많이 죽고 가축들이 번성하지 않고 제 몸은 병에 들고 말았으니

內則鄭注에 云 湛은 猶漬(지)也라하다

《禮記》〈內則〉의 鄭玄의 注에 "'湛'은 담근다〔漬〕는 뜻이다."라고 하였다.

49-16-10 吾未知夫子之道之可用也라한대 **子墨子曰 不然**하다 **夫鬼神之所欲於人者多**라 **欲人之處高爵(작)祿**인댄 **則以讓賢也**하고 **多財則以分貧也**라 **夫鬼神豈唯(擢)〔攫(확)〕(季)〔黍〕拑(겸)肺之爲欲哉**리오

저는 선생님의 道가 쓸 만한 것인지 모르겠습니다."라고 하자, 자묵자께서 말씀하셨다. "그렇지 않다. 무릇 귀신이 사람들에게 바라는 바가 많은지라 사람이 높은 지위에 올라 녹봉을 받으면 그것을 賢者에게 양보해 주기를 바라고 재물이 많으면 그것을 貧者에게 나누어 주기를 바란다. 무릇 귀신이 어찌 단지 祭物 흠향하는 것만 바라겠는가.

王引之云 季蓋黍字之訛라 祭有黍有肺라 故云 擢黍拑肺라하다 蘇云 季疑當作肝이라 意言鬼神非徒貪嗜飮食者也라하다 案 王校是也라 說文手部에 云 擢은 引也라하고 拑은 脅持也라한대 於此義竝無取라 竊疑擢當爲攫之訛라 呂氏春秋任數篇에 云 顔回攫其甑(증)中而食之라하고 曲禮에 云 飯黍毋以箸라한대 又鄭注에 云 禮飯以手라하니 卽所謂攫也라 拑義未詳이라

王引之 : '季'는 아마 '黍'자의 誤字인 듯하다. 제사에 기장〔黍〕이 있고 허파〔肺〕가 있으므로 '擢黍拑肺'라고 한 것이다.

蘇時學 : '季'는 아마도 '肝'이 되어야 할 듯하다. 〈이 대목의〉 의미는 鬼神이 한갓 음식을 탐하는 자일 뿐만이 아니라는 말이다.

案 : 王引之의 校勘이 맞다. 《說文解字》 手部에 "'擢'은 당긴다〔引〕는 뜻이다."라고 하고, "'拑'은 양 옆에서 잡다〔脅持〕는 뜻이다."라고 하였는데, 이 대목의 뜻에는 모두 취할 것이 없다. 내 생각에는 아마도 '擢'은 '攫'의 誤字가 되어야 할 듯하다. 《呂氏春秋》〈任數〉에 "안회가 그 시루 속의 음식을 집어 먹었다.〔顔回攫其甑中而食之〕"라고 하고, 《禮記》

〈曲禮〉에 "기장을 먹을 때에 젓가락으로 먹지 말라〔飯黍毋以箸〕"라고 하였는데, 또 鄭玄의 注에 "禮에 〈기장은〉 손으로 먹는다."라고 하였으니, 바로 이른바 '攫'이다. '卅'의 뜻은 알 수 없다.

49-16-11 今子處高爵祿而不以讓賢하니 **一不祥也**요 **多財而不以分貧**하니 **二不祥也**라 **今子事鬼神**에 **唯祭而已矣**로되 **而曰病何自至哉**오하니 **是猶百門而閉一門焉**하고 **曰盜何從入**이라 **若是而求福於有怪之鬼**[35)]하면

지금 그대가 높은 지위에 올라 녹봉을 받으면서 그것을 賢者에게 양보하지 않고 있으니 첫 번째 상서롭지 못한 일이고, 재물이 많으면서 그것을 貧者에게 나누어 주지 않으니 두 번째 상서롭지 못한 일이다. 지금 그대가 귀신을 섬기면서 제사만 지낼 뿐이면서도 '병이 어디서 온 것인가?'라고 말하고 있으니 이것은 마치 백 개의 문이 있는 곳에서 문 하나를 닫고 말하기를, '도둑이 어디서 들어온 것인가?'라고 말하는 것과 같다. 이와 같이 하고도 귀신에게 온갖 복을 구한다면

此義難通하니 據下文컨대 疑亦當作求百福於鬼神이라

이 대목의 뜻은 통하지 않으니 아래 글에 의거하건대, 아마도 역시 '求百福於鬼神'이 되어야 할 듯하다.

49-16-12 豈可哉리오하노라

어찌 가능하겠는가."

49-17-1 魯祝以一豚祭하여 **而求百福於鬼神**이라 **子墨子聞之曰 是不可**하니 **今施人薄而望人厚**면 **則人唯恐其有賜於己也**라 **今以一豚祭**하여 **而求百福於鬼神**하면 〔**鬼神**은〕

魯나라의 축관이 돼지 한 마리로 제사 지내면서 귀신에게 온갖 복을 구하였다. 자묵자가 이 소식을 듣고 말씀하셨다. "이것은 안 됩니다. 지금 〈그대가〉 사람들

35) 若是而求福於有怪之鬼 : ≪墨子今注今譯≫에서는 '於有怪之鬼'를 '於鬼有怪之'로 보고, "이와 같이 복을 구하면서 귀신이 〈보우해 주지 않는다고〉 또 괴이하게 여긴다면"이라고 하였다.

에게 적게 베풀면서 그들에게 많이 바라면 사람들은 〈그대가〉 오직 자신들에게 〈무언가 또〉 베푸는 것을 두려워할 것입니다. 지금 돼지 한 마리로 제사 지내면서 귀신에게 온갖 복을 구한다면 〈귀신은〉

當重鬼神二字라

'鬼神' 2자를 중복해 써야 한다.

49-17-2 唯恐其以牛羊祀也라 古者聖王事鬼神엔

오직 소와 양으로 제사 지내는 것을 두려워할 것입니다. 옛날 聖王이 귀신을 섬길 때는

吳鈔本無者字라

吳鈔本에는 '者'자가 없다.

49-17-3 祭而已矣라

제사만 지낼 따름이었습니다.

謂無所求也라 禮器에 云 祭祀不祈라한대 鄭注에 云 祭祀不爲求福也라하다

바라는 바가 없다는 말이다. ≪禮記≫ 〈禮器〉에 "祭祀 지낼 때 빌지 않는다."라고 하였는데, 鄭玄의 注에 "祭祀는 福을 구하기 위한 것이 아니다."라고 하였다.

49-17-4 今以豚祭而求百福인댄 則其富不如其貧也라하노라

〈그런데〉 지금 돼지 한 마리로 제사 지내면서 온갖 복을 구한다고 한다면 祭物을 풍부하게 하는 것이 간소하게 하는 것만 못할 것입니다."

49-18-1 彭輕生子曰

彭輕生子가 말하기를,

疑亦墨子弟子라

〈彭輕生子는〉 아마도 역시 墨子의 弟子인 듯하다.

49-18-2 往者可知나 **來者不可知**라한대 **子墨子曰 籍設而親在百里之外**하여

“지나간 일은 알 수 있지만 다가올 일은 알 수 없습니다.”라고 하자, 자묵자께서 말씀하셨다. “그대의 부모가 백 리 밖에 계시면서

籍亦藉之假字라

'籍'는 역시 '藉'의 假借字이다.

49-18-3 則遇難焉이어늘 **期以一日也**하여 **及之則生**하고 **不及則死**라 **今有固車良馬於此**하고 **又有奴馬四隅之輪於此**하여

환란을 당했는데 하루의 기한이 주어져서 제때 도착하면 살 수 있고, 제때 도착하지 못하면 죽는다고 가정하겠네. 지금 여기에 튼튼한 수레와 좋은 말이 있고 또 한편으로 여기에 노둔한 말과 사각 바퀴가 달린 수레가 있어서

畢云 駑는 古字只作奴어늘 一本作駑라 說文無駑字라하다

畢沅 : '駑'는 古字에서 '奴'로만 쓰는데, 어떤 本에는 '駑'로 되어 있다. ≪說文解字≫에는 '駑'자가 없다.

49-18-4 使子擇焉이면 **子將何乘**고하니 **對曰 乘良馬固車**라야 **可以速至**라하다 **子墨子曰 焉在(矣)〔不知〕來**리오하노라

그대에게 둘 중에 선택하게 한다면 그대는 어떤 것을 타겠는가?” 대답하기를, “좋은 말과 튼튼한 수레를 타야만 속히 이를 수 있을 것입니다.”라고 하였다. 자묵자께서 말씀하셨다. “그렇다면 어찌 다가올 일을 모른다고 할 수 있겠는가.”

盧云 似謂焉在不知來니 文誤라하다 蘇云 知與矣相近而誤요 而知上更脫不字也라하다

盧文弨 : '焉在不知來'라고 한 듯하니, 글이 잘못된 것이다.

蘇時學 : '知'와 '矣'가 서로 비슷하여 잘못되고 '知' 앞에 다시 '不'자가 빠진 것이다.

49-19-1 孟山譽王子閭曰

孟山이 王子閭를 칭송하여 말하기를,

孟山은 疑亦墨子弟子라

孟山은 아마도 역시 墨子의 弟子인 듯하다.

49-19-2 昔白公之禍[36)]에

"옛날 〈楚나라〉 白公의 반란 때

詳非儒篇[37)]이라

〈非儒 下〉에 자세히 설명하였다.

49-19-3 執王子閭하여

왕자려를 붙잡아

左哀十六年傳에 白公欲以子閭爲王이어늘 子閭不可하니 遂劫以兵이라한대 杜注에 云 子閭는 平王子啓라하다

≪春秋左氏傳≫ 哀公 16년에 "白公이 子閭를 王으로 세우려고 하자, 자려가 반대하니 드디어 무기로 脅迫하였다."라고 하였는데, 杜預의 注에 "子閭는 平王의 아들 啓이다."라고 하였다.

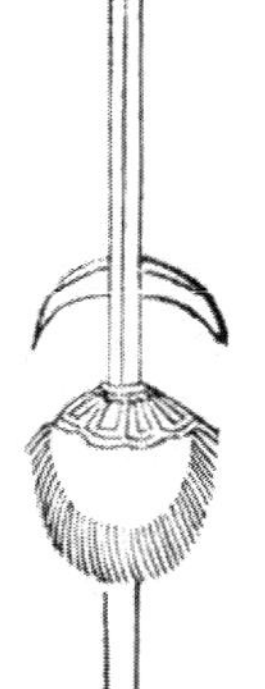

矛

49-19-4 斧鉞鉤要하고

도끼를 〈왕자려의〉 허리에 걸고

畢云 此正字니 餘文作腰者는 後改亂之耳라하다

畢沅 : 이것(要)이 正字이니 다른 대목의 글에서 '腰'로 되어 있는 것은 뒤에 고쳐서 혼란하게 만든 것일 뿐이다.

49-19-5 直兵當心하여

창끝을 〈왕자려의〉 가슴에 대고서

36) 昔白公之禍 : 白公은 楚 平王의 손자로 이름은 勝인데, 石乞과 반란을 일으켰다.
37) 詳非儒篇 : 본서 3책 39-8-8~10에 보인다.

直兵은 劍矛之屬이라 晏子春秋內篇雜上에 說崔杼(저)盟晏子云 戟拘其頸하고 劍承其心[38]이라한대 晏子曰 曲刃鉤之하고 直兵推之라도 嬰不革矣라하다 呂氏春秋知分篇에 云 直兵造胸이요 曲兵鉤頸이라한대 高注에 云 直은 矛也라하다

'直兵'은 검과 창의 등속이다. ≪晏子春秋≫ 〈內篇 雜上〉에 崔杼가 晏子와 맹세하는 일을 서술하면서 "창으로 그 목을 낚아챌 것이고 검으로 그 심장을 찌를 것이다.〔戟拘其頸 劍承其心〕"라고 하자, 晏子는 "굽은 날이 목을 낚아채고 곧은 검이 심장을 찌를지라도 나는 마음을 바꾸지 않을 것이다.〔曲刃鉤之 直兵推之 嬰不革矣〕"라고 하였다. ≪呂氏春秋≫ 〈知分〉에 "곧은 창으로 가슴을 찌르고 굽은 날로 목을 낚아채다.〔直兵造胸 曲兵鉤頸〕"라고 하였는데, 高誘의 注에 "'直'은 창〔矛〕이다."라고 하였다.

49-19-6 謂之曰 爲王則生이요 不爲王則死라한대 王子閭曰 何其侮我也오 殺我親[39]而喜我以楚國이로다 我得天下而不義는 不爲也어든 又況於楚國乎아하여 遂而不爲하니

그에게 이르기를, '왕이 되면 살고 왕이 되지 않으면 죽을 것입니다.'라고 하자, 왕자려가 말하기를, '어찌 이리도 나를 모욕하는 것인가. 내 친족을 죽이고서 楚나라를 미끼로 나를 희롱하는구나. 나는 천하를 얻더라도 의롭지 않은 일은 하지 않을 것인데 또 하물며 초나라를 얻는다고 〈의롭지 않은 일을〉 하겠는가.'라고 하면서 끝내 왕이 되지 않았으니

畢云 說文에 云 遂는 亡也라 從辵(착)㒸聲이라하다 王逸注楚詞에 云 遂는 往也라한대 義出于此라 經典多借爲㒸字하고 而忘其本㒸從意也라하다 案 左傳에 云 子閭不可하니 遂殺之라하고 新序[40]義勇篇同하니 是子閭實死而非亡이라 畢引許義는 與事不相應이라 遂下疑當有死字라

畢沅 : ≪說文解字≫에 "'遂'는 도망한다〔亡〕는 뜻이다. '辵'이 부수이고 聲音은 '㒸'이

38) 說崔杼(저)盟晏子云……劍承其心 : 이 대목은 崔杼가 將軍과 大夫들에게 위협하며 한 말이고, 최저가 晏子를 위협할 때는 '戟既在脰 劍既在心(창이 배에 있고 검이 심장에 있을 것이다)'이라 하였다.

39) 殺我親 : 子閭의 형 子西와 子期가 白公에게 살해당한 일을 가리킨다.

40) 新序 : 중국 前漢 말기에 劉向이 편집한 故事集이다. 雜事 5편, 刺奢, 節士, 義勇, 善謀 등 총 10편으로 구성되어 있다.

다."라고 하였다. 王逸의 ≪楚詞≫ 注에 "'遂'는 간다〔往〕는 뜻이다."라고 하였는데, 이 대목에서 뜻이 나온 것이다. 經典에서는 대부분 假借하여 '豕'자로 쓰면서 본래 '豕'가 '뜻을 따르다〔從意〕'라는 의미임을 잊어버렸다.

案 : ≪春秋左氏傳≫에서 "자려가 반대하니 드디어 죽였다.〔子閭不可 遂殺之〕"라고 하였고, ≪新序≫ 〈義勇〉의 내용도 같으니, 이는 子閭가 실제 죽은 것이지 도망한 것이 아니다. 畢沅이 인용한 許愼의 訓詁는 사실과 서로 호응하지 않는다. '遂' 뒤에 아마도 '死'자가 있어야 할 듯하다.

49-19-7 王子閭豈不仁哉리오한대 **子墨子曰 難則難矣**나 **然而未仁也**라 **若以王爲無道**인댄 **則何故不受而治也**리오 **若以白公爲不義**인댄 **何故不受王**하여

왕자려가 어찌 仁者가 아니겠습니까?"라고 하자, 자묵자께서 말씀하셨다. "어렵기는 어려운 일이지만 아직 仁者는 아니다. 만약 楚王이 無道하다고 생각했다면 무엇 때문에 〈왕위를〉 받아 나라를 다스리지 않았단 말인가. 만약 白公이 의롭지 않다고 생각했다면 무엇 때문에 왕위를 받아

句라

여기에서 句를 뗀다.

49-19-8 誅白公然而反王고

백공을 주벌하고서 惠王에게 〈왕위를〉 돌려주지 않았단 말인가.

畢云 言何不借王之權하여 **以殺白公**하고 **然後反位於王**이라하다 **兪云 畢讀誅白公爲句**하니 **則然而反王文不成義矣**라 **禮記檀弓篇**에 **穆公召縣子而問然**이라한대 **鄭注**에 **曰 然之言焉也**라하니 **誅白公然而反王**은 **猶云誅白公焉而反王**이니 **七字爲一句**라하다

畢沅 : 어찌 왕의 권력을 빌려 白公을 죽이고 그런 뒤에 惠王에게 왕위를 돌려주지 않았느냐는 말이다.

兪樾 : 畢沅은 '誅白公'으로 句를 떼어 읽었는데, 그러면 '然而反王'이란 글은 뜻을 이루지 않는다. ≪禮記≫ 〈檀弓〉에 "목공이 縣子를 불러 물었다.〔穆公召縣子而問然〕"라고 하였는데, 鄭玄의 注에 "'然'이라는 말은 '焉'이다."라고 하였으니, '誅白公然而反王'은 '誅白公

焉而反王'이라 하는 것과 같으니 7자가 한 句가 된다.

49-19-9 故曰難則難矣나 **然而未仁也**라하노라

그러므로 어렵기는 어려운 일이지만 아직 仁者는 아니라고 하는 것이다."

49-20-1 子墨子使勝綽事項子牛라

자묵자가 勝綽으로 하여금 項子牛를 섬기게 하였다.

勝綽은 **墨子弟子**라

勝綽은 墨子의 弟子이다.

49-20-2 項子牛三侵魯地어늘

항자우가 魯나라 땅을 세 차례 침략하였는데

項子牛는 **齊人**이니 **見前**[41)]이라 **三侵魯**는 **不知在何年**이라 **以史記六國年表及田齊世家攷之**하면 **魯元公十九年**에 **齊伐魯葛及安陵**[42)]하고 **二十年取魯一城**이요 **穆公二年齊伐魯取郕**이요 **十六年伐魯取最**라 **或卽三侵之事與**아

項子牛는 齊나라 사람이니 앞에 보인다. 세 번 魯나라를 침략한 것은 어느 해에 있었는지 알 수 없다. ≪史記≫ 〈六國年表〉 및 〈田齊世家〉로 詳攷해 보면 魯 元公 19년(B.C. 412)에 제나라가 魯, 葛 및 安陵을 치고 원공 20년(B.C. 411)에 魯나라의 城 하나를 함락하였고, 穆公 2년(B.C. 408)에 제나라가 노나라를 쳐서 郕을 함락하였고, 목공 16년(B.C. 394)에 노나라를 쳐서 最를 함락하였다. 어쩌면 바로 〈이것이〉 세 번 침략한 일인 듯하다.

49-20-3 而勝綽三從이라 **子墨子聞之**하고 **使高孫子請而退之**하여

41) 項子牛……見前 : 본 편 49-2-1에 보인다.

42) 魯葛及安陵 : 魯는 魯城으로 지금의 河南省 許昌市의 동북쪽에 있고, 葛은 長葛이라고도 하는데 지금의 河南省 長葛縣의 북쪽에 있다. 安陵은 옛 지명으로, 鄢陵인데 지금의 河南省 鄢陵縣 북쪽에 있다. ≪史記志疑≫에서는 '葛'은 '莒'가 되어야 하고, '安陵'은 오류가 있는 듯하다고 하였다.

승작이 세 차례 모두 따라갔다. 자묵자가 이를 듣고 高孫子를 보내어 그를 물리치도록 청하면서

高孫子는 亦墨子弟子라

高孫子도 墨子의 弟子이다.

49-20-4 曰 我使綽也는 將以濟驕而正嬖也라

말씀하셨다. "내가 승작을 보낸 것은 〈당신의〉 驕慢함을 제지하고 邪辟함을 바로잡으려는 것이었습니다.

畢云 濟는 止也라 嬖同僻이라하다

畢沅 : '濟'는 제지함〔止〕이다. '嬖'는 '僻'과 같다.

49-20-5 今綽也祿厚而譎夫子하니 夫子三侵魯어늘 而綽三從하니 是鼓鞭於馬靳(근)也라

〈그런데〉 지금 승작은 녹봉을 후하게 받으면서 당신을 속이고 있습니다. 당신이 노나라를 세 차례 침략하였는데 승작이 세 차례 모두 따라갔으니, 이는 달리는 말의 가슴에 채찍질하는 것입니다.

畢云 說文에 云 靳은 當膺也라 從革斤聲이라하다 一本改作勒은 非라 言馬欲行而鞭其前이라 所以自困이니 猶使人仕而反來侵我也라하다

畢沅 : ≪說文解字≫에 "'靳'은 말의 가슴에 거는 띠〔當膺〕이다. '革'이 부수이고 聲音이 '斤'이다."라고 하였다. 어떤 本에는 '勒'으로 고쳐 썼는데 잘못이다. 말이 가려고 하는데 그 앞에다 채찍질하기 때문에 스스로 곤경에 빠진다는 것이니 어떤 이에게 벼슬하게 하였는데 돌이켜 나를 치는 것과 같다는 말이다.

49-20-6 翟聞之호니 言義而弗行은 是犯明也라 綽非弗之知也요 祿勝義也라하노라

제가 들으니, 義를 말하면서 실행하지 않는 것은 법을 잘 알면서 죄를 짓는 일입니다. 승작은 모르는 것이 아니라 녹봉이 의를 이긴 것입니다."

49-21-1 昔者楚人與越人舟戰於江이러니

옛날 楚나라 사람과 越나라 사람이 長江에서 水戰을 벌였는데,

渚宮舊事에 **越人作吳越**하니 **下同**이라

≪渚宮舊事≫에 '越人'이 '吳越'로 되어 있는데, 아래도 같다.

49-21-2 楚人順流而進하고 **迎流而退**라 **見利而進**이나 **見不利則其退難**이요 **越人迎流而進**하고 **順流而退**라 **見利而進**이나

초나라 사람은 흐름을 따라 進擊하고 흐름을 거슬러 後退한지라 有利하다 판단하면 진격하지만 不利하다 판단하면 후퇴하기가 어려운 반면, 월나라 사람은 흐름을 거슬러 진격하고 흐름을 따라 후퇴한지라 有利하다 판단하면 진격하지만

舊脫而字러니 **王補**라

舊本에는 '而'자가 빠져 있는데, 王念孫이 보충하였다.

49-21-3 見不利則其退速이라 **越人因此若埶**(세)하여

不利하다 판단하면 후퇴하기가 신속하였다. 월나라 사람은 이러한 형세를 이용하여

句라

여기에서 句를 뗀다.

49-21-4 亟(기)**敗楚人**이라

초나라 사람을 屢次 물리쳤다.

舊本埶亟作執函이라 **王云 執字函字皆義不可通**이라 **執當爲埶**니 **埶卽今勢字**라 **此若埶者**는 **此埶也**라 **若亦此也**니 **古人自有複語耳**라 **墨子書多謂此爲此若**하니 **說見上文**[43]이라 **函當爲亟**니 **讀亟稱於水**[44]**之亟**라 **亟**는 **數**(삭)**也**라 **言越人因此水勢**하여 **遂數敗楚人也**라

---

43) 說見上文 : 앞의 48-14-7, 49-6-3에 보인다.
44) 亟稱於水 : 제자 徐子가 孟子에게 묻기를, "중니께서 자주 물을 일컬어 '물이여, 물이여!'라

俗書函字或作凾하니 與亟相似라하다 案 王說是也라 渚宮舊事亦作勢亟하니 今據正이라

舊本에는 '埶亟'가 '執函'으로 되어 있다.

王念孫 : '執'자, '函'자는 모두 뜻이 통하지 않는다. '執'은 '埶'가 되어야 하니, '埶'는 바로 지금의 '勢'자이다. '此若埶'는 '此埶'이다. '若' 또한 '此'의 뜻이니, 옛사람들은 본래 重複하는 단어를 쓰는 경우가 있을 뿐이다. ≪墨子≫에 '此'를 '此若'이라고 하는 경우가 많으니, 위 글에 설명이 보인다. '函'은 '亟'가 되어야 하니, '亟稱於水'의 '亟'로 읽는다. '亟'는 자주〔數〕의 뜻이다. 越나라 사람이 이러한 물의 형세를 인하여 드디어 楚나라 사람을 자주 패퇴시켰다는 말이다. 俗字로 '函'자는 더러 '凾'으로도 쓰니 '亟'와 서로 비슷하다.

案 : 王念孫의 說이 맞다. ≪渚宮舊事≫에도 '勢亟'로 되어 있는데, 지금 이에 의거하여 바로잡았다.

49-21-5 公輸子가

公輸子가

畢云 舊有曰字어늘 一本無라하다 詒讓案 顧校季本亦無曰字라 文選西都賦薛綜注에 云 魯般은 一云公輸子라하니 魯哀公時巧人이라하다 孟子離婁篇에 云 公輸子之巧라한대 趙注에 云 公輸子名班이니 魯之巧人也라 或以爲魯昭公之子라하다 檀弓에 云 季康子之母死에 公輸若方小라 斂에 般請以機封이라한대 鄭注에 云 般은 若之族이니 多技巧者라하다 後公輸篇作公輸盤이라

畢沅 : 舊本에는 '曰'자가 있는데, 어떤 本에는 없다.

詒讓案 : 顧廣圻가 교감한 季本에도 '曰'자가 없다. ≪文選≫ 〈西都賦〉의 薛綜의 注에 "魯般은 公輸子라고도 하니, 魯 哀公 때의 기술자이다."라고 하였다. ≪孟子≫ 〈離婁 上〉에 "공수자의 공교함으로도〔公輸子之巧〕"라고 하였는데, 趙岐의 注에 "公輸子는 이름이 班이니, 魯나라의 기술자이다. 어떤 이는 魯 昭公의 아들이라고 하였다."라고 하였다. ≪禮記≫ 〈檀弓 下〉에 "季康子의 모친이 죽었을 때 아들 公輸若이 아직 어린지라, 염습할 때 公輸般이 기계를 이용하여 下棺하기를 청하였다.〔季康子之母死 公輸若方小 斂 般請以機封〕"라고 하였는데, 鄭玄의 注에 "公輸般은 公輸若의 친족이니 기술이 많은 자이다."라고 하였다. 뒤의 〈公輸〉에는 '公輸盤'으로 되어 있다.

고 하셨는데, 물에서 어떤 점을 취하신 것입니까?〔仲尼亟稱於水 曰水哉水哉 何取於水也〕"라고 하였다.(≪孟子≫ 〈離婁 下〉)

49-21-6 自魯南游楚라가

魯나라에서 남쪽으로 楚나라에 갔다가

渚宮舊事에 云 及惠王時라하다 案 余說近是하니 詳後公輸篇이라 畢云 太平御覽引作公輸般自魯之楚라하다

≪渚宮舊事≫에 "惠王 때에 미쳐서이다."라고 하였다.

案 : 余知古의 說이 거의 맞으니, 뒤의 〈公輸〉에서 자세히 설명하였다.

畢沅 : ≪太平御覽≫에서 이 대목을 인용한 곳에는 '公輸般自魯之楚(공수반이 노나라에서 초나라로 갔다)'라고 하였다.

49-21-7 焉始爲舟戰之器한대

이에 처음으로 水戰하는 器具를 만들었는데,

畢云 太平御覽引作具라하다 王云 焉字下屬爲句니 焉猶於是也라 言於是始爲舟戰之器也라 月令에 曰 天子焉始乘舟라하고 晉語에 曰 焉始爲令이라하고 大荒西經에 曰 開焉始得歌九招라하니 此皆古人以焉始二字連文之證이라하다

畢沅 : 〈'器'는〉 ≪太平御覽≫에서 이 대목을 인용한 곳에는 '具'로 되어 있다.

王念孫 : '焉'자는 아래로 붙여 句를 떼니 '焉'은 '於是'와 같다. 이에 처음으로 水戰하는 器具를 만들었다는 말이다. ≪禮記≫ 〈月令〉에 "천자가 이에 처음으로 배를 탄다.〔天子焉始乘舟〕"라고 하고, ≪國語≫ 〈晉語〉에 "이에 처음으로 법령을 만들다.〔焉始爲令〕"라고 하고, ≪山海經≫ 〈大荒西經〉에 "열어서 이에 처음으로 九招를 부를 수 있었다.〔開焉始得歌九招〕"라고 하였으니, 이것이 모두 옛사람이 '焉始' 2자를 붙여 쓴 증거이다.

49-21-8 作爲鉤(强)〔拒〕[45]之備하여 退者鉤之하고 進者(强)〔拒〕之하니

鉤와 拒의 설비를 만들어 후퇴하는 적은 걸어 당기고 진격하는 적은 밀쳐내었으니,

45) (强)〔拒〕 : 孫詒讓은 '强'을 '拒'의 誤字로 보았는데, ≪說文解字≫의 徐鍇의 注에서 "옛 무기에 鉤와 鑲이 있는데 끌어오는 것을 鉤라 하고 밀어내는 것을 鑲이라 한다.〔古兵有鉤有鑲引來曰鉤 推去曰鑲〕"라고 한 말을 인용하여 '鑲'으로 보는 說도 있다.

畢云 太平御覽引作謂之鉤拒하여 退則鉤之하고 進則拒之也하다 詒讓案 退者以物鉤之면 則不得退요 進者以物拒之면 則不得進이라 此作鉤强無義하니 凡强字竝當從御覽作拒라 事物紀原引亦同이라 備穴篇有鐵鉤鉅하고 備高臨篇說弩亦有鉤距하니 鉅距拒義竝同이라 故下文亦云 子拒而距人하면 人亦拒而距子라하다 荀子議兵篇說楚兵云 宛鉅鐵釶(시)라하니 疑宛鉅亦兵器之名이라 楊倞注에 云 大剛曰鉅[46]라하니 恐非라

畢沅 : ≪太平御覽≫에서 이 대목을 인용한 곳에는 '謂之鉤拒 退則鉤之 進則拒之也'로 되어 있다.

詒讓案 : 후퇴하는 적을 물건으로 걸어 당기면 후퇴하지 못하고 진격하는 적을 물건으로 밀쳐내면 진격하지 못한다. 이 대목에 '鉤强'으로 되어 있는 것은 뜻이 없으니 무릇 '强'자는 모두 ≪太平御覽≫을 따라 '拒'가 되어야 한다. ≪事物紀原≫에서 이 대목을 인용한 곳도 같다. 〈備穴〉에 '鐵鉤鉅'가 있고, 〈備高臨〉에 弩를 설명하면서 역시 '鉤距'가 있으니, '鉅', '距', '拒'는 뜻이 모두 같다. 그러므로 아래 글에서도 '子拒而距人 人亦拒而距子'라고 하였다. ≪荀子≫ 〈議兵〉에 楚나라의 무기를 설명하면서 '宛鉅鐵釶(宛 땅의 강철로 만든 창)'라고 하였으니 아마도 '宛鉅'도 兵器의 이름인 듯하다. 楊倞의 注에 "매우 단단한 철을 鉅라 한다."라고 하였는데 잘못인 듯하다.

49-21-9 量其鉤(强)〔拒〕之長하여 而制爲之兵이라

鉤와 拒의 길이를 헤아려 兵器들을 제조하였다.

渚宮舊事作量短長而制爲兵이라

≪渚宮舊事≫에는 '量短長而制爲兵(길이를 헤아려 무기를 제조하다)'으로 되어 있다.

49-21-10 楚之兵節이나 越之兵不節이라 楚人因此若埶하여 亟敗越人이라

초나라의 병기는 규격화되어 있는 반면 월나라의 병기는 규격화되어 있지 않은지라 초나라 사람은 이러한 형세를 이용하여 월나라 사람을 屢次 물리쳤다.

舊本埶亦誤執하고 亟亦誤函이러니 今依王校正이라 史記楚世家惠王時無與越戰事하니

46) 荀子議兵篇說楚兵云……大剛曰鉅 : 楊倞의 注에 "宛은 땅이름이니 南陽에 속한다. 徐廣이 '매우 강한 철을 鉅라 한다.' 하였다. 釶는 鍦와 같으니 창이다.〔宛 地名 屬南陽 徐廣曰 大剛曰鉅 釶 與鍦同 矛也〕"라고 하였다.

蓋史失之라

舊本에는 '埶'가 역시 '執'으로 잘못되어 있고 '亟'가 역시 '函'으로 잘못되어 있는데, 지금 王念孫의 校勘에 의거하여 바로잡았다. ≪史記≫ 〈楚世家〉에는 惠王 때 越나라와 전쟁한 일이 없으니 아마 史實이 遺失된 듯하다.

49-21-11 公輸子善其巧하여 **以語子墨子曰 我舟戰有鉤**(强)〔**拒**〕하니 **不知子之義亦有鉤**(强)〔**拒**〕**乎**아한대 **子墨子曰 我義之鉤**(强)〔**拒**〕가 **賢於子舟戰之鉤**(强)〔**拒**〕라 **我鉤**(强)〔**拒**〕는 **我**[47]**鉤之以愛**하고 (揣)〔**拒**〕**之以恭**이라

공수자가 자신의 기술을 뽐내면서 자묵자께 말하기를, "나는 水戰할 때 鉤와 拒가 있는데, 선생의 義에도 鉤와 拒가 있습니까?"라고 하자, 자묵자께서 말씀하셨다. "내가 표방하는 義의 鉤와 拒가 그대가 만든 水戰할 때의 鉤와 拒보다 낫습니다. 나의 鉤와 拒는 사랑으로 끌어당기고 공경으로 밀쳐냅니다.

揣亦當作拒요 鉤拒皆冢上文言之하니 下同이라

'揣' 역시 '拒'가 되어야 하고 '鉤', '拒'는 모두 위 글에 이어서 말한 것인데, 아래도 같다.

49-21-12 弗鉤以愛則不親이요 **弗**(揣)〔**拒**〕**以恭則速狎**이니

사랑으로 끌어당기지 않으면 친근하지 않고 공경으로 밀쳐내지 않으면 금방 무례하게 되니

畢云 舊脫一狎字러니 以意增이라하다 案 顧校季本亦重狎字라

畢沅 : 舊本에는 '狎' 1자가 빠져 있는데, 글 뜻으로 판단하여 덧붙인다.

案 : 顧廣圻가 교감한 季本에도 '狎'자를 중복하여 썼다.

49-21-13 狎而不親則速離[48]라 **故交相愛**하고 **交相恭**은 **猶若相利也**라 **今子鉤而止**

47) 我鉤(强)〔拒〕我 : 或者는 '强'을 '鑲'으로 보고 ≪說文通訓定聲≫에 의거하여 뒤의 '我'를 '義'의 假借字로 보고 앞 句에 붙여 "나는 義로써 鉤와 鑲을 삼는다."라고 하였다.

48) 弗鉤以愛則不親……狎而不親則速離 : 吳毓江은 ≪墨子校注≫에서 '揣'를 '强'의 誤字로 보는 한편, 이 대목의 원문에 누락이 있다고 하면서 '弗鉤以愛則不親 弗强以恭則不敬 不敬則速

人이어든 **人亦鉤而止子**요 **子**(强)〔拒〕**而距人**이어든 **人亦**(强)〔拒〕**而距子**리니 **交相鉤**하고 **交相**(强)〔拒〕는 **猶若相害也**라 **故我義之鉤**(强)〔拒〕가 **賢子舟戰之鉤**(强)〔拒〕라하노라

무례하면서 친근하지 않으면 금방 흩어지게 됩니다. 그러므로 서로 사랑하고 서로 공경하는 것은 서로 이롭게 하는 것과 같습니다. 지금 그대가 鉤를 써서 남을 제지하면 남도 鉤를 써서 그대를 제지할 것이고, 그대가 拒를 써서 남을 물리치면 남도 拒를 써서 그대를 물리칠 것이니, 서로 鉤를 쓰고 서로 拒를 쓰는 것은 서로 해치는 것과 같습니다. 그러므로 내가 표방하는 義의 鉤와 拒가 그대가 만든 水戰할 때의 鉤와 拒보다 낫습니다."

49-22-1 公輸子削竹木以爲䧿(작)하여

공수자가 대나무를 깎아서 까치를 만들어

說文烏部에 舄(작)은 **篆文作鵲**이라하다 **畢云 太平御覽引作鵲**이라하다

≪說文解字≫ 烏部에 "'舄'은 篆文에 '鵲'으로 되어 있다."라고 하였다.

畢沅 : ≪太平御覽≫에서 이 대목을 인용한 곳에는 '鵲'으로 되어 있다.

49-22-2 〔䧿〕**成而飛之**한대

까치가 완성되자 날렸는데

王云 此當作削竹木以爲䧿하여 䧿**成而飛之**니 **今本少一**䧿**字**는 **則文不足義**라 **太平御覽工藝部九所引已與今本同**이라 **初學記果木部白帖九十五竝多一**䧿**字**라하다

王念孫 : 이 대목은 '削竹木以爲䧿 䧿成而飛之'가 되어야 하니, 今本에 '䧿' 1자가 적은 것은 글 뜻이 충분하지 않다. ≪太平御覽≫ 〈工藝部9〉에 인용한 글은 이미 今本과 같다. ≪初學記≫ 〈果木部〉와 ≪白孔六帖≫ 권95에는 모두 '䧿' 1字가 더 있다.

49-22-3 三日不下하니

사흘 동안 내려앉지 않으니,

狎 不親則速離'가 되어야 한다고 하였다.

渚宮舊事에 云 嘗爲木鳶(연)하고 乘之以窺宋城이라하니 與此異라 列子湯問篇에 云 墨翟之飛鳶이라한대 張注에 云 墨子作木鳶하니 飛三日不集이라하고 淮南子齊俗訓에 云 魯般墨子以木爲鳶하고 而飛之三日不集이라하니 此皆以誰爲鳶이요 又謂二人同爲之는 蓋傳聞之異라 論衡儒增篇亂龍篇說竝同이라 韓非子亦云木鳶하니 詳後라 畢云 文選長笛賦注에 云 案墨子削竹以爲鵲하니 鵲三日不行者라하니 彼誤라하다

≪渚宮舊事≫에는 "일찍이 木鳶을 만들고서 그것을 타고 宋나라 城을 엿보았다."라고 하였으니 이 대목과 다르다. ≪列子≫ 〈湯問〉에 "묵적이 연을 날렸다.〔墨翟之飛鳶〕"라고 하였는데, 張湛의 注에 "墨子가 木鳶을 만드니 사흘 동안 날며 내려앉지 않았다.〔墨子作木鳶 飛三日不集〕"라고 하고, ≪淮南子≫ 〈齊俗訓〉에 "魯般과 墨子가 나무로 鳶을 만들고 이를 날렸는데 사흘 동안 내려앉지 않았다.〔魯般墨子以木爲鳶 而飛之三日不集〕"라고 하였으니, 이는 모두 誰(까치)을 鳶으로 여긴 것이고 또 두 사람이 함께 만들었다고 한 것은 아마도 전해온 내용이 달라서인 듯하다. ≪論衡≫ 〈儒增〉, 〈亂龍〉의 설명은 모두 같다. ≪韓非子≫에도 '木鳶'이라 하였는데, 뒤에 자세히 설명하였다.

畢沅 : ≪文選≫ 〈長笛賦〉의 注에 "살펴보건대 ≪墨子≫에 '대나무를 깎아서 까치를 만드니 까치가 사흘 동안 가지 않았다.〔削竹以爲鵲 鵲三日不行〕'라고 하였다."라고 한 것은 그곳이 잘못된 것이다.

49-22-4 公輸子自以爲至巧라 子墨子謂公輸子曰 子之爲誰也는 不如匠之爲車轄이라

공수자가 스스로 이를 매우 정교하다고 여겼다. 자묵자가 공수자에게 말씀하셨다. "그대가 만든 까치는 장인이 만든 수레 비녀장보다 못합니다.

王云 舊本匠作翟이러니 涉上下文翟字而誤니 今據太平御覽工藝部九引改라 畢云 太平御覽末有也字라하다

王念孫 : 舊本에는 '匠'이 '翟'으로 되어 있는데 위아래 글의 '翟'자와 관련하여 잘못된 것이니, 지금 ≪太平御覽≫ 〈工藝部9〉의 인용문에 의거하여 고친다.

畢沅 : ≪太平御覽≫의 인용문 끝에는 '也'자가 있다.

49-22-5 須臾(劉)〔斲(착)〕三寸之木하여

순식간에 세 치의 나무를 깎아서

說文車部에 云 轄은 鍵也라하고 舛部에 云 舝는 車軸耑鍵也라하다 案 轄舝字通하니 古車轄多以金爲之어늘 據此則亦有用木者라 淮南子繆稱訓에 云 故終年爲車라도 無三寸之轄하면 不可以驅馳라하고 又人閒訓에 云 車之所以能轉千里者는 以其要在三寸之轄이라하고 文選七啓注引尸子云 文軒六駃이라도 題[49]無四寸之鍵하면 則車不行이라하다 諸書說鍵轄之度略同이라 抱朴子應嘲篇에 云 墨子刻木雞以戾天이 不如三寸之車轄이라하니 此又以䧿爲雞일새 與他書異이라 畢云 劉는 鏤字假音이라 太平御覽引此作豎(수)라하다 王云 畢說非也라 劉當爲斵(착)이니 集韻에 斲或作斵이라하다 廣雅에 曰 斵은 斫也라한대 今本廣雅訛作斵이라 俗書斲[50]字作𣂔이라 故斵字亦作劉한대 形與劉相似일새 因訛爲劉라 此言爲車轄者는 斫三寸之木하여 而任五十石之重이요 非刻鏤之謂也라

≪說文解字≫ 車部에 "'轄'은 비녀장〔鍵〕이다."라고 하고, 舛部에 "'舝'는 수레 굴대의 耑鍵이다."라고 하였다.

案 : '轄', '舝'자는 통용하니 옛날에 수레의 轄은 대부분 쇠로 만들었지만 이 대목에 의거하면 나무를 쓰는 경우도 있었다. ≪淮南子≫ 〈繆稱訓〉에 "그러므로 일년 내내 수레를 만들더라도 세 치의 비녀장이 없으면 내달릴 수가 없다.〔故終年爲車 無三寸之轄 不可以驅馳〕"라고 하고, 또 〈人閒訓〉에 "수레가 능히 천 리를 옮겨갈 수 있는 까닭은 그 요체가 세 치의 비녀장에 있다.〔車之所以能轉千里者 以其要在三寸之轄〕"라고 하고, ≪文選≫ 〈七啓〉의 注에 ≪尸子≫를 인용하여 "文彩 나는 수레에 여섯 마리 駿馬가 있더라도 네 치의 비녀장이 없으면 수레가 다닐 수 없다.〔文軒六駃 題無四寸之鍵 則車不行〕"라고 하였다. 여러 책에서 鍵과 轄의 제도를 설명한 것이 대략 같다. ≪抱朴子≫ 〈應嘲〉에 "≪墨子≫에 나무 닭을 깎아서 〈날려서〉 하늘에 닿는 것이 세 치의 수레 비녀장만 못하다.〔刻木雞以戾天 不如三寸之車轄〕"라고 하였는데, 이는 또 '䧿'을 '雞'로 여긴 것이기에 다른 책들과 다르다.

畢沅 : '劉'는 '鏤'자의 音을 假借한 것이다. ≪太平御覽≫에서 이 대목을 인용한 곳에는 '豎'로 되어 있다.

王念孫 : 畢沅의 說은 잘못이다. '劉'는 '斵'이 되어야 하니 ≪集韻≫에 "'斲'은 더러 '斵'으로 쓰기도 하다."라고 하였다. ≪廣雅≫에 "'斵'은 자른다〔斫〕는 뜻이다."라고 하였는데,

49) 題 : ≪太平御覽≫ 권773에는 '題'로 되어 있고, ≪藝文類聚≫ 권71에는 '是'로 되어 있다.
50) 斲 : 저본의 傍注에 "'斲'은 원래 '斵'으로 잘못되어 있으나, 위 글의 뜻에 의거하여 고친다.〔斲 原誤斵 依上文意改〕"라고 하였다.

今本 ≪광아≫에는 '𠝃'으로 잘못되어 있다. 俗字로 '斲'자는 '斵'으로 쓰기 때문에 '𠝃'자도 '𠝃'으로 썼는데 〈𠝃의〉 字形이 '劉'와 서로 비슷하기에 인하여 '劉'로 잘못된 것이다. 이 대목은 수레 비녀장을 만드는 자는 세 치의 나무를 잘라서 50섬의 무게를 감당한다는 말이지 새긴다〔刻鏤〕는 말이 아니다.

49-22-6 而任五十石之重이라

오십 석의 무게를 감당하게 합니다.

說文禾部에 云 䄷(석)은 百二十斤也라하다 經典通借石爲之라 五十石은 六百斤也라

≪說文解字≫ 禾部에 "'䄷'은 120斤이다."라고 하였다. 經典에 '石'을 통용해 假借하여 쓴다. 50石은 600斤이다.

49-22-7 故所爲巧[51)]는 利於人謂之巧요 不利於人謂之拙이라하노라

그러므로 그 정교함이라는 것은 사람에게 이로우면 정교하다 말하고 사람에게 이롭지 않으면 졸렬하다 말합니다."

畢云 韓非子外儲說에 云 墨子爲木鳶하여 三年而成이어늘 蜚一日而敗라 弟子曰 先生之巧는 至能使木鳶飛이라한대 墨子曰 不如爲車輗之巧也니 用咫尺之木하여 不費一朝之事로되 而引三十石之任하여 致遠力多하고 久於歲數언마는 今我爲鳶하여 三年成이어늘 蜚一日而敗라 惠子聞之曰 墨子는 太巧로다 巧爲輗하고 拙(於)〔爲〕[52)]鳶이라하니 與此異也라하다

畢沅 : ≪韓非子≫ 〈外儲說〉에 "墨子가 나무로 木鳶을 만들어 3년 만에 완성하였는데, 하루를 날고는 부서져버렸다. 제자가 말하기를 '선생님의 기교는 木鳶을 날게 하기에 이르렀습니다.'라고 하자, 묵자가 말하기를, '수레의 끌채 마구리를 만드는 자의 기교만 못하니, 〈그는〉 아주 짧은 나무를 써서 반나절을 일하지 않고도 30石이나 되는 짐을 끌고서 멀리까지 갈 만큼 힘이 세고 오랜 세월을 견디건만, 지금 나는 木鳶을 만들어 3년 만에 완성하였는데 하루를 날고는 부서져버렸다.'라고 하였다. 惠子가 이를 듣고 말하기를

---

51) 巧 : 저본의 傍注에 "'巧'는 원래 '功'으로 잘못되어 있으나, 畢沅의 刻本에 의거하여 고친다.〔巧 原誤功 據畢沅刻本改〕"라고 하였다.

52) (於)〔爲〕 : 저본에는 '於'로 되어 있으나, ≪韓非子≫ 〈外儲說〉에 의거하여 '爲'로 바로잡았다.

'묵자는 대단한 재주꾼이다. 수레의 끌채 마구리를 만드는 것은 교묘하다 하고 木鳶을 만든 것은 졸렬하다 하였다.'라고 하였다."라고 하였으니, 이 대목의 글과 다르다.

49-23-1 公輸子謂子墨子曰 吾未得見之時에 我欲得宋이러니 自我得見之後엔 予我宋而不義어든 我不爲라한대 子墨子曰 翟之未得見之時也에 子欲得宋이러니 自翟得見子之後엔 予子宋而不義어든 子弗爲하니 是我予子宋也라

공수자가 자묵자께 이르기를, "내가 그대를 아직 만나지 못했을 때 나는 송나라를 얻으려 하였는데, 내가 그대를 만난 뒤로는 나에게 송나라를 주더라도 의롭지 않다면 나는 받지 않게 되었습니다."라고 하자, 자묵자께서 말씀하셨다. "내가 그대를 아직 만나지 못했을 때 그대는 송나라를 얻으려 하였는데, 내가 그대를 만난 뒤로는 그대에게 송나라를 주더라도 의롭지 않다면 그대는 받지 않으려 하였으니, 이는 내가 그대에게 송나라를 준 것과 마찬가지입니다.

畢云 予는 一本作與라하다

畢沅 : '予'는 어떤 本에는 '與'로 되어 있다.

49-23-2 子務爲義어든 翟又將予子天下라하노라

그대가 의를 행하는 데 힘쓴다면 내가 또 장차 그대에게 천하를 줄 것입니다."

舊本予作與러니 今據吳鈔本正하니 與上文同이라

舊本에 '予'는 '與'로 되어 있는데, 지금 吳鈔本에 의거하여 바로잡으니 위 글과 같다.

제50편 공수 公輸

'公輸'는 墨子 당대의 무기 제조 기술자였던 公輸盤으로, 첫장의 앞 2자를 딴 것이다. 이 篇은 묵자가 공수반과의 대결을 통해 楚나라의 宋나라 침략 企圖를 저지한 일을 서술하고 있다. 공수반 및 초왕과 벌인 여러 차례의 논변과 가상의 攻防을 통해 전쟁을 벌이는 일의 不義와 不利를 효과적으로 입증해 내고 있다. 이 편은 문장의 전개가 曲折이 있고 脈絡이 분명한 한편으로, 갖은 고생을 마다하지 않고 游說를 펼치는 묵자의 모습을 생동감 있게 묘사하고 있다. 이 편의 이런 특징은 후대에 깊은 영향을 미쳐 小說과 戲劇으로 만들어지기도 하였다.

淮南子道應訓에 云 墨子爲守攻에 公輸般服호되 而不肯以兵知라하니 即本此篇이라

≪淮南子≫ 〈道應訓〉에 '墨子가 敵의 공격을 막아 내자 公輸般이 屈服하였으나 〈묵자는〉 軍事 才能으로 알려지고자 하지 않았다."라고 하였는데, 바로 이 편에 근본한 것이다.

50-1-1 公輸盤이

公輸盤이

畢云 史記孟子荀卿傳集解와 後漢書張衡傳注[1]와 文選陳孔璋爲曹洪與魏文帝書注에 皆引作般하고 廣韻에 引作班이라하다 詒讓案 世說[2]文學篇劉[3]注와 文選長笛賦七命과 郭

1) 後漢書張衡傳注 : 저본의 傍注에 "살펴보건대, ≪漢書≫ 〈張衡傳〉의 본문 및 注에는 모두 '班'으로 되어 있고 '般'으로 되어 있지 않다. 畢沅의 注에 착오가 있다.〔按 後漢書張衡傳正文及注皆作班 不作般 畢沅注有誤〕"라고 하였다.

2) 世說 : 南朝 宋나라의 劉義慶(403~444)이 지은 ≪世說新語≫로, 後漢 말에서 東晉까지의 정치가와 문인 등 600명에 이르는 인물의 이야기를 담고 있는 일화집이다. 당대 귀족계급의 사상과 풍조를 후세에 상세히 전하고 있어 중국문학사상 중요한 위치를 차지하는 작품이다. 유의경은 武帝 劉裕의 조카이고 시호는 康王이다. 성품이 소박하고 문학을 좋아하여, 문인들이 주위에 많이 모였는데 이들과 함께 여러 책을 편찬하고 저술하였다.

3) 劉 : 南朝 梁나라의 文學家 劉峻(463~521)으로, 자는 孝標이고 平原 사람이다. ≪世說新語≫에 注를 냈는데, 인용이 방대하고 考證이 정밀하여 후세 주석서의 모범이 되었다. ≪漢書≫

景純遊仙詩와 司馬紹統贈山濤詩李注에 竝引作般하고 戰國策宋策과 呂氏春秋愛類篇과 葛洪神仙傳同이라 呂覽高注에 云 公輸는 魯般之號니 在楚爲楚王設攻宋之具也라하다

畢沅：≪史記≫〈孟子荀卿列傳〉의 集解, ≪後漢書≫〈張衡傳〉의 注, ≪文選≫ 陳孔璋의 〈爲曹洪與魏文帝書〉의 注에서 모두 이 대목을 인용한 곳에는 〈'盤'이〉 '般'으로 되어 있고, ≪廣韻≫에서 이 대목을 인용한 곳에는 '班'으로 되어 있다.

詒讓案：≪世說新語≫ 〈文學〉의 劉峻의 注, ≪文選≫ 〈長笛賦〉·〈七命〉과 郭景純의 〈遊仙詩〉, 司馬紹統의 〈贈山濤詩〉의 李善의 注에 모두 이 대목을 인용한 곳에는 '般'으로 되어 있고, ≪戰國策≫ 〈宋策〉, ≪呂氏春秋≫ 〈愛類〉, 葛洪의 ≪神仙傳≫은 〈이 대목과〉 같다. ≪呂氏春秋≫의 高誘의 注에 "公輸는 魯般의 號이니 楚나라에서 초나라 왕을 위해 宋나라를 공격하는 기구를 만들었다."라고 하였다.

50-1-2 爲楚造雲梯之械하여 成한대

楚나라를 위하여 雲梯라는 器具를 만들어 완성되자

淮南子兵略訓許愼注에 云 雲梯는 可依雲而立이라 所以瞰敵之城中이라하고 又脩務訓高注에 云 雲梯는 攻城具니 高長上與雲齊라 故曰雲梯라하다 械는 器也니 史記索隱에 云 梯者는 搆木瞰高也요 雲者는 言其昇高入雲이라 故曰雲梯라 械者는 器也니 謂攻城之樓櫓[4]也라하다 文選長笛賦注引此云 公輸般爲雲梯垂成에 大山四起하니 所謂善攻具也라 必取宋이라 於是墨子見公輸般而止之라하니 似約此篇文이라 但大山四起는 未詳其義라 史記鄭世家集解引服虔左傳注에 云 樓車는 所以窺望敵軍이니 兵法所謂雲梯也라하다 案 服以雲梯爲兵車는 肊說不足據라 畢云 張湛列子注에 云 雲梯可以淩虛라하다

≪淮南子≫ 〈兵略訓〉의 許愼의 注에 "雲梯는 구름에 의지하여 설 수 있기 때문에 敵의 城 안을 조망할 수 있다."라고 하고, 또 〈脩務訓〉의 高誘의 注에 "雲梯는 攻城用 기구이니 높이가 위로 구름과 나란하므로 雲梯라고 한다. 械는 기구이다."라고 하였다. ≪史記索隱≫에 "梯라는 것은 나무를 짜 만들어 높이 조망하는 것이고 雲이라는 것은 높이 올라 구름 속에 들어간다는 말이다. 그래서 '雲梯'라고 한다.

에도 注를 내고, ≪類苑≫을 편찬했는데 모두 逸失되었다.

4) 樓櫓：古代에 眺望하거나 攻守하는 데 사용하는 덮개가 없는 높은 樓臺인데, 지면이나 수레, 배 위에 설치하였다. ≪後漢書≫ 〈南匈奴傳〉에 "처음에 황제가 戰車를 제작하였는데 소 몇 마리로 끌 수가 있어 그 위에 樓櫓를 만들어 변방에 두고 匈奴를 막았다."고 하였다.

械라는 것은 기구이니 攻城하는 樓櫓를 이른다."라고 하였다. ≪文選≫ 〈長笛賦〉의 注에서 이 대목을 인용한 곳에는 "公輸般이 雲梯를 만들어 완성되자 大山이 사방에서 일어난 듯하였으니, 이른바 훌륭한 공격 기구인지라 반드시 宋나라를 함락하려 하였다. 이에 墨子가 공수반을 만나보고 제지하였다."라고 하였으니, 이 편의 글을 요약한 듯하다. 다만 '大山四起'는 그 뜻을 알 수 없다. ≪史記≫ 〈鄭世家〉의 集解에 服虔이 ≪春秋左氏傳≫에 낸 注를 인용하여 "樓車는 敵軍을 엿보는 수단이니 兵法에 이른바 雲梯라는 것이다."라고 하였다.

案 : 복건이 雲梯를 兵車로 여긴 것은 臆說이라 의거할 만하지 않다.

畢沅 : 張湛이 ≪列子≫에 낸 注에 "雲梯는 虛空에 오를 수 있다."라고 하였다.

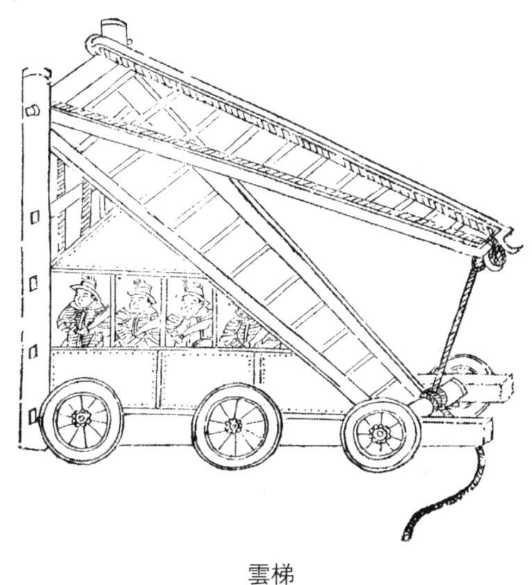

雲梯

50-1-3 將以攻宋이라

宋나라를 공격하려 하였다.

畢云 文選注引作必取宋三字라 太平御覽에 云 尸子云 般爲蒙天之階러니 階成에 將以攻宋이라하다 蘇云 呂氏春秋에 云 聲王圍宋十月이라하다 考墨子時世與聲王相値하니 疑公輸爲楚攻宋이 在是時라하다 案 國策宋策鮑彪[5]注에 以此事爲在宋景公時하고 於楚則謂當昭王或惠王이라하니 與蘇說不同이라 今攷鮑蘇二說皆非也라 墨子晩年逮見田和하고 又得聞楚悼王吳起之亂[6]하니 其生蓋當在魯哀公之末과 悼公之初니 則非徒不及見楚昭王이요 卽宋景公末年에 亦恐未逾弱冠[7]이라 是鮑說與墨子之年不合이라

5) 鮑彪 : 南宋의 정치가이자 학자로, 字는 文虎이고 浙江 龍泉 사람이다. 1128년에 進士에 급제하고 大學博士, 司封員外郎 등을 지냈다. ≪戰國策≫에 注를 달았다.

6) 楚悼王吳起之亂 : 재위 21년(B.C. 381)에 楚 悼王이 薨逝하자 초나라의 貴戚大臣들이 난을 일으켜 吳起를 죽인 일이다. 오기가 도왕에 의해 재상으로 임명되어 정치개혁을 도모하였다가 귀척들의 미움을 사게 된 것이 이 일의 원인이다.

7) 其生蓋當在魯哀公之末……亦恐未逾弱冠 : 孫詒讓은 墨子의 生沒年과 관련하여 'B.C. 468년~B.C. 376년'설을 주장하였다. 참고로 錢穆은 'B.C. 479년~B.C. 381년'설을 주장하고, 梁啓超는 B.C. 468년에서 B.C. 459년 사이에 태어나 B.C. 390년에서 B.C. 382년 사이

公輸盤은 或謂魯昭公子하니 固未必塙이라 然檀弓載季康子母死에 時公輸若方小라 而般與斂事하니 則般必年長於若可知라 攷康子父桓子卒於哀公三年일새 其母死或亦在哀公初年하니 則般當生於昭定閒이라 自昭公卒年下距楚聲王元年히 亦已逾百歲하니 則蘇說與公輸之年又不合이라 竊以墨輸二子年代參合校之하면 墨子之止攻宋은 約當在宋昭公楚惠王時라 蓋是時楚雖有伐宋之議나 而以墨子之言中輟이라 故史無其事耳라 渚宮舊事謂公輸子南游楚在惠王時하니 其說蓋可信이라

畢沅 : ≪文選注≫에서 이 대목을 인용한 곳에는 '必取宋' 3자로 되어 있다. ≪太平御覽≫에 "≪尸子≫에 '公輸般이 하늘을 덮는 계단을 만들었는데, 계단이 이루어지자 이를 가지고 宋나라를 공격하려 하였다.〔般爲蒙天之階 階成 將以攻宋〕'라고 하였다."라고 하였다.

蘇時學 : ≪呂氏春秋≫에 "楚 聲王(B.C. 407~B.C. 402 재위)이 宋나라를 10개월 동안 포위하였다."라고 하였다. 상고해 보면 墨子가 살았던 시대는 聲王과 서로 겹치니 아마도 공수반이 楚나라를 위해 宋나라를 공격하려던 일이 이때 있었던 듯하다.

案 : ≪戰國策≫ 〈宋策〉의 鮑彪의 注에서는 이 일을 宋 景公(재위 B.C. 516~B.C. 453) 때에 있었던 것으로 여기고서 楚나라로 보면 昭王(재위 B.C. 515~B.C. 489)이나 惠王(B.C. 488~B.C. 432 재위) 때에 해당한다고 하였으니, 소시학의 說과 같지 않다. 지금 살펴보건대 포표, 소시학 두 사람의 說은 모두 틀렸다. 묵자는 만년에야 겨우 田和(?~B.C. 385)를 보았고, 또 楚 悼王 때 吳起의 난리(B.C. 381)에 대해 들을 수 있었으니, 그의 生年은 대체로 魯 哀公(B.C. 494~B.C. 468 재위)의 말년과 悼公(재위 B.C. 467~B.C. 431)의 초년에 있었을 것이다. 그렇다면 楚 昭王을 미처 보지 못했을 뿐만 아니라 宋 景公의 말년에도 아직 弱冠을 넘지 않았을 듯하니, 이는 포표의 說이 墨子의 나이와 부합하지 않는 것이다.

공수반에 대해 혹자는 魯 昭公(재위 B.C. 541~ B.C. 510)의 아들이라고 하는데 참으로 반드시 확실하지는 않다. 그렇지만 ≪禮記≫ 〈檀弓 下〉에 季康子의 모친이 죽었을 때 아들 公輸若이 아직 어린지라 공수반이 함께 염습한 일을 수록하고 있으니 공수반이 필시 공수약보다 연장임을 알 수 있다. 상고해 보면 계강자의 부친 桓子가 哀公 3년(B.C. 492)에 졸하였기에 그 모친의 죽음이 어쩌면 역시 哀公 초년에 있었을 듯하니, 공수반은 昭公과 定公 연간에 태어났을 것이다. 昭公의 卒年(B.C. 510)에서 뒤로 楚 聲王 원년

에 사망했다 하였고, 孫中原은 'B.C. 476년~B.C. 390년'설을 주장하였다. 각각 약간의 차이는 있지만 대체로 孔子(B.C. 551?~B.C. 479) 이후, 孟子(B.C. 372?~B.C. 289?) 이전을 묵자의 활동시기로 설정한 것이다. 본서 1책 해제 및 孫詒讓 自序, 1-4-10 참조.

(B.C. 407)까지는 또한 이미 백 년이 지났으니 소시학의 說은 공수반의 나이와 또 부합하지 않는다.

내가 묵자와 공수반 두 사람의 年代를 함께 놓고 비교해보면 묵자가 宋나라 공격 계획을 제지한 것은 대략 宋 昭公(B.C. 450~B.C. 404 재위), 楚 惠王 때일 것이다. 아마도 이때 초나라에서 비록 송나라를 치려는 논의가 있었지만 묵자의 말로 인해 중도에 그만두었으므로 史書에 그 사실이 없는 것인 듯하다. ≪渚宮舊事≫에서 公輸子가 남쪽으로 초나라에 간 일은 惠王 때에 있었다고 하였는데, 그 說이 대체로 믿을 만하다.

50-1-4 子墨子聞之하고 **起於齊**하여

자묵자가 이를 듣고 齊나라에서 출발하여

畢云 呂氏春秋愛類篇에 云 自魯往이 是라하다

畢沅 : ≪呂氏春秋≫ 〈愛類〉에 '魯나라에서 갔다."라고 한 것이 이것이다.

50-1-5 行十日十夜而至於郢하여

열흘 낮밤을 달려가 郢(楚나라 都邑)에 이르러

高誘云 郢은 楚都也라하다 畢云 文選廣絶交論注引云 公輸般欲以楚攻宋이어늘 墨子聞之하고 自魯往하여 裂裳裹(과)足하여 十日至郢이라하다 王云 世說新語文學篇注引此作墨子聞之自魯往裂裳裹足日夜不休十日十夜而至於郢하니 文選注所引從略이라 然亦有自魯往裂裳裹足七字라 呂氏春秋愛類篇에 曰 墨子聞之하고 自魯往하여 裂裳裹足하여 日夜不休하여 十日十夜而至於郢이라하여 正與世說新語注所引同하니 則其爲墨子原文無疑라 淮南脩務篇에 曰 墨子聞而悼之하고 自魯趨而往하여 十日十夜에 足重繭而不休息하여 裂裳裹足하여 至於郢이라하니 文亦小異而大同이라 今本自魯往作起於齊하고 又無裂裳裹足日夜不休八字하니 蓋後人刪改之也라하다 詒讓案 神仙傳에 云 墨子聞之하고 往詣楚하여 脚壞어늘 裂裳裹足하여 七日七夜到하여 見公輸般而說(세)之라하니 與諸書所云又小異라

高誘 : 郢은 楚나라의 도읍이다.

畢沅 : ≪文選≫ 〈廣絶交論〉의 注에서 이 대목을 인용한 곳에는 "공수반이 초나라로 송나

라를 공격하려 하자, 묵자가 이를 듣고 노나라에서 출발하여 치마를 찢어 발을 싸매고서 열흘 만에 郢에 이르렀다.〔公輸般欲以楚攻宋 墨子聞之 自魯往 裂裳裹足 十日至郢〕"라고 하였다.

王念孫 : ≪世說新語≫ 〈文學〉의 注에서 이 대목을 인용한 곳에는 '墨子聞之 自魯往 裂裳裹足 日夜不休 十日十夜而至於郢(묵자가 이를 듣고 노나라에서 출발하여 치마를 찢어 발을 싸매고서 밤낮으로 쉬지 않고 가서 열흘 만에 郢에 이르렀다.)'로 되어 있으니, ≪文選注≫에 인용한 글이 생략된 것이지만 역시 '自魯往 裂裳裹足' 7자는 있다. ≪呂氏春秋≫ 〈愛類〉에는 "墨子聞之 自魯往 裂裳裹足 日夜不休 十日十夜而至於郢"이라고 하여, 정확히 ≪세설신어≫ 注에 인용한 글과 같으니, 의심할 것 없이 ≪墨子≫의 原文이다. ≪淮南子≫ 〈脩務〉에는 "묵자가 이를 듣고 슬퍼하여 노나라에서 달려 가서 열흘 낮밤이 걸려 발이 부르트면서도 쉬지 않고 치마를 찢어 발을 싸매고서 郢에 이르렀다.〔墨子聞而悼之 自魯趨而往 十日十夜 足重繭而不休息 裂裳裹足 至於郢〕"라고 하니, 글이 또한 조금 다르지만 크게는 같다. 今本에는 '自魯往'이 '起於齊'로 되어 있고, 또 '裂裳裹足 日夜不休' 8자가 없는데 아마 後人이 삭제하고 고친 듯하다.

詒讓案 : ≪神仙傳≫에는 "묵자가 이를 듣고 초나라로 가다가 다리가 만신창이가 되자 치마를 찢어 발을 싸매고서 이레 낮밤이 걸려 도착하여 공수반을 보고 설득하였다.〔墨子聞之 往詣楚 脚壞 裂裳裹足 七日七夜到 見公輸般而說之〕"라고 하니, 다른 책들에서 말한 것과 또 조금 다르다.

50-1-6 見公輸盤이라 公輸盤曰 夫子何命焉爲오한대 子墨子曰 北方有侮臣〔者〕하니 願藉子殺之라하다

공수반을 만났다. 공수반이 말하기를, "선생은 저에게 무엇을 가르쳐주시겠습니까?"라고 하자, 자묵자께서 말씀하셨다. "北方에 저를 모욕하는 자가 있는데 그대의 힘을 빌려 죽이기를 바랍니다."

兪云 有侮臣下에 脫者字라하다

兪樾 : '有侮臣' 뒤에 '者'자가 빠졌다.

50-1-7 公輸盤不說(열)이라

공수반이 언짢아하였다.

吳鈔本作悅이라

吳鈔本에는 '悅'로 되어 있다.

50-1-8 子墨子曰 請獻(十)〔千〕金이라하다

자묵자께서 말씀하셨다. "청컨대 천금을 바치고자 합니다."

畢云 一本作千金하니 是라하다 詒讓案 渚宮舊事亦作獻千金於般이라

畢沅 : 〈'十金'이〉 어떤 本에는 '千金'으로 되어 있는데, 맞다.

詒讓案 : ≪渚宮舊事≫에도 '獻千金於般(공수반에게 천금을 바치다)'으로 되어 있다.

50-1-9 公輸盤曰 吾義固不殺人이라한대

공수반이 말하기를, "저는 의를 행하므로 결코 사람을 죽이지 않습니다."라고 하자,

宋本國策作殺王한대 吳師道[8]校注引別本作𤯔하니 即武后所制人字니 則與此同이라

宋本 ≪戰國策≫에는 〈'殺人'이〉 '殺王'으로 되어 있는데, 吳師道의 校注에는 別本을 인용하여 '𤯔'으로 되어 있으니 바로 則天武后(624~705)가 만든 '人'자로, 이 대목과 같다.

50-1-10 子墨子起하여 **再拜曰 請說之**하노라 **吾從北方**으로 **聞子爲梯**하여

자묵자가 일어나 두 번 절하고 말씀하셨다. "청컨대 말씀을 드리겠습니다. 저는 북방에서 그대가 雲梯를 만들어

畢云 太平御覽引作階라하다

畢沅 : ≪太平御覽≫에서 이 대목을 인용한 곳에는 〈'梯'가〉 '階'로 되어 있다.

50-1-11 將以攻宋이라 **宋何罪之有**오 **荊國有餘於地**하고 **而不足於民**이어늘 **殺所不足**하고 **而爭所有餘**면 **不可謂智**라 **宋無罪而攻之**면 **不可謂仁**이라 **知而不爭**이면 **不**

8) 吳師道 : 1283~1344. 字는 正傳이고, 元나라 婺州 蘭溪(지금의 浙江省 金華 蘭溪) 사람이다. 朱子學者로, 저서로 ≪易詩書雜說≫, ≪春秋胡傳附辨≫, ≪戰國策校注≫, ≪敬鄉錄≫과 文集 20권 등이 있다.

可謂忠이라 爭而不得이면 不可謂强이라 義不殺少而殺衆이면 不可謂知類라하니 公輸盤服이라 子墨子曰 然인댄 (乎)〔胡〕不已乎아하니

송나라를 공격하려 한다고 들었습니다. 송나라가 무슨 죄가 있습니까? 초나라는 땅이 남아돌고 백성이 부족한데, 부족한 것(백성)을 희생하여 남아도는 것(땅)을 쟁탈한다면 지혜롭다고 할 수 없습니다. 송나라가 죄가 없는데도 공격한다면 仁이라고 할 수 없습니다. 〈이러한 도리를〉 알면서도 諫爭하지 않는다면 忠이라고 할 수 없습니다. 간쟁하면서 목적을 이루지 못하면 강하다고 할 수 없습니다. 〈자신의〉 義에 따라 일부를 죽이지 않고 다수를 죽인다면 類推의 이치를 안다고 할 수 없습니다." 공수반이 굴복하였다. 자묵자께서 말씀하셨다. "그렇다면 어찌하여 그만두지 않는 것입니까?"

畢云 太平御覽引作胡不已也라하다 詒讓案 上乎字는 蓋卽胡之誤니 二字音相近이라

畢沅 : ≪太平御覽≫에서 이 대목을 인용한 곳에는 '胡不已也'로 되어 있다.

詒讓案 : 앞의 '乎'자는 아마 바로 '胡'의 誤字인 듯하니 두 글자는 音이 서로 비슷하다.

50-1-12 公輸盤曰 不可라 吾旣已言之王矣라하다 子墨子曰 胡不見我於王고한대 公輸盤曰 諾이라하다

공수반이 말하기를, "안 됩니다. 저는 이미 이 일을 왕에게 말하였습니다."라고 하였다. 자묵자께서 말씀하셨다. "어찌하여 저를 왕에게 소개해 주지 않습니까?" 공수반이 말하기를, "좋습니다."라고 하였다.

50-2-1 子墨子見王하여

자묵자가 楚王을 만나

呂氏春秋貴因篇에 云 墨子見荊王에 錦衣吹笙[9]이라한대 疑卽此時事라 蓋以救宋之急으로 權爲之也라

9) 呂氏春秋貴因篇……錦衣吹笙 : 高誘는 墨子가 節儉을 좋아하고 音樂을 비판하여 비단옷과 笙은 가까이하는 것이 아니었는데도 사용한 것은 楚王의 기호에 맞춰주고서 설득하기 위해서라고 하였다.

≪呂氏春秋≫ 〈貴因〉에 "墨子가 楚王을 보러 갈 때 비단옷을 입고 笙을 불었다."라고 하였는데, 아마도 바로 이때의 일인 듯하다. 대개 宋나라를 구하느라 급한 나머지 임기응변으로 한 듯하다.

50-2-2 曰 今有人於此하니 **舍其文軒**하고

말씀하셨다. "지금 여기에 어떤 사람이 있는데, 문채나는 수레를 버려둔 채

宋策高誘注에 云 文軒은 文錯之車也라하다

≪戰國策≫ 〈宋策〉의 高誘의 注에 "文軒은 무늬를 뒤섞어 놓은 수레이다."라고 하였다.

50-2-3 鄰有敝轝(여)에

이웃에 있는 낡은 수레를

宋策神仙傳竝作弊輿라

〈'敝轝'가〉 ≪戰國策≫ 〈宋策〉, ≪神仙傳≫에는 모두 '弊輿'로 되어 있다.

50-2-4 而欲竊之요 **舍其錦繡**하고

훔치려 하고, 자신의 수놓은 비단옷을 버려둔 채

畢云 已上十一字는 舊脫이러니 據太平御覽增이라 一本亦有라 轝卽輿異文耳라하다 顧云 戰國策有라하다

畢沅 : 이상 11자(有敝轝 而欲竊之 舍其錦繡)는 舊本에 빠져 있는데, ≪太平御覽≫에 의거하여 덧붙인다. 어떤 本에도 있다. '轝'는 바로 '輿'의 異體字일 뿐이다.

顧廣圻 : 〈이 대목은〉 ≪戰國策≫에 있다.

50-2-5 鄰有短褐에 **而欲竊之**요

이웃에 있는 짧은 베옷을 훔치려 하고,

短은 裋之借字니 詳魯問篇[10]이라

10) 短……詳魯問篇 : 앞의 49-16-3에 보인다.

'短'은 '裋'의 假借字이니 〈魯問〉에 자세히 설명하였다.

50-2-6 舍其粱肉하고 鄰有穅糟에 而欲竊之라 此爲何若人고하다

자신의 기름진 곡식과 고기를 버려둔 채 이웃에 있는 겨와 지게미를 훔치려 한다면, 이는 어떠한 사람이겠습니까?"

高云 言名此爲何等人也라

高誘 : "이를 명명하여 어떠한 사람이라고 하겠는가〔名此爲何等人也〕"라는 말이다.

50-2-7 王曰 必爲〔有〕竊疾矣라한대

왕이 말하기를, "반드시 도벽이 있는 자일 것입니다."라고 하자,

畢云 太平御覽作耳라하다 王云 案尸子止楚師篇及宋策竝作必爲有竊疾矣하니 此脫有字하면 則文義不明이라 耕柱篇亦曰有竊疾也[11)]라하다

畢沅 : ≪太平御覽≫에는 〈'矣'가〉 '耳'로 되어 있다.

王念孫 : 살펴보건대, ≪尸子≫ 〈止楚師〉 및 ≪戰國策≫ 〈宋策〉에는 모두 '必爲有竊疾矣(반드시 도벽이 있는 자일 것이다.)'로 되어 있으니, 이 대목에서 '有'자가 빠지면 글뜻이 분명하지 않다. 〈耕柱〉에도 '有竊疾也(도벽이 있는 것이다.)'라고 하였다.

50-2-8 子墨子曰 荊之地는 方五千里어늘 宋之地는 方五百里니

자묵자께서 말씀하셨다. "초나라 땅은 사방 5,000리인데 송나라 땅은 사방 500리이니

畢云 七字舊脫이러니 據太平御覽增이라하다 顧云 戰國策有라하다

畢沅 : 〈'宋之地 方五百里'〉 7자는 舊本에 빠져 있는데, ≪太平御覽≫에 의거하여 덧붙인다.

顧廣圻 : 〈이 대목은〉 ≪戰國策≫에 있다.

---

11) 耕柱篇亦曰 有竊疾也 : 앞의 46-19-9에 보인다.

50-2-9 此猶文軒之與敝轝也라

이는 마치 문채나는 수레와 낡은 수레의 관계와 같습니다.

畢云 太平御覽引敝作弊라하다

畢沅 : ≪太平御覽≫에서 이 대목을 인용한 곳에는 '敝'가 '弊'로 되어 있다.

50-2-10 荊有雲夢이어늘

초나라에는 雲夢이 있는데

爾雅釋地十藪楚有雲夢이라한대 郭注에 云 今南郡華容縣東南巴丘湖是也라하다 案華容爲今湖北監利石首二縣境이라

≪爾雅≫ 〈釋地〉의 十藪에 "초나라에는 운몽이 있다.〔楚有雲夢〕"라고 하였는데, 郭璞의 注에 "지금 南郡 華容縣의 동남쪽 巴丘湖가 이것이다."라고 하였다.

案 : 華容은 지금의 湖北省 監利와 石首 두 縣의 경계이다.

50-2-11 犀兕(서시)**麋鹿滿之**요

물소와 외뿔소, 고라니와 사슴이 가득하고

畢云 太平御覽滿作盈이라하다 詒讓案 御覽疑依宋策改라

畢沅 : ≪太平御覽≫에는 '滿'이 '盈'으로 되어 있다.

詒讓案 : ≪태평어람≫은 아마도 ≪戰國策≫ 〈宋策〉에 의거하여 고친 듯하다.

50-2-12 江漢之魚鱉黿鼉(원타)**爲天下富**로되 **宋所爲無雉兔(狐貍)〔鮒魚〕者也**니

長江과 漢水에는 물고기와 자라, 큰 자라와 악어가 있어 천하의 부유한 나라이지만 송나라는 이른바 꿩과 토끼, 붕어도 없는 나라이니,

爲는 宋策作謂하니 字通이라 畢云 太平御覽狐貍作鮒魚라하다 王云 作鮒魚是也라 無雉兔는 對上文荊有犀兕麋鹿言之요 無鮒魚는 對上文荊有魚鱉黿鼉言之라 若狐貍는 則與魚鱉黿鼉不相應하니 此後人不曉文義而改之也라 尸子戰國策竝作鮒魚라하다 詒讓案 神仙傳亦作鮒魚라

'爲'는 ≪戰國策≫ 〈宋策〉에 '謂'로 되어 있는데 글자를 통용한다.

畢沅 : ≪太平御覽≫에는 '狐貍'가 '鮒魚'로 되어 있다.

王念孫 : '鮒魚'로 되어 있는 것이 맞다. '無雉兎'는 윗글의 '荊有犀兕麋鹿'과 對를 이루어 말한 것이고, '無鮒魚'는 윗글의 '荊有魚鱉黿鼉'와 對를 이루어 말한 것이다. 만약 '狐貍'라면 '魚鱉黿鼉'와 서로 호응하지 않으니, 이는 後人이 글뜻을 알지 못하고 고친 것이다. ≪尸子≫, ≪전국책≫에는 모두 '鮒魚'로 되어 있다.

詒讓案 : ≪神仙傳≫에도 '鮒魚'로 되어 있다.

50-2-13 此猶粱肉之與穅糟也라

이는 마치 粱肉(기름진 곡식과 고기)과 穅糟(겨와 지게미)의 관계와 같습니다.

道藏本及吳鈔本竝作糠하니 卽穅之俗이라 備城門篇止作康이라

〈'穅'은〉 道藏本 및 吳鈔本에 모두 '糠'으로 되어 있으니 바로 '穅'의 俗字이다. 〈備城門〉에는 그냥 '康'으로만 되어 있다.

50-2-14 荊有長松文梓楩枏(편남)豫章이어늘

초나라에는 큰 소나무, 上品의 가래나무, 楩枏(녹나무류)과 豫章(枕木과 樟木) 등 좋은 목재들이 있는데

高云 皆大木也라하다 畢云 說文無楩字어늘 玉篇云 鼻縣切이니 楩木似豫章이라하다 陸德明爾雅音義에 云 鼻縣反이요 又婢衍反이라하다 字指에 云 楩木似豫章이라하다 尸子作梗하고 太平御覽引此亦只作梗이라하다 案 道藏本季本竝作梗하고 吳鈔本作楩이라 史記司馬相如傳集解引郭璞云 梗은 杞也니 似梓枏이요 葉似桑이라 豫章은 大木也니 生七年乃可知也라 說文木部梗爲山枌榆라하니 與楩枏異木이라

高誘 : 모두 큰 나무이다.

畢沅 : ≪說文解字≫에는 '楩'자가 없는데, ≪玉篇≫에는 "'鼻'와 '縣'의 反切이니 楩木은 豫章과 비슷하다."라고 하였다. 陸德明의 ≪爾雅音義≫에 "'鼻'와 '縣'의 反切이고, 또 '婢'와 '衍'의 반절이다."라고 하였다. ≪字指≫에는 "楩木은 豫章과 비슷하다."라고 하였다. ≪尸子≫에는 '梗'으로 되어 있고, ≪太平御覽≫에서 이 대목을 인용한 곳에도 그냥 '梗'으로만 되어 있다.

案 : 道藏本, 季本에는 모두 '梗'으로 되어 있고, 吳鈔本에는 '梗'으로 되어 있다. ≪史記≫ 〈司馬相如列傳〉의 集解에 郭璞을 인용하여 "'梗'은 杞이니 梓柟과 비슷하고 잎은 뽕나무와 닮았다. 豫章은 큰 나무인데 7년을 자라야 비로소 알 수 있다."라고 하였다. ≪설문해자≫ 木部에 '梗'은 山枌榆(느릅나무)라고 하니 楩柟과 다른 나무이다.

50-2-15 宋無長木하니 **此猶錦繡之與短褐也**라 **臣以三(事)〔吏〕之攻宋也**로

송나라에는 큰 나무가 없으니, 이는 수놓은 비단옷과 짧은 베옷의 관계와 같습니다. 저는 大臣들이 송나라를 공격하려는 것이

畢云 戰國策에 云 臣以王吏之攻宋이라한대 王吏蓋三叓之誤니 說文에 云 叓(사)는 古文事라하다 尸子作王使하고 太平御覽作王之攻宋이라하다 顧云 國策王吏與此文三事는 皆有誤라 疑當云臣以王之事攻宋也라하다 詒讓案 三事疑當作三吏라 逸周書大匡篇에 云 王乃召冢卿三老三吏[12]라한대 孔晁注에 云 三吏는 三卿也라하고 左傳成二年[13]에 晉侯使鞏朔獻齊捷于周하니 王使委于三吏라한대 杜注에 云 三吏는 三公也라하고 神仙傳作臣聞大王更議攻宋하니 則似是王吏之訛라

畢沅 : ≪戰國策≫에 "臣以王吏之攻宋(신은 왕의 신하가 송나라를 공격하는 것으로)"이라고 하였는데, '王吏'는 아마 '三叓'의 誤字인 듯하니, ≪說文解字≫에 "'叓'는 古文의 '事'이다."라고 하였다. ≪尸子≫에는 '王使'로 되어 있고, ≪太平御覽≫에는 '王之攻宋(왕이 송나라를 공격하는 것)'으로 되어 있다.

顧廣圻 : ≪전국책≫의 '王吏'와 이 글의 '三事'는 모두 誤謬가 있다. 아마도 "臣以王之事攻宋也(신은 왕의 일로 송나라를 공격하다.)"라고 해야 할 듯하다.

詒讓案 : '三事'는 아마도 '三吏'가 되어야 할 듯하다. ≪逸周書≫ 〈大匡〉에 "王乃召冢卿三老三吏(왕께서 이에 총경, 삼로, 삼리를 불렀다.)"라고 하였는데, 孔晁의 注에 "'三吏'는 三卿이다."라고 하고, ≪春秋左氏傳≫ 成公 2년에 "晉侯使鞏朔獻齊捷于周 王使委于三吏(晉侯가 鞏朔을 使者로 보내어 齊나라에 勝利하고 잡은 俘虜를 周王에게 바치게 하였는데, 왕이 〈사신 접대를〉 삼리에게 맡겼다.)"라고 하였는데, 杜預의 注에 "'三吏'는 三公이다."라고 하고,

12) 冢卿三老三吏 : 冢卿은 卿士와 같은 말로, 周 文王의 집정 대신이고, 三老는 國老를 말한다. 三吏는 司徒, 司馬, 司空으로 三公과 같다.

13) 二年 : 저본의 傍注에 "'二年'은 원래 '三年'으로 잘못되어 있으나, ≪春秋左氏傳≫에 의거하여 고친다.〔二年 原誤三年 據左傳改〕"라고 하였다.

≪神仙傳≫에 '臣聞大王更議攻宋(신은 대왕이 송나라를 공격하는 일을 다시 논의하셨다 들었습니다.)'으로 되어 있으니, '王吏'의 誤字인 듯하다.

50-2-16 爲與此同類니 臣見大王之必傷義而不得이라하다

이것들과 같은 부류라고 생각하니, 저는 大王께서 반드시 大義만 해치고 아무것도 얻지 못하리라고 봅니다."

畢云 已上十一字는 舊俱脫이러니 太平御覽有하니 或當在此라하다 顧云 此十一字不當有니 戰國策無라하다

畢沅 : 이상 11자(臣見大王之必傷義而不得)는 舊本에 모두 빠져 있는데, ≪太平御覽≫에는 있으니 어쩌면 이 대목에 있어야 할 듯하다.

顧廣圻 : 이 11자는 있어서는 안 되니, ≪戰國策≫에는 없다.

50-2-17 王曰 善哉라 雖然이나 公輸盤爲我爲雲梯하니 必取宋호리라하다

왕이 말하기를, "좋은 말입니다. 그렇지만 공수반이 과인을 위해 운제를 만들었으니, 반드시 송나라를 손에 넣을 것입니다."라고 하였다.

畢云 太平御覽引有云 宋王曰 公輸子天下之巧士라 作爲雲梯하니 設以攻宋하면 曷爲弗取[14]二十三字어늘 皆與此異하니 豈此文已爲後人所節與아하다 詒讓案 御覽所引與淮南子脩務訓文略同하고 呂氏春秋愛類篇亦云 王曰 公輸般天下之巧工也니 已爲攻宋之械矣라하니 墨子舊本或與彼二書同이라

畢沅 : ≪태평어람≫에서 이 대목을 인용한 곳에는 '宋王曰 公輸子天下之巧士 作爲雲梯 設以攻宋 曷爲弗取(송나라 왕이 말하기를, 「공수자는 천하의 훌륭한 기술자로 운제를 만들었으니 이를 설치하여 송나라를 공격한다면 어찌 손에 넣지 못하겠는가」라고 하였다.)'라고 한 23자가 있는데 모두 이 대목과 다르니, 어쩌면 이 대목의 글은 이미 後人이 편집한 것일 듯

14) 宋王曰……曷爲弗取 : 저본의 傍注에 "살펴보건대, 畢沅의 인용문은 ≪太平御覽≫ 권752에 보이는데, 실제로는 ≪淮南子≫의 글이다. 게다가 원문의 앞에 '臣見大王之必傷義而不得宋'이라는 句가 있는데 畢沅의 인용문은 이 句를 생략해 버리고 '宋'을 잘못 가져다 뒤의 '王曰'에 붙여 읽었다. 吳毓江의 ≪墨子校注≫를 참고하여 보라.〔按 畢引見御覽卷七百五十二 實爲淮南子文 且原文上有臣見大王之必傷義而不得宋之句 畢引略去此句 而誤將宋字屬下王曰連讀 參看吳毓江墨子校注〕"라고 하였다.

하다.

詒讓案：≪太平御覽≫에서 인용한 내용은 ≪淮南子≫〈脩務訓〉의 글과 대략 같고 ≪呂氏春秋≫〈愛類〉에도 "王曰 公輸般天下之巧工也 已爲攻宋之械矣(왕이 말하기를 공수반은 천하의 훌륭한 工匠으로 이미 송나라를 공격할 기구를 만들었다.)"라고 하였으니, ≪墨子≫의 舊本은 어쩌면 저 두 책의 글과 같을 수도 있다.

50-3-1 於是見公輸盤하고 **子墨子解帶爲城**하고 **以牒爲械**한대

이에 다시 공수반을 만나 자묵자가 革帶를 풀어 城을 만들고 나뭇조각으로 기구를 만들었는데,

史記索隱에 云 謂墨子爲術은 解身上革帶以爲城也라 牒者는 小木札也라 械者는 樓櫓等也[15]라하다 畢本牒改作褋하고 云 舊作牒이러니 太平御覽兵部引作褋하고 北堂書抄作襟이라 案作褋者是也라 褋省(생)爲褋이니 說文에 云 南楚謂禪衣曰褋이라하다 玉篇에 云 褋은 徒頰切이니 禪衣也라 襍同이라하다 又案陳孔璋爲曹洪與文帝書에 云 墨子之守는 縈帶爲垣하고 折箸爲械라하니 則似以意改用之라하다 王云 禪衣不可以爲械니 畢改非也라 史記孟子荀卿傳集解引此正作牒하고 索隱曰 牒者는 小木札也라하다 說文에 札은 牒也라하고 廣雅에 曰 牒은 版也라하다 故可以爲械라 後漢書張衡傳注亦引作牒이라 洪頤烜說同이라하다 兪云 畢據太平御覽改作褋이어늘 王氏又以作牒爲是라 其實牒褋皆假字也니 其本字當作梜이라 梜與牒疊韻字니 玉篇仌部에 凚은 梜凚也라하고 虫部에 蛺은 蛺蝶也라하다 梜之與牒은 亦猶浹之與凚蛺之與蝶하니 聲近而義通矣라 禮記曲禮篇에 羹之有菜者用梜이라한대 鄭曰 梜은 猶箸也라하니 以梜爲械者는 以箸爲械也라 陳孔璋書에 曰 折箸爲械라하다 案 兪說亦通이라 世說注引亦云 墨子縈帶守之라하여 與陳琳文同이라 神仙傳作以幞爲械하니 尤誤라

≪史記索隱≫에서 "墨子의 방법은 몸에 걸친 革帶를 풀어서 城으로 만든 것이라는 말이다. 牒이라는 것은 작은 나뭇조각〔木札〕이다. 械는 樓櫓 등이다."라고 하였다. 畢沅本에는 '牒'을 '褋'으로 고쳐 쓰고, "舊本에는 '牒'으로 되어 있는데, ≪太平御覽≫〈兵部〉에서 이 대목을 인용한 곳에는 '褋'으로 되어 있고 ≪北堂書抄≫에는 '襟'으로 되어 있다. 살

15) 史記索隱……樓櫓等也：≪史記索隱≫ 권19 〈孟子荀卿列傳〉의 注에 보인다. 樓櫓는 본 편 50-1-2의 역주 참조.

펴보건대, '褋'으로 되어 있는 것이 맞다. '褋'이 '褋'으로 생략된 것이니 ≪說文解字≫에 '南楚에서는 襌衣를 일러 褋이라 한다.'라고 하였다. ≪玉篇≫에 '褋은 徒와 頰의 反切이니, 襌衣이다. 褋과 같다.'라고 하였다. 또 살펴보건대, 陳孔璋(陳琳)의 〈爲曹洪與魏文帝書〉에 '묵자의 守備는 革帶를 둘러 담장을 쳤으나 〈높아서 오를 수가 없었고〉 젓가락을 분질러 기구를 만들었으나 〈견고하여 들어갈 수가 없었다.〉〔墨子之守 縈帶爲垣 折箸爲械〕'라고 하였는데, 글 뜻으로 판단하여 고쳐서 쓴 듯하다."라고 하였다.

王念孫 : 襌衣로는 기구〔械〕를 만들 수 없으니, 畢沅이 고친 것은 잘못이다. ≪史記≫ 〈孟子荀卿列傳〉의 集解에서 이 대목을 인용한 곳에는 '牒'으로 바로잡아 쓰고, 索隱에는 "牒이라는 것은 작은 나뭇조각〔木札〕이다."라고 하였다. ≪說文解字≫에서 "'札'은 牒이다."라고 하고, ≪廣雅≫에서 "'牒'은 版이다."라고 하였다. 그러므로 이를 가지고 기구를 만들 수 있다. ≪後漢書≫ 〈張衡傳〉의 注에서 역시 이 대목을 인용한 곳에는 '牒'으로 되어 있다. 洪頤煊의 說도 같다.

俞樾 : 畢沅은 ≪태평어람≫에 의거하여 '褋'으로 고쳐 썼는데, 王念孫이 다시 '牒'으로 쓰는 것을 맞다고 여겼다. 그러나 기실은 '牒', '褋'이 모두 假借字이니 그 本字는 '梜'이 되어야 한다. '梜'과 '牒'은 疊韻字이니 ≪옥편≫ 仌部에 "'渫'은 梜渫이다."라고 하고 虫部에 "蛺은 蛺蝶이다."라고 하였다. '梜'과 '牒'의 관계 역시 '浹'과 '渫', '蛺'과 '蝶'의 관계와 같으니, 聲音이 비슷하여 의미가 통한다. ≪禮記≫ 〈曲禮〉에 "국에 나물이 있는 것은 젓가락을 쓴다.〔羹之有菜者用梜〕"라고 하였는데, 鄭玄이 "'梜'은 箸(젓가락)와 같다."라고 하였으니, 梜으로 기구를 만드는 것은 箸로 기구를 만드는 것이다. 陳孔璋의 〈爲曹洪與魏文帝書〉에서 "젓가락을 분질러 기계를 만들다〔折箸爲械〕"라고 하였다.

案 : 俞樾의 說도 뜻이 통한다. ≪世說新語≫의 注에서 이 대목을 인용한 곳에도 "묵자가 革帶를 둘러 수비하였다.〔墨子縈帶守之〕"라고 하여, 陳琳의 글과 같다. ≪神仙傳≫에는 '以幞爲械(두건으로 기구를 만들다)'로 되어 있는데, 더욱 잘못된 것이다.

50-3-2 公輸盤九設攻城之機變이로되

공수반이 아홉 차례나 攻城 방식을 바꾸며 공격하였지만

畢云 太平御覽城一作宋하고 之下御覽引有具字라하나 詒讓案 史記集解文選注引竝與今本同이라

畢沅 : ≪太平御覽≫에서 '城'은 어떤 本에는 '宋'으로 되어 있고, '之' 뒤에 ≪太平御覽≫

에서 이 대목을 인용한 곳에는 '具'자가 있다.

詒讓案 : ≪史記集解≫, ≪文選注≫에서 이 대목을 인용한 곳에는 모두 今本과 같다.

50-3-3 子墨子九距之하고 公輸盤之攻械盡이로되

자묵자가 아홉 차례 그것을 막아 내었고, 공수반의 攻城 기구들이 다 소진되었지만

文選注攻下有城字한대 神仙傳同이라 史記索隱引劉氏[16]云 械는 謂飛梯橦車飛石車弩之具라하다

≪文選注≫에는 '攻' 뒤에 '城'자가 있는데, ≪神仙傳≫이 같다. ≪史記索隱≫에서 劉氏의 말을 인용하여 "械는 飛梯, 橦車, 飛石, 車弩의 기구를 말한다."라고 하였다.

50-3-4 子墨子之守圉有餘라

자묵자의 守城 방법은 여유가 있었다.

畢云 圉는 史記集解引作固하고 一本作固라 太平御覽作禦라 御覽引有云今公輸設(守)〔攻宋〕[17]之械라 墨子設守之備하니 公輸九攻而墨子九拒之하여 終弗能入이라 於是乃偃兵하고 輟不攻宋이라하여 俱多於此文이라하다 詒讓案 御覽所引亦與淮南子文略同하니 疑皆涉彼而訛라

畢沅 : '圉'는 ≪史記集解≫에서 이 대목을 인용한 곳에는 '固'로 되어 있고, 어떤 本에는 '固'로 되어 있다. ≪太平御覽≫에는 '禦'로 되어 있다. ≪태평어람≫에서 이 대목을 인용한 곳에는 "지금 공수반이 송나라를 공격할 기구를 설치하였다. 묵자가 수성하는 준비를 하니 공수반이 아홉 차례 공격하였으나 묵자가 아홉 차례 물리쳐 끝내 함락시키지 못하였다. 이에 비로소 전쟁을 그만두고 무기를 거두어 송나라를 공격하지 않았다.〔今公輸設攻宋之械 墨子設守之備 公輸九攻而墨子九拒之 終弗能入 於是乃偃兵 輟不攻宋〕"라고 한 것이 있는데, 모두 이 대목의 글보다 많다.

---

16) 劉氏 : 唐나라 劉伯莊으로, 徐州 彭城 사람이다. 貞觀 연간에 國子助教가 되고, 뒤에 國子博士, 弘文館學士 등을 지냈다. 許敬宗 등과 ≪文思博要≫, ≪文官詞林≫을 편찬하였고, 저서로 ≪史記音義≫, ≪史記地名≫, ≪漢書音義≫ 등이 있다.

17) (守)〔攻宋〕 : 저본에는 '守'로 되어 있으나, ≪太平御覽≫ 권752에 의거하여 '攻宋'으로 바로잡았다.

詒讓案 : ≪태평어람≫에서 인용한 글 또한 ≪淮南子≫의 글과 대략 같으니, 아마도 모두 그것(≪淮南子≫)과 혼동되어 잘못된 듯하다.

50-3-5 公輸盤詘(굴)하고

공수반이 굴복하고서

廣雅釋詁에 云 詘은 屈也라하니 古字通이라 吳鈔本作屈이라 畢云 太平御覽引作屈하고 文選注作出이라하다 詒讓案 史記集解引仍作詘하고 索隱云 詘은 音丘勿反이라 謂般技已盡이나 墨守有餘라하다

≪廣雅≫ 〈釋詁〉에 "'詘'은 屈(굽힘)이다."라고 하니, 古字에 통용하였다. 吳鈔本에는 '屈'로 되어 있다.

畢沅 : ≪太平御覽≫에서 이 대목을 인용한 곳에는 '屈'로 되어 있고 ≪文選注≫에는 '出'로 되어 있다.

詒讓案 : ≪史記集解≫에서 이 대목을 인용한 곳에는 그대로 '詘'로 되어 있고, ≪史記索隱≫에는 "'詘'은 聲音이 '丘'와 '勿'의 反切이다. 공수반의 기술은 이미 바닥이 났으나 묵자의 수비는 여유가 있었다는 말이다."라고 하였다.

50-3-6 而曰 吾知所以距子矣로되

말하기를, "저는 그대를 물리칠 방법을 알지만

呂氏春秋愼大篇高注에 云 墨子曰 使公輸般攻宋之城하면 臣請爲宋守之備라 公輸般九攻之로되 墨子九却之라 又令公輸般守備어늘 墨子九下之라하니 未知何據라 而下史記集解引有言字라

≪呂氏春秋≫ 〈愼大〉의 高誘의 注에 "墨子가 말하기를, '공수반으로 하여금 송나라의 성을 공격하게 하면 신은 청컨대 송나라를 위해 수비하겠습니다.'라고 하였다. 공수반이 아홉 번 공격하였으나 묵자가 아홉 번 물리쳤다. 또 공수반으로 하여금 수비하게 하였는데 묵자가 아홉 번 함락하였다.〔使公輸般攻宋之城 臣請爲宋守之備 公輸般九攻之 墨子九卻之 又令公輸般守備 墨子九下之〕"라고 하였는데 어디에 의거한 것인지 모르겠다. '而' 뒤에 ≪史記集解≫에서 이 대목을 인용한 곳에는 '言'자가 있다.

50-3-7 吾不言이라한대 子墨子亦曰 吾知子之所以距我로되

말하지 않겠습니다."라고 하자, 자묵자도 말씀하셨다. "저는 그대가 저를 물리칠 방법을 알고 있지만,

畢云 文選注引有者字라하다 詒讓案 史記集解引亦有라

畢沅 : ≪文選注≫에서 이 대목을 인용한 곳에는 '者'자가 있다.

詒讓案 : ≪史記集解≫에서 이 대목을 인용한 곳에도 〈'者'자가〉 있다.

50-3-8 吾不言이라하다

말하지 않겠습니다."

畢云 文選注引有之字라하다

畢沅 : ≪文選注≫에서 이 대목을 인용한 곳에는 〈'言' 뒤에〉 '之'자가 있다.

50-3-9 楚王問其故한대 子墨子曰 公輸子之意는 不過欲殺臣이라 殺臣이면 宋莫能守니

초나라 왕이 그 까닭을 묻자, 자묵자께서 말씀하셨다. "공수자의 뜻은 다만 저를 죽이려는 데 불과합니다. 저를 죽이면 송나라는 지킬 수 없으니

畢云 文選注有乃字하니 是라하다

畢沅 : ≪文選注≫에는 〈'守' 뒤에〉 '乃'자가 있는데, 맞다.

50-3-10 可攻也라 然臣之弟子禽滑釐等三百人이

공격할 수 있을 것입니다. 그렇지만 저의 제자 禽滑釐 등 300명이

釐는 文選注引作氂(리)라 陳琳書에 云 翟氂[18]라하니 即墨禽二子名也라 漢書儒林傳亦作氂라 案 禽子名은 後備城門備梯篇又作滑釐라 史記索隱에 云 禽滑釐者는 墨子弟子之姓字也라 釐音里라하다 呂氏春秋當染篇作禽滑黳하고 尊師篇作禽滑黎하고 列子楊朱篇

18) 陳琳書云 翟氂 : ≪文選≫ 권41에는 "비록 孫武, 田單, 墨翟, 禽滑氂가 있더라도 구원할 수가 없을 것이다.〔雖有孫田墨氂 猶無所救〕"라고 하여, '墨氂'로 되어 있다.

作禽骨釐하고 殷敬順釋文作禽屈釐하니 音骨貍요 漢書古今人表同이라 惟列子湯問篇莊子天下篇說苑反質篇與此同이라 滑骨屈釐氂黎竝聲近字通이라 孟子告子篇에 魯有愼滑釐라한대 或謂卽禽子하니 非也라 前耕柱篇有駱滑氂하고 漢書有丞相劉屈氂하니 疑皆同禽子名이라 呂覽作黳한대 字書所無하니 當卽㠓之訛라 說文㡀部에 云 㠓는 彊曲毛니 可以箸起衣라한대 段玉裁[19]謂劉屈氂(리)當本作屈㠓니 謂彊曲毛라 若然이면 禽子名亦當作屈㠓與아

'釐'는 ≪文選注≫에서 이 대목을 인용한 곳에는 '氂'로 되어 있다. 陳琳의 〈爲曹洪與魏文帝書〉에 '翟氂'라고 하였으니, 바로 墨子, 禽子 두 사람의 이름이다. ≪漢書≫ 〈儒林傳〉에도 '氂'로 되어 있다.

案 : 禽子의 이름은 뒤의 〈備城門〉, 〈備梯〉에도 '滑釐'로 되어 있다. ≪史記索隱≫에서 "禽滑釐는 墨子의 弟子의 姓字이다. '釐'의 聲音은 里이다."라고 하였다. ≪呂氏春秋≫ 〈當染〉에는 '禽滑黳'로 되어 있고 〈尊師〉에는 '禽滑黎'로 되어 있고, ≪列子≫ 〈楊朱〉에는 '禽骨釐'로 되어 있고, 殷敬順의 ≪列子釋文≫에는 '禽屈釐'로 되어 있으니, 聲音이 '骨貍'이고, ≪漢書≫ 〈古今人表〉에도 같다. 다만 ≪열자≫ 〈湯問〉, ≪莊子≫ 〈天下〉, ≪說苑≫ 〈反質〉에는 이 대목과 같다. '滑', '骨', '屈'과 '釐', '氂', '黎'는 모두 聲音이 비슷하여 글자를 통용한다.

≪孟子≫ 〈告子〉에 "노나라에 愼滑釐가 있다.〔魯有愼滑釐〕"라고 하였는데, 어떤 이는 바로 禽子라 하니 잘못이다. 앞의 〈耕柱〉에 '駱滑氂'가 있고, ≪漢書≫에 丞相 劉屈氂가 있으니, 아마도 모두 禽子의 이름과 같은 듯하다. ≪呂氏春秋≫에 '黳'로 되어 있는데 字書에는 없는 글자이니 바로 '㠓'의 誤字일 것이다. ≪說文解字≫ 㡀部에 "'㠓'는 뻣뻣하고 구불구불한 털〔彊曲毛〕이니 옷을 장식할 수 있다."라고 하였는데, 段玉裁는 '劉屈氂'는 본래 '屈㠓'로 써야 하니 뻣뻣하고 구불구불한 털〔彊曲毛〕을 이른다고 하였다. 만약 그렇다면 禽子의 이름 역시 屈㠓가 되어야 하는가.

50-3-11 已持臣守圉之器하고

이미 저의 守城 기구를 가지고

畢云 史記集解引圉作國이라하다

19) 段玉裁 : 1735~1815. 淸나라 때 학자로 자는 若膺이고, 호는 茂堂이다. 문자학에 조예가 깊었고, 저서로 ≪說文解字注≫가 있다.

畢沅 : ≪史記集解≫에서 이 대목을 인용한 곳에는 '圉'가 '國'으로 되어 있다.

50-3-12 在宋城上而待楚寇矣라

송나라 성 위에서 초나라의 침략을 기다리고 있습니다.

舊本待作侍한대 蘇云 侍當作待라하니 是也라 今據正이라

舊本에 '待'는 '侍'로 되어 있는데, 蘇時學은 "'侍'는 '待'가 되어야 한다."라고 하였으니, 맞다. 지금 이에 의거하여 바로잡았다.

50-3-13 雖殺臣이라도 **不能絶也**라하다 **楚王曰 善哉**라 **吾請無攻宋矣**라하다

비록 저를 죽인다 하더라도 그것은 없앨 수 없을 것입니다." 초나라 왕이 말하기를, "좋습니다. 과인은 송나라를 공격하지 않겠습니다." 하였다.

畢云 請은 後漢書注引作楚라 宋은 史記集解에 云 宋城이라하다 矣는 文選注引作也라하다 詒讓案 後漢書張衡傳注引與今本同이라

畢沅 : '請'은 ≪後漢書≫의 注에서 이 대목을 인용한 곳에는 '楚'로 되어 있다. '宋'은 ≪史記集解≫에서 '宋城'이라 하였다. '矣'는 ≪文選注≫에서 이 대목을 인용한 곳에는 '也'로 되어 있다.

詒讓案 : ≪後漢書≫ 〈張衡傳〉의 注에서 이 대목을 인용한 곳에는 今本과 같다.

50-4-1 子墨子歸에 **過宋**이러니

자묵자가 돌아가는 길에 송나라를 지나가는데

墨子魯人이어늘 此云歸過宋者는 上云起於齊라하니 則亦歸齊也라 依文選注及呂氏春秋淮南子作自魯往하면 則當爲歸魯라 自楚至齊魯에 皆得過宋也라

墨子는 魯나라 사람인데 이 대목에서 '歸過宋'이라고 한 것은 앞에서 '起於齊'라고 하였으니 역시 제나라로 돌아가는 것이다. ≪文選注≫ 및 ≪呂氏春秋≫, ≪淮南子≫에서 '自魯往'으로 되어 있는 것에 의거하면 '노나라로 돌아가다'가 되어야 한다. 楚나라에서 齊나라나 魯나라로 갈 때 모두 宋나라를 지나갈 수 있다.

50-4-2 天雨라 庇其閭中이어늘

비가 내리는지라 里門 안에서 비를피하려고 하였는데

說文門部에 云 閭는 里門也[20]라하다 畢云 庇는 蔭이라하다

≪說文解字≫ 門部에 "閭는 里門이다."라고 하였다.

畢沅 : '庇'는 蔭(가림)이다.

50-4-3 守閭者不內(납)也라

里門을 지키는 자가 들여보내지 않았다.

管子立政篇에 云 置閭有司하여 以時開閉라하고 周禮鄕大夫에 云 國有大故하면 則令民各守其閭하여 以待政令이라하나 時楚將伐宋이러니 宋已聞之라 故墨子歸過宋할새 守閭者恐其爲閒諜하여 不聽入也라

≪管子≫ 〈立政〉에 "里門에 有司(담당자)를 두어 시각에 따라 열고 닫는다."라고 하고, ≪周禮≫ 〈鄕大夫〉에 "나라에 큰 변고가 생기면 백성들로 하여금 각기 자기 里門을 지키면서 政令을 기다리게 하였다."라고 하였다. 이때 楚나라가 宋나라를 치려고 하였는데, 宋나라가 벌써 이를 들었으므로 墨子가 돌아가는 길에 宋나라를 지나갈 적에 里門을 지키는 자가 묵자가 간첩일까 염려하여 들여보내 주지 않은 것이다.

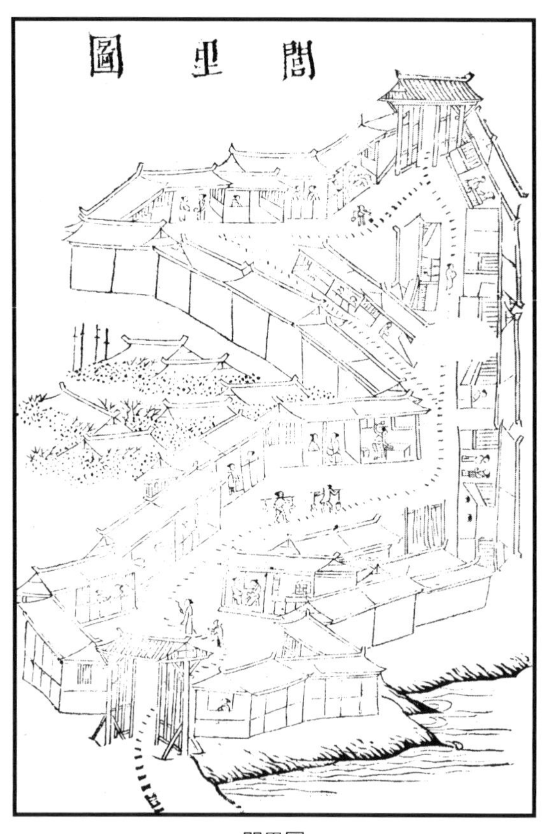

閭里圖

20) 說文門部……里門也 : ≪說文解字≫에서 이어지는 부분에 ≪周禮≫를 인용하여 "다섯 집이 比가 되고 다섯 比가 閭가 된다.〔五家爲比 五比爲閭〕"라고 하였다. 里門은 고대에 同里의 집들이 한 곳에 모여 살면서 입구에 설치한 문이다.

50-4-4 故曰 治於神者는 **衆人不知其功**이어니와 **爭於明者**는 **衆人知之**라하니라

그래서 "신묘한 가운데 다스리는 사람은 衆人들이 그 공로를 알지 못하지만, 드러내 놓고 다투는 사람은 중인들이 다 알아본다."라고 하는 것이다.

群書治要引尸子貴言篇云 聖人治於神하고 **愚人爭於明也**라하다 **畢云 文與戰國策及尸子略同**이라 **高誘注呂氏春秋愼大篇引此**호되 **節文**이라하다

≪群書治要≫에서 ≪尸子≫ 〈貴言〉을 인용하면서 "聖人은 신묘한 가운데 다스리고 愚人은 드러내 놓고 다툰다."라고 하였다.

畢沅 : 이 대목의 글은 ≪戰國策≫ 및 ≪尸子≫와 대략 같다. 高誘가 注를 낸 ≪呂氏春秋≫ 〈愼大〉에서 이 대목을 인용하면서 글을 刪節하였다.

제51편 비적 備敵(결락)

제52편 비성문 備城門

이 편은 묵자가 제자 禽滑釐(금골리)의 물음에 답하여 성문을 수비하는 방법을 설명한 것으로, 고대에 성을 수비할 때 사용하는 갖가지 장비와 무기의 종류 및 그 설치와 사용의 방법들이 상세히 기술되어 있다. 그 내용은 후대에 나오는 兵書들과 연관되는 것들이 많아 고대의 軍事學을 연구하는 데 중요한 자료가 된다.

이 편부터 ≪묵자≫의 내용이 완전히 달라진다. 제목은 〈備城門〉으로 되어 있지만 실상은 이후 20편의 방어전술 전반에 대한 序論이라 할 수 있다.

自此로 至雜守凡二十篇은 皆禽滑釐(리)所受守城之法也라 畢云 說文에 云 備는 愼也라하고 備는 具也라하고 經典에 通用備爲葡具之字하니 此二義俱通이라 詒讓案 五十二는 吳鈔本에 作五十四하니 則前當有兩闕篇이니 未知是否라 李筌[1]太白陰經守城具篇에 云 禽滑釐問墨翟守城之具어늘 墨翟答以六十六事하니 卽指以下數篇言之라 六十六事는 別本陰經에 作五十六事요 今兵法諸篇에 闕者幾半이요 文字復多脫互하여 與李筌所擧事數不相應하고 所記兵械名制가 錯雜舛忤(천오)하여 無可質證이라 今依文詁釋하고 略識辜較나 亦莫能得其詳也라

이 편부터 〈雜守〉까지 모두 20편은 다 禽滑釐가 가르침을 받은 성을 지키는 방법이다.

畢沅 : ≪說文解字≫에 "備는 신중하다는 뜻이다."라 하고, "備는 구비한다는 뜻이다."라 하였다. 經典에 備를 통용하여 '葡'·'具'자로 삼으니, 이 두 가지 뜻이 다 통한다.

詒讓案 : '五十二'는 吳鈔本에는 '五十四'로 되어 있으니, 이 앞에 응당 빠진 두 편이 있을 터이나 사실 여부는 알 수 없다. 李筌의 ≪太白陰經≫ 〈守城具篇〉에 "금골리가 墨翟에게 성을 지킬 때 갖출 것을 물으니, 墨翟이 66가지 일로 답하였다."라 하였으니, 바로 이하 몇 편을 가지고 말한 것이다. '六十六事'는 別本 ≪태백음경≫에는 "五十六事"로 되어 있고, 今本의 병법에 관한 편들에는 빠진 것이 거의 반인데다 문자도 오탈이 많아 李筌이 열거한 사항과는 상응하지 못하며, 기록한 兵械의 이름과 제도도 뒤섞이고 어긋나

---

1) 李筌 : 唐나라 때 도사이고 병법가이다. ≪太白陰經≫ 10권을 저술했다.

서 고증할 수 없다. 이제 글에 따라 詁釋하고 대략 考較한 바를 기록하지만 또한 자세히 알 수는 없다.

52-1-1 禽滑釐問於子墨子曰 由聖人之言鳳鳥之不出로

禽滑釐가 子墨子께 물었다. "성인이 말하기를 '鳳鳥가 나오지 않는다'고 하고부터,

畢云 見論語[2)]라

畢沅 : ≪論語≫에 보인다.

52-1-2 諸侯畔殷周之國하여

제후가 殷·周의 나라를 배반하여

畢云 殷은 盛也라 孫云 爾雅云 殷은 中也라하니 言周之中葉이라 蘇云 殷周는 皆天子之國이니 言世衰而諸侯畔天子也라 畢訓殷爲盛하고 孫訓殷爲中하니 皆非라 案 蘇說이 是也라 此蓋通稱王國爲殷周之國이라 呂氏春秋先己篇에 云 商周之國은 謀失於胸하며 令困於彼라하고 兼愛中篇에 引武王告泰山辭云 以祇商夏라하니 周初에 稱中國爲商夏하고 周季에 稱中國爲殷周하니 辭例正相類라

畢沅 : 殷은 盛함이다.

孫星衍 : ≪爾雅≫에 "殷은 中이다."라 하였으니, 周나라 中葉을 말한다.

蘇時學 : 殷과 周는 다 천자의 나라이니, 세상이 쇠퇴하여 제후가 천자를 배반했다는 말이다. 필원은 殷의 訓을 盛이라 하였고, 손성연은 殷의 訓을 中이라 하였으니, 모두 옳지 않다.

案 : 소시학의 설이 옳다. 이는 대개 王(천자)의 나라를 통칭하여 殷周의 나라라 한 것일 것이다. ≪呂氏春秋≫ 〈先己〉에 "商周의 나라는 謀策은 가슴속에서 잘못되고 명령은 외부에서 곤욕을 당한다."라 하였고, 〈兼愛 中〉에서는 武王이 泰山에 고한 말을 인용하여 "商夏의 인민을 구하게 하소서."라 하였다. 周나라 초엽에는 중국을 商夏라 일컬었고, 주나라 말엽에는 중국을 殷周라 일컬었으니, 말의 용례가 정확히 서로 같다.

---

2) 見論語 : ≪論語≫ 〈子罕〉에 "봉황이 오지 않으며, 황하에서 하도가 나오지 않으니, 나는 그만이로구나!〔鳳鳥不至 河不出圖 吾已矣夫〕"라 하였다.

52-1-3 甲兵方起於天下하여 **大攻小**하며 **强執弱**이라 **吾欲守小國**하니 **爲之柰何**오라한대 **子墨子曰 何攻之守**오라하니 **禽滑釐對曰 今之世常所以攻者**는 **臨**과

甲兵이 바야흐로 천하에서 일어나 큰 나라가 작은 나라를 공격하고 강자가 약자를 붙잡아 갑니다. 저는 작은 나라를 지키고자 하니, 어떻게 해야 합니까?" 子墨子께서 말씀하셨다. "무슨 공격에 대해 수비하는 것인가?" 금골리가 대답하였다. "지금 세상에서 늘 쓰는 공격 방법은 臨車와

畢云 臨이 一이라 詩傳에 云 臨은 臨車也라하고 陸德明音義에 云 韓詩에 作隆이라하고 孔穎達正義曰 臨者는 在上臨下之名이라하다 詒讓案 後有備高臨篇에 云 積土爲高하여 以臨我城할새 薪土俱上하여 以爲羊黔하고 蒙櫓俱前하여 遂屬之城이라하고 又備水篇에 竝船爲臨이라하고 備蛾傅篇에 行臨하니 然則臨乃水陸攻守諸械以高臨下之通名이니 不必臨車也라 臨聲轉作隆이라 淮南子氾論訓에 云 隆衝以攻이라하고 又兵略訓에 云 攻不待衝隆雲梯[3]而城拔이라한대 高注에 云 隆은 高也라하다

畢沅 : '臨'이 첫째이다. ≪詩傳≫에 "'臨'은 臨車이다."라 하였고, 陸德明의 ≪音義≫에 "≪韓詩≫에는 隆으로 되어 있다."라 하였고, 孔穎達의 ≪正義≫에는 "'臨'이란 위에서 아래로 임하는 것을 이르는 말이다."라 하였다.

詒讓案 : 이 편 뒤에 있는 〈備高臨〉에 "흙을 쌓아서 높게 만들어 우리 성을 굽어보면서 땔나무와 흙을 함께 위에 더 얹어서 羊黔을 만들고 큰 방패로 몸을 가린 채 병사들이 함께 전진하여 마침내 성과 만난다."라 하였고, 또 〈備水〉에는 "두 척의 배를 나란히 놓아서 臨을 만든다."라 하였고, 〈備蛾傅〉에는 "行臨(높은 곳에서 아래로 내려다 봄)"이란 말이 있다. 그렇다면 '臨'은 수륙에서 공격과 수비에 사용하는 기계로서 높은 곳에서 아래로 臨하는 것의 통칭이니, 반드시 臨車만은 아니다. '臨'의 聲音이 轉變하여 隆이 된 것이다. ≪淮南子≫ 〈氾論訓〉에 "隆으로 성을 부딪쳐서 공격한다."라 하였고, 또 〈兵略訓〉에는 "공격에 굳이 衝隆과 雲梯를 사용하지 않아도 성이 함락되었다."라 하였는데, 高誘의 注에 "'隆'은 높은 것이다."라 하였다.

52-1-4 鉤와

---

3) 衝隆雲梯 : 충융은 고대에 성을 공격할 때 사용하는 兵車이다. 운제는 성을 공격할 때 성벽에 올라가는 데 사용하는 긴 사다리이다.

鉤(사다리)와

畢云 鉤가 二라 詩傳에 云 鉤는 鉤梯也니 所以鉤引上城者라하다 詒讓案 備鉤篇은 今佚이라 鉤는 蓋卽魯問篇所謂鉤距之鉤라 備穴篇에 又有鐵鉤鉅하니 謂施長鉤하여 緣之以攻城이라 管子兵法篇에 云 淩山阬에 不待鉤梯라하고 韓非子外儲說左上篇에 趙主父秦昭王이 令工施鉤梯하여 上潘吾及華山이라하니 皆是也라 詩皇矣의 孔疏에 云 鉤援一物이니 正謂梯也라 以梯倚城하여 相鉤引而上이니 援은 卽引也라 墨子稱公輸般作雲梯以攻宋하니 蓋此之謂也라하다 馬瑞辰[4]云 墨子分鉤與梯爲二하니 則鉤非卽雲梯가 明矣라 六韜軍用篇에 有飛鉤는 長八寸이니 鉤芒은 長四寸이요 梯長六尺以上이 千二百枚라하니 蓋卽詩之鉤라 傳에 云 鉤鉤梯者는 謂以鉤鉤梯而上이라 故又申之曰 所以鉤引上城者라하니 非謂鉤卽梯也라 正義失之라 案 馬說이 是也라

畢沅 : '鉤'가 둘째이다. ≪詩傳≫에 "'鉤'는 鉤梯이니, 갈고리로 걸어서 끌어 성으로 올리는 것이다."라 하였다.

詒讓案 : 〈備鉤〉는 지금 逸失되었다. '鉤'는 대개 〈魯問〉에 말한 '鉤距'의 鉤이다. 〈備穴〉에 또 '鐵鉤鉅'가 있으니, 긴 갈고리를 설치하여 이를 타고 올라 성을 공격하는 것이다. ≪管子≫ 〈兵法〉에 "산등성이를 넘을 때 군이 鉤梯를 쓸 필요 없다."라 하였고, ≪韓非子≫ 〈外儲說 左上〉에 "趙나라 主父와 秦 昭王이 工人으로 하여금 鉤梯를 설치하게 하여 潘吾山과 華山에 올랐다."라 하였으니, 모두 이것을 말한다. ≪詩經≫ 〈皇矣〉에 대한 孔穎達의 疏에 "鉤援은 하나의 물건이니, 바로 사다리를 말한다. 사다리를 성에 기대 놓고 서로 鉤(갈고리)로 걸어서 끌어당겨 성에 올라가는 것이다. '援'은 곧 끌어올리는 것이다. ≪묵자≫에 '公輸般이 雲梯를 만들어서 宋나라를 공격했다.'라 하였으니, 아마도 이를 말한 것일 것이다.

馬瑞辰 : ≪묵자≫에는 鉤와 梯를 나누어 둘로 보았으니, 鉤가 곧 雲梯가 아님은 분명하다. ≪六韜≫ 〈軍用〉에 "飛鉤는 길이 8寸인데 鉤의 날은 길이가 4촌이고, 梯(자루)의 길이가 6척 이상인 것이 1200개이다."라 하였으니, 아마도 바로 ≪시경≫에서 말한 鉤일

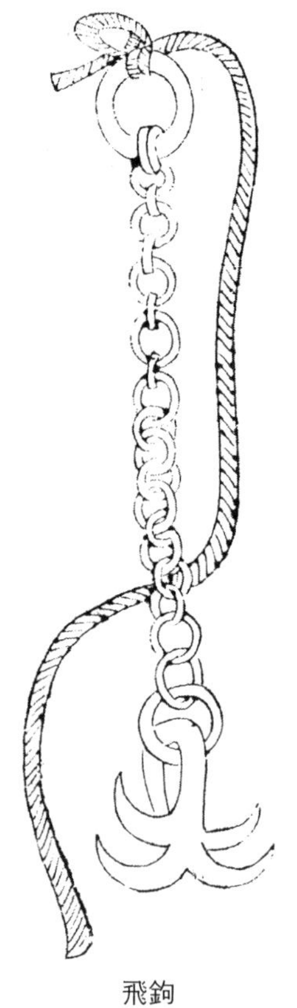
飛鉤

4) 馬瑞辰 : 1777~1853. 자는 元伯이고 桐城 사람이다. 淸나라 嘉慶 10년(1805)에 진사시에 급제하였고 工部都水司郞中을 역임하였다. 저서로 ≪毛詩箋傳通釋≫ 32권이 있다.

것이다. ≪시전≫에서 "鉤는 鉤梯이다."라 한 것은 鉤를 梯(사다리)에 걸어서 올라가는 것이다. 그러므로 또 거듭 설명하기를 "鉤(갈고리)로 걸어서 끌어 당겨 성에 올라가는 것이다."라 하였으니, 鉤가 바로 梯라 한 것은 아니다. ≪正義≫에서는 잘못 보았다.

案 : 마서진의 설이 옳다.

52-1-5 衝과

衝車와

畢云 衝이 三이라 詩傳에 云 衝은 衝車也라하고 說文에 云 幢(충)은 陷陣(진)車也라하고 高誘注淮南子에 云 衝車는 大鐵著(착)其轅端하고 馬被甲하고 車被兵하니 所以衝於敵城也라하고 又曰 衝은 所以臨敵城하여 衝突壞之라하고 孔穎達詩正義에 云 衝者는 從傍衝突之稱이니 兵書에 有作臨車衝車之法이라하다 按 幢은 正字이고 衝은 假音이라하다 詒讓案 詩皇矣孔疏에 又云 墨子有備衝之篇이러니 今佚이라하고 定八年左傳에 云 主人焚衝이라한대 杜注에 云 衝은 戰車라하다 六韜軍用篇有武衝大扶胥하니 疑卽此라 戰國策齊策에 云 百尺之衝이라하고 荀子彊國篇에 又有渠衝한대 楊注에 云 渠는 大也라 渠衝은 攻城之大車也라하다 韓非子八說篇에 云 (平)〔干〕[5]城距衝[6]이라하니 疑卽荀子之渠衝矣라 逸周書小明武篇에 云 具行衝梯라하고 莊子秋水篇에 云 梁麗可以衝城이라하니 亦卽此라

畢沅 : '衝'이 셋째이다. ≪詩傳≫에 "'衝'은 衝車이다."라 하였고, ≪說文解字≫에는 "幢은 적진을 함락시키는 戰車이다."라 하였고, ≪淮南子≫ 高誘의 注에 "衝車는 큰 쇠를 끌채 끝에 붙이고 말에 갑옷을 입히고 수레는 병기로 덮는 것이니, 적의 성에 돌격하는 것이다."라 하였고, 또 "衝은 적의 성에 다가가 성벽과 충돌하여 무너뜨리는 것이다."라 하였고, 孔穎達의 ≪毛詩正義≫에는 "衝이란 옆에서 衝突하는 것을 일컫는 말이니, 兵書에 臨車・衝車를 만드는 방법이 있다."라 하였다. 살펴보건대 '幢'은 正字이고 '衝'은 가차자이다.

詒讓案 : ≪詩經≫ 〈皇矣〉에 대한 공영달의 疏에 또 "≪묵자≫에 〈備衝〉이 있었는데, 지금은 逸失되었다."라 하였고, ≪春秋左氏傳≫ 定公 8년에 "주인이 衝에 불을 질렀다."

5) (平)〔干〕: 저본에는 '平'으로 되어 있으나, 四庫全書本 ≪韓非子≫에 의거하여 '干'으로 바로잡았다.

6) (平)〔干〕城距衝 : 일반적으로는 성을 보호하고 큰 戰車를 막는다는 뜻으로 해석하는데, 여기서는 '성을 공격하는 距衝'이란 뜻으로 썼다.

라 했는데, 杜預의 注에 "衝은 戰車이다."라 하였다. ≪六韜≫ 〈軍用〉에 '武衝大扶胥(큰 兵車의 일종)'가 있으니, 아마도 바로 이것일 듯하다. ≪戰國策≫ 〈齊策〉에는 "100尺 높이의 衝"이라 하였다. ≪荀子≫ 〈彊國篇〉에 또 '渠衝'이 있는데, 楊倞의 注에 "渠는 크다는 뜻이다. 渠衝은 성을 공격하는 큰 戰車이다."라 하였다. ≪韓非子≫ 〈八說〉에 "干城距衝(성을 공격하는 距衝)"이라 하였으니, 아마도 바로 ≪荀子≫의 渠衝일 것이다. ≪逸周書≫ 〈小明武〉에 "衝梯를 갖추고 간다."라 하였고, ≪莊子≫ 〈秋水〉에 "梁麗可以衝城(대들보와 마룻대로 성을 공격해 부술 수 있다.)"라 하였으니, 또한 바로 이러한 뜻일 것이다.

52-1-6 梯와

梯(사다리)와

畢云은 梯가 四라 案卽雲梯라하다 詒讓案 說文木部에 云 梯는 木階也라하다 後有備梯篇하다 通典有作雲梯法하니 詳本篇하다

畢沅 : '梯'가 넷째이다. 살펴보건대 바로 雲梯이다.

詒讓案 : ≪說文解字≫ 木部에 "梯는 나무 사다리이다."라 하였다. 뒤에 〈備梯〉가 있다. ≪通典≫에 雲梯를 만드는 방법이 있으니, 〈비제〉에 상세히 보인다.

52-1-7 堙(인)과

堙(토산)과

畢云 堙이 五라 一本作湮이라 案當爲垔이니 俗加土라 說文에 云 垔은 塞也라하고 玉篇에 云 何休曰 上城具(堙)[7]라하다 通典에 云 於城外起土爲山하고 乘城而上을 古謂之土山하고 今謂之壘道하니 用生牛皮作小屋하여 幷四面蒙之하고 屋中置運土人하여 以防攻擊者[8]라한대 注에 云 卽孫子所謂距闉也라하니 鑿地爲道하여 行於城下하여 用攻其城이라 往往建柱하여 積薪於其柱하고 圜而燒之하면 柱折(櫓部)[9]城摧라하다 詒讓案 土山은 亦見太白陰經攻城具篇이라 左傳襄六年에 晏弱圍萊하고 堙之環城하여 傅於堞이라한대 杜注에 云 堙은 土山也라하고 書費誓孔疏에 云 兵法에 攻城에 築土爲山하여 以闚望城內를

7) (堙) : 저본에는 '堙'이 있으나, ≪玉篇≫에 의거하여 衍文으로 처리하였다.
8) 通典……以防攻擊者 : ≪통전≫ 권160 〈兵13 攻城戰具附〉에 보인다.
9) (櫓部) : 저본에는 '櫓部'가 있으나, ≪通典≫에 의거하여 衍文으로 처리하였다.

謂之距堙이라하고 孫子謀攻篇에 作距闉한대 曹操注에 云 距闉者는 踊土(稍)〔積〕[10]高而前하여 以附其城也라하고 尉繚子兵教下篇에 云 地(狹)〔窄(착)〕[11]而人衆者는 則築大堙以臨之라하니 蓋堙與高臨[12]略同이요 惟以堙池爲異라 此書今本에 備堙無專篇하니 而本篇後文(寇)〔救〕[13]闉池一節이 蓋卽備堙之法이요 又舊備穴篇에 亦有救闉池之文이러니 今移入本篇이라 雜守篇에 又作煙하니 闉堙煙은 聲同字通이라

畢沅 : '堙'이 다섯째이다. '堙'은 한 본에는 '湮'으로 되어 있다. 살펴보건대 '垔'이 되어야 하니 堙은 俗人들이 土를 더한 것이다. ≪說文解字≫에 "垔은 막는다는 뜻이다."라 하였다. ≪玉篇≫에는 "何休가 '성을 올라가는 도구가 堙이다.'라 했다."라 하였다. ≪通典≫에 "성 밖에 흙을 쌓아올려 산을 만들고 이를 이용해 성을 타고 올라가는 것을 옛날에는 土山이라 하고 지금은 壘道라 한다. 〈이를 만들 때〉 소의 생가죽을 가지고 작은 지붕을 만들어 사면에 다 씌우고 지붕 밑에 흙을 운반하는 사람을 두어 적이 공격하는 것을 막는다."라 했는데, 注에 "바로 ≪孫子≫에서 말한 距闉이다."라 하였고, "땅을 파서 길을 만들어서 성 아래까지 가서 성을 공격한다. 왕왕 기둥을 세우고 그 기둥에 땔나무를 쌓아둔 다음 주위를 빙 둘러 불을 지르면 기둥이 부러지면서 성이 무너진다."라 하였다.

詒讓案 : 土山은 ≪太白陰經≫ 〈攻城具篇〉에 보인다. ≪春秋左氏傳≫ 襄公 6년 條에 "晏弱이 萊國을 포위한 다음 성 둘레에 堙을 만들어 성가퀴에 닿게 하였다."라 했는데, 杜預의 注에 "堙은 토산이다."라 하였다. ≪書經≫ 〈費誓〉에 대한 孔穎達의 疏에 "병법에 성을 공격할 때 흙을 쌓아 산을 만들어 성 안을 들여다 볼 수 있도록 하는데 이를 距堙이라 한다."라 하였다. 距堙이 ≪孫子≫ 〈謀攻〉에는 距闉으로 되어 있는데, 曹操의 注에 "距闉이란 흙을 높이 쌓아올리면서 앞으로 나아가 성에 바싹 붙이는 것이다."라 하였다. ≪尉繚子≫ 〈兵教 下〉에는 "땅이 좁고 사람이 많은 경우에는 큰 堙을 쌓아 임한다."라 하였으니, 대개 堙은 高臨(흙을 쌓아올려 높은 곳을 만들어 성을 굽어보는 것)과 대략 같고 단지 堙池를 다르다고 했을 뿐이다. 이 책의 今本에 堙을 방비하는 것에 대한 專篇이 없으니, 이 편 뒤의 글에 '救闉池' 한 節이 아마도 堙을 방비하는 방법일 것이다. 또 舊本 〈備穴〉

---

10) (稍)〔積〕 : 저본에는 '稍'로 되어 있으나, 四庫全書本 ≪통전≫ 注에 의거하여 '積'으로 바로잡았다.

11) (狹)〔窄(착)〕 : 저본에는 '狹'으로 되어 있으나, ≪尉繚子≫에 의거하여 '窄'으로 바로잡았다.

12) 高臨 : 뒤의 〈備高臨〉에 "적들이 흙을 쌓아 높은 곳을 만들어 우리 성을 굽어본다.〔敵人積土爲高 以臨吾城〕"라 한 데서 온 말이다.

13) (寇)〔救〕 : 저본에는 '寇'로 되어 있으나, 이 편의 뒤에 '救闉池'로 되어 있는 것에 의거하여 '救'로 바로잡았다.

에도 '救闉池'라는 대목이 있었는데, 지금 이 편에 옮겨 놓았다. 〈雜守〉에는 또 '煙'자로 되어 있으니, 闉·堙·煙은 소리가 같아서 글자를 통용한 것이다.

52-1-8 水와

물과

後有備水篇이라 畢云 水가 六이라하다

뒤에 〈備水〉가 있다.

畢沅 : '水'가 여섯째이다.

52-1-9 穴과

穴과

後有備穴篇이라 畢云 穴이 七이라하다

뒤에 〈備穴〉이 있다.

畢沅 : '穴'이 일곱째이다.

52-1-10 突과

突과

後有備突篇이라 不詳攻法이나 而云 城百步一突門이라하니 乃守者所爲라 疑突與穴略同이로되 但穴爲穴地요 突爲穴城이니 二者小異耳라 襄二十五年左傳에 鄭伐陳할새 宵突陳城이라한대 杜注에 云 突은 穿也라하고 三國志魏明帝紀의 裴松之注에 引魏略[14)]하여 載諸葛亮攻陳倉에 爲地突하여 欲踊出於城裏어늘 郝昭於內穿地하여 橫截之하니 則突亦穴地矣로되 未聞其審이라 畢云 突이 八이라

뒤에 〈備突〉이 있다. 그 공격하는 법은 자세히 알 수 없으나 〈비돌〉에 "城의 100步마다 하나씩 突門을 둔다."라 하였으니, 곧 수비하는 쪽이 만드는 것이다. 아마도 '突'과 '穴'은 대략 같지만 '穴'은 땅에 굴을 뚫는 것이고 '突'은 城에 굴을 뚫는 것이니, 이 둘이

14) 魏畧 : 삼국시대 魏나라의 역사를 기술한 책으로 위나라 魚豢이 撰述하였다.

조금 다르다. ≪춘추좌씨전≫ 襄公 25년에 "鄭伐陳 宵突陳城(정나라가 진나라를 칠 때 밤중에 진나라 성에 구멍을 뚫었다."라 하였는데, 杜預의 注에 "'突'은 뚫는다는 뜻이다."라 하였고, ≪三國志≫ 〈魏明帝紀〉에 대한 裴松之의 注에 ≪魏略≫을 인용하여 기록하기를 "諸葛亮이 陳倉을 공격할 때 地突(땅굴)을 뚫어서 성 안으로 솟아 나오게 하고자 하였는데, 郝昭가 성 안에 땅을 파서 차단하였다."라 하였으니, 突도 땅에 굴을 파는 것일 텐데 상세한 내용은 듣지 못하였다.

諸葛亮

畢沅 : '突'이 여덟째이다.

52-1-11 空洞과

空洞과

說文穴部에 云 空은 竅(규)也라하고 淮南子原道訓高注云 洞은 通也라하고 史記大宛傳에 云 徙其城下水空하여 以空其城이라한대 集解에 徐廣曰 空은 一作穴이라하니 此空洞은 當亦穴突之類라 其攻法之異同은 今篇佚하여 無可攷라 畢云 空洞이 九라

≪說文解字≫ 穴部에 "空은 竅이다."라 하였고, ≪淮南子≫ 〈原道訓〉의 高誘 注에 "洞은 通이다."라 하였고, ≪史記≫ 〈大宛傳〉에 "徙其城下水空 以空其城(성 아래의 수로를 옮겨 성의 물을 다 말렸다.)"라 하였는데, 集解에 徐廣이 '空'은 한 本에는 '穴'로 되어 있다."라 하였으니, 이 '空洞'은 응당 '穴'・'突'과 같은 것일 것이다. 그 공격하는 방법의 차이는 지금 이에 관한 편이 일실되어 상고할 수 없다.

畢沅 : '空洞'이 아홉째이다.

52-1-12 蟻傅와

蟻傅와

傅는 舊本에 作附하고 道藏本과 吳鈔本에 竝作傅이라 今案傳乃傅之誤니 後有備蛾傅篇이 卽此라 諸本作附는 字通이나 而與後篇目不相應이라 今校改傅하노라 畢云 蟻附가 十이라 蟻는 同螘(의)하니 孫子에 云 將不勝(心)〔其〕[15]忿而蟻附라한대 注에 云 使卒徐上城을 如

蟻緣城하니 殺士也라하다

'傅'는 舊本에 '附'로 되어 있고, 道藏本과 吳鈔本에는 다 '傅'으로 되어 있다. 지금 살펴보건대 '傅'은 곧 '傅'의 오자이니, 뒤에 있는 〈備蛾傅〉가 곧 이를 증명한다. 다른 本들에 '附'로 되어 있는 것은 글자는 통용되지만 뒤 편의 제목과 맞지 않기에 지금 교감하여 '傅'로 고친다.

畢沅 : '蟻附'가 열 번째이다. '蟻'는 螘와 같으니, ≪孫子≫에 "將不勝其忿而蟻附(장수가 자기 분노를 이기지 못하여 〈攻城 장비가 구비되기를 기다리지 않고〉 兵卒들을 개미떼처럼 성에 올라가도록 한다.)"라 하였는데, 그 注에 "병졸들로 하여금 천천히 성에 오르기를 마치 개미떼가 성을 기어 올라가듯이 독려하는 것이니, 병사들을 죽이는 것이다."라 하였다.

52-1-13 轒轀(분온)과

轒轀과

畢云 轒轀이 十一이라 太平御覽太公六韜曰 凡三軍有大事어든 莫不習用器械하나니 攻城圍邑이면 則有轒轀臨衝하고 視城中이면 則有雲梯飛樓라하고 周遷輿服雜事[16]曰 楯櫓은 今之橦(충)車也니 其下四輪이요 從中推之하여 至敵城下라하다 說文에 云 轒은 淮陽名車穹隆轒이라하다 玉篇에 云 轒輐은 兵車라하여 作輐하니 輐轀은 音相近이라 藝文類聚引孫子에 又作枌轀하고 通典에 云 攻城戰具로 作四輪車하되 上以繩爲脊하고 生牛皮蒙로之하니 下可藏十人이라 塡隍推之하여 直抵城下하여 可以攻掘하니 金火木石所不能敗라 謂之轒轀車라하다 案 畢引六韜據御覽에 文多訛脫이라 今據軍略篇校正하노라 通典本太白陰經이라 孫子謀攻篇에 云 攻城之法은 脩櫓轒轀이라한대 曹注에 云 轒轀者는 其下四輪을 從中推之하여 至城下也라하다 文選長楊賦李注에 引服虔云 轒轀은 百二十步兵車니 可寢處라하고 說文車部에 云 轀은 臥車也라하다 案 備轒轀篇은 今佚이라 後備水篇에 以船爲轒轀하니 與攻城之車異라

畢沅 : 轒轀이 열한 번째이다. ≪太平御覽≫에 "太公의 ≪六韜≫에 '무릇 三軍에 大事가 있으면 器械 사용을 익히지 않음이 없나니, 성을 공격하고 邑을 포위할 경우에는 轒轀·

15) (心)〔其〕: 저본에는 '心'으로 되어 있으나, 四庫全書本 ≪孫子≫에 의거하여 '其'로 바로잡았다.
16) 輿服雜事 : 梁나라 周遷이 찬술한 것으로 원명은 ≪古今輿服雜事≫이다. 모두 20권으로 되어 있다.

臨衝이 있고, 적의 성 안을 들여다 볼 경우에는 雲梯·飛樓가 있다.'라 하였다."라 하였다. 周遷의 ≪輿服雜事≫에 "橨楹은 지금의 橦車이니, 아래에 네 바퀴가 달려 있고 〈병사가 수레 안으로 들어가〉 수레 안에서 밀면서 나아가 적의 성 아래에 이른다."라 하였고, ≪說文解字≫에 "轒은 淮陽 지방에서 수레를 이름하여 穹隆轒이라 한다."라 하였다. ≪玉篇≫에는 "轒輐은 兵車이다."라 하여 '轀'자가 '輐'자로 되어 있으니, '輐'과 '轀'은 독음이 서로 비슷하다. ≪藝文類聚≫에 ≪孫子≫를 인용한 대목에는 또 '枌轀'으로 되어 있고, ≪通典≫에 "성을 공격하는 전투 도구로 四輪車를 만들되 위에는 밧줄로 등뼈를 삼고 소의 생가죽으로 그 위를 씌우니, 그 아래에 10인이 들어갈 수 있다. 이 수레로 해자를 메우며 나아가 곧바로 성 아래에 이르러 땅을 팔 수 있으니, 쇠·불·나무·돌로 무너뜨릴 수 없다. 이를 轒轀車라 한다."라 하였다.

案 : 필원은 ≪육도≫를 인용할 때 ≪태평어람≫에 의거하면서 글에 오탈이 많다. 이제 ≪육도≫ 〈軍略〉에 의거하여 교정하였다. ≪통전≫에서는 본래 ≪太白陰經≫에 근본을 두어 서술하였다. ≪孫子≫ 〈謀攻〉에 "성을 공격하는 방법은 〈부득이해서이니,〉 큰 방패와 轒轀을 수리한다."라 했는데, 曹操의 注에 "'轒轀'은 아래에 있는 네 바퀴를 수레 안에서 밀면서 나아가 성 아래에 이른다."라 하였다. ≪文選≫ 〈長楊賦〉에 대한 李善의 注에 服虔의 설을 인용하여 "轒轀은 120步 길이의 兵車니, 수레 안에서 취침하고 기거할 수 있다."라 하였고, ≪설문해자≫ 車部에는 "轀은 臥車이다."라 하였다.

案 : 〈備轒轀〉은 지금 일실되었다. 뒤의 〈備水〉에는 선박으로 轒轀을 만드니, 성을 공격하는 兵車와는 다르다.

52-1-14 軒車라

軒車입니다.

畢云 軒車가 十二라하다 詒讓案 備軒篇는 今佚이라 說文車部에 云 軒은 曲輈藩車也라하니 彼는 謂卿大夫所乘車요 此는 攻城軒車니 未詳其制라 左宣十五年傳에 云 登諸樓車라한데 杜注에 云 車上望櫓라하니 此軒車는 疑卽樓車라 楚辭招魂王注에 云 軒은 樓版也라하다 馬瑞辰云 六韜軍用篇飛樓는 蓋卽墨子之軒車요 左傳之巢車[17]라

17) 左傳之巢車 : 巢車는 고대의 兵車로 적군의 동태를 조망하는 데 사용한다. 수레 위에는 도르래로 오르내리는 望臺가 있어 사람이 망대 속에 있으면 마치 새가 둥지 속에 있는 모습과 같기 때문에 이런 이름이 붙여진 것이다. ≪春秋左氏傳≫ 成公 16년 條에 "초자가 소거에 올라 진나라를 바라보았다.〔楚子登巢車以望晉〕"라 하였다.

畢沅 : 軒車가 열두 번째이다.

詒讓案 : 〈備軒〉은 지금 일실하였다. ≪설문해자≫ 車部에 "軒은 끝채가 굽은 藩車(휘장을 친 수레)이다."라 하였다. ≪설문해자≫의 軒은 卿大夫가 타는 수레를 말하고, 여기서의 軒은 성을 공격하는 데 쓰는 軒車이니, 그 수레의 제도를 알 수 없다. ≪춘추좌씨전≫ 宣公 15년 조에 "樓車에 올려 태운다."라 하였는데, 杜預의 注에 "수레 위의 望櫓이다."라 하였으니, 여기의 軒車는 아마도 樓車일 듯하다. ≪楚辭≫ 〈招魂〉에 대한 王逸의 注에 "軒은 樓版이다."라 하였다. 馬瑞辰은 "≪六韜≫ 〈軍用〉의 '飛樓'는 아마도 ≪墨子≫의 軒車이고, ≪춘추좌씨전≫의 巢車일 것이다."라 하였다.

52-1-15 敢問守此十二者奈何잇고 **子墨子曰 我城池修**하며 **守器具**하며 **(推)〔樵〕粟足**하고

감히 묻건대 이 열두 가지에 대해 지키려면 어떻게 해야 합니까?" 子墨子께서 말씀하셨다. "나의 성과 垓字가 수리되고 지키는 무기가 갖추어지고 땔감과 양식이 넉넉하며,

推粟은 **義難通**하니 **推**는 **當爲樵之誤**라 **下云 爲薪樵挈**(계)라하고 **又云 薪食足以支三月以上**이라하니 **樵粟**은 **卽薪食也**라 **畢云 推粟言輓粟**은 **失之**라

'推粟'은 뜻이 통하기 어려우니, '推'는 응당 樵의 오자일 것이다. 아래에 "爲薪樵挈(땔나무의 契를 만든다.)"라 하고 또 "땔나무와 식량이 석 달 이상을 버틸 수 있다."라 하였으니, '樵粟'은 곧 땔나무와 식량이다. 필원이 "'推粟'은 식량을 운송하는 것을 말한다."라 한 것은 틀렸다.

52-1-16 上下相親하고 **又得四鄰諸侯之救**가 **此所以持也**니라

윗사람과 아랫사람이 서로 친밀하고 또 사방 이웃 제후들의 구원을 받는 것, 이것이 지키는 방법이다.

國語越語韋注에 **云 持**는 **守也**라하다 **蘇云 持**는 **爲守字之訛**는 **非**라

≪國語≫ 〈越語〉 韋昭의 注에 "持는 지키는 것이다."라 하였다. 蘇時學이 "'持'는 守의 오자이다."라 한 것은 틀렸다.

52-1-17 且守者雖善이라도

또 지키는 자가 비록 훌륭할지라도

盧云 此下에 當有而君不用之五字라

盧文弨 : 이 대목 아래 '而君不用之' 5자가 있어야 한다.

52-1-18 〔而君不用之면〕 **則猶若不可以守也**니라

군주가 그를 쓰지 않으면 오히려 지킬 수 없을 것이다.

舊本에 脫猶字러니 兪據下句補라

舊本에는 '猶'자가 빠졌는데, 兪樾이 아래 句에 근거하여 보충하였다.

52-1-19 若君用之守者는 **又必能乎守者**니

만약 군주가 지킬 사람을 등용하려 한다면 또 반드시 지키는 데 유능한 사람이라야 하니,

兪校에 以意改乎爲守하여 則讀守者不能爲句하니 亦通이라

兪樾의 교감에서 뜻으로 판단하여 〈'又必能乎守者'의〉 '乎'자를 '守'자로 고치고 〈뒤의 句와 연결하여〉 '守者不能'을 한 句로 삼았으니, 또한 뜻이 통한다.

52-1-20 不能而君用之면 **則猶若不可以守也**라 **然則守者必善而君尊用之**니

유능하지 못한데 군주가 그 사람을 쓰면 오히려 지킬 수 없을 것이다. 그렇다면 지키는 사람은 반드시 훌륭하고 군주는 그를 존중하여 써야 하니,

蘇云 尊用은 猶專用也라 兪云 尊은 讀爲遵이니 古字通也라

蘇時學 : '尊用'은 專用과 같다.

兪樾 : '尊'은 遵으로 읽어야 하니, 古字에 통용하였다.

52-1-21 然後에 **可以守也**니라

그런 뒤에야 지킬 수 있다.

52-2-1 凡守(圍)〔圉〕(城)之法은 〔城〕厚以高하며

무릇 守禦하는 법은 성벽을 두텁고 높게 만들며,

厚上에 當有城字니 疑本作凡守圉之法城厚以高라 今本圉訛爲圍하고 又移城字著(착)之法上하여 遂不可通이라 後守法章에 云 城小大에 以此率之라야 乃足以守圍[18]라하여 圉亦訛圍하니 卽其證也라 蘇云 厚上當脫垣墉二字는 非라

'厚'자 위에 응당 '城'자가 있어야 하니, 아마도 본래는 '凡守圉之法 城厚以高'로 되어 있었을 터인데 今本에는 '圉'자가 잘못 '圍'자로 되었고, 또 '城'자를 옮겨 '之法' 위에 붙여 마침내 뜻이 통하지 않게 되고 말았다. 뒤의 '守法'章에 "城小大 以此率之 乃足以守圉(성이 작건 크건 이로써 비율을 정해야 지킬 수 있을 것이다.)"라고 하여 '圉'자가 또한 '圍'자로 잘못되었으니, 곧 그 증거이다. 蘇時學이 "'厚'자 위에 '垣墉' 2자가 빠졌을 것이다."라 한 것은 틀렸다.

52-2-2 壕池를 深以廣하며

해자를 깊고 넓게 파며,

釋名釋道에 云 城下道曰隊니 隊는 翺也라하니 言都邑之內의 人所翺翔(고상)祖駕[19]之處也라 壕之義는 蓋起於隊하니 凡池上必有道也라 畢云 玉篇에 云 壕는 胡高切이니 城壕也라 池는 舊本에 訛也라하고 王引之云 也는 當爲池니 壕池深以廣이 爲句라 其厚以高上에 當有與壕池對文者어늘 而今本脫之라하다 案 王說이 是也라 今據正하노라 畢云 也字疑衍은 失之라

≪釋名≫〈釋道〉에 "성 아래 길을 隊라 하니, 隊는 翺이다."라 하였으니, 都邑 안의 사람들이 翺翔하고 祖駕하는 곳이라는 말이다. '壕'의 뜻은 대개 隊에서 나왔으니, 무릇 垓字 가에는 반드시 길이 있다.

畢沅 : ≪옥편≫에 "壕는 胡와 高의 반절이니, 성의 塹壕이다. '池'는 舊本에 '也'로 잘못 되었다.

---

18) 圍 : 舊本에는 '圍'자로 되어 있고 저본에는 교감하여 圉로 고쳤는데, 여기서는 문맥에 맞게 '圍'자로 고쳤다.

19) 翺翔(고상)祖駕 : 翺翔은 사람들이 자유롭게 다니는 것이고, 祖駕는 운구하는 상여를 보내는 것이다.

王引之 : '也'는 응당 池가 되어야 하니, '壕池深以廣'이 한 句가 된다. '厚以高' 위에 응당 '壕池'와 대구를 이루는 글이 있었을 터인데 今本에는 빠지고 없다.

案 : 王引之의 설이 맞으니 지금 이에 의거하여 바로잡았다. 필원이 "'也'는 衍字일 듯하다."라 한 것은 잘못 보았다.

52-2-3 樓(撕揗)〔櫯脩〕하며

망루가 수리되며,

吳鈔本에 作楯이라 畢云 說文玉篇에 無撕라 集韻에 云 斯는 或作撕字라하다 說文에 云 揗은 摩也라하고 玉篇에 食尹詳遵二切이라하다 洪頤烜은 謂撕卽高磨襒라하고 云 揗은 當作楯이니 通俗文에 欄檻謂之楯이라하다 詒讓案 撕는 當作櫯니 後文高磨襒의 襒도 亦卽櫯之誤라 但揗楯은 竝當爲脩니 古脩循二字形近하여 多互訛하여 脩訛爲循하고 又訛爲揗이라 此卽上文城池修之義라

吳鈔本에는 '揗'이 '楯'으로 되어 있다.

畢沅 : ≪說文解字≫와 ≪玉篇≫에는 '撕'자가 없고, ≪集韻≫에는 "斯는 혹 '撕'자로 쓰기도 한다."라 하였다. ≪설문해자≫에 "揗은 어루만진다는 뜻이다."라 하였고, ≪玉篇≫에 "揗은 食과 尹의 반절, 詳과 遵의 반절 두 가지 음이다."라 하였다. 洪頤烜은 "撕는 高磨襒이다."라 하고, "揗은 응당 楯이 되어야 하니, ≪通俗文≫에 '난간을 楯이라 한다.'라 했다." 하였다.

詒讓案 : 撕는 응당 '櫯'가 되어야 하니, 뒤의 글에 '高磨襒'의 襒도 櫯의 오자이다. 다만 '揗'과 '楯'은 둘 다 '脩'자가 되어야 하니, 고대에는 脩와 循 두 글자가 모양이 비슷하여 흔히 서로 잘못 쓰여 '脩'자가 잘못 '循'자가 되기도 하고 잘못 '揗'자가 되기도 하였다. 이 대목은 곧 윗글의 '城池修(성과 해자가 수리된다.)'의 뜻이다.

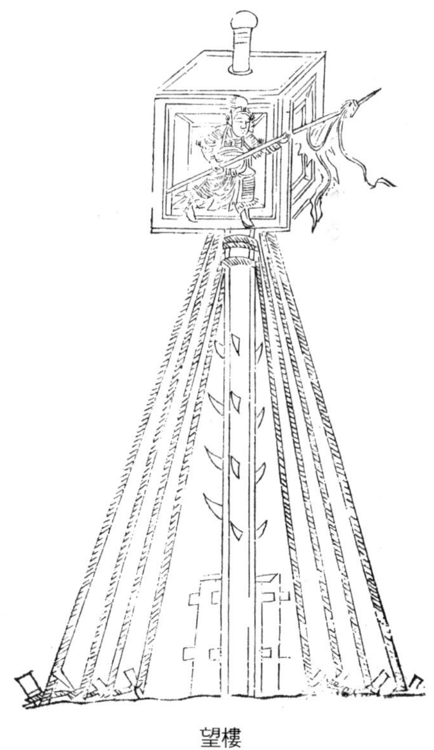

望樓

52-2-4 守備繕利하고

수비하는 도구가 잘 정비되어 있으며,

繕은 吳鈔本에 作善이라

'繕'은 吳鈔本에는 '善'자로 되어 있다.

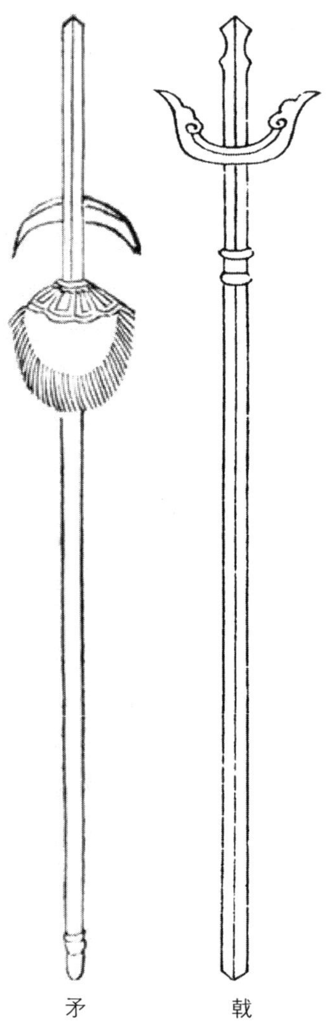

52-2-5 薪食足以支三月以上이요

땔감과 식량이 석 달을 이상 버틸 수 있고,

畢云 支는 舊作交러니 以意改라하다 詒讓案 此卽上文守器具樵粟足之義라 尉繚子守權篇에 云 池深以廣하며 城堅而厚하고 士民備하며 薪食給하며 弩堅矢强하며 矛戟稱之니 此守法也라하다

畢沅 : '支'는 舊本에는 '交'로 되어 있는데 글 뜻으로 판단하여 고쳤다.

詒讓案 : 이 대목은 곧 윗 글의 '지키는 무기가 갖추어지고 땔감과 양식이 넉넉하다'는 뜻이다. ≪尉繚子≫ 〈守權〉에 "해자는 깊고 넓으며, 성은 튼튼하고 두터우며, 병사와 백성들이 갖추어지고 땔감과 식량이 넉넉하며, 쇠뇌가 견고하고 화살이 강하며 矛와 戟이 이에 맞게 구비돼야 하니, 이것이 수비하는 방법이다."라 하였다.

52-2-6 人衆以選하고 **吏民和**하며

많은 사람 중에서 선발하고 관리와 백성이 화목하며,

畢云 民은 舊作尺이러니 以意改라 下當有以字라하다 案 此不必增以字라

畢沅 : '民'은 舊本에는 '尺'으로 되어 있는데 글 뜻으로 판단하여 고쳤다. '民'자 아래에 '以'자가 있어야 한다.

案 : 여기에 '以'자를 더 보탤 필요가 없다.

52-2-7 大臣有功勞於上者多하여 **主信以義**하고 **萬民樂之無窮**이니 **不然**이면 **父母墳墓在焉**이요 **不然**이면 **山林草澤之饒足利**요 **不然**이면 **地形之難攻而易守也**요 **不然**이면 **則有深怨於適而有大功於上**이요 **不然**이면 **則賞明可信而罰嚴足畏也**라

대신으로서 군주에게 공로가 있는 이가 많아 이들을 군주가 믿고 의롭게 여기고 萬民은 즐거워함이 끝이 없어야 한다. 그렇지 않다면 부모의 분묘가 여기에 있어야 하며, 그렇지 않으면 산림과 草澤의 이익이 넉넉해야 하며, 그렇지 않으면 지형이 공격하기는 어렵고 수비하기는 쉬워야 하며, 그렇지 않으면 적에게는 깊은 원한이 있고 군주에게는 공로가 있어야 하며, 그렇지 않으면 賞은 분명하여 믿을 만하고 罰은 엄격하여 두려워할 만해야 한다.

畢云 管子九變에 云 凡民之所以守戰至死하되 而不德其上者는 有數以至焉하니 曰 大者는 親戚墳墓之所在也며 田宅富厚足居也라 不然이면 則州縣鄉黨與宗族足懷樂也요 不然이면 則上之教訓習俗慈愛之於民也厚하여 無所往而得之也요 不然이면 則山林澤谷之利足生也요 不然이면 則地形險阻易守而難攻也요 不然이면 則罰嚴而可畏也요 不然이면 則賞明而足勸也요 不然이면 則有深怨於敵人也요 不然이면 則有厚功於上也니 此民之所以守戰至死하되 而不德其上者也라하니 與此文相似라 言有此數者라야 方可以守圍城이라 詒讓案 自凡守圍城之法以下一百十二字는 舊本에 錯在後文長椎柄長六尺 頭長尺斧其兩端三步一下러니 今依兪校移此라 顧校에 以此一百十二字와 及後文城下里中家人各葆其左右前後如城上으로 至召三老在葆宮中者與計事得히 一百八十一字를 移著(착)後此守術之數也下하니 非라 今不從하노라

畢沅 : 《管子》 〈九變〉에 "무릇 백성들이 지키고 싸우다가 죽음에 이르면서도 군주에게 덕을 끼쳤다고 여기지 않는 것은 몇 가지 이유가 있어 이런 결과에 이르니, '크게는 친척의 분묘가 있는 곳이고 田宅이 부유하여 거주할 만하기 때문이며, 그렇지 않다면 州縣·鄉黨과 宗族을 좋아할 만하기 때문이며, 그렇지 않다면 군주가 습속을 가르치고 백성들에게 자애를 베푸는 것이 후하여 다른 곳으로 가서 이런 군주를 만날 수 없기 때문이며, 그렇지 않다면 산림과 川谷의 이익이 생활하기에 넉넉하기 때문이며, 그렇지 않다면 지형이 험하여 수비하기는 쉽고 공격하기는 어렵기 때문이며, 그렇지 않다면 벌이 엄격하여 두려워할 만하기 때문이며, 그렇지 않다면 상이 분명하여 권면할 만하기 때문이며, 그렇지 않다면 敵人에게 깊은 원한이 있기 때문이며, 그렇지 않다면 군주에게 두터

운 공로가 있기 때문이니, 이것이 백성들이 지키고 싸우다가 죽음에 이르면서도 군주에게 덕을 끼쳤다고 여기지 않는 까닭이다."라 하였으니, 이 대목의 글과 비슷하다. 이 몇 가지 이유가 있어야 성을 지킬 수 있다는 말이다.

詒讓案 : '凡守圍城之法'으로부터 이하 112자는 舊本에는 뒤의 글 '長椎 柄長六尺 頭長尺 斧其兩端 三步一' 아래에 잘못 있었는데 지금 兪越의 교감에 따라 이곳에 옮겨 놓았다. 顧廣圻의 교감에서 이 112자 및 뒤의 글 '城下里中 家人各葆其左右前後如城上'에서 '召三老 在葆宮中者 與計事得'까지 181자를 뒤의 '此守術之數也' 아래에 옮겨 놓은 것은 맞지 않기에 지금 따르지 않는다.

52-2-8 此十四者具하면 **則民**(亦)〔死〕**不**(宜)〔**悳**(덕)〕**上矣**니 **然後城可守**요 **十四者無一**이면 **則雖善者**라도 **不能守矣**라

이 열네 가지가 갖추어지면 백성들이 죽더라도 군주에게 덕을 끼쳤다고 여기지 않을 것이니, 그런 뒤에야 성을 지킬 수 있다. 이 열네 가지 중에 하나라도 없으면 비록 훌륭한 사람이라도 성을 지킬 수 없을 것이다.

自此十四者具以下三十字는 舊本에 錯在後文備穴者城內爲高樓以謹下러니 今依蘇兪校移此하노라 兪云 凡守圍城之法以下所說凡十四事는 其文自明하니 大臣有功勞至萬民樂之無窮히 共爲一事라 蓋大臣素有功勞하면 則主信而義之요 萬民樂之然後에 可以有爲也라 此十四者具則民亦不宜上矣는 總上十四事而言이니 當作則民亦宜其上矣라 墨子書에 其字多作丌할새 因誤作不이어늘 寫者遂移至宜字之上耳라하다 案 此文固有訛라 然兪改不宜上爲宜其上은 則義仍未協이라 且此云 不宜上은 卽管子에 云 此民所以守戰至死하되 而不德其上者也니 則不字必非誤라 竊疑當作則民死不悳上矣니 死亦形近而訛요 悳德字通이라 悳字壞缺하여 僅存直하여 形與宜字尤相似라 故訛라 蓋此語意全同管子로되 但文略省(생)耳라

'此十四者具'로부터 이하 30자는 舊本에는 뒤의 글 '備穴者 城內爲高樓 以謹' 아래에 잘못 있었는데, 지금 蘇時學과 兪越의 교감에 따라 이곳에 옮겨놓았다.

兪樾 : '凡守圍城之法' 이하에서 말한 열네 가지 일은 그 글이 절로 명백하니, '대신으로서 공로가 있는 이'로부터 '만민은 즐거워함이 끝이 없어야 한다.'는 대목까지가 모두 한 가지 일이다. 대개 대신이 평소에 공로가 있으면 군주가 믿고 의롭게 여길 것이요 만민

이 즐거워한 뒤에라야 큰 일을 할 수 있을 것이다. '此十四者具 則民亦不宜上矣'는 위 열네 가지 일을 총괄하여 말한 것이니, 응당 '則民亦宜其上矣(백성들도 군주를 옳다고 여긴다.)'가 되어야 한다. ≪墨子≫에는 '其'가 흔히 '丌'자로 되어 있기에 이 때문에 잘못 '不'자가 되었는데, 필사하는 사람이 '宜'자 앞에 옮겨 놓은 것이다.

案 : 이 글은 진실로 오류가 있다. 그러나 유월이 '不宜上'을 '宜其上'으로 고친 것은 뜻이 여전히 맞지 않다. 게다가 이 글에서 '不宜上'이라 한 것은 곧 ≪管子≫에 "此民所以守戰至死 而不德其上者也(이것이 백성들이 지키고 싸우다가 죽음에 이르면서도 군주에게 덕을 끼쳤다고 여기지 않는 까닭이다.)"라 한 것이니, '不'이 반드시 오자라고 볼 수는 없다. 내 생각으로는 '則民死不悳上矣'가 되어야 할 듯하니, '死'자와 '亦'자는 모양이 비슷하여 오류가 생겼고, '悳'자와 '德'자는 통용된다. '悳'자가 이지러져져 겨우 '直'만 남아서 그 모양이 '宜'자와 더욱 비슷하기 때문에 오류가 생긴 것이다. 대개 이 대목은 말뜻이 ≪관자≫와 완전히 같은데 단지 글을 약간 생략했을 뿐이다.

52-3-1 故凡守城之法은 備城門爲縣門과

그러므로 무릇 성을 지키는 법은 성문을 수비하는 縣門과

畢云 舊脫門字러니 據太平御覽增이라하다 詒讓案 左傳莊二十八年縣門不發이라한대 杜注에 云 縣門施於內城門이라하고 又襄十年圍偪(복)陽이러니 偪陽人啓門이어늘 諸侯之士門焉한대 縣門發이라한대 孔疏에 云 縣門者는 編版廣長如門하되 施關機하여 以縣門上이라가 有寇則發機而下之라하다 太白陰經에 云 縣門은 縣木版以爲重門이라하다

畢沅 : 舊本에는 〈縣門의〉 '門'자가 빠졌는데, ≪太平御覽≫에 근거하여 보충하였다.

詒讓案 : ≪춘추좌씨전≫ 莊公 28년 조에 "縣門不發(현문을 내리지 않다.)"이라 했는데, 杜預의 注에 "縣門은 內城의 문에 설치하는 것이다."라 하였고, 또 襄公 10년 조에 "偪陽을 포위하였는데, 복양 사람이 성문을 열었다. 이에 제후의 군사들이 성문을 공격했는데, 縣門을 내렸다."라 하였는데, 孔穎達의 疏에 "縣門이란 것은 너비와 길이가 문 만한 판자를 묶되 機關을 설치하여 문 위에 매달아 두었다가 적이 쳐들어오면 기관을 발동하여 내린다."라 하였다. ≪太白陰經≫에는 "縣門은 木版을 매달아 이중의 문을 만드는 것이다."라 하였다.

52-3-2 (沈)〔涗〕機하되 長二丈이며

〈이를 들어 올렸다 내렸다 하는〉 機關을 만들되 길이는 2丈이며

沈은 疑當作浣이라 淮南子齊俗訓에 浣準이라하고 泰族訓에 作管準하니 浣管關은 字竝通이라 浣機는 卽左傳疏所謂關機也라 六韜軍用篇에 有轉關轆轤(녹로)라 又疑沈은 當爲沆之誤니 詳經說下篇하니 沆與阬(갱)通이라 下文云 塹中深丈五라하니 阬이 卽塹也라

'沈'은 아마도 '浣'이 되어야 할 듯하다. ≪淮南子≫ 〈齊俗訓〉에 '浣準'이라 하고 〈泰族訓〉에는 '管準(水準器)'으로 되어 있으니, '浣'·'管'·'關'은 글자가 다 통용된다. '浣機'는 곧 ≪春秋左氏傳≫에서 말한 '關機'이다. ≪六韜≫ 〈軍用〉에 '轉關轆轤(도르래가 달린 機關)'라는 것이 있다. 또 어쩌면 '沈'은 '沆'의 오자일 듯하니, 〈經說 下〉에 상세히 보인다. '沆'은 '阬'과 통한다. 아래 글에 "塹中深丈五(참호 안은 깊이가 5丈이다.)"라 하였으니, '阬'이 곧 '塹'이다.

52-3-3 廣八尺이요

〈현문의 문짝은〉 너비는 8尺이고,

蓋一扇之廣度라

대개 문짝 하나의 너비 척도이다.

52-3-4 爲之兩相如하고

좌우 두 문짝을 서로 같게 하고

謂門左右兩扇同度라

문의 좌우 두 짝의 척도를 같게 한다는 말이다.

52-3-5 門扇數(촉)하여

門扇(문짝)은 서로 딱 맞붙어서 〈틈이 없게 하고〉

畢云 門扇은 舊作問扁이러니 據下文改라 數은 同促이라하다

畢沅 : '門扇'은 舊本에는 '問扁'으로 되어 있었는데 아래 글에 의거하여 고쳤다. '數'은 促(맞닿다)과 같다.

52-3-6 令相接三寸하고

서로 맞물리는 부분을 3촌이 되도록 하며,

說文戶部에 云 扇은 扉(비)也라하고 扉는 戶扇也라하다 爲縣門之扇하되 編版相銜接者三寸하여 欲使無縫際라 月令鄭注에 云 用木曰闔이요 用竹葦曰扇이라하니 此門扇亦編木所爲니 散文通也라

≪說文解字≫ 戶部에 "'扇'은 扉이다."라 하고, "扉는 戶扇(문짝)이다."라 하였다. 縣門의 문짝을 만들 때 판자를 엮어서 두 문짝이 서로 맞물려 겹치는 것이 3寸이 되도록 하는 것이니, 문짝 사이에 틈이 없도록 하고자 하는 것이다. ≪禮記≫ 〈月令〉의 鄭玄 注에 "나무로 만든 문을 '闔'이라 하고, 대나무와 갈대로 만든 문을 '扇'이라 한다."라 하였다. 이 대목에서 門扇은 역시 나무를 엮어서 만든 것이니, 단독으로 쓰이면 통용된다.

52-3-7 施土扇上하되

〈火攻에 대비하여〉 扇 위에 흙을 바르되

畢云 舊土扇作土扁은 非라 通典守拒法에 云 城門扇及樓堠는 以泥塗厚하여 備火라하다
顧云 士는 卽土字라

畢沅 : 舊本에 '土扇'이 '土扁'으로 되어 있는 것은 잘못이다. ≪通典≫ 〈守拒法〉에 "성의 門扇과 樓堠(望樓)는 진흙을 두텁게 발라 火攻에 대비한다."라 하였다.
顧廣圻 : '士'는 곧 '土'자이다.

52-3-8 無過二寸이라 **塹中**은 **深丈五**며

두께가 2寸을 넘지 않도록 한다. 참호 안은 깊이가 1丈 5尺이며,

畢云 說文에 云 塹은 阬也라하다

畢沅 : ≪說文解字≫에 "塹은 구덩이이다."라 하였다.

52-3-9 廣比扇이요

너비는 문짝과 같게 하고,

亦八尺而兩之라

역시 8척이고 둘로 만든다.

52-3-10 塹長은 以(力)〔方〕爲度하고

참호의 길이는 사방으로 척도를 삼으며,

兪云：力字는 無義하니 疑方字之誤라하다

兪樾：'力'자는 맞는 뜻이 없으니, 아마도 '方'의 오자일 듯하다.

52-3-11 塹之末에 爲之縣하고

참호의 끝에 현문을 매달아 두고

卽縣門也라

곧 縣門이다.

52-3-12 可容一人所라

한 사람이 들어갈 만한 장소를 만들어 둔다.

以上은 縣門之法이라

이상은 현문을 만드는 법이다.

52-4-1 客至어든

敵이 이르면

客은 舊本에 訛容이라 王引之云 容字는 義不可通하니 容은 當爲客이라 客容字相似하고 又涉上文容一人所而誤라 客至는 謂敵人至城下也라 下文曰 客馮面而蛾傅之라하니 卽其證이라 案 王校是也요 蘇說同하니 今據正이라 雜守篇에 作寇至하니 義同이라 月令孔疏에 云 起兵伐人者謂之客이요 敵來禦捍者謂之主라하다

'客'자는 舊本에는 '容'자로 잘못되어 있었다.

王引之 : '容'자는 뜻이 통하지 않으니, '容'은 '客'이 되어야 한다. '客'과 '容'은 글자가 서로 비슷하고, 게다가 윗글 '容一人所'와 연관하여 잘못된 것이다. '客至'는 敵人이 성 아래에 이른다는 말이다. 아래 글에 "客馮面而蛾傅之(적이 성벽의 사면에 의지하여 개미처럼 붙어서 올라오면)"이라 하였으니, 곧 그 증거이다.

案 : 王引之의 교감이 옳고, 蘇時學의 설도 같으니, 지금 이에 의거하여 고쳤다. '客至'는 〈雜守〉에는 '寇至'로 되어 있으니, 뜻이 같다. ≪禮記≫ 〈月令〉 孔穎達의 疏에 "병사를 일으켜 남을 치는 자를 '客'이라 하고, 적이 오는 것을 막는 자를 '主'라 한다."라 하였다.

52-4-2 諸門戶皆令鑿而(慕)〔冪〕孔

문호들에는 다 구멍을 뚫고서 가림막으로 구멍을 가려 놓고,

畢本에 慕改幕하고 云 舊作慕러니 據下文改라하다 案 畢校未塙이라 以雜守篇校之컨대 此慕幕竝卽彼類요 此孔卽彼竅니 亦卽所謂鑿이라 慕幕은 竝當作冪이니 廣雅釋詁에 云 冪은 覆也라하다 冪은 雜守作類하니 則又幎之形誤라 蓋鑿門爲孔竅하고 而以物蒙覆之하여 使外不得見孔竅也니 與備穴篇鑿連版令容矛로 略同이라 太白陰經守城具篇에 云 鑿門爲敵所逼이어든 先自鑿門爲數十孔하여 出强弩射之라하다

畢本에는 '慕'를 '幕'으로 고치고, "舊本에는 '慕'로 되어 있는데, 아래 글에 의거하여 고쳤다."라 하였다.

案 : 필원의 교감은 확실하지 않다. 〈雜守〉를 가지고 교감해 보건대, 이곳의 '慕'·'幕'은 곧 〈잡수〉의 '類'이고, 이곳의 '孔'은 곧 〈잡수〉의 '竅'이니 또한 〈잡수〉에서 말한 '鑿'이다. '慕'·'幕'은 둘 다 '冪'이 되어야 하니, ≪廣雅≫ 〈釋詁〉에 "'冪'은 덮는다는 뜻이다."라 하였다. '冪'은 〈雜守〉에 '類'로 되어 있으니, 또 '幎'의 글자 모양이 잘못된 것이다. 대개 성문을 뚫어서 구멍을 만들어 놓고 물건으로 덮어서 외부에서 구멍을 보지 못하도록 하는 것이니, 〈備穴〉의 "連版에 구멍을 뚫어서 창이 들어갈 수 있게 한다.〔鑿連版令容矛〕"는 것과 대략 같다. ≪太白陰經≫ 〈守城具〉에는 "구멍을 뚫은 문으로 적이 진격해 오면 먼저 문을 뚫어 만들어놓은 수십 개의 구멍으로 强弩를 내놓고 쏜다."라 하였다.

52-4-3 (孔)之하고

畢云 孔은 舊作孜러니 以意改라 之下에 疑脫間字라 蘇云 孔字는 疑誤重이라 雜守篇에

云 寇至어든 諸門戶令皆鑿而類竅之라하니 與此合이라

畢沅 : '孔'은 舊本에는 '孜'로 되어 있는데, 글 뜻으로 판단하여 고쳤다. '之' 아래에는 아마도 '閒(간)'자가 빠진 듯하다.

蘇時學 : '孔'자는 아마도 착오로 중복된 듯하다. 〈雜守〉에 "寇至 諸門戶令皆鑿而類竅之(적이 쳐들어 오면 문호들에는 다 활을 쏠 구멍을 뚫고 구멍을 덮어서 가려 놓는다.)"라 하였으니, 이 대목과 합치한다.

52-4-4 各爲二幕(二)하고 一鑿而繫繩하니 長四尺이라

각각 두 개의 가림막을 만들고 한 구멍에는 밧줄을 매다는데 길이는 4척이다.

蘇云 幕二之二는 疑衍이라 雜守篇에 云 各爲二類하고 一鑿而屬繩하니 繩長四尺이요 大如指라하다 案 蘇校가 是也라 此蓋言每門扇鑿二孔하여 皆冪之하고 其一冪而更繫以繩하니 蓋備牽挽以爲固也라 以上鑿冪門戶之法이니 卽太白陰經之鑿門이라 畢謂亦縣門之法은 非也라

蘇時學 : '幕二'의 '二'는 衍字일 듯하다. 〈雜守〉에 "各爲二類 一鑿而屬繩 繩長四尺 大如指(각각 두 개의 가림막을 만들고 한 구멍에는 밧줄을 연결하는데, 밧줄의 길이는 4척이고 굵기는 손가락 만하다.)"라 하였다.

案 : 소시학의 교감이 옳다. 이 대목은 대개 매 門扇(문짝)마다 두 개의 구멍을 뚫고 모두 가림막으로 덮어두며, 그중 가림막으로 가려진 한 구멍에는 다시 밧줄을 매달아 두는 것이니, 이 밧줄을 끌어당겨 문을 단단히 고정시키기 위한 것이다. 이상은 문짝에 구멍을 뚫고 가림막으로 가려두는 법이니, 바로 ≪太白陰經≫의 '鑿門'이다. 필원이 이 또한 縣門을 만드는 법이라 한 것은 맞지 않다.

52-5-1 城四面四隅에

성의 사면과 四隅(네 모퉁이)에

城四面은 謂四正[20]也라 城隅는 見詩邶風及考工記匠人하니라 賈疏에 引五經異義云 天子城高七雉[21]며 隅高九雉요 公之城高五雉며 隅高七雉요 侯伯之城高三雉며 隅高

20) 四正 : 四隅가 아닌 동서남북의 正方位를 말한다.
21) 雉 : 성의 높이를 헤아리는 척도로 1雉는 3丈이다.

五雉요 都城之高는 皆如子男之城高라하니 是城隅高於城率二雉라 故匠人鄭注에 釋爲角浮思라

성의 사면은 四正을 말한다. 城隅는 ≪詩經≫ 〈邶風〉과 ≪周禮≫ 〈考工記 匠人〉에 보인다. 賈公彦의 疏에 ≪五經異義≫를 인용하여 "天子는 성의 높이는 7雉이고 隅의 높이는 9치이며, 公은 성의 높이는 5치이고 우의 높이는 7치이며, 侯·伯은 성의 높이는 3치이고 우의 높이는 5치이며, 都城의 높이는 다 子·男의 성의 높이와 같다."라 하였으니, 이는 城과 隅의 높이가 대체로 2雉씩 낮아진 것이다. 그러므로 〈고공기 장인〉 鄭玄의 注에 '城隅'를 '角浮思(성가퀴)'로 풀이한 것이다.

52-5-2 皆爲高(磨襔)〔磿櫛〕하여

다 높은 망루를 만들어서

王引之云 磨는 當爲磿라 字書無襔字하니 蓋櫛字之訛라 磿櫛는 疊韻字[22]라 說文에 櫪櫛는 (枊)〔椑〕[23]指[24]也라하다 此音은 蓋如說文之櫪櫛나 而義則不同하니 磿櫛는 蓋樓之異名也라 號令篇曰 他門之上에 必夾爲高樓하여 使善射者居焉하고 女郭馮垣은 一人(一人)守之하되 使重(字)〔室〕子하고 五十步一擊이라하니 二篇之意가 大略相同이라 彼之高樓는 卽此之高磿櫛也라 洪謂卽上之樓撕揗이라하고 云襔當作撕니 廣雅釋詁에 磃[25]는 磨也라하니 磨撕는 卽欄檻也라 兪云 王說이 是也라 惟以爲樓名則無據라 疑高下에 脫樓字니 本云 皆爲高樓磿櫛라 號令篇曰 它門之上에 必夾爲高樓라하니 與此同義라 爲高樓磿櫛는 猶云夾爲高樓也니 磿櫛는 卽夾也라 案 王校가 是也라

王引之 : '磨'는 '磿'가 되어야 한다. 字書에 '襔'자는 없으니, '櫛'의 오자일 것이다. '磿櫛'는 疊韻字이다. ≪설문해자≫에 "'櫪櫛'는 나뭇가지가 아래에서 교차한 것이다."라 하였다. 이 두 글자의 독음은 ≪설문해자≫의 '櫪櫛'와 같으나 뜻은 같지 않으니, '磿櫛'는 대

22) 疊韻字 : 두 글자나 몇 개 글자의 韻母가 서로 같은 것을 말한다.

23) (枊)〔椑〕 : 저본에는 '枊'으로 되어 있으나, 四庫全書本 ≪說文解字≫에 의거하여 '椑'로 바로잡았다.

24) (枊)〔椑〕指 : ≪康熙字典≫에는 '椑'가 '榩'로 되어 있고, "≪集韻≫에는 '나무가 아래로 교차한 모양이다.〔木下交貌〕'라 하였고, ≪玉篇≫에는 '榩櫛는 나무의 아래쪽에 난 가지이다.〔木下枝也〕'라 하였고, ≪博雅≫에는 '나무가 아래에서 교차하는 것을 榩櫛라 한다.〔木下交謂之榩櫛〕'라 하였다."라고 하였다.

25) 磃 : 四庫全書本 ≪廣雅≫에는 '磋'로 되어 있다.

개 누대의 이칭이다. 〈號令〉에 "他門之上 必夾爲高樓 使善射者居焉 女郭馮垣 一人守之 使重室子 五十步一擊(다른 성문 위에는 반드시 양쪽에 높은 누대를 만들고 활을 잘 쏘는 사람을 그곳에 머물게 한다. 그리고 外郭의 성첩과 작은 담장에는 한 사람이 그곳을 지키되 중실의 자제를 시키고, 50보마다 한 개의 망루를 짓는다.)"라 하였으니, 이 두 편의 뜻이 대략 서로 같다. 〈호령〉의 '高樓'가 곧 이 〈비성문〉의 '高磨𢷾'이다. 洪頤煊은 "곧 위의 '樓撕揗'이다."라 하고, "'𢷾'는 응당 '撕'가 되어야 한다. ≪廣雅≫ 〈釋詁〉에 '磃는 磨이다.'라 하였으니, 磨撕는 곧 欄檻(난간)이다."라 하였다.

兪樾 : 왕인지의 설이 옳다. 단지 누각 명칭으로만 보기에는 근거가 없다. 아마도 '高'자 아래에 '樓'자가 빠졌을 듯하니, 본래 '皆爲高樓磨𢷾'로 되어 있었을 것이다. 〈號令〉에 "它門之上 必夾爲高樓(다른 성문 위에는 반드시 양쪽에 높은 누대를 만든다.)"라 하였으니, 이 대목과 뜻이 같다. '爲高樓磨𢷾'는 '양쪽에 높은 누대를 만든다.'는 말과 같으니, 磨𢷾가 곧 '夾(양쪽)'이다.

案 : 왕인지의 교감이 옳다.

52-5-3 使重室子居亓(기)上하여

重室의 자제로 하여금 그 위에 머물면서

舊本은 **室下有乎字**어늘 **畢云 疑衍**이라하다 **王云 亓**는 **古其字**라하다 **案 畢校**가 **是也**라 **今據刪**하노라 **重室子**는 **謂貴家子也**라 **號令篇**에 **云 富人重室之親**이라하고 **又云 使重室子**라하다 **亓**는 **畢本皆作丌**러니 **今竝從王校作亓**하니 **詳公孟篇**하니라

舊本에는 '室'자 아래 '乎'자가 있었는데, 畢沅이 "아마도 衍字일 것이다."라 하였다. 王念孫은 "'亓'는 '其'의 古字이다."라 하였다.

案 : 필원의 교감이 옳다. 지금 이에 의거하여 '乎'자를 산삭하였다. '重室子'는 귀족의 자제를 말한다. 〈號令〉에 '富人重室之親(부자와 귀족인 친족)'이라 하였고, 또 "使重室子(중실의 자제를 시킨다.)"라 하였다. '亓'는 畢本에는 다 '丌'로 되어 있었는데, 지금 모두 왕염손의 교감에 따라 '亓'로 고치니, 설명은 〈公孟〉에 상세히 보인다.

52-5-4 候適하여

적을 정찰하여

畢云 敵字假音이니 史記亦用此字라

畢沅 : '適'은 '敵'의 假音字이니, ≪史記≫에도 이 글자를 썼다.

52-5-5 視亓能狀과

적의 상태와

畢云 能는 卽態字라 說文에 云 態는 或從人이라하다

畢沅 : '能'는 '態'자이니, ≪설문해자≫에 "'態'자는 혹 人 부수로 쓰기도 한다."라 하였다.

52-5-6 與亓進〔退〕左右所移處하되

진퇴와 좌우로 이동하는 곳을 살펴보게 하되

蘇云 進下에 當有退字라하다

蘇時學 : '進'자 아래에 응당 '退'자가 있어야 한다.

52-5-7 失候斬하니라

정찰을 잘못하면 참수한다.

以上은 爲高磨𢶥候適之法이라

이상은 높은 망루를 만들고 적을 정찰하는 법이다.

52-6-1 適人爲穴而來어든

敵人이 굴을 파서 공격해 오면

畢云 穴은 舊作內러니 以意改라

畢沅 : '穴'은 舊本에는 '內'로 되어 있었는데, 글 뜻으로 판단하여 고쳤다.

52-6-2 我亟使穴師選(本)〔卒〕하여 迎而穴之하고

우리는 급히 穴師(땅굴을 잘 파는 기술자)를 시켜 병졸을 뽑아서 적을 맞이하여

굴을 파고

舊本에 亟作函하고 畢本에 本改木하고 又迎作迊(잡)이라 王云 函은 當爲亟이니 俗書에 函亟相似라하니 說見(현)魯問篇하니라 亟은 急也라 選本은 當爲選士니 隸書에 士字或作本일새 因訛而爲本이라 畢改本爲木은 非라 迊은 當爲迎이니 草書字訛라 言敵人爲穴而來어든 我急使穴師選善穴之士하여 鑿穴而迎之也라 下文[26]云 適人穴土어든 急塹城內하고 穴亓土直之라하고 又曰 審知穴之所在하여 鑿穴迎之라하니 皆其證也라 案 王校函改亟迊改迎이 是也라 今據正하노라 干祿字書에 迊通作迊이라 故傳寫易訛라 本與卒은 隸書亦相近이라 後文城下樓卒率一步一人의 卒이 今本訛本하니 可證이라 王定爲士之訛는 未知是否라

舊本에는 '亟'자가 '函'자로 되어 있다. 畢本에는 '本'자를 '木'자로 고쳤고, 또 '迎'자는 '迊'자로 되어 있다.

王念孫 : '函'자는 응당 '亟'자가 되어야 하니, 통속적으로 쓰이는 서체에 '函'과 '亟'은 글자 모양이 비슷하다. 설명이 〈魯問〉에 보인다. '亟'은 急하다는 뜻이다. '選本'은 응당 '選士'가 되어야 하니, 隸書에 '士'자가 혹 '本'로 쓰기 때문에 잘못 '本'자가 된 것이다. 畢沅이 '本'자를 '木'자로 고친 것은 잘못이다. '迊'자는 응당 '迎'자가 되어야 하니, 草書로 쓰다가 글자가 잘못된 것이다. 이 대목은 "敵人이 굴을 파서 공격해 오면 우리는 급히 穴師를 시켜 굴을 잘 파는 병사를 선발하여 굴을 파서 적을 맞이한다."는 말이다. 아래 〈備穴〉에 "適人이 땅에 굴을 파면 급히 성 안에 참호를 파고 적이 굴을 파는 땅 쪽으로 굴을 파서 맞닥뜨리게 한다."라 하였고, 또 "굴이 어디에 있는지 자세히 살펴 알아서 굴을 파서 맞이한다."라 하였으니, 모두 그 증거가 된다.

案 : 王念孫의 교감에서 '函'자를 '亟'자로 고치고 '迊'자를 '迎'자로 고친 것이 옳으니, 지금 이에 의거하여 바로잡았다. ≪干祿字書≫에 "'迊'자는 '迊'자와 통용한다."고 하였다. 그러므로 傳寫할 때 잘못되기 쉽다. '本'자와 '卒'자는 隸書가 역시 서로 비슷하다. 뒤의 글 '城下樓卒率一步一人'의 '卒'이 今本에 '本'자로 잘못되어 있으니, 이로써 증명할 수 있다. 왕염손이 '本'을 '士'의 오자로 단정한 것은 옳은지 모르겠다.

52-6-3 爲之(且)〔具〕內弩以應之라

內弩(작은 쇠뇌)를 구비하여 적에게 대응한다.

---

26) 下文 : 〈備穴〉 편을 가리킨다.

畢云 且는 當爲具라 詒讓案 內弩는 卽備穴篇之短弩니 穴中以拒敵者라 以上은 備穴之法이라 蘇云 此數語當入備穴篇이어늘 而錯出於此者라하다

畢沅 : '且'는 응당 '具'가 되어야 한다.

詒讓案 : '內弩'는 곧 〈備穴〉의 '短弩(짧은 쇠뇌)'이니, 굴 안에서 적을 막는 무기이다. 이상은 적이 굴을 파서 침입하는 것을 수비하는 법이다. 蘇時學은 "이 몇 마디는 응당 〈備穴〉에 들어가야 하는데 이 편에 잘못 나왔다."라 하였다.

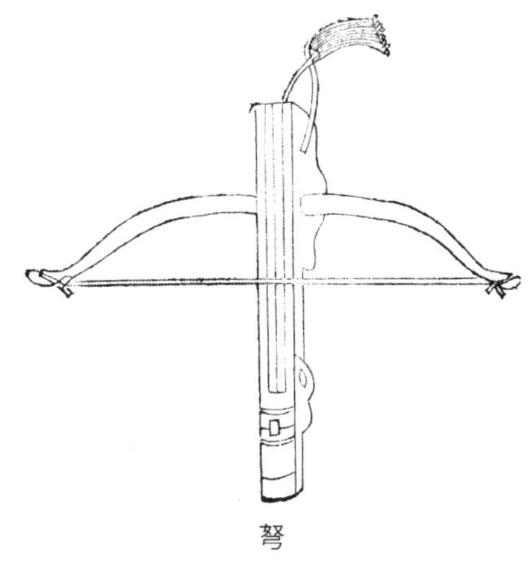
弩

52-7-1 民室(杵)〔材〕木瓦石은

백성들 家屋의 목재와 기와와 돌은

王引之云 木瓦石은 皆可以作室이나 而杵非其類라 杵當爲材니 字之誤也라 材本作𣏮요 杵本作𣏦니 二形相似라 號令篇民室材木이 卽其證이라하다 案 王校가 是也라 蘇云 杵樹通用은 非라

王引之 : 나무와 기와와 돌은 다 집을 짓는 데 쓰이는 것이지만 '杵(절구)'는 같은 부류가 아니다. '杵'는 응당 '材'가 되어야 하니 글자가 잘못된 것이다. '材'자는 본래 '𣏮'로 되어 있고, '杵'자는 본래 '𣏦'로 되어 있어 두 글자의 모양이 서로 비슷하다. 〈號令〉의 '民室材木'이 곧 그 증거이다.

案 : 왕인지가 校勘한 것이 맞다. 蘇時學이 "'杵'와 '樹'가 통용된다."고 한 것은 맞지 않다.

52-7-2 可以(蓋)〔益〕城之備者를

성의 수비에 도움이 될 수 있는 것들을

王引之云 蓋城之備四字는 義不相屬하니 蓋는 當爲益이니 亦字之誤也라 俗書益蓋相似하니 說見(현)非命篇하니라 言民室之材木瓦石可以益守城之備也라 蘇說同이라

王引之 : '蓋城之備' 4자는 뜻이 이어지지 않는다. '蓋'는 '益'이 되어야 하니, 역시 글자가 잘못된 것이다. 민간의 서체에 '益'과 '蓋'는 글자가 서로 비슷하니, 설명이 〈非命〉에

보인다. 백성들 가옥의 재목과 기와, 돌이 성을 수비하는 데 도움이 될 수 있다는 말이다. 蘇時學의 설도 같다.

52-7-3 盡上之하고

다 바치게 하고,

畢云 盡은 舊作蓋러니 以意改라 言民室中所有를 盡爲城備라

畢沅 : '盡'은 구본에는 '蓋'로 되어 있었는데, 글 뜻으로 판단하여 고쳤다. 백성들 가옥에 있는 것을 다 성을 수비하는 것으로 삼는다는 말이다.

52-7-4 不從令者斬이라

명령을 따르지 않는 자는 참수한다.

以上은 斂材木瓦石之法이라

이상은 재목과 기와, 돌을 거두는 법이다.

52-8-1 (昔)〔皆〕築하되

다 築을 두어 〈성을 쌓는 데 대비하되〉

畢云 當云皆築이라 詒讓案 此上有脫文하니 似言皆有築以備築城也라 故下云 五築有(銻)〔銕〕라 左傳宣十一年孔疏에 云 築은 是築土之杵라하고 六韜軍用篇에 云 銅築(銅)〔固〕[27]爲垂[28]는 長五尺以上이 三百枚라하고 文選羊叔子[29]讓開府表李注에 引郭璞三蒼解詁하여 云 築은 杵頭鐵沓也라하다

畢沅 : '昔築'은 응당 '皆築'이 되어야 한다.

詒讓案 : 이 대목 위에 빠진 글이 있을 터이니, 아마도 '다 築을 두어 성을 쌓는 데 대비한다.'는 말일 듯하다. 그러므로 아래에 "五築有銕(5축마다 銕(호미의 일종)를 둔다."라

27) (銅)〔固〕: 저본에는 '銅'으로 되어 있으나, 四庫全書本 ≪六韜≫와 ≪六韜直解≫에 의거하여 '固'로 바로잡았다.
28) 銅築(銅)〔固〕爲垂 : ≪육도직해≫에 "銅築固爲垂는 어디에 쓰는 것인지 알 수 없다."라 하였다.
29) 羊叔子 : 晉나라 羊祜의 자가 叔子이다.

한 것이다. ≪春秋左氏傳≫ 宣公 11년 조의 孔穎達 疏에 "'築'은 흙을 다지는 공이이다." 라 하였다. ≪六韜≫ 〈軍用〉에 "銅築固爲垂는 길이가 5척 이상인 것이 300개이다."라 하였고, ≪文選≫에 있는 羊叔子 〈讓開府表〉의 李善 注에 郭璞의 ≪三蒼解詁≫를 인용하여 "築은 공이 머리 부분에 쇠를 덧입힌 것이다."라 하였다.

52-8-2 七尺一居屬(촉)이요

7척마다 호미 하나를 두고,

畢云 疑鋸欘이라하다 案 畢據管子小匡篇文尹知章注에 云 鋸欘은 钁類也라 說文金部에 云 鋸는 槍唐也라하니 非此義요 斤部에 云 斸은 斫也라하고 又木部에 云 欘은 斫也라하다 廣雅釋器에 云 鋸는 鉏也라하고 集韻에 引埤倉云 鐲은 鉏也라하고 爾雅釋器에 云 斪斸을 謂之定이라한대 郭注에 云 鋤也라하고 考工記車人鄭注에 引爾雅하여 作句欘하고 又云 斲斤柄이라하니 是斸有兩義라 此居屬은 與築臺類列하니 則當爲鋤라 竊疑居鋸는 卽倨之假字요 斪는 與句同이라 斤柄箸(착)刃이 其形句라 故謂之句斸이요 鋤柄箸金이 其形倨라 故謂之倨斸이니 名與義가 各相應也라 爾雅斪斸은 當爲斤이니 郭注說은 失之라

畢沅 : '居屬'은 아마도 鋸欘일 듯하다.

案 : 필원은 ≪管子≫ 〈小匡〉의 글에 대한 尹知章의 注에 "鋸欘은 괭이 종류이다."라고 한 것에 근거하였다. ≪說文解字≫ 金部에 "鋸는 槍唐(창처럼 생긴 길고 예리한 톱)이다."라 하였으니 이 뜻이 아니고, 斤部에 "斸은 斫(베다)이다."라 하였고, 또 木部에 "欘은 斫이다."라 하였다. ≪廣雅≫ 〈釋器〉에 "鋸는 鉏(호미나 괭이의 일종)이다."라 하였고, ≪集韻≫에 ≪埤倉≫을 인용하여 "鐲은 鉏이다."라 하였고, ≪爾雅≫ 〈釋器〉에 "斪斸을 定이라 한다."라 하였는데, 郭璞의 注에 "鋤이다."라 하였고, ≪周禮≫ 〈考工記 車人〉 鄭玄의 注에 ≪이아≫를 인용한 대목에 '句欘'으로 되어 있고 또 "도끼 자루이다."라 하였으니, 그렇다면 '斸'에는 두 가지 뜻이 있는 것이다. 이 대목의 '居屬'은 '築'·'臺'와 종류에 따라 열거하였으니, 응당 鋤가 되어야 한다. '居'와 鋸는 곧 倨의 가차자일 것이고, '斪'는 '句'와 같을 것이다. 도끼 자루에 칼날을 부착하면 그 모양이 句와 같기 때문에 '句斸'이라 한 것이고, 鋤의 자루에 쇠붙이를 붙인 것은 그 모양이 倨와 같기 때문에 倨斸이라 하는 것이니, 명칭과 뜻이 각각 상응한다. ≪이아≫의 '斪斸'은 응당 도끼일 것이니, 곽박의 注의 설은 잘못 보았다.

52-8-3 五步(一)〔有〕壘요

5보마다 삼태기 하나를 두고,

壘는 疑當爲藟니 孟子滕文公篇에 蓋歸反虆梩而掩之라한대 趙注에 云 虆梩는 籠臿之屬이니 可以取土者也라하고 毛詩釋文에 引劉熙云 虆는 盛土籠也라하고 釋文에 又云 虆字는 或作樏하고 或作藟라하다 案 樏는 卽欙之省(생)이요 藟는 欙之別體라 備蛾傅篇에 云 土五步一하되 毋下二十畾라하니 畾는 亦卽藟之省(생)이로되 但彼文五步而土하되 毋下二十畾이니 則不止一藟矣라 疑此文當作五步有畾니 與下五築有銻로 文例同이라

'壘'는 아마도 '藟'가 되어야 할 듯하니, ≪孟子≫ 〈滕文公 上〉에 "蓋歸反虆梩而掩之(집으로 돌아와 삼태기와 들것에 흙을 담아다가 시신을 가렸다.)"라고 했는데, 趙岐의 注에 "'虆梩'는 籠臿(삼태기)의 일종으로 흙을 담아 나를 수 있는 것이다."라 하였고, ≪毛詩≫의 ≪經典釋文≫에 劉熙의 설을 인용하여 "虆는 흙을 담는 삼태기이다."라 하였고, ≪경전석문≫에 또 "'虆'자는 어떤 곳에는 樏로 되어 있고 어떤 곳에는 藟로 되어 있다."라 하였다.

案 : '樏'는 곧 '欙'의 약자이고, '藟'는 '欙'의 이체자이다. 〈備蛾傅〉에 "土五步一 毋下二十畾(흙은 5보마다 한 삼태기씩 쌓아두되 20삼태기 이하로 두지 않는다.)"라 하였으니, '畾'는 곧 '藟'의 약자이지만 〈비아부〉의 글은 "5보마다 흙을 쌓아두되 20삼태기 이하로 두지 않는다."고 하였으니, 한 삼태기에 그치지 않는다. 아마도 이 대목의 글도 응당 '五步有畾'가 되어야 하니, 아래 '五築有銻'와 文例가 같다.

52-8-4 五築有(銻)〔銕〕와

5築마다 銕(호미의 일종)와

銻는 疑當作銕라 銕는 卽夷也니 與古文鐵字不同이라 書堯典宅嵎夷가 史記說文에 竝作銕라 國語齊語에 云 惡金以鑄鉏夷斤欘이라한대 韋注에 云 夷는 平也니 所以削平草地라하고 管子小匡篇에 云 惡金以鑄斤斧鉏夷鋸欘이라한대 尹知章注에 云 夷는 鋤類也라하니 此作銻者는 形聲相近而誤라 畢引說文云 銻는 鎕銻也라하다 案 鎕銻는 火齊也니 非此義라

'銻'는 '銕'가 되어야 할 듯하다. 銕는 곧 夷(호미의 일종)이니, 鐵의 古字와는 같지 않다. ≪書經≫ 〈堯典〉의 '宅嵎夷(우이에 머물게 하다.)'의 '夷'가 ≪史記≫와 ≪說文解字≫에는 다 '銕'로 되어 있다. ≪國語≫ 〈齊語〉에 "惡金以鑄鉏夷斤欘(쇠로 호미·낫·도끼·괭이 같은 농

기구를 만든다.)"라 했는데, 韋昭의 注에 "夷는 평평하다는 뜻이니, 풀이 자란 땅에 풀을 깎아서 평평하게 하는 연장이다."라 하였다. ≪管子≫ 〈小匡〉에 "惡金以鑄斤斧鉏夷鋸欘(쇠로 도끼·호미·낫·괭이 같은 농기구를 만든다.)"라 하였는데, 尹知章의 注에 "夷는 호미의 일종이다."라 하였으니, 여기에서 '銻'로 되어 있는 것은 글자의 모양과 독음이 서로 비슷하여 잘못된 것이다. 필원은 ≪說文解字≫를 인용하여 "銻는 鎕銻이다."라 하였다.

案 : 鎕銻는 火齊(寶珠의 일종인 火齊珠)이니, 이 뜻이 아니다.

52-8-5 長斧하니 **柄長八尺**이요

긴 도끼를 두는데 자루의 길이는 8척이고,

備蛾傳篇에 云 斧柄長六尺이라하니 此較彼長二尺이라 故曰長斧라 六韜軍用篇에 大柯斧는 刃長八寸이요 重八斤이요 柄長五尺以上이니 一名天鉞이라하고 後文又云 斧㞘長三尺이라하니 蓋皆斧柯之短者也라 此亦五築所有라

〈備蛾傳〉에 "도끼의 자루는 길이가 6척이다."라 하였으니, 이 〈備城門〉은 저 〈비아부〉보다 도끼 자루가 2척 더 길다. 그러므로 '긴 도끼'라 한 것이다. ≪六韜≫ 〈軍用〉에 "大柯斧는 날의 길이가 8寸이고 무게가 8斤이고 자루의 길이가 5척 이상이니, 일명 天鉞이라 한다."라 하였고, 뒤의 글에는 또 "斧㞘長三尺(도끼는 자루의 길이가 3척이다.)라 하였으니, 이는 대개 모두 도끼 자루가 짧은 것이다. 이 또한 5築마다 있는 것이다.

52-8-6 十步一長鎌이니 **柄長八尺**이요

10보마다 긴 낫 하나를 두는데 자루의 길이는 8척이고,

說文金部에 云 鎌은 鍥也라하고 刀部에 云 㓣는 鎌也라하고 方言에 云 刈鉤를 自關而西에 或謂之鉤라하고 或謂之鎌이라하고 六韜軍用篇에 云 芟草木大鎌은 柄長七尺以上이 三百枚라하다

≪說文解字≫ 金部에 "鎌은 鍥(낫)이다."라 하였고, 刀部에 "㓣는 鎌(낫)이다."라 하였고, ≪方言≫에 "刈鉤(낫)를 關西 지방에서 '鉤'라고 하고 '鎌'이라고도 한다."라 하였고, ≪六韜≫ 〈軍用〉에 "초목을 베는 큰 낫은 자루의 길이가 7척 이상인 것이 300개이다."라 하였다.

52-8-7 十步一(斸)〔斲〕과

10보마다 손도끼 하나와

畢云 當爲斲이라 詒讓案 說文斤部에 云 斲은 斫也라

畢沅 : 〈'斸'는〉 응당 斲이 되어야 한다.

詒讓案 : ≪說文解字≫ 斤部에 ""斲은 斫(손도끼)이다."라 하였다.

52-8-8 長椎니 柄長六尺이며 頭長尺이요

長椎(긴 몽치)를 두는데 자루의 길이는 6척이며 머리의 길이는 1척이고,

備蛾傅篇에 作首長尺五寸이라

〈備蛾傅〉에는 '首長尺五寸(머리의 길이는 1척 5촌이다.)'으로 되어 있다.

52-8-9 (斧)〔兌(예)〕亓兩端이라

그 양쪽 끝을 예리하게 만든다.

椎旣有首하고 又斧其兩端하니 義頗難通이라 備蛾傅篇說長椎에 無此四字하니 疑斧當爲兌(예)니 猶下大鋌云 兌其兩末也라 此長椎亦十步一이라

'椎(몽치)'에 이미 머리가 있는데다 또 그 양쪽 끝을 도끼로 만든다고 했으니, 뜻이 매우 통하지 않는다. 〈備蛾傅〉에 '長椎'를 설명한 대목에는 '斧亓兩端' 4자가 없다. 아마도 '斧'는 응당 '兌'가 되어야 할 듯하니, 아래 '大鋌'에 대해 설명한 부분에서 "兌其兩末(양쪽 끝을 예리하게 해 둔다.)"이라 하였다. 이 '長椎' 또한 10보마다 하나씩 두는 것이다.

52-8-10 三步一

3보마다 하나의

自城四面四隅以下一百三十字는 舊本에 錯在後五十二者十步而二下러니 顧校移此하니 今從之라 三步一은 似當屬下大鋌爲句라

'城四面四隅'로부터 이하 130자가 舊本에는 뒤의 글 '五十二者十步而二' 아래에 잘못 있었는데, 顧廣圻의 교감에서 이곳으로 옮겨놓았으니, 지금 이것을 따랐다. '三步一'은 아

래 '大鋌'과 이어져 한 句가 되어야 할 듯하다.

52-8-11 大(鋌)〔鋋〕하니 前長尺이며

短槍을 두는데 창끝의 길이는 1척이며

此下至牆七步而一凡七百字는 舊本에 竝錯入備穴篇이러니 今移此라 畢云 考工記에 云 鋌十之라한대 注云 鋌은 讀如麥秀鋌之鋌이라 鄭司農云 鋌은 箭足入稿中者也라하다 說文에 云 鋌은 銅鐵樸[30]也라하고 陸德明周禮音義에 徒頂反이라하다 詒讓案 古兵器無名鋌者하니 鋌은 疑竝鋋之誤라 說文金部에 云 鋋은 小矛也라하고 六韜軍用篇에 云 曠野草中에 方胸鋋矛千二百具하니 張鋋矛法은 高一尺五寸이라한대 今本六韜亦誤鋌이요 惟施氏講義本[31]不誤라 後文別有連梃하니 與此異라

이 대목으로부터 아래로 '牆七步而一'까지 모두 700자는 舊本에는 모두 〈備穴〉에 잘못 들어가 있었는데, 지금 이곳으로 옮겼다.

畢沅 : ≪周禮≫ 〈考工記〉에 "鋌十之(鋌은 열 배 길이로 만든다.)"라 하였는데, 注에 "鋌은 '麥秀鋌(보리 이삭의 줄기)'의 鋌과 같이 읽는다. 鄭司農은 '鋌은 화살촉이 화살대 속에 들어간 것이다.'라 하였다."라 하였다. ≪說文解字≫에 "鋌은 銅鐵樸이다."라 하였고, 陸德明의 ≪周禮音義≫에는 "〈鋌〉은 徒와 頂의 반절이다."라 하였다.

詒讓案 : 고대의 병기 중에서 '鋌'이란 명칭을 가진 것은 없으니, 鋌은 아마도 모두 '鋋'의 오자일 것이다. ≪설문해자≫ 金部에 "鋋은 小矛(작은 창)이다."라 하였고, ≪六韜≫ 〈軍用〉에 "넓은 들판 풀숲에는 方胸鋋矛 1200개를 갖추어 두니, 방흉연모를 펼쳐놓는 법은 높이를 1척 5촌으로 한다."라 하였는데, 今本 ≪육도≫에도 '鋌'으로 잘못되어 있고 오직 施氏(施子美)의 講義本에만 잘못되지 않았다. 뒤의 글에 따로 '連梃'이 있는데 이것과는 다르다.

52-8-12 蚤長五寸이요

창날은 길이가 5촌이고,

說文叉部에 云 叉는 手足甲이라하니 蚤卽叉之借字라 今字通作爪라 蓋鋋末銳細가 如車

30) 銅鐵樸 : 段玉裁의 ≪說文解字注≫에 "구리와 쇠가 광석 상태로 있는 것이다."라 하였다.
31) 施氏講義本 : 宋末·元初의 학자인 施子美의 ≪武經七書講義≫를 말한다.

輻及蓋弓[32)]之蚤也

≪說文解字≫ 叉部에 "叉는 손톱・발톱이다."라 하였으니, '蚤'는 곧 '叉'의 가차자이다. 지금의 글자는 爪와 통용된다. 대개 鋌의 끝이 날카롭고 가늘기가 마치 수레바퀴살 및 蓋弓의 살과 같다.

52-8-13 兩(鋌)〔鋌〕交之置如平이니 (不如)〔如不〕平이면 不利요

두 단창은 교차하게 두어서 높이가 서로 같아야 하니, 높이가 서로 같지 않으면 사용하기에 좋지 못하며,

上如는 與而同이라 不如平은 當作如不平이니 言置之必兩鋌平等이라야 乃善이니 若不平이면 則用之不利也라

위의 '如'는 '而'와 같다. '不如平'은 응당 '如不平'이 되어야 하니, '둘 때에는 반드시 두 단창의 높이가 서로 같아야 좋으니, 만약 높이가 서로 같지 않으면 사용하기에 좋지 못하다'는 말이다.

52-8-14 兌(예)亓兩末이라

양쪽 끝을 예리하게 해 둔다.

畢云 兌는 同銳라 詒讓案 以上은 具守器之法이라

畢沅 : '兌'는 '銳'와 같다.

詒讓案 : 이상은 수비하는 무기를 갖추어두는 법이다.

52-9-1 穴隊(수)若衝隊는

穴隧(땅굴)와 衝隧(衝車가 오는 길)는

隊는 隧字通이라 左傳襄二十二年에 齊伐晉爲二隊라하고 又哀十三年에 越子伐吳爲二隧라한대 杜注에 云 隧는 道也라하다

'隊'는 '隧'자와 통용된다. ≪春秋左氏傳≫ 襄公 22년 조에 "齊나라가 晉나라를 쳐서 두

32) 蓋弓 : 車蓋弓의 준말로 고대에 수레 위에서 수레 덮개를 지탱하는 활 모양의 나무 시렁이다.

개의 隊를 만들었다."라 하고, 또 哀公 13년 조에 "越子가 吳나라를 쳐서 두 개의 隧를 만들었다."라 했는데, 杜預의 注에 "隧는 길이다."라 하였다.

52-9-2 必審(如)〔知〕攻隊(수)之廣狹하여

반드시 공격해 오는 땅굴의 너비를 자세히 살펴 알아서

如當爲知라

'如'는 응당 '知'가 되어야 한다.

52-9-3 而令邪穿亓穴하여

그 굴을 옆으로 뚫고 들어가게 하여

畢云 : 邪는 舊作雅러니 據下文改라

畢沅 : '邪'는 구본에는 '雅'로 되어 있는데, 아래 글에 의거하여 고쳤다.

52-9-4 令亓廣하여 必夷客隊(수)니라

구멍이 넓어지도록 하여 반드시 적의 땅굴을 평평하게 해야(무너뜨려야) 한다.

毛詩出車傳에 毛詩出車傳에 云 夷는 平也라하다 以上은 備隊(수)之法이라

≪毛詩≫ 〈小雅 出車〉의 傳에 "夷는 평평하게 함이다."라 하였다. 이상은 땅굴에 대비하는 법이다.

52-10-1 疏束樹木하여 令足以爲柴摶(시단)하고

나무를 성글게 묶어서 나뭇단을 넉넉하게 만들게 하고,

說文木部에 云 柴는 小木散材라하고 禮記月令鄭注에 云 大者可析을 謂之薪이요 小者令束을 謂之柴라하다 周禮羽人百羽爲摶鄭注에 云 摶羽는 數束名也라하고 又考工記鮑人卷而摶之鄭衆注云 摶은 讀爲縛一如瑱[33]之縛이니 謂卷縛韋革也라하고 廣雅釋詁에

33) 縛一如瑱 : ≪春秋左氏傳≫ 昭公 26년 조에 "申豐이 女賈를 侍從으로 삼고 幣帛으로 바칠 비단 두 匹을 말아 묶어서 꼭 瑱과 같은 모양으로 만들었다.〔申豐從女賈 以幣錦二兩 縛一如

云 縛은 束也라하니 此柴搏은 亦束聚樹木之名이라 吳鈔本에 搏作摶하고 後文積搏字가 道藏本亦作摶이라

≪說文解字≫ 木部에 "柴는 작은 나무, 쓸모없는 재목이다."라 하였고, ≪禮記≫ 〈月令〉 鄭玄 注에 "쪼갤 수 있는 큰 나무를 '薪'이라 하고, 묶도록 하는 작은 나무를 '柴'라 한다."라 하였다. ≪周禮≫ 〈地官 羽人〉의 "百羽爲搏(100개의 羽가 搏이 된다.)"에 대한 鄭玄의 注에 "搏과 羽는 묶은 단위를 세는 명칭이다."라 하였고, 또 ≪주례≫ 〈考工記 鮑人〉의 "卷而搏之(날가죽을 말아서 동여 묶는다.)"에 대한 鄭衆의 注에 "搏은 '縛一如瑱(하나로 말아서 瑱圭처럼 만들었다.)'이라는 대목의 '縛'으로 읽으니, 생가죽을 말아서 동여 묶는 것을 말한다."라 하였고, ≪廣雅≫ 〈釋詁〉에 "縛은 束(묶음)이다."라 하였으니, 여기의 '柴搏' 역시 나무를 묶어서 모으는 것을 일컫는 명칭이다. 吳鈔本에는 '搏'이 '摶'으로 되어 있고, 뒤의 글 '積搏'의 '搏'자가 道藏本에는 역시 '摶'으로 되어 있다.

52-10-2 毌(관)前面樹하여

전면의 나무에 연결하여

毌은 舊本作毋러니 今從畢校改라 說文毌部에 云 毌은 穿物持之也라하다

'毌'은 舊本에는 '毋'로 되어 있는데, 지금 畢沅의 교감을 따라 고쳤다. ≪說文解字≫ 毌部에 "毌은 물건을 꿰어서 손으로 잡는 것이다."라 하였다.

52-10-3 長丈七尺一以爲外面하고

길이 1장 7척을 하나로 외면을 삼고

蓋以大樹相連貫하여 植之於外하고 而積柴搏於其內也라

대개 큰 나무를 서로 연결하여 밖에 심어 놓고 그 안에 나뭇단을 쌓아두는 것이다.

52-10-4 以柴搏從橫施之하고

나뭇단을 종횡으로 놓아두고서

瑱]"라 한 데서 온 말이다. 杜預의 注에 "瑱은 充耳이다. 縛은 卷(말다)이다. 급히 말아서 충이와 같은 모양으로 만들어서 품속에 감추기 쉽도록 한 것이다."라 하였다. 充耳는 冠冕의 양쪽에 달아 귀까지 내려오도록 늘어뜨려 귀를 막는 장식품이다.

從은 吳鈔本에 作縱이라

'從'은 吳鈔本에는 '縱'으로 되어 있다.

52-10-5 外面以强塗하여

외면에는 접착력이 강한 흙을 발라서

强塗는 謂以土之性强韌者塗之하여 使不落이라 周禮草人土化之法에 有彊檃(함)한대 鄭注에 云 强堅者라하고 管子地員篇에 說五恋(줄)五纑之土하되 潤澤[34]而彊力이라하니 皆所謂强土也라

'强塗'는 흙의 성질이 접착력이 강한 것을 발라서 떨어지지 않도록 하는 것을 말한다. ≪周禮≫ 〈地官 草人〉의 土化(토지의 성질에 맞게 거름을 쓰는 일)의 법 중에 '彊檃'이 있는데, 鄭玄의 注에 "땅이 딱딱하게 굳은 것이다."라 하였고, ≪管子≫ 〈地員〉에 五恋・五纑의 땅을 말하면서 "潤澤하고 彊力하다"라 하였으니, 이것이 모두 이른바 '强土'이다.

52-10-6 毋令(土)〔上〕漏하고

위에서 물이 새지 않도록 한다.

土는 疑當爲上이라

'土'는 아마도 '上'이 되어야 할 듯하다.

52-10-7 令亓廣厚로 能任三丈五尺之城以上하고

그 너비와 두께는 3장 5척 높이 이상의 성을 견딜 수 있도록 하고,

蓋積柴摶如城之高니 此亦當於城外爲之하여 以爲城之屛蔽也라

대개 나뭇단을 성의 높이와 같이 쌓는 것이니, 이는 응당 성 밖에 만들어서 성의 울타리를 삼는 것일 것이다.

52-10-8 以柴木土稍杜之하니

34) 澤 : 四庫全書本 ≪管子≫에는 '濕'자로 되어 있다.

땔나무와 흙으로 대강 막아 놓으니,

畢云 此杜는 甘棠也라 說文有敗(두)字하니 云 閉也라 讀若杜라하니 此及杜門字皆當爲敗之假音이라

畢沅 : 이 '杜'는 甘棠(팥배나무)이다. ≪설문해자≫에 '敗'자가 있는데, "막는다는 뜻이다. 杜와 같이 읽는다."라 하였다. 이 대목 및 '杜門'의 '杜'는 다 '敗'의 가차자일 것이다.

52-10-9 以急爲故라

급히 일을 해야 한다.

廣雅釋詁에 云 故는 事也라하다

≪廣雅≫ 〈釋詁〉에 "'故'는 일이다."라 하였다.

52-10-10 前面之長短을 豫蚤接之하여 令能任塗하여 足以爲堞하고

전면의 長短을 미리 접해보아서 진흙을 바르는 것을 견뎌 성가퀴를 만들 수 있도록 하고

柴搏之上에 亦爲之堞을 如城法이라

나뭇단 위에도 성가퀴를 만들기를 성을 만드는 법과 같이 한다.

52-10-11 善塗亓外하여 令毋可燒拔也라

그 외면을 흙으로 잘 발라서 불타거나 뽑히지 않도록 한다.

以上은 爲柴搏之法이라

이상은 나뭇단을 만드는 법이다.

52-11-1 大城은 丈五爲閨門하되

큰 성에는 1장 5척 높이로 閨門을 만들되

依上文컨대 則大城은 高三丈五尺이니 門之高는 當不下二三丈이라 此閨門은 乃別出小門이라 故止高丈五尺하니 與上塹深度同이라 淮南子氾論訓에 云 夫醉者俯入城門하여

以爲七尺之閨也라하니 彼宮中小門이라 故高止七尺이요 此城閒小門이니 度倍逾之라

畢云 說文에 云 閨는 特立之戶니 上圓下方有似圭라하다 詒讓案 爾雅釋宮에 云 宮中之門은 其小者를 謂之閨라하다 此城閒小門이니 與宮中小門으로 名同이라

윗글에 의거하면 큰 성은 높이가 3丈 5척이니, 문의 높이가 의당 2, 3장보다 낮지는 않을 것이다. 그런데 이 '閨門'은 따로 작은 문을 낸 것이므로 높이가 1장 5척에 그친 것이니, 위 참호의 척도와 같다. ≪淮南子≫ 〈氾論訓〉에 "저 취한 사람은 높은 성문에 몸을 숙여 들어가면서 7척 높이의 閨門으로 여긴다."라 하였으니, 저 ≪회남자≫의 규문은 궁중의 작은 문이기 때문에 높이가 7척에 그쳤고, 이 규문은 성 사이의 작은 문이기 때문에 높이의 척도가 곱절이 넘는 것이다.

畢沅 : ≪설문해자≫에 "閨는 홀로 우뚝 선 문이니, 위는 둥글고 아래는 네모난 것이 圭과 같은 점이 있다."라 하였다.

詒讓案 : ≪爾雅≫ 〈釋宮〉에 "宮中의 문은 작은 것을 閨라 한다."라 하였다. 이 규문은 성 사이의 작은 문인데 궁중의 작은 문과 명칭이 같은 것이다.

閨

52-11-2 廣四尺이라

너비는 4척이다.

亦一扇之廣度也라 上縣門廣八尺이니 此閨門廣度半之라

역시 한 문짝의 너비 척도이다. 위의 縣門의 경우는 너비가 8척이었으니, 이 규문은 너비의 척도가 〈현문의〉 반이다.

52-11-3 爲郭門하니

곽문을 만드는데,

此亦城之外門이라 號令篇에 有女郭하니 與郛郭之門異라

이 역시 성의 外門이다. 〈號令〉에 '女郭(外郭의 성첩)'이 있으니, 이 '郭門'은 '郛郭(外城)'의 문과는 다르다.

52-11-4 郭門在外하고 爲衡하되

곽문은 밖에 있고, 衡(빗장)을 만들되

蓋橫木以廄門이라

대개 나무를 가로로 걸쳐서 문빗장을 삼는 것이다.

52-11-5 以兩木當門하고 鑿亓木하여 維敷上堞이라

나무 두 개를 문에 걸쳐 놓고 그 나무에 구멍을 뚫고 밧줄로 묶어서 성 위의 성가퀴에 부착한다.

敷는 與傅通하니 謂以繩穿鑿而繫之하여 傅著(착)城上堞也라

'敷'는 '傅(붙이다)'와 뜻이 통하니, 구멍을 뚫고 밧줄로 매달아서 성 위의 성가퀴에 부착하는 것이다.

52-11-6 爲斬縣梁하니

참호를 만들고 縣梁(걸치는 교량)을 설치한다.

斬은 塹之省(생)이라 呂氏春秋權勳篇에 云 斬岸堙(인)溪라하니 縣梁은 卽於塹上爲之라 後云 (塞)〔穿〕外塹하되 去格七尺하고 爲縣梁이라하다

'斬'은 塹의 약자이다. ≪呂氏春秋≫ 〈權勳〉에 "斬岸堙溪(언덕을 파고 계곡을 메운다.)"라 하였다. '縣梁'은 곧 참호 위에 설치하는 것이니, 뒤의 글에 "穿外塹 去格七尺 爲縣梁(성 밖에 참호를 파되 格과 거리는 7척이고 縣梁을 만든다.)"이라 하였다.

52-11-7 聆穿

참호를 파서

疑卽下文令耳라

〈畛은〉 아래 글의 '令'과 같은 글자일 듯하다.

52-11-8 斷城以板橋하되

성에 접근할 수 없게 차단한 다음 판자를 다리로 삼되

連板爲橋하여 架之城塹하여 以便往來라 下云 木橋長三丈이라하고 六韜軍用篇에 有渡溝塹飛橋하니 卽此라

판자를 연결하여 다리를 만들어 성의 참호 위에 걸쳐서 왕래하기에 편리하도록 하는 것이다. 아래에 "木橋는 길이가 3丈이다."라 하였고, ≪六韜≫ 〈軍用〉에 "渡溝塹飛橋(도랑과 참호를 건너갈 때 이용하는 浮橋의 일종)가 있으니, 바로 이것이다.

52-11-9 邪穿外하고 以板次之하여 倚殺(쇄)如城(報)〔埶〕이라

참호를 비스듬하게 밖으로 파고 그 위에 판자를 이어 붙여서 마치 성의 형세와 같이 비스듬하게 만든다.

倚殺는 猶言邪殺니 經下篇에 云 倚者不可正[35]이라하다 報는 當爲埶(세)라 言板橋邪殺爲之를 如城之形埶也라

'倚殺'는 '邪殺(비스듬하다)'라는 말과 같으니, 〈經 下〉에 "倚者不可正(기울어진 것은 바로잡을 수 없다.)"라 하였다. "'報'는 '埶'가 되어야 한다. 판자를 연결한 다리를 비스듬하게 설치하기를 성의 형세와 같이 한다는 말이다.

52-11-10 城內有傅(壤)〔堞〕하고 因以內(壤)〔堞〕爲外하되

성 안에는 傅堞(성 가장 안쪽의 성가퀴)을 두고 인하여 內堞(성 바로 안쪽 성가퀴)을 밖으로 삼되

蓋爲再重堞이라 蘇云 兩壤字는 皆堞字之誤라하다 案 蘇說近是라

35) 倚者不可正 : 孫詒讓의 교감에서는 '正'을 '止'로 고쳤으나 이 대목에 대해 〈經說〉에서는 "기울어지면 바르지 않다〔邪倚則不正〕"라고 하였다. 그리고 이 대목은 문맥으로 보아 '正'자가 뜻에 맞다고 판단된다.

대개 다시 두 겹의 성가퀴를 만드는 것이다.

蘇時學 : 두 '壞'자는 다 '堞'의 오자이다.

案 : 소시학의 설이 옳을 듯하다.

52-11-11 鑿亓閒하니 深丈五尺이라

그 사이를 파서 참호를 만드니, 깊이가 1장 5척이다.

鑿內外堞閒爲塹이라 上云 塹中深丈五라하다

안의 성가퀴(傅堞)와 밖의 성가퀴(內堞) 사이에 참호를 만드는 것이다. 윗 글에서 "참호 안은 깊이가 5丈 5척이다."라 하였다.

52-11-12 室以樵하면

여기에 땔나무를 채우면

蘇云 室은 實也니 言以薪實之라하다 案 室은 讀爲窒이니 聲同字通이라 論語陽貨에 惡果敢而窒者라한대 釋文에 引鄭注云 魯讀窒爲室이라하고 備蛾傅篇에 云 室中以榆若蒸이라하니 竝以室爲窒이라 蘇說은 非是라 爾雅釋言에 云 窒은 塞也라하니라

蘇時學 : '室'은 實이니, 땔나무를 채우는 것이다.

案 : '室'은 窒로 읽으니, 室과 窒은 소리가 같아 글자를 통용한다. ≪論語≫ 〈陽貨〉에 "惡果敢而窒者(과감하기만 하고 융통성이 없는 자를 미워한다.)"라 했는데, ≪經典釋文≫에 鄭玄의 注를 인용하여 "魯나라에서는 窒을 室로 읽는다."라 하였고, 備蛾傅에 "室中以榆若蒸(느릅나무와 작은 나무로 그 속을 채운다.)"이라 하였으니, 다 室을 窒로 본 것이다. 소시학의 설은 맞지 않다. ≪爾雅≫ 〈釋言〉에 "窒은 塞(채우다)이다."라 하였다.

52-11-13 可燒之以待適이라

이를 태워서 적을 대비할 수 있다.

畢云同敵이라하다 詒讓案 以上은 爲闉門郭門塹縣梁板橋內外堞之法이라

畢沅 : '適'은 敵과 같다.

詒讓案 : 이상은 闉門・郭門・참호・縣梁(걸치는 교량)・板橋・內堞과 外堞을 만드는

법이다.

52-12-1 令耳屬城하여 **爲再重樓**하니

令耳를 성에 이어 붙여 이층 누각을 만드는데,

令耳는 **未詳**이라 **或與雜守篇羊坽義同**이라 **爾雅釋宮云 四方而高曰臺**요 **陜而脩曲曰樓**라하고 **說文木部**에 **云 樓**는 **重屋也**라하다

令耳는 미상이다. 혹 〈雜守〉의 '羊坽(나뭇단과 흙을 쌓아올려 만든 土臺)'과 뜻이 같을지도 모른다. ≪爾雅≫ 〈釋宮〉에 "네모나면서 높은 것을 臺라 하고 좁으면서 길고 굽은 것을 樓라 한다."라 하였다. ≪설문해자≫ 木部에 "樓는 이층으로 된 집이다."라 하였다.

52-12-2 下鑿城外堞內하니 **深丈五**요

아래로 성의 바깥 성가퀴 안에 구덩이를 파니, 깊이는 1장 5척이고

與上內外堞之閒同이라

윗글의 '안의 성가퀴와 밖의 성가퀴 사이'와 같다.

52-12-3 廣丈二라 **樓若令耳**는 **皆令有力者主敵**하고 **善射者主發**하되 **佐(皆)〔以〕(廣)〔厲〕矢**라

너비는 1장 2척이다. 누대와 令耳에서는 모두 힘이 센 사람은 적을 맞아 싸우는 일을 맡고 활을 잘 쏘는 사람은 활을 쏘는 일을 맡도록 하되, 厲矢(날카롭게 갈아 놓은 화살)로 돕는다.

疑當作佐以厲矢니 **雜守篇**에 **云 藺石厲矢諸材器用**을 **皆謹部**하여 **皆有積分數**라하다

아마도 '佐皆廣矢'는 '佐以厲矢'가 되어야 할 듯하다. 〈雜守〉에 "藺石·厲矢 등 자재와 무기들을 다 신중히 맡아 관리하여 다 일정한 수량을 쌓아둔다."라 하였다.

52-12-4 治(裾諸)〔椐者〕하니

울타리를 만드는데,

治裾는 即作薄也라 備蛾傳篇에 有置薄伐薄之法한대 備梯篇에 薄竝作裾라 黃紹箕云 裾는 當爲椐之訛니 釋名釋宮室에 籬는 以柴竹作之하니 青徐之閒曰椐라 椐는 居也니 居於中也라하다 廣雅釋宮에 欅는 杝也라한대 玉篇木部에 欅는 藩落籬라하고 廣韻九魚에 欅는 枯藩籬名이라한대 說文에 無欅하니 即椐之後出字라하다 案 黃說이 是也라 廣雅以椐與藩欏落으로 同訓杝하니 欏落은 即羅落이니 則椐亦即藩杝羅落之名이라 六韜軍用篇에 說守城有天羅虎落이라 漢書鼂錯傳에 爲中周虎落이라한대 顏注에 鄭氏云 虎落者는 外蕃也라하고 師古云 以竹篾相連遮落之也라하다 此篇下文에 亦云 馮垣外內에 以柴爲藩이라하니 制竝同이라 蓋皆以柴木交互爲藩杝也라 諸는 當爲者之假字라

'治裾'는 곧 薄(성 밖에 나무를 심어서 만든 울타리)을 만드는 것이다. 〈備蛾傳〉에 '置薄(박을 설치함)'·'伐薄(박을 공격함)'의 법이 있는데, 〈備梯〉에는 '薄'이 다 '裾'로 되어 있다.

黃紹箕 : 裾는 응당 椐의 오자일 것이다. ≪釋名≫ 〈釋宮室〉에 "籬는 작은 나무와 대나무로 만드는데, 青州·徐州 지역에서는 '椐'라 한다. 椐는 居이니, 그 안에 거주한다는 뜻이다."라 하였다. ≪廣雅≫ 〈釋宮〉에 "欅는 杝이다."라 하였는데, ≪玉篇≫ 木部에 "欅는 藩落籬(울타리)이다."라 하고, ≪廣韻≫ 〈九魚〉에 "欅는 마른 나무로 만든 藩籬(울타리)의 명칭이다."라 하였는데, ≪설문해자≫에 '欅'자가 없으니, 곧 후세에 나온 '椐'자이다.

案 : 황소기의 설이 옳다. ≪광아≫에 '椐'와 '藩欏落'을 똑같이 杝로 訓을 새겼으니, '欏落'은 곧 '羅落(울타리)'이다. 따라서 '椐'도 곧 '藩杝'·'羅落'의 명칭이다. ≪六韜≫ 〈軍用〉에 성을 수비하는 법을 말한 대목에 '天羅虎落'이란 것이 있다. ≪漢書≫ 〈鼂錯傳〉에 "中周虎落을 만든다."는 대목이 있는데, 顏師古의 注에 "鄭氏는 '虎落이란 것은 바깥 울타리이다.'라 하였고, 안사고는 '쪼갠 대나무들을 서로 연결하여 울타리를 친 것이다.'라 한다."라 하였다. 이 편 아래 글에도 "馮垣外內 以柴爲藩(馮垣의 안팎에 땔나무로 울타리를 삼는다.)라 하였으니, 제도가 다 같다. 대개 모두 땔나무를 엇갈리게 놓아서 울타리를 만든 것이다. '諸'는 응당 '者'의 가차자일 것이다.

52-12-5 延堞하되

성가퀴와 이어지게 하되

謂裾與堞相連屬이라

〈延堞은〉 울타리와 성가퀴가 서로 이어지게 하는 것을 이른다.

52-12-6 高六尺이요 **部廣四尺**이니

높이는 6척이고 部(지키는 구역)의 너비는 4척이니,

依迎敵祠篇컨대 城上每步守者一人이니 蓋卽每步爲一堞이니 堞廣四尺이라 步各留(二)〔一〕[36)]人은 爲旁之空闕이라 此云部者는 謂城堞間守者所居立之分域이니 號令篇에 城上吏卒養이 皆爲舍道內하여 各當其隔部라하니 蓋亦一堞爲一部也라

〈迎敵祠〉에 의거하면, 성 위에는 1보마다 수비하는 자가 1인이니, 대개 1보마다 각각 1堞(성가퀴)을 만드는 것이다. 堞은 너비가 4척이다. 1보마다 1인씩 두는 것은 곁에 빈틈이 생기지 않게 하기 위해서이다. 여기서 '部'라 한 것은 城堞 사이에 수비하는 자가 서 있는 담당 구역으로, 〈號令〉에 "城上吏卒養 皆爲舍道內 各當其隔部(성 위의 관리와 병졸과 취사병들이 다 길 안에 머물면서 각각 자기 구역을 담당한다.)"라 하였으니, 또한 1堞이 1部가 되는 것이다.

52-12-7 皆爲兵弩簡格이라

모두 병기와 쇠뇌를 얹어놓을 시렁을 만들기 위한 것이다.

兵字는 舊脫이러니 今據道藏本吳鈔本補라 說文竹部에 云 籣은 所以盛弩也라하다 史記索隱에 引周成雜字云 格은 敁閣也라하다 畢云 簡은 同籣이라하다

'兵'자는 구본에는 빠졌는데, 지금 道藏本과 吳鈔本에 의거하여 보충하였다. ≪說文解字≫ 竹部에 "籣은 쇠뇌를 담는 것이다."라 하였다. ≪史記索隱≫에 ≪周成雜字≫를 인용하여 "格은 敁閣(얹어놓다)이다."라 하였다.

畢沅 : '簡'은 '籣'과 같다.

52-12-8 轉射機는 **機長六尺**이요 **貍**(매)**一尺**하고

轉射機는 몸통의 길이는 6척이고 1척을 땅에 묻으며,

貍는 道藏本作狸하니 下同이라 案 貍는 薶之借字라 說文艸部에 云 薶(매)는 瘞(예)也라하니 謂機之薶於土者一尺也라 薶는 備梯篇에 作埋는 俗字요 備穴篇作貍는 假借字라

'貍'는 道藏本에는 '狸'로 되어 있으니, 아래도 같다.

---

36) (二)〔一〕: 저본에는 '二'로 되어 있으나, 문맥에 의거하여 '一'로 바로잡았다.

案 : '貍'는 '薶'의 가차자이다. ≪說文解字≫ 艸部에 "薶는 땅에 묻는다는 뜻이다."라 하였으니, 전사기의 몸통을 땅에 묻은 것이 1척이라는 말이다. '薶'는 〈備梯〉에 '埋'로 되어 있으니 埋는 俗字이고, 〈備穴〉에 '俚'로 되어 있으니 俚는 가차자이다.

52-12-9 兩材合而爲之(轀)〔輗〕하니

두 목재를 합하여 輗을 만드니,

材는 舊本作杖이라 兪云 杖當作材라하다 案 兪校가 是也라 今據正하니 互詳備穴篇이라 轀은 亦卽備穴篇之車輪轀也라 說文車部에 云 轀은 臥車也라하니 非此義요 而別有輗字하고 云 大車後壓也라하다 以此及備穴篇所說轀形制推之컨대 似皆以重材爲鎭厭杜塞之用이라 故以車輪等爲之라 其字蓋當作輗이라 前轒轀이 玉篇亦作轒輗하니 是其證也라 兩材는 謂木材니 亦合兩輪爲轀之類라

'材'는 舊本에 '杖'으로 되어 있다.

兪越 : '杖'은 응당 材가 되어야 한다.

案 : 유월의 교감이 옳으니, 지금 이에 의거하여 바로잡았다. 〈備穴〉에도 설명이 상세히 보인다. '轀'은 곧 〈비혈〉의 車輪轀이다. ≪說文解字≫ 車部에 "轀은 臥車이다."라 하였으니, 이 뜻이 아니다. ≪설문해자≫에 따로 '輗'자가 있고 "큰 수레 뒤에 누르는 것이다."라 하였다. 이 대목과 〈비혈〉에서 말한 '轀'의 모양과 제도를 가지고 추측해 보건대, 아마도 轀과 輗은 둘 다 무거운 목재로 눌러서 막는데 쓰는 도구일 듯하다. 그러므로 수레바퀴 등으로 만든 것이다. 그 글자는 아마도 '輗'이 되어야 한다. 앞에 나온 '轒轀'도 ≪玉篇≫에는 '轒輗'으로 되어 있으니, 그 증거이다. '兩材'는 목재를 말하니, 또한 두 수레바퀴를 합쳐서 '轀'을 만드는 '車輪轀'과 같은 형태이다.

52-12-10 (轀)〔輗〕長二尺이요 中鑿夫(之)〔二〕爲(道)〔通〕臂하니 臂長至桓이라

輗의 길이는 2척이고, 夫(발)의 가운데를 뚫어 두 구멍을 만들어서 射機(화살을 쏘는 기계)의 臂(팔)와 연결하니, 臂의 길이는 直木(세로로 세운 나무)에까지 닿게 한다.

兪云 此當作中鑿之爲道 夫長若干尺 臂長至桓이니 夫字가 誤移在上하고 遂脫其尺數하고 臂字又誤疊하니 皆不可通이라 下文曰 夫長丈 臂長六尺이라하고 備城門篇雜守

篇竝云 夫長丈二尺 臂長六尺이라하니 故知此文亦竝言夫長臂長이어늘 而傳寫脫去也라 桓은 疑垣字之誤라하다 案 此疑當作中鑿夫二爲通臂 臂長至桓이니 諦繹此文컨대 (轀)〔輐〕은 蓋有趺有臂有桓하니 趺는 足也요 臂는 橫材也요 桓은 直材也니 與渠荅制略同이라 後文說渠云 夫兩鑿이라하니 中鑿夫二는 卽兩鑿也라 夫與趺通하니 卽指(轀)〔輐〕言之라 謂鑿夫之中爲二空하여 以關射機之臂라 通臂는 蓋以一長木爲之하니 猶後云通舃이라 夫旁爲兩直桓하고 臂長接之라 故又云 臂長至桓也라 兪校增乙太多하니 不可從이라

兪樾 : 이 대목은 응당 '中鑿之爲道 夫長若干尺 臂長至桓'이 되어야 하니, '夫'자가 잘못 위에 있고 마침내 그 尺數마저 빠져버렸으며 게다가 '臂'자는 또 잘못 중첩하였으니, 모두 뜻이 통하지 않는다. 아래 글에 "夫長丈 臂長六尺"이라 하고, 〈備城門〉과 〈雜守〉에 모두 "夫長丈二尺 臂長六尺"이라 하였으니, 따라서 이 대목도 다 '夫長臂長'을 말한 것인데, 傳寫하는 과정에서 글자가 빠졌다. '桓'은 아마도 '垣'의 오자일 듯하다.

案 : 이 대목은 응당 '中鑿夫二爲通臂 臂長至桓'이 되어야 할 것이다. 이글을 자세히 풀이해 보면, '輐'에는 대개 '趺'가 있고 '臂'가 있고 '桓'이 있으니, 趺는 발이고 臂는 橫木이고 桓은 直材이다. 이는 '渠荅'의 제도와 대략 같다. 뒤의 글에서 '渠'를 설명하면서 '夫兩鑿'이라 하였으니, '中鑿夫二'는 곧 '兩鑿'이다. '夫'는 '趺'와 통용되니, 곧 '輐'을 가리켜 말한 것이다. 이 대목은 '夫의 가운데를 뚫어 두 구멍을 만들어서 射機(화살을 쏘는 기계)의 臂와 연결한다.'는 말이다. '通臂'는 대개 한 개의 긴 나무로 만드니, 뒤의 글에 나오는 '通舃'과 같다. 발 부분 양쪽 곁에 直木과 橫木을 만들고 臂의 길이가 이에 닿게 하는 것이다. 그러므로 또 "臂의 길이는 直木까지 이른다."라 한 것이다. 유월의 교감은 글자를 더 넣고 글자 순서를 바꾼 것이 너무 많으니, 따를 수 없다.

52-12-13 二十步一이요 令善射(之)者佐〔之〕하되

20보마다 〈轉射機를〉 한 대씩 두고 화살을 잘 쏘는 자로 하여금 돕게 하되,

舊本에 一令二字到[37]러니 今依道藏本吳鈔本乙正하노라 下句當云 令善射者佐之니 今本之字가 誤錯著(착)善射下라 遂不可通하니라

舊本에는 '一令' 2자의 순서가 뒤바뀌어 있었는데, 지금 道藏本과 吳鈔本에 의거하여

37) 到 : 倒의 통용자이다.

순서를 바로잡았다. 아래는 응당 '令善射者佐之'가 되어야 하는데, 今本에는 '之'자가 잘못 '善射' 아래에 가 있어 마침내 문리가 통하지 못하게 되고 말았다.

52-12-14 一人皆勿離하니라

모든 곳에서 한 사람은 자리를 이탈하지 못하게 한다.

一人下에 有脫字라 下文에 說藉幕云 令一人下上之勿離라하니라

'一人' 아래에 빠진 글자가 있다. 아래 글에 '藉幕'을 설명하면서 "令一人下上之勿離(한 사람도 아래위로 움직여 자리를 이탈하지 못하게 한다.)"라 하였다.

52-12-15 城上百步一樓요 **樓四植**이니

성 위에는 100보마다 하나의 누각이 있고, 누각에는 네 개의 기둥이 있는데,

檀弓에 云 三家視桓楹이라한대 鄭注에 云 四植을 謂之桓이라하니 四植은 猶言四楹也니 與戶植異라

≪禮記≫ 〈檀弓〉에 "三家視桓楹(삼가는 환영에 비긴다.)"라 했는데, 鄭玄의 注에 "四植(네 개의 모서리)을 桓이라 한다."라 하였다. '四植'은 四楹(네 개의 기둥)과 같으니, '戶植(문을 밖에서 닫히도록 세우는 나무)'과 다르다.

52-12-16 植皆爲通舃(석)이요

기둥은 다 두 기둥이 한 개의 주춧돌에 같이 얹히며,

蘇云 四植은 卽四柱라 舃은 同碣하니 柱下石也라 詒讓案 通舃은 謂兩植同一舃也라 舃은 詳備穴篇하니라

蘇時學 : '四植'은 '四柱'와 같다. '舃'은 '碣'과 같으니, 기둥 아래 주춧돌이다.

詒讓案 : '通舃'은 두 기둥이 한 개의 주춧돌에 같이 얹히는 것을 이른다. '舃'은 〈備穴〉에 상세히 보인다.

52-12-17 下高丈이며 **上九尺**이요

〈누각의〉 아래층은 높이가 1장이고 위층은 높이가 9척이며,

上云 再重樓라 故上下高度不同이라

윗글에서 '이층 누각'이라 했기 때문에 위층과 아래층의 높이가 다른 것이다.

52-12-18 廣(喪)〔袤(무)〕는 各丈六尺이요

너비와 길이는 각각 1장 6척이요,

王云 喪當爲袤라 廣雅에 袤는 長也라하다 案 王校가 是也라 蘇云 喪爲長字之誤라하니 非라

王念孫 : '喪'은 '袤'가 되어야 하니, ≪廣雅≫에 "袤는 길이이다."라 하였다.

案 : 王念孫의 校勘이 옳다. 蘇時學이 "'喪'은 長의 오자이다."라 한 것은 맞지 않다.

52-12-19 皆爲(寧)〔亭〕이라

다 亭候를 만든다.

畢云 亭字라하다 詒讓案 後文에 云 城上百步一亭이라하니라

畢沅 : 〈'寧'은〉 '亭'자이다.

詒讓案 : 뒤의 글에 "城上百步一亭(성 위에는 100보마다 亭候를 하나씩 둔다.)"이라 하였다.

52-12-20 三十步一突이니 九尺이요

30보마다 突을 하나씩 내니, 길이는 9척이요

下文別有廣高之度하니 此當是長度也라

아래 글에 따로 너비와 높이의 척도가 있으니, 이는 응당 길이의 척도일 것이다.

52-12-21 廣十尺이며 高八尺이요 鑿은 廣三尺이며 (表)〔袤〕二尺이요

너비는 10척이고 높이는 8척이며, 구덩이는 너비는 3척이고 길이는 2척이요,

王云 表는 亦當爲袤라하다 案 王校가 是也라 蘇云 表는 亦長字之誤라하니 非라하다

王念孫 : '表'는 역시 袤가 되어야 한다.

案 : 왕염손의 校勘이 맞다. 蘇時學은 "'表'는 長의 오자이다."라 하였으니, 맞지 않다.

52-12-22 爲(寧)〔亭〕이라

亭候를 만든다.

亦卽亭字이라

〈'寧'은〉 역시 '亭'자이다.

52-12-23 城上爲攢火하니

성 위에 攢火(불을 피워서 모아두는 곳)를 설치하는데,

文選西都賦李注引蒼頡篇에 云 攢은 聚也라하다 太白陰經烽燧臺篇及通典兵守拒法에 竝有火鑽이요 又疑卽備蛾傅篇之火捽也라

≪文選≫ 〈西都賦〉 李善 注에 ≪蒼頡篇≫을 인용하여 "攢은 모으다는 뜻이다."라 하였다. ≪太白陰經≫ 〈烽燧臺篇〉 및 ≪通典≫ 〈兵守拒法〉에 모두 '火鑽'이 있으며, 또 '攢火'는 바로 〈備蛾傅〉의 '火捽'일 듯하다.

52-12-24 夫長以城高下爲度하고

夫의 길이는 성의 높이로 척도를 삼고,

夫는 疑矢之誤어나 或當爲趺省(생)이라

'夫'는 '矢'의 오자이거나 '趺'의 자획이 생략된 자이다.

52-12-25 置火亓末이라

그 끝에 불을 둔다.

52-12-26 城上九尺一弩一戟一椎一斧一艾하고

성 위 9척마다 쇠뇌 하나, 戟 하나, 椎(몽치) 하나, 도끼 하나, 낫 하나씩을 두고,

艾는 刈之借字라 國語齊語에 云 挾其槍刈耨鎛(누박)이라한대 韋注에 云 刈는 鎌也라하다

'艾'는 刈의 가차자이다. ≪國語≫ 〈齊語〉에 "挾其槍刈耨鎛(말뚝·낫·괭이·호미를 옆에 끼고서)"라 했는데, 韋昭의 注에 "刈는 낫이다."라 하였다.

52-12-27 皆積參石蒺藜라

모든 곳에 參石과 蒺藜를 쌓아둔다.

吳鈔本에 作蒺라 洪云 參石은 當是絫(누)石之訛니 絫石은 卽礧(뇌)石이라 後漢書杜篤傳에 一卒擧礧에 千夫沈滯라한대 李賢注에 礧는 石也라하다 前書에 匈奴乘隅下礧石이라하다 一切經音義卷十七引韻集[38]에 今守城者下石擊賊曰礧라하다 案 洪說이 是也라 蒺藜는 後文에 作疾犁하고 備穴篇에 又作蒺蔾라 六韜軍用篇에 云 木蒺蔾는 去地二尺五寸이 百二十具요 鐵蒺蔾는 芒高四寸이며 廣八寸이며 長六尺以上이 千二百具요 兩鏃蒺蔾參連織女는 芒間相去二尺이 萬二千具라하고 又軍略篇에 云 設營壘則有行馬蒺蔾[39]라하다 本草陶弘景注에 云 蒺藜는 多生道上而葉布地하고 子有刺하고 狀如菱而小라 今軍家乃著(착)鐵作之하여 以布敵路上을 亦呼蒺藜하니 言其凶傷也라

吳鈔本에는 〈'藜'가〉 '蒺'로 되어 있다.

洪頤煊 : '參石'은 응당 絫石의 오류일 것이니, 絫石은 곧 礧石(성 위에서 던지는 돌)이다. ≪後漢書≫ 〈杜篤傳〉에 "一卒擧礧 千夫沈滯(한 병졸이 礧石을 들자 천 명의 사내가 기운이 꺾였다.)"라 하였는데, 李賢의 注에 "礧는 돌이다."라 하였다. ≪前漢書≫ 〈匈奴傳〉에 "흉노가 성 모퉁이에 올라가 礧石을 아래로 던졌다."라 하였다. ≪一切經音義≫ 17권에는 ≪韻集≫을 인용하여 "오늘날 성을 지키는 사람이 돌을 아래로 던져 적을 치는 것을 '礧'라 한다."라 하였다.

案 : 홍이훤의 설이 옳다. '蒺藜'는 뒤의 글에는 '疾犁'로 되어 있고, 〈備穴〉에는 또 '蒺蔾'로 되어 있다. ≪六韜≫ 〈軍用〉에 "木蒺蔾는 땅에서 높이가 2尺 5寸인 것이 120개이고, 鐵蒺蔾는 쇠가시의 높이가 4寸이고 너비가 8寸이고 길이가 6尺 이상인 것이 1,200개이고, 兩鏃蒺蔾와 參連織女는 가시 사이가 서로 2尺이 떨어진 것이 1만 2천 개이다."라 하였고, 또 〈軍略〉에 "營壘를 설치하면, 行馬와 蒺蔾가 있다."라 하였다. ≪本草綱

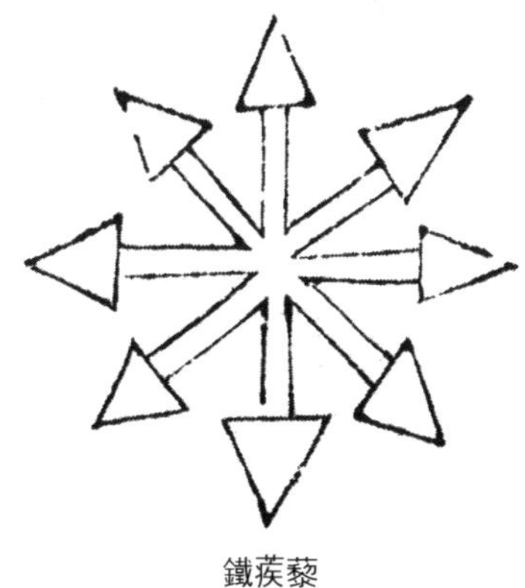
鐵蒺藜

38) 韻集 : 晉나라 때 呂靜이 저술한 韻書이다.

39) 行馬蒺蔾 : ≪六韜直解≫ 3권 〈龍韜 農器〉에 "쟁기자루와 보습이 行馬와 蒺藜가 된다."라 했는데, 注에 "行馬는 나무를 가지고 螳螂과 劍刃과 扶胥(큰 방패로 구축하는 울타리)를 만든 것이다. 蒺藜는 木蒺藜이다. 이 두 가지는 모두 적을 막는 무기이다."라 하였다.

目≫ 陶弘景의 注에 "蒺藜는 길 가에 많이 자라는데 잎은 땅에 펼쳐지고 열매는 가시가 있고 모양은 마름과 닮았으나 작다. 오늘날 군대에서 쇠를 붙여 만들어서 적이 오는 길에 뿌려 놓는 것을 역시 질려라 하니, 살상하는 것임을 말한다."라 하였다.

52-12-28 渠는 長丈六尺이요

渠는 길이가 1장 6척이고,

渠는 **守城械名**이라 **尉繚子武議篇**에 **云 無蒙衝而攻**하며 **無渠苔而守**라하다 **王引之云 渠長丈六尺**은 **當作渠長丈五尺廣丈六尺**이니 **備城門篇**에 **曰 渠長丈五尺**이라하고 **雜守篇**에 **曰 渠長丈五尺廣丈六尺**이라하니 **皆其證**이라 **今本長丈下**에 **脫五尺廣丈四字**하니 **則失其制矣**라하다 **案 王引備城門篇**은 **卽此下文**이라

'渠'는 성을 수비하는 기계 이름이다. ≪尉繚子≫ 〈武議〉에 "蒙衝(큰 전함)이 없이 적을 공격하고 渠苔이 없이 수비한다."라 하였다.

王引之 : '渠長丈六尺'은 응당 '渠長丈五尺廣丈六尺'이 되어야 하니, 〈備城門〉에 '渠長丈五尺'이라 하였고, 〈雜守〉에 '渠長丈五尺廣丈六尺'이라 하였으니, 모두 그 증거이다. 今本에는 '長丈' 아래에 '五尺廣丈' 4자가 빠졌으니, 그 제도를 잃었다.

案 : 왕인지가 〈비성문〉을 인용한 것이 바로 아래 글이다.

52-12-29 夫長丈二尺이며

夫(발)의 길이는 1장 2척이며,

舊作夫長丈하고 **無二尺二字**라 **王校據下文改夫爲矢**라 **王引之云 矢長丈**은 **當作矢長丈二尺**이니 **備城門篇雜守篇**에 **竝作矢長丈二尺**하니 **是其證**이라 **今脫二尺二字**하니 **則失其制矣**라하다 **案 夫**는 **當爲趺之省**(생)이니 **王校改矢**는 **失之**니 **說詳後**하니라 **丈下**에 **王增二尺二字**는 **是也**라 **今據增**하노라

舊本에는 '夫長丈'으로 되어 있고 '二尺' 2자는 없고, 王引之의 교감에서 아래 글에 의거하여 '夫'를 矢로 고쳤다.

王引之 : '矢長丈'은 응당 '矢長丈二尺'이 되어야 하니, 〈備城門〉과 〈雜守〉에 모두 '矢長丈二尺'으로 되어 있으니, 이것이 그 증거이다. 今本에는 '二尺' 2자가 빠졌으니, 그 제도를 잃었다.

案 : '夫'는 응당 趺의 자획이 생략된 글자일 것이다. 왕인지의 교감에서 '矢'로 고친 것은 잘못 본 것이니, 설명이 뒤에 상세히 보인다. '丈' 아래에 왕인지가 '二尺' 2자를 더 넣은 것은 옳다. 지금 이에 의거하여 보충하였다.

52-12-30 臂長六尺이요 亓貍(기매)者三尺이요 樹渠毋傅堞五寸이라

臂의 길이는 6척이고, 흙에 묻는 부분은 3척이며, 渠를 세울 때에는 城堞에 5촌 이내로 붙여서는 안 된다.

傅는 舊本에 訛作傑이라 五寸은 舊作三丈이라 畢云 毌傑은 同貫堞이라하다 王引之云 樹渠毋傑堞三丈은 當作樹渠毋傅堞五寸이니 謂渠與堞相去五寸也라 備城門篇에 曰 渠去堞五寸이라하고 雜守篇에 曰 樹渠毋傅葉五寸이라하니 葉與堞同이니 皆其證이라 今本에 傅作傑하니 涉下堞字而訛요 五寸又訛作三丈하니 則失其制矣라 畢改毋爲毌(관)하여 讀與貫同하니 大誤라 案 王校가 是也라 蘇說同하니 今據正하노라

'傅'는 舊本에 '傑'으로 잘못되어 있다. '五寸'은 구본에 '三丈'으로 되어 있다.

畢沅 : '毌傑'은 '貫堞'과 같다.

王引之 : '樹渠毋傑堞三丈'은 응당 '樹渠毋傅堞五寸'이 되어야 하니, 渠와 城堞의 거리가 5촌이라는 말이다. 〈비성문〉에 "渠는 성첩과 거리가 5촌이다."라 하였고, 〈雜守〉에 '樹渠毋傅葉五寸'이라 하였으니, '葉'은 堞과 같다. 이것이 모두 그 증거이다. 今本에는 '傅'가 傑으로 되어 있으니, 아래 '堞'자와 연관하여 잘못된 것이고, '五寸'은 또 '三丈'으로 잘못되어 있으니, 그 제도를 잃었다. 필원이 '毋'를 毌로 고치고 貫과 같이 읽은 것은 크게 잘못 본 것이다.

案 : 왕인지의 교감이 옳다. 蘇時學의 설도 같으니, 지금 이에 의거하여 바로잡았다.

52-12-31 藉莫은

藉莫은

畢云 幕同이라하다 詒讓案 通典兵守拒法에 云 布幔은 複布爲之하고 以弱竿縣挂於女牆八尺하여 折抛(포)瓦之勢하면 則矢石不復及牆이라하니 太白陰經守城具篇說同이라 說文巾部에 云 幔은 幕也라 帷在上曰幕이라하니 則布幔當卽此藉幕之遺制라 藉幕及下藉車는 義가 疑與備高臨篇技機藉之之藉로 同이라

畢沅 : '莫'은 幕과 같다.

詒讓案 : ≪通典≫ 〈兵守拒法〉에 "布幔은 베를 겹쳐서 만들고 가는 장대로 매달아 女牆에 8척 높이로 걸어두어서 적이 기왓장을 던지는 기세를 꺾으면 화살과 돌이 더 이상 女牆에 미치지 못한다."라 하였으니, ≪太白陰經≫ 〈守城具篇〉의 설과 같다. ≪설문해자≫ 巾部에 "幔은 幕이다. 휘장을 위에 치는 것을 幕이라 한다." 하였으니, '布幔'은 곧 이 '藉幕'의 遺制이다. '藉幕'과 아래의 '藉車'는 뜻이 아마도 〈備高臨〉의 '技機藉(기계로 압박하다.)'의 '藉'와 같을 듯하다.

52-12-32 長八尺이며 **廣七尺**이요 **亓木也**는

길이는 8척이고 너비는 7척이며, 그 나무는

蘇云 木疑當作末이라하다 案 凡幕은 皆以木材張之하니 則作木亦通이라

蘇時學 : '木'은 아마도 '末'이 되어야 할 듯하다.

案 : 무릇 천막은 모두 목재를 사용하여 펴니, '木'이 되어도 뜻이 통한다.

52-12-33 廣五尺이요 **中藉(苴)〔莫〕爲之橋**하여

너비는 5척이고 藉莫의 가운데에 도르래를 설치하여

苴亦當爲莫이라 曲禮鄭注에 云 橋는 井上㮦槔(결고)라하니 故下云 下上之하니 詳後及經說下篇이라

'苴'는 응당 莫이 되어야 한다. ≪禮記≫ 〈曲禮〉 鄭玄 注에 "橋는 우물 위의 도르래이다."라 하였다. 그러므로 아래에 '下上之'라 하였으니, 뒤의 글과 〈經說 下〉에 상세히 보인다.

52-12-34 索亓端이라 **適攻**이어든

나무 끝에 줄을 매단다. 적이 공격해 오면

畢云 適은 同敵이라하다

畢沅 : '適'은 敵과 같다.

52-12-35 令一人下上之하되 **勿離**라

한 사람을 시켜 그것을 내렸다 올렸다 하게 하되 그곳을 이탈하지 못하게 한다.

吳鈔本에 **作一令人上下之勿離**하고 **道藏本**에 **令一**이 **亦到**[40]라 **蘇云 離**는 **當爲難之誤**라하다 **案 勿離**는 **上下文屢見**하니 **不誤**라

吳鈔本에는 '一令人上下之勿離'로 되어 있고, 道藏本에도 '令一'이 역시 글자 순서가 도치되어 있다.

蘇時學 : '離'는 응당 難의 오자일 것이다.

案 : '勿離'는 위아래의 글에 누차 보이니, 착오가 아니다.

52-12-36 城上二十步一藉車로되 **當隊**(수)**者不用此數**라

성 위 20보마다 하나의 藉車를 두되, 적이 공격해 오는 길에 해당하는 곳에는 이 숫자에 한정하지 않는다.

當隊는 **謂當攻隧也**라 **左襄二十五年傳云 當陳隧者**는 **井堙木刊**이라하니 **隊**는 **隧通**이라 **號令篇**에 **又作當遂**라 **不用此數者**는 **當隧則所用多**하여 **不定二十步一**이라 **備蛾傅篇**에 **云 施縣𨺅**하되 **大數二十步一**이요 **攻隊所在**는 **六步一**이라하니 **卽此意也**라

'當隊'는 적이 공격해오는 길을 마주한 지점이라는 말이다. ≪春秋左氏傳≫ 襄公 25년조의 傳에 "當陳隧者 井堙木刊(陳軍이 지나는 길마다 우물을 메우고 樹木을 모두 베어 낸다.)"라 하였으니, '隊'는 '隧'와 통한다. 〈號令〉에는 또 '當遂'로 되어 있다. '不用此數'라는 것은 적이 공격해 오는 길에 해당하는 곳에는 쓰는 숫자가 많아서 20보에 하나로 한정하지 않는 것이다. 〈備蛾傳〉에 "縣𨺅를 설치하되 대체로 20보에 하나씩 두고 적이 공격해 오는 길이 있는 곳에는 6보마다 하나씩 둔다."라 하였으니, 곧 이 뜻이다.

52-12-37 城上三十步一(䆍(롱))〔礱(롱)〕**竈**라

성 위에 30보마다 화덕을 하나씩 둔다.

䆍은 **道藏本**에 **作䆍**하고 **畢本作䆍**이라 **今從吳鈔本**하노라 **畢云 唐宋字書**에 **無䆍字**라 **備城門作聾**(롱)하니 **疑皆壟**(롱)**字**라 **案 雜守篇**에 **亦作聾**이라 **䆍䆍皆字書所無**니 **畢疑壟**

40) 到 : 倒의 통용자이다.

字가 近是라 史記滑稽傳에 云 以壟灶爲槨이라한대 索隱引皇覽에 壟灶作礱窔이라 此䡴當卽礱之誤라 說文火部에 云 烓는 行灶也라하다 此壟灶는 在城上爲之하니 以具火하니 蓋卽行灶也라

'䡴'은 道藏本에는 '䡴'으로 되어 있고, 畢本에는 '䡴'으로 되어 있다. 지금 吳鈔本을 따른다.

畢沅：唐·宋시대의 字書에 '䡴'자가 없고, 〈備城門〉에는 '䡴'으로 되어 있는데, 아마도 모두 '壟'자일 듯하다.

案：〈雜守〉에도 '䡴'으로 되어 있다. '䡴'과 '䡴'은 모두 字書에 없는 글자이니, 필원이 '壟'자일 듯하다고 한 것이 옳을 듯하다. ≪史記≫ 〈滑稽傳〉에 "以壟灶爲槨(부뚜막으로 널을 삼는다.)"라 하였는데, 索隱에서 ≪皇覽≫을 인용한 대목에 '壟灶'가 '礱窔'로 되어 있으니, 이곳의 '䡴'은 응당 '礱'의 오자일 것이다. ≪說文解字≫ 火部에 "烓는 行灶(이동할 수 있는 화덕)이다."라 하였는데, 이 '壟灶'는 성 위에 만들어 불을 담는 곳이니, 바로 行灶일 것이다.

52-12-38 持水者는 必以布麻斗革盆하니

물을 긷는 자는 반드시 布麻斗와 革盆을 사용하는데,

持水는 舊本에 譌傳火하고 斗譌什이라 王云 傳火는 當爲持水라 草書에 持傳二字가 右畔相似라 故持譌爲傳이요 水火亦字之譌라 什當爲斗니 卽後所云持水麻斗革盆救之也라 隸書斗字作什하니 與什伍之什相似하니 說文序所云人持十爲斗也라 斗與革盆은 皆所以持水라하다 案 王說이 是也라 今據正하노라 布麻斗는 蓋以布爲器하고 加以油漆하여 可以挹水者라 斗는 卽枓之借字니 說文木部에 云 枓는 勺也라하고 勺部에 云 勺은 所以挹取也라하고 喪大記에 云 沃水는 用枓革盆이라하니 蓋以革爲盆하여 可以盛水라 說文革部에 云 (鞔(만))〔韈(원)〕[41]은 量物之(鞔)〔韈〕하니 一曰抒井韈이라하니 古以革이라 徐鍇[42]繫傳에 云 抒井은 今言淘井이니 韈取泥之器라하다 案 韈은 卽挹水之器니 殆所謂革盆歟인저

'持水'는 구본에 '傳火'로 잘못되어 있었고, '斗'는 '什'으로 잘못되어 있었다.

41) (鞔)〔韈〕：저본에는 '鞔'으로 되어 있으나, ≪說文解字≫에 의거하여 韈으로 바로잡았다.
42) 徐鍇：920~974. 南唐 때 훈고학자로, 자는 鼐(내)臣·楚金이다. 徐鉉의 아우로 '小徐'라 불렸다. 집현전 학사와 內史舍人을 지냈다. 저서로 ≪說文解字系傳≫·≪說文解字韻譜≫ 등이 있다.

王念孫 : '傳火'는 '持水'가 되어야 한다. 초서로 '持'·'傳' 두 자는 右邊이 서로 비슷하다. 그러므로 '持'가 '傳'으로 잘못된 것이고, '水'와 '火'도 글자가 잘못된 것이다. '什'은 응당 '斗'가 되어야 하니, 곧 뒤의 글에서 말한 "持水麻斗革盆救之(물을 길은 麻斗와 革盆을 가지고 불을 끈다.)"라는 것이다. 隸書로 '斗'자는 '什'으로 되어 있으니, '什伍'의 '什'과 서로 비슷하다. ≪설문해자≫의 序에서 말한 "人持十爲斗(사람이 十을 잡고 있는 모양이 斗이다.)"이다. '斗'와 '革盆'은 모두 물을 담아 가지는 것이다.

案 : 왕염손의 설이 옳다. 지금 이에 의거하여 바로잡았다. '布麻斗'는 대개 布로 기물을 만들고 기름과 옻을 덧칠하여 물을 뜰 수 있게 한 것이다. '斗'는 '枓'의 가차자이다. ≪설문해자≫ 木部에 "枓는 勺(구기)이다."라 하였고, 勺部에 "勺은 물을 뜨는 것이다."라 하였고, ≪禮記≫ 〈喪大記〉에 "물을 붓는 것은 枓를 쓴다."라 하였으니, '革盆'은 대개 가죽으로 동이를 만들어 물을 담는 것이다. ≪설문해자≫ 革部에 "鞔은 물건을 계량하는 기구이니, 일명 抒井鞔이라 한다. 옛날에는 가죽으로 만들었다."라 하였다. 徐鍇의 ≪說文解字系傳≫에 "抒井은 지금의 淘井이란 말과 같으니, 우물을 칠 때 진흙을 담아내는 기구이다."라 하였다.

案 : 鞔은 물은 뜨는 기구이니, 아마도 이른바 '革盆'일 것이다.

52-12-39 十步一이요 柄長八尺이며

10보에 하나씩 두며, 자루의 길이는 8척이고,

謂麻斗之柄이라 說文木部에 云杓枓柄也라

〈자루는〉 麻斗의 자루를 이른다. ≪說文解字≫ 木部에 "杓는 枓의 자루이다."라 하였다.

52-12-40 斗大容二斗以上到三斗라

말통의 크기는 두 말 이상 세 말까지 담을 수 있다.

斗는 舊本에 竝訛什이요 末斗字는 又訛十이라 俞云 什十은 竝斗字之誤라 斗大容二斗以上到三斗는 猶下文云 大容一斗以上至二斗也라하다 案 俞說이 是也라 蘇校同이라 上斗字는 卽枓之假字라 此革盆有柄以挈持하고 又有枓之容水하니 其枓之容數는 則二斗以上至三斗不等也라

'斗'는 구본에는 다 '什'으로 잘못되어 있고, 끝의 '斗'자는 또 '十'으로 잘못되어 있다.

兪越 : '什'과 '十'은 둘 다 '斗'의 오자이다. '斗大容二斗以上到三斗'는 아래 글에서 "大容一斗以上至二斗也(크기는 한 말 이상 두 말까지 담을 수 있다.)"라 한 것과 같다.

案 : 유월의 설이 옳다. 蘇時學의 교감도 같다. 위의 '斗'자는 곧 枓의 가차자이다. 이 革盆은 자루가 있어 잡을 수 있고 또 물을 담을 수 있는 '枓'가 있는데, 그 '枓'의 용량은 두 말 이상 세 말까지로 동등하지 않다.

52-12-41 敝(裕)〔綌(격)〕과

낡은 葛布와

畢云 說文에 云 裕는 衣物饒也라하니 言敝衣物이라하다 詒讓案 裕는 疑綌字之誤라

畢沅 : ≪說文解字≫에 "裕는 옷가지가 넉넉한 것이다."라 하였으니, 낡은 옷가지를 말한다.

詒讓案 : '裕'는 아마도 '綌'의 오자일 듯하다.

52-12-42 新布長六尺이며

새 베는 길이가 6척이고

此蓋溼(습)布니 亦以備火라

이는 대개 물에 적신 베일 것이니, 역시 火攻에 대비한 것이다.

52-12-43 中拙이며

중간 부분은 구부리고,

拙은 詘之借字라

'拙'은 詘의 가차자이다.

52-12-44 柄은 長丈이요 十步一이로되 必以大繩爲箭이라

자루는 길이가 1장이고, 10보에 하나씩 두는데, 반드시 큰 밧줄로 箭을 삼는다.

未詳이라

미상이다.

52-12-45 城上十步一鈂이라

성 위에는 10보마다 鈂을 하나씩 둔다.

畢云 舊從穴은 傳寫誤也라 說文에 云 鈂은 臿(삽)屬이라하고 玉篇에 云 直深切이라하다

畢沅 : 舊本에 부수가 穴로 되어 있는 것은 傳寫 과정에서 생긴 착오이다. 《說文解字》에 "鈂은 삽의 일종이다."라 하였고, 《玉篇》에 "直과 深의 반절이다."라 하였다.

52-12-46 水缻(부)는

물을 담는 장군은

說文缶部에 云 缶(부)는 瓦器라하고 左襄七年傳에 具綆缶라한대 杜注云 缶는 汲器라하니 據下文則疑甀(추)之誤라 畢云 玉篇에 云 缻同缶라하다

《說文解字》 缶部에 "缶는 瓦器이다."라 하였고, 《春秋左氏傳》 襄公 7년 조에 "具綆缶(물을 퍼 올릴 두레박줄과 두레박을 갖추다.)"라 했는데, 杜預의 注에 "缶는 물을 긷는 기물이다."라 하였으니, 아래 글에 의거하면 '甀'의 오자일 듯하다.

畢沅 : 《玉篇》에 "缻는 缶와 같다."라 하였다.

52-12-47 容三石以上이 小大相雜이요

3石 이상을 담을 수 있는 것으로 크고 작은 것들을 서로 섞어 놓으며,

小大는 舊本에 作大小러니 今據道藏本吳鈔本乙이라 下文救門火에 云 一垂水容三石以上 小大相雜이라하니 與此文同이라

小大는 舊本에 '大小'로 되어 있었는데, 지금 道藏本과 吳鈔本에 의거하여 글자 순서를 바꾸었다. 아래 글에 성문의 불을 끄는 대목에서 "一垂水容三石以上 小大相雜(한 항아리는 물 3石 이상이 들어가야 하고 작고 큰 것들을 서로 섞어 놓는다.)"이라 하였으니, 이 대목의 글과 같다.

52-12-48 盆蠡(려)各二라야 財〔自足〕이라

동이와 표주박은 각각 두 개씩이라야 비로소 충분하다.

蘇云 財當爲具라하다 案 螽는 當卽後文奚螽라 財下에 疑脫自足二字하니 詳備穴篇하니라 蘇校는 非라

蘇時學 : '財'는 응당 具가 되어야 한다.

案 : '螽'는 응당 뒤의 글에 나오는 '奚螽(표주박)'일 것이다. '財' 아래에 '自足' 2자가 빠진 듯하니, 설명이 〈備穴〉에 상세히 보인다. 소시학의 교감은 맞지 않다.

52-12-49 爲卒乾飯하되 人二斗로 以備陰雨하여 (面)〔而〕使積燥處라가

병졸의 건량을 만들되 1인당 2말의 분량을 장마에 대비하여 건조한 곳에 쌓아 두었다가

面은 謂城四面이라 蘇云 言陰雨不能擧火에 爲乾餱以備也라 面은 當作而라

'面'은 성의 사면을 말한다.

蘇時學 : 장마가 와서 불을 피울 수 없을 경우를 위해 건량을 만들어 대비하는 것이다. '面'은 而가 되어야 한다.

52-12-50 令使守〔者〕爲城內堞外行餐이라

지키는 자들로 하여금 성의 內堞 밖에서 식사를 하도록 한다.

吳鈔本에 作湌이라 說文食部에 云 餐은 呑也라 或作湌(찬)이라하고 廣雅釋詁에 云 湌은 食也라하다 守下에 脫者字라 又疑使守는 或爲吏卒之誤라 城內堞外는 謂內堞之外也라 上文에 有內堞外堞이라

吳鈔本에는 '餐'이 '湌'으로 되어 있다. ≪설문해자≫ 食部에 "餐은 삼킨다는 뜻이다. '湌'으로 되어 있는 곳도 있다."라 하였고, ≪廣雅≫ 〈釋詁〉에 "湌은 먹는다는 뜻이다."라 하였다. '守' 아래에 '者'자가 빠졌다. 또 '使守'는 혹 '吏卒'의 訛誤일 듯하다. '城內堞外'는 內堞의 밖을 말한다. 위 글에 '內堞'·'外堞'이 있다.

52-12-51 置器備하여

기계를 비치하여

號令篇에 云 爲內堞內行棧(잔)置器備其上이라하고

〈號令〉에 "내첩 안에 行棧(성을 방어하는 시설물)을 만들어 놓고 그 위에 기계를 비치한다."라 하였다.

52-12-52 殺沙礫(력)鐵하되

모래 · 자갈 · 쇳가루를 뿌리되

畢云 : 殺은 𣪠省(살생)文이라 說文에 云 𣪠은 㯠殺散之也라하다

畢沅 : '殺'은 𣪠의 약자이다. ≪說文解字≫에 "𣪠은 뿌려서 흩는 것이다."라 하였다.

52-12-53 皆爲坏斗라

모두 옹기로 된 말을 쓴다.

說文土部에 云 坏는 一曰(土)〔瓦〕[43]未燒라

≪說文解字≫ 土部에 "坏는 어떤 곳에서는 '굽지 않은 기와'라 한다."라 하였다.

52-12-54 令陶者爲薄甀하되 大容一斗以上至二斗하고 卽用取(三祕)〔厽施〕合束하고

도공으로 하여금 얇은 질장군을 만들게 하되 용량은 한 말 이상 두 말까지 들어갈 수 있도록 하고, 포개고 합쳐서 묶어두고,

三祕는 無義하니 疑當作厽施라 厽訛作參이요 又訛作三이라 祕는 施니 亦形之誤라

'三祕'는 의미가 통하지 않으니, 아마도 '厽施'가 되어야 할 듯하다. '厽'가 와전하여 '參'이 되고 또 와전하여 '三'이 된 것이다. '祕'는 '施'니, 역시 字形이 비슷해서 잘못된 것이다.

52-12-55 堅爲(斗)〔弋〕城上隔이라

성 위의 부서에 튼튼하게 말뚝을 세워 둔다.

吳鈔本에 作鬲이라 案 斗는 疑弋之誤라 後文說狗屍云 其端堅約弋이라하다 城上守者가

43) (土)〔瓦〕: 저본에는 土로 되어 있으나, ≪說文解字≫에 의거하여 '瓦'로 바로잡았다.

各有署隔이라 雜守篇[44]에 云 人自大書版하여 著(착)之其署隔이라하다

吳鈔本에는 '隔'이 '鬲'으로 되어 있다.

案 : '斗'는 아마도 '弋'의 오자일 듯하다. 뒤의 글에서 狗屍를 말하면서 "其端堅約弋(그 끝을 튼튼하게 말뚝에 묶어둔다.)"라 하였다. 성 위에서 수비하는 자들은 각자 자기 부서가 있다. 〈號令〉에 "人自大書版 著之其署隔(사람들이 스스로 나무판에 부서 이름을 크게 써서 부서의 칸막이에 부착해 둔다.)"라 하였다.

52-12-56 (棧(잔))〔杙(익)〕은

말뚝은

棧은 交木爲之니 不當剡末이라 此疑當爲杙이라 杙은 亦卽弋也라 後文云 弋長七寸 剡其末이라하니 是其證이라

棧道는 나무를 교차하여 만드니, 응당 끝부분을 날카롭게 만들지 않는다. 이는 아마도 杙이 되어야 할 듯하니, 杙은 곧 弋(말뚝)이다. 뒤의 글에 "弋長七寸 剡其末(말뚝은 길이가 7촌이고 그 끝을 날카롭게 만든다.)"라 하였으니, 이것이 그 증거이다.

52-12-57 高丈二요 剡(염)亓(一)末이라

높이는 1장 2척이요, 그 끝부분을 날카롭게 만든다.

蘇云 一字은 疑衍이라하다

蘇時學 : '一'자는 衍字일 듯하다.

52-12-58 爲閨門하되

閨門을 만들되,

見前이라

앞에 보인다.

44) 雜守篇 : 號令篇의 착오이다.

52-12-59 闉門兩扇하여 **令可以各自閉也**라

闉門에 두 문짝을 달아 각각 따로 닫힐 수 있도록 한다.

謂可閉一開一이라

〈각각 따로 닫힐 수 있게 한다는 것은〉 한 문짝을 닫고 한 문짝을 열 수 있도록 한다는 말이다.

52-12-60 救闉(인)**池者**는

해자를 메우고 적이 공격해 오는 상황을 구제할 경우에는

畢云 闉은 **同堙**이라

畢沅 : '闉'은 堙(메우다)과 같다.

52-12-61 以火與爭하여 **鼓橐**(탁)하니

불을 가지고 싸우면서 풀무질을 하는데,

畢云 舊作槁러니 **以意改**라하다 **案 橐**은 **詳備穴篇**이라 **下有脫文**이라

畢沅 : 舊本에는 '橐'이 '槁'로 되어 있었는데 글 뜻으로 판단하여 고쳤다.

案 : '橐'은 〈備穴〉에 상세히 보인다. '鼓橐' 아래에 빠진 글자가 있다.

52-12-62 馮(埴)〔**垣**〕**外內**에

馮垣의 밖과 안에

埴은 **當爲垣**이니 **形近而誤**라 **馮垣在女垣之外**하니 **蓋垣牆之卑者**라 **漢書周緤傳**의 **顏注**에 **云 馮陪聲相近**이라하니 **此馮垣**은 **亦言與女垣爲陪貳也**라 **旗幟篇**에 **云 到馮垣到女垣**이라하고 **號令篇**에 **云 女郭馮垣一人**이라하니 **是其證**이라

'埴'은 응당 垣이 되어야 하니, 字形이 비슷하여 잘못된 것이다. '馮垣'은 女垣 밖에 있으니, 담장 중에서 낮은 것이다. ≪漢書≫ 〈周緤傳〉 顏師古 注에 "馮과 陪는 글자의 소리가 서로 비슷하다."라 하였다. 이 대목의 馮垣은 또한 女垣의 부속 시설이라는 말이다. 〈旗幟〉에 "到馮垣 到女垣(빙원에 이르고 여원에 이르렀다.)"라 하였고, 〈號令〉에 "女郭과 馮

垣에는 1인을 둔다."라 하였으니, 이것이 그 증거이다.

52-12-63 以柴爲(燔)〔藩〕이라

땔나무로 울타리를 만든다.

疑當爲藩이니 旗幟篇에 先到藩하고 後到馮垣이라하니 可證이라 柴는 謂傅小木爲之라 管子山國軌篇에 云 握以下爲柴楂(사)라하고 公羊哀四年傳에 亡國之社는 揜其上而柴其下라하고 周禮媒氏鄭注에 柴作棧하니 是二字義同이라 說文에 訓棧爲棚하고 廣雅釋室에 云 藩은 籬也라하니 蓋於馮垣外에 樹柴棧하여 以爲藩籬也라 下文云 人居柴라하니 則不燔之를 可知라

〈'燔'은〉 아마도 藩이 되어야 할 듯하니, 〈旗幟〉에 "먼저 藩에 이르고 뒤에 馮垣에 이르렀다."라 하였으니, 그 증거이다. '柴'는 작은 나무를 덧붙여서 만들었음을 뜻한다. ≪管子≫ 〈山國軌〉에 "한 줌 이하 굵기의 나무가 柴楂이다."라 하였고, ≪春秋公羊傳≫ 哀公 4년 조에 "亡國之社 揜其上而柴其下(망한 나라의 사직단은 그 위를 덮고 그 아래에 땔나무를 둔다.)"라 하였고, ≪周禮≫ 〈媒氏〉 鄭玄 注에는 '柴'가 '棧'으로 되어 있으니, 이 두 글자는 뜻이 같다. ≪說文解字≫에서는 棧의 字訓을 棚으로 새겼고, ≪廣雅≫ 〈釋室〉에 "藩은 籬(울타리)이다."라 하였다. 대개 馮垣 밖에 작은 나무들을 세워서 울타리로 삼는 것이다. 아래 글에서 "사람이 柴 안에 있다."라 했으니, 그렇다면 불태우지 못할 것임을 알 수 있다.

52-12-64 靈丁은

靈丁은

未詳이라 疑椓弋之屬이라

미상이다. 아마도 말뚝을 박는 것의 일종일 듯하다.

52-12-65 三丈一이요 (火耳)〔犬牙〕施之라

3장마다 하나씩 두되, 개의 이빨처럼 서로 들쭉날쭉 어긋나게 설치한다.

火耳는 疑當作犬牙라 牙는 篆文作𤘗하고 耳는 篆文作𦔮하니 形近而誤라 後文說狗走에 云 犬耳施之라하니 耳亦牙之誤라 犬牙施之는 言錯互施之하여 令相銜接也라

'火耳'는 아마도 '犬牙'가 되어야 할 듯하다. '牙'는 篆書로 '𠃉'가 되고, '耳'는 전서로 '𦔮'가 되니, 字形이 비슷하여 잘못된 것이다. 뒤의 글에서 '狗走'를 말하면서 "犬耳施之"라 하였으니, '耳' 역시 牙의 오자이다. '犬牙施之'는 개의 이빨처럼 들쭉날쭉 어긋나게 대치하여 서로 맞물리게 한다는 말이다.

52-12-66 十步一人이 **居柴內弩**요

10보마다 1인이 柴(울타리)에 內弩(작은 쇠뇌)를 놓아두고

畢云 內는 同納이라하다 案 上說備穴云 爲之具內弩以應之하니 此疑與彼同이라 畢說未允이라 內弩上下에 亦有脫文이라

畢沅 : '內'은 納이다.

案 : 위에서 적의 땅굴을 대비하는 것을 말하면서 "爲之具內弩以應之(內弩를 구비하여 대응한다.)"라 하였으니, 이는 그 경우와 같을 것이다. 필원의 설은 온당하지 못하다. '內弩' 위아래에 역시 빠진 글자가 있을 것이다.

52-12-67 (弩)〔柴〕半을

울타리의 반을

弩는 疑當作柴니 涉上而誤라

'弩'는 응당 '柴'가 되어야 할 것이니, 위의 '弩'자와 연관하여 잘못된 것이다.

52-12-68 爲狗犀者環之하여

狗犀를 만든 것으로 둥글게 싸서

狗犀는 疑卽後文之狗屍狗走니 說詳後하니라

'狗犀'는 아마도 뒤의 글에 나오는 '狗屍'·'狗走'일 것이니, 설명이 뒤에 상세히 보인다.

52-12-69 牆七步而一이라

담장 7보마다 하나씩 둔다.

畢云 下有脫字라하다 詒讓案 以上은 救闉池之法이니 疑備堙篇之佚文이라 自大鋌以下 七百字는 舊本에 錯入備穴篇城壞或中人之下러니 今依顧校하여 移著(착)於此하노라

畢沅 : 이 대목 아래에 빠진 글자가 있다.

詒讓案 : 이상은 해자를 메우고 적이 공격해 오는 상황을 구제하는 법인데, 아마도 〈備堙〉의 일실된 글일 것이다. '大鋌'으로부터 이하 700자는 구본에는 〈비혈〉의 '城壞或中人' 아래에 잘못 들어가 있었는데, 지금 顧廣圻의 교감에 의거하여 여기에 옮겨 놓았다.

52-13-1 救(車)〔熏〕火하되

피어오르는 연기와 불을 끄되

備蛾傅篇에 云 車火燒門이라하고 備梯篇에 作煇火라 此車火는 疑當作熏火니 熏與車가 篆文에 上半相近而誤라

〈備蛾傅〉에 "車火燒門(불과 연기가 피어올라 성문을 태웠다.)"이라 하였고, 〈備梯〉에는 '煇火'로 되어 있으니, 여기의 '車火'는 아마도 '熏火'가 되어야 할 듯하다. '熏'과 '車'는 篆書로 글자의 상반부가 서로 비슷하여 잘못된 것이다.

52-13-2 爲(烟)〔熛〕矢射火城門上하여

불화살을 쏘아서 성문 위를 불로 태울 경우를 대비하여

此는 謂敵射火攻城也라 煙矢는 當作熛矢니 說文火部에 云 熛는 火飛也라 讀若標라하다 熛誤作煙하고 又從俗作烟하여 遂不可通이라 孫子火攻에 云 煙火必素具라하니 亦熛火之誤라

이 대목은 적이 화살을 쏘아서 불로 성을 공격하는 경우를 말한다. '煙矢'는 응당 '熛矢(불화살)'가 되어야 하니, ≪說文解字≫ 火部에 "熛는 불똥이 날아다니는 것이니, 독음은 標와 같다."라 하였다. '熛'가 잘못 '煙'이 되고 또 俗字를 따라 '烟'이 되어서 뜻이 통하지 못하게 되고 말았다. ≪孫子≫ 〈火攻〉에 "煙火를 반드시 평소에 갖추고 있어야 한다."라 하였으니, 이 또한 '熛火'의 잘못일 것이다.

52-13-3 鑿扇上爲(棧)〔杙〕하고

성의 문짝 위를 뚫어 말뚝을 박은 다음

畢云 說文에 云 棧은 棚也라하다 詒讓案 疑當作杙이니 與弋同이니 即下文之涿弋也라 然杜君卿45)所見已作棧일새 未敢輒改라

畢沅 : ≪說文解字≫에 "棧은 棚(시렁)이다."라 하였다.

詒讓案 : '棧'은 응당 '杙'이 되어야 할 것이니, '弋'과 같다. 이는 곧 아래 글의 '涿弋'이다. 그러나 杜君卿이 본 本에 이미 '棧'으로 되어 있기에 감히 선뜻 고치지 못하였다.

52-13-4 塗之하고

진흙을 바르고

畢云 涂字는 俗寫從土라 本書迎敵祠에 亦只作涂라 通典守拒法에 云 門棧에 以泥厚塗之하여 備火하며 柴草之類는 貯積泥하고 厚塗之하여 防火箭飛火라하다

畢沅 : '涂'는 俗子로 쓸 경우에는 土 부수로 쓴다. 本書 〈迎敵祠〉에도 '涂'로 되어 있다. ≪通典≫ 〈守拒法〉에 "문과 棧道는 진흙을 두텁게 발라 火攻에 대비하고, 땔나무와 건초 같은 것들은 진흙을 위에 쌓고 두텁게 발라서 불화살과 飛火(저절로 일어난 불)에 대비한다."라 하였다.

52-13-5 持水麻斗革盆救之라

물을 길을 때는 麻斗와 革盆을 가지고 불을 끈다.

斗革은 舊本에 訛升草라 畢云 麻一升은 草一盆也라하다 王云 草一盆은 非救火所用이니 畢說은 非也라 升은 當爲斗라 隷書에 斗字作什일새 因訛而爲升이라 草盆은 當爲革盆이라 備穴篇에 曰 傳火者는 必以布麻什革盆이라하다 案 傳火는 當爲持水요 什은 當爲斗니 即所云持水麻斗革盆救之也라 革盆은 又見備蛾傅篇이라 案 王校가 是也라 今據正하노라 王所引備穴篇文은 今移於前이라

'斗革'은 舊本에 '升草'로 잘못되어 있다.

畢沅 : '麻一升'은 풀 한 동이이다.

45) 杜君卿 : ≪通典≫의 저자인 唐나라 杜佑(735~812)를 가리킨다. 군경은 그의 자이다. 관직은 濟南參軍·江南節度使를 역임하였으며, 德宗·順宗·憲宗 때 재상을 지냈다. 封號는 岐國公이고, 시호는 安簡이다. 저서로 ≪通典≫·≪理道要訣≫·≪管氏指略≫·≪賓佐記≫ 등이 있다

王念孫 : 풀 한 동이는 불을 끌 때 쓰이는 것이 아니니, 필원의 설은 맞지 않다. '升'은 '斗'가 되어야 한다. 隷書에 '斗'자가 '什'으로 되어 있기 때문에 잘못하여 '升'이 된 것이다. '草盆'은 응당 '革盆'이 되어야 한다. 〈備穴〉에 "傳火者 必以布麻什革盆(물을 긷는 자는 반드시 布麻斗와 革盆을 사용한다.)"라 하였는데, 살펴보건대 '傳火'는 응당 '持水'가 되어야 하고, '什'은 응당 '斗'가 되어야 하니, 바로 이 대목에서 말한 "持水麻斗革盆救之"이다. '革盆'은 또 〈備蛾傳〉에 보인다.

案 : 왕염손의 교감이 옳다. 지금 이에 의거하여 바로잡았다. 왕염손이 인용한 〈備穴〉의 글은 지금 앞에 옮겨놓았다.

52-13-6 門扇薄植에

門扇과 벽의 기둥에

畢云 說文에 云 欂은 壁柱요 植은 戶植也라하니 薄은 假音字라하다

畢沅 : ≪說文解字≫ 에 "欂은 벽의 기둥이고, 植은 戶植(문을 밖에서 닫히도록 세우는 나무)이다."라 하였으니, '薄'은 欂의 假音字이다.

52-13-7 皆鑿半尺하고

다 반 척 크기의 구멍을 뚫고

蓋卽鑿孔以涿弋이나 然不當云半尺이니 疑有誤也라

대개 구멍을 뚫고서 말뚝을 박는 것이다. 응당 '반 척'이라 하지는 않을 것이니, 아마도 오류가 있는 듯하다.

52-13-8 一寸一(涿)〔椓〕弋이라

한 치마다 하나씩 말뚝을 박는다.

涿은 舊本에 訛作㴙이라 王引之云 㴙은 當爲涿이니 字本作椓이라 說文에 椓은 擊也라 周南兎罝傳曰 丁丁은 椓杙聲이라하니 是也라 通作涿이라 周官壺涿氏注曰 涿은 擊之라하니 是也라 涿弋은 又見下文이라 史記趙世家에 伐魏敗涿澤이라하다 今本에 涿字亦誤作㴙이라 凡經傳中從豕從象之字가 多相亂이라 案 王校가 是也라 今據正하노라 六韜軍用篇에 云

委環鐵杙은 **長三尺以上**이 **三百枚**요 **椓杙大鎚**는 **重五斤**이요 **柄長二尺以上**이 **百二十具**라한대 **俗本六韜**에 **椓訛椽**하니 **與此相類**라 **惟宋施子美講義本**[46]은 **不誤**라

'涿'은 舊本에는 '豫'으로 잘못되어 있다.

王引之 : '豫'은 응당 '涿'이 되어야 한다. '涿'자는 본래 '椓'으로 되어 있으니, ≪說文解字≫에 "椓은 친다는 뜻이다."라 하였다. ≪詩經≫ 〈周南 兔罝〉의 傳에 "丁丁 椓杙聲(정정은 말뚝을 박는 소리이다.)"라 한 것이 이 경우이다. 〈'椓'은〉 涿으로 통용한다. ≪周禮≫ 〈周官 壺涿氏〉 注에 "涿은 치는 것이다."라 한 것이 이 경우이다. '涿弋'은 또 아래 글에 보인다. ≪史記≫ 〈趙世家〉에 "伐魏敗涿澤(위나라를 공격하여 탁택에서 패배시켰다.)"라 했는데, 今本 ≪사기≫에는 '涿'자가 역시 '豫'자로 잘못되어 있다. 무릇 經傳 중에 豖이 부수인 글자와 象이 부수인 글자를 헷갈리는 경우가 많다.

案 : 왕인지의 교감이 옳다. 지금 이에 의거하여 바로잡았다. ≪六韜≫ 〈軍用〉에 "委環鐵杙 長三尺以上 三百枚 椓杙大鎚 重五斤 柄長二尺以上 百二十具(委環鐵杙은 길이가 3尺 이상인 것이 300개이고, 椓杙大槌는 무게가 5斤이고 자루의 길이가 2尺 이상인 것이 120개이다.)"라 했는데, 俗本 ≪六韜≫에는 '椓'이 '椽'으로 잘못되어 있으니, 이와 유사한 경우이다. 오직 宋나라 施子美의 講義本만은 글자가 잘못되지 않았다.

52-13-9 弋長二寸이니

말뚝은 길이가 2촌인데

舊本作尺이러니 **今據道藏本吳鈔本正**하노라 **說文弋部**에 **云 弋**은 **橜**(궐)**也**라하다 **此涿弋門上以持塗**이니 **度不宜太長**이라 **後文亦云 涿弋長七寸**이라 **畢云 說文**에 **云 樴**(직)은 **弋也**라하다

'弋'은 舊本에는 '尺'으로 되어 있는데, 지금 道藏本과 吳鈔本에 의거하여 바로잡았다. ≪說文解字≫ 弋部에 "弋은 말뚝이다."라 하였다. 이는 문 위에 말뚝을 박아서 진흙을 칠한 것을 維持하는 것이니, 척도가 너무 길어서는 안 되는 것이다. 뒤의 글에도 "涿弋長七寸(말뚝을 박은 것은 길이가 7촌이다.)"이라 하였다.

畢沅 : ≪說文解字≫ "樴은 弋이다."라 하였다.

---

46) 講義本 : ≪武經七書講義≫를 말한다.

52-13-10 (見)〔閒〕一寸이며

간격은 1촌이며,

畢云 見疑閒字라하다 詒讓案 卽上文云 一寸一涿弋也라 下文亦云 弋閒六寸이라하다

畢沅 : '見'은 '閒'자인 듯하다.

詒讓案 : 곧 위 글에 "한 치마다 하나씩 말뚝을 박는다."는 것이다. 아래 글에서도 "弋閒六寸(말뚝의 간격은 6촌이다.)"라 하였다.

52-13-11 相去七寸이요

서로 거리는 7촌이고,

上云 閒一寸者는 謂一行之中에 每一寸一弋이요 此則前後行相去之數也라

위에서 "간격은 1촌"이라 한 것은 말뚝 한 줄 가운데 1촌마다 말뚝이 하나씩 있다는 말이고, 여기서는 앞줄과 뒷줄이 서로 떨어진 정도를 말한 것이다.

52-13-12 厚塗之以備火라 **城門上所鑿以救門火者**는

그 위에 흙을 두텁게 발라서 火攻에 대비한다. 성문 위에 구멍을 뚫어 성문의 불을 끄는 경우에는

下云垂水하니 則不當云鑿이니 此疑有誤라

아래에 '垂水(병의 물)'라 했고 보면, 응당 '鑿(구멍을 뚫어)'이라 할 수는 없으니, 여기에는 착오가 있는 듯하다.

52-13-13 各一垂水로

각각 한 병의 물로

方言云 罃(앵)은 周洛韓鄭之閒에 謂之甀(추)니 甀卽㼨(수)之俗이라하다 畢云 垂는 㼨字省(생)文이라 說文에 云 㼨는 小口罌也라하다

≪方言≫에 "罃은 周·洛·韓·鄭 지역에서 甀라 한다."라 하였으니, 甀는 곧 㼨의 속자이다.

畢沅 : '垂'는 '甀'의 약자이다. ≪說文解字≫에 "甀는 주둥이가 작은 병이다."라 하였다.

52-13-14 (火)〔容〕三石以上을

용량이 3석 이상인 것을 준비해 놓도록 하되

王云 下火字는 義不可通이니 火는 當作容이라 下文에 言容斗以上容石以上者가 多矣니 則火爲容之壞字가 無疑라하다 顧云 火는 當作大라하다 蘇云 垂는 所以盛水者라 火字는 衍이어나 或卽水字之訛라하다 案 顧說亦通이라

王念孫 : 아래 '火'자는 뜻이 통하지 않으니, '火'는 응당 '容'이 되어야 할 것이다. 아래 글에 "容斗以上", "容石以上"라고 말한 것이 많으니, '火'는 '容'의 자획이 훼손된 것임이 분명하다.

顧廣圻 : '火'는 응당 大가 되어야 한다.

蘇時學 : '垂'는 물을 담는 것이다. '火'자는 衍字이거나 혹 '水'자의 오자일 것이다.

案 : 고광기의 설도 통한다.

52-13-15 小大相雜이라

작고 큰 것을 서로 섞어놓는다.

以上은 救(車)〔熏〕火之法이라

이상은 피어오르는 연기와 불을 끄는 법이다.

52-14-1 門植關은 必環錮하되

문의 植과 關은 반드시 쇠를 녹여 부어서 견고하게 만들되,

植은 持門直木이요 關은 持門橫木이니 詳非儒篇하니라 說文金部에 云 錮는 鑄塞也라하다 畢云 言扃(경)固之라 環與扃은 音相近이라

'植'은 문을 버티는 세로목이고 '關'은 문을 버티는 가로목이니, 설명이 〈非儒〉에 상세히 보인다. ≪설문해자≫ 金部에 "錮는 쇠를 녹여 부어서 틈을 막는 것이다."라 하였다.

畢沅 : 빗장을 걸어 단단히 잠그는 것이다. '環'과 扃은 독음이 비슷하다.

52-14-2 以(錮)〔銅〕(金)若鐵鍱之라

구리나 쇠로 씌운다.

畢云 錮字는 疑衍이라 說文에 云 鍱은 鏶也라하니 此與鍩音同이라 說文에 云 以金有所冒也라하다 詒讓案 錮는 疑銅之誤라 下金字는 乃銅字偏旁之誤衍者니 備高臨篇에 云 連弩機郭用銅이라하다

畢沅 : '錮'자는 衍字일 듯하다. ≪설문해자≫에 "鍱은 鏶(얇은 쇳조각)이다."라 하였으니, 이는 '鍩'과 독음이 같다. '鍩'은 ≪설문해자≫에 "쇠붙이로 씌운 것이다."라 하였다.

詒讓案 : '錮'는 銅의 오자일 듯하다. 아래 '金'자는 곧 '銅'자의 偏旁이 잘못 덧붙여진 것이니, 〈備高臨〉에 "連弩機郭用銅(연노기의 외곽 부분은 구리를 쓴다.)"라 하였다.

52-14-3 門關再重하고 **鍱之以鐵**하여 **必堅**이요 (梳(소))〔桄〕關은 (關)二尺이요

문의 빗장은 이중으로 만들고 쇠로 씌워서 반드시 견고하게 하며, 빗장은 길이가 2척이요,

畢云 梳字는 未詳이니 疑作瑣라하다 案 梳瑣는 義竝難通이요 形聲亦不相近하니 畢校未塙이라 竊疑梳는 竝當爲桄이니 說文木部에 云 桄은 充也니 楗距門也라하니 此桄關은 卽謂楗이니 今之木鎖가 是也라 蓋門植關兩木橫直交午之處에 別以木鎖控之하니 以其橫亘門閒이라 故謂之桄關이라下關字當是衍文이라 二尺者는 桄關之長度라 淮南子繆稱訓에 云 匠人斲戶에 無一尺之楗이면 不可以閉藏이라하니 彼爲尋常房室之門이니 楗止一尺이요 此城門之楗이라 故倍之라 若門植與關은 則其長皆竟門하니 必不止一二尺矣라 說文門部에 云 閉는 闔門也라 從門才하니 所以距門也라하니 蓋才는 以十으로 象植與關橫直交午之形하고 下一短畫은 則正象楗橫亘之形이라 參互審繹에 可見古楗門之制矣라

畢沅 : '梳'자는 미상이다. 아마도 瑣가 되어야 할 듯하다.

案 : 梳와 瑣는 다 뜻이 통하기 어렵고, 글자 모양과 聲音도 서로 비슷하지 않으니, 필원의 교감은 확실하지 못하다. 내 생각으로는 '梳'는 모두 '桄'이 되어야 할 듯하니, ≪說文解字≫ 木部에 "桄은 채운다는 뜻이니, 빗장〔楗〕으로 문을 막는 것이다."라 하였으니, 여기서의 '桄關'은 곧 '楗'을 말하니, 오늘날의 木鎖(나무 자물쇠)가 이것이다. 대개 문의

植과 關 두 나무가 가로와 세로로 교차하는 곳에 따로 木鎖를 채우는 것이니, 문을 가로지르기 때문에 '桄關'이라 하는 것이다. 아래 '關'자는 응당 衍文일 것이다.

'二尺'이란 것은 '桄關'의 길이이다. ≪淮南子≫ 〈繆稱訓〉에 "匠人斲戶 無一尺之楗 不可以閉藏(장인이 門戶을 만들 때 1척 길이의 빗장이 없으면 닫아 잠글 수 없다.)"이라 하였으니, 저 경우는 일반적인 房室의 문이므로 빗장의 길이가 1척에 그치고, 이 경우는 성문의 빗장이므로 길이가 곱절이 되는 것이다. 문의 植과 關은 그 길이가 모두 문의 세로 또는 가로의 끝까지 미치니, 필시 1, 2척에 그치지는 않을 것이다.

≪설문해자≫ 門部에 "閉는 문을 닫는 것이다. '門'자와 '才'자로 이루어져 있으니, 문을 막는 것이다."라 하였으니, 대개 '才'는 '十'으로 植과 關이 가로 세로로 교차하는 모양을 形象하고, 아래 하나의 짧은 획인 '丿'은 바로 빗장이 문을 가로지르는 모양을 형상한 것이다. 이러한 설들을 서로 참고하여 이치를 풀어보면, 고대에 문빗장의 제도를 알 수 있을 것이다.

52-14-4 (梳)〔桄〕關一莧(완)이요

빗장에는 자물쇠가 하나이며,

畢云 管字假音이니 春秋左氏云 北門之管이라하다 詒讓案 管은 或作莞(관)하니 與莧으로 聲形俱近이라 說苑君道篇에 楚莞蘇라한대 呂氏春秋長見篇에 莞作莧하니 管은 即鎖也라 月令에 脩鍵閉하며 愼管鑰(약)이라한대 鄭注云 鍵은 牡(모)요 閉는 牝(빈)也라 管鑰은 搏鍵器也라하여늘 孔疏에 以管鑰爲鎖匙하고 鍵爲鎖須하니 二者不同이어늘 通言之鎖하고 亦謂之管이라 檀弓鄭注에 云 管은 鍵也라하니 是又合管鍵爲一이라 此一莧은 與檀弓注義同하니 蓋於木鎖之外에 更加金鎖以爲固라 故詳著之라 木鎖金鎖를 同著(착)於關植之上이라 故爾雅釋宮郭注에 云 植은 戶持鎖植也라하니라

畢沅 : 莧은 '管'자의 가음자이니, ≪春秋左氏傳≫에 "北門之管(북문의 자물쇠)"이라 하였다.

詒讓案 : '管'은 '莞'으로 되어 있는 곳도 있으니, '莧'과 聲音과 모양이 다 비슷하다. ≪說苑≫ 〈君道〉에 "楚莞蘇(초나라 관소)"라 했는데, ≪呂氏春秋≫ 〈長見〉에는 '莞'자가 '莧'자로 되어 있으니, '管'은 곧 자물쇠이다. ≪禮記≫ 〈月令〉에 "脩鍵閉 愼管鑰(鍵과 閉를 수리하고 管과 鑰을 신중히 지킨다.)"라 하였는데, 鄭玄의 注에 "'鍵'은 수컷(자물쇠)이고 '閉'는 암컷(자물통)이다. '管籥'은 자물쇠에 부착하는 器物이다."라 하였고, 이에 대한 孔穎達의 疏에서 '管鑰'을 '鎖匙'라 하고 '鍵'을 '鎖須'라 하였으니, 이 두 가지는 같지 않다. 그런데 통틀어서

'鎖'라고도 하고 '管'이라고도 한다. ≪예기≫ 〈檀弓〉 정현의 注에 "管은 鍵이다."라 하였으니, 이는 또 管과 鍵을 합하여 하나로 본 것이다. 여기서의 '一莧'은 〈단궁〉의 注와 뜻이 같으니, 대개 '木鎖' 외에 다시 '金鎖'를 더하여 견고하게 하는 것이다. 그러므로 이 글에서 상세히 드러낸 것이다. 木鎖와 金鎖를 關과 植 위에 같이 부착한다. 그러므로 ≪爾雅≫ 〈釋宮〉 郭璞 注에서 "'植'은 門戶를 버티는 鎖植이다."라 하였다.

52-14-5 封以守印하여 時令人行(貌)〔視〕封과

문지기의 印章을 찍어 봉해놓고 때로 사람으로 하여금 封印과

畢云 貌는 疑視字라하다

畢沅 : '貌'는 '視'자일 듯하다.

52-14-6 及視關入桓淺深이라

빗장이 桓에 들어간 깊이를 살피게 한다.

入은 舊本訛作人이라 蘇云 人은 當作入이라 桓은 所以關也라 視其淺深은 謹防之라하다 案 蘇校가 是也라 今據正하노라 桓은 蓋門兩扉旁之直木이니 凡持門之木이 橫直相交하고 而關又橫貫兩桓以爲固라 故視其入桓淺深하니 恐其入淺則不固也라 畢云 桓은 表也라하니 非라

'入'은 舊本에는 '人'으로 잘못되어 있었다.

蘇時學 : '人'은 응당 '入'이 되어야 한다. '桓'은 빗장을 고정하는 것이다. 그 깊이를 살피는 것은 방비를 신중히 하는 것이다.

案 : 소시학의 교감이 옳다. 지금 이에 의거하여 바로잡았다. '桓'은 대개 문의 양쪽 문짝 곁에 있는 直木이니, 무릇 문을 유지하는 나무는 횡목과 직목이 서로 교차하고 빗장으로 또 양쪽 문짝의 '桓'을 가로질러 견고하게 한다. 그러므로 빗장이 桓에 들어간 깊이를 살피는 것이니, 빗장이 얕게 들어가 있으면 견고하지 못할까 염려한 것이다. 畢沅이 "桓은 表木이다."라 한 것은 맞지 않다.

52-14-7 門者는 皆無得挾斧斤鑿鋸椎라

문지기들은 모두 손도끼・도끼・끌・톱・몽치를 휴대하지 못하게 한다.

蘇云 禁此五者는 防有變也라 已上은 言城關關鎖之法이라 畢以爲救車火之法은 非也라

蘇時學 : 이 다섯 가지를 휴대하지 못하게 금지하는 것은 변고를 예방하는 것이다.

이상은 성문의 빗장을 설치하는 법을 말하였다. 필원이 성문의 불을 끄는 법이라 한 것은 맞지 않다.

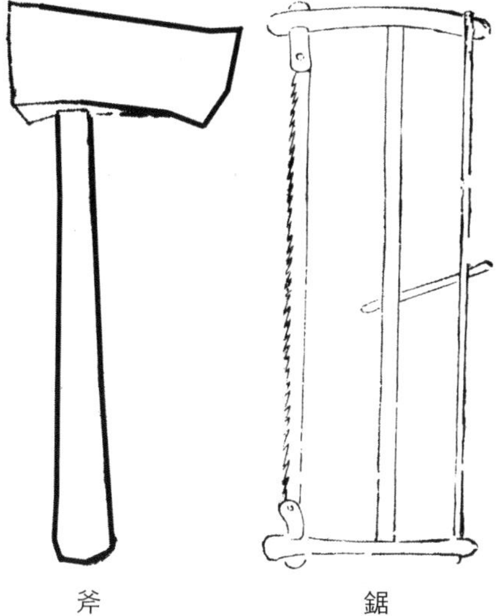
斧 鋸

52-15-1 城上二步一渠니

성 위에는 2보마다 하나씩 渠를 두는데,

畢云 高誘注淮南子云 渠는 漸也라하니 案 漸은 同塹이라하다 案 此渠는 乃守械니 以金木爲之라 畢謂卽塹은 謬라

畢沅 : ≪淮南子≫ 高誘의 注에 "渠는 漸이다."라 하였는데, 살펴보건대 '漸'은 塹(참호)과 같다.

案 : 이 '渠'는 수비하는 기계이니, 쇠와 나무로 만드는 것이다. 필원이 참호라 한 것은 잘못 보았다.

52-15-2 渠立(程)〔桯(영)〕은 丈(三)〔二〕尺이요

渠의 수직으로 선 기둥은 길이가 1장 2척이며,

程은 當爲桯이라 考工記輪人에 蓋杠을 謂之桯이라하니 立桯은 卽渠之杠直立者也라 丈三尺은 當作丈二尺이라 上文及雜守篇說渠에 竝云(矢)〔夫〕長丈二尺이라하다

'程'은 응당 桯이 되어야 한다. ≪周禮≫ 〈考工記 輪人〉에 "수레 일산의 기둥을 桯이라 한다."라 하였으니, '立桯'은 곧 '渠'의 기둥이 수직으로 선 것이다. '丈三尺'은 응당 '丈二尺'이 되어야 한다. 위 글 및 〈雜守〉에서 '渠'를 설명한 대목들에 다 "夫長丈二尺(발의 길이는 1장 2척이다.)"이라 하였다.

52-15-3 冠長十丈이며 (辟)〔臂〕長六尺이라

日傘의 머리 부분은 길이가 10장이고, 臂는 길이가 6척이다.

畢云 前漢書注에 云 墨子曰 城上二步一渠 立程長三尺 冠長十尺 臂長六尺이라하니 則丈當爲長이요 辟同臂라하다 案 渠는 此篇及雜守篇에 凡四見하되 竝不云長三尺하니 漢書晁錯傳注引丈作長은 自是訛文이어늘 畢據以校此하니 傎(전)矣라 辟은 備穴篇에 正作臂하니 今移前이라 冠은 蓋渠之首요 臂는 其橫出之木也라

畢沅 : ≪前漢書≫ 注에 "≪墨子≫에 '城上二步一渠 立程長三尺 冠長十尺 臂長六尺'이라 하였다."라 하였으니, '丈'은 응당 '長'이 되어야 하고 '辟'는 '臂'와 같다.

案 : '渠'는 이 〈備城門〉과 〈雜守〉에 모두 네 번 나오는데, 다 '長三尺'이라 하지 않았으니, ≪漢書≫ 〈晁錯傳〉 注에서 ≪묵자≫를 인용한 대목에 '丈'이 '長'으로 되어 있는 것은 본래 오자이다. 그런데 필원은 이를 근거로 삼아 ≪묵자≫의 이 대목을 교감하였으니, 황당하다. '辟'은 〈備穴〉에 바로 '臂'로 되어 있으니, 지금 그 대목을 이 〈비성문〉의 앞부분에 옮겨 놓았다. '冠'은 渠를 덮는 일산의 머리 부분이고, '臂'는 渠의 옆에 가로로 나온 나무이다.

52-15-4 二步一苔이니

2보마다 하나씩 苔을 두는데

畢云 漢書注에 云 蘇林曰 渠苔은 鐵蒺藜也라하다

畢沅 : ≪漢書≫ 注에 "蘇林이 '渠苔은 鐵蒺藜이다.'라 하였다."라 하였다.

52-15-5 廣九尺이요

너비는 9척이고

王云 此當作二步一苔 苔廣九尺이니 上文二步一渠 渠立程 丈三尺이 與此文同一例라 今本少一苔字하니 則文不足意라 如淳[47]注漢書晁錯傳引此에 重苔字라

王念孫 : 이 대목은 응당 '二步一苔 苔廣九尺'이 되어야 하니, 위 글 '二步一渠 渠立程 丈三尺'은 이 대목의 글과 동일한 文例이다. 今本에는 '苔' 한 자가 적으니, 글 뜻이 충족되지 못한다. 如淳이 ≪漢書≫ 〈晁錯傳〉에 注를 달면서 이 대목을 인용한 곳에는 '苔'자가 거듭 나온다.

---

47) 如淳 : ?~?. 삼국시대 魏나라 사람으로 陳郡丞을 역임하였으며, ≪漢書≫에 注를 달았다.

52-15-6 袤十二尺이라

길이는 12척이다.

畢云 袤는 舊作表러니 據前漢書注改하노라 詒讓案 以上渠荅之法이라

畢沅 : '袤'는 구본에는 '表'로 되어 있었는데, ≪前漢書≫ 注에 의거하여 고쳤다.

詒讓案 : 이상은 渠와 荅을 설치하는 법이다.

52-16-1 二步置連梃과

2보마다 連梃(도리깨)과

畢云 舊作挺이러니 以意改라 說文에 云 梃은 一枚也라하고 孟子音義에 云 丁이니 徒頂切이라하고 通典守拒法에 云 連梃은 如打禾連枷狀하니 打女牆外上城敵人이라하다 顧云 挺은 當從手라하다 案 此當從畢校라 後總擧守城之備에 亦作梃하여 從木이라 太白陰經守城具篇에 說連梃이 與通典同이라

畢沅 : '梃'은 구본에 '挺'으로 되어 있었는데, 글 뜻으로 판단하여 고쳤다. ≪說文解字≫에 "梃은 하나의 나무 막대기이다."라 하였고, ≪孟子音義≫에 "독음은 丁이니 徒와 頂의 반절이다."라 하였고, ≪通典≫ 〈守拒法〉에 "連梃은 벼를 타작할 때 쓰는 도리깨 모양과 같으니, 女牆 너머 성을 기어 오르는 적을 때리는 것이다."라 하였다.

顧廣圻 : '挺'은 응당 手 부수로 써야 한다.

案 : 이 대목은 응당 필원의 교감을 따라야 한다. 뒤에서 성을 수비하는 법을 총괄하여 말한 곳에서도 '梃'으로 되어 木 부수로 썼다. ≪太白陰經≫ 〈守城具〉에 連梃을 설명한 대목은 ≪通典≫과 같다.

52-16-2 長斧長椎各一物하고

長斧(긴 도끼)와 長椎(긴 몽치)를 각각 하나씩 두고,

說文木部에 云 椎는 擊也라 齊謂之終葵라하다

≪說文解字≫ 木部에 "椎는 친다는 뜻이다. 齊나라 지방에서는 '終葵'라 한다."라고 하였다.

52-16-3 槍二十枚를

창 20자루를

國語齊語에 云 **挾其槍刈耨鎛**(누박)이라한대 **韋注**에 云 **槍**은 **椿**(창)**也**라하고 **一切經音義**에 **引三蒼云 木兩端銳曰槍**이라하다

≪國語≫ 〈齊語〉에 "挾其槍刈耨鎛(말뚝·낫·괭이·호미를 옆에 끼고서)"라 했는데, 韋昭의 注에 "槍은 말뚝이다."라 하였고, ≪一切經音義≫에서 ≪三蒼≫을 인용한 대목에 "나무 막대기의 양쪽 끝을 뾰족하게 깎은 것을 槍이라 한다."라 하였다.

52-16-4 周置二步中이라

2보 안에 두루 배치한다.

以上은 **雜守器之法**이라

이상은 수비하는 무기를 섞어서 배치하는 법이다.

52-17-1 二步一木弩니

2보마다 木弩를 하나씩 배치하는데

畢云 通典守拒法에 云 **木弩**는 **黃連桑柘爲之**하니 **弓長一丈二尺**이요 **徑七寸**이요 **兩弰**(소) **三寸**이라 **絞車張之**에 **大矢自副**하니 **一發聲如雷吼**(후)하고 **敗隊之卒**이라하다

畢沅 : ≪通典≫ 〈守拒法〉에 "木弩는 黃連과 뽕나무로 만드는데, 활의 길이는 1장 2척이고 지름은 7촌이고 활의 양쪽 고자(활시위를 매는 곳)는 길이가 3촌이다. 絞車(起重機)로 활을 당기면 큰 화살이 저절로 시위에 걸리는데, 한 번 발사하면 소리가 우레와 같고 대열을 이룬 병졸들을 한꺼번에 패퇴시킨다."라 하였다.

52-17-2 必射五十步以上이요 **及多爲矢**하여는

반드시 50보 이상의 거리를 쏠 수 있고 화살을 많이 만들 때에는

吳鈔本에 **作矢**하니 **同**이라

吳鈔本에는 〈'矢'가〉 '矢'로 되어 있으니, 같은 글자이다.

52-17-3 (節)〔卽〕毋(以)竹箭이면 〔以〕楛(호)趙搋榆가 可라

대나무 화살이 없으면, 楛・趙・搋・榆 같은 나무로 만들어도 된다.

當作卽毋竹箭以楛趙搋榆可라 毋는 與無字通이라 矢材는 以竹箭爲佳라 說文竹部에 云 箭은 矢也라하고 爾雅釋地에 東南之美者는 有會稽之竹箭焉이라한대 郭注에 云 竹箭은 篠也라하고 書禹貢云 惟箘簬(로)楛라한대 釋文에 引馬融云 楛는 木名이니 可以爲箭이라하고 方言에 云 (杠)[48]南楚之閒에 謂之趙라한대 郭注에 云 趙는 當作桃니 聲之轉也라하니 此趙或亦桃之訛라 搋는 字書所無라 疑當爲樜(자)니 形近而誤라 樜는 柘(자)之借字라 說文木部에 云 樜木出發鳩山이라하고 山海經北山經에 作柘木하고 廣韻四十禡云 柘는 樜同이라하다 此謂卽倉猝無竹箭이면 則以它木材爲矢亦可라 毋는 畢本作毌(관)이어늘 道藏本作毋하니 是也라 今據正하노라

'節毋以竹箭楛趙搋榆可'는 응당 '卽毋竹箭以楛趙搋榆可'가 되어야 한다. '毋'는 '無'자와 통용된다. 화살 재료는 대나무로 만든 것을 좋은 것으로 친다. ≪설문해자≫ 竹部에 "箭은 화살이다."라 하였고, ≪爾雅≫ 〈釋地〉에 "동남쪽의 좋은 것으로는 會稽의 竹箭이 있다."라 했는데, 郭璞의 注에 "竹箭은 篠(조릿대)이다."라 하였고, ≪書經≫ 〈禹貢〉에 "惟箘簬楛(균로와 호)"라 했는데, ≪經典釋文≫에서 馬融의 설을 인용한 대목에 "楛는 나무 이름이니, 화살을 만들 수 있다."라 하였고, ≪方言≫에 "남쪽 楚나라 지역에는 趙라 한다."라 하였는데, 곽박의 注에 "趙는 응당 桃가 되어야 하니, 聲音이 비슷하여 轉變한 것이다."라 하였으니, 여기의 '趙'도 혹 '桃'의 오류일 수 있다.

'搋'는 字書에 없는 글자이다. 아마도 '樜'가 되어야 할 듯하니, 글자 모양이 비슷하여 잘못된 것이다. '樜'는 柘의 가차자이다. ≪설문해자≫ 木部에 "樜는 나무로 發鳩山에서 난다."라 하였고, ≪山海經≫ 〈北山經〉에는 '柘木'으로 되어 있고, ≪廣韻≫ 〈四十禡〉에는 "柘는 樜와 같다."라 하였다. 이 대목은 '창졸간에 대나무 화살이 없으면 기타 나무 재료로 화살을 만들 수도 있다.'는 말이다. '毋'는 畢本에는 '毌'으로 되어 있는데 道藏本에 '毋'로 되어 있으니, 옳다. 지금 이에 의거하여 바로잡았다.

52-17-4 (蓋)〔益〕求(齊)〔齎〕鐵(夫)〔矢〕하여

쇠 화살을 더욱 많이 구해 날라서

48) (杠) : 衍字이다. ≪方言≫ 본문에는 "自關而西 秦晉之閒 謂之杠 南楚之閒 謂之趙(函谷關 서쪽 秦나라 晉나라 지역에서는 杠이라 하고, 남쪽 楚나라 지역에서는 趙라 한다.)"라 하였다.

蓋는 當爲益이니 字形之訛라 齊는 疑當爲齎니 同聲假借字라 鐵夫의 夫는 亦當爲矢라 或云 夫는 卽鈇니 備穴篇에 有鐵鈇라하다 然與上下文不相應이라

'蓋'는 응당 益이 되어야 하니, 字形이 잘못된 것이다. '齊'는 응당 齎가 되어야 할 듯하니, 성음이 같은 가차자이다. '鐵夫'의 夫는 역시 矢가 되어야 한다. 혹자는 "'夫'는 곧 鈇이니, 〈備穴〉에 '鐵鈇'가 있다."라고 하였다. 그러나 위아래의 글과 상응하지 않는다.

52-17-5 播以射(衙)〔衝〕

나누어 주어서 적의 衝車와

說文手部에 云 播는 布也라하니 謂分布使衆射之라 畢云 衙은 疑衝字니 文未詳이라 王云 衝은 說文本作衝하니 今作衙者는 卽衝之訛라

≪說文解字≫ 手部에 "播는 布(펼치다)다."라 하였으니, 나누어 배포하여 뭇사람들에게 쏘도록 하는 것이다.

畢沅 : '衙'은 '衝'자일 듯한데 글은 미상이다.

王念孫 : '衝'은 ≪설문해자≫에 본래 '衝'으로 되어 있으니, 지금 '衙'으로 되어 있는 것은 곧 '衝'의 잘못이다.

52-17-6 及櫳樅이라

櫳樅을 쏘게 한다.

櫳樅은 見後하니 蓋亦攻守通用之器라 道藏本吳鈔本에 二字竝從手하니 下同이라 畢云 以上은 木弩之法이라

'櫳樅'은 뒤에 보이니. 대개 이 또한 공격과 수비에 통용하는 무기일 것이다. 道藏本과 吳鈔本에는 이 2자가 다 手 부수로 되어 있으니, 아래도 같다

畢沅 : 이상은 木弩를 설치하는 법이다.

52-18-1 二步積石하니 石重千鈞以上者가 五百枚요

2보마다 돌을 쌓아두는데, 돌의 무게가 1,000鈞 이상인 것이 500개이고

說苑辯物篇에 云 三十斤爲鈞이라하다 畢云 後漢書注에 引作積石百枚重千鈞以上者라 舊本에 千作中이러니 据改라하다 案 此見堅鐔傳注하니 千竝作十이라 未知畢據何本이라

≪說苑≫ 〈辯物〉에 "30斤이 鈞이다."라 하였다.

畢沅 : ≪後漢書≫ 注에 이 대목을 인용한 내용에 '積石百枚 重千鈞以上者'로 되어 있다. 舊本에는 '千'이 '中'으로 되어 있었는데, 이에 의거하여 '千'으로 고쳤다.

案 : 이는 ≪후한서≫ 〈堅鐔傳〉 注에 보이는데, '千'이 다 '十'으로 되어 있다. 필원은 어떤 本에는 근거했는지 모르겠다.

52-18-2 毋〔下〕百하여

100개를 밑돌지 않게 하여

盧云 疑云毋下百이니 脫下字어나 或尚有脫字라

盧文弨 : 아마도 '毋下百'이라 해야 할 듯하니, '下'자가 빠졌을 것이다. 아니면 빠진 글자가 더 있을 것이다.

52-18-3 以亢하되 疾犁와

방어하되, 疾犁와

周禮馬質鄭注에 云 亢은 禦也라하다 畢云 此疾犁가 正字니 漢書注作蒺藜는 非라 通典守拒法에 云 敵若木驢攻城이어든 用鐵蒺藜下而敦之라하다

≪周禮≫ 〈馬質〉 鄭玄 注에 "亢은 防禦이다."라 하였다.

畢沅 : 이 '疾犁'가 正字이니, ≪漢書≫ 注에 '蒺藜'로 되어 있는 것은 정자가 아니다. ≪通典≫ 〈守拒法〉에 "적이 만약 木驢(兵車의 일종)로 성을 공격하면 鐵蒺藜를 아래로 던진다."라 하였다.

52-18-4 壁이 皆可(善)〔繕〕方이라

벽돌이 다 보완책이 될 수 있다.

未詳이라 畢云 疑繕方이라하다 詒讓案 以上은 積石之法이라

미상이다.

畢沅 : '善方'은 아마도 '繕方'일 듯하다.

詒讓案 : 이상은 돌을 쌓아두는 법이다.

52-19-1 二步積(苙)〔苣〕니

2보마다 苣(횃불)를 쌓아두는데

畢本에 作笠하고 云 一本作至하고 舊作苙이라하다 案 道藏本吳鈔本에 竝作苙이라 說文竹部에 云 笠은 簦無柄也라하니 非守圉之械니 畢本이 非也라 苙은 當爲苣之譌니 後文人擅苣長五(節)〔尺〕이 是也라 彼五節은 當爲五尺이니 此長度倍之라 蓋苣는 束葦爲之하고 有大小長短之異하니 常時所擅用其小者요 其大者는 則積之以備急猝夜戰之用이라 故長度特倍於恒也라 苣與苙形近이라 故譌라 後文爵穴大容苣의 苣가 今本譌苴하니 與此亦相類라 舊本作苙하니 艸形尙存어니와 畢校作笠은 失之彌遠矣라

畢本에는 '笠'으로 되어 있고, "한 本에는 '至'로 되어 있고, 舊本에는 '苙'으로 되어 있다."라 하였다.

案 : 道藏本과 吳鈔本에는 다 '苙'으로 되어 있다. ≪설문해자≫ 竹部에 "笠은 簦(자루가 달린 우산)에 자루가 없는 것이다."라 하였으니, 守禦하는 기구가 아니다. 畢本은 맞지 않다. '苙'은 응당 '苣'의 잘못일 것이다. 뒤의 글에서 "人擅苣 長五尺(사람마다 횃불을 잡는데 길이는 5척이다.)"이라 한 것이 이와 같은 경우이다. 저 대목의 '五節'은 응당 '五尺'이 되어야 하니, 이 대목의 '苣'는 길이가 곱절로 길다. 대개 '苣'는 갈대를 묶어서 만들고 大小와 長短의 차이가 있으니, 평상시에 잡는 것은 작은 것을 사용하고, 큰 것은 쌓아두어 급박한 상황이나 밤중에 전투할 때 사용할 수 있도록 대비한다. 그러므로 길이를 특별히 평상시에 사용하는 것보다 곱절로 길게 만든 것이다. '苣'와 '苙'은 글자 모양이 비슷하기 때문에 잘못된 것이다. 뒤의 글에 '爵穴大容苣(작혈은 苣가 들어갈 정도의 크기이다.)'의 '苣'가 今本에는 '苴'로 잘못되어 있으니, 이 대목의 경우와 비슷하다. 舊本에는 '苣'가 '苙'으로 되어 있으니 그래도 '艸' 모양이 남아 있지만 필원의 교감에서 '笠'으로 고친 것은 더욱 잘못 보았다.

52-19-2 大一圍요

굵기는 1圍이고,

儀禮喪服鄭注에 云 中人之扼은 圍九寸이라하다

《儀禮》〈喪服〉 鄭玄 注에 "보통사람이 두 손으로 감싸 잡는 것은 圍가 9寸이다."라 하였다.

52-19-3 長丈이 二十枚라

길이가 1장인 것이 20개이다.

52-19-4 五步一罌(앵)이요

5보마다 장군을 하나씩 두고

說文缶部에 云 罌은 缶也라하다 蘇云 下言木罌容十升以上者를 五十步而十이라하니 是五步一罌也라

《說文解字》 缶部에 "罌은 장군이다."라 하였다.

蘇時學 : 아래에 "木罌(나무로 만든 장군)의 용량이 10되 이상인 것을 50보마다 열 개씩 둔다."라 하였으니, 이것이 5보마다 장군을 하나씩 두는 것이다.

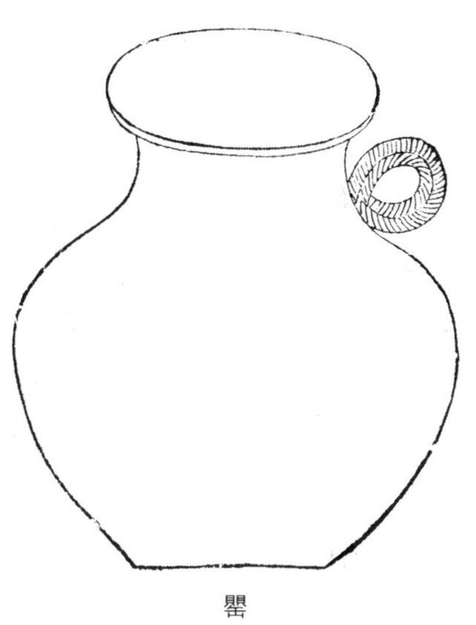
罌

52-19-5 盛水有奚〔蠡(려)〕하니

물을 뜨는 것으로 奚蠡(표주박)가 있으니,

王云 有奚下에 當有蠡字니 下句奚蠡가 卽承此而言이라 杜子春注周官鬯(창)人에 曰 瓢는 謂瓠蠡也라하니 瓠蠡奚蠡는 一聲之轉이라하다 蘇云 奚下에 脫蠡字하니 說文에 奚는 大腹也라하다 蠡는 音黎요 瓠는 瓢也니 漢書東方朔傳에 以蠡測海가 是也라하다

王念孫 : '有奚' 아래에 응당 '蠡'자가 있어야 하니, 아래 구의 '奚蠡'는 바로 이 대목을 이어받아서 말한 것이다. 杜子春이 《周禮》〈春官 鬯人〉에 단 注에서 "瓢는 瓠蠡(표주박)을 말한다."라 하였다. '瓠蠡'와 '奚蠡'는 하나의 聲音이 전변한 것이다.

蘇時學 : '奚' 아래에 '蠡'자가 빠졌다. 《說文解字》에 "奚는 큰 배이다."라 하였다. '蠡'

는 독음이 黎이고, '瓠'는 표주박이니, ≪漢書≫ 〈東方朔傳〉에 "以蠡測海(표주박으로 떠서 바닷물을 측량한다.)"라고 한 대목과 같은 경우이다.

52-19-6 奚蠡는 **大容一斗**라

해려는 용량이 1말이다.

52-19-7 五步에 **積狗屍五百枚**하니

5보마다 狗屍 500개를 쌓아두니,

狗屍는 疑卽上文之狗犀니 屍犀音近通用이라 後又有狗走하니 卽此라 蓋亦行馬[49]柞鄂(착악)[50]之類라

'狗屍'는 아마도 위 글에 나오는 '狗犀'일 듯하다. '屍'와 '犀'는 독음이 서로 비슷하여 통용된다. 뒤의 글에 또 '狗走'가 있으니, 바로 이것이다. 이 또한 行馬·柞鄂과 같은 무기일 것이다.

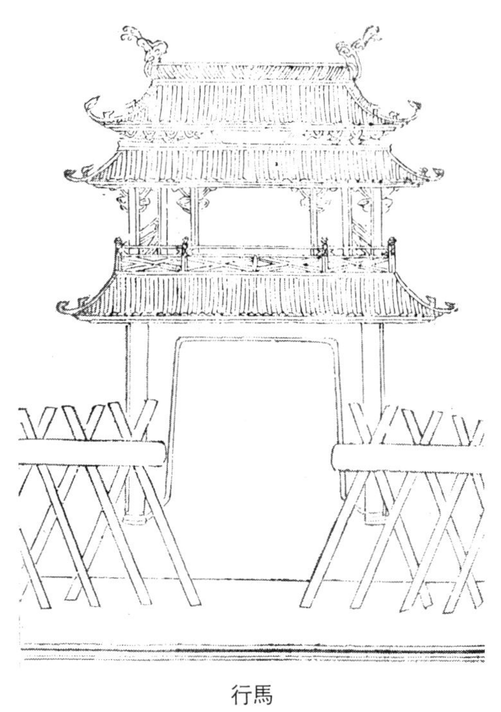
行馬

52-19-8 狗屍는 **長三尺**이요 **喪以(弟)〔茅〕**하며

狗屍는 길이가 3척이고, 띠풀로 덮어두며,

畢云 喪은 藏也라하다 案 畢讀喪以弟瓮爲句하니 蓋以狗屍爲死狗라 故藏以瓮缶(부)라 然無當守圉之用하니 殆非也라 今案當讀喪以弟句니 弟當爲茅라 茅弟는 篆文形近하여 因而致誤라 狗屍는 蓋以木爲之하고 而掩覆以茅하니 所以誤敵하여 使陷擠不得出也라

畢沅 : '喪'은 藏(보관하다)이다.

案 : 필원은 아래 句와 이어 '喪以弟瓮'으로 句를 떼어 읽었으니, 아마도 '狗屍'를 죽은

---

49) 行馬 : 52-12-27의 주 39) '行馬蒺藜' 참조.

50) 柞鄂 : 함정 안에 설치하여 짐승을 잡는 장치로 덫과 같은 것이다. ≪周禮≫ 〈秋官 雍氏〉에 "春令爲阱擭(봄에는 명령을 내려 함정과 덫을 만들게 한다.)"라 했는데, 鄭玄의 注에 "擭은 柞鄂이다."라 하였다.

개로 보았을 것이다. 그러므로 瓮缶(항아리)에 보관한다고 본 것이다. 그러나 죽은 개는 守禦의 용도에 해당하지 않으니, 전혀 맞지 않다. 지금 살펴보건대 '喪以弟'로 句를 떼어 읽어야 하니, '弟'는 응당 茅가 되어야 한다. 茅와 弟는 篆書의 모양이 비슷하여 이 때문에 잘못된 것이다. '狗屍'는 대개 나무로 만들고 띠풀로 덮어두는 것이니, 이는 적을 속여서 함정에 빠져 나오지 못하게 하고자 하는 것이다.

52-19-9 (瓮)〔兌(예)〕亓端하고

그 끝을 예리하게 한다.

瓮은 吳鈔本作甕하니 同이라 案 當爲兌(예)니 形近而誤라 猶上文云 長椎斧其兩端하니 斧亦兌之誤라

'瓮'은 吳鈔本에 '甕'으로 되어 있으니, 같은 글자이다.

案: '瓮'은 응당 兌가 되어야 하니, 글자 모양이 비슷하여 잘못된 것이다. 이는 위 글에 '長椎 斧其兩端'과 같은 경우이니, '斧' 역시 '兌'의 오자이다.

52-19-10 堅約弋이라

견고하게 말뚝에 매어 둔다.

52-19-11 十步積摶이니 大二圍以上이요

10보마다 나뭇단을 쌓아놓는데, 나무의 굵기는 2圍 이상이고,

摶은 舊本作槫이러니 道藏本吳鈔本竝作摶하고 前柴摶亦作摶이라 今據正하노라 摶은 卽束木之名이라

'摶'은 舊本에는 '槫'으로 되어 있는데, 道藏本과 吳鈔本에는 다 '摶'으로 되어 있고, 앞 글의 '柴摶'도 '摶'으로 되어 있다. 지금 이에 의거하여 바로잡았다. '摶'은 나무를 묶은 나뭇단을 일컫는 명칭이다.

52-19-12 長八尺者가 二十枚라

길이는 8척인 것이 20개이다.

52-19-13 二十五步一灶니 灶有鐵鐕

25보마다 화덕을 하나씩 두는데, 화덕에는 쇠 가마솥

畢云 舊脫一灶字러니 據太平御覽增하노라 鐕은 鬵(심)字假音이니 說文에 云 鬵은 大釜也라 一曰鼎이니 大上小下若甑曰鬵이라 讀若岑이라하고 方言에 云 甑은 自關而東에 或謂之鬵이라한대 太平御覽引作鑊하다

畢沅 : 舊本에는 '灶' 한 글자가 빠졌는데, ≪太平御覽≫에 의거하여 보충하였다. '鐕'은 鬵의 가차자이니, ≪說文解字≫에 "鬵은 큰 솥이다. 일명 鼎이라도 한다. 위쪽은 크고 아래쪽은 작아 시루 같이 생긴 것을 鬵이라 한다. 독음은 岑과 같다."라 하였다. ≪方言≫에는 "甑을 函谷關 동쪽 지역에서는 혹 鬵이라 한다."라 하였는데, ≪태평어람≫에서 이 대목을 인용한 곳에는 '鬵'이 '鑊'으로 되어 있다.

52-19-14 容石以上者一하여

용량 1섬 이상인 것 하나를 두고서

畢云 太平御覽에 引作容二石以上爲湯이라

畢沅 : ≪太平御覽≫에서 이 대목을 인용한 곳에는 '容二石以上爲湯'으로 되어 있다.

52-19-15 戒以爲湯하고

단단히 분부하여 물을 끓이고

畢云 已上은 積石(苙)〔萓〕狗屍榑灶之法이라

畢沅 : 이상은 積石(돌을 쌓아둠)・萓(횃불)・狗屍・나뭇단・부뚜막을 설치하는 법이다.

52-19-16 及持沙하니 毋下千石이라

모래를 손에 쥐게 하는데, 그 수량은 1,000섬을 밑돌지 않도록 한다.

畢云 毋下는 猶言毋過라하다 案 毋下는 猶云毋減이니 此言至少之數라 畢失其義라

畢沅 : '毋下'는 더 넘지 말라는 말과 같다.

案 : '毋下'는 더 적게 하지 말라는 말과 같으니, 이는 최소한의 수량을 말한 것이다. 필

원은 그 뜻을 잘못 보았다.

52-20-1 三十步置坐候樓하니

30보마다 坐候樓를 배치하니,

畢云 通典守拒法에 有云 卻敵上하여 建堠樓하되 以版跳出爲櫓하여 與四外烽戍로 晝夜瞻視라하다

畢沅:《通典》〈守拒法〉에 "적이 올라오는 것을 물리치기 위해 堠樓(망루)를 세우되 판자를 돌출시켜 방패를 만들고서 사방의 烽戍와 함께 밤낮으로 감시한다."라 하였다.

52-20-2 樓出於堞四尺이요

누각은 성가퀴에서 4척을 돌출하고,

畢云 說文에 云 壊은 城上女垣也라하니 堞은 省(생)文이라

畢沅:《說文解字》에 "'壊'은 성 위의 女垣이다."라 하였으니, '堞'은 壊의 약자이다.

52-20-2 廣三尺이며 (廣)〔長〕四尺이요

너비는 3척이고 길이는 4척이며,

畢云 當云下廣四尺이라 兪云 兩言廣은 義不可通이라 下廣字는 疑當作長이라 蓋言爲坐候樓之法이니 廣三尺長四尺也라 下文言陛之制曰 廣長各三尺이라하니 彼廣長同制라 故合言之요 此廣長異制라 故別言之也라

畢沅:응당 '下廣四尺'이라 해야 한다.

兪樾:'廣'을 두 번 말한 것은 뜻이 통하지 않는다. 아래 '廣'자는 아마도 응당 長이 되어야 한다. 이것은 坐候樓를 만드는 법을 말한 것이다. 이 대목은 '廣三尺 長四尺'이 되어야 한다. 아래 글에서 섬돌의 제도를 말하면서 "너비와 길이가 각각 3척이다."라 하였으니, 저 섬돌의 제도는 너비와 길이가 같기 때문에 합하여 말한 것이고, 이 좌후루의 제도는 너비와 길이가 다르기 때문에 따로 말한 것이다.

52-20-3 板周三面하고 **密傅之**요

판자로 3면을 두르고 빈틈없이 흙을 바르며,

蘇云 傅는 卽塗也니 所以防火라

蘇時學 : '傅'는 흙을 바르는 것이니, 火攻을 방비하는 것이다.

52-20-4 夏蓋亓上이라

여름에는 그 위를 덮는다.

蘇云 所以避日이라하다 案 顧校移後樓五十步一至五十二者十步而二凡百二十三字하여 著(착)於此하니 似未塙이라 今不從하노라

蘇時學 : 햇볕을 피하기 위한 것이다.

案 : 顧廣圻의 교감에서 뒤의 '樓五十步一'로부터 '五十二者十步而二'까지 모두 123자를 이곳에 옮겨 놓았는데, 확실하지 못한 듯하기에 지금 따르지 않는다.

52-20-5 五十步一藉車니

50보마다 藉車를 하나씩 두니,

畢云 疑卽巢車니 巢藉音相近이라하다 案 畢說未塙하니 詳前하니라

畢沅 : 아마도 '巢車'일 듯하니, '巢'와 '藉'는 독음이 서로 비슷하다.

案 : 필원의 설은 확실하지 못하니, 앞에 설명이 상세히 보인다.

52-20-6 藉車는 **必爲鐵纂**이라

藉車는 반드시 쇠로 수레 굴대를 만든다.

畢云 說文에 云 簨(선)은 治車軸也라하니 纂은 假音字라하다

畢沅 : ≪說文解字≫에 "簨은 수레 굴대를 만드는 것이다."라 하였으니, '纂'은 簨의 가음자이다.

52-20-7 五十步一(井屛)〔屛廁〕이니

50보마다 측간을 하나씩 두는데,

王云 畢斷五十步一井爲句하고 又云 屛은 當爲井이라하되 案下文言 百步一井하니 則此不得又言五十步一井이라 此當以五十步一井屛爲句라 下文周垣之高八尺은 謂井屛之垣이니 非謂井垣也라 旗幟篇에 云 其井爲屛하되 三十步而爲之圜하고 高丈이라하니 是其證이라 初學記地部下에 引此하여 正作五十步一井屛이라하다 詒讓案 井屛은 卽屛廁이니 非汲井也라 周禮宮人爲其井匽鄭衆注에 云 匽은 路廁也라하니 旗幟篇圜字는 乃圂(혼)之誤라 廁圂不潔이라 故以屛垣障蔽之라 汲井有韓無屛하니 亦不必爲垣也라 詳旗幟篇하니라

王念孫 : 畢沅은 '五十步一井'을 끊어서 句로 삼고, 또 "'屛'은 응당 井이 되어야 한다."라 하였지만, 살펴보건대 아래 글에서 "百步一井(100보마다 우물 하나를 둔다.)"이라 하였으니, 여기서 또 "五十步一井(50보마다 우물 하나씩 둔다.)"이라 말할 수 없다. 이 대목은 응당 '五十步一井屛'으로 句를 삼아야 한다. 아래 글에 "둘러싼 담장의 높이는 8척이다."라 한 것은 '井屛(측간)'의 담장을 말한 것이지 우물의 담장을 말한 것이 아니다. 〈旗幟〉에 "其井爲屛 三十步而爲之圜 高丈(그 井에는 벽을 만들되 30보마다 둥글게 만들고 높이는 1장이다.)"라 하였으니, 이것이 그 증거이다. ≪初學記≫ 〈地部 下〉에 이 대목을 인용한 곳에는 바로 '五十步一井屛'으로 되어 있다.

詒讓案 : '井屛'은 곧 측간이니, 물을 긷는 우물이 아니다. ≪周禮≫ 〈天官 宮人〉의 "爲其井匽(정언을 만든다.)"에 대한 鄭衆의 注에 "匽은 길가의 측간이다."라 하였으니, 〈旗幟〉의 '圜'자는 '圂'의 오자이다. 측간은 불결하기 때문에 담장으로 가리는 것이다. 물을 긷는 우물에는 〈井자 모양의〉 귀틀은 있고 담장은 없으며 또한 굳이 담장을 칠 필요도 없다. 설명이 〈旗幟〉에 상세히 보인다.

52-20-8 周垣之요 高八尺이라

주위에 담장을 둘러치고 높이는 8척이다.

52-20-9 五十步一(方)〔戶〕니

50보마다 문을 하나씩 두는데,

兪云 方者는 房之假字라 五十步置一房하여 爲守者入息之所라 故必爲關籥守之也라 尙

書序乃遇汝鳩汝方이 史記殷本紀作女房하니 是方房古字通이라하다 案 兪說은 未塙이라 方疑戶字之誤니 下同이라 後備穴篇에 云 爲之戶及關籥(약)이라하여 與此下文略同하니 可以互證이라

兪樾 : '方'은 房의 가차자이다. 50보마다 房을 하나씩 두어 수비하는 자들이 들어가 쉬는 곳으로 삼은 것이다. 그러므로 반드시 빗장과 열쇠를 만들어 지키는 것이다. 〈尙書序〉의 '乃遇汝鳩汝方(이에 汝鳩와 汝方을 만났다.)'의 '汝方'이 ≪史記≫ 〈殷本紀〉에는 '女房'으로 되어 있으니, '方'과 '房'은 古字에 통용되었다.

案 : 유월의 설은 확실하지 못하다. '方'은 아마도 '戶'의 오자일 듯하니, 아래도 같다. 뒤의 〈備穴〉에 "爲之戶及關籥(문과 빗장・열쇠를 만든다.)"이라 하여, 이 아래 글과 대략 같으니, 서로 증명할 수 있을 것이다.

52-20-10 (方)〔戶〕尙必爲關籥守之라

문 위는 반드시 열쇠와 자물쇠로 채워 지킨다.

蘇云 尙은 與上同이라 關籥卽管鑰이라하다

蘇時學 : '尙'은 上과 같다. '關籥'은 곧 열쇠와 자물쇠이다.

52-20-11 五十步積薪하되 毋下三百石하고 善蒙塗하여 毋令外火能傷也라

50보마다 땔나무를 쌓아두되 300섬을 밑돌지 않게 하며, 그 위에 흙을 입혀 잘 발라서 밖에서 일어난 불이 손상시키지 못하도록 한다.

52-20-1 百步一櫳樅이니

100보마다 櫳樅를 하나씩 두는데,

畢云 舊從手는 非라하다

畢沅 : 舊本에 〈櫳樅이〉 手 부수로 되어 있는 것은 맞지 않다.

52-20-12 起地高五丈이요 三層이요 下廣前面八尺이며 後十三尺이요

지면에서 떨어진 높이는 5장이고 3층이며, 아래의 너비는 전면은 8척이고 후면

은 13척이며,

後廣於前五尺이라

후면이 전면보다 5척 더 넓은 것이다.

52-20-13 亓上稱議衰殺(쇄)之라

그 위는 이에 걸맞도록 헤아려서 줄인다.

畢云 言稱此而議減其上이라

畢沅 : 이에 맞추어 그 위를 알맞게 줄인다는 말이다.

52-20-14 百步一木樓니 樓廣前面九尺이요

100보마다 木樓를 하나씩 두니, 누대의 너비는 전면은 9척이고,

此無後廣之度하니 疑有脫文이라

여기에는 후면의 너비 척도가 없으니, 아마도 빠진 글이 있는 듯하다.

52-20-15 高七尺이라 樓𨋎(팽)居坫(점)은

높이는 7척이다. 누대의 창문과 담장은

畢云 𨋎은 疑吻(문)이요 坫은 疑坫字이라 說文에 云 坫은 屏牆也라하고 又或同阽이라 漢書注에 如淳曰 阽은 近邊欲墮之意라하다 案 𨋎坫二字는 竝字書所無라 畢以坫爲坫은 近是어니와 以𨋎爲吻은 則無義라 疑𨋎은 當從匆(총)이니 左定九年傳에 載葱(창)靈寢於其中이라한대 孔疏에 引賈逵云 葱靈은 衣車也니 有蔥有靈이라하니 左傳葱靈卽囪櫺(창령)이라 疑蔥有作𨋎者요 亦與囪通하니 樓𨋎은 卽樓囪也라 或謂𨋎는 當爲輣(팽)之訛니 說文車部에 云 輣은 兵車也라한대 後漢書光武紀李注에 引作樓車하니 亦通이라

畢沅 : '𨋎'은 아마도 '吻'자일 것이고, '坫'은 아마도 '坫'자일 것이다. ≪설문해자≫에 "坫은 屏牆이다."라 하였고, 또 '阽'과 같이 쓴 곳도 있다. ≪漢書≫ 注에서 如淳은 "阽은 가장자리에 가까이 있어서 떨어지려고 한다는 뜻이다."라 하였다.

案 : '𨋎'과 '坫' 두 글자는 다 字書에 없다. 필원이 '坫'을 '坫'자로 본 것은 옳을 듯하지

만 '物'을 '吻'자로 본 것은 전혀 字義에 맞지 않다. 아마도 '物'은 응당 匆 邊으로 써야 할 듯하니, ≪春秋左氏傳≫ 定公 9년에 "載葱靈寢於其中(葱靈에 짐을 싣고서 그 속에 누웠다.)"라 했는데, 孔穎達의 疏에 賈逵의 설을 인용하여 "葱靈은 衣車(사방을 천으로 가린 수레)이니, 葱(窓)이 있고 靈(櫺)이 있다."라 하였으니, ≪춘추좌씨전≫의 '葱靈'은 곧 '囱櫺(창문)'이다. 아마도 '蔥'은 '物'자로 되어 있는 것도 있고 또한 '囱'과 통용되는 듯하니, '樓物'은 곧 '樓囱'이다. 혹자는 "'物'은 응당 輣이 잘못된 것인 듯하니, ≪설문해자≫ 車部에 '輣은 兵車이다.'라고 하였다."라고 하였는데 ≪後漢書≫ 〈光武帝紀〉 李賢의 注에 이 대목을 인용한 곳에는 '樓車'로 되어 있으니, 또한 뜻이 통한다.

52-20-16 出城十二尺이라

성에서 12척 밖으로 나오게 만든다.

吳鈔本作步라

'尺'이 吳鈔本에는 '步'로 되어 있다.

52-20-17 百步一井이니 **井十罋**(옹)을

100보마다 우물을 하나씩 파는데, 우물에는 열 개의 두레박을

畢云 舊作百步再再十罋이러니 据太平御覽改하노라하다 蘇云 上旣言五十步一井하니 則此一字는 或訛라 然太平御覽引亦如此라

畢沅 : 舊本에는 '百步再 再十罋'으로 되어 있는데 ≪太平御覽≫에 의거하여 〈'百步一井 井十罋'으로〉 고쳤다.

蘇時學 : 위에서 이미 '五十步一井'이라 하였으니, 이 '一'자는 혹 잘못인 듯하다. 그러나 ≪태평어람≫의 이 대목을 인용한 곳에도 이와 같이 되어 있다.

52-20-18 以木爲繋連하고

나무로 묶어 연결하고

蘇云 繋連은 所以引罋而汲也라하다 詒讓案 繋連은 疑當爲擊邉이니 形近而誤니 卽後文之頡皐라 音竝相近하니라

蘇時學 : '繫連'은 두레박을 끌어서 물을 긷는 장치이다.

詒讓案 : '繫連'은 아마도 '擊邃'가 되어야 할 듯하니, 글자 모양이 비슷하여 잘못된 것이다. 곧 뒤의 글(52-22-11)에 나오는 '頡皋'이니, 독음이 둘 다 서로 비슷하다.

52-20-19 水器容四斗到六斗者百이라

4말에서 6말까지 담을 수 있는 水器 100개를 둔다.

六斗는 舊作六什이라 蘇云 六什은 當作六斗라 到는 猶至也라하다 案 蘇校가 是也라 今據正하노라 左傳襄九年宋災備水器杜注에 云 盆甖之屬이라하다

'六斗'는 구본에는 '육십'으로 되어 있다.

蘇時學 : '六什'은 응당 '六斗'가 되어야 한다. '到'는 至와 같다.

案 : 소시학의 교감이 옳다. 지금 이에 의거하여 바로잡았다. ≪春秋左氏傳≫ 襄公 9년 조에 "宋나라에 화재가 발생했는데, 水器를 준비했다."라 했는데, 杜預의 注에 "水器는 동이와 두레박 따위들이다."라 하였다.

52-20-20 百步一積雜秆(간)이니

100보마다 짚단을 하나씩 쌓아두는데,

說文禾部에 云 稈은 禾莖也라하니 或作秆이라 左昭二十七年傳에 云 或取一秉秆焉이라하다 畢云 一本作杆이라하다 蘇云 秆字誤니 作杆是也라 或作杵亦可라하다 案 蘇說은 非是라

≪說文解字≫ 禾部에 "稈은 벼의 줄기이다."라 하였는데, '秆'으로 되어 있는 곳도 있다. ≪春秋左氏傳≫ 昭公 17년 조에 "或取一秉秆焉(어떤 사람은 볏짚 한 묶음을 취하였다.)"이라 하였다.

畢沅 : 한 本에는 〈'秆'이〉 '杆'으로 되어 있다.

蘇時學 : '秆'은 오자이니, '杆'자가 되는 것이 옳다. 혹은 '杵'로 되어 있기도 하다.

案 : 소시학의 설은 맞지 않다.

52-20-21 大二圍以上者五十枚라

굵기가 2圍 이상인 것이 50개이다.

52-20-22 百步爲櫓하니

100보마다 櫓(큰 방패)를 만들어두니,

畢云 說文에 云 櫓은 大盾也라하다

畢沅 : ≪說文解字≫에 "櫓는 큰 방패이다."라 하였다.

52-20-23 櫓廣四尺이며 **高八尺**이니 **爲衝術**(수)라

櫓는 너비는 4척이며 높이는 8척이니, 적의 衝隨(衝車가 오는 길)를 대비한 것이다.

衝術는 卽上文之衝隊(수)니 隊術는 一聲之轉이라 禮記月令審端徑術鄭注에 云 術는 周禮作遂라하니 是其例也라 此下所爲는 皆以當衝遂라

'衝術'는 곧 위 글의 '衝隊'이니, '隊'와 '術'는 한 성음이 전변한 것이다. ≪禮記≫ 〈月令〉의 "審端徑術(보도와 도랑을 살펴 단정하게 한다.)"에 대한 鄭玄의 注에 "術는 ≪周禮≫에 '遂'로 되어 있다."라 하였으니, 이것이 그 一例이다. 이 아래에 하는 것은 다 땅굴을 막는 것이다.

52-20-24 百步爲幽(膭)〔隫〕하니

100보마다 幽膭을 만드는데

兪云 膭卽竇字之誤니 其上本從穴이라 篆文穴字與隸書肉字相似라 管子侈靡篇에 有䐄字하니 卽窵字之誤라 正與此同하니 可以爲證이라하다 詒讓案 膭은 當爲隫之誤니 說文𨸏部에 云 隫은 通溝以防水者也라하니 與竇聲義竝相近이라 凡從𨸏從肉字는 隸變形近易訛라 備蛾傳篇에 以脾爲陴하니 可與此互證이라 考工記匠人竇其崇三尺鄭注에 云 宮中水道라하다 幽隫은 猶言闇溝也라

兪樾 : '膭'은 곧 竇의 오자이니, 글자의 윗부분은 본래 穴 부수이다. 篆書의 '穴'자가 隸書의 '肉'자와 모양이 서로 비슷하다. ≪管子≫ 〈侈靡〉에 '䐄'자가 있으니, 곧 窵의 오자이다. 바로 이 경우와 같으니, 참고하여 고증할 수 있다.

詒讓案 : '膭'은 '隫'의 오자이니, ≪說文解字≫ 𨸏部에 "隫은 도랑을 내어서 水災를 방비하는 것이다."라 하였으니, '竇'와 聲音과 字義가 다 서로 비슷하다. 무릇 𨸏 부수와 肉 부수의 글자는 예서로 변할 때 글자 모양이 비슷하여 잘못되기 쉽다. 〈備蛾傳〉에 '脾'를 '陴'

로 썼으니, 이 경우와 서로 증험할 수 있다. ≪周禮≫ 〈考工記 匠人〉에 "竇其崇三尺(竇는 그 높이가 3척이다.)"이라 했는데, 鄭玄의 注에 "宮中의 水道이다."라 하였다. '幽竇'은 '闇溝(숨겨진 도랑)'라는 말과 같다.

52-20-25 廣三尺이며 **高四尺者(千)〔一〕**이라

너비는 3척이고 높이는 4척인 것이 1개이다.

此爲數太多하니 疑非也라 或當爲一之誤라

'千'은 숫자가 너무 많으니, 맞지 않을 듯하다. 아마도 '一'의 오자일 듯하다.

52-20-26 二百步一立樓하니

200보마다 누대 하나를 세우는데,

立은 畢校改大하고 云 大는 舊作立이러니 據太平御覽改하노라라하다 王云 畢改는 非也라 初學記居處部와 鈔本御覽居處部四와 玉海宮室部所引에 竝作立樓하니 刻本御覽訛作大樓는 不足爲據라

'立'은 畢沅의 교감에서 '大'로 고치고, "'大'는 舊本에는 '立'으로 되어 있었는데, ≪太平御覽≫에 의거하여 고친다."라 하였다.

王念孫 : 필원이 고친 것은 맞지 않다. ≪初學記≫ 〈居處部〉와 鈔本 ≪태평어람≫ 〈居處部四〉와 ≪玉海≫ 〈宮室部〉에서 인용한 곳에 다 '立樓'로 되어 있으니, 刻本 ≪태평어람≫에 '大樓'로 잘못되어 있는 것은 근거로 삼기에 부족하다.

52-20-27 城中은 **廣二丈五尺(二)**이요

성첩 안은 너비가 2장 5척이고,

下二字는 疑衍이라 此立樓在堞內者之度요 其出堞外者는 則五尺이니 下文云 出樞五尺이 是也라 內外合計之하면 則廣三丈也라 上文說坐候樓에 亦云 樓出於堞四尺이라하다 畢云 太平御覽引云 二百步一大樓하니 去城中二丈五尺이라하다

아래 '二'자는 衍文일 듯하다. 이 대목의 세운 누대는 城堞 안에 있는 것의 척도이고, 성첩 밖으로 벗어난 것은 5척이니, 아래 글에 "옆으로 城堞을 벗어난 거리가 5척"이라

한 것이 이것이다. 안팎을 합하여 계산하면 너비가 3丈이다. 위 글에서 坐候樓를 설명한 대목에서도 "누각은 성가퀴에서 돌출한 것이 4척"이라 하였다.

畢沅 : ≪태평어람≫에서 이 대목을 인용하여 "200보마다 하나씩 큰 누각이 있으니, 성 안과 거리가 2장 5척이다."라 하였다.

52-20-28 長二丈이요 **出(樞)〔拒〕五尺**이라

길이는 2장이고, 누대가 옆으로 城堞 밖으로 나가있는 것이 5척이다.

樞는 **疑當作拒**니 **謂立樓之橫距出堞外者五尺也**라 **備高臨篇**에 **云 臺城左右**가 **出巨各二十尺**이라하니 **拒巨**는 **竝距之借字**라 **詳備高臨篇**하니라

'樞'는 아마도 拒가 되어야 할 것이니, 세운 누대가 옆으로 城堞 밖으로 나가있는 것이 5척이라는 말이다. 〈備高臨〉에 "臺城左右出巨各二十尺(臺城이 좌우로 성첩을 벗어난 것이 각각 20척이다.)"이라 하였으니, '拒'와 '巨'는 다 '距'의 가차자이다. 설명이 〈備高臨〉에 상세히 보인다.

52-20-29 城上은 **廣三步到四步**라야 **乃可以爲使鬪**라

성첩 위는 너비가 3보에서 4보이니, 이 정도가 되어야 전투하게 할 수 있다.

三步者는 **一丈八尺**이요 **四步者**는 **二丈四尺也**라 **此言堞內地之廣度**가 **必如此**라야 **乃足容守卒行止及儲庤**(치)**器用也**라

3보라는 것은 1장 8척이고, 4보라는 것은 2장 4척이다. 이는 성첩 안 땅의 너비가 반드시 이 정도가 되어야만 비로소 수비하는 병졸이 다닐 수 있고 器用을 저장할 수 있다는 말이다.

52-20-30 俾倪는 **廣三尺**이요 **高二尺五寸**이라

俾倪(성가퀴)는 너비는 3척이고 높이는 2척 5촌이다.

畢云 說文에 **云 陴**는 **城上女牆俾倪也**라한대 **杜預注左傳**에 **作僻倪**라 **衆經音義**에 **云 三倉**에 **云 俾倪**는 **城上小垣也**라하다 **一云 三倉作頼堄**하고 **又作埤㱛**(비)라하다 **蘇云 卽睥睨**니 **釋名**에 **云 城上垣曰睥睨**라하니 **言於孔中睥睨一切也**라하다

畢沅 : ≪說文解字≫에 "陴는 성 위의 女牆俾倪(낮은 담장)이다."라 하였는데, ≪春秋左氏傳≫ 杜預 注에는 '僻倪'로 되어 있다. ≪衆經音義≫에는 "≪三倉≫에 '俾倪는 성 위의 작은 담장이다.'라 하였다."라 하고, 한 곳에서는 "≪삼창≫에는 '頓埤'로 되어 있고, 또 '埤', '轂'로도 되어 있다."라 하였다.

蘇時學 : '俾倪'는 곧 '睥睨'이니, ≪釋名≫에 "성 위의 담장을 '睥睨'라 한다."라 하였으니, 구멍 안을 통해 일체를 다 엿본다는 말이다.

52-20-31 陛高二尺五요

계단은 높이는 2척 5촌이고

下文有寸字하니 此亦當有라 說文阜部에 云 陛는 升高陛也라하다

아래 글에 '寸'자가 있으니, 여기도 응당 있어야 한다. ≪說文解字≫ 阜部에 "陛는 높은 곳에 오르는 계단이다."라 하였다.

52-20-32 廣長各三尺이며 (遠)〔道〕廣各六尺이라

너비와 길이는 각각 3척이고 길의 너비는 각각 6척이다.

遠廣은 義不可通하니 疑遠當爲道니 謂城上下當陛之道也라 下文에 云 道陛高二尺五寸 長十步라하다 下廣字는 道藏本吳鈔本에 竝作唐이라 文選甘泉賦李注에 引鄧展云 唐은 道也라하니 則唐義亦通이라

遠廣은 뜻이 통하지 않으니, 아마도 '遠'은 응당 '道'가 되어야 할 듯하다. 이는 성 위아래의 계단에 해당하는 길을 말한다. 아래 글에 "道陛高二尺五寸 長十步"라 하였다. 아래 '廣'자는 道藏本과 吳鈔本에는 다 '唐'으로 되어 있다. ≪文選≫〈甘泉賦〉李善 注에 鄧展의 설을 인용하여 "唐은 道이다."라 하였으니, '唐'도 뜻이 통한다.

52-20-33 城上四隅(童異)〔重廙〕니 高五尺이요

성 위의 네 모서리에 重廙(여러 층으로 높게 지은 누각)를 만드니, 높이는 5척이고,

童異는 疑當爲重廙니 說文广(엄)部에 云 廙는 行屋也라하다 又疑當爲重婁니 婁與樓通이라 備蛾傅篇에 云 隅爲樓라하다

'童異'는 아마도 '重廙'가 되어야 할 듯하니, ≪說文解字≫ 广部에 "廙는 行屋(이동할 수 있는 집)이다."라 하였다. 또 어쩌면 '重婁'가 되어야 할 듯하니, '婁'는 '樓'와 통한다. 〈備蛾傳〉에 "隅爲樓(성 모서리에 누각을 만든다.)"라 하였다.

52-20-34 四尉舍焉이라

四尉가 이곳에 머문다.

尉는 **蓋卽下文所謂帛尉**라 **商子境內篇**에 **云 其縣有四尉**라하고 **北堂書鈔職官部**에 **引韋昭辨釋名云 廷尉郡尉縣尉**는 **皆古官也**니 **以尉尉人心也**라 **凡掌賊及司察之官**을 **皆曰尉**라 **尉**는 **罰也**니 **言以罪罰姦非也**라하다 **畢云 已上**은 **候樓, 井, 櫳樅, 木樓, 井, 褋秆, 櫓, 幽賾, 立樓之法**이라

'尉'는 곧 아래 글에서 말한 '帛尉'일 것이다. ≪商子≫ 〈境內〉에 "그 縣에 四尉가 있다."라 하였고, ≪北堂書鈔≫ 〈職官部〉에 韋昭의 ≪辨釋名≫을 인용하여 "廷尉·郡尉·縣尉는 다 고대의 관직이니, 尉로써 인심을 慰撫하는 것이다. 무릇 도적과 사찰에 관한 일을 관장하는 관직을 다 '尉'라 한다. '尉'는 罰이니, 간특하고 비리를 저지른 자에게 벌을 주는 것을 말한다."라 하였다.

畢沅 : 이상은 候樓·우물·櫳樅·木樓·우물·짚단·櫓·幽賾·누대를 설치하는 법이다.

52-21-1 城上七尺一渠니 **長丈五尺**이며

성 위에 7척마다 渠를 하나씩 두니, 길이는 1장 5척이고,

舊本에 **脫此字**러니 **王據雜守篇補**하다

舊本에는 〈'長丈五尺'의〉 이 '尺'자가 없는데, 王念孫이 〈雜守〉에 의거하여 보충하였다.

52-21-2 貍(매)**三尺**이요

땅에 묻는 부분은 3척이고,

畢云 貍는 **薶省**(생)**文**이라

畢沅 : '貍'는 '薶'의 약자이다.

52-21-3 去堞五寸이요 夫長丈二尺이며

城堞과의 거리는 5촌이고, 夫(발)의 길이는 1장 2척이며,

畢云 夫字는 俱未詳이라 疑卽扶字니 所以著(착)手라 王云 畢說은 非也라 夫는 當爲矢니 隸書에 矢字或作𠂔하니 見漢泰山都尉孔宙碑요 又作夭하니 見成陽令唐扶頌하니 竝與夫相似라 故訛作夫라 雜守篇에 渠長丈五尺이요 其埋者三尺이며 矢長丈二尺이라하니 其字正作矢라 故知此篇諸夫字는 皆矢字之訛라하다 兪云 畢王二說은 皆非也라 下文云 爲頡皐하되 必以堅杖爲夫라하다 畢云 夫同趺하니 如足兩分也라하니 此說得之라 下云 臂長六尺이라하니 是趺也臂也가 皆取象於人身이라 畢得之後하고 而失之前하니 偶不照耳라 雜守篇作矢는 乃字之誤니 不當反據以改不誤者라 後文夫字應讀趺者는 視此라 案 兪說이 是也라

畢沅 : '夫'자는 모두 미상이다. 아마도 '扶'자일 듯하니, 손을 대는 부분이다.

王念孫 : 필원의 설은 맞지 않다. '夫'는 응당 '矢'가 되어야 하니, 隸書에 '矢'자가 혹 𠂔로 되어 있으니, 漢나라 〈泰山都尉孔宙碑〉에 보이고, 또 夭로 되어 있으니 〈成陽令唐扶頌〉에 보인다. 이 두 곳의 글자가 다 '夫'와 서로 비슷하다. 그러므로 잘못하여 '夫'가 된 것이다. 〈雜守〉에 "渠長丈五尺 其埋者三尺 矢長丈二尺(渠는 길이는 1장 5척이며, 땅에 묻는 부분은 3척이고 화살의 길이는 2척이다.)"이라 하였으니, '其'자가 바로 '矢'로 되어 있다. 그러므로 이 〈비성문〉의 '夫'자들은 다 '矢'의 오자임을 알 수 있다.

兪越 : 필원과 왕염손의 두 설은 다 틀렸다. 아래 글에 "爲頡皐 必以堅杖爲夫(頡皐를 만들되 반드시 견고한 나무로 夫를 만든다.)"라 하였다. 필원은 "'夫'는 趺와 같으니, 발이 둘로 나뉜 것과 같다."라 하였으니, 이 설이 맞다. 아래에 "臂長六尺(臂는 길이가 6척이다.)"이라 하였으니, '趺'와 '臂' 둘 다 사람의 몸에서 형상을 취한 것이다. 필원은 뒤에는 맞고 앞에서는 틀렸으니, 우연히 잘못 본 것이다. 〈雜守〉에 '矢'로 되어 있는 것은 글자가 잘못된 것이니, 이것을 가지고 도리어 틀리지 않은 글자를 고쳐서는 안 된다. 뒤의 글에 '夫'자를 응당 '趺'로 읽어야 하는 것은 이를 기준으로 삼은 것이다.

案 : 유월의 설이 옳다.

52-21-4 臂長六尺이요 半植一鑿이며 內(後)〔徑〕(長)五寸이라

臂(팔)는 길이가 6척이고, 기둥의 중간에 한 개의 구멍을 뚫는데 구멍의 지름은

5촌이다.

疑當作爲內徑五寸이니 此徑誤爲後하고 又衍長字하여 遂不可通이라 備高臨篇說連弩車衡植左右皆圜內하니 內徑四寸이라하니 足相比例라 又上云 門(關)〔扇〕薄植 皆鑿半尺이라하니 半尺은 卽五寸之徑也라 內枘(예)古今字라 楚辭九辨에 云 圜鑿而方枘兮라하니라

'內後長五寸'은 아마도 '內徑五寸'이 되어야 할 듯하니, 이 '徑'이 잘못 '後'가 되었고, 게다가 '長'이 衍字로 들어가서 마침내 뜻이 통할 수 없게 되고 말았다. 〈備高臨〉에서 '連弩車'를 설명하면서 "衡植左右皆圜內 內徑四寸(횡목의 좌우에는 다 둥근 빗장이 있는데, 빗장의 지름은 4촌이다.)"이라 하였으니, 이 대목과 서로 비슷한 文例이다. 또 위에서 "門扇薄植皆鑿半尺(門扇의 기둥에 다 구멍을 반 척 크기로 뚫는다.)"이라 했으니, 半尺은 곧 5촌 길이의 지름이다. '內'는 古字이고 '枘'는 지금의 글자이다. ≪楚辭≫ 〈九辨〉에 "圜鑿而方枘兮(둥글게 깎은 구멍에 네모난 자루를 끼우려 한다.)"라 하였다.

52-21-5 夫兩鑿이요

夫에 두 개의 구멍을 뚫고,

畢云 兩은 舊作雨러니 以意改라하다

畢沅 : '兩'은 구본에는 '雨'로 되어 있었는데, 글 뜻으로 판단하여 고쳤다.

52-21-6 渠夫前端下堞四寸而適이라

渠의 夫 앞쪽 끝이 城堞보다 4촌이 낮으면 적당하다.

謂適相當也라

적당하다는 말이다.

52-21-7 鑿渠하며 鑿坎하고 覆(부)以瓦하고 冬日以

渠에 구멍을 뚫고 구덩이를 파고서 기와로 덮어두며 겨울철에는

畢云 中脫一字하니 或是息字라

畢沅 : 중간에 한 글자가 빠졌으니, 혹 '息'자일 것이다.

52-21-8 馬(夫寒)〔矢塞〕하되

말똥으로 채워두되

夫는 當作矢라 下說城上之物에 有馬矢하니 亦誤作夫라 寒은 疑塞之訛라

'夫'는 응당 矢가 되어야 한다. 아래에서 성 위의 물품을 말한 대목에도 '馬矢'가 있는데, '矢'가 '夫'로 잘못되어 있었다. '寒'은 '塞'의 오자일 듯하다.

52-21-9 皆待命이라

이 모든 일은 다 명령을 기다린다.

言待命令而施之라 下文作水甬에 亦云 覆以瓦而待令이라

명령을 기다려 실시한다는 말이다. 아래 글의 '作水甬(수용을 만든다.)'이라는 대목에서도 "기와로 덮어두고 명령을 기다린다."라고 하였다.

52-21-10 若以瓦爲坎이라

혹 기와로 구덩이를 만들기도 한다.

此謂或卽以瓦爲坎亦可라

이 대목은 혹 기와로 구덩이를 만들 수도 있다는 말이다.

52-21-11 城上(千)〔十〕步一表니

성 위에는 10보마다 表(푯대)를 하나씩 두니,

千은 疑當作十이라

'千'은 아마도 十이 되어야 할 듯하다.

52-21-12 長丈이라 棄水者操表搖之라

길이는 1장이다. 물을 버리는 자는 表를 잡고서 흔든다.

以告人하니 慮有體汗也라

이렇게 하여서 사람들에게 알려주는 것이니, 몸이 젖을까 염려해서이다.

52-21-13 五十步一廁이요

50보마다 측간을 하나씩 두며,

畢云 五下에 舊衍一五字라하다

畢沅 : '五' 아래에 舊本에는 '五' 한 글자가 衍字로 들어 있다.

52-21-14 與下同圂(혼)이라

성 아래와 圂(뒷간)을 같이 쓴다.

畢云 說文에 云 圂은 廁也라하다 詒讓案 上廁은 爲城上之廁이요 圂則城下積不潔之處니 旗幟篇所謂民圂也라 蓋城上下廁異而圂同이라

畢沅 : ≪說文解字≫에 "圂은 측간이다."라 하였다.

詒讓案 : 위의 '廁'은 성 위의 측간이고, '圂(뒷간)'은 성 아래에 불결한 분뇨를 쌓아두는 곳이니, 〈旗幟〉에서 말한 '民圂'이다. 대개 성의 위와 아래가 '廁'은 다르고 '圂'은 같다.

52-21-15 之廁者는

측간에 가는 사람은

畢云는 之는 往也니 見爾雅라

畢沅 : '之'는 간다는 말이니, ≪爾雅≫에 보인다.

52-21-16 不得操라

손에 잡고 있는 것이 있어서는 안 된다.

畢云 言不得有挾持라하다 詒讓案 下有脫文이라

畢沅 : 휴대하고 있는 것이 있어서는 안 된다는 말이다.

詒讓案 : 아래에 빠진 글이 있다.

52-21-17 城上三十步一藉車로되

성 위에 30보마다 藉車를 하나씩 두는데,

蘇云 上作五十步하고 備穴篇作二十步하니 未詳孰是로다

蘇時學 : 위 글에서는 50보로 되어 있고, 〈備穴〉에는 20보로 되어 있으니, 어느 것이 옳은지 자세하지 않다.

52-21-18 當隊(수)者不用〔此數〕라

적이 공격해 오는 길에 해당하는 곳에는 이 숫자에 한정하지 않는다.

以上文校之컨대 此下에 當脫此數二字라

위 글로 교감해 보건대, 이 아래에 응당 '此數' 2자가 빠졌을 것이다.

52-21-19 城上五十步一道陛니

성 위에 50보마다 道陛를 하나씩 두는데,

謂當道之階也라 陛는 詳前이라

〈道陛는〉 길에 해당하는 계단을 말한다. '陛'는 앞에 상세히 보인다.

52-21-20 高二尺五寸이요 長十步라 城上五十步一樓(扒)〔撕(시)〕이니

높이는 2척 5촌이고, 길이는 10보이다. 성 위에 50보마다 망루를 하나씩 두는데

扒은 疑當爲撕니 草書相近而訛라 上文云樓撕揗이 卽此라

'扒'은 아마도 '撕'가 되어야 할 듯하니, 초서로 두 글자가 서로 비슷하여 잘못된 것이다. 위 글에 '樓撕揗'이라 한 것이 바로 이것이다.

52-21-21 (扒勇勇)〔樓撕〕必〔再〕重이라

누각은 반드시 이층으로 만든다.

蘇屬下土字讀하고 云 扒은 義未詳하니 或誤衍이라 勇은 疑樓字之誤라 重土는 卽重字之誤也라 當言五十步一樓니 樓必重이니 重은 平聲이라 備穴篇에 言再重樓가 是也라 案此當作樓撕必再重이니 卽上文所云屬城爲再重樓也라 今本樓再二字가 竝誤爲勇하고

又到亂失次耳라 土는 當屬下樓字讀이니 蘇說이 失之라 備蛾傳篇에 云 隅爲樓하되 樓必曲裹라하니 亦再重之訛라

蘇時學은 아래(52-21-22)의 '土'자를 이어 붙여 읽고, "'扤'은 뜻을 알 수 없으니, 혹 잘못 衍字가 들어간 듯하다. '勇'은 아마도 '樓'의 오자일 것이다. '重土'는 곧 '重'자의 착오이다. 응당 '五十步一樓 樓必重(50보마다 누대를 하나씩 두는데 누대는 반드시 이층으로 만든다.)'이라 해야 할 것이니, 여기서 '重'은 平聲이다. 〈備穴〉에 '再重樓'라 한 것이 이것이다.

案 : 이 대목은 응당 '樓撕必再重'이 되어야 할 것이니, 곧 위 글에서 말한 '屬城爲再重樓也(성에 이어 붙여 이층 누각을 만든다.)'라는 것이다. 今本에는 '樓'와 '再' 2자가 다 잘못 '勇'자가 되었고, 게다가 글이 혼란하여 次序를 잃었다. '土'는 응당 아래 '樓'와 이어 붙여 읽어야 하니, 소시학의 설은 맞지 않다. 〈備蛾傳〉에 "隅爲樓 樓必曲裹(성 모서리에 누각을 만들되 누각은 반드시 이층으로 만든다.)"라 하였으니, '曲裹'는 역시 '再重'의 誤字이다.

52-21-22 土樓는 百步一이요

土樓는 100보에 하나이고

畢云 土는 舊作士러니 以意改라하다

畢沅 : '土'는 舊本에는 '士'로 되어 있었는데, 글 뜻으로 판단하여 고쳤다.

52-21-23 外門發樓요

밖의 문은 懸門이며

疑亦爲縣門也라 左傳孔疏에 云 縣門은 有寇則發機而下之라하고 後文縣梁에 又曰 發梁이라하니 亦其比例라

아마도 '發樓'는 역시 懸門일 듯하다. ≪春秋左氏傳≫ 孔穎達의 疏에 "懸門은 적의 침공이 있으면 기관을 발동하여 내린다."라 하였고, 뒤의 글에 '縣梁'을 말한 대목에서도 '發梁(기관을 발동하여 교량을 내린다.)'이라 하였으니, 또한 이와 비슷한 文例이다.

52-21-24 左右渠之라

좌우로 도랑을 판다.

蘇云 渠는 塹也니 所以防踰越者라

蘇時學 : 渠는 참호이니, 적이 넘어들어는 것을 막는 것이다.

52-21-25 爲樓加藉(자)幕하고

누각에는 藉幕(성벽 방어용 장막)을 설치하고

畢云 舊作慕러니 以意改라 詒讓案 前作藉莫하니 卽幕之省(생)이라 制詳前하니라

畢沅 : 〈'幕'은〉 舊本에는 '慕'로 되어 있었는데, 글 뜻으로 판단하여 〈'幕'으로〉 고쳤다.

詒讓案 : 앞에서는 '藉莫'으로 되어 있었는데 '莫'은 곧 '幕'의 약자이다. 藉幕의 제도는 앞에 상세히 보인다.

52-21-26 棧上出之以救外라

棧道 위로 나가서 밖을 구원한다.

52-21-27 城上皆毋得有室이니 若也可依匿者는

성 위에는 모두 房室을 두어서는 안 되니, 기타 적이 숨을 수 있는 것은

畢本에 也改他하고 云 舊作也러니 以意改라하다 王云 他는 古通作也하니 不煩改字라

畢本에는 '也'를 '他'로 바꾸고, "舊本에는 '也'로 되어 있는데, 글 뜻으로 판단하여 고쳤다."라 하였다.

王念孫 : '他'는 古字에 '也'와 통용했으니, 굳이 글자를 고칠 필요가 없다.

52-21-28 盡除去之라

다 제거한다.

52-21-29 城下州道內에

성 아래 州道 안에

畢云 疑周道라하다 詒讓案 周道는 見後備水篇하다 周禮量人에 云 營軍之壘舍에 量其州涂라한대 鄭衆注에 云 州涂는 還市朝而爲道也라하고 又考工記匠人에 云 環涂七軌라한대 杜子春注에 云 環涂는 環城之道라하니 此州道與州涂環涂가 義竝略同이라

畢沅 : 아마도 周道(큰 길)일 듯하다.

詒讓案 : 周道는 뒤의 〈備水〉에 보인다. ≪周禮≫ 〈夏官 量人〉에 "군대의 堡壘와 숙사를 만들 때 그 州涂를 측량한다."라 하였는데, 鄭衆의 注에 "州涂는 市朝를 빙 둘러서 길을 만드는 것이다."라 하였고, ≪주례≫ 〈考工記 匠人〉에 "環涂는 7軌이다."라 했는데, 杜子春의 注에 "環涂는 도성을 빙 둘러서 낸 길이다."라 하였으니, '州道'는 '州涂'·'環涂'와 뜻이 다 대략 같다.

52-21-30 百步一積薪이로되 毋下三千石하고 以上善塗之라

100보마다 한 단의 땔나무를 쌓아두되 3,000섬을 밑돌지 않게 하며, 위를 흙으로 잘 발라둔다.

薪은 舊本作藉라 王引之云 積藉는 不知何物이니 藉當爲薪이라 薪藉字形相似하고 又涉上文兩藉字而誤也라 積薪必善塗之者는 所以防火也라 上文云 五十步積薪하되 毋下三百石하고 善蒙塗하여 毋令外火能傷也라하니 與此文同一例로되 特彼以城上言之하고 此以城下言之耳라 雜守篇亦曰 塗積薪者는 厚五寸已上이라하다 案 王校是也라 蘇說同하니 今據正하노라

'薪'은 舊本에는 '藉'로 되어 있다.

王引之 : '積藉'는 무슨 물건인지 알지 못하겠으니, '藉'는 응당 '薪'이 되어야 한다. 薪과 藉는 字形이 서로 비슷하고, 게다가 위 글의 두 개의 '藉'와 연관하여 잘못된 것이다. 땔나무를 쌓을 때 반드시 흙을 바르는 것은 불에 타지 않도록 방비하는 것이다. 위 글에 "50보마다 땔나무를 쌓아두되 300섬을 밑돌지 않게 하며, 흙을 입혀 잘 발라서 외부의 불이 땔나무를 태우지 못하도록 한다."라 한 것이 이 대목과 동일한 例이다. 단지 저 대목은 성 위를 가지고 말하였고, 이 대목은 성 아래를 가지고 말했을 뿐이다. 〈雜守〉에도 "쌓아둔 땔나무에 흙을 바르는 것은 두께가 5촌 이상이다."라 하였다.

案 : 王念孫의 校勘이 맞다. 蘇時學의 설도 같으니, 지금 이에 의거하여 바로잡았다.

52-21-31 城上十人一什長하여

성 위에는 10인마다 한 명의 什長이 있어

迎敵祠篇에 云 城上五步有伍長하고 十步有什長이라하니 蓋城上步一人이니 十步則十人에 有什長이라 二篇文異義同이라 畢云 通典守拒法에 云 城上五步有伍長하고 十步有什長이요 五十步百步에 皆有將長이라하다

〈迎敵祠〉에 "성 위에 5보마다 伍長이 있고, 10보마다 什長이 있다."라 하였으니, 대개 성 위에는 1보마다 1인이 있다. 따라서 10보면 10인마다 什長이 있는 것이다. 〈영적사〉와 〈비성문〉 두 편의 이 대목은 글만 다르고 뜻은 같다.

畢沅 : ≪通典≫ 〈守拒法〉에 "城上五步有伍長 十步有什長 五十步百步 皆有將長(성 위에 5보마다 伍長이 있고, 10보마다 什長이 있으며, 50보・100보에도 다 將長이 있다.)"이라 하였다.

52-21-32 屬一吏士라

한 명의 吏士에게 소속된다.

疑一當爲十이라

'一'은 十이 되어야 할 듯하다.

52-21-33 〔百人〕一(帛)〔百〕尉라

100인마다 한 명의 百尉를 둔다.

有訛脫하니 疑當云 百人一百尉라 迎敵祠篇에 云 城上百步有百長이라하다 又疑帛或當作亭이니 篆文二字形近이라 畢云 帛同伯이라

잘못되거나 빠진 것이 있다. 아마도 '百人一百尉'라 해야 할 듯하다. 〈迎敵祠〉에 "성 위에 100보마다 百長을 둔다."라 하였다. 또 어쩌면 '帛'은 혹 '亭'이 되어야 하니, 篆書로 이 두 글자의 모양이 비슷하다.

畢沅 : '帛'은 '伯'과 같다.

52-21-34 百步一亭이니 **(高)〔亭〕垣丈四尺**이며

100보마다 정자를 하나씩 두는데, 정자의 담장은 높이가 1장 4척이고

蘇云 高垣은 當作垣高라하다 詒讓案 疑當作亭垣이니 高는 卽亭字之誤라

蘇時學 : '高垣'은 응당 '垣高'가 되어야 한다.

詒讓案 : 아마도 '亭垣'이 되어야 할 것이니, '高'는 곧 '亭'의 오자이다.

52-21-35 厚四尺이요 爲閨門兩扇하여

두께는 4척이며, 규문에 짝으로 된 문을 달아

此卽亭垣之門이라 閨門은 見前이라

이는 정자 담장의 문이다. '閨門'은 앞에 보인다.

52-21-36 令各可以自閉라

각각 따로 닫힐 수 있도록 한다.

上文同이라 道藏本吳鈔本에 閉作閈(한)이라 案 後行棧內閈도 亦作此字라 詳後라

위 글에도 같다. 道藏本과 吳鈔本에는 '閉'가 '閈'으로 되어 있다.

案 : 뒤의 글에 '行棧內閈(行棧은 안에서 잠근다.)'에도 이 글자(閈)로 되어 있다. 뒤에 상세히 보인다.

52-21-37 亭一尉니

정자마다 한 명의 尉를 두는데

舊本에 脫一字러니 王據太平御覽職官部六十七補라 今從之하노라 此卽上帛尉라 城上百步一亭이라 故亭一帛尉矣라 蘇云 言亭有尉主之라

舊本에는 '一'자가 빠졌는데, 王念孫이 ≪太平御覽≫ 〈職官部 六十七〉에 의거하여 보충하였기에 지금 따른다. 이 '尉'는 곧 위의 '帛尉'이다. 성 위에는 100보마다 정자가 하나씩 있다. 그러므로 정자마다 한 명의 帛尉가 있는 것이다.

蘇時學 : 정자마다 주관하는 尉가 있다는 말이다.

52-21-38 尉必取有重厚忠信可任事者라

尉는 반드시 重厚하고 忠信하여 일을 맡길 만한 사람을 뽑아야 한다.

有重厚는 舊本作有序二字라 畢云 言以資格이라하다 王云 序는 亦當爲厚요 厚上에 當有重字라 人必重厚忠信然後에 可以任事라 故曰 尉必取有重厚忠信可任事者라 號令篇에 曰 葆衛는 必取戍卒有重厚者하고 (請)〔謹〕擇吏之忠信者 無害可任事者하여 令將衛라하니 是其證이라 今本厚作序하고 序上又脫重字하니 則義不可通이라 案 王說是也라 今據補正하노라 說詳非攻下篇하니 以上置什長亭尉之法이라

'有重厚'는 舊本에는 '有序' 2자로 되어 있다.

畢沅 : 자격을 가지고 말한 것이다.

王念孫 : '序'는 또한 응당 '厚'가 되어야 하고, '厚' 위에는 응당 '重'자가 있어야 한다. 사람은 반드시 重厚하고 忠信해야만 일을 맡길 수 있다. 그러므로 "尉는 반드시 重厚하고 忠信하여 일을 맡길 만한 사람을 뽑아야 한다."라 한 것이다. 〈號令〉에 "葆衛 必取戍卒有重厚者 (請)〔謹〕擇吏之忠信者 無害可任事者 令將衛(葆宮의 衛兵은 반드시 戍卒 중에서 重厚한 자를 뽑아야 한다. 관리 중에서 忠信한 자로서 일을 맡기는 데 문제될 게 없는 자를 신중히 택하여 지키게 한다.)"라 하였으니, 이것이 그 증거이다. 今本에는 '厚'가 '序'로 되어 있고, 게다가 '序' 위에 '重'자가 빠져 있으니, 뜻이 통하지 않는다.

案 : 王念孫의 설이 옳으니, 지금 이에 의거하여 補正한다. 설명은 〈非攻 下〉에 상세히 보인다. 이상은 什長·亭尉를 두는 법이다.

52-22-1 二舍共一井爨(찬)하고

두 宿舍가 한 우물과 화덕을 공유하며,

此卽什長百尉所居舍也라 儀禮士虞禮鄭注云 爨은 灶也라

이는 곧 什長과 百尉가 머무는 숙사이다. ≪儀禮≫ 〈士虞禮〉 鄭玄의 注에 "爨은 화덕이다."라 하였다.

52-22-2 灰康粃

재·겨·쭉정이와

吳鈔本에 康作糠하니 俗字라 畢云 說文에 云 穅은 穀皮也라하니 康或省字라 秕는 不成粟也라하니 此從米는 非라

吳鈔本에는 '康'이 '糠'으로 되어 있으니, 俗字이다.

畢沅 : ≪설문해자≫에 "穅은 곡식의 껍질이다."라 하였으니 '康'은 혹 糠의 약자일 것이다. "秕는 곡식이 여물지 못한 것이다."라 하였으니, 여기서 米 부수로 된 것은 맞지 않다.

52-22-3 杯와

왕겨와

畢云 麩(부)字假音이라 通典守拒法에 有灰麩糠粃馬矢라하다 案 畢說未塙이라 杯는 當爲秠之借字니 秠는 卽稃(부)也라 爾雅釋草에 云 秬는 黑黍요 秠는 一稃二米라하고 周禮春官敍官鄭注에 云 秬는 如黑黍니 一稃二米라하고 詩大雅生民孔疏에 引周禮注에 稃作秠하고 又引鄭志[51]하여 云 秠는 卽皮니 其稃亦皮也라하니 是秠與稃字亦通이라 說文禾部에 云 稃는 稽(괴)也요 稽는 穅也라하다 故墨子亦以秠與康秕同擧也라 通典不知杯卽爲稃라 故以麩易之하니 與此書字不合也라

畢沅 : 〈'杯'는〉 麩의 가음자이다. ≪通典≫ 〈守拒法〉에 灰(재) · 麩(밀기울) · 糠(겨) · 粃(쭉정이) · 馬矢(말똥)가 있다.

案 : 필원의 설은 확실하지 않다. '杯'는 응당 秠의 가차자일 것이니, 秠는 곧 稃이다. ≪爾雅≫ 〈釋草〉에 "秬는 검은 기장이고, 秠는 한 껍질 안에 쌀알이 두 개 들어 있는 것이다."라 하였고, ≪周禮≫ 〈春官 敍官〉의 鄭玄 注에 "秬는 검은 기장과 같으니, 한 껍질 안에 낟알이 두 개 들어 있다."라 하였고, ≪詩經≫ 〈大雅 生民〉의 孔穎達의 疏에서 ≪주례≫의 注를 인용한 곳에는 '稃'가 '秠'로 되어 있고, 또 ≪鄭志≫를 인용하여 "秠는 껍질이니, 그 稃 또한 껍질이다."라 하였으니, 따라서 '秠'는 '稃'자와 또한 통용된다. ≪說文解字≫ 禾部에 "稃는 稽이니, 稽는 穅(겨)이다."라 하였다. 그러므로 ≪墨子≫에서도 '秠'를 '康' · '秕'와 같이 들어서 말한 것이다. ≪통전≫에서는 '杯'가 곧 '稃'인 줄 몰랐기 때문에 '麩'로 고친 것이니, 이 ≪묵자≫의 글자와는 맞지 않다.

---

51) ≪鄭志≫ : 鄭玄의 후손인 삼국시대 魏나라 鄭小同이 정현과 그 문인들의 문답을 기록한 책이다. 모두 11권인데 지금은 일실되었다.

52-22-4 馬矢를

말똥을

畢云 舊作夫러니 據太平御覽引云 備城에 皆收藏灰糠馬矢라하다 通典에 云 擲(척)之以眯(미)敵目也라하다

畢沅 : 舊本에는 〈'矢'가〉 '夫'로 되어 있었는데, ≪太平御覽≫에서 이 대목을 인용한 곳에 "備城 皆收藏灰糠馬矢"라 한 것을 근거로 〈고쳤다.〉 〈재·겨·쭉정이·왕겨 같은 것들은〉 ≪通典≫에 "이것을 던져서 적의 눈을 못 뜨게 하는 것이다."라 하였다.

52-22-5 皆謹收藏之라

모두 신중히 거두어 갈무리해 둔다.

52-22-6 城上之備는 **渠(譫)〔襜〕**과

성 위에 갖추어두는 장비는 渠襜과

畢云 疑渠荅假音字니 譫與幨同이라 淮南子氾論에 云 渠幨以守라한대 高誘注에 云 渠는 塹也라 一曰甲名이라하니 國語에 曰 奉文渠之甲이 是也라 幨幰이니 所以禦矢也라하다 王云 譫非荅之假音字요 渠譫與渠荅은 亦不同物이니 畢說은 非也라 據高注컨대 前說은 以渠爲塹하니 塹非幨類니 不得與幨竝言之라 後說은 以渠爲甲하고 引吳語奉文渠之甲하니 猶爲近之라 今吳語作奉文犀之渠한대 韋注以渠爲盾하니 是也라 盾與幨은 皆所以禦矢라 故竝言之라 譫은 蓋襜字之誤니 齊策에 曰 百姓理襜蔽하고 擧衝櫓라하니 襜蔽는 卽高注所云幨幰이니 所以禦矢也라 故廣雅에 曰 幨을 謂之幰이라하니 幨與襜은 字異而義同이라하다 案 王說譫이 是也라 此書載渠制가 甚詳하니 必非甲盾之名이라 高韋說은 竝非是라 襜은 疑卽所謂藉幕이라

畢沅 : 〈'渠譫'은〉 아마도 '渠荅'의 가음자일 것이니, '譫'은 幨과 같다. ≪淮南子≫ 〈氾論訓〉에 "渠幨으로 수비한다."라 하였는데, 高誘의 注에 "渠는 塹(참호)이다. 일설에는 갑옷의 이름이라 하였으니, ≪國語≫ 〈吳語〉에 '奉文渠之甲(문거의 갑옷을 받든다.)'이라 한 것이 이와 같은 例이다. 수레의 휘장이니, 화살을 막는 것이다."라 하였다.

王念孫 : '譫'은 '荅'의 가음자가 아니고, '渠譫'과 '渠荅'은 또한 같은 물건이 아니니, 필

원의 설은 맞지 않다. 高誘의 注에 의거해 보건대, 앞의 설에서는 '渠'를 참호라 하였으니, 참호는 '幨(휘장)'과 같은 부류가 아니다. 따라서 '幨'과 나란히 붙여서 말할 수 없다. 그리고 뒤의 설에서는 '渠'를 갑옷이라 하고, ≪국어≫ 〈오어〉의 '奉文渠之甲'을 인용하였으니, 그나마 비슷하게 맞았다. 지금 〈오어〉에는 '奉文犀之渠'로 되어 있는데, 韋昭의 注에 '渠'를 방패라 하였으니, 옳다. 방패와 휘장은 다 화살을 막는 것이므로 나란히 붙여서 말한 것이다. '譫'은 襜의 오자일 것이니, ≪戰國策≫ 〈齊策〉에 "百姓理襜蔽 擧衝櫓(백성들이 襜蔽를 수리하고 戰車를 만든다.)"라 하였으니, '襜蔽'는 곧 高誘의 注에서 말한 '幨幰'으로 화살을 막는 것이다. 그러므로 ≪廣雅≫에 " 幨을 幰이라 한다."라 하였으니, '幨'과 '襜'은 글자는 다르고 뜻은 같다.

案 : 왕염손이 譫에 대해 말한 것이 옳다. ≪墨子≫에 '渠'의 제도가 매우 상세히 기재되어 있으니, 필시 갑옷이나 방패의 명칭은 아닐 것이다. 高誘와 韋昭의 설은 다 옳지 않다. '襜'은 아마도 앞에서 말한 '藉幕'일 것이다.

52-22-7 藉車와

藉車와

見前이라

앞에 보인다.

52-22-8 行棧과

行棧과

見後라

뒤에 보인다.

52-22-9 行樓와

行樓와

疑卽上文之木樓라

아마도 위 글에 나오는 木樓일 듯하다.

52-22-10 (到)〔斲〕과

斲(손도끼)과

到는 非守械니 疑當爲斲이라 俗書或從刀라 故耕柱篇誤作劉하고 後備穴篇에 又作劍하니 與到形竝相似라 詳耕柱篇하다

'到'는 守禦할 때 쓰는 무기가 아니니, 아마도 '斲'이 되어야 할 것이다. 俗書에 혹 刀 부수로 쓰기도 한다. 그러므로 〈耕柱〉에는 '劉'로 잘못되어 있고, 뒤의 〈備穴〉에는 또 '劍'으로 되어 있으니, '到'와 글자 모양이 다 비슷하다. 설명이 〈耕柱〉에 상세히 보인다.

52-22-11 頡皐와

頡皐(두레박)와

蘇云 卽桔槔라하다 詒讓案 曲禮奉席如橋衡鄭注에 云 橋는 井上㮮槔라한대 釋文作挈皐하고 云 依字作桔槔라하다 莊子天地篇에 云 鑿木爲機하여 後重前輕하면 挈水若抽가 數如泆湯하니 其名爲槔라한대 釋文에 云 槔는 或作皐라하고 司馬李云 桔槔也라하고 吳越春秋句踐陰謀外傳에 作頡橋라

蘇時學 : 곧 桔槔이다.

詒讓案 : ≪禮記≫ 〈曲禮〉의 "奉席如橋衡(자리를 받들 때에는 橋와 같이 평형을 이룬다.)"에 대한 鄭玄의 注에 "橋는 우물 위에 있는 㮮槔(한끝에는 두레박, 한끝에는 돌을 달아서 물을 푸게 만든 장치)이다."라 했는데, ≪經典釋文≫에는 '挈皐'로 되어 있고, "本字대로 쓰면 '桔槔'가 된다."라 하였다. ≪莊子≫ 〈天地〉에 "나무에 구멍을 파서 기계를 만들되 뒤쪽은 무겁고 앞쪽은 가볍게 하면 뽑아 올리듯이 물을 퍼올리는 것이 콸콸 쏟아지듯이 빠르니, 그 명칭이 '槔'이다."라 하였는데, ≪경전석문≫에 "槔는 '皐'로 되어 있는 곳도 있다."라 하였고, 司馬彪와 李頤는 "桔槔이다."라 하였고, ≪吳越春秋≫ 〈句踐陰謀外傳〉에는 '頡橋'로 되어 있다.

桔槔

52-22-12 連梃, 長斧, 長椎와

連梃과 長斧와 長椎와

竝見前이라

모두 앞에 보인다.

52-22-13 長茲와

長茲와

畢云 茲는 疑鎌字니 通典守拒法有長斧長椎長鎌이라하다 案 畢說은 非是라 長鎌已見前이라 茲는 卽鎡錤也니 漢書樊噲傳贊에 雖有茲基라한대 顔注에 引張晏云 茲基는 鉏也라하고 國語魯語韋注에 云 耨는 茲其也라하고 一切經音義에 引蒼頡篇에 云 鉏는 茲其也라하고 說文木部에 云 欘은 斫也니 齊謂之鎡錤라하니 茲其는 卽鎡錤之省(생)이라

畢沅 : '茲'는 아마도 '鎌'자일 것이니, ≪通典≫ 〈守拒法〉에 '長斧'·'長椎'·'長鎌'이 있다.

案 : 필원의 설은 옳지 않다. 長鎌은 이미 앞에 보인다. '茲'는 鎡錤(호미)이니, ≪漢書≫ 〈樊噲傳贊〉에 "雖有茲基(비록 자기가 있으나)"란 대목에 대한 顔師古의 注에 張晏의 설을 인용하여 "茲基는 鉏(호미)이다."라 하였고, ≪國語≫ 〈魯語〉 韋昭의 注에 "耨는 茲其이다."라 하였고, ≪一切經音義≫에 ≪蒼頡篇≫을 인용하여 "鉏는 茲其이다."라 하였고, ≪說文解字≫ 木部에 "欘은 斫이니, 齊나라 지역에서는 鎡錤라 한다."라 하였으니, '茲其'는 곧 '鎡錤'의 약자일 것이다.

52-22-14 鉅와

鉅와

疑卽備穴篇之鐵鉤鉅라

아마도 〈備穴〉에 나오는 '鐵鉤鉅'일 것이다.

52-22-15 飛衝과

飛衝과

卽衝車라 韓非子八說篇에 有距衝하니 蓋二者攻守通用之라

〈飛衝은〉 곧 衝車이다. ≪韓非子≫ 〈八說〉에 '距', '衝'이 있으니, 대개 두 가지는 공격과 수비에 通用하였던 것이다.

52-22-16 縣〔梁〕批屈이라

縣梁과 批屈이다.

縣下에 疑闕梁字니 縣梁은 見前이라 批는 吳鈔本에 作揣하니 竝未詳이라 顧校에 謂此下當接此十四者具則民亦不宜上矣一段이라하다 今案彼乃上文錯簡이니 顧說未塙이라 今不從하노라

'縣' 아래에 '梁'자가 빠졌을 듯하니, '縣梁'은 앞에 보인다. '批'는 吳鈔本에 揣로 되어 있는데 모두 未詳이다. 顧廣圻의 교감에 "이 대목 아래에 응당 '此十四者具則民亦不宜上矣' 한 단락이 이어져야 한다."라 하였다. 지금 살펴보건대 저것은 위 글의 錯簡이니, 고광기의 설은 확실하지 않으므로 지금 따르지 않는다.

52-22-17 樓五十步一이요

누각은 50보마다 하나씩 두고,

句라

여기에서 句를 뗀다.

52-22-18 堞下爲爵穴하되

城堞 아래에 爵穴(참새 구멍, 작은 구멍)을 만들되

畢云 舊作內러니 以意改라하다 王引之云 下文에 云 五步一爵穴이라하니 則此亦當云五步一堞이요 不當云五十步니 十字는 蓋涉下文五十步一積灶而衍이라 蘇說同이라 案 王說은 非也라 此當讀樓五十步一爲句요 堞下爲爵穴이 又爲句라 爵穴은 謂於城堞間爲孔穴也라 後文에 云 城上爲爵穴하니 下堞三尺이라하니 與此堞下爲爵穴로 文足相證이라

畢沅 : 舊本에는 〈'穴'이〉 '內'로 되어 있었는데 글 뜻으로 판단하여 고쳤다.

王引之 : 아래 글에 '五步一爵穴'이라 하였으니, 여기에서도 응당 '五步一堞'이라 해야 하고, '五十步'라 해서는 안 되니, '十'자는 아마도 아래 글의 '五十步一積灶'와 관련하여 잘못 들어간 衍字일 듯하다.

蘇時學의 설도 같다.

案 : 왕인지의 설은 틀렸다. 이 대목은 응당 '樓五十步一'로 句를 떼고, '堞下爲爵穴'로 또 句를 떼어야 한다. '爵穴'은 城堞 사이에 구멍을 뚫는 것을 이른다. 뒤의 글에 "城上爲爵穴 下堞三尺(성 위에 爵穴을 만드니, 城堞보다 3척 낮게 한다.)"이라 하였으니, 이 '堞下爲爵穴'과 글을 서로 考證해 볼 만하다.

52-22-19 三尺而一이요 爲薪皐하되

3척마다 하나씩 뚫고, 薪皐(굵은 나무로 만든 皐)를 만들되

疑卽前頡皐之皐라

아마도 앞에 나오는 '頡皐'의 '皐'일 것이다.

52-22-20 二圍長四尺半이요 必有(潔)〔頡〕이라

굵기는 2圍이고 길이는 4척 반이며 반드시 頡이 있어야 한다.

畢云 當爲挈(계)라하다 案 疑卽前頡皐之頡이라 如畢說이면 則與後文爲薪樵挈로 義同이라

畢沅 : '潔'은 응당 '挈'가 되어야 한다.

案 : '潔'은 아마도 앞에 나온 '頡皐'의 '頡'일 것이다. 필원의 설대로라면 뒤의 글에 '爲薪樵挈(땔나무의 계를 만든다.)'와 뜻이 같다.

52-22-21 瓦石은 重二(升)〔斤〕以上이요

기왓장과 돌은 무게가 2斤 이상이고,

王云 升은 當爲斤이니 隸書斤字或作斤(두)일새 因訛而爲升이라하다

王念孫 : '升'은 응당 斤이 되어야 하니, 隸書에 '斤'자가 혹 斤로 되어 있기 때문에 이로 인하여 잘못하여 '升'이 된 것이다.

52-22-22 (上)

畢云 疑衍이라하다

畢沅 : 衍字일 듯하다.

52-22-23 城上沙는

성 위의 모래는

畢云 舊作涉이니 下同이라 俱以意改하노라하다

畢沅 : '沙'는 구본에는 '涉'으로 되어 있으니, 아래도 같다. 모두 글 뜻으로 판단하여 고쳤다.

52-22-24 五十步一積이라

50보마다 한 무더기씩 쌓아둔다.

句라

여기에서 句를 뗀다.

52-22-25 灶置鐵鐕焉하여

화덕에는 쇠 가마솥을 두는데

畢云 舊作錯이러니 據上文改라 鐕은 同鬵(심)이라

畢沅 : 〈鐕은〉 구본에는 '錯'으로 되어 있었는데 위 글에 의거하여 고쳤다. '鐕'은 鬵(용가마)과 같다.

52-22-26 與沙同處라

모래와 같은 곳에 둔다.

上文說鐵鐕以爲湯及持沙라 故與沙同處라

위 글에서 "쇠 가마솥을 두어서 물을 끓이고 모래를 손에 쥐게 한다."라고 말하였기 때문에 모래와 같은 곳에 두는 것이다.

52-22-27 木大二圍며 **長丈二尺以上**이요 **善(耿)〔聯〕亓本**하니

나무는 굵기가 2圍이고 길이는 1장 2척 이상이며, 그 뿌리를 잘 연결시키니,

耿은 疑聯之誤라 畢云 言連其本이라 亓는 舊作下이러니 以意改하노라

'耿'은 아마도 聯의 오자일 듯하다.

畢沅 : 그 뿌리 부분을 연결시킨다는 말이다. '亓'는 舊本에는 '下'으로 되어 있는데 글뜻으로 판단하여 고쳤다.

52-22-28 名曰長從하니

명칭은 長從이라 하는데,

疑與上文樅樅義同이라

아마도 위 글의 '樅樅'과 뜻이 같을 듯하다.

52-22-29 五十步三十이라 **木橋長三丈**이요 **毋下(五)〔二〕十**이라

50보마다 30개씩 둔다. 木橋는 길이가 3장이고 20장을 밑돌지 않는다.

此有脫誤라 疑當作毋下二十이라

여기에는 빠지거나 잘못된 곳이 있는 듯하다. '毋下五十'은 아마도 '毋下二十'이 되어야 할 듯하다.

52-22-30 復使卒急爲壘壁하고 **以蓋瓦復之**라

다시 병졸을 시켜 급히 壘壁을 만들고 기와로 덮게 한다.

舊本에 復竝訛後하고 卒訛辛이라 畢云 辛은 疑薪字라하다 王引之云 此當作復使卒急爲壘壁에 以蓋瓦復之라 復之는 卽覆之니 謂以蓋瓦覆壘壁也라 今本兩復字皆訛作後하고 卒字又訛作辛하니 則義不可通이라 畢以辛爲薪字하니 失之라 隸書에 復字作復하여 與後相似하고 隸書卒字或作卒하여 與辛相似라 案 王校가 是也라 今據正하노라

舊本에 '復'는 두 곳 다 '後'로 잘못되어 있고 '卒'은 '辛'으로 잘못되어 있다.

畢沅 : '辛'은 아마도 '薪'자일 듯하다.

王引之 : 이 대목은 응당 '復使卒急爲壘壁 以蓋瓦復之'가 되어야 한다. '復之'는 곧 덮는 것이니, 기와로 壘壁을 덮는다는 말이다. 今本에는 두 '復'자가 다 '後'자로 잘못되어 있고, '卒'자는 또 '辛'자로 잘못되어 있으니, 뜻이 통하지 않는다. 필원은 '辛'을 '薪'자라 하였으니, 잘못 보았다. 隷書에 '復'자는 '復'로 되어 있어 '後'자와 모양이 비슷하고, 예서에 '卒'자는 혹 '卆'로 되어 있어 '辛'자와 모양이 비슷하다.

案 : 王念孫의 교감이 맞다. 지금 이에 의거하여 바로잡았다.

52-22-31 用瓦木罌하되 容十(升)〔斗〕以上者를 五十步而十라 盛水(且用之)〔瓦罌大〕

옹기나 나무로 만든 항아리를 쓰되 용량이 10말 이상을 것을 50보에 10개씩 둔다. 물을 담아 두는 용량의 크기가

方言云 自關而西에 晉之舊都와 河汾之間에 其大者를 謂之甀(추)라하며 自關而東에 趙魏之郊에 謂之瓮이라하고 或謂之甖이라하니 甖은 其通語也라 甖은 罌同이라 史記韓信傳에 以木罌缻渡軍이라하니 是罌或瓦或木이 皆可以盛水也라 諸篇說罌缶所容을 竝以斗計하니 此升은 疑亦斗之誤라 且用之三字는 無義하니 疑當作瓦罌大三字라 其讀當屬下니 以盛水瓦罌大五斗以上者十字爲一句라 瓦與且와 大與之는 形竝相近하고 罌上從賏(영)이 與用亦略相類라 備穴篇에 瓦罌訛作月明하니 與此亦可互證이라 但舊本竝同하니 未敢輒改라 姑仍之하노라

≪方言≫에 "函谷關 서쪽 晉나라의 舊都와 河汾(山西省 서남부) 지역에서는 큰 것을 '甀'라 하며, 함곡관 동쪽 趙나라와 魏나라의 교외 지역에서는 '瓮'이라 하고 혹은 '甖'이라고도 한다."라 하였으니, '甖'은 여러 지역에 통용되던 말이다. '甖'은 罌과 같다. ≪史記≫〈韓信傳〉에 "나무로 만든 罌缻를 이용하여 군사들을 건너게 했다."라 하였으니, '罌'은 옹기로 만든 것이든 나무로 만든 것이든 다 물을 담을 수 있는 것이다. ≪묵자≫ 여러 편들에서 罌·缶의 용량을 말할 때 모두 '斗'로써 계량하였으니, 이 대목의 '升'은 아마도 斗의 오자일 듯하다. '且用之' 3자는 뜻이 통하지 않으니, 아마도 '瓦罌大' 3자가 되어야 할 듯하다. 아래 句와 이어 붙여 읽어야 할 것이니, '以盛水瓦罌大五斗以上者' 10자가 한 句가 된다. '瓦'와 '且', '大'와 '之'는 글자 모양이 서로 비슷하고, '罌'자 상반부의 '賏'이 '用'자와 또한 대략 비슷하다. 〈備穴〉에 '瓦罌'이 '月明'으로 잘못되어 있으니, 이 대목과 또한 서로 참고하여 고증할 수 있다. 다만 舊本이 다 같으니, 감히 선뜻 고치지 못하겠기에 우선 그대로 둔다.

52-22-32 五(十二)〔斗以上〕者를 十步而二라

5말 이상인 것을 10보에 두 개씩 둔다.

蘇云 十二字訛니 當爲五斗者라하다 兪云 上二字는 衍文이요 下二字는 當爲四라 古人書四字作亖하니 傳寫誤分爲兩二字라 遂移其一於上耳라 上十字는 當爲升이니 上文에 云 容十升以上者를 五十步而十이라하고 此云五升者는 十步而四라 蓋言盛水之罌이 大者容十升이요 小者半之니 容五升이라 其大者則五步而一이라 故五十步而十이요 其小者則五步而二라 故十步而四也라 下文五十步丈夫十人이요 丁女二十人이라하고 又曰 廣五百步之隊(수)는 丈夫千人이요 丁女子二千人이라하니 是丈夫五十步而十이요 丁女十步而四니 與此數一律이라

蘇時學 : '十二'자는 잘못되었으니, 응당 '五斗者'가 되어야 한다.

兪越 : 위 '二'자는 衍文이고, 아래 '二'는 응당 四가 되어야 한다. 古人은 '四'자를 '亖'로 쓰니, 傳寫 과정에서 잘못 나누어 '二'자 두 개가 되어서 마침내 그 중 '二'자 하나를 위에 옮겨 놓은 것이다. 위의 '十'자는 응당 升이 되어야 하니, 위 글에 "容十升以上者 五十步而十"이라 하였으니, 여기서는 '五升者 十步而四'라 한 것이다. 대개 물을 담는 항아리가 큰 것은 용량이 10되이고, 작은 것은 그 반이 되므로 용량이 5되이다. 큰 것은 5보마다 한 개씩 두므로 50보에 10개이고, 작은 것은 5보마다 두 개씩 두므로 10보에 4개인 것이다. 아래 글에서 "50보마다 丈夫 10인이고 丁女 20인"이라 하였고, 또 "너비 500보인 隧(도로)는 丈夫 1,000인이고 丁女子 2,000인"이라 하였으니, 장부는 50보마다 10인이 있고 丁女는 10보마다 4인이 있는 것이다. 따라서 이 대목의 숫자와 일치한다.

案 五十二者十步而二는 當作五斗以上者十步而二라 大五斗以上者는 與上文容十斗以上者로 文例正同이라 上字는 古文作二하니 與二形近而訛하고 又脫以字라 遂不可通이라 兪校에 以二爲衍文은 非也라 但十步而二는 卽五十步而十也니 此容量이 止得上之半이니 則數不宜同이라 或當從兪校하여 作十步而四爲是耳라 又顧校에 以樓十步一至此一百二十六字를 爲上文夏蓋其上之下脫文하고 云 當與言五十步次라하다 今案顧說可通이라 然無由定其當次何句일새 未敢輒移라 姑仍舊本하노라 又舊本此下에 有城四面四隅가 皆爲高磨襳云云凡二百三十二字러니 顧兪兩校에 定爲上文脫簡하니 竝是也라 今依分爲二段하여 移著(착)於前하노라

案 : '五十二者 十步而二'는 응당 '五斗以上者 十步而二'가 되어야 한다. '大五斗以上者'는 위 글의 '容十斗以上者'와 文例가 꼭 같다. '上'자는 古字에서는 '二'로 쓰니, 二와 글자 모양이 비슷하여 잘못되고 게다가 '以'자가 빠졌으므로 마침내 뜻이 통하지 않게 되었다. 유월의 교감에서 '二'를 衍文이라 한 것은 틀렸다. 다만 '十步而二'가 곧 '五十步而十'이니, 이는 용량이 위의 절반에 그치니, 수량이 같지 않은 게 당연하다. 혹 유월의 교감을 따라서 '十步而四'가 되는 것이 옳을 수도 있다.

또 顧廣圻의 교감에 '樓十步一'로부터 이 대목까지 126자를 위 글 '夏蓋其上' 아래의 빠진 글로 보고 "응당 '五十步' 바로 다음에 말해야 한다."라 하였다. 지금 살펴보건대 고광기의 설은 뜻이 통할 만하다. 그러나 어느 句 다음에 놓아야 할지 정할 수 없기에 감히 대번에 옮기지 못하고 우선 舊本대로 둔다. 또 구본의 이 대목 아래에 '城四面四隅皆爲高磨㯓' 운운한 모두 232자가 있는데, 고광기와 유월 두 사람의 교감에서 위 글의 脫簡이라고 수정하였으니, 다 옳다. 지금 이에 의거하여 두 단락으로 나누어 앞에 옮겨 놓는다.

52-22-33 城下里中家人은 各葆亓左右前後를 如城上이라

성 아래 마을 사람들은 저마다 자기의 좌우와 전후 사람들을 보호하기를 성 위의 사람들처럼 한다.

葆는 吳鈔本作保하니 字通이라 此謂相保任也라

'葆'는 吳鈔本에 '保'로 되어 있으니, 글자가 통용된다. 이는 서로 보호하고 책임진다는 말이다.

52-22-34 城小人衆이면 葆離鄉老弱國中及也大城라

성은 작고 사람은 많을 경우에는 〈國都 밖의〉 따로 떨어진 고을의 노약자들을 國都 안과 다른 큰 성으로 보내어 보호한다.

也는 畢校改他하고 云 舊作也러니 以意改라하다 案 也는 卽古他字니 不必改니 說詳前하니라 離鄉은 謂別鄉이니 不與國邑相附者라 說文䣈(항)部에 云 鄉國離邑은 民所封也라하고 春秋繁露止雨篇에 云 書十七縣 八十離鄉及都官吏라하다 葆는 亦與保通하니 謂保守也라 淮南子時則訓에 四鄙入保라한대 高注에 云 四竟之民入城郭自保守라하다 蘇云 城小人衆하면 則不可守하니 宜遣其老弱葆於國中及他大城이라

'也'는 畢沅의 교감에서는 '他'로 고치고, "舊本에는 '也'로 되어 있는데 글 뜻으로 판단하여 고쳤다."라 하였다.

案 : '也'는 곧 '他'의 古字이니, 굳이 고칠 필요가 없다. 설명이 앞에 상세히 보인다. '離鄕'은 따로 떨어진 고을을 이르니, 國邑과 붙어 있지 않은 것이다. ≪說文解字≫ 𨛜部에 "鄕國・離邑은 백성이 封해진 고을이다."라 하였고, ≪春秋繁露≫ 〈止雨〉에 "17縣과 80離鄕 및 도성의 官吏들을 썼다."라 하였다. '葆'는 또한 '保'와 통용되니, 지킨다는 뜻이다. ≪淮南子≫ 〈時則訓〉에 "四鄙入保"라 하였는데, 高誘의 注에 "사방 境內의 백성들이 城郭에 들어와 스스로 자신들을 지키는 것이다."라 하였다.

蘇時學 : 성은 작고 사람은 많으면 지킬 수 없으니, 의당 노약자들을 國都 안과 다른 큰 성으로 보내어 보호하게 해야 하는 것이다.

52-22-35 寇至하여 **度**(탁)**必攻**이면 **主人先削城編**하되

적이 이르러 반드시 공격할 것이라 짐작되면 주인은 먼저 성에 가까이 붙어있는 집들을 제거하되

此蓋言先除附城室廬라 然有誤脫이라

이는 대개 성에 가까이 붙어 있는 집들을 먼저 제거한다는 말이다. 그러나 잘못되거나 빠진 곳이 있을 것이다.

52-22-36 唯勿燒라

불을 지르지는 말게 한다.

勿은 吳鈔本에 作毋라

'勿'은 吳鈔本에 '毋'로 되어 있다.

52-22-37 寇在城下하면 **時換吏卒署**하되

적이 성 아래에 이르면 때로 장교와 병졸의 부서를 바꾸되

畢云 說文에 云 署는 部署니 有所网屬이라하다 詒讓案 言吏卒이 時移易往來하여 不定在一署也라

畢沅 : ≪說文解字≫에 "署는 部署이니 소속된 곳이 있는 것이다."라 하였다.

詒讓案 : 장교와 병졸은 때로 부서를 이동하고 왕래하여 한 부서에 일정하게 있지 않게 한다는 말이다.

52-22-38 而毋換亣養이라

취사병은 바꾸지 않는다.

畢云 糧也라하다 兪云 畢說은 非是니 養卽厮養之養이라 宣十二年公羊傳에 厮役扈養[52)]이 死者數百人이라한대 何休注에 日 炊亨(팽)者曰養이라하다 案 兪說이 是也라 吳子治兵篇에 云 弱者給厮養이라하다 此言吏卒署雖時換이나 而其厮養給使令者는 則各有定署하여 不得移易也라 亦見號令篇이라

畢沅 : 양식이다.

兪越 : 필원의 설은 옳지 않다. '養'은 곧 '厮養'의 養이다. ≪春秋公羊傳≫ 宣公 12년 조에 "厮役扈養 死者數百人(厮・役・扈・養 중에 죽은 사람이 수백 명이다.)"이라 하였는데, 何休의 注에 "밥짓는 일을 하는 자를 養이라 한다."라 하였다.

案 : 유월의 설이 옳다. ≪吳子≫ 〈治兵〉에 "힘이 약한 자는 厮養(말을 먹이고 炊事하는 일)의 일에 종사한다."라 하였다. 이 대목은 吏卒의 부서는 비록 때로 바뀌지만 厮養으로 使令의 임무에 종사하는 자는 저마다 정해진 부서가 있어 이동할 수 없다는 말이다. 또한 〈號令〉에 보인다.

52-22-39 養毋得上城이요 寇在城下어든 收諸盆罋하여

취사병은 성에 올라서는 안 되고, 적이 성 아래에 이르면 모든 동이와 항아리를 거두어서

畢云 收는 舊作牧이러니 以意改라하다 詒讓案 說文皿部에 云 盆은 盎也라하고 又缶部에 云 罋(옹)은 汲缾(병)也라하니 罋은 卽罋之隷變이라

畢沅 : '收'는 舊本에는 '牧'으로 되어 있는데 글 뜻으로 판단하여 고쳤다.

---

52) 厮役扈養 : 何休의 注에 "풀을 베어 방비를 삼는 일을 하는 자를 厮라 하고, 마실 물을 길어오는 일을 하는 자를 役이라 하고, 말을 기르는 일을 하는 자를 扈라 하고, 밥을 짓는 일을 하는 자를 養이라 한다."라 하였다.

詒讓案：《說文解字》 皿部에 "盆은 盎(동이)이다."라 하였고, 또 缶部에 "罋은 물을 긷는 병이다."라 하였으니, '𦉥'은 곧 罋의 隸書가 변한 것이다.

52-22-40 (耕)〔苒〕積之城下하되

성 아래에 포개어 쌓아 놓되

畢云 耕은 疑苒字라하다

畢沅：'耕'은 아마도 '苒'자일 듯하다.

52-22-41 百步一積이요 積五百이라

100보마다 한 무더기고 한 무더기는 500개이다.

言五百箇爲一積也라

500개가 한 무더기가 된다는 말이다.

52-22-42 城門內不得有室이요 爲周(官桓)〔宮植(치)〕吏라

성문 안에는 室을 두어서는 안 되고 周宮을 지어 관리를 둔다.

畢云 疑云周宮桓吏라하다 詒讓案 疑當作爲周宮植吏니 言城門之內에 不得有室이요 惟築周宮하여 置吏守之라 植은 即置之借字라 宮官植桓은 竝形近而誤라 備穴篇에 云 爲置吏舍人各一人이라하다 周宮者는 回環築都宮中이니 蓋但有庌(아)요 而無室也라

畢沅：'周官桓吏'는 아마도 '周宮桓吏'라 해야 할 듯하다.

詒讓案：아마도 '爲周宮植吏'가 되어야 할 듯하니, 성문 안에는 室을 두지 못하고 오직 周宮을 지어 관리를 두어 지키게 한다는 말이다. '植'는 곧 置의 가차자이다. 宮과 官, 植와 桓은 다 글자 모양이 비슷하여 잘못된 것이다. 〈備穴〉에 "爲置吏舍人各一人(吏舍人을 각각 1인씩 둔다.)"이라 하였다. '周宮'이란 것은 도성 궁궐 안에 빙 둘러서 짓는 것이니, 대개 官舍만 있고 室은 없는 것이다.

52-22-43 四尺爲倪라

키가 4척인 동자가 倪이다.

畢云 陴倪也라 古只作此하니 作堄者俗이라하다 蘇云 倪上에 當脫俾字라하다 案 畢蘇以此爲俾倪는 非也라 此倪는 當謂小兒니 孟子梁惠王篇에 云 反其旄倪라한대 趙注云 倪는 弱小繄倪者也라하고 後雜守篇에 云 睨者小五尺不可卒者는 爲署吏하여 令給事官府若舍라하니 此倪卽彼睨니 聲同字通이라 彼는 五尺이라 爲年十四以下이니 已任署吏요 此는 四尺이라 又少於彼로되 或亦令給事周宮中與아 此下尙有脫文하니 疑以上十六字는 或當在後堂下周散道中應客句上이라 四尺之童은 足任應賓客也라

畢沅 : '倪'는 陴倪(성가퀴)이다. 옛날에는 단지 이 글자만으로 되어 있었으니, '堄'로 되어 있는 것은 俗字이다.

蘇時學 : '倪' 위에 응당 '俾'자가 빠졌을 것이다.

案 : 필원과 소시학이 이 '倪'를 '俾倪(성가퀴)'로 본 것은 잘못이다. 이 '倪'는 응당 小兒를 말하는 것이니, ≪孟子≫ 〈梁惠王 下〉에 "反其旄倪(늙은이와 어린이를 돌려보내다.)"라 하였는데, 趙岐의 注에 "倪는 약소하고 어린 사람이다."라 하였다. 뒤의 〈雜守〉에 "睨者小五尺不可卒者 爲署吏 令給事官府若舍(어린아이로서 키가 작아 5척이라 병졸이 될 수 없는 자는 부서의 관리로 삼아서 官府와 官舍에서 給事로 일하게 한다.)"라 하였으니, 이 〈備城門〉의 '倪'가 곧 저 〈잡수〉의 '睨'이니, 聲音이 같고 글자가 통용된다. 저 〈잡수〉의 경우는 5척이라 나이 14세 이하이니 이미 부서의 관리를 맡을 수 있고, 이 〈비성문〉의 경우는 또 4척이라 저 경우보다 더 적은데 그래도 혹 周宮 안에서 급사로 일하게 할 수는 있을 것이다. 이 대목 아래에 여전히 빠진 글이 있으니, 아마도 이상 16자는 혹 뒤의 글 '堂下周散道中應客' 句 위에 있어야 할 듯하다. 키가 4척인 동자는 빈객을 응접하는 일을 맡을 수 있다.

52-22-44 行棧內閈이로되

行棧은 안에서 잠그는데

閈은 卽閉字라 疑當作閇하니 王羲之書黃庭經에 閉字如此作하니 與閈閭字異라

'閈'은 곧 '閉'자이다. 아마도 閇이 되어야 할 듯하니, 王羲之가 쓴 ≪黃庭經≫에 '閉'자가 이와 같이 되어 있다. '閈閭(고대의 里門)'의 '閈'과는 다르다.

52-22-45 二關一堞이라

빗장은 두 개이고 한 城堞에 있다.

未詳이라

미상이다.

52-22-46 除城場外하고

성 아래의 큰 길을 제외하고

爾雅釋詁에 云 場은 道也라하니 謂城下周道라 旗幟篇에 云 道廣三十步요 於城下夾階者各二라하니 是也라

≪爾雅≫ 〈釋詁〉에 "場은 길이다."라 하였으니, 성 아래의 큰 길을 말한다. 〈旗幟〉에 "길의 너비는 30보이고 성 아래 계단을 끼고 양쪽에 있는 것이 각각 둘이다."라 한 것이 이것이다.

52-22-47 去池百步에 牆垣樹木小大를 俱壞伐하여

해자와 100보 거리 안에 있는 담장과 수목은 크건 작건 다 무너뜨리고 베어서

俱는 吳鈔本作盡이라 畢云 伐은 舊作代러니 以意改라

'俱'는 吳鈔本에 盡으로 되어 있다.

畢沅 : '伐'은 舊本에는 '代'로 되어 있는데 글 뜻으로 판단하여 고쳤다.

52-22-48 除去之라 寇所從來는 若昵(닐)道(傒近)〔近傒〕와

제거한다. 적이 오는 길은 바른 길에 가깝거나 사이길에 가까운 곳이든

當作近傒라 傒는 與蹊字通이라 釋名釋道에 云 步所用道曰蹊니 蹊는 傒也라 (言)[53]射疾則用之라 故還傒於正道也라하니 蓋正道爲道요 閒道爲傒라 昵近義同이라 畢云 說文에 云 尼는 從後近之라하고 傒卽谿假音字라하니 失之라

〈'傒近'은〉 응당 '近傒'가 되어야 한다. '傒'는 '蹊'자와 통용된다. ≪釋名≫ 〈釋道〉에 "도보로 걸을 때 이용하는 길을 蹊라 하니, 蹊는 傒이다. 사잇길로 빨리 갈 경우에 이 길로 간다. 그러므로 도리어 바른 길에 매달려 있는 것이다."라 하였으니, 대개 바른 길은 道이고

53) (言) : 저본에는 '言'이 있으나, ≪釋名≫ 〈釋道〉에 의거하여 衍文으로 처리하였다.

사잇길은 傒이다. '昵'과 '近'은 뜻이 같다. 畢沅은 "≪說文解字≫에 '尼는 뒤로부터 가까이 다가가는 것이다.'라 하였고, 傒는 곧 谿의 假音字이다."라 하였으니, 잘못 본 것이다.

52-22-49 若城場에 皆爲扈樓하고

성 아래 큰 길이든 다 큰 누각을 지어 두고,

皆는 舊本訛家러니 今據道藏本吳鈔本正하노라 畢云 禮記檀弓에 云 毋扈扈라한대 陸德明音義에 云 音戶니 廣也요 大也라하다

'皆'는 舊本에 '家'로 잘못되어 있었는데 지금 道藏本과 吳鈔本에 의거하여 바로잡았다.

畢沅 : ≪禮記≫ 〈檀弓〉에 "毋扈扈(너무 넓고 크게 하지 말라.)"라 하였는데, 陸德明의 ≪音義≫에 "독음은 戶니, 넓다는 뜻이고 크다는 뜻이다."라 하였다.

52-22-50 立竹箭(天)〔水〕中이라

물속에 대나무 화살을 세워 둔다.

畢云 天은 疑矢字라하다 案 此竹箭은 當卽後雜守篇牆外水中所設之竹箭이니 疑天中은 卽水中之誤라

畢沅 : '天'은 아마도 '矢'자일 듯하다.

案 : 이 '竹箭'은 응당 뒤의 〈雜守〉에 나오는 城牆 밖 물속에 설치하는 대나무 화살이니, 아마도 '天中'은 '水中'의 오류일 듯하다.

52-22-51 守堂下爲大樓하되

守宮(성을 수비하는 堡壘)의 堂 아래에 큰 누각을 만들되

謂守宮堂下中門之上에 爲大樓以候望也라 此卽臺門之制로되 但加高大耳라

守宮의 堂 아래 中門의 위에 큰 누각을 만들어 적의 동태를 멀리서 관찰하는 것이다. 이는 곧 臺門의 제도인데 다만 더 높고 클 뿐이다.

52-22-52 高臨城이요 堂下周散하여 道中應客하니 客待見이라 時召三老在葆宮中者하여 與計事得

높이는 성을 굽어볼 정도이고, 堂 아래는 사방으로 트여 있다. 길에서 적을 상대하니 적이 나타나기를 기다린다. 때로 三老로서 葆宮 안에 있는 이를 불러 더불어 일의 득실을 토론해 보아서

漢書百官公卿表에 秦制에 鄕有三老하여 掌教化라하다 後號令篇에 云 三老守閭라하니 則邑中里閭에 亦置三老라 管子(水)〔度〕[54]地篇에 云 與三老里有司伍長行里라하고 史記滑稽傳에 西門豹治鄴에 亦有三老하고 漢書高祖紀에 漢二年擧民年五十以上有脩行能率衆爲善하여 置以爲三老하니 鄕一人이라 擇鄕三老一人하여 爲縣三老하여 與縣令丞尉로 以事相教하고 復勿繇戍라하니 蓋亦放秦制爲之라 舊本在訛左하고 宮訛官이라 王引之云 左當爲在라 雜守篇에 曰 父母昆弟妻子有在葆宮中者라야 乃得爲侍吏라하니 是其證이라 得下에 有脫文이로되 不可考라 各本得下에 有自爲之柰何至以謹凡二十四字[55]하니 乃備穴篇之錯簡이라하다 蘇云 官은 當作宮이라하다 王校同이라 案 王蘇校是也라 今據正하노라 舊本에 此下有爲之柰何云云五十四字러니 王兪兩校에 定爲上文及備穴篇之錯簡하니 是也라 今據分別移正하노라

≪漢書≫ 〈百官公卿表〉에 "秦나라 제도에 鄕에는 三老가 있어 教化를 관장한다."라 하였고, 뒤의 〈號令〉에 "三老가 里閭를 지킨다."라 하였으니, 고을 안의 里閭에도 三老를 두었던 것이다. ≪管子≫ 〈度地〉에 "三老·里有司·伍長과 더불어 里를 巡視한다."라 하였고, ≪史記≫ 〈滑稽傳〉에 西門豹가 鄴을 다스리는 대목에도 三老가 나오고, ≪한서≫ 〈高祖紀〉에 "漢나라 2년에 백성 중에 나이가 50이 넘고 덕행이 있고 무리를 이끌고서 선을 행하게 할 수 있는 사람을 선택하여 三老를 두니 鄕에 1인이고, 鄕三老 중에서 1인을 가려 뽑아서 縣三老로 삼고, 縣令·縣丞·縣尉와 정사를 자문하게 하고 徭役과 戍役를 면제하게 하였다."라 하였으니, 대개 이 또한 진나라 제도를 모방하여 만든 것이다. 舊本에는 '在'가 '左'로 잘못되어 있고, '宮'이 '官'으로 잘못되어 있었다.

王引之 : '左'는 응당 '在'가 되어야 한다. 〈雜守〉에 "父母昆弟妻子有在葆宮中者 乃得爲侍吏(부모·형제·처자가 葆宮 안에 있는 자라야 侍吏가 될 수 있다.)"라 하였으니, 이것이 그 증거이다. '得'자 아래에 빠진 글이 있지만 고증할 수 없다. 각 本에는 '得'자 아래에 '爲之柰何'로부터 '以謹'까지 모두 24자가 있으니, 이는 바로 〈備穴〉의 錯簡이다.

蘇時學 : '官'은 응당 '宮'이 되어야 한다. 왕인지의 교감도 같다.

---

54) (水)〔度〕: 저본에는 '水'로 되어 있으나, ≪管子≫에 의거하여 '度'로 바로잡았다.
55) 凡二十四字 : '爲之柰何 子墨子曰 問穴土之守邪 備穴者 城內爲高樓以謹'이다.

案 : 왕인지와 소시학의 교감이 옳다. 지금 이에 의거하여 바로잡았다. 구본에는 이 아래에 '爲之柰何' 운운한 54자가 있었는데, 왕인지와 兪越 두 사람의 교감에서 위 글과 〈備穴〉의 錯簡으로 추정하였으니, 옳다. 지금 이에 의거하여 글을 둘로 나누고 위치를 옮겨 바로잡았다.

52-22-53 (先)〔失〕하여

當爲失이니 屬上與計事得失爲句라 言與客計事하여 審其得失也라

응당 '失'이 되어야 하니, 위 구와 이어져 '與計事得失'로 句를 뗀다. 객과 일을 의논하여 그 득실을 자세히 살핀다는 말이다.

52-22-54 行(德)〔得〕計謀合이라야 乃入葆라

행실이 맞고 計謀가 합치해야만 葆城으로 들어오게 한다.

德은 當爲得이니 古通用이라 此冢上計事得失而言이니 謂所行旣得하고 計謀又相合이라야 乃聽其入葆城也라

'德'은 응당 得이 되어야 하니, 옛날에 통용되었다. 이 대목은 위의 '計事得失'을 이어받아 말하였으니, 행하는 바가 이미 맞고 또 計謀가 서로 합치해야 그 사람이 葆城으로 들어오도록 허락한다는 말이다.

52-22-55 葆入守하면 無行城하며 無離舍라

보성으로 들어와 지키면 성을 돌아다녀서는 안 되며 宿舍를 이탈해서도 안 된다.

謂自外入葆者는 不得行城離舍也라

외부로부터 보성에 들어온 사람은 성을 돌아다니거나 숙사를 이탈해서는 안 된다는 말이다.

52-22-56 諸守者는 審知卑城淺池하여 而錯(조)守焉이라

모든 지키는 사람들은 낮은 성과 얕은 해자가 어딘지 살펴 알아서 그 쪽에 배치하여 지키게 해야 한다.

論語包咸[56]注에 云 錯(조)는 置也라하니 錯守는 猶言置守라 或云 楚辭國殤王逸注에 云 錯(착)은 交也라하니 謂交錯相更代而守라하니 亦通이라

≪論語≫ 包咸의 注에 "錯는 두다는 뜻이다."라 하였으니, '錯守'는 '置守(배치하여 지키게 하다.)'라는 말과 같다. 혹자는 "≪楚辭≫ 〈國殤〉 王逸의 注에 '錯은 교착하다는 뜻이다.'라 하였으니, 교착하여 번갈아 지킨다는 말이다."라 하였으니, 역시 뜻이 통한다.

52-22-57 晨暮卒(歌)〔鼓〕以爲度하면 用人少易守라

새벽과 저녁에 병졸이 치는 북소리로 절도를 맞추면 사람은 적게 쓰고 지키기는 쉽다.

以上四十三字는 舊本에 誤錯入雜守篇이러니 今審定하여 與此上下文正相承接하여 移著(착)於此하노라 卒歌의 歌는 疑鼓之誤라 兵法에 禁歌哭하니 不當使卒歌也라 末句有誤라

이상 48자는 구본에 잘못 〈雜守〉에 섞여 들어가 있었는데, 지금 자세히 살펴 定하여 이 문단 위아래의 글과 서로 접속하도록 이곳에 옮겨 놓았다. '卒歌'의 歌는 아마도 鼓의 誤字일 듯하다. 兵法에는 노래와 哭을 금지하니, 병졸로 하여금 노래하게 하지는 않았을 것이다. 마지막 句에는 오자가 있다.

52-22-58 守法은 五十步에 丈夫十人이요 丁女二十人이요

수비하는 법은 50보마다 장부 10인이고 丁女 20인이며

釋名釋天에 云 丁은 壯也라하다

≪釋名≫ 〈釋天〉에 "丁은 壯盛이다."라 하였다.

52-22-59 老小十人이니 計之하면 五十步四十人이라

노인과 어린이 10인이니, 이것을 계산하면 50보마다 40인이다.

此城下不當隊(수)者는 守備之卒이 每十步則八人이니 與下文城上城下當隊(수)者로 人數竝異라 四十이 吳鈔本作四百하니 誤라 畢云 丈夫丁女老小共四十人이라하다

---

56) 包咸 : B.C. 7~65. 後漢 때의 학자로 자는 子良이고 會稽 曲阿 사람이다. 태자에게 ≪論語≫를 가르쳤고 ≪論語≫에 대한 章句를 저술하였다. ≪論語注疏≫에 보인다.

이는 성 아래 적이 공격해 오는 길에 해당하지 않는 곳에는 수비하는 병졸이 10보마다 8인인 것이니, 아래 글의 성 위와 성 아래 적이 공격해 오는 길에 해당하는 곳과는 사람 숫자가 다르다. '四十'이 吳鈔本에 '四百'으로 되어 있으니 잘못된 것이다.

畢沅 : 丈夫·丁女·老小가 도합 40인이다.

52-22-60 城(下)〔上〕樓卒은 率一步一人이니

성 위의 누각의 병졸은 대개 1보에 1인이니

卒은 舊本訛本이라 王云 本은 當爲卒이니 謂守樓之卒也라 隷書에 卒字或作卆일새 因訛而爲本이라 淮南詮言篇에 其作始簡者는 其終卒必調라하고 漢書游俠傳에 卒發於睚眥(애자)라한대 今本卒字가 竝訛作本이라하다 案 王校가 是也라 今據正하노라 城下는 當爲城上이라 此言城上守樓及傳堞者는 每步一人이니 與上下文城下卒數不同이라 上云城上百步一樓라하니 則樓不得在城下가 明矣라 城上地陝이라 故一步止一人이라 迎敵祠篇에 云 城上步一甲一戟이니 其贊三人이요 五步有五長하고 十步有十長하고 百步有百長이라하니 亦城上每步一人之證이라

'卒'은 舊本에는 '本'으로 잘못되어 있다.

王念孫 : '本'은 응당 '卒'이 되어야 하니, 누각을 지키는 병졸을 말한다. 隷書에 '卒'자는 혹 '卆'로 되어 있기 때문에 잘못되어 '本'이 된 것이다. ≪淮南子≫ 〈詮言訓〉에 "其作始簡者 其終卒必調(시작할 때 簡疏했던 것은 마지막에는 반드시 稠密해진다.)"라 하였고, ≪漢書≫ 〈游俠傳〉에 "卒發於睚眥(마침내 눈을 흘기는 작은 원한에서 행동으로 발동한다.)"라 했는데, 今本에는 '卒'자가 둘 다 '本'자로 잘못되어 있다.

案 : 왕염손의 교감이 옳다. 지금 이에 의거하여 바로잡았다. '城下'는 응당 '城上'이 되어야 한다. 이 대목은 성 위에서 누각 및 傳堞(성 가장 안쪽의 성가퀴)을 지키는 자는 1보마다 1인이라는 말이니, 위아래의 글에 나오는 성 아래 병졸의 숫자와는 같지 않다. 위에서 "성 위에는 100보마다 하나의 누대가 있다."라 했으니, 누각이 성 아래 있지 않다는 것은 분명하다. 성 위는 땅이 협소하기 때문에 1보에 단지 1인만 배치하는 것이다. 〈迎敵祠〉에 "성 위에는 1보마다 한 명의 甲士가 있고 한 명의 창을 든 군사가 있는데 보좌하는 병졸이 3인이며, 5보마다 五長이 있고 10보마다 十長이 있고, 100보마다 百長이 있다."라 하였으니, 또한 성 위에 1보마다 1인이 있다는 증거가 된다.

52-22-61 二十步二十人이라 **城小大以此率**(율)**之**라야 **乃足以守圉**라

20보마다 20인이다. 성이 작고 큼에 따라서 이로써 비율을 정해야 守禦할 수 있다.

舊本에 **作圍**라 **王云 守圍二字**는 **義不可通**하니 **圍**는 **當爲圉字之誤也**라 **守圉**는 **卽守禦**라 **公輸篇子墨子守圉有餘**와 **淮南主術篇瘖者可使守圉**와 **漢書賈誼傳守圉扞敵之臣**은 **竝與守禦同**이라하다 **案 王校**가 **是也**라 **今據正**하노라

舊本에는 '圉'가 '圍'로 되어 있었다.

王念孫 : '守圍' 2자는 뜻이 통하지 않으니, '圍'는 응당 '圉'의 오자일 것이다. '守圉'는 곧 守禦이다. 〈公輸〉의 "子墨子守圉有餘(자묵자의 수어는 여유로웠다)"와 ≪淮南子≫〈主術訓〉의 "瘖者可使守圉(벙어리가 수어하게 할 수는 있다.)"와 ≪漢書≫〈賈誼傳〉의 "守圉扞敵之臣(수어하여 적을 막는 신하)"의 '守圉'는 다 守禦와 같다.

案 : 王念孫의 校勘이 옳다. 지금 이에 의거하여 바로잡았다.

52-22-62 客馮面而蛾傅之어든

敵이 성벽의 사면에 의지하여 개미처럼 붙어서 기어 올라올 경우

畢云 客은 **舊作宕**(탕)이러니 **以意改**라하다 **蘇云 而字**는 **衍**이라하다 **案 宕**은 **吳鈔本**에 **又作蕩**하니 **非**라 **小爾雅廣言**에 **云 馮**은 **依也**라하다 **面**은 **謂城四面**이니 **見上文**하니 **非衍也**라

畢沅 : '客'은 舊本에는 '宕'으로 되어 있는데 글 뜻으로 판단하여 고쳤다.

蘇時學 : '而'는 衍字이다.

案 : '宕'은 吳鈔本에는 또 '蕩'으로 되어 있으니, 틀렸다. ≪小爾雅≫〈廣言〉에 "馮은 의지하는 것이다."라 하였다. '面'은 성의 사면을 말하니, 위 글에 보인다. 衍字가 아니다.

52-22-63 主人則先(之知)〔**知之**〕하면

主人(我軍)이 먼저 알아차리면

畢云 二字疑倒라

畢沅 : '之知' 2자는 글자 순서가 뒤바뀐 듯하다.

52-22-64 主人利하고

주인은 유리하고

畢云 言主人先知하면 則主人利라하다 詒讓案 此上下文은 疑皆備蛾傳篇之文錯著(착)於此라

畢沅 : 주인이 먼저 알아차리면 주인이 유리하다는 말이다.
詒讓案 : 이 대목 위아래의 글은 다 〈備蛾傳〉의 글이 잘못 이곳에 와 있는 듯하다.

52-22-65 客(適)〔病〕이라

적은 불리하다.

以下文校之컨대 疑當作客病이라

아래 글로 교감해 보건대 아마도 '客病'이 되어야 할 듯하다.

52-22-66 客攻以遂하면

적이 길로 공격해 오면

畢云 同隊(수)라

畢沅 : 遂는 '隊'와 같다.

52-22-67 十萬(物)之衆이라도

10만 명의 군사라도

物字는 疑衍이라 畢云 衆은 一本作數라하다

'物'은 衍字일 듯하다.
畢沅 : '衆'은 한 본에는 '數'로 되어 있다.

52-22-68 攻無過四隊(수)者하니 上術은 廣五百步요

공격해 오는 것은 4갈래 길에 불과하니, 上術은 너비가 500보이고

術隊는 一聲之轉이니 皆謂攻城之道라 百은 舊本訛十이러니 今據吳鈔本正하노라 蘇云

下言中術三百步下術五十步하니 則此五十은 當作五百이라 案 蘇校가 是也라 下云 廣五百步之隊하니 可證이라

'術'과 '隊'는 하나의 聲音이 전변한 것이니, 둘 다 성을 공격해오는 길을 말한다. '百'은 구본에 '十'으로 잘못되어 있었는데 지금 吳鈔本에 의거하여 바로잡았다.

蘇時學 : 아래에 "中術三百步 下術五十步"라 말하였으니, 여기의 '五十'은 응당 '五百'이 되어야 한다.

案 : 소시학의 교감이 옳다. 아래에 "廣五百步之隊"라 하였으니, 이로써 증명할 수 있다.

52-22-69 中術은 三百步요 下術은 〔百〕五十步라

中術은 너비가 300보이고 下術은 너비가 150보이다.

疑當作下術百五十步라

〈'下術五十步'는〉 아마도 '下術百五十步'가 되어야 할 듯하다.

52-22-70 諸不盡百五〔十〕步者는

150보가 채 못 되는 것들은

此卽承上下術言之하니 疑亦當作百五十步라

이는 上術과 下術을 이어받아 말한 것이니, 〈'百五步'는〉 아마도 '百五十步'가 되어야 할 듯하다.

52-22-71 主人利而客病이라 廣五百步之隊(수)는

주인(아군)은 이롭고 객(적군)은 불리하다. 너비 500보의 길은

卽上文之上術也라

곧 위 글에서 말한 上術이다.

52-22-72 丈夫千人이요

장부는 1,000인이고

丈은 舊本訛大러니 今從王校改하노라

'丈'은 구본에는 '大'로 잘못되어 있는데 지금 왕염손의 교감을 따라 바로잡았다.

52-22-73 丁女子二千人이요 老小千人이니

丁女는 2,000인이고 늙은이와 어린이는 1,000인이니,

畢云 千은 皆當作十이라하다 案 畢校는 非라

畢沅 : '千'은 세 곳 다 '十'이 되어야 한다.

案 : 필원의 교감은 틀렸다.

52-22-74 凡四千人이라

모두 4,000인이라

舊作凡千人이라 畢云 當云四十人이라하다 王引之云 畢說은 非也라 丈夫千人이요 丁女子二千人이요 老小千人이니 則下句當云凡四千人이니 不當改上三千字爲十하여 而云凡四十人也라 上文五十步丈夫十人이요 丁女子二十人이요 老小十人이니 共四十人이니 此廣五百步니 則人數不得與上文同矣라하다 案 王校가 是也라 今據補하노라 此城下當隊(수)者는 備守之卒이 十倍於前不當隊之數也라 商子[57]兵守篇에 說守城分三軍하니 壯男爲一軍이요 壯女爲一軍이요 男女之老弱者爲一軍이라하니 與此法略同이라

舊本에는 '凡四千人'이 '凡千人'으로 되어 있다.

畢沅 : '四千人'은 응당 '四十人'이 되어야 한다.

王引之 : 필원의 설은 틀렸다. 丈夫는 1,000인이고 丁女는 2,000인이고 늙은이와 어린이는 1,000인이니, 아래 句에서는 응당 '모두 4,000인'이라 해야 하지 위 세 곳의 '千'자를 十으로 고치고서 '모두 40인'이라 해서는 안 된다. 위의 글에 "50보마다 丈夫는 10인이고 丁女는 20인이고 늙은이와 어린이는 10인이니, 도합 40인이다."라 하였고 보면, 여기서는 너비가 500보이니 사람의 숫자가 위의 글과 같을 수 없다.

案 : 왕인지의 교감이 옳다. 지금 이에 의거하여 '四'자를 보충한다. 이는 성 아래 적이

---

57) 商子 : 전국시대 商鞅이 저술했다고 하는 책이다. 상앙은 전국시대 秦 孝公을 도와 井田法을 없애고 賦稅의 제도를 고쳐서 富國强兵을 이루었다. 衛鞅・公孫鞅・商君으로도 불린다.

공격해 오는 길에 해당하는 곳에는 수비하는 병졸이 앞에서 말한 적이 공격해 오는 길에 해당하지 않는 곳보다 10배 더 많은 것이다. ≪商子≫ 〈兵守〉에 성을 수비하는 방법을 설명하면서 3軍으로 나누어, 壯男이 1軍이고 壯女가 1군이고 남녀의 늙은이와 어린이가 1군이라고 하였으니, 이 방법과 대략 같다.

52-22-75 而足以應之하니 **此守術之數也**라

적에 대응할 수 있으니, 이것이 적이 공격해 오는 길을 지키는 병력의 숫자이다.

顧校에 移上文凡守圍城之法至不然則賞明可信而罰嚴足畏也一段하고 又城下里中家人各葆其左右前後如城上至時召三老在葆宮中者與計事得一段하여 著(착)此下하니 恐不塙이라 今不從하노라

顧廣圻의 교감에서 위 글의 '凡守圍城之法'으로부터 '不然則賞明可信而罰嚴足畏也'까지 한 단락과 '城下里中家人各葆其左右前後如城上'으로부터 '時召三老在葆宮中者與計事得'까지 한 단락을 옮겨 이 대목 아래에 놓았는데, 아마도 확실하지 않은 듯하니, 지금 따르지 않는다.

52-22-76 使老小不事者로 **守於城上不當術者**하고

늙은이와 어린이 중에 일하지 않는 사람들로 하여금 성 위의 적이 공격해 오는 길에 해당하지 않는 곳을 지키게 하고,

不當攻隊(수)者守事不急이라 故使老小守之라

적이 공격해 오는 길에 해당하지 않는 곳은 지키는 일이 급하지 않기 때문에 늙은이와 어린이로 하여금 지키게 하는 것이다.

52-22-77 城(持)〔將〕出必爲明(塡)〔旗〕하여

성의 장수가 성을 나갈 때에는 반드시 〈신분을 밝히는〉 깃발을 분명히 보여

持는 當作將이니 卽千人之將也니 見號令篇하다 塡은 疑當爲旗니 形近而誤라 史記封禪書에 塡星出如瓜라한대 索隱에 云 塡은 本亦作旗라하니 是其證이라 下竝同이라

'持'는 응당 '將'이 되어야 하니, 곧 1000인의 장수이다. 〈號令〉에 보인다. '塡'은 아마

도 '旗'가 되어야 할 듯하니, 글자 모양이 비슷하여 잘못된 것이다. ≪史記≫ 〈封禪書〉에 "填星出如瓜(전성이 오이와 같은 모습으로 나타났다.)"라 하였는데, 索隱에 "填은 본래는 旗로 되어 있었다."라 하였으니, 이것이 그 증거이다. 아래도 다 같다.

52-22-78 令吏民皆智(知)之라

관리와 백성들로 하여금 다 알게 해야 한다.

王云 此本作令吏民皆智之니 智는 卽知字也라 今本作智知之者는 後人旁記知字어늘 而寫者因誤合之耳라 墨子書知字多作智하니 說見天志中篇하다 蘇云 智는 當爲習之誤라하다 案 蘇說亦通이라

王念孫 : 이 대목은 본래 '令吏民皆智之'로 되어 있었으니, '智'는 곧 '知'자이다. 今本에 '智知之'로 되어 있는 것은 후인이 旁注로 '知'자를 적어 놓았는데 傳寫하는 사람이 잘못 합하여 쓴 것이다. ≪묵자≫에는 '知'자가 智로 되어 있는 곳이 많으니, 설명이 〈天志 中〉에 보인다.

蘇時學 : 智는 응당 '習'의 오자일 것이다.

案 : 소시학의 설도 뜻이 통한다.

52-22-79 從(一)〔十〕人百人以上하고 (持)〔將〕出에 不操(填)〔旗〕章하고

10인이나 100인 이상을 따르게 하고 장수가 성을 나갈 때에는 깃발을 잡지 않고

持는 亦當爲將이라 一人은 不當有將이니 蓋十人之誤라

'持'는 역시 '將'이 되어야 한다. 1인은 응당 장수가 있을 수 없으니, 아마도 10인의 착오일 것이다.

52-22-80 從人이 非亓故人이요

따르는 사람이 본래 부하가 아니거나

言非其故所屬吏卒이라

본래 소속한 吏卒이 아니라는 말이다.

52-22-81 (乃亓稹章也)〔及非亓旗章也〕면

자기 깃발이 아니면,

畢云 乃疑及字라 稹은 上作填이 是라 填章은 疑印章之屬이라 言出城從人이 非故相識人及有印信者면 止之라하다 案 畢以乃爲及은 是也요 餘皆失之라 魏孝文帝弔比干文에 旗字作稹라 故此訛作稹하고 前又訛填이어늘 畢以填爲是하니 非也라 此當云 及非亓旗章也니 言雖操旗章이나 而非其所當建之形式也라 今本及訛乃하고 旗訛稹하고 又脫非字하여 遂不可通이라

畢沅 : '乃'는 아마도 '及'자일 듯하다. '稹'은 위의 글에 '填'으로 되어 있는 것이 옳다. '填章'은 아마도 印章의 일종일 것이다. 성을 나갈 때 따르는 사람이 평소 아는 사람 및 인장을 가진 사람이 아니면 제지한다는 말이다.

案 : 필원이 '乃'를 '及'자로 본 것은 옳고, 나머지는 다 잘못 보았다. 魏나라 孝文帝의 〈弔比干文〉에 '旗'자가 '稹'로 되어 있다. 그러므로 여기서는 '稹'자로 잘못되었고, 앞에서는 '填'자로 잘못되었는데 필원은 '填'자를 옳다고 했으니, 잘못 본 것이다. 이 대목은 응당 '及非亓旗章也'라 해야 하니, 비록 깃발을 가졌더라도 마땅히 세우고 가야 할 형식에 맞는 깃발이 아닐 경우를 말한 것이다. 今本에는 '及'이 '乃'로 잘못되었고, '旗'가 '稹'으로 잘못되었으며 게다가 '非'자가 빠져 마침내 뜻이 통하지 못하게 되고 말았다.

52-22-82 千人之將以上이라도 止之하여 勿令得行하고 行及吏卒從之면

1,000인 이상을 거느리는 장수일지라도 제지하여 가지 못하게 하고, 그래도 가거나 관리와 병졸이 따라 가면,

卒은 舊本訛率이러니 今據道藏本吳鈔本正하노라

'卒'은 舊本에는 '率'로 잘못되어 있는데, 지금 道藏本과 吳鈔本에 의거하여 바로잡았다.

52-22-83 皆斬하고 具以聞於上하니 此守城之重禁之라

다 참수하고 사유를 위에 보고해야 하니, 이것이 성을 지키는 엄중한 禁令이다.

畢云 當爲也라

畢沅 : 뒤의 '之'는 응당 '爲'가 되어야 한다.

52-22-84 夫姦之所生也니 **不可不審也**라

대저 간특한 속임수가 생겨나는 바이니, 자세히 살피지 않아서는 안 된다.

自城下里中家人各葆其左右前後如城上至此는 竝通論守法하니 與前後文論守備器物數度者不同이라 疑皆他篇文之錯誤니 以(先)[58]行(德)〔得〕計謀合一段在雜守篇으로 證之라 或故書本皆在彼篇與아 王云 各本此下에 有候望適人至穴土之攻敗矣凡三百四十五字하니 乃備穴篇之錯簡이라하다 詒讓案 舊本此篇穴土之攻敗矣下에 又有斬艾與柴長尺至男女相半凡三百九十四字하니 亦備穴篇文이라 今竝移正하노라

'城下里中家人各葆其左右前後如城上'으로부터 이 대목까지는 모두 성을 수비하는 법을 通論하였으니, 앞뒤의 글에서 수비에 쓰는 器物의 제도를 논한 것과 같지 않다. 아마도 모두 다른 편의 글이 잘못 끼어온 것인 듯하니, '行得計謀合' 한 단락이 〈雜守〉에 있다는 사실을 가지고 증명할 수 있다. 혹 古書本에는 모두 저 〈雜守〉에 있었던 것인가.

王念孫 : 각 本의 이 대목 아래에 '候望適人'으로부터 '穴土之攻敗矣'까지 모두 345자가 있으니, 이는 〈備穴〉의 錯簡이다.

詒讓案 : 舊本의 이 편 '穴土之攻敗矣' 아래에 또 '斬艾與柴長尺'으로부터 '至男女相半'까지 모두 394자가 있으니, 이 또한 〈비혈〉의 글이다. 지금 둘 다 위치를 옮겨서 바로잡았다.

52-22-85 城上爲爵穴하되

성 위에 爵穴을 만들되,

謂於城堞閒爲空穴小僅容爵也라 顧云 此以下는 是備高臨篇文이니 釋(技)〔校〕機[59](藉)〔窄〕之也라하다 案 顧說이 是也라 然未知截至何句止라 姑仍其舊하노라

城堞 사이에 참새가 겨우 들어갈 만한 작은 구멍을 만든다는 말이다.

顧廣圻 : 이 이하는 〈備高臨〉의 글로 "校機窄之(校機로 압박하다.)"를 풀이한 것이다.

案 : 고광기의 설이 옳다. 그러나 그 글이 어느 句까지인지 알 수 없기에 우선 예전 글 그대로 둔다.

---

58) (先) : 이는 앞 句에 속한 글자인데, 여기에 잘못 끼어든 것이다.
59) (技)〔校〕機 : 孫詒讓의 注에 "〈備穴〉에 나오는 鐵校일 듯하지만 그 형상과 제도는 알 수 없다."고 하였다.

52-22-86 下堞三尺하고 廣亓外요

성첩보다 3척 낮은 곳에 내고, 바깥쪽 구멍을 넓게 내며,

蘇云 此言爵穴之法이라 廣外則狹內니 令下毋見上하고 上見下也라

蘇時學 : 이는 爵穴을 만드는 법을 말하였다. 바깥쪽을 넓게 하면 안쪽은 좁게 되니, 성 아래에서는 성 위를 보지 못하고 성 위에서는 성 아래를 볼 수 있도록 하는 것이다.

52-22-87 五步一이라 爵穴은 大容(苴)〔苣〕하고

5보마다 하나씩 낸다. 작혈은 크기는 횃불이 들어갈 수 있을 정도이고

王引之云 苴字는 義不可通하니 苴는 當爲苣字之誤也라 說文에 苣는 束葦燒也라하다 此云 爵穴大容苣라하고 下云 內(납)苣爵穴中이라하니 二文上下相應이라 故知苴爲苣之訛라하다 案 王校가 是也라 蘇說同이라

王引之 : '苴'자는 뜻이 통하지 않으니, '苴'는 응당 '苣'의 오자일 것이다. ≪說文解字≫에 "苣는 갈대를 묶어서 태우는 횃불이다."라 하였다. 여기서는 "爵穴은 크기가 횃불이 들어갈 수 있을 정도이다."라 하였고, 아래에서는 "작혈 안에 횃불을 넣는다."라고 하였으니, 두 글이 위아래로 상응한다. 그러므로 '苴'는 '苣'의 오자임을 알 수 있다.

案 : 왕인지의 교감이 옳다. 蘇時學의 설도 같다.

52-22-88 高者六尺이며 下者三尺이요 疏數(삭)自適爲之라

높은 것은 6척, 낮은 것은 3척 높이에 내며, 간격이 성글거나 촘촘한 정도는 스스로 적절하게 맞춘다.

畢云 言視敵而爲疏促이니 自는 視字之誤라 王引之云 自는 蓋因字之誤라 言因敵之多少而爲疏數(삭)也라 隸書에 因字或作囙하니 與自相似而誤라하다 案 適은 當讀如字라 吾自稱地形爲疏數하여 必調適也라 備梯篇에 云 守爲行城雜樓에 相(見)〔間〕以環其中하여 以適廣陜爲度라하니 與此適字義同이라 畢王說은 非라

畢沅 : 적의 상황을 보아서 간격을 성글거나 촘촘하게 만드는 것이니, '自'는 視의 誤字이다.

王引之 : '自'는 '因'의 오자일 것이다. 적의 많고 적은 숫자에 따라서 구멍의 간격을 성

글거나 촘촘하게 만든다는 말이다. 隸書에 '因'자가 혹 '囙'으로 되어 있으니, '自'와 글자 모양이 비슷하여 잘못된 것이다.

案 : '適'은 本字 그대로 읽어야 한다. 우리 쪽이 지형에 맞추어 구멍의 간격을 성글게도 하고 촘촘하게도 하여 반드시 알맞게 조절하는 것이다. 〈備梯〉에 "守爲行城雜樓 相間以環其中 以適廣陜爲度(수비하는 쪽은 行城의 각종 누각들을 만들되 서로 간격을 두고 그 중앙을 둘러싸고서 간격의 넓고 좁은 정도를 적절하게 맞춘다.)"라 하였으니, 여기의 '適'자와 뜻이 같다. 필원과 왕인지의 설은 틀렸다.

52-22-89 (塞)〔穿〕外塹하되 去格七尺하고 爲縣梁이라

성 밖에 참호를 파되 格과의 거리는 7척이고 縣梁을 만든다.

塞은 當爲穿이라 此言穿城外爲塹하되 而縣木爲橋梁하여 乃發以圉敵也라 若如今本作塞外塹하면 則下不當云勿塹矣라 後文亦云 去城門五步하여 大塹之上에 爲發梁이라하니 與此可互證이라 格은 卽備蛾傳篇之杜格과 旗幟篇之牲格也니 蓋於城外樹木爲之하여 以遏敵人之傳城者라 或云 格은 與落通하니 六韜軍用篇과 漢書晁錯傳에 竝有虎落하니 卽此라하다

'塞'은 응당 穿이 되어야 한다. 이 대목은 성 밖을 파서 참호를 만들되 나무를 매달아 교량을 만들어서 기관을 발동해 교량을 내려서 적을 막는다는 말이다. 만약 今本대로 성 밖의 참호를 막는 것이라면 응당 아래 글에서 "참호를 만들지 않는다."라고 하지 않았을 것이다. 뒤의 글에서도 "성문과 5보 떨어진 거리에 큰 참호를 만들고 그 위에 發梁(기관을 발동하여 내릴 수 있는 다리)을 만든다."라 하였으니, 이 대목과 서로 참고해 고증할 수 있다. '格'은 곧 〈備蛾傳〉의 '杜格'과 〈旗幟〉의 '牲格'이니, 대개 성 밖에 나무를 심어 만들어서 적이 성에 접근하는 것을 막는 시설이다. 혹자는 "'格'은 落과 뜻이 통한다. ≪六韜≫ 〈軍用〉과 ≪漢書≫ 〈晁錯傳〉에 다 虎落이 있으니, 바로 이것이다."라 하였다.

52-22-90 城筰(착)陜不可塹者는 勿塹이라

성 밖의 땅이 협소하여 참호를 팔 수 없는 경우에는 참호를 만들지 않는다.

舊本에 筰作筳이라 王引之云 筳字는 義不可通하니 筳當爲筰이라 玉篇에 笮은 狹也니 亦作筰이라하니 與筳相似而誤라하다 蘇云 筳은 當與埏同하니 地際也라하다 案 王說이 是也라

今據正하노라

舊本에는 '窄'이 '筵'으로 되어 있다.

王引之 : '筵'자는 뜻이 통하지 않으니, '筵'은 응당 '窄'이 되어야 한다. ≪玉篇≫에 "笮은 좁다는 뜻이니, '窄'으로도 쓴다."라 하였으니, '筵'과 글자 모양이 서로 비슷하여 잘못된 것이다.

蘇時學 : '筵'은 응당 埏과 같으니, 땅의 끝이다.

案 : 王引之의 說이 옳다. 지금 이에 의거하여 바로잡았다.

52-22-91 城上三十步一(聾)〔龔〕灶라

성 위에 30보마다 화덕을 하나씩 둔다.

詳前이라 畢云 聾은 疑龔字라

앞에 상세히 보인다.

畢沅 : '聾'은 아마도 '龔'자일 듯하다.

52-22-92 人擅苣하니 長五(節)〔尺〕이라

사람마다 횃불을 잡는데, 횃불의 길이는 5척이다.

舊本에 人擅作入壇이라 王引之云 入壇二字는 義不可通하니 入壇은 當爲人擅이라 擅은 讀曰撣이니 說文에 撣은 提持也라 古通作擅이니 人擅苣者는 人持一苣也라 備水篇에 曰 臨[60]三十人이니 人擅弩라하고 又曰 三十人共船하니 亓二十人은 人擅(有方)〔酋矛〕劍甲鞮瞀(제무)요 十人은 人擅苗라하니 是凡言人擅者는 皆謂人人手持之也라 人入擅壇은 字之誤라하다 案 王校가 是也라 今據正하노라 六韜敵强篇에 云 人操炬火라하니 炬卽苣之俗이요 擅操義同이라 長五節의 節은 非度名이니 疑當作長五尺이라 節은 當爲卽하여 屬下讀이라 今本作節하니 或尺卽二字合寫之誤라

舊本에는 '人擅'이 '入壇'으로 되어 있다.

王引之 : '入壇' 2자는 뜻이 통하지 않으니, '入壇'은 응당 '人擅'이 되어야 한다. '擅'은 '撣'으로 읽으니, ≪설문해자≫에 "撣은 손으로 잡는 것이다."라 하였다. 고대에는 통틀어

60) 臨 : 畢沅의 설에 "배를 나란히 잇대어서 높은 곳에 임하는 장비를 만든 것이다."라 하였다.

'擅'으로 썼으니, '人擅苣'란 것은 사람들마다 하나씩 苣를 잡고 있는 것이다. 〈備水〉에 "臨三十人 人擅弩(臨에는 30인이 타는데 사람마다 쇠뇌를 잡는다.)"라 하였고, 또 "三十人共船 亓二十人 人擅酋矛劍甲鞮瞀 十人 人擅苗(30인이 같이 한 배를 타는데, 그 중 20인은 사람마다 酋矛(자루가 짧은 창)를 잡고 검을 차고 갑옷을 입고 투구를 쓰며, 10인은 矛를 잡는다.)라 하였으니, 따라서 무릇 '人擅'이라 말하는 것은 모두 사람들마다 손으로 잡는다는 말이다. '人'과 '入', '擅'과 '壇'은 글자가 잘못된 것이다.

案 : 왕인지의 교감이 옳다. 지금 이에 의거하여 바로잡았다. ≪六韜≫ 〈敵強〉에 "人操炬火"라 하였으니, '炬'는 곧 '苣'의 俗字이고, '擅'과 '操'는 뜻이 같다. '長五節'의 '節'은 척도의 명칭이 아니니, 아마도 '長五尺'이 되어야 할 듯하다. '節'은 응당 '即'이 되어서 아래 구절과 이어서 읽어야 한다. 今本에는 '節'로 되어 있으니, 혹 '尺即' 2자를 합하여 잘못 쓴 것일 수도 있다.

52-22-93 寇在城下에 **聞鼓音**이어든 **燔苣**하고 **復鼓**어든 **內**(납)**苣爵穴中**하여 **照外**라

적이 성 아래에 있을 때 북소리가 들리면 횃불을 붙이고 다시 북이 울리면 爵穴 안에 횃불을 넣어서 밖을 비추어 본다.

蘇云 內은 讀如納이라

蘇時學 : '內'은 納과 같이 읽는다.

52-22-94 諸藉車皆鐵什이라

모든 藉車들은 다 쇠로 굴대를 감싼다.

畢云 什은 與鍇(탑)音近이라 說文에 云 鍇은 以金有所冒也라하다 詒讓案 上文云 藉車必爲鐵纂라하니 即此라

畢沅 : '什'은 '鍇'과 독음이 비슷하다. ≪說文解字≫에 "鍇은 쇠로 씌우는 바가 있는 것이다."라 하였다.

詒讓案 : 위의 글에서 "藉車는 반드시 쇠로 굴대를 감싼다."라 하였으니, 바로 이것이다.

52-22-95 藉車之柱는 **長丈七尺**이니 **亓貍者四尺**이요

藉車의 柱(기둥)는 길이가 1장 7척인데, 땅에 묻힌 부분이 4척이다.

杜長丈七尺而貍者四尺이니 則在上者丈三尺이라 較下夫四分之三在上하면 爲微羸이라 或長丈七尺의 七은 當爲六이니 則於率正同이라 下又云 桓長丈二尺半이라

기둥의 길이가 1장 7척인데 땅에 묻힌 부분이 4척이니, 그렇다면 땅 위에 있는 것은 1장 3척이다. 아래 글의 "夫는 4분의 3이 땅 위에 있다."는 것과 비교해 보면 길이가 조금 남는다. 혹 '長丈七尺'의 '七'은 응당 '六'이 되어야 하니, 그렇게 되면 비율에 있어 꼭 맞는다. 아래 글에 또 "桓은 길이가 1장 2척 반이다."라 하였다.

52-22-96 夫는 長三丈以上至三丈五尺이라

夫는 길이가 3장 이상에서 3장 5척까지이다.

夫는 趺字同이라

'夫'는 '趺'자와 같다.

52-22-97 馬頰(협)은 長二尺八寸이라

馬頰은 길이가 2척 8촌이다.

說文頁部에 云 頰은 面旁也라 馬頰은 蓋象馬兩頰骨衺出之象이라

≪說文解字≫ 頁部에 ""頰은 얼굴 양쪽 볼이다."라 하였으니, '馬頰'은 말의 양쪽 빰의 뼈가 삐딱하게 나온 모양을 본뜬 것일 것이다.

52-22-98 試藉車之力而爲之困이라

藉車의 힘을 시험해 보고서 困을 만든다.

困은 梱之借字라 說文木部에 云 梱은 門橛也라 橛은 弋也니 一曰門梱也라하고 口部에 困은 古文作朱이라한대 廣雅釋宮에 云 橛은 機闑(얼)朱[61]也라하니 卽以古文困爲梱이라 荀子大略篇에 云 和之璧은 井里之厥也라한대 晏子春秋雜上篇에 作井里之困하니 困은 亦卽梱也라 據荀晏二書컨대 則梱은 以木石爲之라 此藉車以大車輪爲梱者는 蓋亦於趺下爲之라

61) 機闑朱 : 機·闑·朱 모두 문지방을 뜻하는 말이다.

'困'은 梱의 가차자이다. ≪說文解字≫ 木部에 "梱은 門橛이다."라 하고 "橛은 말뚝이니, '門梱'이라고도 한다."라 하였고, 口部에 "困은 古字에 朱으로 쓴다."라 하였는데, ≪廣雅≫ 〈釋宮〉에 "橛은 機·闑·朱이다."라 하였으니, 곧 古字의 困을 梱으로 본 것이다. ≪荀子≫ 〈大略〉에 "和氏의 璧은 井里의 厥이다."라 하였는데, '厥'자가 ≪晏子春秋≫ 〈雜上〉에는 '井里之困'으로 되어 있으니, '困'도 곧 '梱'이다. ≪순자≫와 ≪안자춘추≫ 두 책에 의거하건대, 梱은 나무나 돌로 만든 것이다. 이 藉車에서 큰 수레바퀴로 梱을 삼는 것은 아마도 趺 아래에 설치할 것이다.

52-22-99 (失)〔夫〕는 四分之三在上이라

夫는 4분의 3이 위에 나와 있다.

失은 當爲夫니 亦趺之借字라

'失'은 응당 夫가 되어야 하니, 또한 趺의 가차자이다.

52-22-100 藉車는 夫長三(尺)〔丈〕이요

藉車는 夫의 길이가 3장이고,

依上文컨대 當作丈이라

위의 글에 의거하건대 〈'尺'은〉 응당 丈이 되어야 한다.

52-22-101 四(二)〔之〕三在上한대

4분의 3이 위에 나와 있는데,

當作四之三在上이라 此二句는 卽釋上夫四分之三在上之義니 疑舊注之錯入正文者라

'四二三在上'은 응당 '四之三在上'이 되어야 한다. 이 두 句는 곧 위의 글 '夫四分之三在上'의 뜻을 풀이한 것이니, 아마도 舊注가 正文에 잘못 들어간 것일 것이다.

52-22-102 馬頰在三分中이라

馬頰은 그것을 3등분한 가운데에 있다.

馬頰橫材旁出하여 邪夾趺外하여 在三分中하니 卽在上三分內也라

마협의 橫木이 옆으로 나와 비스듬하게 趺의 바깥을 양쪽으로 끼고서 3分 중간에 있는 것이니, 곧 땅 위에 나와 있는 것을 3등분한 안에 있다.

52-22-103 馬頰은 長二尺八寸이요 夫는 長二十四尺이니 以下不用이라

마협은 길이가 2척 8촌이고, 夫는 길이가 24척이니, 그 이하는 사용하지 않는다.

言不及度하면 則不中用이라

척도에 못 미치면 쓰기에 맞지 않다는 말이다.

52-22-104 治困以大車輪이라 藉車는 桓長丈二尺半이요

큰 수레바퀴로 困을 만든다. 藉車는 桓의 길이가 1장 2척 반이고,

桓은 卽桓楹之桓이니 與柱義同이라 藉車는 蓋有四直木하니 其二薶者爲柱요 二不薶者爲桓이라 上文에 柱長丈七尺이어늘 薶者四尺이라하니 則不薶者丈三尺也라 此度朒五寸은 未詳이라 如柱長當爲丈六尺이면 則不薶者亦丈二尺이요 桓贏五寸이니 或爲枘以入夫輿아

'桓'은 곧 '桓楹'의 桓이니, '柱'와 뜻이 같다. 藉車에는 대개 네 개의 直木이 있으니, 그중 땅에 묻는 두 개가 柱이고, 땅에 묻지 않는 두 개가 桓이다. 위의 글에 "株는 길이가 1장 7척인데 땅에 묻힌 부분이 4척이다."라 하였으니, 그렇다면 땅에 묻히지 않은 부분은 1장 3척일 것이다. 그런데 여기서 척도가 5촌이 더 적은 이유는 알 수 없다. 만약 柱의 길이가 응당 1장 6척이 되어야 한다면 땅에 묻히지 않은 부분은 1장 2척이고 桓은 5寸이 남으니, 혹 나무를 깎아서 夫에 끼워 넣은 것인가.

52-22-105 諸藉車皆鐵什하고 (復)〔後〕車者(在)〔左〕之라

모든 藉車들은 다 쇠로 굴대를 씌우고 後車가 돕는다.

復은 疑後之誤요 在는 疑左之誤라 左佐는 古今字라 備水篇에 云 城上爲射(㡿)〔機〕하여 疾佐之라하다

'復'은 後의 誤字일 듯하며, '在'는 左의 오자일 듯하다. 左는 古字이고 佐는 지금의 글

자이다. 〈備水〉에 "城上爲射機 疾佐之(성 위에 화살을 쏘는 기계를 만들어 빨리 돕는다.)"라 하였다.

52-22-106 寇(闉(훌))〔闉(인)〕池來하면

적이 토산과 해자로 공격해 오면

畢云 闉은 疑當爲衝이어나 或闉字라 池는 城池라하다 案 闉이 是也라 備穴篇에 有救闉池之文이러니 今移於前이라

畢沅 : '闉'은 衝이 되거나 '闉'자가 되어야 할 듯하다. '池'는 城池이다.

案 : 闉이 맞다. 〈備穴〉에 '救闉池'라는 대목이 있었는데, 지금 이 〈備城門〉에 옮겨 놓았다.

52-22-107 爲作水甬하니

水甬(나무 물통)을 만드니

水甬은 蓋漏水器라 月令角斗甬鄭注에 云 甬은 今斛也니 中空可通水者라하다

'水甬'은 대개 漏水器일 것이다. ≪禮記≫ 〈月令〉의 "角斗甬(斗와 斛을 비교하다.)"에 대한 鄭玄의 注에 "甬은 지금의 斛이다. 중간이 비어 있어 물이 통과할 수 있는 것이다."라 하였다."라 하였다.

52-22-108 深四尺이요 堅(慕)〔冪〕貍之하고

깊이는 4척이고 튼튼하게 덮고 땅에 묻으며,

畢本慕改幕하고 云 舊作慕러니 以意改라하니 下同이라 案 慕當作冪이니 畢校未允이라 詳前하니라

畢沅의 교감에는 '慕'를 '幕'으로 고치고 "구본에는 '慕'로 되어 있는데 글 뜻으로 판단하여 고쳤다. 아래도 같다."라 하였다.

案 : '慕'는 응당 '冪'이 되어야 하니, 필원의 교감은 온당하지 못하다. 앞에 상세히 보인다.

52-22-109 十尺一하되 覆(부)以瓦而待令이라

10척마다 하나씩 두되 기와로 덮어두고서 명령을 기다린다.

瓦는 舊本作月이러니 畢以意改穴이라 王云 月亦當爲瓦니 上文云 鑿坎(감)하고 覆以瓦라하니 是其證이라 畢改月爲穴은 非也라하다 案 王校가 是也라 蘇說同이라

'瓦'는 구본에는 '月'로 되어 있는데 畢沅이 글 뜻으로 판단하여 '穴'로 고쳤다.

王念孫 : '月'은 응당 '瓦'가 되어야 한다. 위 글에 "鑿坎覆以瓦(구덩이를 파고서 기와로 덮어둔다.)"라 한 것이 그 증거이다. 필원이 '月'을 '穴'로 고친 것은 틀렸다.

案 : 王念孫의 校勘이 맞다. 蘇時學의 설도 같다.

52-22-110 以木大圍長二尺四分而(早)〔中〕鑿之하고

굵기는 1圍이고 길이는 2척 4촌인 나무를 4등분한 다음 가운데에 구멍을 뚫고

早는 疑中之誤라 言鑿木中空之也라 上文에 云 轀長二尺中鑿夫(之)〔二〕라하니 可證이라

'早'는 '中'의 오자일 듯하다. 나무의 가운데를 뚫어 비게 한다는 말이다. 위의 글에 "轀의 길이는 2척이고, 夫(발)의 가운데를 뚫어 두 구멍을 만든다."라 하였으니, 증명할 수 있다.

52-22-111 置炭火亓中而合(慕)〔冪〕之라가

그 안에 숯불을 두고 물건을 모아 덮어두었다가

慕는 畢本亦改幕이라 案 當爲冪이니 謂旣置炭火하고 乃以物合而覆之라

'慕'는 畢本에는 역시 '幕'으로 고쳤다.

案 : '慕'는 응당 '冪'이 되어야 하니, 구멍 안에 숯불을 둔 다음 물건을 모아서 덮어둔다는 말이다.

52-22-112 而以藉車投之라 爲疾犂投하니 長二尺五寸이요 大二圍以上이라

藉車를 이용해서 던진다. 疾犂投(질려를 던지는 기계)를 만드는데 길이는 2척 5촌이고 굵기는 2圍 이상이다.

備梯篇에 作蒺藜投라 蓋亦爲機以投之라

〈備梯〉에는 '蒺藜投'로 되어 있다. 이 또한 기계를 만들어 던지는 것일 듯하다.

52-22-113 涿(弋)〔杙(익)〕하니

말뚝을 박으니

涿은 椓之借字니 詳前하니라 畢云 弋은 舊俱作代러니 以意改라하다 詒讓案 代는 疑杙之誤라

'涿'은 椓의 가차자이다. 앞에 상세히 보인다.

畢沅 : '弋'은 구본에는 다 '代'로 되어 있는데 글 뜻으로 판단하여 고쳤다.

詒讓案 : '代'는 杙의 오자일 것이다.

52-22-114 (弋)〔杙〕長七寸이며 (弋)〔杙〕閒六寸이요

말뚝의 길이는 7촌이고 말뚝의 간격은 6촌이며,

畢云 弋은 舊作我러니 以意改라하다 案 亦當作杙이라

畢沅 : '弋'은 구본에는 '我'로 되어 있는데 글 뜻으로 판단하여 고쳤다.

案 : 역시 '杙'이 되어야 한다.

52-22-115 剡(염)亓末이라

그 끝을 예리하게 만든다.

說文刀部에 云 剡은 銳利也라

≪說文解字≫ 刀部에 "剡은 예리한 것이다."라 하였다.

52-22-116 狗走는

狗走는

畢云 疑穴之可以出狗者曰狗走라하다 案 畢說甚誤라 據下文有蚤하니 則非穴明矣라 此當卽上文之狗屍니 惟尺度異耳라 前救闉池章에 又作狗犀라 竊疑此本名狗棲니 猶詩王風云雞棲라 棲犀聲近字通이라 爾雅釋艸에 瓠棲瓣이라한대 詩衛風碩人作瓠犀하니 可證이라 棲는 或省(생)作妻하니 與走形近이라 故訛라 古蓋爲闌棧하여 以棲狗하니 守城樹杙爲藩이 似之라 故亦謂之狗棲니 猶鑿穴謂之鼠穴矣라

畢沅 : 개가 나갈 수 있을 만한 구멍을 狗走라 한 듯하다.

案 : 필원의 설은 매우 잘못되었다. 아래 글에 '蚤'가 있는 것에 근거하면, 구멍이 아닌 것이 분명하다. 이는 응당 위 글의 '狗屍'일 것이니 척도만 다를 뿐이다. 앞의 '救闉池' 章에는 또 '狗犀'로 되어 있다. 아마도 이것의 본래 이름은 '狗棲'일 것이니 ≪詩經≫ 〈王風 君子于役〉의 '雞棲(닭이 깃들다.)'와 같을 것이다. '棲'와 '犀'는 독음이 비슷하고 글자도 통한다. ≪爾雅≫ 〈釋艸〉에 "瓠棲瓣(박 속의 씨)"이라 하였는데, ≪시경≫ 〈衛風 碩人〉에는 '瓠犀(박의 씨)'로 되어 있으니, 증명할 수 있다. '棲'는 혹 자획을 생략하여 '妻'로 쓰니, '妻'가 '走'와 글자 모양이 비슷하기 때문에 잘못된 것이다. 고대에 대개 울타리를 만들어 개를 가두어 두었는데, 성을 수비할 때 말뚝을 세워 울타리를 만드는 것이 이와 비슷했을 것이다. 그러므로 이를 역시 '狗棲'라 한 것이니, 굴을 뚫는 것을 '鼠穴'이라 하는 것과 같다.

52-22-117 廣七寸이며 長尺八寸이요 蚤長四寸이라

너비는 7촌이고 길이는 1척 8촌이며, 창날의 길이는 4촌이다.

蚤는 爪同하니 蓋剡銳其末이라 詳前하니라

'蚤'는 爪와 같다. 그 끝을 손톱처럼 예리하게 만든 것일 것이다. 앞에 상세히 보인다.

52-22-118 犬(耳)〔牙〕施之라

개의 이빨처럼 서로 들쭉날쭉 엇갈리게 설치한다."

犬은 舊本誤大러니 今據道藏本吳鈔本正하노라 耳는 當爲牙라 犬牙施之니 謂錯互設之라 上文云 靈丁은 三丈一이요 犬牙施之라하니 犬牙가 亦訛作火耳하니 與此義同이라 以上은 竝備闉池之法이라 與上文錯入備穴篇救闉池之文으로 略同이라

'犬'은 구본에는 '大'로 잘못되어 있는데 지금 道藏本과 吳鈔本에 의거하여 바로잡았다. '耳'는 응당 '牙'가 되어야 한다. '犬牙施之'는 개의 이빨처럼 들쭉날쭉 엇갈리게 설치한다는 말이다. 위의 글에 "靈丁 三丈一 犬牙施之(靈丁은 3장마다 하나를 두되 개의 이빨처럼 서로 들쭉날쭉 엇갈리게 설치한다.)"라 하였는데, '犬牙'가 역시 '火耳'로 잘못되어 있으니, 이 대목의 뜻과 같다. 이상은 다 토산과 해자로 적이 공격해 오는 상황에 대비하는 법이다. 위의 글에서 〈備穴〉의 '救闉池'에 대한 글이 잘못 끼어들어간 것과 대략 같다.

52-23-1 子墨子曰 守城之法은 **必數城中之木**이니 **十人之所擧爲十挈**(계)요 **五人之所擧爲五挈**니 **凡輕重**을 **以挈爲人數**라

子墨子께서 말씀하셨다. "성을 수비하는 방법은 반드시 성 안의 나무를 헤아려 두어야 한다. 10인이 드는 것은 10挈이고 5인이 드는 것은 5계이니, 무릇 무게는 계를 가지고 사람의 숫자를 삼는다.

畢云 言卽以十挈五挈로 名其物者는 以人數也라하다 詒讓案 挈는 與契字同하니 十挈五挈는 謂刻契之齒[62]하여 以記數也라 列子說符篇에 云 宋人有遊於道라가 得人遺契者하여 歸而藏之하고 密數其齒曰 吾富可待矣라하다

畢沅 : 곧 10계·5계로 사물을 命名하는 것은 사람의 숫자로써 한다는 말이다.

詒讓案 : '挈'는 '契'자와 같으니, 10계·5계는 契의 齒(눈금)를 새겨서 숫자를 기록하는 것을 말한다. ≪列子≫ 〈說符〉에 "宋나라 사람이 길을 다니다가 남이 버린 契(계약증서)를 주워서 집에 돌아와 보관하고 남몰래 그 齒를 세어 보고는 '내가 곧 부자가 되겠구나.'라 했다."라 하였다.

52-23-2 爲薪樵挈하니

땔나무의 挈를 만드니,

蕉는 樵之俗이라 集韻四宵에 云 樵는 或作蕉라

'蕉'는 樵의 俗字이다. ≪集韻≫ 〈四宵〉에 "樵는 蕉로 되어 있는 곳도 있다."라 하였다.

52-23-3 壯者有挈하며 **弱者有挈**하여 **皆稱亓任**이라 **凡挈輕重所爲**는 (吏)〔使〕**人各得亓任**이라

건장한 사람도 挈가 있고 약한 사람도 계가 있어 다 그 사람이 맡을 수 있는 힘에 맞도록 하였다. 무릇 계의 경중에 따라 일을 하는 것은 사람들로 하여금 저마

---

62) 契之齒 : 이 책에 실려 있지 않은 兪越의 注에 "齒란 것은 契의 齒이다. 옛날에 대나무나 나무에 눈금을 새겨서 숫자를 기록하는데, 그 새긴 부분이 매끄럽지 않고 치아처럼 들쭉날쭉하기 때문에 齒라 한 것이다. ≪易林≫에서 말한 "符는 왼쪽이고 契는 오른쪽이니, 이 둘의 齒를 서로 합한다."고 한 것이 이것이다.

다 자기가 맡을 수 있는 짐을 지도록 하는 것이다.

蘇云 吏는 當作使라하다 案 蘇校가 是也라 吏使는 古字亦通이라 此釋皆稱其任句義니 疑亦舊注錯入正文이라 又雜守篇에 云 使人各得其所長이면 天下事當이라하니 與此文例相似라 疑此與彼數語當相屬하니 或有錯簡也라

蘇時學 : '吏'는 응당 使가 되어야 한다.

案 : 소시학의 교감이 옳다. 吏와 使는 古字에 역시 통용되었다. 이는 '皆稱其任' 句의 뜻을 풀이한 것이니, 또한 舊注가 正文에 잘못 들어간 것일 듯하다. 또 〈雜守〉에 "사람으로 하여금 저마다 자기 장점을 발휘할 수 있도록 하면 천하의 일이 합당해진다."라 하였으니, 이 대목과 文例가 서로 비슷하다. 이 대목은 저 〈잡수〉와 몇 마디 말이 응당 서로 이어지는 듯하니, 혹 錯簡이 있을 수도 있다.

52-23-4 城中無食이면 則爲大殺(쇄)라

성 안에 식량이 없으면 크게 줄인다.

畢云 殺는 言減이라하다 詒讓案 自子墨子曰至此一段은 與上下文義不相屬하니 疑當在雜守篇斗食終歲三十六石之上이어늘 而誤錯著(착)於此라

畢沅 : '殺'는 減少한다는 말이다.

詒讓案 : '子墨子曰'로부터 이 대목까지 한 단락은 위아래의 글과 이어지지 않으니, 아마도 응당 〈雜守〉의 '斗食終歲三十六石' 위에 있어야 할 터인데 이곳에 잘못 와 있는 듯하다.

52-23-5 去城門五步하여 大塹之하니 高地(三丈)〔丈五尺〕이요 下地至〔泉이면 三尺而止〕라

성문과 5보 떨어진 거리에 큰 참호를 만드니, 지면까지 높이가 3장이고 땅 아래로 내려가다가 泉(지하수)에 이르면 3척에서 그친다.

王引之云 此本作高地丈五尺下地至泉三尺而止라 備穴篇에 曰 高地丈五尺이요 下地得泉三尺而止라하니 是其證이라 今本丈五尺이 訛作三丈하고 至下에 又脫泉三尺三字하니 則義不可通이라하다 案 王說이 是也라 上文에 亦云 塹中深丈五라하다

王引之 : 이 대목은 본래 '高地丈五尺 下地至泉 三尺而止'로 되어 있었다. 〈備穴〉에 "高地丈五尺 下地得泉三尺而止"라 하니, 이것이 그 증거이다. 今本에 '丈五尺'이 '三丈'으로 잘못되어 있고, '至' 아래에 또 '泉三尺' 3자가 빠졌으니, 뜻이 통하지 않는다.

案 : 王引之의 說이 맞으니, 위 글에도 "塹中深丈五(참호 안은 깊이가 5丈이다.)"라 하였다.

52-23-6 施(賊)〔杙〕亓中하고

그 속에 말뚝을 박고

王引之云 賊字는 義不可通하니 賊은 當爲棧이라 上文城上之備에 有行棧行樓라 說文에 棧은 棚也라하니 謂設棚於塹中하고 上爲發梁而機巧之하여 以陷敵也라하다 詒讓案 賊은 疑亦杙之誤라

王引之 : '賊'자는 뜻이 통하지 않으니, '賊'은 응당 棧이 되어야 한다. 위 글에서 말한 성 위에 갖추어두는 장비 중에 行棧과 行樓가 있다. ≪說文解字≫에 "棧은 棚(시렁)이다." 라 하였으니, 이 대목은 참호 속에 시렁을 설치하고 그 위에 發梁을 만들어 기계 장치로 교묘히 조종하여 적을 함정에 빠뜨린다는 말이다.

詒讓案 : '賊' 또한 杙의 오자일 듯하다.

52-23-7 上爲發梁하여

위에 發梁을 만들어

畢云 梁은 橋也라하다 詒讓案 此는 卽上文所謂縣梁也라 縣梁有機發하여 可設可去라 故曰發梁이라

畢沅 : '梁'은 橋梁이다.

詒讓案 : 이는 곧 위 글에서 말한 縣梁이다. 현량에는 움직이는 기계 장치가 있어 설치하기도 하고 철거하기도 할 수 있다. 그러므로 發梁이라 한 것이다.

52-23-8 而機(巧)〔引〕之하고

기계 장치로 끌어당기며,

以下文校之컨대 巧는 蓋引之誤라

아래 글로 교감해 보건대 '巧'는 引의 오자일 듯하다.

52-23-9 比(傳)〔傅〕薪土하여

땔나무와 흙을 덧붙여 입혀서

顧云 傳은 當作傅라하다 蘇校同하고 云 傅義與敷同이라하다

顧廣圻 : '傳'은 응당 '傅'가 되어야 한다.

蘇時學의 교감도 같고, "傅는 뜻이 敷와 같다."라 하였다.

52-23-10 使可道行하되

사람이 다닐 수 있도록 하되,

謂塹上爲機梁하고 上布薪土如道하여 以誘敵也라

참호 위에 기계 장치로 작동하는 교량을 만들고 그 위에 흙과 땔나무를 깔아서 사람이 다니는 길처럼 만들어 적을 유인한다는 말이다.

52-23-11 旁有溝壘(루)하여 毋可踰越이라

곁에는 해자와 城壘가 있어 넘어갈 수 없다.

毋는 吳鈔本作無라

'毋'는 吳鈔本에 '無'로 되어 있다.

52-23-12 而出佻〔戰〕且(比)〔北(배)〕하여

아군이 나가서 도전했다가 패배한 척하여

且는 畢改旦하고 云 疑佻는 達字니 旦達은 音之緩急이라하다 王引之云 當作而出佻戰且北이니 北는 敗也요 佻는 與挑同이라 言出而挑戰이라가 且佯敗以誘敵也라 故下文에 曰 適人遂入이어든 引機發梁이면 適人可禽이라하니라 備穴篇에 曰 穴中與適人遇어든 則皆圉而毋逐하고 且戰北하여 以須鑪火之然이라하니 彼言且戰北가 猶此言佻戰且北也라 今本脫戰字하고 北字又訛作比하니 則義不可通이라 畢改且爲旦하고 而以佻旦爲佻達하니

大誤라 案 王校가 是也라

'且'는 畢沅이 '旦'으로 고치고, "佻는 '達'자일 듯하니, 旦과 達은 聲音의 緩急이 다를 뿐이다.

王引之 : 응당 '而出佻戰且北'가 되어야 하니, '北'는 敗이고, '佻'는 挑와 같다. 나가서 도전했다가 거짓으로 패한 척 하여 적을 유인한다는 말이다. 그러므로 아래 글에 "敵人이 들어오거든 기계 장치를 당겨 교량을 발동하면 적인을 사로잡을 수 있다."라 하였다. 〈備穴〉에 "穴中與適人遇 則皆圉而毋逐 且戰北 以須鑪火之然(굴 안에서 敵人을 만나면 그때마다 다 방어만 하고 뒤쫓지 않으며, 우선 싸우다 달아나서 화로에서 연기가 피어오르기를 기다린다.)"이라 하였으니, 저 〈비혈〉에서 '且戰北'라 한 것이 이 〈備城門〉에서 '佻戰且北'라 한 것과 같다. 今本에는 '戰'자가 빠졌고, 또 '北'자가 '比'로 잘못되어 있으니, 뜻이 통하지 않는다. 필원이 '且'를 旦으로 고치고 '佻旦'을 '佻達'이라 하였으니, 매우 잘못 보았다.

案 : 왕인지의 교감이 옳다.

52-23-13 適人遂入이어든

敵人이 들어오거든

畢云 舊作人以意改라

畢沅 : 舊本에는 '入'이 '人'으로 되어 있었는데 글 뜻으로 판단하여 '入'으로 고쳤다.

52-23-14 引機發梁하면 適人可禽이라 適人恐懼而有疑心하여 因而離라

기계 장치를 당겨 교량을 발동하면 적인을 사로잡을 수 있다. 적인이 두려워하여 의심을 품게 되면 이로 인하여 離散하게 된다."

畢云 下脫簡이라하다

畢沅 : 아래에 脫簡이 있다.

附 錄

1. ≪墨子閒詁≫에 인용된 ≪墨子≫ 판본의 略稱과 概要

- **道藏本** : 明朝 正統 10년(1445)에 張宇初(1359~1410)가 교정한 판본이다. ≪道藏≫은 ≪道教一切經≫, ≪道藏經≫, ≪道一切經≫이라고도 하며, 道教 관련 문헌들을 망라한 道教叢書이다. 明나라 正統 연간(1436~1449)에 칙명에 의해 張宇初가 편찬하여 大道觀에 반포한 ≪正統道藏≫을 가리킨다. 이후 萬曆 연간(1573~1619)에 ≪續藏≫을 추가하였다. 현전하는 ≪墨子≫ 판본들은 이 ≪正統道藏≫에 들어 있는 '道藏本'으로부터 시작된 것이다. 明나라의 많은 ≪墨子≫ 刊本들이 이를 토대로 삼았고, 畢沅 등 많은 淸나라 학자들이 이 판본을 대본으로 교감하였다.
- **吳鈔本** : 明朝 弘治 연간(1488~1505)에 吳寬(1435~1504)이 鈔한 寫本이다.
- **正德本** : 明朝 正德 원년(1506)에 兪弁(1488~1547)이 鈔한 寫本이다. 正德兪鈔三卷本이라고도 한다.
- **陸本** : 明朝 嘉靖 31년(1552)에 陸穩(?~?)이 교정한 活字本이다. 嘉靖壬子陸校銅板活字本이라고도 한다.
- **唐堯臣刻本** : 明朝 嘉靖 32년(1553)에 刊刻한 판본이다. 唐堯臣據陸穩壬子活字本刊刻이라고도 한다. 四部叢刊 수록본이다.
- **沈本** : 明朝 隆慶 원년(1567)에 沈津(?~?)이 刊刻한 판본이다. 隆慶丁卯沈刻百家類纂本이라고도 한다.
- **茅本** : 明朝 萬曆 연간(1573~1620)에 茅坤(1512~1601)이 교정하고 童思泉(?~?)이 刊刻한 판본이다. 萬曆辛巳茅校書坊刻本, 茅坤本이라고도 한다.
- **緜眇閣本** : 明朝 萬曆 연간(1573~1620)에 馮夢禎(1548~1606)이 緜眇閣에서 刊刻한 판본이다.
- **堂策檻本** : 明朝 天啓 연간(1621~1627)에 郎兆玉(?~?)이 堂策檻에서 刊刻한 판본이다.

- **寶曆本** : 日本 寶曆 7년(1757)에 秋山儀(秋山玉山, 1702~1764)가 교정한 校刻本이다. 日本寶曆七年秋山儀校刻本이라고도 한다. 明나라 茅坤本을 倣刻한 것으로 모두 6권이다.
- **畢本** : 清朝 乾隆 48년(1783년)에 畢沅(1730~1797)이 교정한 판본이다. 畢沅校刻本이라고도 한다. 전 16권이다. 畢沅은 明나라 때 간행된 道藏本을 저본으로 삼았으며, 兩江總督採進本 및 萬曆 연간의 潛庵子本, 郎氏堂策檻刊本을 참고하였다. 여기에 盧文弨(1717~1795)와 孫星衍(1753~1818), 翁方綱(1733~1818) 등의 校勘 내용을 참고하여 校注를 완성하였다.
- **四庫全書本** : 清朝 乾隆 연간(1736~1795)에 刊刻한 판본이다.
- **顧本** : 清朝에 顧千里(1766~1835)가 道藏本을 교정한 것이다. 顧校道藏本이라고도 한다.

2. ≪墨子閒詁≫에 인용된 주요 註釋家

• **盧文弨**(1717~1795) : 清 浙江 仁和 사람으로 자는 紹弓, 호는 磯漁 또는 號檠齋·抱經이며, 晩號는 弓父이다. 戴震·段玉裁 등과 교유하였으며, 校勘學者이자 藏書家·教育家로서 당대 크게 이름을 떨쳤다. 교감한 고적으로는 ≪逸周書≫, ≪孟子音義≫, ≪荀子≫, ≪呂氏春秋≫, ≪韓詩外傳≫, ≪春秋繁露≫, ≪方言≫, ≪白虎通≫ 등이 있다. 저서로 ≪抱經堂文集≫, ≪儀禮注疏詳校≫, ≪鍾山劄記≫, ≪龍城劄記≫, ≪廣雅釋天以下注≫, ≪廣雅注≫ 등이 있다.

• **畢沅**(1730~1797) : 清 江蘇 鎭洋 사람으로 자는 纕蘅 또는 秋帆, 호는 靈巖山人이다. 乾隆 25년(1760)에 進士가 되고, 陝西巡撫와 湖廣總督 등을 역임하였다. 沈德潛과 惠棟에게 수학하였고, 경학으로는 漢儒, 문자학으로는 許愼을 종주로 했다. 經史, 書畫, 小學, 金石, 詩文, 地理 영역에 두루 통달하였다. 저서로 ≪經典文字辨正書≫, ≪音同義異辨≫, ≪說文解字舊音≫, ≪關中金石記≫, ≪中州金石記≫, ≪傳經表≫, ≪晏子春秋音義≫, ≪呂氏春秋校正≫, ≪靈巖山人詩文集≫, ≪墨子注≫ 등이 있으며, 대부분 經訓堂叢書에 수록되어 있다.

• **汪中**(1744~1794) : 清 江蘇 江都 사람으로 자는 容甫이다. 經學과 史學에 정통하였으며, 특히 先秦圖書와 古代 學制興廢를 깊이 연구하였다. 王念孫·劉台拱과 교유하였으며, 阮元·焦循 등과 더불어 '揚州學派'로 일컬어진다. 저서로 ≪述學≫, ≪容甫先生遺詩≫, ≪春秋述義≫, ≪廣陵通典≫, ≪秦蠶食六國表≫, ≪知新記≫, ≪金陵地圖考≫ 등이 있다.

• **王念孫**(1744~1832) : 清 江蘇 高郵 사람으로 자는 懷祖, 호는 石臞이다. 乾隆 40년에 進士가 되고, 翰林院 庶吉士와 工部 主事 등을 역임하였다. 戴震에게 수학하였으며, 音韻學, 文字學, 訓詁學, 校勘學에 조예가 깊었다. 당대 錢大昕, 盧文弨, 邵晉涵, 劉台拱 등과 '五君子'로 일컬어졌다. 저서로 ≪讀書雜志≫, ≪釋大≫, ≪王石臞先生遺文≫, ≪廣雅疏證≫, ≪古韻譜≫, ≪道河議≫, ≪河源紀略≫ 등이 있다. ≪讀書雜志≫에 ≪墨子雜志≫ 6권이 있다.

• **張惠言**(1761~1802) : 淸 江蘇 武進 사람으로 자는 皐聞 또는 皐文, 호는 茗柯이다. 嘉慶 4년(1799)에 進士가 되고, 翰林院 庶吉士와 編修 등을 역임하였다. 詞에 능하여 常州詞派를 창시했다. 후에 古文에 전념하여 韓愈와 歐陽脩를 종주로 삼았으며, 經學과 음운학에도 정통하였는데, 특히 ≪周易≫과 ≪儀禮≫ 연구로 이름이 높아 '陽湖派古文'으로 일컬어졌다. 저서로 ≪虞氏易禮≫, ≪虞氏易事≫, ≪虞氏易言≫, ≪周易鄭氏義≫, ≪讀儀禮記≫, ≪茗柯文編≫, ≪詞選≫, ≪七十家賦鈔≫, ≪說文諧聲譜≫, ≪墨子經說解≫ 등이 있다.

• **洪頤煊**(1765~1837) : 淸 浙江 臨海 사람으로 자는 旌賢, 호는 筠軒, 晩號는 倦舫老人이다. 孫星衍의 門人으로 경전의 訓詁에 밝았고 天文, 地理, 文學, 碑版, 鄕邦文獻 방면에 조예가 깊었다. 저서로 ≪尙書洪範五行傳論輯本≫, ≪校正竹書紀年≫, ≪讀書叢錄≫, ≪台州劄記≫, ≪諸史考異≫, ≪管子義證≫, ≪尙書古文敍錄≫, ≪筠軒詩文抄≫ 등이 있다.

• **王引之**(1766~1834) : 淸 江蘇 高郵 사람으로 자는 伯申, 호는 曼卿이다. 王念孫의 아들이다. 翰林院 編修, 戶部尙書, 吏部尙書, 禮部尙書, 工部尙書 등을 역임하였다. 聲韻學, 文字學, 訓詁學 등에 정통하였다. 왕염손의 학통을 이어 ≪爾雅≫, ≪說文解字≫, ≪音學≫ 등의 책을 정밀히 연구하였다. 저서로 ≪經義述聞≫ 32권, ≪經傳釋詞≫ 10권이 있다.

• **顧廣圻**(1766~1835) : 淸 江蘇 元和 사람으로 자는 千里, 호는 澗薲 또는 思適居士이다. 당대의 저명한 校勘學者이자 藏書家·目錄學家이다. 四部圖書를 博覽하였으며, 經史, 訓詁, 曆算, 輿地, 諸子經學에 두루 통하였다. 阮元·胡克家·孫星衍의 초빙을 받아 고서 및 ≪說文解字≫, ≪禮記≫, ≪儀禮≫, ≪國語≫, ≪戰國策≫, ≪文選≫ 등의 제서를 교감하였으며, 특히 校讎學·目錄學에 정통하여 孫星衍·黃丕烈 등과 더불어 당대 校勘學의 거장으로 일컬어졌다. 저서로 ≪思適齋集≫ 등이 있다.

• **蘇時學**(1814~1874) : 淸 藤縣 藤城鎭 사람으로 字는 斅元, 號는 琴舫 또는 爻山이다. 晩年에는 猛陵山人으로 불렸다. 평생 벼슬에 뜻을 두지 않았으며, 淸 同治 연간에 한번 內閣中書 요직에 나아갔으나, 이때에도 內府의 經典을 열독하는 데 潛心求學하였다. 청년 시절 廣州, 香港, 杭州, 上海 등지에서 유학하였으며, 생전에 著述이 매우 많아 '藤州才子'로 일컬어졌다. 저서로 ≪寶墨樓詩冊≫, ≪寶墨樓楹聯≫, ≪遊

瑤日記≫, ≪羊城遊記≫, ≪爻山筆話≫, ≪鐔津考古錄≫, ≪墨子刊誤≫ 등이 있다.

• **兪樾**(1821~1906) : 淸 浙江 德淸 사람으로 자는 蔭甫, 호는 曲園이다. 道光 30년(1850) 進士에 급제하여 翰林院 編修, 河南學政 등을 역임하였다. 經學, 諸子學, 史學, 訓詁學, 戲曲, 詩詞, 小說, 書法 등에 두루 능통하였다. 관직을 그만둔 뒤 蘇州 紫陽書院, 上海 求志書院, 杭州 詁經精舍 등에서 후학을 양성하였다. 王念孫 부자의 학문 경향을 추종하였으며, 당대의 큰 스승으로 추앙받았다. 저서로 ≪群經平議≫, ≪諸子平議≫, ≪古書疑義學例≫, ≪春在堂隨筆≫, ≪茶香室叢鈔≫, ≪詁經精舍自課文≫, ≪賓萌集≫, ≪古書疑義學例≫, ≪春在堂詩編≫, ≪小浮梅閑話≫, ≪右臺仙館筆記≫ 등이 있다. 그의 ≪諸子平議≫에 ≪墨子平議≫ 15권이 들어 있다.

• **戴望**(1837~1873) : 淸 浙江 德淸 사람으로 자는 子高이다. 同治 연간에 江寧書局 校勘이 되었다. 淸 咸豐 7년(1857)에 陳奐에게 수업하여 聲韻과 訓沽의 經師家法을 익혔으며, 宋翔鳳에게 ≪春秋公羊傳≫을 수업받고 西漢儒說을 연구하였고, 후에 孫治讓과 함께 金文을 考訂하였다. 저서로 ≪論語注≫, ≪管子校正≫, ≪顔氏學記≫, ≪謫麐堂遺集≫, ≪墨子校記≫ 등이 있다.

3. ≪墨子閒詁 5≫ 參考書目

1. 저본

• ≪墨子閒詁≫, 孫詒讓, 中華書局, 2001.

2. 주요 참고본

• ≪墨子閒詁≫, 孫詒讓, 掃葉山房, 光緖33(1907) 刊〔고려대학교 도서관 소장본, 육당C7-B3-1-8〕
• ≪墨子閒詁≫, 孫詒讓, 宣統2(1910) 重刊本〔續修四庫全書 수록본〕
• ≪墨子閒詁≫, 孫詒讓, 漢文大系 卷14, 富山房, 1913.
• ≪墨子≫(道藏本), 上海 涵芬樓 影印本, 1925.

3. 교감주해서 및 번역서, 연구논저

〔中國〕

• ≪墨子注≫, 畢沅, 經訓堂本, 1835.
• ≪郡經平議·墨子評議≫, 兪樾, 世界書局, 1881.
• ≪墨子經說解≫, 張惠言, 國粹學報館, 1909.
• ≪墨子閒詁箋≫, 張純一, 世界書局, 1922.
• ≪墨經校釋≫, 梁啓超, 商務印書館, 1922.
• ≪定本墨子閒詁校補≫, 李笠, 商務印書館, 1925.
• ≪墨學講義≫, 欒調甫, 齊魯大學, 1925.
• ≪墨子刊誤≫, 蘇時學, 中華書局, 1928.
• ≪墨子集解≫, 張純一, 文史哲出版社, 1932.
• ≪墨子大義述≫, 俉非百, 國民印務局, 1933.
• ≪墨辯疏證≫, 范耕研, 商務印書館, 1935.

• ≪墨辯新注≫, 魯大東, 中華書局, 1936.
• ≪墨子拾補≫, 劉師培, 藝文印書館, 1936.
• ≪墨子新證≫, 于省吾, 藝文印書館, 1938.
• ≪墨子新論≫, 王寒生, 中華文化出版社業委員會, 1956.
• ≪續墨子閒詁≫, 劉載賓, 藝文印書館, 1957.
• ≪墨經校詮≫, 高亨, 世界書局, 1958.
• ≪墨子斠證≫, 王叔岷, 中央硏究員 歷史語言硏究所, 1959.
• ≪墨子新箋≫, 高亨, 山東人民出版社, 1961.
• ≪墨子閒編≫, 嚴靈峯, 商務印書館, 1968.
• ≪經義述聞≫, 王引之, 中華書局, 1970.
• ≪墨子新釋≫(無求備齋墨子集成, 이하 墨子集成), 尹桐陽, 成文出版社, 1975.
• ≪墨子通解≫(墨子集成), 張其鍠, 成文出版社, 1975.
• ≪墨子箋≫(墨子集成), 曹耀湘, 成文出版社, 1975.
• ≪墨子刊誤≫(墨子集成), 蘇時學, 成文出版社, 1975.
• ≪墨子雜志≫(墨子集成), 王念孫, 成文出版社, 1975.
• ≪墨子辯經講疏≫(墨子集成), 顧實, 成文出版社, 1975.
• ≪墨子今註今譯≫, 李漁叔, 商務印書館, 1980.
• ≪墨經分類譯註≫, 譚戒甫, 中華書局, 1981.
• ≪墨子校詮≫, 高亨, 世界書局, 1981.
• ≪墨辯解故≫, 伍非百, 中國古代名家者言整理本, 1983.
• ≪墨經中的數學和物理學≫, 方孝博, 中國社會科學出版社, 1983.
• ≪墨子今註今譯≫, 李漁叔, 台灣商務印書館, 1984.
• ≪墨子注≫, 畢沅, 中華書局, 1985.
• ≪墨學源流≫, 方授楚, 中華書局, 1989.
• ≪墨子選譯≫, 譚家健, 鄭君華 選譯, 上海古籍出版社, 1992.
• ≪墨子大全≫, 任繼愈, 李廣星 主編, 北京圖書館出版社, 2004.
• ≪墨子校注≫, 吳毓江, 中華書局, 2006.
• ≪墨子大詞典≫, 王裕安・孫卓彩・郭震旦 編著, 山東大學出版社, 2006.
• ≪墨子今注今譯≫, 孫中原・譚家健, 商務印書館, 2012.

〔韓國〕

• ≪묵자≫, 송정희 역, 명지대학출판부, 1972.
• ≪墨子≫, 李元燮 譯註, 玄岩社, 1974.
• ≪新墨子≫, 李元燮 譯, 良友堂, 1985.
• ≪墨子≫, 권오석 譯解, 홍신문화사, 1994.
• ≪墨子 : 천하에 남이란 없다. 上·下≫, 기세춘 역저, 초당, 1995.
• ≪묵자≫, 朴文鉉·李俊寧 共解譯, 자유문고, 1995.
• ≪묵자≫, 박문현 외 역, 자유문고, 1995.
• ≪묵자≫, 박재범 역, 홍익출판사, 1999.
• ≪(新完譯) 墨子 : 新選明文東洋古典大系≫, 金學主 譯著, 明文堂, 2003.
• ≪(묵점 기세춘 선생과 함께하는) 묵자≫, 기세춘 역저, 바이북스, 2009.
• ≪묵자≫, 김득순 역, 연변인민출판사, 2010.
• ≪묵자≫, 박문현 옮김, 지만지, 2012.
• ≪묵경≫, 염정삼 주해, 한길사, 2012.
• ≪묵자≫, 이운구 옮김, 길, 2012.
• ≪묵자≫, 김학주 譯著, 明文堂, 2014.
• ≪묵자 : 겸애와 비공을 통해 이상사회를 추구한 사상가≫, 신동준 옮김, 인간사랑, 2014.
• ≪묵자≫, 윤무학 옮김, 길, 2015.

〔日本〕

• ≪墨子≫(中國の思想), 和田武司 譯, 德間書店, 1964.
• ≪墨子≫(中國古典文學大系), 藪內淸 譯, 平凡社, 1968.
• ≪墨子≫(講談社學術文庫), 淺野裕一, 講談社, 1998.
• ≪墨子≫(ちくま學芸文庫), 森三樹三郎 譯. 筑摩書房, 2012.
• ≪墨子≫, 金谷治 譯, 中央公論新社, 2018.
• ≪墨子よみがえる≫, 半藤一利, 平凡社, 2011.
• ≪和譯墨子·和譯列子≫, 田岡嶺雲 譯註, 玄黃社, 1911.

〔英美〕

• *Mozi : A Study and Translation of the Ethical and Political Writings*, John Knoblock & Jeffrey Riegel, University of California, Berkeley, 2013.
• *Mozi : Basic Writings*, Burton Watson, Columbia University Press, 2003.
• *Mozi : Collection of Critical Biographies of Chinese Thinkers*, Zheng Jiewen, Nanjing University Press, 2010.
• *The Book of Master Mo*, Ian Johnston, Penguin Classics, 2014.
• *The Essential Mòzǐ: Ethical, Political, and Dialectical Writings*, Chris Fraser, Oxford University Press, 2020.
• *The Mozi: A Complete Translation* (Translations from the Asian Classics), Ian Johnston, The Chinese University Press, 2010.
• *The Mozi as an Evolving Text: Different Voices in Early Chinese Thought*, Carine Defoort & Nicolas Standaert, Brill, 2013.
• *The Philosophy of the Mòzǐ: The First Consequentialists*, Chris Fraser, Columbia University Press, 2016.

4. 원전자료

〔經部〕

•《經傳釋詞》, 王引之 撰, 黃侃・楊樹達 批本, 岳麓書社, 1982.
•《經典釋文》, 陸德明 撰, 文淵閣四庫全書, 臺灣商務印書館, 1986.
•《廣雅》, 張揖 撰, 文淵閣四庫全書, 臺灣商務印書館, 1986.
•《群經音辨》, 賈昌朝 撰, 文淵閣四庫全書, 臺灣商務印書館, 1986.
•《論語注疏》, 何晏 注, 邢昺 疏, 北京大學出版社, 1999.
•《論語集註大全》, 朱熹 集註, 胡廣 等 編, 朝鮮 內閣本, 影印本, 學民文化社.
•《唐韻正》, 顧炎武 撰, 文淵閣四庫全書, 臺灣商務印書館, 1986.
•《大戴禮記詳解》, 王聘珍 撰, 中華書局, 1989.
•《大學章句大全》, 朱熹 集註, 胡廣 等 編, 朝鮮 內閣本, 影印本, 學民文化社.
•《孟子注疏》, 趙岐 注, 孫奭 疏, 北京大學出版社, 1999.

- ≪孟子集註大全≫, 朱熹 集註, 胡廣 等 編, 朝鮮 內閣本, 影印本, 學民文化社.
- ≪毛詩正義≫, 毛公 傳, 鄭玄 箋, 孔穎達 正義, 北京大學出版社, 1999.
- ≪方言≫, 楊雄 撰, 文淵閣四庫全書, 臺灣商務印書館, 1986.
- ≪尙書正義≫, 孔安國 傳, 孔穎達 正義, 北京大學出版社, 1999.
- ≪說文解字≫, 許愼 撰, 文淵閣四庫全書, 臺灣商務印書館, 1986.
- ≪書傳大全≫, 蔡沈 集傳, 胡廣 等 編, 朝鮮 內閣本, 影印本, 學民文化社.
- ≪說文解字注≫, 段玉裁 撰, 文淵閣四庫全書, 臺灣商務印書館, 1986.
- ≪詩三家義集疏≫, 王先謙 撰, 中華書局, 1987.
- ≪呂氏家塾讀詩記≫, 呂祖謙 撰, 文淵閣四庫全書, 臺灣商務印書館, 1986.
- ≪禮記正義≫, 鄭玄 注, 孔穎達 正義, 北京大學出版社, 1999.
- ≪禮記集說大全≫, 陳澔 集說, 胡廣 等 編, 朝鮮 內閣本, 影印本, 學民文化社.
- ≪龍龕手鑑≫, 釋行均 撰, 潘重規 編, 中華書局, 1988.
- ≪六書正譌≫, 周伯琦 撰, 文淵閣四庫全書, 臺灣商務印書館, 1986.
- ≪玉篇≫, 顧野王 撰, 文淵閣四庫全書, 臺灣商務印書館, 1986.
- ≪韻補≫, 吳棫 撰, 文淵閣四庫全書, 臺灣商務印書館, 1986.
- ≪儀禮注疏≫, 鄭玄 注, 賈公彦 疏, 北京大學出版社, 1999.
- ≪爾雅注疏≫, 郭璞 注, 邢昺 疏, 北京大學出版社, 1999.
- ≪一切經音義≫, 釋元應 撰, 文淵閣四庫全書, 臺灣商務印書館, 1986.
- ≪周禮注疏≫, 鄭玄 注, 賈公彦 疏, 北京大學出版社, 1999.
- ≪周易正義≫, 王弼・韓康伯 注, 孔穎達 正義, 北京大學出版社, 1999.
- ≪周易傳義大全≫, 程頤 傳, 朱熹 本義, 胡廣 等 編, 朝鮮 內閣本, 影印本, 學民文化社.
- ≪中庸章句大全≫, 朱熹 集註, 胡廣 等 編, 朝鮮 內閣本, 影印本, 學民文化社.
- ≪集韻≫, 丁度 等 編, 上海古籍出版社, 1985.
- ≪春秋穀梁傳注疏≫, 范寧 註, 楊士勛 疏, 北京大學出版社, 2000.
- ≪春秋公羊傳注疏≫, 何休 註, 徐彦 疏, 北京大學出版社, 2000.
- ≪春秋左氏傳注疏≫, 杜預 註, 孔穎達 疏, 北京大學出版社, 2000.
- ≪韓詩外傳≫, 韓嬰 撰, 文淵閣四庫全書, 臺灣商務印書館, 1986.
- ≪孝經注疏≫, 唐 玄宗 注, 邢昺 疏, 北京大學出版社, 1999.

〔史部〕

- ≪舊唐書≫, 劉昫 撰, 中華書局, 1975.
- ≪國史經籍志≫, 焦竑 撰, 廣文書局, 1975.
- ≪隋書經籍志≫, 長孫無忌 撰, 藝文印書館, 1965.
- ≪國語≫, 韋昭 注, 文淵閣四庫全書, 臺灣商務印書館, 1986.
- ≪東觀漢記≫, 劉珍等 撰, 文淵閣四庫全書, 臺灣商務印書館, 1986.
- ≪史記≫, 司馬遷 撰, 中華書局, 1999.
- ≪史記索隱≫, 司馬貞 編, 文淵閣四庫全書, 臺灣商務印書館, 1986.
- ≪史記正義≫, 張守節 撰, 文淵閣四庫全書, 臺灣商務印書館, 1986.
- ≪史記集解≫, 裴駰 撰, 文淵閣四庫全書, 臺灣商務印書館, 1986.
- ≪水經注≫, 酈道元 撰, 文淵閣四庫全書, 臺灣商務印書館, 1986.
- ≪新唐書≫, 歐陽脩・宋祁 撰, 中華書局, 1975.
- ≪晏子春秋≫, 晏嬰 撰, 文淵閣四庫全書, 臺灣商務印書館, 1986.
- ≪隷釋≫, 洪适 撰, 文淵閣四庫全書, 臺灣商務印書館, 1986.
- ≪戰國策≫, 高誘 注, 文淵閣四庫全書, 臺灣商務印書館, 1986.
- ≪漢書≫, 班固 撰, 中華書局, 1962.
- ≪後漢書≫, 司馬彪 撰, 中華書局, 1965.

〔子部〕

- ≪賈子新書≫, 賈誼 撰, 文淵閣四庫全書, 臺灣商務印書館, 1986.
- ≪鶡冠子≫, 無名氏 撰, 文淵閣四庫全書, 臺灣商務印書館, 1986.
- ≪古今譚概≫, 馮夢龍 撰, 文淵閣四庫全書, 臺灣商務印書館, 1986.
- ≪古今事文類聚≫, 祝穆 撰, 文淵閣四庫全書, 臺灣商務印書館, 1986.
- ≪孔子家語≫, 王肅 注, 文淵閣四庫全書, 臺灣商務印書館, 1986.
- ≪公孫龍子≫, 公孫龍 撰, 文淵閣四庫全書, 臺灣商務印書館, 1986.
- ≪管子≫, 管仲 撰, 文淵閣四庫全書, 臺灣商務印書館, 1986.
- ≪括地志輯校≫, 李泰 撰, 中華書局, 2005.
- ≪群書拾補≫, 盧文弨 撰, 中華書局, 1985.
- ≪群書治要譯注≫, 魏徵 等 撰, 中國書店出版社, 2012.

- ≪老子≫, 王弼 注, 文淵閣四庫全書, 臺灣商務印書館, 1986.
- ≪論衡≫, 王充 撰, 文淵閣四庫全書, 臺灣商務印書館, 1986.
- ≪讀書雜志≫, 王念孫 著, 江蘇古籍出版社, 2000.
- ≪墨子≫, 墨翟 撰, 文淵閣四庫全書, 臺灣商務印書館, 1986.
- ≪白虎通義≫, 班固 撰, 文淵閣四庫全書, 臺灣商務印書館, 1986.
- ≪法言≫, 揚雄 撰, 李軌・柳宗元 注, 文淵閣四庫全書, 臺灣商務印書館, 1986.
- ≪山海經≫, 郭璞 注, 文淵閣四庫全書, 臺灣商務印書館, 1986.
- ≪說苑≫, 劉向 撰, 文淵閣四庫全書, 臺灣商務印書館, 1986.
- ≪世說新語≫, 劉義慶 撰, 文淵閣四庫全書, 臺灣商務印書館, 1986.
- ≪荀子集解≫, 王先謙 集解, 中華書局, 1988.
- ≪荀子箋釋≫, 盧文弨 校, 謝墉 輯校, 上海古籍出版社, 1986.
- ≪尸子≫, 尸佼 撰, 文淵閣四庫全書, 臺灣商務印書館, 1986.
- ≪尸子≫, 尸佼 撰, 李守奎 譯注, 黑龍江人民出版社, 2003.
- ≪新書≫, 賈誼 撰, 文淵閣四庫全書, 臺灣商務印書館, 1986.
- ≪新序≫, 劉向 撰, 文淵閣四庫全書, 臺灣商務印書館, 1986.
- ≪愼子≫, 愼到 撰, 文淵閣四庫全書, 臺灣商務印書館, 1986.
- ≪申子≫, 申不害 撰, 文淵閣四庫全書, 臺灣商務印書館, 1986.
- ≪揚子法言≫, 揚雄 撰, 李軌・柳宗元 注, 文淵閣四庫全書, 臺灣商務印書館, 1986.
- ≪呂氏春秋≫, 呂不韋 編, 高誘 注, 文淵閣四庫全書, 臺灣商務印書館, 1986.
- ≪列子≫, 張湛 注, 文淵閣四庫全書, 臺灣商務印書館, 1986.
- ≪藝文類聚≫, 歐陽詢 撰, 文淵閣四庫全書, 臺灣商務印書館, 1986.
- ≪日知錄≫, 顧炎武 撰, 文淵閣四庫全書, 臺灣商務印書館, 1986.
- ≪莊子集釋≫, 莊周 撰, 郭象 注, 陸德明 釋文, 成玄英 疏, 郭慶藩 輯, 中華書局, 1961.
- ≪諸子平議≫, 兪樾 著, 中華書局, 1954.
- ≪太平御覽≫, 李昉 等 撰, 文淵閣四庫全書, 臺灣商務印書館, 1986.
- ≪太玄經≫, 揚雄 撰, 文淵閣四庫全書, 臺灣商務印書館, 1986.
- ≪通雅≫, 方以智 撰, 文淵閣四庫全書, 臺灣商務印書館, 1986.
- ≪韓非子≫, 韓非 撰, 文淵閣四庫全書, 臺灣商務印書館, 1986.
- ≪淮南子≫, 劉安 撰, 高誘 注, 文淵閣四庫全書, 臺灣商務印書館, 1986.

〔集部〕

• 《經義述聞》, 王引之 撰, 世界書局, 1975.
• 《經傳釋詞》, 王引之 撰, 黃侃 楊樹達 批本, 岳麓書社, 1982.
• 《群書治要譯注》, 魏徵 等 撰, 中國書店出版社, 2012.
• 《讀書雜志》, 王念孫 著, 江蘇古籍出版社, 2000.
• 《文選》, 蕭統 撰, 文淵閣四庫全書, 臺灣商務印書館, 1986.
• 《文選注》, 蕭統 撰, 李善 注, 世界書局, 1962.
• 《諸子平議》, 兪樾 著, 中華書局, 1954.
• 《集韻》, 丁度等 編, 上海古籍出版社, 1985.
• 《楚詞補註》, 洪興祖 撰, 文淵閣四庫全書, 臺灣商務印書館, 1986.
• 《韓詩外傳》, 韓嬰 撰, 文淵閣四庫全書, 臺灣商務印書館, 1986.

5. 전자자료

• 電子版 文淵閣四庫全書, 迪志文化出版社, 北京, 1999.
• 尙友千古(http://www.s-sangwoo.kr)
• 韓國古典綜合DB(http://db.itkc.or.kr)
• 東洋古典綜合DB(http://db.cyberseodang.or.kr)
• Chinese Text Project(http://ctext.org)

4. ≪墨子閒詁 5≫ 參考圖版 目錄

5. 戰國七雄圖

※ QR코드를 스캔하면 더 선명한 지도를 볼 수 있습니다.

(≪中國歷史地圖≫ 上冊 (程光裕·徐聖謨 主編, 中國文化大學出版部, 1980)에서 轉載)

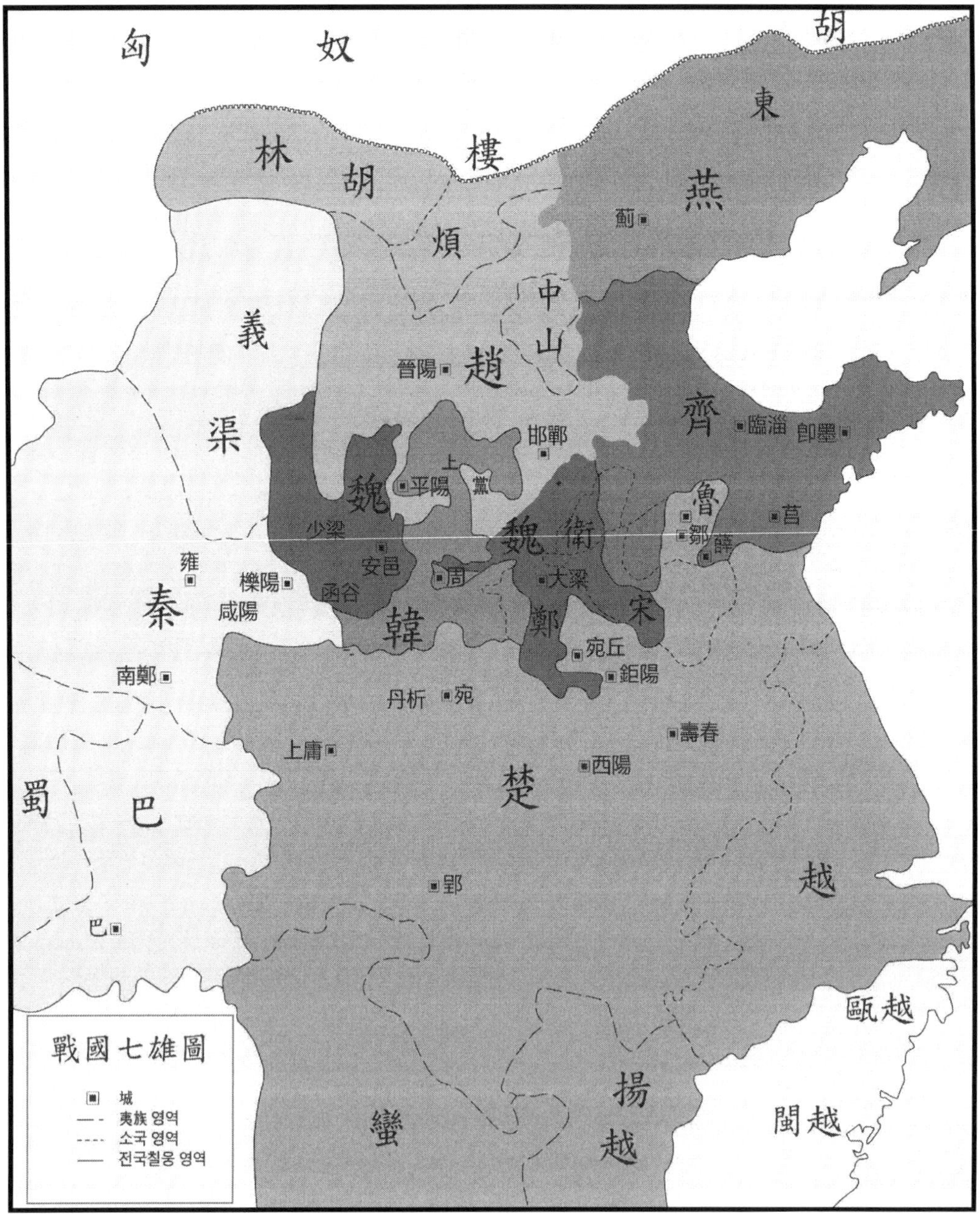

匈 奴
胡
東
林 胡
樓 煩
燕
薊
中山
義渠
晉陽
趙
齊
臨淄
卽墨
邯鄲
上黨
平陽
魏
魯
莒
少梁
安邑
衛
鄒
薛
雍
櫟陽
函谷
周
大梁
宋
秦
咸陽
韓
鄭
宛丘
南鄭
鉅陽
丹析
宛
壽春
上庸
西陽
楚
蜀
巴
郢
越
巴
甌越
揚越
蠻
閩越

戰國七雄圖

■ 城
夷族 영역
소국 영역
전국칠웅 영역

6. ≪墨子閒詁≫ 總目次

總目次

※ QR코드를 스캔하면 ≪墨子閒詁≫의 총목차를 볼 수 있습니다.

7. ≪墨子閒詁≫ 解 題

解題

※ QR코드를 스캔하면 ≪墨子閒詁≫의 해제를 볼 수 있습니다.

8. ≪墨子≫ 관련 研究論著

研究論著

※ QR코드를 스캔하면 ≪墨子≫ 관련 研究論著의 목록을 볼 수 있습니다.

責任飜譯

李相夏

啓明大學校 中語中文學科 졸업
高麗大學校 大學院 國語國文學科 文學博士
民族文化推進會 부설 常任硏究員 졸업
朝鮮大學校 漢文學科 敎授
韓國古典飜譯院 부설 古典飜譯敎育院 敎授(現)

論文 및 譯書

〈漢文古典 文集飜譯의 특성과 문제점〉, 〈≪朱子書節要≫가 조선조에 끼친 영향〉, 〈退溪·南冥의 시와 대조적인 학문성향〉 등
≪寒洲 李震相의 主理論 硏究≫, ≪冷淡家計≫, ≪儒學的 思惟와 韓國文化≫(共著) 등
≪挹翠軒遺稿≫, ≪容齋集≫, ≪石洲集≫, ≪月沙集≫(共譯), ≪鵝溪遺稿≫(共譯), ≪譯註 唐宋八大家文鈔 歐陽脩≫(共譯), ≪古文眞寶 後集≫(共譯) 등

共同飜譯

邊球鎰

高麗大學校 國語國文學科 졸업
高麗大學校 大學院 國語國文學科 文學碩士
民族文化推進會 부설 硏修部 졸업
韓國古典飜譯院 부설 專門課程 졸업
韓國古典飜譯院 硏究員(現)

論著 및 譯書

〈谿谷 張維 散文 硏究〉
≪東川遺稿≫, ≪滄溪集1≫, ≪譯註 唐宋八大家文鈔 歐陽脩≫(이상 共譯) 등

東洋古典譯註叢書 106

譯註 墨子閒詁 5　　37,000원

2021년 12월 31일 초판 발행
2022년 05월 15일 초판 2쇄

企劃編輯　東洋古典飜譯編輯委員會
校　　注　孫詒讓
責任飜譯　李相夏
共同飜譯　邊球鎰
原文校閱　吳圭根
飜譯研究管理　南賢熙
潤　　文　朴勝珠
校　　訂　李承俊 李孝宰
裝　　幀　김진디자인

發 行 人　朴洪植
發 行 處　社團法人 傳統文化研究會
서울시 종로구 삼일대로 428 낙원빌딩 411호
전화 : (02)762-8401　전송 : (02)747-0083
전자우편 : juntong@juntong.or.kr
홈페이지 : juntong.or.kr
사이버書堂 : cyberseodang.or.kr
온라인서점 : book.cyberseodang.or.kr
등록 : 1989. 7. 3. 제1-936호

인쇄처 : 한국법령정보주식회사(02-462-3860)
총　판 : 한국출판협동조합(070-7119-1750)

ISBN 979-11-5794-505-4 94150
978-89-85395-71-7(세트)

※ 이 책은 2021년도 교육부 고전문헌 국역지원사업 지원비에 의해 초판(비매품) 간행.

전통문화연구회 도서목록

新編 基礎漢文教材

도서명	저자·역자	가격
新編 四字小學·推句	고전교육연구실 編譯	11,000원
新編 啓蒙篇·童蒙先習	고전교육연구실 編譯	11,000원
新編 明心寶鑑	李祉坤·元周用 譯註	15,000원
新編 擊蒙要訣	咸賢贊 譯註	12,000원
新編 註解千字文	李忠九 譯註	13,000원
新編 原文으로 읽는 故事成語	元周用 編譯	15,000원
新編 唐音註解選	權卿相 譯註	22,000원

漢文讀解捷徑시리즈

도서명	저자·역자	가격
漢文독해 기본패턴	고전교육연구실 著	15,000원
四書독해첩경	고전교육연구실 著	20,000원
한문독해첩경 文學篇	朴相水 李和春 李祉坤 元周用 著	15,000원
한문독해첩경 史學篇	朴相水 李和春 李祉坤 元周用 著	15,000원
한문독해첩경 哲學篇	朴相水 李和春 李祉坤 元周用 著	15,000원

東洋古典國譯叢書

도서명	저자·역자	가격
大學·中庸集註 - 개정증보판	成百曉 譯註	10,000원
論語集註 - 개정증보판	成百曉 譯註	27,000원
孟子集註 - 개정증보판	成百曉 譯註	30,000원
詩經集傳 上·下	成百曉 譯註	各 35,000원
書經集傳 上·下	成百曉 譯註	各 35,000원
周易傳義 上·下	成百曉 譯註	各 40,000원
小學集註	成百曉 譯註	30,000원
古文眞寶 後集	成百曉 譯註	32,000원

五書五經讀本

도서명	저자·역자	가격
論語集註 上·下	鄭太鉉 譯註	各 25,000원
孟子集註 上·下	田炳秀·金東柱 譯註	各 30,000원
大學·中庸集註	李光虎·田炳秀 譯註	15,000원
小學集註 上·下	李忠九 外 譯註	各 25,000원
詩經集傳 上·中·下	朴小東 譯註	各 30,000원
書經集傳 上·中·下	金東柱 譯註	各 30,000원
周易傳義 元·亨·利·貞	崔英辰 外 譯註	各 30,000원
詳說古文眞寶大全後集 上·下	李相夏 外 譯註	各 32,000원
春秋左氏傳 上·中·下	許鎬九 外 譯註	各 36,000원~38,000원
禮記 上·中·下	成百曉 外 譯註	各 30,000원

東洋古典譯註叢書

〈經部〉

도서명	저자·역자	가격
十三經注疏		
周易正義 1~4	成百曉·申相厚 譯註	各 30,000원~40,000원
尙書正義 1~7	金東柱 譯註	各 25,000원~36,000원
毛詩正義 1~6	朴小東 外 譯註	各 32,000원~37,000원
禮記正義 中庸·大學	李光虎·田炳秀 譯註	20,000원
論語注疏 1~3	鄭太鉉·李聖敏 譯註	各 25,000원~40,000원
孟子注疏 1~2	崔彩基·梁基正 譯註	各 30,000원
孝經注疏	鄭太鉉·姜珉廷 譯註	35,000원
周禮注疏 1~2	金容天·朴禮慶 譯註	30,000원
春秋左氏傳 1~8	鄭太鉉 譯註	各 18,000원~35,000원
禮記集說大全 1~2	辛承云 外 譯註	各 25,000원~30,000원
東萊博議 1~5	鄭太鉉·金炳愛 譯註	各 25,000원~35,000원
韓詩外傳 1~2	許敬震 外 譯註	各 29,000원~33,000원
說文解字注 1	李忠九 外 譯註	35,000원

〈史部〉

도서명	저자·역자	가격
思政殿訓義 資治通鑑綱目 1~21	辛承云 外 譯註	各 18,000원~35,000원
通鑑節要 1~9	成百曉 譯註	各 18,000원~40,000원
唐陸宣公奏議 1~2	沈慶昊·金愚政 譯註	各 35,000원~45,000원
貞觀政要集論 1~4	李忠九 外 譯註	各 25,000원~32,000원
列女傳補注 1~2	崔秉準·孔勤植 譯註	各 30,000원~38,000원
歷代君鑑 1~4	洪起殷·全百燦 譯註	各 32,000원~35,000원

〈子部〉

도서명	저자·역자	가격
近思錄集解 1~3	成百曉 譯註	各 25,000원/35,000원
孔子家語 1~2	許敬震 外 譯註	各 35,000원/36,000원
老子道德經注	金是天 譯註	30,000원
大學衍義 1~5	辛承云 外 譯註	各 26,000원~30,000원
墨子閒詁 1~5	李相夏 外 譯註	各 32,000원~38,000원
說苑 1~2	許鎬九 譯註	各 25,000원
世說新語補 1~4	金鎭玉 外 譯註	各 29,000원~38,000원
荀子集解 1~7	宋基采 譯註	各 25,000원~38,000원
心經附註	成百曉 譯註	35,000원
顔氏家訓 1~2	鄭在書·盧暻熙 譯註	各 22,000원/25,000원
揚子法言 1	朴勝珠 譯註	24,000원
二程全書 1~4	崔錫起·姜導顯 譯註	各 36,000원~38,000원
莊子 1~4	安炳周·田好根 共譯	各 25,000원~30,000원
政經·牧民心鑑	洪起殷·全百燦 譯註	27,000원
韓非子集解 1~5	許鎬九 外 譯註	各 32,000원~38,000원
武經七書直解		
孫武子直解·吳子直解	成百曉·李蘭洙 譯註	35,000원
六韜直解·三略直解	成百曉·李鍾德 譯註	26,000원
尉繚子直解·李衛公問對直解	成百曉·李蘭洙 譯註	26,000원
司馬法直解	成百曉·李蘭洙 譯註	26,000원
管子 1~2	李錫明·金帝蘭 譯註	各 30,000원
列子鬳齋口義	崔秉準·孔勤植·權憲俊 共譯	34,000원

〈集部〉

도서명	저자·역자	가격
古文眞寶 前集	成百曉 譯註	30,000원
唐詩三百首 1~3	宋載邵 外 譯註	各 25,000원~36,000원
唐宋八大家文抄 韓愈 1~3	鄭太鉉 譯註	各 22,000원/28,000원
〃 歐陽脩 1~7	李相夏 譯註	各 25,000원~35,000원
〃 王安石 1~2	申用浩·許鎬九 共譯	各 20,000원/25,000원
〃 蘇洵	李章佑 外 譯註	25,000원
〃 蘇軾 1~5	成百曉 譯註	各 22,000원
〃 蘇轍 1~3	金東柱 譯註	各 20,000원~22,000원
〃 曾鞏	宋基采 譯註	25,000원
〃 柳宗元 1~2	宋基采 譯註	各 22,000원
明清八大家文鈔 1 歸有光·方苞	李相夏 外 譯註	35,000원
〃 2 劉大櫆·姚鼐	李相夏 外 譯註	35,000원

東洋古典新譯

도서명	저자·역자	가격
당시선	송재소·최경렬·김영죽 편역	22,000원
손자병법	성백효 역주	14,000원
장자	안병주·전호근·김형석 역주	13,000원
고문진보 후집	신용호 번역	28,000원
노자도덕경	김시천 역주	15,000원
고문진보 전집 上·下	신용호 번역	각 28,000원

동양문화총서

도서명	저자·역자	가격
동양사상 해설과 원전	정규훈 外 저	22,000원
화합의 길 《중용》 읽기	금장태 저	20,000원
호설과 시장	신용호 저	20,000원

문화문고

도서명	저자·역자	가격
경전으로 본 세계종교 그리스도교	이정배 편저	10,000원
〃 도교	이강수 편역	10,000원
〃 천도교	윤석산·홍성엽 편저	10,000원
〃 힌두교	길희성 편역	10,000원
〃 유교	이기동 편저	10,000원
〃 불교	김용표 편저	10,000원
〃 이슬람	김영경 편역	10,000원
논어·대학·중용 / 맹자	조수익·박승주 공역	각 10,000원
소학	박승주·조수익 공역	10,000원
십구사략 1~2	정광호 저	각 12,000원
무경칠서 손자병법·오자병법	성백효 역	10,000원
〃 육도·삼략	성백효 역	10,000원
〃 사마법·울료자·이위공문대	성백효 역	10,000원
당시선	송재소·최경렬·김영죽 편역	10,000원
한문문법	이상진 저	10,000원
한자한문전통교재	조수익·이성민 공역	10,000원
士小節 선비 집안의 작은 예절	이동희 편역	12,000원
儒學이란 무엇인가	이동희 저	10,000원
동아시아의 유교와 전통문화	이동희 저	13,000원
현대인, 동양고전에서 길을 찾다	이동희 저	10,000원
100자에 담긴 한자문화 이야기	김경수 저	12,000원
우리 설화 1~2	김동주 편역	각 10,000원
대한민국 국무총리	이재원 저	10,000원
백운거사 이규보의 문학인생	신용호 저	14,000원